Cruz Apestegui

PIRATEN IN DER KARIBIK

KORSAREN · FILIBUSTER · BUKANIERS

Delius Klasing Verlag

Copyright © 2001 Lunwerg S.L., Beethoven 12, 08021 Barcelona
Copyright © 2001 Text: Cruz Apestegui

Die spanische Originalausgabe mit dem Titel »Piratas en el Caribe«
erschien bei Lunwerg S.L., Barcelona

Die Deutsche Bibliothek – CIP-Einheitsaufnahme

Piraten in der Karibik: Korsaren – Filibuster – Bukaniers /
Cruz Apestegui. [Übers. und dt. Bearb.: Volker Bartsch]. –
1. Aufl. – Bielefeld: Delius Klasing, 2001
Einheitssacht.: Piratas en el Caribe <dt.>
ISBN 3-7688-1301-0

1. Auflage
ISBN 3-7688-1301-0
Die Rechte für die deutsche Ausgabe liegen beim Verlag
Delius, Klasing & Co. KG, Bielefeld

Übersetzung und deutsche Bearbeitung: Dr. Volker Bartsch
Schutzumschlaggestaltung: Ekkehard Schonart
Printed in Spain 2001

Delius Klasing Verlag, Siekerwall 21, D-33602 Bielefeld
Tel. 0521/559-0, Fax 0521/559-113
e-mail: info@delius-klasing.de
www.delius-klasing.de

Inhalt

Vorwort

»Der Amerikaner, der den Kolumbus zuerst entdeckte, machte eine böse Entdeckung«, bemerkte der weise Göttinger Lichtenberg knapp drei Jahrhunderte nach diesem denkwürdigen 12. Oktober 1492. Und 500 Jahre später berichtet der große mexikanische Schriftsteller Carlos Fuentes in seinen *Reflections on Spain and the New World* unter dem deutschen Titel *Der vergrabene Spiegel:* »›Sie sind sehr unerfahren mit Waffen‹, schrieb Kolumbus in sein Tagebuch. ›Mit fünfzig Mann können sie alle unterworfen werden‹. Und das wurden sie auch – verschleppt, ermordet und versklavt. Wie wollen wir die Entdeckung Amerikas verstehen?«

Im Rückblick auf diesen Anfang der Neuzeit ist nicht nur die spanische Seele gespalten. Die »leyenda negra«, die schwarze Legende, stützt sich auf den Bischof Bartolomé de las Casas, der 1502 in die Neue Welt kam und in weit verbreiteten Schriften wie *Brevissima Relación de la Destructión de las Indias* die grausame Seite der Eroberung einer neuen Welt anprangerte. Dies kam den wechselnden und zahlreichen Feinden Spaniens nur recht. Demgegenüber steht eine Auffassung und historische Forschung, die die zivilisatorischen und kulturellen Leistungen sehr viel nüchterner, positiver betrachtet.

Für das Spanien am Ende des 15. Jahrhunderts war es keine Frage, dass die Neue Welt dem Reichtum und der Macht des Mutterlandes zu dienen hatte. Gerade waren mit der Eroberung von Granada (1492) die Jahrhunderte der Maurenherrschaft beendet. Die Reconquista ging fast nahtlos in die Conquista einer neuen Welt über und schuf sich ihre Konquistadoren, unter denen sich Cortés (ab 1519 Eroberung Mexikos) und Pizarro (ab 1531 Eroberung Perus) am nachhaltigsten in die Geschichtsbücher eingetragen haben.

Erst 1513 durchquerte der erste Spanier die Landenge von Panama und sah das Meer des Südens, den Pazifik. Vasco da Gama segelte ostwärts um das Kap der Guten Hoffnung und erschloss 1498 für Portugal das gelobte Land der Gewürze und anderer seit altersher bekannten Schätze. Magellan, der Portugiese in spanischen Diensten, umsegelte als Erster die Welt 1519–1521, fast 60 Jahre später der Engländer Drake als Zweiter.

Westindien, die Karibik und das umliegende Festland wurden zum spanischen Kolonialreich. Ab 1493 wurde Hispaniola (Haiti) besiedelt, es folgten Kuba und 1519 die Stadt Panama; Mexiko hatte 1535 seinen ersten Vizekönig. Das übrige Europa sah mehr oder weniger von ferne dabei zu, wie zunächst Gold, dann ab etwa 1540 Silber in unvorstellbaren Mengen die spanische Staatskasse füllte.

Der tatsächliche oder vermutete Reichtum von Städten und Flotten wurde das Objekt der Begierden von Abenteurern, die ihre Heimatländer beim Kampf um einen Platz an der karibischen Sonne hinter sich wussten. Europa sortierte sich neu.

Schließlich war nicht nur eine neue äußere Welt entdeckt worden, sondern auch die neue Innenwelt des Protestantismus, Teufelszeug für Spanien, das gerade das christliche Abendland vom Islam befreit hatte. Das dynastische Hin und Her, die Kriege und wechselnden Allianzen machten das spanische Weltreich so anfällig wie seine Silberflotten. Noch einmal Lichtenberg: »Es kommt nicht darauf an, ob die Sonne in eines Monarchen Staaten nicht untergeht, wie Spanien sich ehedem rühmte; sondern was sie während ihres Laufes in diesen Staaten zu sehen bekommt.«

Noch einmal Carlos Fuentes: »In letzter Konsequenz bedeutete die Niederlage der Armada (1588) das Ende des spanischen Anspruchs auf Vormachtstellung in Europa. Von nun an trat Spaniens traditioneller Gegner, die Großmacht Frankreich, diesem Anspruch erfolgreich entgegen. Die rasch aufsteigende protestantische Welt, angeführt von den Engländern und den Holländern, verband sich zu einer militärischen Macht, die für die Spanier zu einer Bedrohung wurde, bildete eine Seemacht, die sich bereits als überlegen erwiesen hatte. Daneben entwickelte sich aus der Verbindung von Protestantismus und Kapitalismus in ganz Nordeuropa eine Art moderner Erfolgsstory, die im Vergleich mit Spaniens fortdauernder Abhängigkeit von den amerikanischen Edelmetallen, seiner bedrückenden Besteuerung und Agrarwirtschaft äußerst günstig abschnitt.«

Was wir später als Geschichte sortieren und interpretieren können, ist zunächst einmal ein Mikrokosmos unzähliger Einzelheiten. Der Kampf der europäischen Mächte bediente sich nachhaltig der Nadelstiche durch Kaperflotten und Raubzüge, die ihre Helden und Schurken hervorbrachte. Ihnen spürt dieses Buch bis in die gerade noch belegbaren Details nach. So ist ein lebendiger Blick gleichsam von See auf die Wirrnisse der Politik entstanden, eine kleine Geschichte eines Wirtschaftskrieges und eine große Geschichte eines bedeutenden Abschnittes der Christlichen Seefahrt.

Volker Bartsch

Zum Geleit

Die Piraterie auf den Meeren ist genauso alt wie die Schifffahrt selbst. Von dem Moment an, in dem der Mensch entschied, mit dem Schiff zu reisen und Waren über das Meer zu transportieren, erwachte auch das Verlangen, sich dieser Reichtümer mit Gewalt zu bemächtigen. Damit begann das Ringen – so besagen es unzählige Dokumente – gegen eine Macht, die stärker war als die meisten etablierten Staaten.

Dort, wo es – wie in der Neuen Welt – Gold und Silber im Überfluss gab und der Ozean die Quellen der kolonialen Reichtümer vom Mutterland trennte, ging die Saat der Piraterie auf.

Vor diesem Hintergrund und angesichts der monopolistischen Handelsstrukturen der Nationen mit maritimer Tradition – und das waren damals praktisch alle – verschärfte sich die Situation durch den räuberischen Abfluss der Gewinne, die ein wirtschaftlich offenes und wettbewerbsfähiges System hätte erbringen können.

Cruz Apestegui vermittelt in seinem Werk profunde Einsichten in die atlantische Welt der Piraten, Korsaren und Bukaniers des 16. und 17. Jahrhunderts. Sicher keine leichte Aufgabe: Sich an eine Realität zu halten, aus der auch manche nicht haltbare Legende entspringt, ist für Apestegui *die* große Herausforderung. Diesem Anspruch ist er meisterhaft gerecht geworden. Der Leser hat ein unterhaltsames Werk vor sich, das nicht nur wissenschaftlichen Ansprüchen genügt, sondern auch durch die erstmalige Verwendung von Original-Dokumenten und eine sich auf dem neuesten Stand befindende Bibliografie überzeugt.

Cruz Apestegui erweckt die Bilder vom Kampf des spanischen Imperiums gegen die Korsaren, Bukaniers und Piraten zutreffend und sicher zu neuem Leben – in allen Teilen der Welt: auf dem Atlantik, dem Indischen Ozean, dem Pazifik … Die europäischen Mächte, die neidvoll auf die amerikanischen Niederlassungen und die Reichtümer des »iberischen Riesen« blickten, suchten hier ihr Schlachtfeld.

Der Leser stößt immer wieder auf die schwer durchschaubaren, fließenden Übergänge zwischen Piraterie und Handel und damit auf die Grundproblematik einer ganzen Epoche. Die Unternehmungen aller westindischen Handelskompanien in die Neue Welt machen dies ebenso deutlich wie die Handlungsweisen Frankreichs und Englands. Und dies in Zeiten, in denen zumindest auf dem Papier Frieden herrschte.

Das Szenario wandelte sich grundlegend, als die spanische Monopolstellung durch den Westfälischen Frieden und den Vertrag von Madrid unwiderruflich verloren ging. Jamaika, Curaçao und Hispaniola wurden zu den neuen Portalen des kommerziellen Schlaraffenlandes und besiegelten das Schicksal der Filibuster und Piraten beim Übergang in das 18. Jahrhundert.

Personen und Institutionen unterschiedlichster Couleur defilieren auf diesen Seiten durch die Geschichte: Ehrbare Händler, edle Ritter, Gauner und Halunken, Korsaren in Kriegszeiten und die Ausdehnung der Handelsgesellschaften in Friedenszeiten sowie die Geburtsstunde der Filibuster kennzeichnet eine Epoche, in der die Sonne für alle glänzte, bevor die Zeiten ihres Niedergangs begannen – der Leser wird es zu schätzen wissen.

Fernando Serrano Mangas
Universität von Extremadura

Das Altarbild des Heiligen Georg von Pere Nisard. Museum der Kathedrale von Palma de Mallorca.

Einleitung

Ein altes einträgliches Gewerbe

Die griechische Sage berichtet, dass Herkules bei seiner Reise zu den Gärten der Hesperiden im Westen der bekannten Zivilisation glaubte, das Ende der Welt erreicht zu haben. Er trennte die zwei Berge Calpe (Gibraltar) und Abila (an der afrikanischen Küste) voneinander, um das Mittelmeer mit dem unbekannten Ozean dahinter zu verbinden, und errichtete auf ihren Gipfeln je eine Säule, um künftigen Generationen zu beweisen, wie weit ihn seine Heldentaten geführt hatten. Vor ihm lag das Meer der Dunkelheit, das noch lange Zeit unerforscht bleiben sollte.

Der Kampf um die Herrschaft auf See und die Beherrschung der Navigation ist so alt wie die Menschheit. Für die Völker der Antike, die Phönizier, Griechen, Karthager, Römer, war das Meer von entscheidender Bedeutung.

Der Handel zwischen den Küstenvölkern wurde über das Mittelmeer möglich und zu einem immer dichteren, gut organisierten System von Handelsniederlassungen und regelmäßigen Schiffsverbindungen.

Not, Abenteuerlust und die Möglichkeit, mit einem Schlage ein Vermögen machen zu können, waren Gründe genug, eine große Zahl von Abenteurern auf See zu treiben und in ein höchst lukratives Gewerbe einzusteigen, die Piraterie.

Vorläufer

Der eisige Nordwind

Der Zusammenbruch des Weströmischen Reiches machte in ganz Europa den Weg für Nachfolgereiche germanischen Ursprungs frei. Bis zur Mitte des 8. Jahrhunderts hatten es die Franken geschafft, den Vorstoß der Moslems aus dem Süden zu stoppen. Ihr Karolinger-Reich umfasste das heutige Deutschland und Italien.

An der Nordsee führten Bauern und Fischer in kleinen Dörfern ein eintöniges Leben, bis eines Tages die furchteinflößenden Wikinger in ihren leichten Segelschiffen oder Ruderbooten das friedvolle Leben der Küstenbewohner beendeten. Ihre Strategie bestand in der Überraschung und der unglaublichen Fähigkeit, blitzschnell anzugreifen, zu plündern und sich auf See zurückzuziehen.

Die Raubzüge der Wikinger gab es jedes Jahr im Frühling und im Sommer. Kleine Flotten mit zwischen 30 und 100 Männern plünderten die Inseln der Nordsee, England, Irland und Frankreich. Einmal an Land, wurden sie zu blutrünstigen Kriegern und machten alles dem Erdboden gleich.

Ihr Ziel war reiche Beute. Edelsteine, Gold, Silber und Seide waren am meisten begehrt. Sie nahmen keine Geiseln, um Lösegeld zu erpressen, sie erschlugen jeden, der dumm genug war, sich ihnen entgegenzustellen, und nahmen Gefangene, die in den Nordländern zu Sklaven wurden. Kirchen und Klöster waren die Hauptangriffsziele, weil sie wussten, dass hier die Schätze lagen.

Am Ende des 9. Jahrhunderts änderten die Wikinger ihre Strategie. Sie organisierten größere militärische Expeditionen und hatten dabei die Gründung von Siedlungen im Blick. Sie gaben die Piraterie auf und gründeten Königreiche und Herzogtümer, die denen ihrer Feinde vergleichbar waren.

Die Wikinger führten ihre Angriffe bis ins Mittelmeer – sie blieben bis zum 11. Jahrhundert die Plage des Nordens.

Mit dem Aufkommen des Seehandels – Wolle, Weine, Weizen –, der Kabeljaufischerei in der Nordsee und der Walfängerei der Basken und Kantabrier gab es im 13. Jahrhundert regen Schiffsverkehr im Englischen Kanal. Küstenstädte schlossen sich wegen der häufigen Angriffe auf die Handelsschiffe zu Bruderschaften zusammen.

Der Beginn des Seehandels

Im 11. Jahrhundert verbreitete sich Handel und Wandel in ganz Europa[1]. England baute eine größere Handelsflotte zum Austausch von Stoffen und Gewürzen. Ein intensiver Wirtschaftsverkehr entwickelte sich in Flandern mit Brügge an der Spitze und in deutschen Städten, angeführt von Lübeck, Hamburg und Köln, ebenso in den Königreichen von Kastilien, Navarra und Portugal, mit Handelshäfen wie Santander, Bilbao, Deva, Fuenterrabía, Bayona und Lissabon.

Um den Warenaustausch zu erleichtern, begannen Städte, sich zusammenzuschließen. Lübeck und Hamburg zum Beispiel gründeten die Hanse, die ihre Handelsbeziehungen beförderte. Mithilfe einer Vielzahl von Handelsplätzen und Verträgen mit anderen Staaten erlangten sie Privilegien und sorgten für sichere Seewege.

Der bedeutende Wolle-, Weizen- und Weinhandel von Bordeaux und der Iberischen Halbinsel, der Kabeljaufang in der Nordsee und die Fahrten der kantabrischen und baskischen Walfänger, die ihre Jagdbeute bis vor Spitzbergen verfolgten, brachten einen beständigen Schiffsverkehr im Englischen Kanal mit sich.

Zugleich mit diesem Wohlstand scheint im 13. Jahrhundert die alte Wikingersitte der Piraterie zu neuem Leben erwacht zu sein. Die Küstenorte in Cornwall, Schottland und Irland, die traditionell vom Fischfang lebten, entdeckten das alte lukrative Gewerbe der Piraterie. Die günstige Lage ihrer Häfen und besonders ihre Kenntnisse der Winde und Strömungen verschafften den Piraten einen klaren Vorteil. Was als Angriff auf die Hansekoggen, genuesische und kastilische Schiffe begann, drohte bald jedem Schiff, das diese Gewässer befuhr.

Anfang des 14. Jahrhunderts erreichten die Proteste sogar den britischen Kronrat. Aber die Krone hatte nicht die Macht, das Problem zu lösen. Die wichtigsten Städte im Süden Englands, Hastings, Sandwich, Romney, Dover und Hythe, schlossen sich unter der Führung von Dover und Hastings zum »Bund der fünf Häfen« (Cinque Ports), zusammen[2], später kamen Winchelsea und Rye hinzu.

Sie stellten ein Geschwader zur Bekämpfung der Piraten zusammen und sicherten sich dafür größere finanzielle Privilegien. Was jedoch als Verteidigungsmaßnahme begann, verwandelte sich in eine Bande von Plünderern, die den Schiffsverkehr im Kanal ihrer Willkür aussetzte.

Einige Städte an der Ostküste von Devon und Cornwall, Plymouth, Dartmouth, Poole und Fowey, gründeten eine Art von Bruderschaft zur Bekämpfung des »Bundes«[3]. Ihr Einflussgebiet schloss die Küsten der Bretagne und der Normandie ein und dehnte sich später bis zur Küste der Iberischen Halbinsel aus. Die andauernden Konflikte zwischen England und Frankreich und deren traditionellen Verbündeten Portugal und Kastilien begünstigten das Entstehen von Angriffs- und Kaperflotten, die andauernd die kantabrischen Häfen plünderten. In Bayona wurde die »Hermandad de Mareantes«[4] gegründet, eine »Verbrüderung« mit den gleichen Zielen wie die Bruderschaften und Ligen des nördlichen Europa.

In gleicher Weise entstand die »Hermandad de las Marismas de Castilla«[5], die die Städte Kantabriens von Bayonne in Frankreich bis nach Bayona in Galicien verband. Ihre Schiffe segelten in Flotten. Sie bildeten zwischen April und Mai und zwischen August und September je einen Konvoi nach Flandern. Obwohl die »Hermandad« neutral war, griffen ihre Schiffe im bretonischen Krieg britische Schiffe im Golf von Biskaya an.

Proteste erreichten den Kastilischen Hof, wo sich 1328 Alfonso XI. Beschwerden über die Missetaten der Schiffe der »Hermandad de las Marismas« anhörte: »Übeltäter und Piraten aus Fuenterrabía, San Sebastián, Guetaria, Motrico, Lequeitio, Portugalete, Castourdiales, Laredo, Santander, San Vicente de la Barquera, Avilés, Ribadeo, Vivero, Coruña, Noya, Pontevedra und Bayona del Miño ...«[6].

Der Konflikt brach in der Mitte des 14. Jahrhunderts aus. Eduard III., König von England und Herzog von Aquitanien, und Philippe de Valois, König von Frankreich, suchten die Unterstützung Kastiliens, um die Seeherrschaft zu sichern.

Obwohl Luis de La Cerda die französische Sache im Krieg um die Nachfolge im Herzogtum Bretagne unterstützt hatte, blieb Kastilien neutral. Deshalb verlieh Eduard Bayona das Privileg für den exklusiven Weinhandel mit England, sehr zum Verdruss der »Hermandad de las Marismas«.

Anfang November 1349 kaperte eine Flotte unter dem Kommando von Carlos de La Cerda, dem Bruder von Luis, etliche Schiffe mit Weinladung und tötete die Besatzungen.

Die Lage war so ernst, dass Eduard III., der nicht wusste, an wen er sich wenden sollte, 1350 den Bischöfen von York und Canterbury schrieb und sie bat, für den Schutz des Landes vor den Angriffen der Piraten zu beten: »... die Spanier, mit denen ich den kürzlich unterzeichneten Vertrag durch die eheliche Verbindung unserer Tochter erneuern wollte, haben viele Handelsschiffe unserer Nation und anderer mit Ladungen von Wein, Wolle und anderen Gütern angegriffen, ausgeraubt und die Besatzungen unmenschlich über die Klinge springen lassen... Ihr Hochmut ist so groß, dass sie sich nicht nur rühmen, unsere riesige in Flandern versammelte Flotte mit bewaffneten Besatzungen vollständig vernichtet zu haben und die englischen Gewässer zu beherrschen, sondern auch in unser Königreich eingedrungen zu sein und unsere Untertanen ausgelöscht zu haben...«[7]

Für den Fall, dass der Herr seine Gebete nicht erhören sollte, versammelte Eduard eine größere Flotte. Er ging mit 400 hervorragenden Männern und seinen Söhnen an Bord. Der eine war der Prince of Wales, bekannt als »Schwarzer Prinz«, der später Duke of Lancaster wurde, der andere Graf Richmond, zu der Zeit ein zehnjähriger Knabe. Die Schiffe waren mit Kanonen, Armbrust- und Bogenschützen und bewaffneten Männern ausgerüstet. Das Flaggschiff war die *Thomas*. Dies drang nach Flandern durch, wo die »Hermandad« ihre Flotte verstärkte und Carlos de La Cerda zum Kommandanten wählte.

Engländer und Kastilier trafen vor Winchelsea[8] aufeinander, wo die Schiffe der »Hermandad« vor Anker gegangen waren. Mit dem Wind in den Segeln griff die »Hermandad« die englischen Schiffe an.

Das Ergebnis der Schlacht war, je nach Chronik, das

Die Mittelmeerhäfen hatten im 13. und 14. Jahrhundert große Bedeutung. Der Handel mit dem Osten über die Niederlassungen der Venetianer versorgte ganz Europa mit Qualitätsprodukten.

Aufbringen von 14 bis 20 spanischen Schiffen und der Verlust von zweien der besten englischen Schiffe. Im Übrigen waren die Opfer auf beiden Seiten sehr hoch. Zur Feier des Sieges wurde Eduard von seinen jubelnden Untertanen zum »König der See« ausgerufen.

Im folgenden Jahr wurde im Tower von London[9] ein Zwanzig-Jahres-Vertrag abgeschlossen, der den Schiffen der »Hermandad de las Marismas« das Recht einräumte, mit allen englischen Häfen Handel zu treiben. Außerdem wurden die Schäden und Opfer gegenseitig ausgeglichen. Eduard persönlich unterzeichnete. Die kastilischen Delegierten waren Juan López de Salcedo, Diego Sánchez de Lupart und Martín Pérez de Golindano. Die »Herman-

dad« hatte eine Schlacht verloren, aber den Krieg gewonnen.

Die Bretonen brachten gleichfalls ihre Streitkräfte gegen englische Angriffe in Stellung und hielten die britische Flotte während des Hundertjährigen Krieges (1339–1453) unter Kontrolle. Erwähnenswert ist die Gestalt von Jeanne Belleville[11], eine in ganz Frankreich wegen ihrer Schönheit berühmte Frau. Ihr Gatte Lord Oliver Clisson war der Verschwörung gegen England angeklagt und wurde im Sommer 1303 in Paris enthauptet.

Seine Witwe schwor Rache. Sie belieh ihre Ländereien, verkaufte ihre Möbel und ihren Schmuck, um drei Schiffe kaufen und ausrüsten zu können, mit denen sie unter dem Namen »La Dame de Clisson« in See stach und sehr bald zur Heimsuchung der französischen Küste wurde. Sie war besonders grausam, brannte Städte und Dörfer nieder, schnitt Kehlen durch und versenkte Schiffe.

*Der Handel mit den Niederlanden, besonders mit Flandern, und den deutschen Hansestädten
wurde der Schwerpunkt der europäischen Wirtschaft.*

Die Vitalienbrüder

1243 schlossen Lübeck und Hamburg einen Vertrag zur Bekämpfung von Piraten, die an den Mündungen der größeren deutschen Flüsse, in der Ost- und in der Nordsee lauerten.

In den Jahren zuvor hatten sich Seeleute, die es leid waren, innerhalb oder außerhalb der protektionistischen Handelsorganisationen zu kämpfen, dafür entschieden, ihr Glück als Piraten zu suchen.

Zwei von ihnen[10] waren Klaus Störtebeker und Godeke Michels, die Ende des 14. Jahrhunderts ihre Kräfte zusammen mit Moltke und Manteufel zu den »Vitalienbrüdern« vereinten und als »Freunde Gottes und Feinde der Welt« bekannt wurden. Als frühere Hansefahrer waren sie mit den Routen der schweren Handelsschiffe bestens vertraut und verbreiteten viele Jahre Angst und Schrecken.

Die Hanse erhielt eine Beschwerde nach der anderen, bis sie sich schließlich zu einer Strafaktion entschloss. Ihre schwerfälligen Schiffe konnten jedoch mit den schnellen leichten Schiffen der Vitalienbrüder nicht mithalten.

Sie holten schnell zum Gegenschlag aus und eroberten 1392 Visby, eine Hauptniederlassung der Hanse, und nahmen Geiseln, für die sie ein beträchtliches Lösegeld forderten. Dann griffen sie mit ähnlichem Erfolg Bergen an. Sie hatten es geschafft, den Schiffsverkehr in Nord- und Ost-

see so weit zum Erliegen zu bringen, dass es nicht einmal mehr Fischerboote wagten, den Hafen zu verlassen. Zwei weitere Strafexpeditionen wurden organisiert, die beide fehlschlugen.

Aber 1402 verließ die Vitalienbrüder das Glück. Es gelang einer großen Hamburger Flotte, die Schiffe der Bruderschaft auf hoher See zu stellen. Nach heftigem Kampf wurde eine fabelhafte Beute gemacht, die die Kosten der Expedition überstieg. Störtebeker wurde hingerichtet.

Gekaperte Schiffe erstürmte sie in Begleitung zweier ihrer jungen Söhne, die genauso wild und unerschrocken wie ihre Mutter waren. Ihr Schicksal ist unbekannt, aber Jeanne de Belleville kann als die erste Piratin der Geschichte bezeichnet werden.

Piratenbanden wie die »Brave Boys of Fowey«, die die Küste der Normandie plünderten, und Piraten wie St. Ives und William Kyd waren im 14. Jahrhundert berühmt. Alle Anstrengungen der Englischen Krone, den eigenen Piraten Einhalt zu gebieten, fruchteten nichts. Die wesentliche Ursache dafür war die Tatsache, dass sie den Adel nicht unter Kontrolle hatte, der mit der Aufgabe betraut war, die Ordnung in seinem Gebiet aufrechtzuerhalten. Der Adel finanzierte ganz im Gegenteil Piratenflotten, die ihm riesige Profite einbrachten.

Auch in Kastilien ging das ungesetzliche Treiben weiter. 1477 schifften sich drei Männer aus Guipuzcoa und zwei aus Vizcaya als Passagiere auf einem englischen Schiff nach Kastilien ein[12]. Als die Mannschaft nach schwerem Kampf gegen einen Sturm ausruhte, brachten sie 33 Engländer um und warfen ihre Leichen über Bord. Dann segelten sie das Schiff nach Galicien und verhandelten mit Pedro Pérez de Sotomayor über den Verkauf der Ladung. Das Verbrechen wurde jedoch aufgedeckt, als einige der toten Seeleute an den Strand gespült wurden. Die Mörder wurden von der »Hermandad de las Marismas« zum Tode verurteilt.

Dieses Treiben dauerte bis 1495, als Heinrich VII. eine Vereinbarung mit Frankreich unterschrieb, die ein Regelwerk für Korsaren enthielt. Die Piraterie war ihnen in Kriegszeiten und ausschließlich gegen feindliche Schiffe oder deren Verbündete gestattet. Dieser Grundsatz war auf der Iberischen Halbinsel bereits 1356 von Pedro IV. von Aragón in seinen »Ordenanzas« niedergelegt worden, ebenso in der »Regulación de las Presas Marítimas«, die 1480 von den Katholischen Königen erlassen wurde, wie Isabella I. von Kastilien und ihr Gemahl Ferdinand II. von Aragón seit der Verleihung dieses Titels durch den Papst 1496 genannt werden.

So waren die Schleusen für derartige Taten geöffnet, gerechtfertigt durch das Recht auf Vergeltungsmaßnahmen, dank derer sich die Piraterie in der Neuzeit entwickeln konnte.

Das Wiederaufleben der Piraterie der Moslems

Als 1453 Konstantinopel an Mohammed II. fiel und in Istanbul umbenannt wurde, war das Ende des byzantinischen Reiches gekommen. Eine neue islamische Macht hatte sich im östlichen Mittelmeer gefestigt. Die östlichen Handelswege waren in ihrer Hand, der lukrative Handel der Venetianer und Genuesen ernsthaft bedroht.

In Spanien hatten die katholischen Monarchen ihre Königreiche vereint. Nun begann ihr Angriff auf die letzte islamische Bastion in Europa, das Königreich von Granada. Aber trotz aller Bewunderung ihrer militärischen Stärke und obwohl sie das Mittelmeer kontrollierten und Amerika entdeckt wurde, setzten sich ihre Probleme fort.

Die Einnahme von Granada führte zur permanenten Diaspora der Mauren, die, vor die Wahl gestellt, ihrem Glauben zu entsagen oder das Land zu verlassen, das Letztere vorzogen. Die meisten ließen sich an der Nordküste Afrikas nieder. Armut, Erniedrigung und der Hass auf die Könige, die ihnen alles geraubt hatten, förderten das Wiederaufleben der Freibeuterei durch die Berber. Die Berber-Staaten unterstützten dies, der Sultan von Istanbul hielt seine schützende Hand darüber.

Auf christlicher Seite hatten sich der Johanniterorden, der sich auf Rhodos niedergelassen hatte, und eine Vielzahl großer Herren aus Vizcaya, Aragón und Frankreich auf die Freibeuterei als einträgliche Alternative zum ordentlichen Handel verlegt.

Die Kräfteverhältnisse waren relativ stabil, bis an einem Sommertag des Jahres 1504[17] zwei päpstliche Galeeren mit wertvoller Fracht von Genua nach Civitavecchia fuhren. Weil auf dem friedlichen Mittelmeer keinerlei Gefahr drohte, segelten die Schiffe ohne Sichtkontakt zueinander.

Als die erste Galeere unter Kapitän Paolo Víctor die In-

Angriffe und Kaperungen: Arripay und Pero Niño

Der Korsar Harry Pay, für die Spanier »Arripay«, operierte im Auftrag der englischen Krone[13]. Er wurde in Poole in der Grafschaft Dorset geboren und trieb an der spanischen Nordküste sein Unwesen. Seine berühmteste Tat war der Raub des Heiligen Kreuzes der Kirche Santa Maria in Finisterre. In seiner Heimatstadt galt er als Held. Wenn er von seinen Beutezügen heimkehrte, gab es stets große Feste.

Pero Niño wurde in Kantabrien geboren[14]. Sein Vater war ein Landjunker, seine Mutter die Amme des späteren Königs Heinrich III. Er wurde am Hofe von Alfons I. nach dem Prinzip erzogen, »wer die ritterlichen Tugenden erlernt, sollte seine Zeit nicht mit dem Studium von Schriften vergeuden«.

Er nahm an einer Reihe von Feldzügen an Land teil. 1403 ernannte ihn der König zum Kommandanten von zwei Galeeren und einer Nao. Er war 25 Jahre alt. Im Mittelmeer verfolgte er mehrere Korsaren wie Nicolás Jiménez oder Juan Castrillo und seinen Kumpanen Diego Barresa, bekannt als Amaynar.

Nach dem Ende des Waffenstillstands von Paris und dem Wiederaufleben der Feindseligkeiten zwischen Frankreich und England war Kastilien zu einem Beistandspakt mit Frankreich gezwungen.

Pero Niño lief mit drei kastilischen Galeeren in Begleitung zweier französischer Galeeren aus. Einschließlich der Ruderer waren das etwa 1500 Mann. Er segelte an der französischen Küste entlang und griff dort englische Siedlungen an.

In England selbst plünderte er Chilbury, ein Dorf mit 300 Einwoh-nern, das dem Erdboden gleichgemacht wurde. Dann versuchte er, Plymouth zu stürmen, wobei er mit Artilleriefeuer empfangen wurde und sich zurückziehen musste. Als Nächstes überfiel er Portland und machte einige Gefangene.

Seine Flotte erreichte Poole, die Heimatstadt von Harry Pay. Die Kastilier entschlossen sich, diesen Überfall allein durchzuführen. Pero Niño führte einen grausamen Angriff und befahl, keine Gefangenen und alles dem Erdboden gleichzumachen. Sie brannten die Stadt nieder, wobei sie mit dem Schloss und den Läden begannen. Die Rache war süß.

Dann trafen englische Verstärkungen ein. Niños Männer sahen sich einem wahren Pfeilhagel ausgesetzt, wie die Chroniken berich-ten[15], und mussten sich auf die Galeeren zurückziehen, um dem Tod oder der Gefangennahme zu entgehen.

Ein gewisser Phillipot nahm mit 1000 Mann Rache und konnte 15 kantabrische Schiffe kapern. Dies war aber im Vergleich zu den Verwüstungen durch Niño unbedeutend, die der wirtschaftlichen Bedeutung der Stadt ein Ende gemacht hatten.

Im Frühjahr ergänzten drei Walfangboote die Flotte. Niño lief erneut aus. Als sie vor der Küste von Calais liefen, entdeckten sie einen englischen Konvoi, der die Tochter des englischen Königs nach Holland brachte, wo sie verheiratet werden sollte. Harry Pay war der Kommandant des Geleitzuges. Niños Männer griffen an. Die Engländer erwiderten den Angriff mit Pfeilen, Wurfspeeren, Steinen und Flammen. Die Kastilier schossen brennende Pfeile und manövrierten einen Brander in den Konvoi.

Auf dem Höhepunkt der Schlacht drehte der Wind. Die See wurde rau. Die Engländer griffen Niños

Die Taten der Korsaren aus den Hermandads wurden zu einem Problem zwischen den europäischen Monarchien. Mitte des 14. Jahrhunderts erließ Pedro IV. von Aragón ein Regelwerk zur Einschränkung ihrer Taten. Frankreich, England und Kastilien folgten erst am Ende des Jahrhunderts.

Galeere an, die durch eines der Walfangboote aus dem Getümmel gerettet wurde. Wenn man dem Chronisten folgt, hätten die Kastilier nach einer weiteren Stunde ruhiger See die Schlacht gewonnen.

Weil die Vorräte knapp wurden, entschied sich Niño zur Rückkehr nach Frankreich. Hier suchte er Hilfe für den Angriff auf die Insel Jersey, die von 4000 oder 5000 Engländern verteidigt wurde. Mit Unterstützung bretonischer Ritter ging man an Land und griff die Insel an. Mit 50 Mann stieß Niño

auf eine Gruppe, die eine Flagge mit dem Georgskreuz verteidigte. Sie wurde erobert, die restlichen Verteidiger flohen. Die Siegesbeute bestand unter anderem aus 10 000 Goldkronen und »zwölf Lanzen, zwölf Äxten und zwölf Bogen mit dazugehörigen Pfeilen ...«, die Niño für zehn Jahre übergeben wurden[16].

Der Feldzug wurde mit dem Rückruf Niños nach Spanien beendet. Zurück am Hofe, führte er ein abwechslungsreiches Leben, heiratete drei Damen edlen Geblüts und wurde 75 Jahre alt.

*Palma de Mallorca um 1480, dargestellt auf dem Altarbild
des Heiligen Georg von Pere Nisard. Museum der Kathedrale
von Palma de Mallorca.*

sel Elba passierte, sah der Ausguck eine kleine Galeote.
Der Kapitän entschied, weiterzusegeln und nicht auf die
zweite Galeere zu warten, weil er sich überhaupt nicht
vorstellen konnte, dass von diesem kleinen Küstenschiff
eine Gefahr ausgehen könnte.

Als es auf Schussentfernung heran war, drehte es bei.
An Deck stand und an den Rahen hing eine Unmenge
von bis zu den Zähnen bewaffneten Türken. Erst feuerten sie eine Salve von Pfeilen ab, dann enterten sie die
Galeere und übernahmen zur Überraschung der Besatzung sofort das Kommando. Die Sklaven wurden befreit,

die Christen im Laderaum eingesperrt. Der Kopf hinter dieser kühnen Heldentat war ein großer, kräftiger
Mann mit einem roten Bart, Aruch »Rotbart«, einer von
zwei Korsaren, die fast bis zur Mitte des 16. Jahrhunderts Panik im Mittelmeer verbreiteten. Nach Aruchs
Tod nahm sein Bruder Jeireddin »Rotbart« dessen Stelle
ein und wurde so mächtig und berühmt, dass er der
Pascha, also der Admiral, der gesamten türkischen Flotte
wurde.

Aruch Rotbart erfuhr von der zweiten Galeere. Gegen
den Rat seiner Offiziere befahl er seinen Leuten, sich wie
Christen zu verkleiden, nahm die Galeote ins Schlepptau
und wartete auf das zweite Schiff.

Der Trick erwies sich als erfolgreich. Die Mannschaft
der zweiten Galeere glaubte, dass ihr Flaggschiff das an-

In der ersten Hälfte des 16. Jahrhunderts lebte die Piraterie der Moslems wieder auf und behinderte den Handel im Mittelmeerraum. Aruch und Jeireddin »Rotbart« wurden zwischen Gibraltar und der afrikanischen Nordküste die berühmtesten und gefürchtetsten Korsaren.

dere gekapert habe und auf sie wartete, um die Überfahrt gemeinsam fortzusetzen. Rotbart wiederholte das vorherige Manöver und überwältigte die Ankömmlinge schnell. Er segelte mit seiner Beute nach Tunis, wo er als Held gefeiert wurde. Die Nachricht vom Angriff eines unbekannten Piraten verbreitete sich in Europa wie ein Lauffeuer. Dies war der Beginn des Treibens von Piraten und Korsaren im Mittelmeer. Die Plage hielt bis ins frühe 19. Jahrhundert an.

Die Entdeckung neuer Länder und die Herausbildung eines Netzes neuer Handelswege brachte die Piraterie in ganz andere Breitengrade.

Die Karibik, ein herausragender Schauplatz

Erzählungen über Piraten und Korsaren sind mit idyllischen Stränden und Schiffen mit vollen Segeln verbunden. Literatur und Kino haben das Bild eines ehrbaren Schurken geschaffen, der im heldenhaften Kampf gegen das spanische Handelssystem die Unterprivilegierten verteidigte. Aber im Gegensatz dazu vermitteln spanische Quellen und zeitgenössische Chroniken die Vorstellung, dass die Piraterie die Ursache des Unglücks der spanischen Kolonien in Amerika war. Die Wirklichkeit wird irgendwo zwischen beiden Auffassungen liegen, wenn auch nicht unbedingt genau in der Mitte.

Im 15. Jahrhundert hatte die Piraterie in der Karibik ihre Besonderheiten entwickelt und bis ins frühe 18. Jahrhundert bewahrt. Zweifellos war sie ein Teil des Krieges zu See.

Spanien verteidigte seine erworbenen Rechte. Die übrigen Nationen unterstützten die Freibeuter, um das zu bekommen, was ihnen militärisch oder diplomatisch nicht gelungen war und um das spanische Handelsmonopol zu brechen. Religiöser Fanatismus wurde eine Ursache der Auseinandersetzungen.

Aber es wäre naiv zu glauben, um es vorsichtig auszudrücken, dass die Spanier nicht auch selbst bei dem Geschäft mitgespielt hätten. Das Mittun und die Komplizenschaft der Untertanen der Katholischen Könige, die von Steuern erdrückt und von ihrem Heimatland hinsichtlich der elementarsten Dinge sich selbst überlassen blieben, waren für das Aufkommen des Schmuggels entscheidend. Das war die Keimzelle der karibischen Piraterie. Und darüber hinaus wären viele erfolgreiche Angriffe auf amerikanische Festungen ohne die Beteiligung der Überläufer gescheitert.

Die militärischen Operationen der englischen Krone im Krieg mit Spanien, an denen die Korsaren für ihren eigenen Profit teilnahmen, und die Ermunterung der Schmuggler durch die Königin und wichtige Höflinge führten zu einer Verwischung der Grenze zwischen Kaper und Piraterie.

Im 17. Jahrhundert änderte sich die Lage vollständig. Der Frieden war gesichert. Um die Schmuggelei zu unterbinden, hatten die Spanier weite Teile der Karibik verwüstet und Land für die Kolonisation durch Engländer und Franzosen freigemacht.

Ein neuer Krieg war der Vorwand für Hollands großen Angriff auf die amerikanische Küste. Handelsgesellschaften, die ein Mittelding zwischen kaufmännischen Organisationen und staatlichen Institutionen darstellten, beauftragten ihre Korsaren mit der Eroberung neuer Enklaven. Die Siedlungen auf St. Kitts, Providence und anderen kleineren Inseln waren die Anfänge dessen, was

das Versteck der Filibuster überhaupt werden sollte: La Tortuga.

England übernahm die Initiative und eroberte 1655 Jamaika. Die notwendige Verteidigung machte die Insel zu einem neuen Stützpunkt der Filibuster und zusammen mit dem niederländischen Curaçao zum Zentrum des Sklavenhandels in der Karibik.

Das Machtgleichgewicht zwischen den europäischen Nationen und die Konsolidierung ihrer Kolonien in Amerika führten zu Beginn des 18. Jahrhunderts wieder zu einer neuen Situation. Nach dem Vertrag von Utrecht, nach dem der amerikanische Markt teilweise offen stand, wurde Piraterie zu einem Problem für alle. Die Zusammenarbeit der Kolonialbehörden und der entschlossene Feldzug der Engländer sollten der Piraterie in der Karibik schließlich ein Ende machen.

Quellen

Obwohl es zahlreiche Studien über Freibeuterei und Piraterie gibt, sind seit den ersten Heldentaten von Drake und Hawkins in den spanischen Kolonien Legenden und Spekulationen weit verbreitet.

Der offenkundige Mangel an Dokumenten aus erster Hand erschwert den Vergleich zwischen offiziellen Schriften und zeitgenössischen Augenzeugenberichten. Es gibt diese Quellen tatsächlich, aber es ist praktisch unmöglich, die große Zahl von Dokumenten, Briefen und Berichten über die Anwesenheit von Piraten und Korsaren in der Karibik systematisch zu analysieren. Und schließlich würde ein solches Unternehmen den Rahmen dieses Buches weit überschreiten.

Die spanischen Quellen sind über die verschiedenen nationalen Archive weit verstreut. Viele befinden sich in Dokumenten, die unmittelbar mit dem Thema nichts zu tun haben. Aber sie liefern ein klares Bild und Augenzeugenberichte als Ergänzung zu den zeitgenössischen Chroniken. Sie bereichern substanziell den Blick auf ein Problem, das wegen seiner Komplexität und Implikationen einer fortwährenden Neubewertung unterliegt.

Piraten, Korsaren, Bukaniers und Filibuster in Amerika

Es ist nicht einfach, eine klare Trennungslinie zwischen Piraten, Korsaren, Bukaniers und Filibustern zu ziehen. Zunächst einmal ähnelte sich das, was sie taten. Es waren verschiedene Formen des alten Gewerbes der Wölfe der See, und der einzige Unterschied lag in den Umständen, unter denen sie operierten. Am einfachsten ist vielleicht die Piraterie mit Azcárraga als »eine bewaffnete Expedition zur See mit dem Ziel, Profit zu machen, die von keinem Staat autorisiert ist« zu definieren[18]. Er fügt hinzu, dass die Piraten »eine Bedrohung der allgemeinen Handelsinteressen und weniger der eines bestimmten Landes waren«.

So waren die Piraten also die Feinde des Seehandels ganz generell, und ihr Motiv war das Gewinnstreben. Sie unterwarfen sich keiner Autorität und machten keinen Unterschied zwischen Nationalitäten, wenn sie Beute machten.

Korsaren oder Freibeuter handelten in ähnlicher Weise, obwohl sie einige Regeln einhielten. Azcárraga definiert die Freibeuterei als »das seemännische Unternehmen einer Privatperson gegen die Feinde seines Staates, die mit Genehmigung und als Untertan einer kriegführenden Macht mit dem ausschließlichen Ziel operiert, dem Warenaustausch des Gegners Schaden zuzufügen, desgleichen anderen Nationen, die mit dem Feind verbündet sind«.

Die Freibeuterei hatte durch das Kaperrecht einen legalen Status. Korsaren griffen nur Schiffe an, die unter der Flagge feindlicher Nationen fuhren. Sie erhielten eine Patenturkunde als Gegenleistung dafür, dass sie einen Teil der Beute an den Staat abführten.

Es gab zwei Arten der Freibeuterei: diejenige in Kriegszeiten und diejenige aufgrund des Kaperrechtes. Ob Krieg oder Frieden – die Grenze zwischen beiden war jedenfalls sehr schmal.

Ein einsamer Strand und einige Männer bei ihrem Boot wecken die romantische Fantasie von verborgenen Schätzen.

So beriefen sich die Engländer in der zweiten Hälfte des 16. Jahrhunderts auf das Kaperrecht, um Freibeuterei in spanischen Gewässern zu betreiben.

Die Franzosen wiederum betrieben die Freibeuterei als Kriegshandlung. Ähnliche Umstände nahmen privilegierte Handelsgesellschaften in Anspruch, die ihre Monopole durch die Beteiligung an der Freibeuterei verteidigten.

Die Bezeichnungen »Bukanier« und »Filibuster« sind eine Besonderheit der Karibik und einer bestimmten Epoche der Geschichte des 17. Jahrhunderts. Die Bukaniers waren die Abenteurer, die nach der Vertreibung der Bevölkerung aus dem Norden Hispaniolas dieses Gebiet besetzten und sich dem Räuchern von Fleisch widmeten.

Der Name leitet sich von dem indianischen Wort für diesen Vorgang her. Vermutlich stammt er von der Kariben, einige Autoren ordnen ihn den Arawak zu.

Bukaniers tauchten in der zweiter Hälfte des 17. Jahrhunderts auf. Sie jagten verwildertes Vieh, vornehmlich Schweine und Kühe, konservierten und salzten das Fleisch und verkauften es oder tauschten es gegen andere Lebensmittel. Die Tatsache, dass sie die Schmuggler der Gegend versorgten und so den illegalen Handel stärkten, veranlasste die Autoritäten von Santo Domingo zu Maßnahmen gegen sie. Das wesentliche Merkmal des Lebensstils der »Brüder der Küste«, wie die Bukaniers sich selbst nannten, war die demokratische Ordnung unter ihnen selbst.

Weil Abenteurer von den kleineren Inseln von den Bukaniers Fleisch und Verstecke bekommen konnten, siedelten sie sich in La Tortuga an und wurden Filibuster. Es gibt keine Klarheit über die Herkunft dieses Namens. Am wahrscheinlichsten stammt er von dem holländischen Wort Vrijbuiter (Freibeuter) oder Flibutor (engl.) über das französische Flibustier (Freibeuter) ab.

Mit Unterstützung der europäischen Großmächte und von den Kolonialmächten von La Tortuga oder Jamaika ermächtigt, ließen sie sich für fast 50 Jahre darauf ein, nur in den spanischen Besitzungen Beute zu machen.

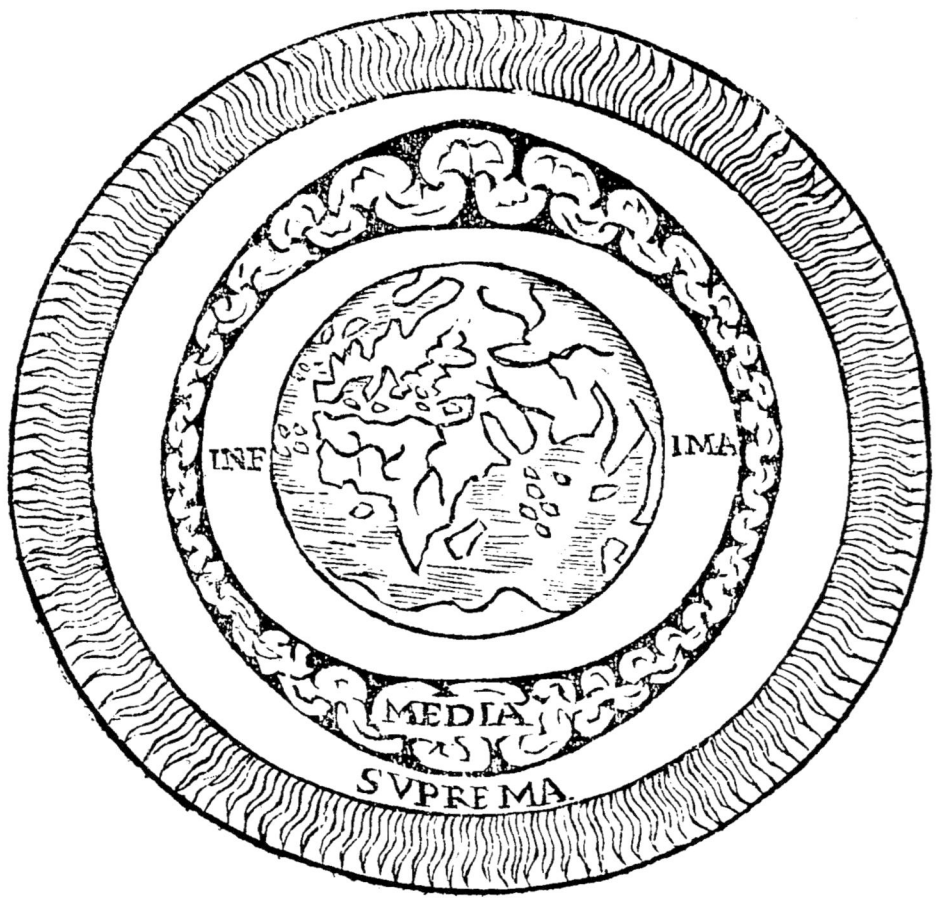

Die Welt in einem spanischen Navigationsbuch des 16. Jahrhunderts.

1.

Die Enteignung Adams
(1493–1561)

Die Legende von Indien

Nach seiner Rückkehr zur Iberischen Halbinsel schrieb Christoph Kolumbus den katholischen Königen, dass er westwärts segelnd Indien erreicht habe[1]. Er hatte sechs Inseln entdeckt, die reich an Gold und von Menschen bewohnt waren, die den Guanchen ähnelten, den legendären Bewohnern der Kanarischen Inseln. Die »Karte des Kolumbus« vom 3. März 1493 wurde zahlreichen Würdenträgern am kastilischen Hof übergeben und sehr bald in verschiedene Sprachen übersetzt und in Florenz, Rom, Antwerpen, Paris und Basel gedruckt. So begann die Legende von einem Land auf der anderen Seite des Ozeans mit nie gesehenen Reichtümern.

Das bestgehütete Geheimnis von Kolumbus und seinen Leuten war die Route, die sie gesegelt waren. Alles, was damit zusammenhing, wurde höchstgeheim gehalten. Bald erreichten die ersten Schätze Europa, ebenso die Nachricht, dass die Spanier auf Hispaniola eine Handelsniederlassung gegründet hatten, von der die Kolonisation ausgehen sollte.

1507 veröffentlichte der Radolfzeller Kartograf Martin Waldseemüller eine zwölfteilige Weltkarte mit einem beschreibenden Text, der die ptomeläische Kosmografie mit den Ergebnissen der Reisen Amerigo Vespuccis und anderer in Einklang bringen sollte. Veranlasst wurde er dazu offenkundig durch den Kartografen Mathias Ringmann, der den Italiener für den Entdecker eines neuen Kontinents hielt und vorschlug, diesen ihm zu Ehren »America« zu nennen, was sich bald durchsetzte.

So entstand eine Legende von Kannibalen, Seeungeheuern, Gold und sagenhaftem Reichtum und von grausamen Herrschern, die keine Sekunde zögern würden, jeden hinzurichten, der es wagen würde, das Meer zu überqueren. All dies erweckte die Gier der Wölfe der See, die zunächst ihre Aktivitäten darauf beschränkten, zwischen den Kanaren und Azoren und Spanien den aus Amerika zurückkehrenden Schiffen aufzulauern.

Ein Zone der Gefahr

Die Route nach Amerika war ein gut gehütetes Geheimnis. Aber jeder kannte das Ziel der Schiffe, die die Schätze aus der Neuen Welt heimbrachten: Sevilla. Hier war die »Casa de Contratación«, das staatliche Handelshaus, der unvermeidliche Endpunkt aller Schiffe aus Amerika. Ein Schiff auf dem Atlantik zu finden war so schwer, wie eine Nadel im Heuhaufen zu suchen. Aber dort darauf zu warten, wo es Wasser und Proviant übernehmen musste, war wie Forellenangeln auf einer Sandbank.

Gleichwohl gab es zunächst nur sehr vereinzelte Angriffe. Bei seiner ersten Reise entdeckte Kolumbus französische Korsaren nahe den Kanarischen Inseln. Bei seiner dritten Reise entschloss er sich, über Madeira zurückzusegeln, um eine Flottille bei Kap San Vicente zu umgehen.

Die Hauptgefahren für die rückkehrenden Schiffe waren die Berber-Korsaren, besonders die Brüder Rotbart, die das Mittelmeer verlassen und sich bei den Kanaren stationiert hatten, sowie die Angriffe der Franzosen bei den Azoren und der Straße von Gibraltar. Anfänglich hielt man es für die wirksamste Maßnahme, die Schiffe zu bewaffnen. Um dies zu fördern, wurde 1502 ein königliches Dekret erlassen[2], das den Bau von Karacken als Geleitschiffe anordnete, vor allem für Schiffe mit mehr als 1500 Tonnen.

Es erwies sich als wirkungsvoll, die Küsten mit bewaffneten Wachbooten zu schützen, die feindliche Schiffe jagten. Man begann 1505 damit, indem man in Sevilla Fustas (einmastige Galeeren) mit Waffen ausrüstete und in die Straße von Gibraltar sandte.

Die seegehenden Schiffe waren noch nicht Opfer von Angriffen geworden, die besondere Maßnahmen erforderlich machten. 1507 läuteten die Alarmglocken, als die Störenfriede immer häufiger auftauchten. Zusätzliche Maßnahmen wurden als Ergänzung der Selbstverteidigung und der Küstenpatrouillen vorgeschlagen. Deshalb stellte Juan de la Costa im Sommer desselben Jahres eine Armada zusammen, deren Aufgabe darin bestand, die von den Westindischen Inseln zurückkehrenden Schiffe zu schützen. Die »Casa de Contratación« sammelte bei den Händlern Geld ein, um zwei Karavellen zu bewaffnen.

Es wurde jedoch nichts Größeres unternommen, bis 1512 und 1513 zwei Kanonenschiffe zu den Kanaren geschickt wurden, die rückkehrende Schiffe eskortieren sollten.

Die Freibeuterei, die von den Katholischen Königen im letzten Viertel des vorhergegangenen Jahrhunderts verboten worden war, wurde nun zum Schutz der Küste gefördert. Es wurde ein Gesetz erlassen[3], nach der die Beute in fünf gleiche Teile aufzuteilen sei: ein Fünftel für den König, zwei für die Offiziere und die Mannschaft, eins für den Schiffsbesitzer und eins für den Befrachter. Wenn ein königliches Schiff Beute machte, fielen die letzten beiden Fünftel an die königliche Schatulle.

Erst 1521, als der erste Krieg zwischen Frankreich und Spanien (1521–1526) ausbrach, machten systematische Angriffe von Korsaren im Dienste des französischen Königs Franz I. permanente Eskorten erforderlich.

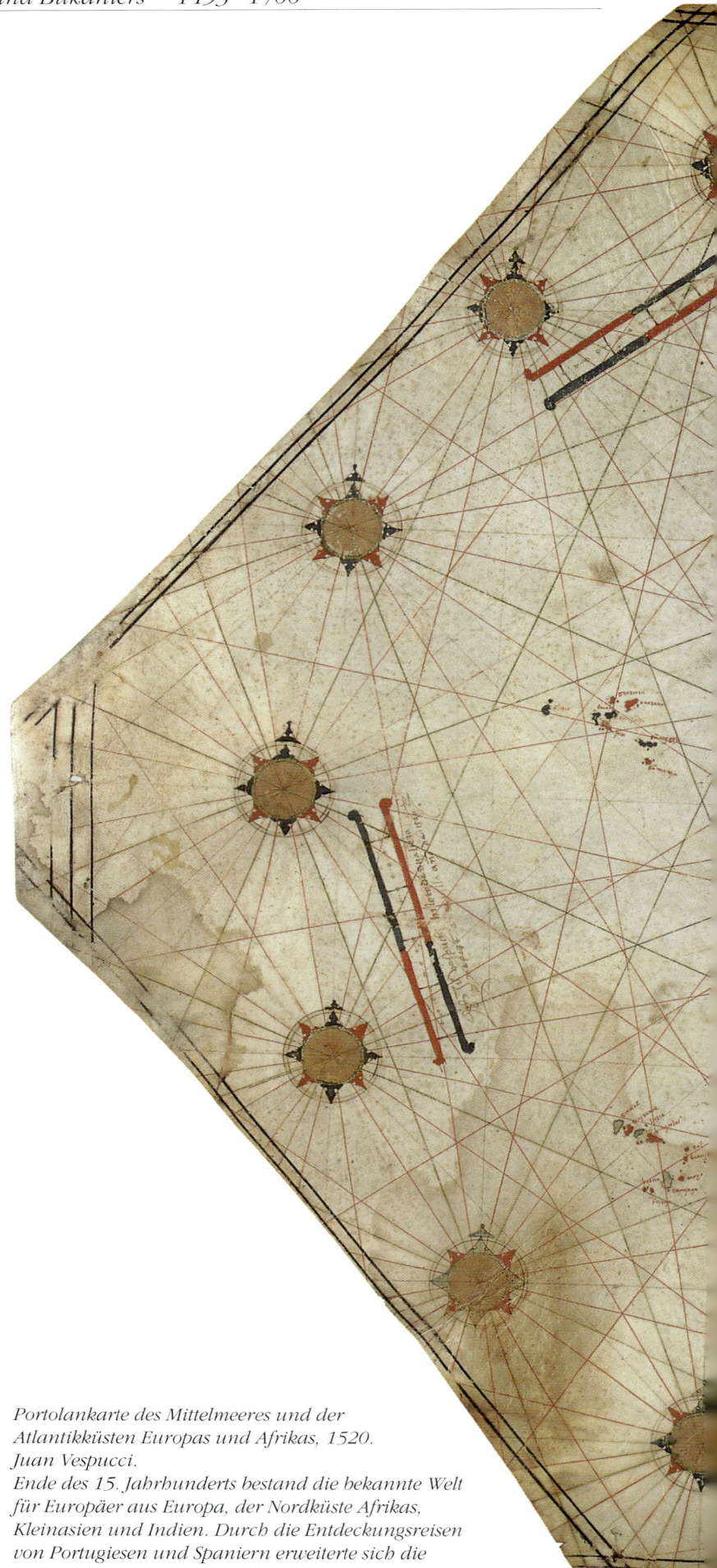

Portolankarte des Mittelmeeres und der Atlantikküsten Europas und Afrikas, 1520. Juan Vespucci.
Ende des 15. Jahrhunderts bestand die bekannte Welt für Europäer aus Europa, der Nordküste Afrikas, Kleinasien und Indien. Durch die Entdeckungsreisen von Portugiesen und Spaniern erweiterte sich die Weltsicht dramatisch.

EVROPA

AFRICA

montes claros

Die Bulle »Inter Caetera« von Papst Alexander VI.

Wem gehört das Meer?

Mit der Entdeckung neuer Länder entstanden zwischen der kastilischen und der portugiesischen Krone Auseinandersetzungen darüber, welche Rechte ihnen der Vertrag von Alcovaça einräumte. Verhandlungsdelegationen beider Länder waren 1493 nicht in der Lage, den Streit zu klären. So entschloss man sich, den Fall vor Papst Alexander VI. zu bringen.

Dank der Klugheit des kastilischen Botschafters, der Bereitwilligkeit der katholischen Monarchen und der Tatsache, dass der Papst ursprünglich Untertan von Ferdinand und Isabella gewesen war, war die römische Kurie außerordentlich bereitwillig, Bullen zugunsten Kastiliens zu erlassen.

Für die Krone von Kastilien mussten zwei Dinge juristisch geklärt werden. Zum einen brauchte man eine Schenkungsurkunde, die Kastiliens Besitz an neu entdeckten Ländern bestätigte, zum anderen eine Grenze zwischen dem kastilischen und portugiesischen Einflussgebiet.

Die beiden Bullen vom 3. Mai 1494 »Inter Caetera« und »Eximiae Devotiones« entsprachen Kastiliens Forderungen und gewährten den Katholischen Köni-

gen die Länder, die keinem anderen christlichen Souverän gehörten.

»Inter Caetera« zog eine Demarkationslinie von Pol zu Pol, die den Meridian der Azoren passiert. Kastilien erhielt Rechte auf alle davon westlich gelegenen Territorien zugesprochen. Portugal erklärte sich damit jedoch nicht einverstanden.

Am 26. September 1493 erzielte Kastilien mit der Bulle »Dudum Siquidem« einen großen Sieg. Sie gewährte Kastilien Rechte an allen östlichen Inseln und denen im Indischen Ozean, sofern sie beim Segeln Richtung Westen entdeckt wurden.

Weil Portugal »Inter Caetera« nicht anerkannte, beraumten Kastilien und Portugal Verhandlungen an. Schließlich einigte man sich am 7. Juni 1494 im Vertrag von Tordesillas auf eine neue Demarkationslinie 370 Leagues (alte Meilen, entspricht drei nautischen Meilen) westlich der Kapverden. Der Ozean war nun aufgeteilt und die Vorstellung eines »Mare Clausum« bestätigt.

Unterdessen schickten die gleichsam enterbten Franzosen und Engländer ihre Piraten und Korsaren in den Atlantik, um das iberische Monopol zu brechen.

Karte der Karibik und der Festlandsküsten, 1734. Antonio Abreu und Mattos. Auf der anderen Seite des Ozeans harrte die Karibik der Ankunft der Spanier. Ab 1492 wurde sie das Tor nach Amerika und der Hauptschauplatz in der Geschichte der Piraterie.

Die erste Beute Floríns nach Cortéz' Eroberung Mexikos enthielt auch die berühmte Federhaube Montezumas, dazu »... 88 000 Castellanos in Goldbarren ..., viele Juwelen und Perlen, manche groß wie Mandeln, und viele Edelsteine, Smaragden ähnlich...«

Aufstieg und Fall von El Florentino

Die Legende des ersten Piraten, der Schätze aus der Neuen Welt erbeutet hat, beginnt schon mit seinem Namen und seiner Herkunft. Jean Fleury, Juan Florín und El Florentino sind drei der Namen, die einem Menschen zugeschrieben werden, der offenkundig Anfang des 16. Jahrhunderts in Florenz geboren wurde, obwohl einige französische Autoren behaupten, er stamme aus Vatteville-sur-Seine[4]. Die meisten stimmen allerdings darin überein, dass sich hinter diesen Pseudonymen Giovanni da Verrazzano verbirgt, Bruder des Florenzers Girolamo Verrazzano, Geograf in den Diensten von Franz I.[5]

Keinerlei Zweifel gibt es bei El Florentinos Beschäftigung: Piraterie. Er diente Jean d'Ango, einem italienischen Befrachter, der sich in Dieppe niedergelassen hatte. Für ihn kaperte er alle Schiffe, die in seine Reichweite kamen. Beide hatten mit dem französischen König eine außerordentliche Vereinbarung getroffen: Sie bekamen

jährlich eine Summe von 4000 Kronen dafür, dass sie keine Schiffe unter französischer Flagge aufbrachten und die des Feindes jagten. D'Ango häufte bald ein beträchtliches Vermögen auf und wurde zu einer Respektsperson. Er bekleidete den Posten eines Ratsherrn, Inspektors des Salzlagers, Kapitäns und andere Machtpositionen in seiner Stadt.[6]

Das Operationsgebiet von El Florentino und seinen Männern lag zwischen den Azoren, Kanaren und der Iberischen Halbinsel. Hier lauerten sie auf ahnungslose Schiffe. Eine seiner ersten Taten war die Verfolgung einer Flottille bis nach Puerto de la Luz. Sie bestand aus sieben Schiffen, die Kolonisten auf die Kanarischen Inseln brachten. Er konnte einige davon kapern. Der Gouverneur von Gran Canaria, Pedro Suárez de Castilla[7], bewaffnete fünf Schiffe für die Verfolgung von El Florentino, die einige Schiffe und Gefangene wieder befreien konnten.

Seine größte Heldentat fand im Frühjahr 1522 statt. Sie war das Ergebnis eines Zufalls. Cortéz hatte drei Karavellen geschickt, die das »königliche Fünftel«[8] der Schätze transportierten, die bei der Eroberung Mexikos angefallen waren, außerdem viele andere Geschenke für die verschiedensten Persönlichkeiten. Gold, Silber, Smaragde und andere Edelsteine, Masken, Umhänge und die berühmte mit grünen Federn des Vogels Quetzal geschmückte Haube Montezumas sowie zahlreiche exotische Tiere waren darunter. Außerdem hatte Cortéz noch einige Indianer und Erzeugnisse der Neuen Welt wie Zucker, Felle und Mais geschickt.

Eine Legende besagt, dass die Verwünschungen der Indianer demjenigen viel Unglück bringen würde, der diese Schätze stiehlt. Und tatsächlich war die Reise von Beginn an vom Pech verfolgt.

Die Schiffe näherten sich nach einer rauen Überfahrt den Azoren. Etliche Segel kündigten am Horizont die Anwesenheit von El Florentinos Schiffen an, die schnell zum Angriff auf zwei Karavellen übergingen und sie kaperten. Der dritten mit dem Schatz an Bord gelang es, bei der Insel Santa María Zuflucht zu finden, ohne dass die Korsaren dieses Manöver bemerkten.

Die Karavelle wartete einige Tage ab, und als man die Gewässer sicher wähnte, stach man erneut in See, diesmal in Begleitung von drei Schiffen Domingo Alonsos, der auf der Heimfahrt aus Santo Domingo war. Florín war allerdings in Lauerstellung geblieben und fing die Flottille vor Kap San Vicente ab. Die Korsaren überwältigten trotz einer guten Verteidigung zwei Karavellen. Die eine hatte den Schatz an Bord, die zweite von Domingo Alon-

Florín wurde in Colmenar, heute Villa de Monbeltrán, an einem Pass in der Sierra de Gredos hingerichtet.

so Gold, Perlen und eine große Zuckerladung. Der Kommandant der Flottille, Alonso Dávila, wurde gefangen genommen.

Es war eine gewaltige Beute: »...88000 Castellanos in Goldbarren; der Schatz des großen Montezuma, den Cuauhtémoc in seiner Gewalt hatte, der ein schönes Geschenk für unseren Caesar war, weil er viele reiche Juwelen und Perlen enthielt, manche groß wie Mandeln, und viele Koschenillen, die so wertvoll wie Smaragde sind ...«[9].

Florín übergab die besten Stücke an Franz I., woraufhin sich die Kunde von den gewaltigen Schätzen Amerikas wie ein Lauffeuer in Frankreich verbreitete. Florín wurde mit Ehren überschüttet und setzte bald wieder die Segel, aber diesen großen Erfolg konnte er nicht wiederholen.

König Karl V. schrieb an den französischen König, um gegen die Taten von Florín zu protestieren und ihn zu drängen, das Diebesgut zurückzugeben. Die ironische Antwort des Franzosen hat Geschichte geschrieben: »... Wie kommt es, dass Ihr und der König von Portugal die Welt nur für Euch haben wollt und nichts für mich lasst? Zeigen Sie mir in Adams letztem Willen und Testament die Stelle, wo geschrieben steht, dass Ihr die einzigen Erben jener Länder seid und das Recht habt, alles vom Meere zu nehmen, was Ihr könnt.«[10]

Der König rechtfertigte so den Angriff und ermutigte durch seine Haltung französische Korsaren, die nun auf den Schifffahrtswegen der Spanier permanent Position bezogen. Die Spanier unternahmen umgehend etwas. Im Juni des gleichen Jahres wurde der Befehl erteilt, ein Geschwader gegen die Korsaren auszurüsten. Im September wurde mit der »Comercio de Sevilla« ein feierliches Abkommen unterzeichnet, das Geschwader aus Zolleinnahmen zu finanzieren. In den folgenden Jahren stachen verschiedene Formationen in See.

1526 brachen weitere Feindseligkeiten zwischen Franz I. und Karl V. aus (1526–1529). Dieses Mal mobilisierten beide Seiten ihre Korsaren und handelten damit vermutlich in legitimer Selbstverteidigung. Der König hob das Verbot

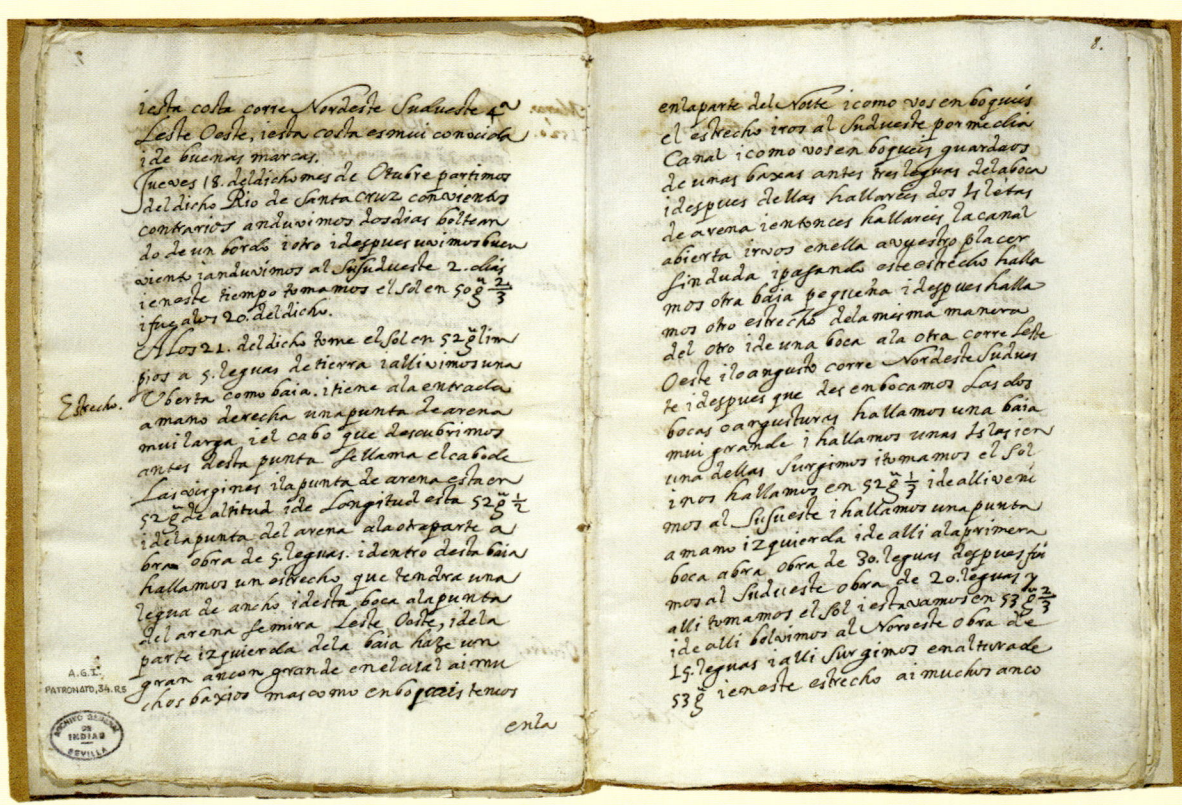

Logbuch der Weltumseglung von Juan Sebastián Elcano, 1519–1522.

Primus Circundidisti Me

Im Januar 1519 gab es nur ein Thema am kastilischen Hof. Unter der Schirmherrschaft des Königs wurde in Sevilla eine größere Expedition vorbereitet. Sie stand unter dem Kommando des Portugiesen Ferdinand Magellan und sollte westlich zu den Molukken segeln, den Gewürzinseln, deren Handel von den Portugiesen kontrolliert wurde. Die Idee war, südlich zum Kap der Guten Hoffnung und dann westwärts zu segeln.

Fünf Schiffe wurden für das Abenteuer ausgerüstet. Die *Trinidad* hatte 110 Tonnen und wurde von Magellan selbst kommandiert, der den Titel eines Generalkapitäns führte. Die *San Antonio* hatte 120 Tonnen. Ihr Kapitän war Juan de Cartagena, zugleich Generalinspekteur der Armada. Die *Concepción* unter Kapitän Gaspar de Quesada hatte 90 Tonnen, die *Victoria* unter Luis de Mendoza, zugleich Generalschatzmeister, 85 Tonnen, und die *Santiago* unter dem Lotsen Juan Serrano war ein Schiff mit 75 Tonnen.

Männer sehr verschiedener Herkunft gingen an Bord: 31 Portugiesen, darunter Magellan und die meisten Steuermänner; 29 Italiener, die meisten aus Genua oder Venedig; 17 Franzosen; 6 Griechen; 6 Flamen; 5 deutsche Kanoniere; 4 Engländer; 1 Maure; 2 Malayen; 4 schwarze Sklaven und 165 Spanier, die meisten aus Vizcaya. Unter ihnen ragten zwei besonders heraus: Juan Sebastián Elcano aus Guetaria war der Erste Maat der *Concepción* und entscheidend für den Erfolg der Expedition, und Antonio Pigafetta, bekannt als Antonio Lombardo und der Diener des Kapitäns, der das Logbuch führte.

Am 10. August 1519 segelten die fünf Schiffe den Guadalquivir hinunter und mussten bis zum 27. in Sanlúcar warten, bis sie auf das offene Meer hinaus konnten.

In den fast drei Jahren, die sie zur Erfüllung ihrer Mission brauchten, segelten sie mehr als 17000 Leagues (über 90000 km). Sie sahen die Kapverdischen Inseln, die Küste von Brasilien und den Rio de la Plata. Sie überwinterten in San Julián und entdeckten und passierten die Magellanstraße. Im Pazifik kamen sie zu den Marianen, den Phillipinen, den Molukken, nach Mindanao, Borneo und Timor und kehrten schließlich durch den Indischen Ozean, um das Kap der Guten Hoffnung und über die Kapverden und Sanlúcar wieder zurück.

In seinem Manuskript beschreibt Pigafetta fantastische Orte und Tiere, Vögel, die Wale töteten, den Baum, der Wasser gab, Frauen, die Wind machten, die gigantischen Patagonier und die Pygmäen der Insel Arucheto, etwa einen Meter groß und mit so großen Ohren, dass sie beim Schlafen eins als Kissen und eins als Decke benutzten.

Von den 270 Mann starben 160 bei dem Abenteuer. Andere erlitten die verschiedensten Schicksale. Magellan selbst wurde am 27. April 1521 bei einem Scharmützel mit Eingeborenen auf der Insel Mactan getötet.

Auch die Schiffe hatten ihre Schicksale. Die *Santiago* erlitt an der Küste von Patagonien Schiffbruch; die *San Antonio* desertierte in die Straße von Gibraltar und kehrte mit ihren 45 Mann nach Spanien zurück; die *Concepción* wurde bei der Insel Bobon unmanövrierbar, aufgegeben und in Brand gesetzt; auf den Molukken versuchte man, die *Trinidad* zu reparieren und dann nach Panama zu segeln, wo sie nie ankam. Nur die bescheidene *Victoria* erfüllte ihre Mission und kehrte auf der geplanten Route nach Spanien zurück.

Sie erreichte am 6. September 1522, drei Jahre minus zwei Wochen nachdem sie in See gestochen war, Sanlúcar mit einer 18-köpfigen Mannschaft unter dem Kommando von Elcano. In Tadore hatte man die Segel der *Victoria* mit dem Kreuz von Santiago bemalt, und die Aufschrift ESTA ES LA VERA FIGURA DE NUESTRA BUENAVENTURA (»Dies ist die wahre Form unseres Glücks«) grüßte Sevilla.

Elcano wurde vom König in Valladolid empfangen, er erhob ihn in den Adelsstand und bekam ein Wappen, das den Globus und den Satz PRIMUS CIRCUNDIDISTI ME (»Ich umsegelte als Erster die Welt«) trug.

Die ständige Bedrohung durch französische Korsaren ließ die Spanier ein Geschwader zum Küstenschutz formieren, das die Schiffe aus Amerika zwischen den Azoren und Sevilla schützen sollte. Álvarao de Bazán organisierte diese Flotte am Beginn seiner Karriere und wurde später »Capitán General de la Mar Océana«. 1555 waren die europäischen Gewässer eine Zeit lang piratenfrei.

der Freibeuterei wieder auf. Viele Seeleute entschlossen sich, ihr Glück bei diesem Abenteuer zu versuchen.

Unter ihnen war Martín Pérez de Irízar[11], auch als »Martín de Rentería« oder »El Capitán de Rentería« bekannt, ein berühmter Seemann aus Guipuzcoa, der sich selbst als einen der erfolgreichsten Korsaren in Diensten der spanischen Krone bezeichnete. Sein Operationsgebiet erstreckte sich von Kap San Vicente bis nach Italien. Er kontrollierte die Straße von Gibraltar und verfolgte Korsaren zu ihren Verstecken im Mittelmeer.

Floríns Glück näherte sich dem Ende. Als er am 3. Oktober 1527[12] nahe Kap San Vicente durch die Straße von Gibraltar segelte, entdeckte er eines der sechs Kriegsschiffe aus dem Vizcaya-Geschwader unter Kapitän Martín Pérez de Irízar auf dem Weg nach Cadiz. Pérez erkannte die französischen Farben und ging zum Angriff über. Nach hartem Gefecht, in dem 37 Spanier getötet und 50 verwundet wurden, ergaben sich die beiden französischen Galeonen. Eine hatte Florín selbst von Martín Aldabe gekapert. 150 Mann wurden gefangen genommen. Einer von ihnen enthüllte seine Identität als Juan Florín und bot für seine Freilassung die fabelhafte Summe von 300 000 Dukaten[13].

Angesichts dieses erstaunlichen Vorschlags wurde der Gefangene zum Handelshaus in Sevilla gebracht, wo er zugab, mehr als »... 150 Schiffe, Galeeren, Galeonen, Zabras und Brigantinen ...«[14] gestohlen und versenkt zu haben. Man entschied sich, ihn vor das oberste Gericht zu bringen, wo der König selbst über sein Schicksal und das einiger seiner Kameraden entscheiden würde. Als Florín schwer bewacht dorthin überführt wurde, schickte man einen Boten zum König, um ihn von diesem Verfahren zu informieren. Er fällte eine kategorische Entscheidung: Florín sollte genau dort hingerichtet werden, wo ihn diese Nachricht erreichen würde.

Das Schicksal fügte es, dass die Exekution in Puerto del Pico[15] an der alten Römerstraße stattfinden sollte, welche die Meseta und Andalusien über die Sierra de Gredos verbindet. Florín wurde in Colmenar[16], heute Villa de Monbeltrán, zusammen mit seinem Ersten Offizier, Michel Feré, und einem dritten Mann namens Mezières hingerichtet[17].

Für die Gefangennahme Floríns und andere Erfolge gegen die Korsaren verlieh der König Pérez de Irízar[18] durch ein am 6. Juni 1529 in Barcelona unterzeichnetes Privileg ein Wappenschild, das an seine Heldentaten erinnerte: den Sieg nach eintägigem Kampf über 17 Galeeren von Rotbart; den Sieg über Florín; die Gefangennahme eines griechischen Korsaren und die Befreiung von 47 Gefangenen, die Galeerensklaven des Vizekönigs von Sizilien werden sollten.

Französische Korsaren – eine Armada des Krieges

Während der Regierungszeit von Franz I. führten seine fortwährenden Kriege gegen den spanischen König und sein Bündnis mit dem türkischen Sultan zu einer Institutionalisierung der Freibeuterei in den Häfen Frankreichs.

Die Aktivitäten dieser Freibeuter spielten sich hauptsächlich in zwei Gebieten ab – einem auf jeder Seite des Atlantiks. In den Gewässern zwischen den Kanaren und den Azoren kamen häufig Angriffe auf Schiffe vor, die aus Amerika zurückkehrten, und es gab auch Versuche, einige der Kanarischen Inseln zu plündern.

Amerikanische Befestigungen wurden erstmals 1528 angegriffen[19]. Ein unbekannter Pirat kaperte nahe Lanzarote eine spanische Karavelle und zwang den Kapitän, ihm zu zeigen, wie man den Ozean überquert. Er erreichte Margarita und segelte die Küste entlang bis nach Puerto Rico, wo er die Karavelle bei Cabo Rojo versenkte. Auf der Insel stürmte und plünderte er San Germán

Rechtsformen der Freibeuterei

Freibeuterei war nicht die Tat von Privatpersonen, sondern von Regierungen mit ihrer Autorität und Rechtsprechung für die Gewässer genehmigt, in denen sie stattfand. Ganz generell wurde Freibeuterei als eine Methode verstanden, den Handel und die Versorgung des Feindes in Kriegszeiten zu verhindern. Gleichzeitig war es auch eine Methode, Geschwader gegen den Feind aufzustellen. Ausnahmsweise gab es die Freibeuterei auch im Frieden als Vergeltungsmaßnahme.

Freibeuter erhielten einen Vertrag, den Kaperbrief. Die häufigsten Formen sind im Folgenden beschrieben.

LET PASS (Passierschein): Eine der Segelerlaubnisse für englische Schiffe bei den Westindischen Inseln. Das Dokument bestand aus einem Brief, in dem die ausstellende Behörde den Überbringer benannte und die Behörden für die entsprechenden Seegebiete darum bat, ihm freie Durchfahrt zu einem bestimmten Ziel zu gewähren. Missbrauch und unklare Bezeichnungen in den Passierscheinen führten bei einigen Briefen zu Klauseln wie »in gutem Glauben«.

Die Spanier förderten die Ausgabe von Passierscheinen (»Permiso de Paso«) für ihre eigenen Hoheitsgewässer, wenn das Reiseziel außerhalb lag. Sie erteilten auch »Cartas de Seguro y Salvoconductos«, also Dokumente für freies Geleit, in denen die Verbündeten um freie Durchfahrt und den Verzicht auf Kaperung gebeten wurden.

Korsaren wie Richard Guy, William James und Edward Mansfield nutzten solche Dokumente als legales Empfehlungsschreiben für ihre Freibeuterei.

LETTER OF MARQUE (Kaperbrief): Eine andere legale Formel, um einen Freibeuter zu bezeichnen. Sie machte einen Unterschied zwischen Mannschaften, die regelmäßig »wie Seeleute der Handelsflotte« bezahlt wurden, und solchen, die den rechtmäßigen Besitzern Ladung raubten, wie die Piraten der Vergangenheit.

Kaperbriefe scheinen nur in Kriegszeiten ausgestellt worden zu sein. Sie waren die großzügigsten Dokumente ihrer Art. Das erste Mal tauchen sie im 13. Jahrhundert auf. Einer aus dem Jahre 1404 legitimierte die Taten von Harry Pay.

Englische Handelsschiffe und Freibeuter, die um 1701 unter dem Union Jack segelten, hatten einen »Letter of Marque« und unterschieden sich von Schiffen der Royal Navy, die allein mit dem Union Jack fahren durften, durch zwei bordeauxrote Punkte in der Nähe des Flaggenmastes.

Kaperbriefe waren im 16. Jahrhundert selten. Nur Persönlichkeiten von beträchtlichem Einfluss erhielten sie, etwa Cumberland, Chidley und Raleigh.

LETTER OF REPRISAL (Prisenbrief): Hier handelt es sich um eine besondere Form des Kaperbriefes, deren Anfänge auf das späte 13. Jahrhundert zurückgehen. Wenn ein Fall nicht auf legalem Weg gelöst werden konnte, also zum Beispiel die spanischen Behörden sich weigerten, Beschwerden über Plünderungen durch ihre Korsaren entgegenzunehmen, gaben die französischen oder englischen Behörden einen »Letter of Reprisal« heraus, der die geschädigte Partei ermächtigte, ihren Schaden durch Vergeltung auszugleichen. Der Geschädigte konnte Schiffe und Ladungen wie in Kriegszeiten kapern. Die Beute durfte aber eine geschätzte Höhe nicht überschreiten, die dem Schaden, den Kosten und einem kleinen Aufschlag entsprach. Die Beute wurde zwischen dem Befrachter, den Offizieren und der Mannschaft gedrittelt. Die Flagge ähnelte der von Schiffen mit einem Kaperbrief.

Die Voraussetzungen für einen Prisenbrief wurden 1585 spezifiziert. Der Antragsteller hatte beim Obersten Gericht der Admiralität eine Beschwerde gegen ein bestimmtes Land einzureichen, die eine bewiesene Aussage, gestützt durch einen oder mehrere Zeugen, enthalten musste.

Die Beschwerdeschrift musste den Namen und Tonnage des Schiffes, Namen des Dienst tuenden Kapitäns und der Mannschaften, Ausrüstung und Befrachter aufführen.

Der Besitzer eines Prisenbriefes hatte eine Gebühr zu bezahlen und durfte ein halbes Jahr lang auf Prisenfahrt gehen. Nach dieser Zeit erlosch der Prisenbrief, obwohl Freibeuter häufig mit ausgelaufenen Lizenzen operierten. Dann mussten sie sich bei ihrer Rückkehr nach England mit der Admiralität auf eine Ausgleichszahlung einigen.

Vor dem Auslaufen war ein Pfand bei der Admiralität zu hinterlegen, um eventuelle Schäden Dritter abzudecken und zu garantieren, dass man sich streng an die festgelegten Bedingungen hielt. In der Regel betrug diese Summe 3000 Pfund pro Schiff.

---

und brannte die Stadt schließlich nieder[20]. Sie war das erste unglückliche Opfer dieser Art von Aggression.

Während des dritten spanisch-französischen Krieges (1536–1538) bildete Franz I. eine große Armada von Freibeutern, die in zwei unabhängig voneinander operierende Geschwader aufgeteilt war[21]. Ein Geschwader wurde von Maiguet kommandiert, den die Spanier »May Get« oder »Señor de Roubost« nannten. Es bestand aus zwölf Schiffen und patrouillierte in den Gewässern um Kap San Vicente und die Kanaren. Das zweite unter dem Kommando von Admiral Bnabo hatte eine Galeone, zwei Naos und eine Karavelle. Es hielt sich an der afrikanischen Küste bis zu den Kanaren auf.

Als erste Operation griff Maiguet eine Flotte aus Santo Domingo an und kaperte zwei Galeonen. Das spanische Geschwader aus drei Kriegsschiffen unter Miguel Perea nahm die Verfolgung auf, eroberte die gekaperten Schiffe zurück und zwang zwei französische Schiffe, sich zu ergeben. Maiguet fiel in dem Kampf[22].

Bnabo hatte mehr Glück[23]. Er entdeckte Mitte Januar eine Handelsflotte aus 13 Naos und einer Karavelle, die ohne Geleitschutz aus Sanlúcar gesegelt kamen.

Als er angriff, ergaben sich einige dieser Schiffe. Er überließ seine eigene Karavelle mit den Gefangenen an Bord Wind und Wellen. Dank der Fähigkeiten eines von ihnen, Nicolás de Nápoles, erreichten sie bei Chipiona die Küste[24].

Die Franzosen blieben in dem Gebiet und kaperten nahe Lanzarote Juan Gallegos Nao. Dann näherte sich Bnabo der Küste, um an irgendeinem Strand alle gefangenen Frauen mit Ausnahme zweier Mädchen, die er mitnehmen wollte, an Land zu lassen.

Seine Abenteuer endeten im Frühmärz vor Santa Cruz auf Teneriffa. Bnabo versuchte, die Stadt zu stürmen. Aber er stieß auf Miguel Pereas Flotte aus drei Kriegsschiffen, die ihn erwartet hatten. Diese kleine Armada hatte sich mit der Flottille des Portugiesen Simao Lorenzo vereinigt und war auf dem Weg nach Amerika. Perea

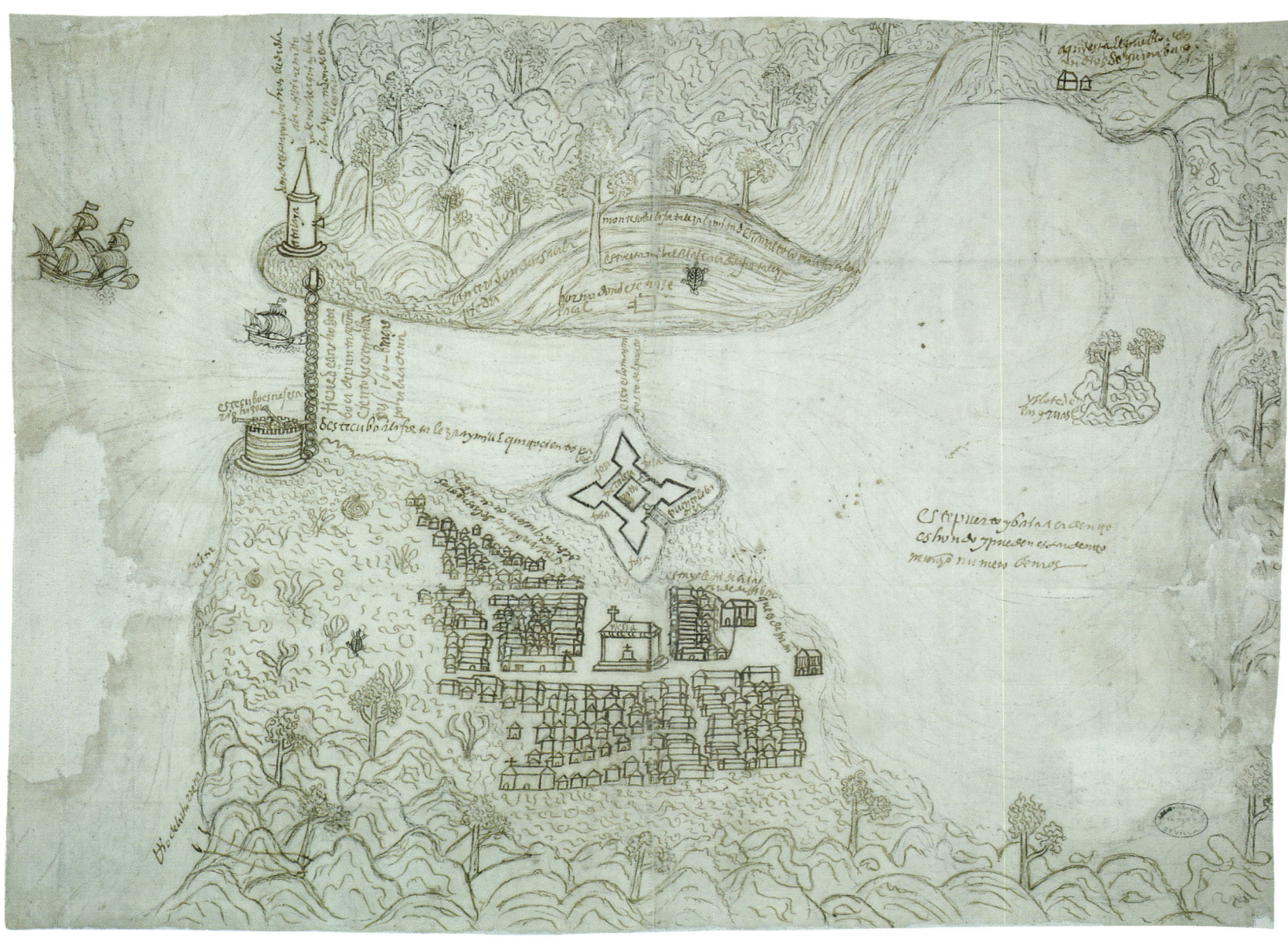

Plan von Havanna, 1567.
Kuba und besonders die Städte Santiago und Havanna waren durch Piraten besonders verwundbar. Die Angriffe von Männern wie Roberval 1543 und Sore 1554 hatten für die Einwohner schreckliche Folgen.

zwang einige französische Schiffe, darunter das Flaggschiff Bnabos, zur Aufgabe. Er befreite etwa 40 Gefangene, die er nach Las Palmas brachte, bevor er seine Reise fortsetzte. In der Zwischenzeit zerstörte Lorenzo einige französische Siedlungen auf der Insel Lobos.

Auch in den amerikanischen Gewässern operierten französische Korsaren. Während des dritten Krieges wurden etliche Schiffe in den Gewässern von Chagres und Havanna angegriffen.[25]

Zum ersten Mal gab es vorbeugende Maßnahmen: Gold und Silber aus Amerika musste so lange in Santo Domingo bleiben, bis eine große Flotte die Schätze nach Spanien transportieren konnte.

Im April 1538 gab es einen Versuch, Santiago de Cuba zu stürmen. Er wurde von Diego Pérez' Karavelle zurückgeschlagen. Ein weiterer Angriff auf San Germán[26] scheiterte ebenfalls.

Der erste englische Angriff fand in der Karibik 1540 statt. Am 17. August schrieb Cervantes de Loaysa einen Brief an den spanischen König und berichtete, dass ein englisches 400-Tonnen-Schiff eine spanische Nao, beladen mit Fellen, Zucker und Zimt, gekapert habe. Das englische Schiff strandete in Cabo Tiburón. Die Besatzung wechselte auf das spanische Schiff über und ließ einige ihrer Kanonen zurück. Ihr Kapitän war ein Franzose, der während der Gefechte floh und sich später auf der Insel ergab.

Nachdem 1541 der Friedensvertrag unterzeichnet worden war, sandte der spanische König Diego Fuenmayor als Botschafter an den französischen Hof. Er hatte den Auftrag, Franz I. zu bewegen, alle seine Korsaren vom Meer zurückzuziehen und die unrechtmäßig eingezoge-

Die Schifffahrtswege des Atlantiks

Als spanische Schiffe von der Iberischen Halbinsel aus den Atlantik zu ihren überseeischen Zielen überquerten, taten sie dies auf bestimmten Routen, die bald allen europäischen Seefahrern bekannt waren. Der amerikanische Kontinent wurde auf einem südlichen Kurs erreicht. Die Schiffe legten üblicherweise in Sanlúcar de Barrameda ab, setzten einen Kurs zu den Kapverdischen Inseln und hatten ihren ersten Zwischenaufenthalt auf den Kanarischen Inseln. Die Kanaren waren nach 12 bis 14 Tagen erreicht, die Kapverden vier oder fünf Tage später. Auf dem 14. Breitengrad wandten sie sich westwärts nach Deseada ①, obwohl sie mit dem Ziel Trinidad auch weiter zum 14. Breitengrad segeln konnten ②. Während der Überfahrt sollte sie der Passatwind zu den »Inseln über dem Wind« (nördl. Antillen) treiben. In Trinidad kamen sie etwa 30 Tage nach ihrer Abfahrt an, in Deseada zehn bis zwölf Tage später.

Etliche Kurse in der Karibik führten zu den Hauptzielen. Die meisten Schiffe benötigten etwa die gleiche Zeit, um dorthin zu gelangen. Puerto Rico im Norden wurde nach etwas mehr als 50 Tagen ab Sanlúcar erreicht, Santo Domingo zwei oder drei Tage später. Man brauchte 65 Tage nach Havanna und etwa 75 Tage nach San Juan de Ulúa. Ähnlich weit entfernt waren die südlichen Ziele. Die Reise nach Cartagena dauerte gut 50 Tage, 72 bis 73 Tage nach Nombre de Dios.

Die Rückreise war schwieriger, weil man in der Karibik nur langsam segeln konnte. Von San Juan de Ulúa nach Havanna brauchte man 60 Tage, von Nombre de Dios 70 und von Cartagena etwa 50.

Von Havanna aus ging es bei der Rückreise ③ durch die Floridastraße und dann nach Bermuda, das nach etwa 20 Tagen in Sicht kam. Dann erreichte man entlang des 35. Breitengrades nach zehn Tagen die Azoren. Hier erhielten die Schiffe Informationen über ihre schließlichen Zielhäfen, entweder Lissabon ④ oder Sevilla ⑤, was davon abhing, ob es in der Nähe von Kap San Vicente Feinde gab oder nicht. Manchmal wurde der Kurs von den Azoren zu den Kanaren geändert, um die andalusische Küste von Süden zu erreichen. Etwa 70 Tage nach dem Verlassen Havannas konnte Sanlúcar die Handelsschiffe begrüßen.

Einen sehr wichtigen Schifffahrtsweg benutzten flandrische Schiffe, die in Laredo ⑥ Segel setzten und durch den Englischen Kanal zu den holländischen Häfen liefen.

Diesem Kurs folgten auch die Fischer- und Walfangboote auf dem Weg nach Terranova (Neufundland ⑦), das sie mit einem Zwischenstopp in Island anliefen. Die Rückfahrt ging über die Azoren ⑧ und weiter zu den kantabrischen Häfen.

Engländer, Franzosen und Portugiesen liefen eine Linie parallel zur portugiesischen Küste nach Süden ⑨ und hielten Ausschau nach Schiffen, die von den Azoren zu den Kanaren segelten. Im Allgemeinen nahmen sie dann an der afrikanischen Küste schwarze Sklaven auf und überquerten den Atlantik südlicher als die Spanier ⑩. Ansonsten segelten sie direkt zur amerikanischen Küste, hielten sich aber auch dann südlich der spanischen Schifffahrtswege.

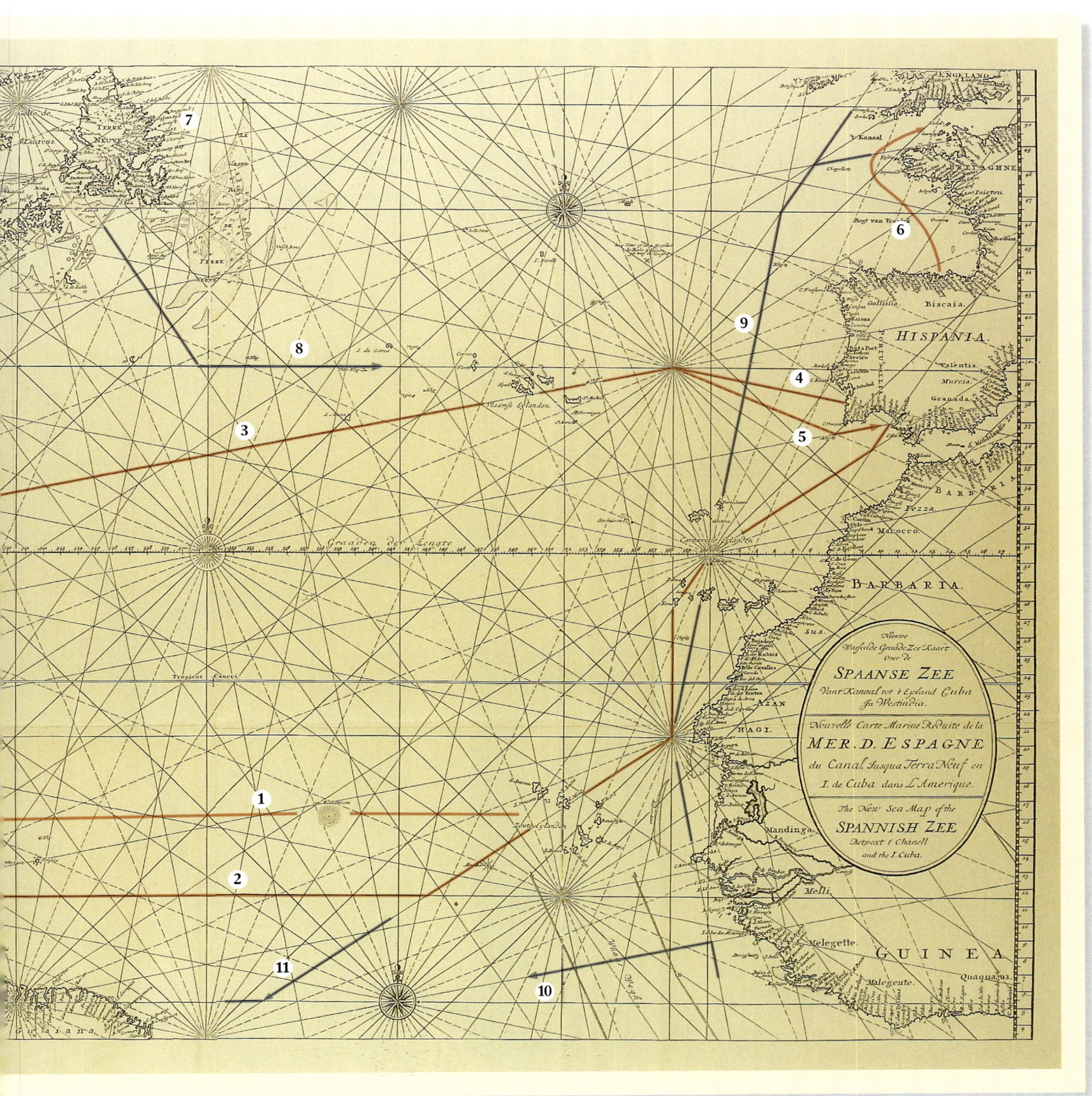

Navigationsinstrumente

Weil es unmöglich war, auf dem Ozean irgendwelche geografischen Anhaltspunkte zu finden, mussten die Seeleute andere Möglichkeiten entwickeln, ihre Position zu bestimmen. Dazu war es erforderlich, zwei Koordinaten zu kennen, den Längen- und den Breitengrad, und natürlich den genauen Kurs, auf dem das Ziel zu erreichen war.

Das Problem der Kursbestimmung war mit der Erfindung des Kompasses in der Mitte des 13. Jahrhunderts gelöst worden. Um eine Fehlablesung zu vermeiden, war auf einem leichten Blatt Papier eine Kompassrose aufgetragen, auf dessen Unterseite ein Magnet angebracht war. Diese Kompassrose trägt im Zentrum das »Hütchen«, ein Lager, das auf einen Stift gesetzt wird. Die Kompassrose kann sich frei drehen und den gesteuerten Kurs am Steuerstrich, eine Markierung am Gehäuse, anzeigen.

Mitte des 16. Jahrhunderts wurde das Kompassgehäuse in einer von G. Cardano erfundenen Vorrichtung »kardanisch« aufgehängt, sodass es nicht mehr von den Bewegungen des Schiffes beeinträchtigt wurde. Die Festlegung des Kurses wurde durch die Beobachtung der Strömungen ergänzt, Korrekturen anhand der relativen Position des Kielwassers und seiner Abweichung vorgenommen.

Ein weiteres Problem bildete die Tatsache, dass der Kompass den magnetischen, nicht aber den geografischen Nordpol anzeigt. Diese Abweichung, Deklination bzw. Missweisung genannt, wurde im 16. Jahrhundert tabellarisch erfasst.

Mit den ersten Fahrten entlang der afrikanischen Küste ergab sich die Notwendigkeit, einen Bezugspunkt für die Position auf der Nord-Süd-Achse zu finden. Dies wurde durch die Kenntnis der Breitengrade erreicht, also die Höhe des Himmelspols über den Horizont von einem bestimmten Punkt aus.

Tagsüber maß man den Breitengrad nach der Höhe des Sonnenstandes. Dazu nahm man früher den Quadrant, später das Astrolabium, welches die Portugiesen stark vereinfachten. Andere viel gebrauchte Instrumente waren Kamal, Nokturnal und Gradstab, auch als Jakobstab bekannt.

Ein weiterer Parameter wurde für die exakte Positionsbestimmung gebraucht. Der Längengrad konnte mit den Gerätschaften der damaligen Zeit nicht bestimmt werden. Die einzige Möglichkeit, den zurückgelegten Weg zu messen, bestand darin, die Geschwindigkeit des Schiffes zu schätzen und auf einer Karte abzutragen. Die spätere Erfindung des Logs machte dies viel einfacher.

① Kolderstock
② Gradstab
③ Stundenglas
④ Astrolabium
⑤ Astrolabium
⑥ Handlog

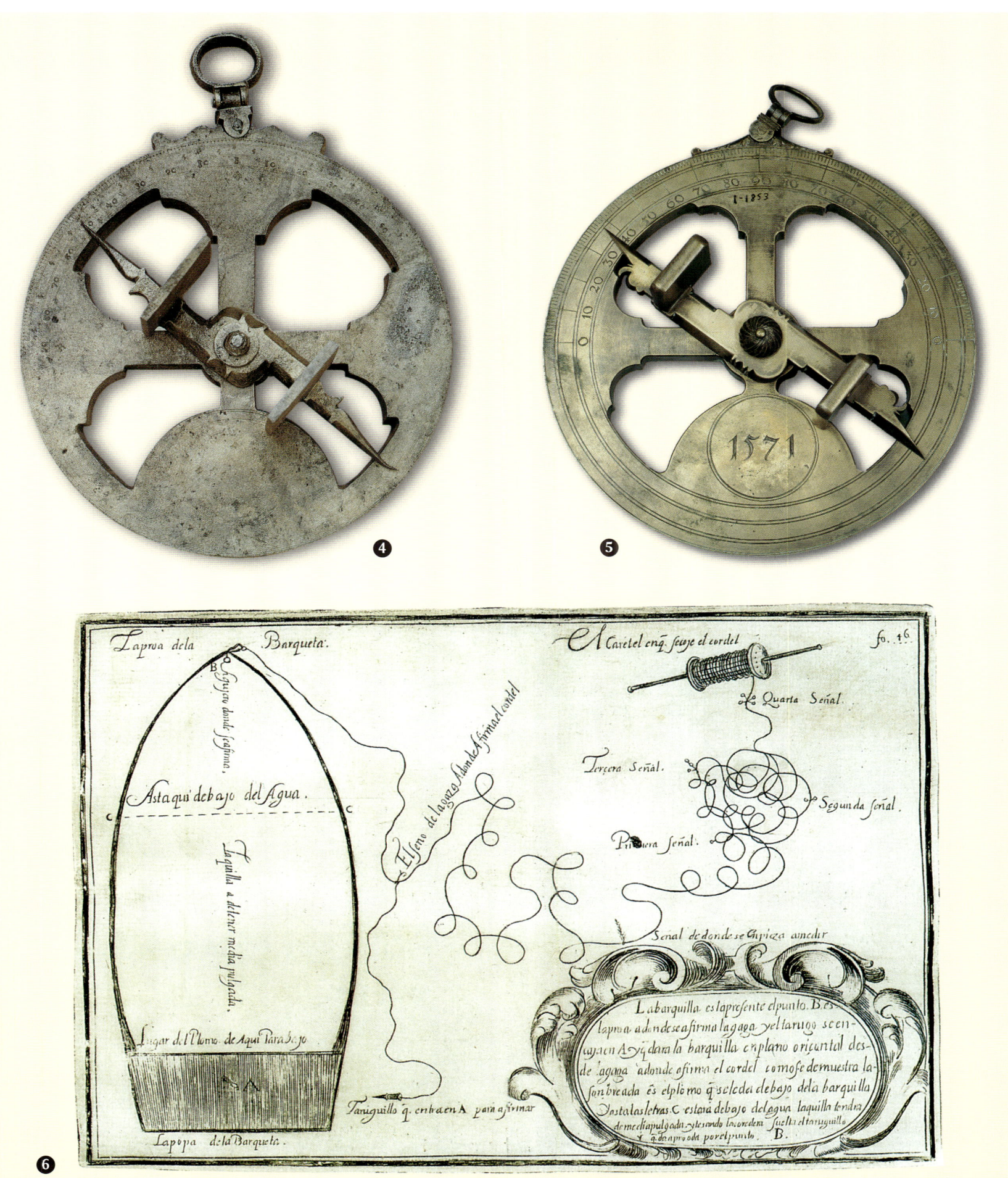

④

⑤

⑥

Eine neue Verwaltungsstruktur

Mit der Entdeckung der Neuen Welt musste hier eine Regierung und Verwaltung aufgebaut werden, die die weitere Expansion nach Westen und die Sicherheit für die Schifffahrt garantieren konnte.

Im Mai 1497 wurden Exporte in die neuen Länder von Steuern befreit. Die »Acta de Navegación«, ein königliches Dekret vom 3. September 1500, begünstigte die spanische Handelsschifffahrt. Die erste offizielle »Armada de Indias« setzte 1501 die Segel.

Verschiedene Kommissionen wurden zur Regierung der Westindischen Inseln eingesetzt. 1503 erteilte Königin Johanna in Alcalá de Henares ein Patent, mit dem sie die Einrichtung des »Casa de Contratación« in Sevilla anordnete, das alle Waren von den Westindischen Inseln und den Kanarischen Inseln »und allen anderen Inseln, die noch entdeckt werden«, zu registrieren hatte.

Die »Audiencia« von Santo Domingo (Oberstes Kolonialgericht) wurde gegründet. Die Entdeckungen in Südamerika und auf den Antillen gingen weiter.

1508 wurde der Posten eines »Piloto Mayor de la Casa de Contratación« geschaffen. Der erste wurde Amerigo Vespucci, der durch seine Behauptung bekannt geworden war, die neu entdeckten Länder gehörten tatsächlich zu einem Kontinent. Die Aufgabe des »Piloto Mayor« bestand darin, die Instrumente der Navigation zu überwachen, die Befähigung der Steuerleute einzuschätzen und die Kurse festzulegen, auf denen die Armadas den Ozean zu überqueren hatten.

Mit der Institutionalisierung der Vizekönige von Nueva España (Mexiko) und Tierra Firme (Südamerika) in der Mitte des 16. Jahrhunderts war die Verwaltungsstruktur konsolidiert. »Audiencas« und »Casas Reales« wurden eingerichtet, die für das Rechtswesen und die Finanzen verantwortlich waren. Weitere Verwaltungsinstrumente kamen hinzu, damit die riesige Bürokratie geräuschlos lief.

Am 14. Februar 1503 erteilte Königin Johanna ein Patent zur Gründung des staatlichen Handelshauses (Casa de Contratacíon) in Sevilla, in dem alle Waren von den Westindischen Inseln und von den Kanaren »und allen weiteren Inseln, die noch entdeckt werden«, zu registrieren waren.

nen Güter den Besitzern zurückzugeben. Dies war allerdings ein vergebliches Unterfangen.

Der vierte spanisch-französische Krieg (1542–1544) war das Vorspiel zu weiteren Angriffen auf amerikanische Hochburgen. Einer der berüchtigtsten Korsaren war Jean François de la Roque, Lehensherr von Roberval, der an den französischen Expeditionen nach Kanada als Offizier Jean Cartiers teilgenommen hatte. Roberto Ball, Robert Wall oder »Roberval«, wie ihn die Spanier nannten, erschien mit einer kleinen Flotte Mitte 1543 in den amerikanischen Gewässern und wurde zuerst vor Baracoa gesichtet, einer Stadt, die er angriff und plünderte. Später geriet er auf dem Weg nach Havanna vor Matanzas in einen Sturm. Seine Flotte wurde zerstreut. Wie das Glück es wollte, erreichte eines seiner Begleitschiffe Havanna, das völlig ungeschützt war. Die Franzosen erhielten einen »Tributo de Quema«, also eine Zahlung für den Verzicht auf die Brandschatzung der Stadt[27], sowie Lebensmittel. Deshalb konnte die Flottille ihre Fahrt fortsetzen.

Roberval hatte seine Schiffe wieder beieinander und segelte südwärts nach Tierra Firma bei Rancherías. Er stürmte den Ort. Von hier aus ging es weiter nach Santa Marta[28], wo er am 16. Juli in den Hafen einlief. Die Stadt war schutzlos, weil der Gouverneur Luis de Lugo mit fast der gesamten Garnison landeinwärts gezogen war, um einen Indianeraufstand niederzuschlagen. Es war für Roberval ein Leichtes, die Stadt zu nehmen und die Kir-

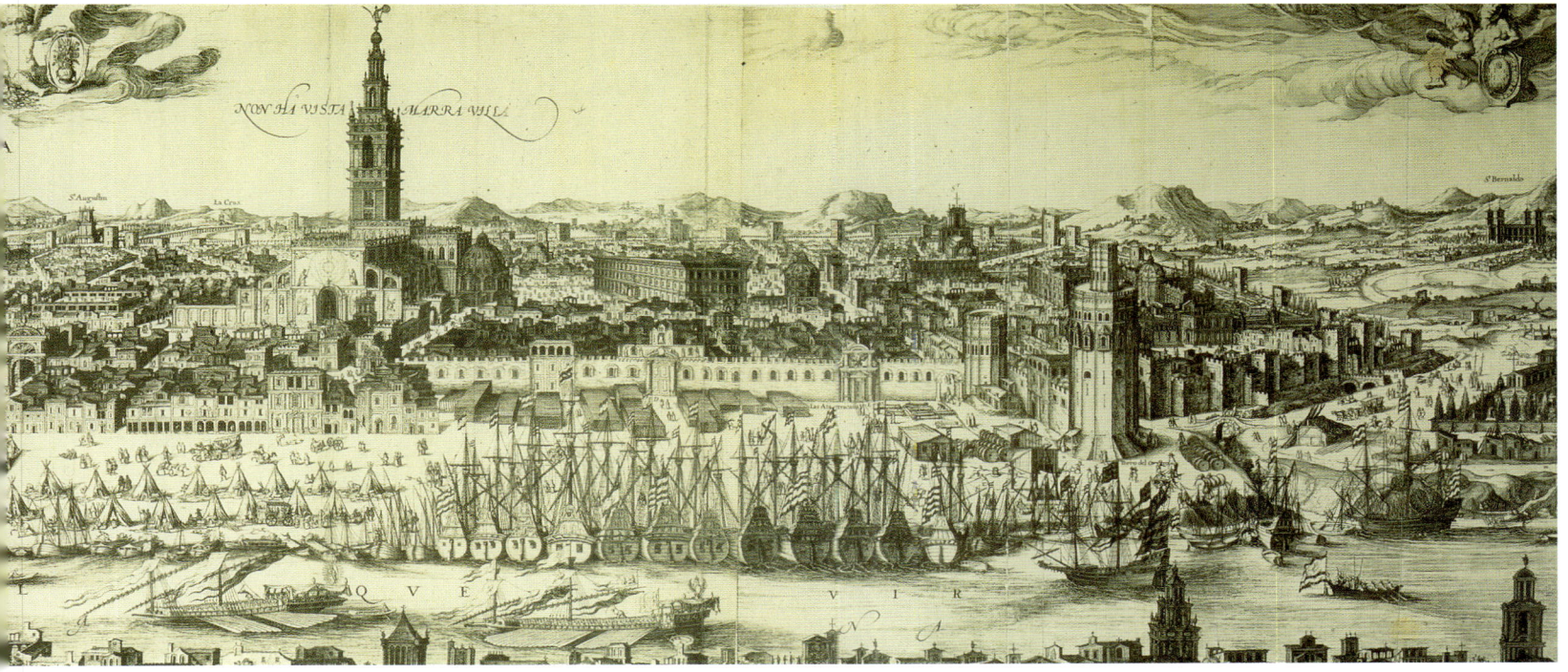

chen zu plündern. Bei der Suche nach Silber wurden auch die Toten exhumiert. Er versuchte vergeblich, einen »Tributo de Quema« zu erhalten, und versenkte deshalb die im Hafen vor Anker liegenden Schiffe, setzte die Holzhäuser in Brand, schlachtete das Vieh, plünderte die Gemüsegärten und legte die Obstbäume um. Dann verließ er die Stadt und nahm noch vier Bronzekanonen mit. Die Verzweiflung der Einwohner[29] war so groß, dass man Leute, Munition und 3000 Pesos nach Santa Marta schickte, um zu verhindern, dass die Stadt aufgegeben würde und wieder aufgebaut wurde.

1544 segelte Roberval nach Cartagena de Indias. Er wollte die Stadt mithilfe eines Abtrünnigen namens Ormaechea[30] stürmen, der dort gelebt hatte. In der Nacht des 24. Juli kam es fast ohne Widerstand dazu. Seine Beute betrug 35 000 Pesos, 2500 aus dem königlichen Schatzamt und weitere 2000 Pesos als »Tributo de Quema«.

Trotz des Friedens von Crépy, der 1544 den Krieg beendete, fuhren die französischen Korsaren in ihrem Treiben fort. Jean Alphonse de Saintonge[31] war ein franzö-

sischer Pirat aus La Rochelle und berühmt für seine Angriffe auf mehrere Geschwader. Seine kühnste Tat war allerdings die Erstürmung von Puerto de la Luz auf den Kanarischen Inseln. Nach einer seiner Aktionen verfolgte ihn das Geschwader von Pedro Menéndez de Avilés zurück bis in den Heimathafen La Rochelle.

Avilés eroberte fünf Schiffe zurück, die der Franzose gekapert hatte, und griff dessen Flaggschiff an, die *Le Marie*. Saintonge fiel dabei. Aber weil der Wind ungünstig stand, konnte er den Hafen nicht mehr verlassen. Der Bürgermeister von La Rochelle drohte, Avilés' Schiffe von der Festung aus beschießen zu lassen, und klagte ihn an, er habe in den Hoheitsgewässern einer Nation das Feuer eröffnet, mit der es einen Friedensvertrag gab.

Die Märtyrer Brasiliens

1553 lief die portugiesische Galeone *Santiago* nach Brasilien aus. An Bord waren Pater Ignacio Acevedo und weitere 38 Jesuiten, die zur Missionierung an den Río Paraná geschickt wurden.

Das Schiff wurde von Jacques Sore angegriffen, die Jesuiten ge-

fangen genommen. Als klar war, wer sie waren, verurteilte Sore sie zum Märtyrertod. Einer nach dem anderen wurde über Bord geworfen, nachdem ihnen die Arme abgehackt worden waren.

Mit solchen Taten begründete Sore seinen grausamen Ruf.

Roberval erstürmt Cartagena

Im Sommer 1544 setzte Robervals französisches Geschwader die Segel, um unter Führung eines Abtrünnigen Cartagena einzunehmen. Dieser Überläufer, der in einigen Quellen ein Mensch namens Ormaechea, in anderen ein Steuermann namens Corzo ist, wird als entscheidend für den Erfolg des Angriffs angesehen.

Alle stimmen darin überein, dass Ormaechea oder Corzo von Pedro de Heredia, dem Gouverneur der Grenzprovinz, brutal

ausgepeitscht worden war. Dann floh er nach Frankreich, wo er Roberval davon überzeugen konnte, dass in Cartagena reiche Beute zu machen sei. Der Angriff fand in der Nacht des 24. Juli statt. Dank Corzos guter Dienste wurde dabei nur ein Franzose verwundet. Auf der Gegenseite gab es allerdings ein Opfer. Corzo erstach Alonso mit den Worten: »Dies ist die Belohnung für diejenigen, die grundlos die Rechtschaffenen entehren!«

Amerikanisches Silber

Der große Schatz Amerikas war zweifellos Silber. 1546 nach der Entdeckung der Potosí-Mine wurden Tausende von Tonnen Silber über den Atlantik gebracht, um in ganz Europa zu Geld zu werden.

Die großen Minen Mexikos und von Zacatecas, die 1547 entdeckt wurden, und die von Guanajuanato, zwei Jahre später entdeckt, bildeten zusammen mit der Mine von Potosí in Bolivien das Rückgrat der amerikanischen Silberförderung. Kleinere Minen wie in Cuencamé, San Luis de Potosí, Sombrerete und Pachuca, die um 1552 die Förderung aufnahmen, kamen hinzu.

Bartolomé Medinas Entdeckung der kalten Amalgamation im Jahre 1554 ermöglichte die Massenproduktion. Für die Reaktion verwandte man Quecksilber, das in großen Mengen in Almadén in Spanien abgebaut wurde. Mit dieser Methode konnte Silber aus Mineralgestein gewonnen werden, das bis dahin als wertlos galt. Man erhielt drei bis vier Marcos (je 230 Gramm) pro Quintal Gestein (46 Kilo).

Die Silberbarren wurden in Karren oder auf dem Rücken von Mulis nach Peru und Mexiko transportiert, wo sie gewogen und gestempelt wurden. Ein Teil wurde, bereits zu Münzen geprägt, von den Flotten von Tierra Firme (Südamerika) und Nueva España (Mexiko) nach Euopa transportiert.

Das Handelsverbot

Am Ende des fünften französisch-spanischen Krieges wurde am 6. Juni 1556 in Spanien ein königliches Dekret für die Kolonien erlassen. Darin heißt es, dass jedermann mit der Todesstrafe und dem Verlust seines Vermögens bestraft wird, der mit der Neuen Welt, ihren Provinzen und Häfen als auch mit den Bewohnern dieser neuen spanischen Königreiche, egal welcher Nation diese auch angehören, handelt, Verträge abschließt und Gold, Silber, Perlen, Edelsteine, Früchte sowie andere Handelsartikel und Waren tauscht oder einlöst, ihre gemachte Beute kauft und wiederverkauft oder Proviant, Gerätschaften, Waffen oder Munition verkauft.

Die Absicht war, das Handelsmonopol zu verteidigen und die Ausbreitung des Schmuggels hart zu bekämpfen. Für Engländer und Franzosen waren die Handelsmöglichkeiten in der Folge stark eingeschränkt.

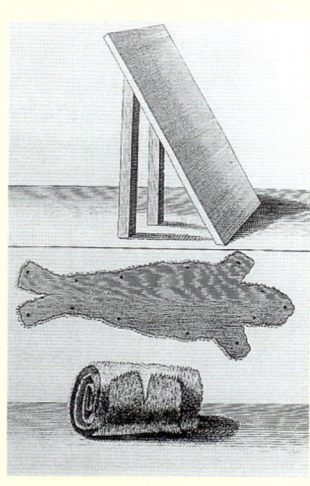

Vorrichtung zur Bearbeitung von Seehundfellen und Männer bei der Arbeit.

Avilés hielt dagegen, dass er einen Piraten und keinen Korsaren verfolgt habe, weil der Friedensvertrag garantiert habe, dass feindliche Akte wie Freibeuterei zu unterbleiben hätten. Der Bürgermeister musste dieses Argument akzeptieren und ließ die Spanier mit all ihrer Beute in See stechen.

Mit England brachen wieder Konflikte auf, die in der Scheidung Heinrichs VIII. von Katharina von Aragón ihren Ursprung hatten. 1545 erhielten die Beamten des staatlichen Handelshauses in Sevilla[32] den Befehl, als Vergeltung für die illegale Kaperung spanischer Schiffe den Besitz englischer Untertanen einzuziehen, die an den spanischen Küsten lebten. Das Verfahren bestand darin, den Wert der gekaperten Ware zu schätzen und bis zu einem Drittel mehr zu konfiszieren.

Nach dem Tod von Franz I. und der Thronbesteigung Heinrichs II. gab es neuerliche Feindseligkeiten zwischen Frankreich und Spanien. Ihr fünfter Krieg (1551–1556) war der Beginn einer Periode offener Auseinandersetzungen zur See.

Auf den Kanarischen Inseln musste man eine Miliz aufstellen. Eine Flottille zum Küstenschutz wurde unter dem Kommando von Jerónimo Bautista[33] bewaffnet. Sie vereitelte etliche Versuche der Franzosen, sich auf den Inseln niederzulassen. Im April 1552 zwang sie eine Armada französischer Korsaren zur Aufgabe und machte 80 Gefangene.

Einer der Söhne Saintonges, Antoine-Alphonse[34], versuchte, die Heldentaten seines Vaters in Puerto de la Luz zu wiederholen. Er entschied sich für Santa Cruz auf Teneriffa als Ziel seiner Begierde, aber die Festung war vorgewarnt. Ihre Kanonen trieben die Korsaren zurück. Der junge Saintonge verlor dabei sein Leben.

In dieser Kriegssituation war es für die Spanier wieder rechtmäßig[35], zum Zwecke der Freibeuterei auf See zu gehen und Geschwader zum Kampf gegen die Franzosen zu bilden. Darüber hinaus wurde der »Quinto Real« ausgesetzt, also der an den König abzutretende fünfte Teil der Beute, sodass die Befrachter, die ihr Vermögen bei diesen Unternehmungen riskierten, größere Profite machen konnten.

Der amerikanische Feldzug des ersten »Holzbein«

1553 erließ der französische König Heinrich II. seinen ersten Kaperbrief. Dieser Brief autorisierte François le Clerc[36] zur Kaperfahrt und stellte ihm drei Kriegsschiffe zur Verfügung. Le Clerc hatte den Spitznamen »Holzbein«.

*Stehendes und laufendes Gut: 1. Außenfockstag · 2. Fockstag ·
3. Stengestag · 4. Großstag · 5. Wanten · 6. Webleinen · 7. Pardunen ·
8. Vor- und Marstoppnant · 9. Focktoppnant · 10. Groß-Marstoppnant ·
11. Großtoppnant · 12. Vor-Marsbrasse · 13. Fockbrasse ·
14. Groß-Marsbrassenschenkel · 15. Groß-Marsbrasse ·
16. Groß-Marsbrassenschenkel · 17. Großbrasse · 18. Besantoppnant ·
19. Halstalje des Besans*

Er versammelte eine imposante Flotte von sechs Schiffen
– darunter die drei des Königs –, vier Begleitschiffen und
1000 Mann. Sein Erster Offizier war Jacques Suez, ein
fanatischer und für seine Grausamkeit berüchtigter Hugenotte, zu dessen Heldentaten der Angriff auf die portugiesische Galeone *Santiago* vor Teneriffa gehört.

Als die Flotte den Atlantik überquert hatte, teilte sie
sich. Der größere Teil, der unter Holzbeins und Robert
Blondels Kommando aus sechs großen Naos und vier
Patachen mit Rudern bestand, segelte zu den Großen Antillen. Im März griffen sie San Germán in Puerto Rico an[37],
dann die Inseln La Mona und Saona und schließlich Río
Soco und Azua auf Hispaniola. Im April waren sie immer

noch auf der Insel und plünderten Yaguana, brannten die
Stadt nieder und erzielten eine Beute von 100 000 Pesos.
Am 29. April stürmten sie Monte Christi[38]. Dann zogen sie
sich zurück und versuchten, Puerto Rico einzunehmen.

Auf der Rückfahrt aus Amerika stürmte Holzbein am
2. August 1553 Santa Cruz de las Palmas[39]. Dann plante er
eine weitere Aktion gegen La Gomera, die aber weniger
erfolgreich war. Zurück in Frankreich, wurde Holzbein
von Heinrich II. in den Adelsstand erhoben.

Das andere Geschwader unter Sore segelte nach Santiago de Cuba[40], das ohne Schwierigkeiten genommen
wurde. Man zog mit 80 000 Pesos Beute ab.

1555 erreichte Sore unter Führung des Abtrünnigen
Diego Pérez Margarita[41]. Als die Wache sie anrief, antwortete Pérez, sie wären ein Handelsschiff aus Kastilien. Sie
durften passieren und ankerten im Hafen, ohne Verdacht
zu erregen. Im Morgengrauen ging Sore mit seinen Männern von Bord, brachte die Wachposten um und überraschte die Einwohner im Schlaf, die keinen Widerstand

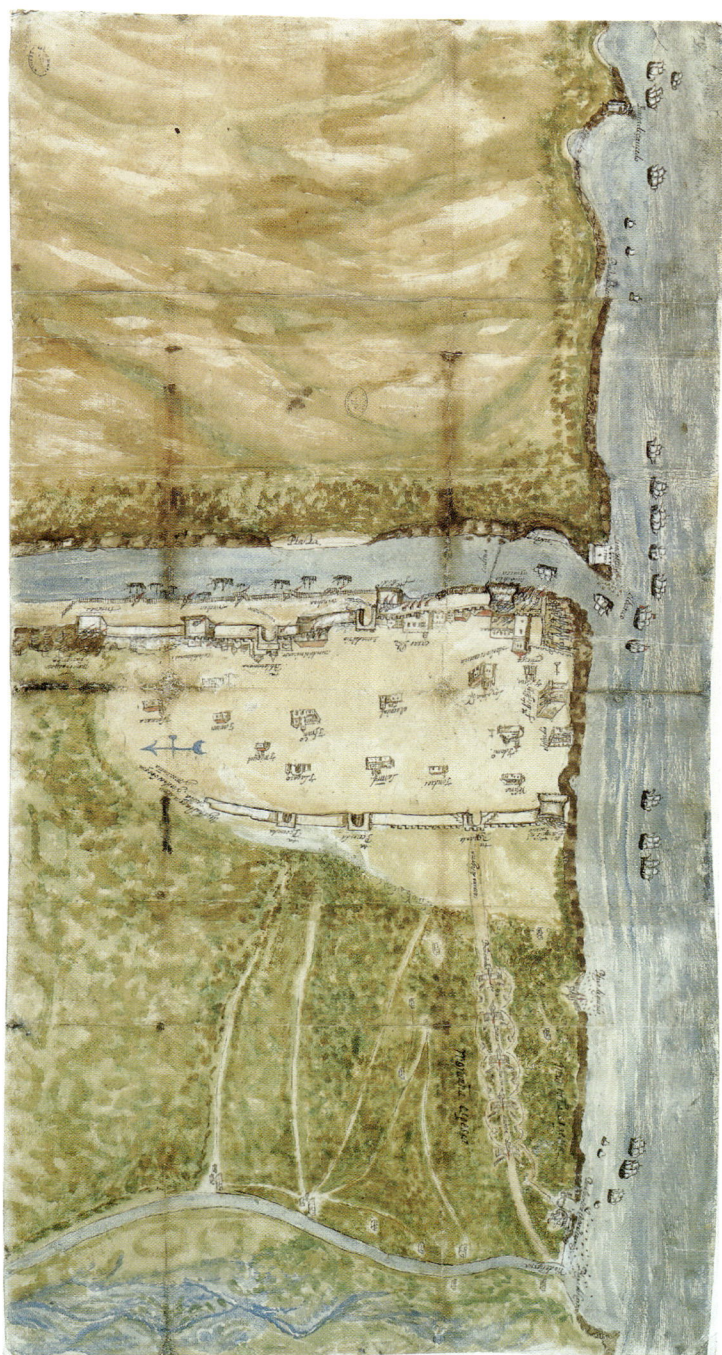

Santo Domingo war die erste Stadt in der Neuen Welt und Sitz der »Audiencia de Indias«. Sie spielte in der ersten Hälfte des 16. Jahrhunderts eine bedeutende Rolle, wurde zum zwangsläufigen Anlaufpunkt der Schiffe und Schutzhafen der Küstenwachboote und war der wichtigste Verteidigungsposten in der Karibik.

Rechte Seite:
In den permanenten Kriegen zwischen Frankreich und Spanien waren die Korsaren eine sehr wirksame Waffe. Zu Zeiten eines Waffenstillstands hörte ihr Treiben jedoch nicht auf. Martín Cote führte 1559 einen der kühnsten und profitabelsten Schläge gegen spanische Befestigungen in Amerika, als er Santa Marta und Cartagena angriff.

leisten konnten. Schnell wurde die Stadt geplündert. Er verlangte seinen »Tributo de Quema«, und das Gleiche geschah in Borburoata und Santa Maria.

Von seinem Glück beflügelt, versuchte Sore die gleiche Heldentat in Río Hacha. Nach Einnahme der Stadt verhandelte Diego Pérez selbst den »Tributo de Quema«, der 4500 Pesos betrug. Pérez floh mit einem Teil der Beute in die Berge. An Bord wartete Francisco Velázques als Geisel darauf, für ein Lösegeld freizukommen. Sore forderte ein weiteres Lösegeld und die Auslieferung von Pérez. Schließlich musste er die Segel setzen. Als er 20 Meilen von der Küste entfernt war, überließ er die Geisel in einem kleinen Ruderboot mit Segeln und Proviant ihrem Schicksal. Aber Velázques hatte Glück und kam wieder an Land. Zurück in Río Hacha, entdeckte er die Identität des abtrünnigen Pérez, der anschließend gehängt wurde.

Sore brach zur Rückkehr nach Europa auf. Aber er konnte der Versuchung nicht widerstehen, einen letzten Angriff auf Havanna zu führen, das er mit etwa 500 Mann am 10. Juli erreichte[42]. Bei ihm waren sein Erster Offizier, der Navarrese Juan del Plan oder del Plano, und sein Lotse, ein Portugiese aus Las Terceras namens Pedro Bras, beides Abtrünnige. Die Bevölkerung von Havanna bestand damals aus nur etwa 100 Köpfen. Sie konnten eine Verteidigungsarmee aus sechs oder sieben Reitern und vier Fußsoldaten bilden[43]. Dazu kam der Gouverneur Angulo und 40 Indianer. Im Fort waren 24 Mann, denen der Kommandant Juan de Lobera befahl, die Stellung zu halten, während er sich in ein nahe gelegenes Dorf zurückzog.

Die Verteidiger hielten dem Angriff am 10. und 11. Juli stand. Im Morgengrauen des 12. Juli erstürmte Sore das Fort von der Rückseite, wo er das Tor niedergebrannt hatte. Er nahm die Verteidiger gefangen und verlangte für ihr Leben ein Lösegeld von 30000 Pesos.

Als die Piraten in der Nacht des 18. Juli ihren Sieg feierten, schaffte es Angulo, 35 Einwohner, 220 Schwarze und 80 Indianer zusammenzuziehen und mit ihnen einen Angriff zu führen. Sie töteten 15 oder 16 Piraten und verwundeten Sore. Das war nicht der erhoffte Erfolg. Sore tötete daraufhin blind vor Wut 31 spanische Gefangene von eigener Hand. Die Piraten zogen zur Feier ihres Sieges »die Messgewänder der Priester an, verschmierten ihre Gesichter und paradierten vor dem Hauptaltar. Einer, der als Bischof kostümiert war, führte ein Schwein an einem Strick mit sich. Die Bilder der Jungfrau und der Heiligen wurden entstellt, die Leinwände mit Messern zerschlitzt und die Priester gezwungen, die Heilige Schrift zu beleidigen ...«[44].

Aber das Unglück von Havanna war hier noch nicht zu Ende. Zwei Monate, nachdem Sore die Stadt verlassen hatte und die Bewohner mit dem Wiederaufbau begonnen hatten, wurde sie im Oktober erneut angegriffen[45].

Spanien griff zu außerordentlichen Maßnahmen. 1555 befreite die Armada von Álvaro de Bazán, der wegen seiner Heldentaten in der Straße von Gibraltar und entlang der afrikanischen Küste berühmt und gefürchtet war, die Gewässer rund um die Kanaren von französischen Korsaren. Die Armadas erwiesen ihre Tauglichkeit als Eskorten für Handelsschiffe und wurden zum Modell für künftige Flotten.

Juristisch betrachtet gab es Zweifel, ob es tatsächliche Angriffe der Korsaren oder vorgeschobene waren, wobei Letztere der Bevölkerung als Alibi dienten, das Handelsverbot zu umgehen. So wurde ein Gesetz erlassen, das jeden Austausch mit »Fremden oder Korsaren« verbot[46]. Das Gesetz scheint jedoch wenig Wirkung gehabt zu haben. Im folgenden Jahr wurde es wieder zurückgezogen.

Für die Spanier gab es in ihrem Kampf gegen Frankreich überraschend einen neuen Verbündeten. 1557, England wurde von Maria Stuart regiert[47], wurde eine Prcklamation erlassen, die die Freibeuterei gegen französische Interessen erlaubte. Damit sollte die Kontrolle

Portugiesische Karacken vor der Küste.
Joachim Patinir (1480–1524)

über den Englischen Kanal wiederhergestellt werden.

Als weiterer Anreiz, feindliche Korsaren zu verfolgen, wurde 1558 dekretiert, dass das normalerweise für den König reservierte Fünftel der Beute den Kapitänen der Galeonen und den Kommandeuren der Flotten zur Verfügung stehen sollte, die diese Beute gemacht hatten[48].

Der Waffenstillstand von 1559 beendete die französischen Operationen in Amerika nicht. Der Pirat Martín Cote oder Cotes[49] griff mit seinem Ersten Offizier Juan[50], der nach einigen Chroniken dessen Bruder war, Santa Marta und Cartagena an.

Cote hatte sechs Schiffe. Der Sturm auf Santa Marta war erfolgreich. Es gab nur wenige Opfer, die meisten durch vergiftete Indianerpfeile. Er verlangte einen »Tributo de Quema« von 15 000 Pesos und erhöhte die Forderung um weitere 600 Pesos, wenn er auf das Plündern verzichten sollte.

Mit dieser Beute segelte er nach Cartagena, wo er am 11. April eintraf. Die Stadt war jedoch gewarnt. Gouverneur Bustos hatte die Verteidigung vorbereitet. Der Strand war mit vergifteten Pfeilen übersät. Etliche Befestigungen wurden gebaut. Gleichwohl wurde eine Streitmacht aufgestellt, die aus zehn Arkebusenschützen und 20 Reitern bestand, die von Einwohnern und 500 indianischen Bogenschützen verstärkt wurden, die Häuptling Maridado den Spaniern angeboten hatte.

Cote war zahlenmäßig weit überlegen. Als seine 1000 gut bewaffneten Männer von Bord gingen, wurden sie von den Arkebusenschützen am Strand festgenagelt, solange die Munition reichte. Als der Beschuss aufhörte, befahl Cote den Angriff, aber er wurde von den Reitern, den Indianern und zahllosen Einwohnern mit Schwertern und Dolchen zurückgeworfen[51].

Viele Franzosen verloren ihr Leben, auch Cotes Erster Offizier Juan. Aber die Spanier zogen sich angesichts der zahlenmäßigen Überlegenheit der Franzosen in die Berge zurück und überließen den Franzosen die Stadt. Die Chroniken führen die Beute nicht auf, weil sie offenkundig gering war. Aber die Franzosen erhielten ein Lösegeld für Gefangene und einen »Tributo de Quema«.

In Cartagena gab es zwischen Cote und einem seiner Geistlichen einen Streit mit dem Ergebnis, dass Letzterer seinen Kopf verlor. Cote ließ ihn am Hauptaltar der Kathedrale beerdigen. Als die Einwohner ihre Stadt wieder in Besitz nahmen, befahl der Bischof, ihn auszugraben

Der Hafen von Bayajá und sein Hinterland an der Nordküste von Hispaniola (2. Hälfte des 16. Jahrhunderts).

und auf den Misthaufen zu werfen, »wie es sich für einen gemeinen Prediger von Ketzereien gehört«[52].

Zwischen 1559 und 1560 gab es einige Angriffe durch Franzosen, besonders gegen die Stadt Campeche. Namen wie Guillén Megandez und Francisco Vissin, den die Spanier »Vitanual« nannten[53], wurden für ihre Attacken auf Handelsschiffe zwischen Amerika und der Iberischen Halbinsel berühmt.

Mit der Nachricht vom Ende des Krieges fiel eine außergewöhnliche Begebenheit in Campeche zusammen, die sich in der Geschichte nur selten wiederholen sollte. Ein Korsar begab sich mit seinen Leuten in die Hände der Behörden, weil er von dem Frieden zwischen Spanien und Frankreich gehört hatte und nicht länger Krieg führen wollte[54]. Einige dieser Männer wurden nach Mexiko vor den Vizekönig gebracht, andere durften bleiben und sich in der Stadt niederlassen.

Während der Jahre um 1560 war der Schmuggel bei Franzosen, Portugiesen und Engländern massenhaft verbreitet. Die Zusammenarbeit mit den spanischen Kolonisten und die stillschweigende Duldung durch die Behörden verschlimmerten das Problem, obwohl die Krone außerordentliche Maßnahmen ergriff.

2.

Vom ehrbaren Kaufmann zum Edelmann
(1561–1588)

Eine Geschichte guter Beziehungen

Seit der Verlobung (1503) von Katharina, der Tochter der Katholischen Könige Isabella und Ferdinand, mit dem englischen König Heinrich VIII. hatte eine Politik gegenseitigen Verständnisses und guter Beziehungen das andauernde Bündnis dieser beiden Herrscherhäuser gegen ihren gemeinsamen Feind Frankreich geprägt. Der Handel Englands mit Spanien und seinen Inseln war nach dem Vertrag von Medina del Campo 1489 regelmäßig und blühte ab 1520 auf.

Der Tod Heinrichs VIII. 1547 und seines Sohnes Eduard VI. 1553 begründeten eine neue Ära, in der die Heirat von Maria I., Königin von England, mit Philip, Prinz von Asturien, die Neubegründung der Allianz mit Spanien und die Wiedereinsetzung der katholischen Kirche in England bedeutete.

Zu dieser Zeit waren die Handelsbeziehungen zwischen England und Spanien besonders intensiv. Die Engländer wurden Untertanen der spanischen Krone gleichgestellt. Der Handel entwickelte sich unter der Kontrolle des Monopols von Sevilla ungestört.

Aber diese Ära währte nur kurze Zeit. 1558 starb Maria. Ihr folgte Elisabeth I. auf dem Thron, die zum anglikanischen Glauben übertrat und die freundlichen Beziehungen zu Philip II. von Spanien abbrach. Eine Krise in der Viehzucht ließ den Wollmarkt und die traditionellen Märkte auf den Britischen Inseln nahezu zusammenbrechen.

In England bereitete das Ende der Allianz mit Spanien und die britische Neutralität im Krieg mit Frankreich den Boden für künftige Ereignisse. Der Ausschluss Englands vom Handel mit Westindien bedeutete das endgültige Ende der Beziehungen[1].

Eine der zahlreichen Inseln der Antillen.

Unter diesen Rahmenbedingungen wurden englische »Merchant Adventurers« zu den Hauptfiguren einer herausragenden Episode in der Geschichte der Freibeuterei und Piraterie. Sie beanspruchten ein Recht auf freien Handel, wo immer ihre Schiffe sie hinbrachten. Sie versuchten, das spanische Handelsverbot durch erzwungenen Warenaustausch zu durchbrechen. John Hawkins war der Erste, der dieses System anwandte.

Das Desaster von Juan de Ulúa (siehe nächste Seiten) führte dann einerseits zum Zusammenbruch der englisch-spanischen Beziehungen und wirkte bis 1572 fort und andererseits zu einem Wandel der englischen Politik. Das Ziel war nicht mehr Handelsaustausch durch Schmuggel, sondern die Aneignung spanischer Schätze und der Versuch, selbst Kolonien zu gründen, von denen aus gefährliche Unternehmungen durchgeführt werden konnten. Dies wurden die goldenen Jahre von Francis Drake.

Erzwungener Handel und Kontrabande

Die englischen Korsaren, die traditionell spanische Schiffe auf dem Weg nach Flandern und Walfänger sowie Fischerboote auf dem Weg nach Terranova (Neufundland) bedrohten, fanden in der Mitte des 16. Jahrhunderts ein neues Operationsgebiet. Nach einem Auftakt mit Lauerstellungen gegen portugiesische Schiffe vor der Küste von Guinea erwiesen sich die Gewässer der Azoren mit ihren regelmäßig passierenden spanischen Handelsschiffen als viel ergiebiger.

Den ersten englischen Erfolg gab es 1560, als ein Seemann aus Southampton, Edward Cook, eine Nao auf ihrer Rückreise aus Amerika kaperte. Weitere Versuche folgten immer wieder in den Gewässern zwischen den

Azoren und Madeira, in denen sich die Engländer aus-
kannten.

Zur gleichen Zeit begann England mit der Politik, eigene Einflussgebiete zu begründen und die spanische Hegemonie zu schwächen, ohne in offene Auseinandersetzungen mit Spanien zu geraten. Die Engländer
versuchten, ihre Kontrolle über den Kanal aggressiv zu sichern, den die spanischen Schiffe auf dem Weg zu ihren
traditionellen Märkten in Flandern zwangsläufig passieren
mussten. Zu diesem Zweck erließen sie 1562 die
»Fighting in Territorial Waters«-Akte[2].

Die unfreundlichen Beziehungen zwischen Elisabeth I.
und Philip II., das Ziel der Ausweitung der Märkte und
der Bedarf der amerikanischen Häfen nach Lieferung
von Lebensnotwendigem jenseits des spanischen Monopols ermutigten englische Händler, sich auf das amerikanische Abenteuer einzulassen. Dazu brauchten sie allerdings jemanden mit ausreichenden Kenntnissen und
den notwendigen Verbindungen, der ihnen den Weg
nach Amerika öffnen konnte. Dieser Mann war John
Hawkins.

John Hawkins entdeckt Westindien

John Hawkins war es bestimmt, ein Mann der See zu
werden. Er wurde um 1530 in Plymouth als Sohn einer
reichen Kaufmannsfamilie geboren. Einige Autoren
führen deren Reichtum auf eine Reise seines Vaters William nach Brasilien zurück, von wo er mit einer großen
Menge Edelholz zurückgekehrt sein soll.

War er schon von Herkunft privilegiert, so war seine
Ehe entscheidend, die ihn mit der Familie von Benjamin
Gonson verband, dem Schatzmeister der Navy[3]. Er führte
seinen Schwiegersohn bei den wichtigsten Kaufleuten
Londons ein und gab ihm die Möglichkeit, wachsenden
Einfluss auf Marineangelegenheiten auszuüben. 1577 ge-
langte er zusammen mit Gonson ins »Royal Navy Direc-
tory«, das aus fünf Mitgliedern bestand. 1588 komman-
dierte er eine der Formationen, die der spanischen
Armada gegenüberstanden.

Er trug zur Modernisierung der Navy bei, sowohl in
technischer Hinsicht durch den Bau schnellerer und
wendigerer Schiffe als auch administrativ durch die Bekämpfung der Verschwendung und Korruption früherer
Zeiten[4].

1562 besuchte er die Kanarischen Inseln. Seine Kontakte mit anderen Händlern machten ihm klar, wie profitabel der Sklavenhandel mit Westindien sein konnte.

Sir John Hawkins.
Anonym, Englische Schule, 16. Jahrhundert

Auch Schmuggelware, welche die Portugiesen erheblich
unter den offiziellen Preisen verkauften, erwies sich als
attraktive Geschäftsidee.

Seine Begegnung mit einem der Gouverneure von Teneriffa, Pedro Ponte, sollte für die Entscheidung, sein
Glück zu versuchen, schicksalhaft sein. Das einzige Problem bestand darin, dass Handel zu treiben verboten war
und die englisch-spanischen Beziehungen nicht mehr so
gut wie früher, aber auch nicht beendet waren.

Hawkins erste Reise nach Westindien

John Hawkins setzte am 5. Oktober 1562 in Plymouth[5]
die Segel. Er befehligte die *Salomon* mit 120 Tonnen, die
Swallow mit 100 Tonnen, auf der Thomas Hampton
Kapitän war, und die *Jonas* mit 40 Tonnen. Seine Besatzung bestand aus 100 Mann. Er stützte sich augenscheinlich auf die moralische und finanzielle Unterstützung seines Schwiegervaters.

Bei seiner zweiten Reise hatte John Hawkins erstmals Berührung mit der Küste des Festlandes. Sie brachte ihm über die vorgelagerte Insel Margarita, wo er Perlenfischer-Siedlungen entdeckte, über Cumaná, Borburata, Curaçao, Río Hacha und Cartagena erheblichen Gewinn durch »erzwungenen Handel«, eine Mischung aus Zwang und Einverständnis.

Nach einem Zwischenstopp auf den Kanaren, wo ihm Ponte den Steuermann Martínez mitgab, erreichte er schließlich Hispaniola. In Puerto Plata kalfaterte und reparierte er seine Schiffe und segelte dann nach La Isabella, um Handel zu treiben. Er gab vor, dass er gezwungen sei, an Land zu gehen, weil er Geld für seine Reparaturen brauche. Der Gouverneur ahnte, worum es ging, und schickte Cristóbal Bernáldez an der Spitze von 70 Reitern, um dies zu verhindern.

Zunächst gab es ein Handgemenge. Aber dank der guten Dienste von Martínez willigten die Spanier schließlich in einen Handel zum wechselseitigen Vorteil ein.

Die Spanier erhöhten die entsprechenden Steuern so, dass Hawkins Negersklaven und eine portugiesische Karavelle, die er gekapert hatte, übergeben musste. Gleichwohl machte der Engländer einen schönen Profit und erhielt ein Zertifikat der Gouverneure von Hispaniola, die ebenfalls auf ihre Kosten gekommen waren, das ihm korrektes Verhalten bescheinigte. Er kaufte mit seinem Gewinn Felle und kehrte nach England zurück[6]. Die Reise wurde als großer finanzieller Erfolg betrachtet. Aus strategischer Sicht war der Schifffahrtsweg nach Westindien nun kein Geheimnis für die Engländer mehr.

John Hawkins' Schmuggelfahrten

In der ersten Hälfte des 16. Jahrhunderts befanden sich die spanischen Kolonien in Amerika in einer prekären Lage. Ein Bericht des Zahlmeisters Ruiz de Vallejo vom 21. April 1568 führt an[7], dass die Schmuggler »bestens mit Öl, Wein und anderen Lebensmitteln ausgestattet« kamen, »und mit weiteren Gütern, welche die Einwohner dringend brauchten, und dass keine Strafe sie daran hindern könne, alles zu kaufen, was sie brauchten. Um nicht entdeckt zu werden, machen sie dies im Schutze der Nacht«[7].

Trotz der offiziellen Drohungen wurden alle denkbaren Methoden angewandt, den Kontrollen zu entgehen. Die Schmuggler pflegten zu behaupten, dass sie Schiffsreparaturen vornehmen und Lebensmittel bunkern müssten. Die Spanier hatten eine ganze Palette von Argumenten, um eine Bestrafung zu vermeiden.

Häufig einigte man sich auf einen Scheinangriff, damit die Spanier behaupten konnten, sie seien Opfer »erzwungenen Handels«. Bei anderer Gelegenheit wurden die Waren für die Zeit der Reparatur entladen. Der Handel fand dann hinter geschlossenen Türen statt. Die Holländer erfanden den »Schaluppen-

handel«, bei dem sie der Küste ein vereinbartes Signal gaben und die Bewohner im Schutze der Nacht zu dem Boot gelangen konnten.

Hawkins war ein Meister des Schmuggels und organisierte vier Reisen, vermutlich mit Einverständnis von Pedro Ponte, der beiderseits des Atlantiks beste Beziehungen hatte.

① Erste Expedition nach Hispaniola (1562–1563).

② Zweite Expedition nach Tierra Firme, Curaçao, der Insel Pinos und Florida (1564–1565).

③ Dritte Expedition nach Tierra Firme und Yucatán, die mit dem Desaster von San Juan de Ulúa endete (1567–1569).

④ James Lowells Expedition, finanziert von der Familie Hawkins, nach Tierra Firme, Curaçao und Hispaniola (1566–1567).

Kontrabande mit staatlicher Unterstützung (1564–1565)

Das politische Klima war günstig für die Errichtung von Kolonien in Amerika[8]. Hawkins war von seinem Erfolg ermutigt und wurde von Jean Ribault während seines englischen Exils bestärkt[9]. Ribault hatte 1662 den ersten französischen Vorposten in Florida hinterlassen. Hawkins organisierte eine zweite Reise, die von größeren Finanziers unterstützt wurde. Der größte Anteilsnehmer war die Königin selbst. Sie stellte die *Jesus of Lubeck* zur Verfügung, die 1545 von der Hanse gekauft worden war und einen Wert von 2000 Pfund darstellte[10]. Weitere Finanziers waren Admiral Lord Clinton, Benjamin Gonson, der Inspekteur der Royal Navy William Winter, der Earl of Pembroke, Lord Robert Dudley, Lord Burghley, der Erste Berater Ihrer Majestät, Sir William Garrard, Sir William Chester, Edward Castlyn und Hawkins' eigene Familie.

Der spanische Botschafter Diego de Silva hörte von dem Unternehmen und reichte Protest ein. Die Königin versicherte dem Botschafter, dass sie das Auslaufen der Flotte verhindern werde, ließ Hawkins aber aus naheliegenden Gründen mit seiner Planung fortfahren.

Am 18. Oktober 1564 legte Hawkins auf der *Jesus of Lubeck* in Plymouth ab. Er wurde von der *Salomon*, 140 Tonnen, und zwei weiteren Schiffen, die seiner Familie gehörten, begleitet: Die *Tiger* hatte 50 Tonnen, die *Swallow* 30. Alle Mannschaften waren gut ausgebildet. Die Reise nahm keinen guten Anfang, weil »einer der Offiziere von einer Talje getroffen und sofort getötet wurde«[11].

Nachdem sie Ferrol erreicht hatten, setzten die Schiffe gemeinsam Segel und wandten sich südwärts. Am 6. November kam Teneriffa in Sicht. Hawkins legte im Hafen Adeje an. Er ging von Bord, um Pedro de Ponte zu besuchen, bei dem er fünf Tage blieb. Zwischenzeitlich wurden einige Schäden an den Schiffen behoben.

Mitte November segelte die kleine Flotte nach Guinea und blieb bis Ende Januar vor der afrikanischen Küste. Man verbrachte die Zeit damit, Schwarze für den Verkauf in Westindien zu fangen. So verfuhr man damals mit dieser »Ware« Mensch. Einige von Hawkins' Männern wurden bei diesen Unternehmungen getötet.

Am 29. Januar legte man in Sierra Leone mit Kurs Westindien ab. 40 Tage später kam man in Dominica an. Weil die Einwohner sich feindlich zeigten, fuhr Hawkins weiter nach Margarita. Hier begannen seine Probleme. Er und seine Leute wurden vom »Alcalde« (Bürgermeister)

Während seiner Rückreise nach England besuchte Hawkins die französischen Siedlungen in Florida und sah den beklagenswerten Zustand von Laudonnières Männern. Er überließ ihnen, was er entbehren konnte. Wieder in England, berichtete er über den Gebrauch des Tabaks: »... eine Art trockenen Krautes in einem Tonkopf mit einem Schilfrohr daran. Das Kraut wird angezündet und der Rauch durch das Rohr eingesaugt. Das lindert ihren Hunger, sodass sie vier oder fünf Tage ohne Essen und Trinken durchhalten ...«

herzlich begrüßt und mit Lebensmitteln versorgt. Aber der Gouverneur weigerte sich, Hawkins zu empfangen. Er erteilte ihm keine Handelserlaubnis und verbot ihm, einen Lotsen einzustellen, der ihn die Küste entlang führen sollte. Außerdem informierte er den Vizekönig und Santo Domingo von der Anwesenheit des Engländers.

Als er sah, dass es nicht möglich war, Handel zu treiben und Proviant zu übernehmen, setzte Hawkins am 20. März wieder Segel und gelangte am 3. April über Cumana und La Tortuga nach Borburata.

Hawkins ließ die Anker fallen und begab sich an den Strand. Er erklärte, er sei Engländer und habe die Absicht, Handel zu treiben. Er bat um Erlaubnis, dies ganz legal tun zu dürfen. Die Einwohner gaben zur Antwort, »der König hätte ihnen bei Strafe des Einzugs ihres Vermögens den Handel mit ausländischen Nationen verboten. Deshalb wären sie dankbar, wenn er sie verließe, keine Hilfe von ihnen erwarte und dahin zurückkehre, woher er gekommen sei. Sie seien treue Untertanen und könnten das Gesetz nicht brechen ...«

Nach mehrtägigen Verhandlungen kauften die reicheren Inselbewohner einige Schwarze und schenkten sie den ärmeren, um Zollprobleme zu vermeiden.

Am 17. April kam Gouverneur Alonso Bernáldez an. Hawkins behauptete schriftlich, dass er »auf einem Schiff der Königin von England gekommen sei, das nach Guinea wolle, aber wegen schlechten Wetters und Sturms gezwungen worden sei, hier zu landen. Folglich müsse er seine Schiffe reparieren und große Geldsummen für seine Soldaten auftreiben, wie er versprochen habe. Er wisse, dass sie nicht ablegen würden, ohne erhalten zu haben, was ihnen zustände.« Mit dieser kaum verschleierten Drohung forderte er eine Handelslizenz.

Die Profite aus seinen Tauschaktionen wurden jedoch zum großen Teil von den Steuern aufgezehrt. Angesichts des harten Standpunktes der Spanier demonstrierte Hawkins seine militärische Stärke. Er bat darum, als Gegenleistung zum Verzicht auf ihren Einsatz die Erlaubnis zum Handel zu erhalten und erklärte sich bereit, die üblichen Steuern von 7,5 Prozent zu bezahlen.

Der Gouverneur akzeptierte, aber Hawkins verlangte Geiseln als Garantie. Sie wurden gestellt. In den folgenden Tagen konnte er ungestört seinen Geschäften nachgehen.

Er verkaufte 151 Schwarze, Textilien, Wein und andere Waren, für die er 12 528 Pesos erhielt. Er entrichtete davon genau 7,5 Prozent als Steuern[12]. Am 4. Mai stach er in See. Gouverneur Bernáldez[13] wurde später angeklagt. Er musste eine Strafe in Höhe des Wertes aller Schwarzen und Waren zahlen, die die Inselbewohner gekauft hatten, zuzüglich der nicht entrichteten Steuern.

Am 6. Mai erreichten Hawkins und seine Männer Curaçao und nahmen den Bürgermeister Lázaro Bejarano gefangen, nachdem er treuherzig an Bord gekommen war, um den Engländern einen Höflichkeitsbesuch abzustatten. Sie kauften Felle und übernahmen Proviant. Der Austausch vollzog sich unter Drohungen, die zu Repressalien wurden, als Hawkins dem Spanier unterstellte, sein Auslaufen absichtlich zu verzögern[14]. Dann setzten sie ihre Reise über Aruba, Cabo de la Vela und Las Rancherías fort, wo sie den Kurs nach Río Hacha in Erfahrung brachten. Dort trafen sie am 19. Mai ein[15].

Hawkins begrüßte den königlichen Steuerbeamten und bat ihn um eine Handelserlaubnis. Er versicherte, er sei ein ehrbarer Kaufmann, und belegte dies mit dem Zertifikat des Gouverneurs von Borburata.

Um Ärger zu vermeiden, gaben die Spanier ihm die Erlaubnis. Sie boten aber so lächerliche Preise, dass der Engländer meinte, »sie würden ihn sehr rücksichtslos behandeln und versuchten, ihn zu ruinieren, wo doch seine Preise so günstig seien, dass sie keine andere Handelsgesellschaft unterbieten könne«.

Am Morgen des 21. Mai feuerte Hawkins eine Kanone ab, um die Einwohner herbeizulocken. Er hatte 100 be-

Das französische Abenteuer in Florida

1562 brach in Frankreich der Religionskrieg zwischen Hugenotten, Katholiken und Protestanten aus, der bis 1598 dauerte. In dieser Lage entschieden sich manche, ihr Glück auf der anderen Seite des Atlantiks zu suchen und gründeten in Florida eine Kolonie. Der Führer der Hugenotten, Admiral Coligny, war die treibende Kraft hinter dieser Idee.

Der ausgewählte Platz war ideal. Hier gab es keine spanischen Kolonien, und von hier aus beherrschte man den unvermeidlichen Schifffahrtsweg durch die Floridastraße.

Im Februar 1562 startete eine erste Erkundungsexpedition mit Kapitän Jean Ribault von Dieppe aus. Sie gingen an einer kleinen Insel in einem Fluss an Land, den die Indianer »Edisto« oder »Pom-Pom« nannten, und tauften die Insel »Mai«, weil sie hier am 1. Mai eintrafen.

Ribault errichtete das Fort Charlesfort zu Ehren von Karl IX. von Frankreich.

Als er zurück nach Frankreich segelte, ließ er seinen Ersten Offizier Albert und 30 Mann zurück. Sie hatten allerdings derartige Leiden zu ertragen, dass sie meuterten, Albert umbrachten und das Fort verließen.

Zwischenzeitlich bereitete Ribault, der eine gewisse Zeit in England Zuflucht suchen musste, eine neue Expedition vor. Ein Vorauskommando unter Kapitän René Goulaine de Laudonnière stach Ende April 1564 in See und erreichte die Ufer des Flusses San Juan, wo er ein neues Fort anlegte, das »La Carolina« genannt wurde.

Ribault war gleichfalls in die Karibik gesegelt. Vor Yaguama kaperte er zwei kleine spanische Schiffe. Die Gefangenen wurde gefesselt und erbarmungslos über Bord geworfen. Dies sollte später schreckliche Folgen haben.

Gerüchte über die Pläne des Franzosen gelangten nach Kuba. Er wollte Punta de los Mártires in Florida befestigen und mit Galeeren die Schifffahrtslinie blockieren. Außerdem hatte er vor, mit 800 Mann Havanna anzugreifen, die Sklaven zu befreien, in seine Streitkräfte

zu integrieren und anschließend einen Feldzug gegen Santo Domingo und Puerto Rico zu führen.

Als dies nach Spanien durchdrang, befahl der König die sofortige Säuberung Floridas und die Einrichtung einer spanischen Kolonie. Er ernannte Pedro Menéndez de Avilés, einen asturischen Seemann mit fast fanatischen religiösen Überzeugungen, der die kantabrischen Gewässer von Seeräubern befreit hatte, zum höchsten Regierungsbeamten von Florida.

In Cádiz wurde unter seinem Kommando eine Flotte ausgerüstet. Sie bestand aus dem Admiral Diego Flores Valdés, 995 Soldaten, vier Priestern und 117 Siedlern. Er wollte sich mit der Flotte von Esteban de las Alas vereinen, der aus Santander, Avilés und Gijón landwirtschaftliche Gerätschaften und Kolonisten verschiffte.

Nachrichten von Ribaults Abreise zwangen Avilés jedoch, schon am 29. Juli 1565 und ohne Verstärkungen auf See zu gehen. Drei französische Meuterer hatten ihm von den Plänen berichtet.

Ein Sturm zerstreute die Flotte. Avilés schaffte es nach Puerto Rico. Ohne auf die übrigen Schiffe zu warten, segelte er nach Florida, wo er am 28. August eintraf. Dort errichtete er eine Siedlung, die er nach dem Tagesheiligen San Agustín nannte.

Anfang September fanden sie die Franzosen. Avilés befahl ihnen, das Territorium zu verlassen, andernfalls gäbe es Krieg. Die Franzosen machten Scherze und stießen Beleidigungen aus. Aber weil sie einen Angriff fürchteten, gingen sie in der Nacht auf See. Die Spanier kehrten nach San Agustín zurück. Hier gingen 500 Männer von Bord und begannen, die Stadt zu bauen.

Avilés erfuhr von einem Indianer, wo La Carolina lag. Er machte sich dorthin auf den Weg. Zwei Stunden vor Tagesanbruch griff er mit blanker Waffe an. Alle, außer den Frauen und Schiffsjungen, die jünger als 15 Jahre waren, wurden niedergemacht. Es gab 70 Tote. Laudon-

Kupferstich »América« von de Bry, im Vordergrund links Häuptling Athore, daneben Laudonnière, der Stellvertreter Ribaults.

nière konnte mit sechs Männern entkommen.

Nachdem die Lage an Land geklärt war, wandte sich Avilés der See zu. Dort lagen drei Schiffe unter dem Kommando von Ribaults Sohn Jacques vor Anker. Die Franzosen wurden zur Kapitulation aufgefordert. Avilés versprach ihnen, sie samt der Frauen und Schiffsjungen auf seinen Schiffen nach Frankreich zurückzubringen. Aber er bekam keine Antwort und ließ das Kanonenfeuer eröffnen. Ein Schiff wurde versenkt.

Dann begann Avilés die Verfolgung der Flüchtigen im Dschungel. Mehr als 20 fielen den Arkenbusenschützen zum Opfer. Weitere zwölf suchten bei den Indianern Schutz, die sie aber auslieferten. Der Rest einschließlich von Laudonnière selbst konnte das Schiff von Jacques erreichen.

Avilés befahl den Rückzug nach San Agustín, weil er hier einen Angriff der französischen Hauptstreitmacht fürchtete. Zunächst allerdings benannte er das Fort in San Mateo um, wiederum der Heilige des Tages, und sicherte es.

Von den Indianern erfuhr er, dass eine Abteilung von 200 Piraten im Dschungel lauerte. Er konnte sie gefangen nehmen. Als Vergeltung für Ribaults Behandlung der Besatzung des bei Yaguama gekaperten Schiffes verhängte Avilés eine exemplarische Betrafung: Nacheinander wurden die Gefangenen jeweils zu dritt geköpft. Er verschonte nur acht, die schworen, dass sie Katholiken seien.

Die kleine Flotte, mit der die Franzosen zu fliehen versuchten, war ein Trümmerhaufen. Indianer entdeckten 350 Überlebende. Auch sie wurden gefangen genommen, darunter Jean Ribault. Er bot 100 000 Dukaten für sein Leben. Sie wurden alle exekutiert, mit Ausnahme einiger weniger, die geschworen hatten, dass sie Katholiken oder Schiffsjungen unter 15 Jahren seien. Avilés ließ bei den Leichen ein Schild anbringen. Darauf stand: »Gehängt, nicht

als Franzosen, sondern als lutheranische Häretiker.«

20 Tage nach diesen Hinrichtungen meldeten die Indianer, dass sich 170 Franzosen in der Nähe von Kap Cañaveral sammelten. Sie waren in die Wälder geflohen. Avilés versprach, sie zu verschonen, und 150 ergaben sich.

Ribaults Streitmacht an Land war damit vernichtet. Aber sie musste noch vom Meer gefegt werden: Die beiden übrig gebliebenen Schiffe der Geschwader der Kapitäne Fourneaux, Etienne und Lacroix hielten sich noch in der Karibik auf.

Ende 1565 kaperten sie das Schiff, mit dem Diego de Mazariego, der frühere Gouverneur von Kuba, unterwegs war, und ankerten nahe Mariel. Eine Fregatte und zwei Schiffe unter dem Kommando von Avilés' Neffen, Pedro Menéndez Márquez, wurden von Gouverneur García de Osorio gegen die Franzosen geschickt. Dabei wurde eines ihrer beiden Schiffe gekapert und Mazariego befreit.

Sechs Franzosen fielen, 40 ergaben sich. Die Kapitäne konnten mit dem anderen Schiff fliehen. Die Gefangenen wurden nach Sevilla gebracht und gehängt.

Als die wenigen Überlebenden von Ribaults Expedition zurück nach Frankreich kamen, erreichte die Welle des anti-spanischen Protestes auch die diplomatische Ebene.

Ein anderer hugenottischer Kapitän schwor Rache und stach im August 1567 in See. Dominic Gourges, ein Gentilhomme, der seinen Besitz verkauft hatte, um Korsar zu werden, hatte vor, in Guinea Schwarze zu fangen und in Brasilien zu verkaufen. In Kap Verde bekam er einige Sklaven, die er auf den Antillen an einen Spanier verkaufte. Der erzählte ihm von der Möglichkeit, die Forts von Florida anzugreifen.

Gourges segelte nach San Mateo, hisste die kastilische Flagge und lief ohne Schwierigkeiten in den Hafen ein. Als er an Land ging, begegnete ihm einer der Überlebenden von Ribaults Flotte, Pierre Bren. Bren verstand sich gut mit Saturiba oder Saturioua, ein den Spaniern feindlich gesonnener Häuptling, und vermittelte eine Vereinbarung zwischen Gourges und den Indianern zum Angriff auf die spanischen Stellungen.

Gourges erstürmte San Mateo und ein weiteres spanisches Fort, das bei Charlesfort errichtet worden war, und machte 38 Gefangene. Um Ribaults Männer zu rächen, hängte er einige und übergab die Übrigen den Indianern, die sie zu Tode marterten. Und wie Avilés stellte er ein Schild dazu: »...Nicht als Spanier, sondern als Mörder.« Gourges segelte dann nach La Rochelle, wo er als Held gefeiert wurde.

Um weiteren Angriffen vorzubeugen, sandte Avilés 1568 Schiffe und Verstärkungen nach San Agustín, die schließlich die Kolonie sicherten. Dann wurde er in Havanna zum Gouverneur von Kuba und hielt die Küsten von Piraten frei, bis er 1573 nach Spanien zurückkehrte.

waffnete Männer antreten lassen, die Barkasse mit zwei leichten Bronzekanonen ausgerüstet und vier Doppelkanonen auf zwei Booten postiert. Die Spanier waren alarmiert und kamen bewaffnet und mit Bannern auf den Strand. Als die Engländer aus den Booten das Feuer eröffneten, zogen sie sich wieder zurück. Hawkins' Männer gingen an Land. Die spanische Kavallerie, 30 Mann mit Wurfspeeren und Lederschilden, zog sich zurück. Es gab Verhandlungen. Die Spanier genehmigten den Handel, aber Hawkins verlangte Geiseln, bevor er seine Männer zurückziehen würde[16]. Ein paar Tage lang wurde friedlich gehandelt. Die Flotte übernahm Trinkwasser und setzte ohne weiteren Zwischenfall am 31. Mai Segel. Die gleiche Strategie wandte Hawkins später noch einmal und mit gleichem Erfolg in Cartagena an.

Sie nahmen Kurs auf Hispaniola. Am 4. Juni kam Jamaika in Sicht. Weil sie glaubten, ihr Ziel erreicht zu haben, segelten sie auf die Leeseite und passierten die Meerenge nach Kuba. Weil sie ihre tatsächliche Position nicht kannten, segelten sie an einer Wasserstelle vorüber, ohne dies zu bemerken, bis sie zur Insel Pinos kamen. Sie umrundeten Kap San Antonio und gelangten im Juli zur Küste von Florida.

Ohne erfahrenen Lotsen segelten sie an La Tortuga vorbei, immer auf der Suche nach Landmarken, die sie nach Havanna leiten könnten. Die Nacht brach herein, und sie hatten auch diesen Hafen verfehlt.

Die Flotte war gezwungen, durch die Floridastraße zu segeln. Nach etlichen Zwischenfällen erreichte sie am 15. Juli den 26. Breitengrad. Weiter ging es die Küste entlang, bis sie bei 30,5° nördlicher Breite zu der Gegend kam, wo Franzosen siedelten. Sie ankerte über Nacht und bunkerte frisches Wasser. Hawkins ließ die Schiffe im tiefen Wasser zurück und fuhr mit der Pinasse auf der Suche nach französischen Siedlungen die Küste entlang. Er fragte Indianer und durchsuchte alle Schlupfwinkel und Buchten.

Zunächst stieß er auf René de Laudonnière, der im Auftrag Ribaults 1564 mit 300 hugenottischen Siedlern nach Florida gekommen war und ein Fort gebaut hatte, in dem er mit einigen Soldaten zurückgeblieben war. Seine Vorräte gingen zur Neige, seit er mit den Indianern im Krieg lag. Es waren wenige Männer, die nur wagten, ihre Befestigung zu verlassen, wenn es unbedingt notwendig war.

Hawkins überließ[17] Laudonnière 20 Fässer Mehl, vier Fässer weiße Bohnen und andere Lebensmittel. Außerdem eine Patache, damit er mit seinen Leuten nach Frankreich zurückkehren konnte. Im Gegenzug erhielten

Zucker- und andere Plantagen an der Küste waren Ziel vieler Überfälle. Andrew Barker hatte einen »Letter of Reprisal«, mit dem er die Verluste wettmachen wollte, die ihm die Inquisition auf den Kanaren zugefügt hatte. Aber er verlor dabei sein Leben. Seinen Männern ging es nur wenig besser: Sie wurden in England angeklagt und verurteilt.

die Engländer 20 Schläuche mit Wein, den die Franzosen aus wildem Wein gewonnen hatten.

Am 28. Juli begann die Rückreise über den Atlantik. Die Winde und der Mangel an Proviant zwang sie, nach Terranova zu segeln. Sie fingen große Mengen Fisch und konnten sich weiteren Proviant verschaffen. Von hier brachten günstige Winde die kleine Flotte ohne weitere Zwischenfälle nach England. Am 20. September 1565 legten sie in Padstow an. Die Teilhaber an dem Abenteuer erzielten einen kräftigen Gewinn. Am 5. November 1565 schrieb der spanische Botschafter in England, Diego de Silva, seinem König einen Brief, in dem er feststellte, dass die Dividende auf das eingesetzte Kapital 60 Prozent betragen habe. Hawkins wurde von der Königin zum Ritter geschlagen. Der spanische Botschafter legte wieder einmal vergeblich Protest ein.

Die erste Expedition hatte der Entdeckung des Seeweges nach Westindien gedient. Die zweite brachte weitergehende Kenntnisse über Schifffahrtswege, die in der Folge weit größere Unternehmungen möglich machten.

Eine neue Schmuggelfahrt für die Hawkins

Die dritte Reise wurde von Vater und Sohn Hawkins zusammengestellt. Sie stand unter dem Kommando von

James Lowell, der von einem jungen, 24-jährigen Mann begleitet wurde: Francis Drake. Lowell war Handelsagent auf Teneriffa gewesen. Er beherrschte die spanische Sprache und Sitten sehr gut[18]. Sie liefen am 18. November 1566 in Plymouth aus und segelten zunächst nach Guinea. Ostern 1567 verbrachten sie in der Karibik im Hafen von Margarita, wo auch die Flotte des Franzosen Jean Bontemps lag, mit dem man zeitweilig freundschaftlichen Verkehr pflegte[19].

Sie versuchten, in Borburata Sklaven zu verkaufen. Obwohl sie zu Gewaltmaßnahmen griffen, konten sie nur 1500 Pesos erzielen. Sie liefen Río Hacha an, wo die Spanier die Zusammenarbeit verweigerten. Aus Rache ließ Lowell 94 kranke Negersklaven[20] an Land setzen und setzte seine Reise fort. Hawkins besaß übrigens bei einer seiner späteren Fahrten die Unverfrorenheit, die nachträgliche Bezahlung dieser »Lieferung« zu verlangen.

Nach der Übernahme von Wasser und Proviant in Curaçao ging es weiter nach Hispaniola, wo man nur einige Dinge stehlen konnte, und schließlich durch die Floridastraße zurück nach England. Das Unternehmen brachte wenig Profit. Schuld daran waren vermutlich die mangelnde staatliche Unterstützung und das Fehlen eines kühnen Abenteurers wie John Hawkins.

Die Katastrophe von Veracruz (1567–1569)

Hawkins war von den Ergebnissen der Reise Lowells enttäuscht. Weil er wusste, dass die Unterstützung und die Profite deutlich besser ausfallen würden, wenn er selbst das Ruder in die Hand nahm, bereitete er ein neues Abenteuer vor[21]. Und er bekam breite finanzielle und politische Unterstützung. Die Königin stellte wieder zwei Schiffe zur Verfügung, die *Jesus of Lubeck* und die *Minion* mit 300 Tonnen. Hinzu kamen die *William and John* mit 150 Tonnen, die *Swallow* mit 100 Tonnen, die *Judith* mit 50 und die *Angel* mit 40 Tonnen. Alle Schiffe waren bewaffnet, die Mannschaften erfahren.

Der spanische Botschafter hatte durch seine Spione von der bevorstehenden Expedition erfahren und legte wieder Protest ein. Entgegen seinen Erwartungen bekam de Silva von der Königin keine befriedigende Antwort. Er protestierte erneut. Diesmal war die einzige Antwort der Königin, dass er über die Ziele der Flotte falsch unterrichtet sei und sie im Übrigen nicht mehr über die Angelegenheit wisse.

Die Vorbereitungen wurden fortgesetzt. Alles schien für

Anti-spanische Propaganda entstand durch Verdrehungen der Ereignisse von San Juan de Ulúa, die spanische Unterdrückung der Niederlande und die merkwürdigen Umstände des Todes von Isabel de Valois, Sebastian von Portugal und Prinz Charles. Berichte, dass die Spanier unschuldige Eingeborene abschlachteten, dienten als Vorwand für den Angriff auf Spaniens amerikanische Niederlassungen als Teil einer Vergeltungskampagne. So entstand aus spanischer Sicht die »Leyenda Negra«, die schwarze Legende.

Hawkins gut zu laufen. Die Spanier waren jedoch entschlossen, die Engländer einzuschüchtern. Eine spanische Flottille aus sieben Kriegsschiffen lief ohne die übliche Begrüßung in Plymouth ein und direkt auf Hawkins' Schiffe zu. Wenn Schiffe in einen fremden Hafen einliefen, war es üblich, die Toppsegel einzuholen und entsprechende Flaggen als Gruß zu setzen. So liefen die Schiffe langsamer und waren dem guten Willen der Hafengeschütze ausgeliefert. Bei diesem Anlass missachteten die Spanier jedoch diese Gepflogenheit.

Als Hawkins dies bemerkte, eröffneten seine Schiffe das Feuer und zwangen sie, den Verband aufzulösen und den Gruß zu entrichten. Nach diesem Zwischenfall beschwerten sich die Spanier bei den Hafenbehörden und

Die Schiffe

Die Korsaren benutzten verschiedene Schiffstypen. In der Anfangszeit besonders der englischen Freibeuterei des 16. Jahrhunderts gab es hauptsächlich vier.

Kriegsschiffe: Sie entsprechen der spanischen Galeone mit 700 bis 800 Tonnen, hatten eine große Besatzung, bis zu 30 Kanonen und gehörten im Allgemeinen der Royal Navy. Weil sie schwer zu manövrieren waren, wurden sie normalerweise von kleineren Schiffen unterstützt.

Handelsschiffe: Es gab viele Formen dieser Multi-Funktionsschiffe. Im Allgemeinen waren sie mit mittleren Geschützen und weiteren kleineren Kanonen bewaffnet. Bei Angriffen auf kleinere Städte erwiesen sie sich als sehr effektiv.

Patache: Dies war das Korsarenschiff par excellence mit 50 bis 100 Tonnen, großer Mannschaft, leichter Artillerie und einem oder zwei Masten.

Pinasse: Ein kleines Landungsboot, gelegentlich mit einem Segel, zumeist aber gerudert.

Brander: *Kein eigener Schiffstyp. Bei größeren Angriffen wurden die Kanonen geladen, die Schiffe in Brand gesetzt und von einer Pinasse in die feindlichen Reihen geschleppt.*

Weitere übliche Schiffstypen

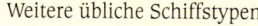

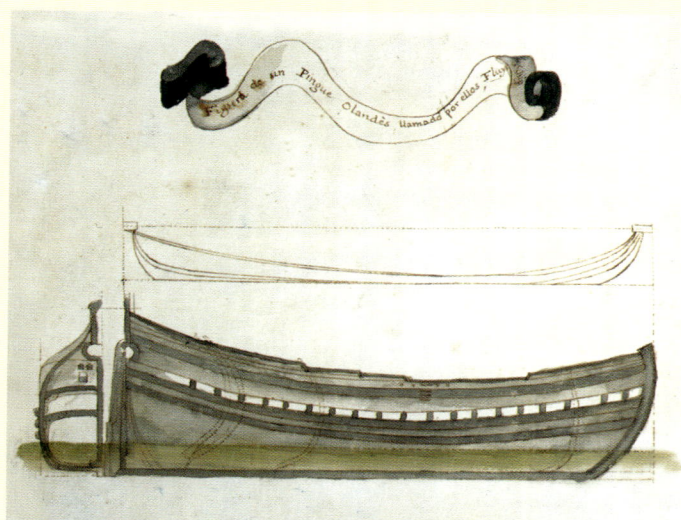

Pinke: *Ein für die Niederländer typisches Schiff. Geeignet für die flachen Gewässer der Karibik und bei kleineren Überfällen.*

Barca longo: *Die spanische Form der Pinasse.*

Pinke: *Das Handelsschiff des Nordens par excellence, hervorgegangen aus der Fleute. Es hatte etwa die Tonnage eines Handelsschiffes, einen flachen Boden, Rundgat, war nicht sehr schnell und wurde in der Karibik für Schmuggel und Überfälle in Flachwasser eingesetzt.*

Balandra: *Ab 1650 operierten die Filibuster meistens mit Balandras. Sie konnten hoch am Wind segeln, waren etwa so groß wie eine große Pinasse und bestens für die Küsten- und Inselreviere geeignet. Ihnen entsprach die englische Schaluppe.*

Die Westindien-Konvois

Die fortwährenden Angriffe der französischen und englischen Korsaren auf ihre Handelsschiffe zwangen die Spanier, Abwehrmaßnahmen zu entwickeln. Die Lösung bestand darin, Konvois zusammenzustellen, die von bewaffneten Schiffen mit den Schätzen an Bord auf der Heimfahrt begleitet wurden.

Dieses System entwickelte sich zwischen 1561 und 1566 und wurde 1590 in etlichen Punkten geändert.

Jedes Jahr gab es zwei Konvoiverbände. Der eine segelte von San Lúcar im April nach Nueva España (Mexiko), der andere im August nach Tierra Firme (Nordküste Südamerika). Beide Konvois verbrachten den Winter in amerikanischen Häfen und begannen gegen Winterende ihre Rückreise nach Spanien.

Der Nueva España-Konvoi lichtete im Januar seine Anker und fuhr nach Havanna, der Tierra Firme-Konvoi setzte im Februar in Cartagena die Segel mit dem gleichen Ziel. Beide trafen sich in Havanna und warteten auf die Schiffe aus Honduras, mit denen sie zusammen über den Atlantik gingen. Die Abreise erfolgte zwischen dem 10. März und spätestens 15. Juli.

Die traditionelle Route in die Karibik führte nördlich von Guadeloupe vorbei und folgte dem inneren Kurs bis Santo Domingo. In der Anfangsphase, als beide Verbände gemeinsam segelten (1504–1560), trennten sich hier ihre Wege.

Der Tierra Firme-Konvoi segelte häufig nördlich von Dominica und dann entlang der Küste von Nueva Granada bis nach Cartagena. Von dort ging es weiter nach Nombre de Dios, um das Silber aus Peru aufzunehmen, und wieder zurück über Cartagena, um die Untiefen auf dem direkten Weg nach Havanna zu umgehen.

Ab 1700 begann der Nueva España-Konvoi, den äußeren Kurs nach Havanna entlang der Nordküste von Kuba zu nehmen.

① Innerer Kurs des Nueva España-Konvois.
② Kurs nach Honduras.
③ Passieren von Yucatán auf dem inneren Kurs.
④ Passieren von Yucatán auf dem äußeren Kurs.
⑤ Der Kurs Veracruz – Havanna. Je nach Wind und Wetter mehr oder weniger nördlich.
⑥ Der äußere Kurs des Nueva España-Konvois.
⑦ Kurs durch den Kanal zwischen Caicos und Mayaguana. Er wurde besonders vom Tierra Firme-Konvoi in Notfällen benutzt. Ab 1655 war dies der übliche englische Schifffahrtsweg von Jamaika nach England.
⑧ Alternative zum Kurs zwischen Caicos und Mayaguana.

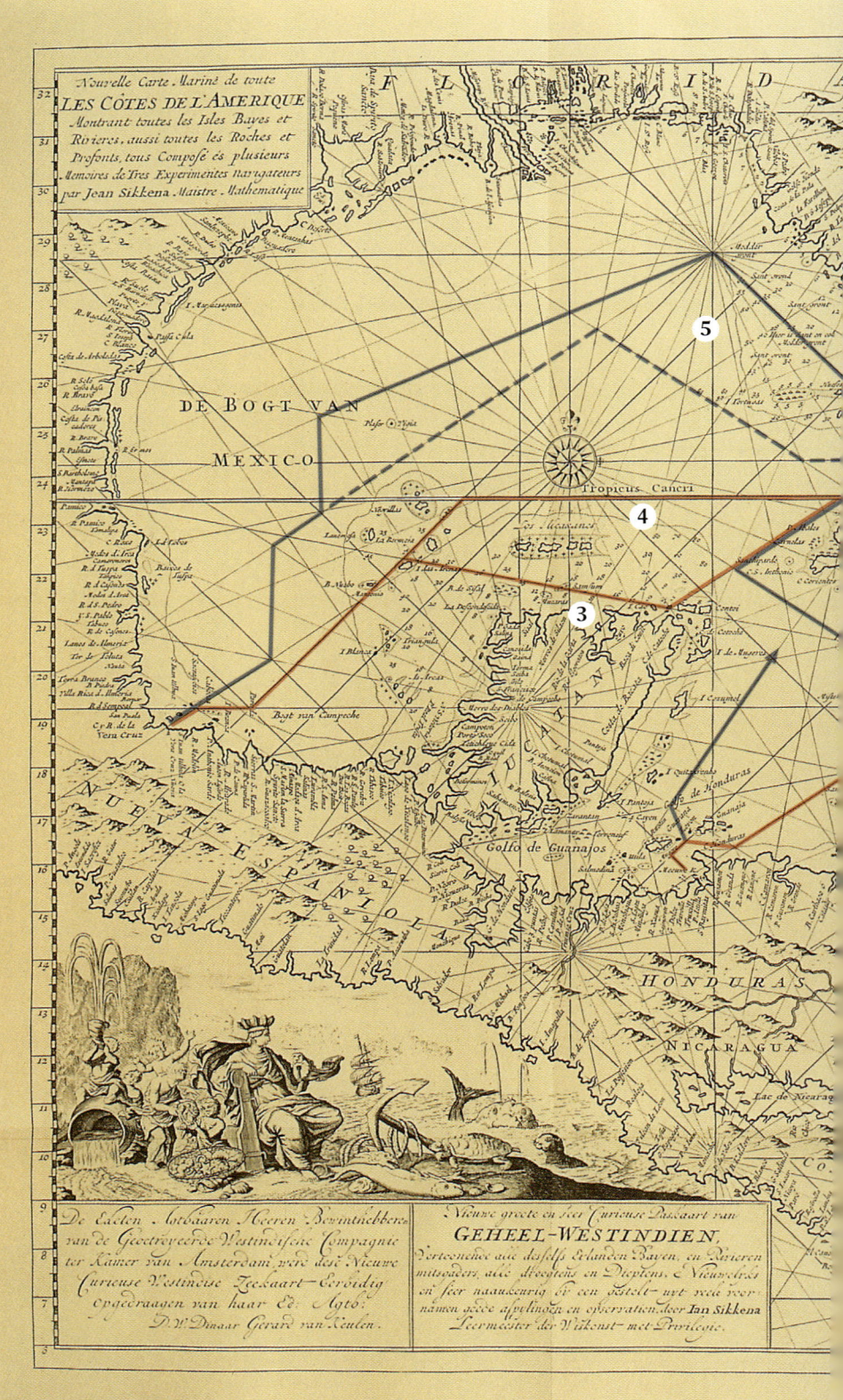

der Botschafter bei der Königin, die diesmal von Hawkins eine Erklärung verlangte. Seine Entschuldigung trug nicht zur Lösung des Falles bei, aber es war nun völlig klar, dass die Spanier sich zur Anwendung von Gewalt gegen die Engländer entschlossen hatten und Hawkins zurückschlagen würde.

Schließlich stach die englische Flottille von Plymouth aus am 2. Oktober 1567 in See. Mit an Bord waren William Clarke und Francis Drake. Auf dem Weg nach Teneriffa kaperten sie einige Schiffe, darunter die *Espíritu Santu,* die als *Grace of God* unter Jean Planes Kommando gestellt wurde.

Sie gelangten nach Gambia und Senegal, wo sie aber auf den Widerstand der Eingeborenen trafen und sich zurückziehen mussten. Später griffen sie einige französische Schiffe an und raubten deren Negersklaven. Am 28. Oktober erreichten sie Sierra Leone, wo sie 470 Schwarze gefangen nahmen und dann Segel mit Kurs Karibik setzten. Zum ersten Mal gingen sie in Dominica an Land und warteten auf Hawkins und seine Mann-

Hawkins konvertiert

Um 1571 scheint das Ansehen von Hawkins deutlich gesunken zu sein. Seine große Flotte konnte mit den spanischen Häfen wegen des Embargos keinen Handel treiben. Er versuchte, das Problem ohne Hilfe der Politik zu lösen. Mithilfe eines Mittelsmannes, George Fitzwilliams, unterzeichnete er am 11. August eine Kapitulationsurkunde, mit der er in die Dienste des spanischen Königs mit dem Ziel trat, »den katholischen Glauben in England wiederherzustellen, die Tyrannei von Elisabeth zu beenden und die Freiheit und die Rechte der Königin von Schottland zu verteidigen«[22].

Hawkins musste 16 Schiffe mit 420 Kanonen und 1585 Mann stellen. Im Gegenzug erhielt er 16987 Dukaten pro Monat und eine »Amnestie für alle seine Taten in Westindien«.

Diese Vereinbarung wurde im Escorial geplant. Sie scheint mit einer Strategie im Zusammenhang zu stehen, den Herzog von Alba als Gouverneur Flanderns durch den Herzog von Feira abzulösen. Aber der Tod dieses Freundes des Königs und Partners von Hawkins am 8. September änderte die Lage.

Im Dezember informierte der spanische Botschafter in London, Guerau de Spes[23], den Hof von Hawkins' Besorgnis, dass man ihm auf die Schliche gekommen sei, weil der Earl of Leicester ihn insistierend danach frage, warum er mit seiner bereitliegenden Flotte nicht in See gehe. Philip II. schrieb persönlich auf das Schriftstück: »Wir müssen sicherstellen, dass unsere Pläne hierdurch nicht vereitelt werden.« Mangels Entschlossenheit auf spanischer Seite fielen die Pläne ins Wasser.

schaft. Hawkins wollte seine Stärke nicht ausspielen und beschränkte sich auf das Bunkern von Früchten, Wasser und Fleisch.

Sie segelten weiter nach Margarita, wo sie gleichfalls Proviant übernahmen. In Borburata machten sie einige Geschäfte. Später in Río Hacha konnten sie einen Teil ihrer Waren verkaufen, nachdem sie einige Häuser niedergebrannt hatten[24]. In Santa Marta gab es einen Scheinangriff, und nach der Kapitulation des Gouverneurs konnten sie 114 Schwarze und einen beträchtlichen Teil ihrer Handelsware verkaufen.

Am 1. August 1568 kamen sie nach Cartagena. Obwohl hier der Bau einer Befestigung schon begonnen hatte, war die Anlage mit zwei Kanonen und nur wenigen Soldaten noch nicht verteidigungsfähig. Hawkins erkannte dies jedoch nicht, weil er von See aus nur die Wälle der kleinen Forts El Boquerón und La Caleta sah.

Hawkins stellte wie üblich seine Forderungen. Martín de Alas, der Gouverneur der Stadt, antwortete, dass »die einzige Sprache, in der sie sich verständigen könnten, die des Schwertes und der Arkebuse« sei[25]. Die Engländer nahmen ihn beim Wort und eröffneten das Feuer.

Die Verteidiger wandten eine Täuschungsstrategie an, indem sie nach einem Schuss die Positionen ihrer Kanonen veränderten und so den Eindruck einer viel größeren Streitmacht hervorriefen. Diese List wirkte: Nach achttägiger Belagerung stach Hawkins wieder in See.

Weil der Winter nahte, entschied Hawkins, so schnell wie möglich zu den Bahamas zu segeln. Aber er konnte das Ziel nicht erreichen, weil westlich von Kuba ein Sturm beträchtliche Schäden an den Schiffen anrichtete, besonders an der *Jesus of Lubeck,* und er in den Golf von Mexiko laufen musste.

Vor der Küste von Campeche kaperten sie das Handelsschiff von Francisco Maldonado, der ihnen erklärte, dass der Platz zur Reparatur solch großer Schiffe San Juan de Ulúa sei[26]. Hawkins erfuhr auch von der unmittelbar bevorstehenden Abreise der Flotte von Nueva España und hielt nun seine große Stunde für gekommen. Am 14. September 1568 liefen zehn englische Schiffe Ulúa an[27]. Die Einwohner glaubten zunächst, die Flotte von Nueva España bringe den neuen Vizekönig Martín Enríquez de Almansa.

Am nächsten Tag eilten der Schatzmeister und andere Autoritäten herbei, um die Ankömmlinge zu begrüßen. Sie wollten den Vizekönig willkommen heißen, wurden an Bord gebeten und gefangen genommen. Hawkins behauptete, dass er gezwungen sei, hier vor Anker zu gehen, und er drohte, seine Gefangenen umzubringen, wenn er keinen Zugang zur Insel Gallega bekäme, auf der sich ein Fort befand[28].

Wegen der drohenden Ankunft der spanischen Flotte änderte er seine Taktik. Die Schiffe wurde hinter dem Inselchen versteckt, seine Leute bezogen Position in der Stadt. Er glaubte, einfach abwarten zu können. Seine Absicht war, den Schatz zu rauben, der aus Veracruz herübergebracht werden sollte, um dann mit der Flotte nach Spanien mitgenommen zu werden.

Aber seine Pläne waren bald zunichte. Antonio Delgadillo, ein Hafenlieferant, hatte Veracruz über die Anwesenheit der Engländer informiert. Die Muli-Kolonne mit dem Schatz machte kehrt. Am 17. September tauchten die Segel der Flotte von Nueva España am Horizont auf. Die Engländer hatten keine Chance, ohne Kampf zu entkommen.

Beide Seiten waren gleich stark. Zwar hatten die Spanier 13 Schiffe, aber nur eines war ein Kriegsschiff. Außerdem hatten sie viele Passagiere an Bord. Vor einem Kampf mussten diese auf jeden Fall von Bord. Dies geschah in größtmöglicher Entfernung von den Engländern drei Tage später.

Hawkins blieb genügend Zeit, seine Verteidigung vorzubereiten. Er verteilte seine Schiffe und bezog auf den Wällen des Forts Stellung. Enríquez' Flotte blockierte mit ihren Ankerpositionen den Fluchtweg. Der Vizekönig wartete ab, und beide Seiten warteten darauf, dass die andere angriff. Beide waren auf den Kampf eingestellt, aber ihre Motive waren sehr verschieden: Hawkins wollte die Blockade durchbrechen und mit seinem Profit heimkehren. Für den Vizekönig wäre es unehrenhaft gewesen, in Nueva España anzukommen und sich mit dem Engländer arrangiert zu haben. Er wollte ihn gefangen nehmen. Es begannen Verhandlungen, Geiseln wurden ausgetauscht, aber bald war klar, dass dies zu nichts führte. Aus Veracruz trafen 120 Mann Verstärkung ein. Sie bezogen unentdeckt Position auf den Schiffen.

Mit Einbruch der Nacht am 22. September ließ Enríquez seine Leute Gefechtsformation einnehmen. 130 spanische Arkebusenschützen fuhren mit Booten zu ihren Stationen auf der Pinke *San Salvador,* die zwischen beiden Flotten, aber nahe bei der englischen lag.

Nach spanischen Quellen begann der Angriff gegen neun Uhr am Morgen, als Ubilla mit einem Taschentuch zum Vizekönig herüberwinkte, der daraufhin die Trompete zum Angriff blasen ließ. Die Engländer antworteten sofort mit Kanonenfeuer. Eine heftige Schlacht entbrannte.

Ansicht von Hispaniola, heute Dominikanische Republik und Haiti. Die Landschaft hat sich in den letzten 400 Jahren kaum geändert, mit Ausnahme der Kokospalmen, die die Spanier aus dem Pazifik hergebracht haben.

Das Schiff des spanischen Vizeadmirals geriet in Brand und verlor seine Ladung, als eine wohlgezielte Kanonenkugel ein Pulverfass zur Explosion brachte. Die *Jesus of Lubeck* war nach einem heftigen Feuerwechsel mit dem spanischen Flaggschiff so schwer beschädigt, dass sie aufgegeben werden musste. Die Spanier fanden auf ihr die Geiseln und bargen »General Aquines' Silberschiff, Kleidung und andere Kleinigkeiten von geringem Wert und 45 bis 50 Sklaven«.

Delgadillo und seine Truppen stürmten Gallega. Gegen Mittag hatten die Spanier die Insel und das Fort unter Kontrolle. Nur drei Engländer hatten diesen Angriff überlebt. Jetzt befand sich die englische Flotte im Kreuzfeuer von Land und von See. Am Nachmittag sanken die *Angel* und die *Swallow*. Alle Engländer waren gezwungen, an Bord der *Minion* zu gehen, weil die *Judith* unter dem Kommando von Drake geflohen war.

Hawkins versuchte, mit der *Minion* und einer Patache nach England zurückzukehren. Die Patache ging verloren. In Panuco mussten 104 Mann an Land gehen, weil es an Bord nichts mehr zu essen gab außer »Fellen, Katzen, Hunden, Ratten und Mäusen, Sittichen und Affen...«. Er versprach, sie in einem Jahr wieder abzuholen. Nach etlichen Schwierigkeiten erreichte Hawkins am 3. Februar 1569 Plymouth. Spanische Spione informierten Madrid davon, dass auf der *Minion* nur 15 Mann zurückgekehrt waren.

Die von Hawkins in Panuco zurückgelassenen Männer erlebten jede Form des Elends[29]. Die Chichimeca-Indianer griffen sie an und nahmen ihnen alles einschließlich der Kleidung. Nackt, viele an Malaria leidend, hatten sie große Schwierigkeiten, sich durch den Dschungel zu schlagen. Schließlich schafften sie es nach Tampico, wo sie von Luis de Carbajal in Gefangenschaft gesetzt wurden.

Sie wurden nach Mexiko überführt und erlitten die verschiedensten Schicksale. Einige beschlossen ihre Tage im Krankenhaus, andere mussten in den Wollmühlen von Texoco oder in den Minen schuften. Die jungen Männer steckte man ins Kloster. Nur wenige gelangten in den Dienst bedeutender Persönlichkeiten. Nach der Ankunft von Pedro Moya de Contreras, der die Inquisition in Nueva España etablierte, wurde ihnen der Ketzerprozess gemacht. Die Urteile fielen unterschiedlich aus.

Drake und Hawkins beschönigten in England die Tatsachen und beschuldigten Ubilla und den Vizekönig der Hinterlist. Die offizielle Politik übernahm ihre Version und erweckte damit antispanische Gefühle in der Bevölkerung. Andererseits war der Verlust einer königlichen Galeone schwer zu rechtfertigen. Hawkins warf Drake nicht nur vor, ihn seinem Schicksal überlassen zu haben, sondern auch, sich die Ladung der *Judith* ungesetzlich angeeignet zu haben. Dies brachte erhebliche Spannungen zwischen beiden mit sich.

Trotz dieses Desasters blühten die Geschäfte der Familie Hawkins. Bis 1570 war sie zu den größten Reedern Englands aufgestiegen und verfügte über eine Tonnage von 2090 Tonnen. 13 ihrer Schiffe waren größer als 60 Tonnen. Ihre Freibeuterei ging unvermindert weiter. Im November 1570 unterschrieb John ein Dokument[30], mit dem er sich zur Zahlung von 1000 Pfund als Garantie dafür verpflichtete, sich bei der Verfolgung von Korsaren

und Piraten in englischen Gewässern an die Regeln zu halten. Andere bekannte englische Seeleute wie Martin Frobisher, William Winter und Thomas Prydeaux taten es ihm gleich. Geändert hatte sich offenkundig nur der Schauplatz.

Krise und neue Politik Englands (1568–1572)

Während der 60er-Jahre des 15. Jahrhunderts gab es in Europa Ereignisse, die zum Entstehen einer neuen Ordnung führen sollten. Die französischen Hugenotten jagten von den Häfen der Biskaya aus Handelsschiffe zwischen Spanien und Flandern. In den Niederlanden führte das Wiederaufleben nationaler Gefühle zur Zeit der Reformation schließlich zum Aufstand von 1567.

Eine Vielzahl holländischer Schiffe machte nach, was die Brüder aus La Rochelle vormachten. Man unternahm alle Anstrengungen, um die maritime Offensive gegen Spanien miteinander abzustimmen. Die englischen Häfen boten dabei Schutz. Die »Seeräuber« (Watergeuzen) starteten mit einigem Erfolg einen Feldzug zur Bekämpfung spanischer Interessen im Kanal.

Die Spanier protestierten wütend gegen die englische Unterstützung der holländischen Rebellen. Ganz besonders heftigen Protest gab es 1568, als die englische Regierung die Beschlagnahme des Schatzes anordnete, mit dem der Herzog von Alba seine Truppen bezahlen wollte. Das Geld wurde von einer Flottille herbeigebracht, die in Plymouth, Fowey und Falmouth Schutz vor den Korsaren des Kanals suchte. Der Ton des Protestes war dergestalt, dass der spanische Botschafter verhaftet wurde. Zu allem Überfluss floh auch noch Maria Stuart aus Schottland nach England, wo sie auf Befehl von Elisabeth ins Gefängnis geworfen wurde.

Nachrichten von der anderen Seite des Kanals wie die grausame Unterdrückung der protestantischen Rebellen durch die Truppen des Herzogs von Alba, die öffentliche Enthauptung von Egmond und Horn und der neuerliche Ausbruch des Bürgerkrieges in Frankreich brachten die Engländer dazu, Philip II. von Spanien als den »Teufel des Südens« anzusehen.

Die spanischen Behörden verordneten ein Embargo für alle Vermögenswerte englischer Untertanen und die Beschlagnahme von Schiffen, die in spanischen Häfen die englische Flagge zeigten. Um Kampfschiffe gegen die Korsaren zu ermutigen, wurde 1570 ein Gesetz erlassen,

Die Kolonie Virginia und die Roanoke-Reisen

Nachdem Gilberts Expedition nach Nordamerika fehlgeschlagen war, plante Raleigh die Gründung einer Kolonie, die nördlich der spanischen Siedlungen und der Schifffahrtslinien liegen sollte. Zu diesem Zweck organisierte und finanzierte er vier Expeditionen, die als »Roanoke Voyages« bekannt geworden sind und ihr Ziel erreichten. Die Kolonie nannte er zu Ehren der jungfräulichen Königin Elisabeth I. »Virginia«. Sie schlug ihn daraufhin zum Ritter.

1584 wurde die erste Expedition vorbereitet, die von Phillip und Barlow geführt wurde. Sie gelangte zu der Insel Roanoke und wurde von den Indianern freundlich empfangen. Man kehrte nach England zurück und berichtete, einen idealen Platz für eine Kolonie gefunden zu haben.

1585 wurde die zweite Reise ausgerüstet. Dieses Mal brachten die Schiffe unter dem Kommando von Richard Greenville und Ralph Lane einige 100 Siedler mit. Aber dieses Mal zeigten sich die Indianer feindlich gesinnt.

Die Schiffe erkundeten die Gegend weiter nördlich. Bei der Rückkehr wollten die Siedler wieder zurück in die Heimat, weil es ihnen nicht gut ergangen war. Die Kapitäne verweigerten dieses Ansinnen. Die Siedler wurden aber schließlich von Francis Drake evakuiert, der nach dem Niederbrennen von San Agustín hier vorbeikam.

Der letzte Kolonisierungsversuch fand 1587 statt. Der Naturforscher John White, der auch bei den vorherigen Unternehmungen dabei gewesen war, ging mit 112 Kolonisten an Bord. Er hatte zwar Kenntnisse von dem Siedlungsgebiet, war aber als Führer ungeeignet.

Man gelangte nach Roanoke. Hier verlangten die Siedler, White solle zurückkehren und Lebensmittel aus England herbeiholen. Am 28. August nach dem englischen Kalender stach er in See und ließ 85 Männer, 17 Frauen und 11 Kinder zurück, darunter seine Enkelin Virginia Dare, die erste in Amerika geborene Einwanderin aus England.

White konnte in England aber keine Unterstützung finden und kehrte erst drei Jahre später zurück. Am 17. August 1591 erreichte er Roanoke. Alles was er fand, war das in einen Baumstumpf eingeritzte Wort CROATOA, der Name einer 50 Meilen südlich gelegenen Insel.

Man hatte vorher vereinbart, dass ein Kreuz als Zeichen für eine mögliche Flucht der Siedler angebracht werden sollte. Weil dies fehlte, hatte White Hoffnung, sie wiederfinden zu können. Es gab jedoch kein weiteres Lebenszeichen.

welches das königliche Fünftel der Beute dem Geschwader-Kommandanten überließ[31]. Nur Güter, die einem Spanier gehörten, mussten dem rechtmäßigen Besitzer zurückgegeben werden[32].

Die Spannungen ließen nicht nach. In diesem Jahr wurde Elisabeth von England exkommuniziert, und die Nachricht vom Tode von Elisabeth von Valois verbreitete sich, für den Sebastian von Portugal den Spanier Philip verantwortlich machte. Nach seinem Sieg von Lepanto zeigte sich der König von Spanien als Ritter des katholischen Glaubens.

Die Ablösung des Herzogs von Alba durch Luis de Requesens 1573 führte zu einer Entspannung, obgleich sich die Machtbalance früherer Zeiten nie mehr ergab. Elisabeth I. formulierte eine neue Politik der Schwächung der spanischen Hegemonie. Sie bestand aus zwei Teilen: Zum einen förderte und unterstützte sie Unternehmungen, deren Ziel die Gründung von Kolonien auf der anderen Seite des Atlantiks war, die als Basis einer weiteren Expansion dienen konnten. Auf der anderen Seite schädigte sie weiter spanische Interessen durch die Tolerierung (ohne aktive Unterstützung) von Piraterie, Schmuggel und Akten der Vergeltung.

Strafexpeditionen als neue englische Strategie

Drake sammelt weitere Erfahrungen in Westindien

Francis Drake war von niederer Herkunft. Er wurde um 1543 in Crowndale in der Nähe von Tavistock als erstes von elf Kindern des Bauern Edmund Drake geboren.

Einigen Quellen zufolge musste die Familie 1549 wegen eines katholischen Aufstandes nach Kent ziehen, wo sie in einem verlassenen Boot auf dem Fluss Medway Unterschlupf fand. Mit 14 Jahren wurde Francis Schiffsjunge auf einem kleinen Küstenboot, mit dem häufig geschmuggelt wurde. Als der Skipper starb, erbte er das Boot. Er verkaufte es, um sein Glück zu machen, und wandte sich an Devon, ein Protegé der Familie Hawkins.

Über die erste Expedition, die Drake allein verantwortete, herrscht keine eindeutige Klarheit. Es muss 1570 nach dem Desaster von Veracruz gewesen sein. Das Motiv war vermutlich Rache und aus seiner Sicht die Tatsache, dass die Spanier den Engländern etwas schuldeten, wenn es auch nur das Silber gewesen sein mag, das sie nicht rauben konnten. Seine Expedition könnte als Pri-

senkommando gerechtfertigt gewesen sein, obwohl es dafür keine belegten Quellen gibt.

Sein Schiff war die *Dragon*. Einigen Quellen zufolge kaperte er zwei Schiffe vor Chagres. Andere behaupten, dass er in Río Hacha gefangen genommen und wieder freigelassen wurde.

Es gibt Aufzeichnungen über eine Entdeckungsreise zwischen März und Ende Dezember 1571, bei der Drake sich darauf beschränkte, die Gewässer um Darién und und die Landenge von Panama zu erkunden. Es scheint, dass er in einem Hafen namens Puerto Faisán eine kleine Basis eingerichtet hat, von der aus er mit der *Swan* die Küsten von Cartagena und Nombre de Dios erkundete. Hier stieß er auf entlaufene Negersklaven, die bei seinen späteren Operationen dabei waren.

Kein Zweifel besteht darüber, dass er nach England zurückkehrte und Finanziers für eine neue Reise suchte. Doch man verweigerte ihm staatliche Unterstützung. Aber mithilfe von Kaufleuten konnte er zwei Schiffe ausrüsten, und am 24. Mai 1572 startete die Expedition in London. Drake befehligte die *Parcha*, sein Bruder John[33] die *Swan*. Zusammen verfügten sie über 73 Mann. Sie hatten drei zerlegbare, in Plymouth konstruierte Pinassen an Bord, mit denen sie sich in flachem Wasser und auf Flüssen bewegen wollten, und segelten direkt nach Puerto Faisán. Hier wollten sie offenkundig den Proviant übernehmen, den Drake bei der vorherigen Reise zurückgelassen hatte, aber irgendjemand hatte sich damit davongemacht.

Am 9. Juli befanden sie sich vor der Küste von Nombre de Dios, die sie vergeblich zu erobern versuchten. Darüber gibt es zwei sehr verschiedene Versionen: Die Spanier berichten nur von 18 Toten in der Festung, wohingegen Drake das Märchen auftischte, er habe die Stadt genommen und sei im Begriff gewesen, mit dem riesigen Silberschatz aus der Kammer des Gouverneurs zu verschwinden.

Die Wahrheit ist, dass Drake einen Schuss ins Bein erhielt und die Kugel dort für den Rest seines Lebens blieb. In seinem Bericht heißt es, er sei bei dem strategischen Rückzug auf die Insel Pinos verwundet worden, nachdem die Sicherung der Beute fehlgeschlagen sei. Als die Wunde verheilt und er wieder zu Kräften gekommen war, segelte er nach Cartagena, wo er ein 250-Tonnen-Schiff aus Sevilla kaperte. Er führte es außerhalb der Reichweite der Kanonen der Stadt ostentativ vor. Um dieses Schiff bemannen zu können, musste er sein charismatischstes Schiff, die *Swan*, opfern.

Er hatte die Absicht, die Muli-Karawanen anzugreifen,

Karte von Virginia, um 1600
von John White (1585–1603);
Britisches Museum, London.

die die Landenge mit peruanischem Silber durchquerten. Aber dazu reichten seine Kräfte nicht. Drake suchte Verstärkung und fand sie im Dschungel zwischen Puerto Caballo und Vallano, wo er etwa 200 entlaufene Negersklaven rekrutierte[34]. Dies geschah im September. Sie berichteten ihm, dass es erst im Januar am Ende der Regenzeit wieder Karawanen geben würde. Folglich entschied er sich, den Winter in Puerto Faisán zu verbringen.

Schließlich signalisierte die Ankunft der peruanischen Flotte, dass Muli-Transporte nach Nombre de Dios bevorstanden. Drake zog mit 30 seiner Schwarzen und 18 Engländern auf den Isthmus von Panama. Sie rückten auf Camino de Cruces vor, wo sie die Ankunft von acht mit Silber beladenen Mulis und dahinter zwei Karawanen mit 100 Mulis beobachteten. Als Drake das Silber schon in seinen Händen sah, gab ein Späher Alarm, und der Angriff wurde zwecklos. Um Verluste zu vermeiden, mussten sich die Engländer zurückziehen.

Wieder an Bord, kam ein hugenottisches Schiff in Sicht[35], das unter dem Kommando von Guillaume le Testu[36] stand. Drake berichtete ihm von seinen Heldentaten. Sie segelten gemeinsam nach Nombre de Dios und fuhren von hier aus in einer Pinasse den Fluss San Francisco hinauf. Dann begaben sie sich über Land zu der Stelle der Straße, die am dichtesten die Küste entlang führte und nur eine League (drei Meilen) von Nombre de Dios entfernt war. Ihr Trupp bestand aus 30 Engländern und Franzosen sowie etwa 50 Schwarzen. Die Taktik funktionierte, weil die Spanier nicht mit einem Angriff so kurz vor ihrem Ziel rechneten. Einige Mulis wurden erbeutet.

Die Beute von 100 000 Pesos in Gold und 15 Tonnen Silber war so groß, dass nicht alles schnell weggeschafft werden konnte. Außerdem hatte es Verluste gegeben: Ein Schwarzer und ein Engländer wurden getötet, Le Testu schwer verwundet. Weil sie mit einem Gegenschlag rechnen mussten, wurde ein Teil der Beute vergraben. Sie traten den Rückzug mit Barren etwa im Wert von 150 000 Pesos an. Le Testu wurde mit einem Franzosen als Schutz und dem Versprechen zurückgelassen, ihn bald zu holen. Die Spanier fanden beide und töteten sie.

Auch die Engländer wurden eingekreist, aber sie konnten in einem gewaltigen Sturzregen entkommen. Drake teilte die Beute mit den Männern von Le Testu. Die entlaufenen Sklaven erhielten die Eisenbeschläge der Pinasse als Belohnung und verschwanden.

Drake kam am Sonntag, den 9. August 1573 nach England zurück. Seine fantastischen Berichte wurden bald bekannt[37]. Sie enthielten auch die Nachricht von der Eroberung von Nombre de Dios und die legendäre Erstür-

mung von Veracruz. Tatsächlich beschränkten sich seine Heldentaten auf die Eroberung der Stadt Venta de Cruzes auf dem Isthmus am 31. Januar, wo er Vorräte übernahm[38]. Aber hinter all den Legenden gab es die unbestreitbare Wahrheit, dass er die unbekannte Gegend des Isthmus nun wie seine Westentasche kannte, was für künftige Expeditionen von Nutzen war.

Die Königin war an Drakes Unternehmung nicht beteiligt gewesen und bejubelte seine Heldentaten nicht öffentlich, vermutlich um die angespannten Beziehungen zu Spanien nicht weiter zu verschlechtern. Inoffiziell hatte sie durchaus Vorteile von Drakes erfolgreichem Raubzug.

Der spanische Botschafter in London schrieb seinem König, wer die »Teilnehmer und Komplizen dieses Raubzuges« waren, nämlich »Juan Aquines und sein Bruder, Cer-Ullen Huinter (Sir William Hunter, Inspekteur der Marine) und viele andere, und die Brüder des Francisco Drac, und Luis Lader...«[39].

Drake verschwand für eine Weile von der Bildfläche, obwohl sich in Nordirland die Auffassung hält, dass er mit den Truppen des Earl of Essex die irischen Aufstände niederschlug.

Die Franzosen sind wieder da

Der französische Bürgerkrieg begünstigte neuerlich Expeditionen zu See, obwohl sie diesmal von geringerer Bedeutung waren. Es gab ein Gefecht in der Karibik, das schlecht ausging. Die Hauptrolle spielte dabei Pierre Sanfoy, ein Seemann aus San Vigor[40] in Diensten von Kapitän Pierre Chuetot, der auf eigene Rechnung Freibeuterei betrieb. Sie waren im Mai 1570 zu Schiff nach Guinea aufgebrochen.

Wegen der Anwesenheit portugiesischer Truppen entschlossen sie sich, mit Kurs Santo Domingo den Atlantik zu überqueren, ohne in Afrika an Land zu gehen. In Cozumel brachten sie ein Schiff mit einer Ladung von Decken, Wachs und Honig in ihre Hand. Ihr eigenes steckten sie in Brand.

In Hunucmá, einem Indianerdorf an der Küste von Yucatán, gingen sie an Land, um Proviant zu bunkern. Nach

Fort San Mateo, 1576–1577.
Drakes Expedition endete mit dem Angriff auf
San Agustín, einer Stadt, die Menéndez de Avilés gegründet
hatte, um Florida und die Floridastraße zu verteidigen.

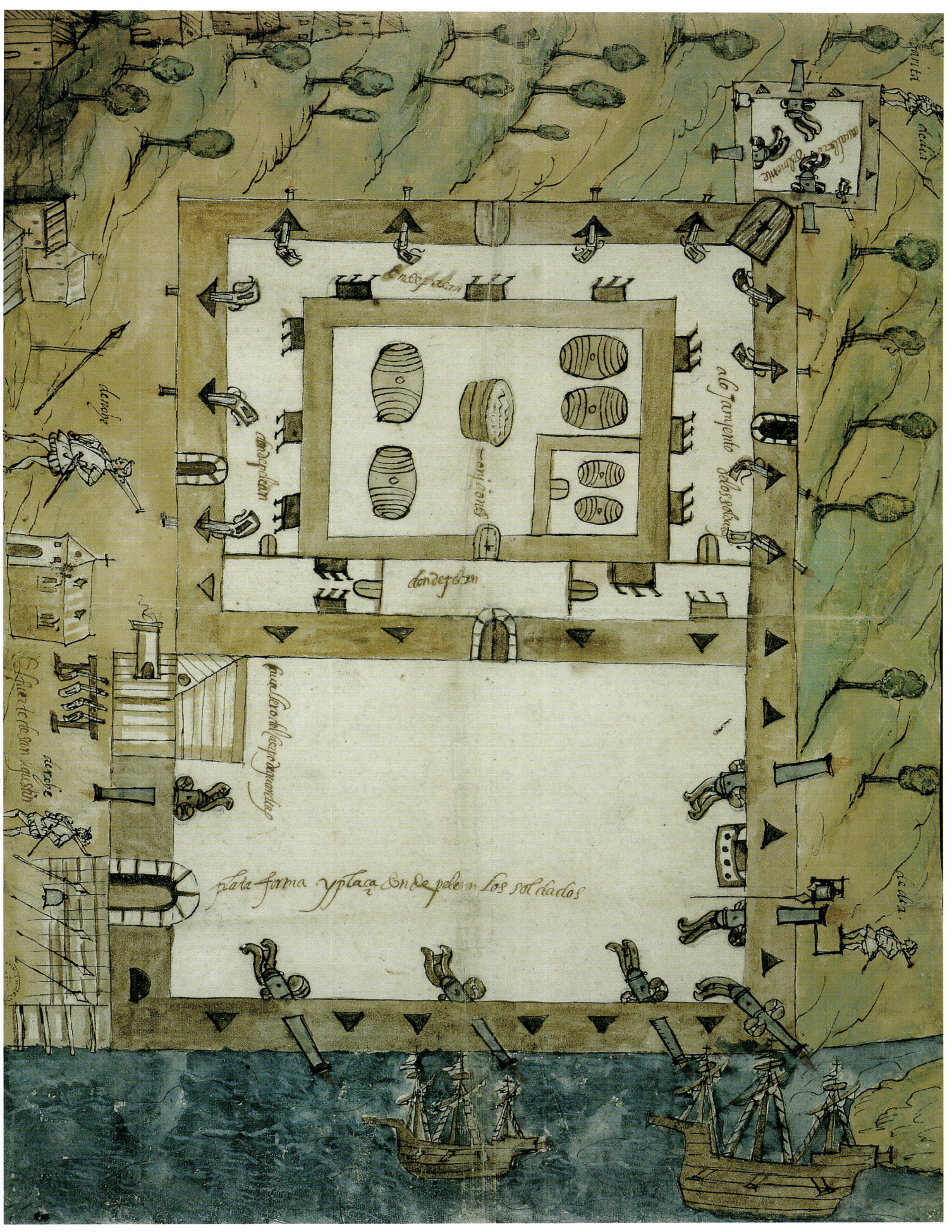

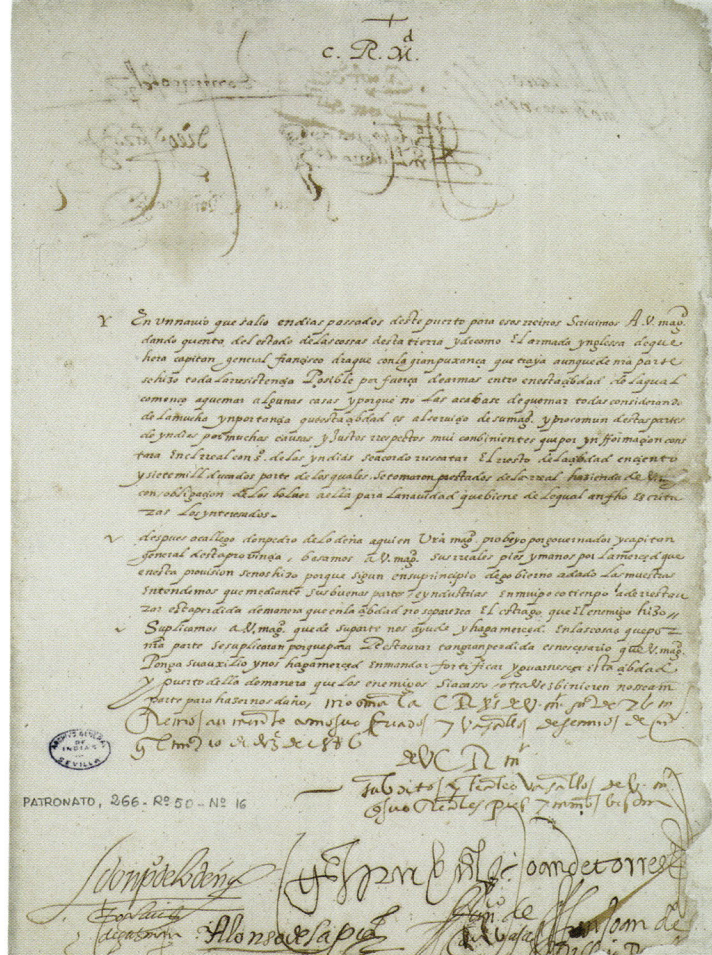

Alle amerikanischen Festungen waren von der Ankunft von »el pirata Drake« informiert. Weil Drake ein solches Schriftstück in Cartagena fand und sich als Soldat der englischen Königin sah, waren die Lösegeldverhandlungen zur Rettung dieser Stadt besonders schwierig.

der Besetzung des Dorfes entwendeten die Franzosen einen silbernen Abendmahlskelch, eine Altardecke und ein Messgewand aus rotem Damast. Am Ende töteten die Spanier zehn von ihnen und nahmen zehn weitere gefangen. Der Rest konnte auf das Schiff fliehen.

Die Gefangenen wurden nach Mérida gebracht und vier gehängt. Sechs, darunter Sanfroy, wurden zum »Muerte Civil« verurteilt, d. h. sie waren von nun an Sklaven. Damit war ihr Unglück aber noch nicht zu Ende: Die Inquisition verurteilte sie 1571 zu verschiedenen Strafen.

Ein anderer alter Bekannter, Jean Bontemps, griff an der Spitze von 70 Männern 1571 die unverteidigte Insel Curaçao an. Er traf auf einen Gutsbesitzer namens Antonio Barbudo, der mit seiner Truppe und einer beträchtlichen Zahl von Indianern mit blankem Schwert und Pfeilen zurückschlug. Bontemps wurde mit einen Pfeil durch die Kehle getötet. Barbudo nahm seinen Kopf als Trophäe mit nach Santo Domingo.

Ein Schüler Drakes versucht sein Glück

1573 entschloss sich einer von Drakes Glaubensbrüdern zur Freibeuterei auf eigene Rechnung. John Oxenham, den die Spanier als Oexnam, Ojemkam oder Oxman kannten, hatte den Reichtum Westindiens auf der Panama-Expedition gesehen. Er bewaffnete zwei Jahre später ein 140-Tonnen-Schiff und segelte dorthin.

In Panama nahm er mit einer Bande entlaufener Sklaven unter Führung von Juan Vaquero Kontakt auf, legte die Masten seines Schiffes um und versteckte sich in der Bucht von Acla. Dann marschierte er den Fluss Perenperén entlang und zum Meer des Südens. Hier baute er Schiffe und rekrutierte etwa 70 Mann, mit denen er bis zur Ankunft des Schatzes in Lauerstellung lag. Sie kaperten ein Schiff mit einer Ladung von Gold, Silber und Waren aus Peru und versuchten dann, sich über die Landenge zurückzuziehen und ihr Schiff flottzumachen, bevor die Spanier reagieren konnten.

Die Zeit war jedoch zu knapp. Die »Audiencia« von Panama schickte Kapitän Pedro de Ortega mit einer Abteilung von 80 bestens ausgerüsteten Soldaten auf die Verfolgung. Die Spanier konnten sie überraschen und fast alle einschließlich Oxenham gefangen nehmen. Nombre de Dios wurde gewarnt und ließ eine Flottille unter General Cristóbal de Eraso auslaufen. Die in der Bucht Zurückgebliebenen wurden überrascht, das Schiff gekapert.

Man brachte die Piraten nach Lima. Ein Ketzergericht verurteilte Oxenham zusammen mit Tomás Xeruel und Henry John Butler dazu, die heiligen Weihen zu empfangen und dann lebenslang ins Gefängnis zu gehen, nachdem sie zehn Jahre als unbezahlte Galeerensklaven gearbeitet hätten. Natürlich wurden alle weltlichen Dinge eingezogen. Ein weltliches Gericht änderte das Urteil allerdings: Oxenham und Xeruel wurden gehängt, nur Butler durfte auf die Galeeren[41].

Im folgenden Jahr kaperte Andrew Barker zwischen Chagres und Veragua eine spanische Fregatte, auf der sich unter anderem die vier Kanonen befanden, die Oxenhams Schiff geziert hatten.

Ein Rachefeldzug

Andrew Barker führte eine der ersten Freibeuterfahrten nach Westindien durch, die von den englischen Behörden ausdrücklich autorisiert waren[42]. Seine Reise war eine Vergeltungsmaßnahme für die Schäden und Verluste, die ihm die spanische Inquisition zugefügt hatte. Er war ein Kaufmann aus Bristol, der auf den Kanaren angeklagt wurde, ein lutherischer Häretiker zu sein, und dessen Hab und Gut beschlagnahmt wurde. Als er seinen »Letter of Reprisal« hatte, rüstete er zwei Schiffe aus, um seine Verluste wieder wettzumachen.

Tatsächlich aber geht die ganze Angelegenheit auf die Gier und den Verrat einer seiner Landsleute zurück. Barker lebte auf Teneriffa und wollte eine Handelslinie zwischen der Insel und Bristol einrichten. Deshalb ging er im November 1574 nach England zurück. Charles Chester blieb auf Teneriffa verantwortlich für seine Geschäfte.

Im März 1575 schickte er die *Christopher of Dartmouth* unter Kapitän Henry Roberts zu den Kanarischen Inseln. Chester sollte Ware für den Rücktransport bereitstellen. Als er in Teneriffa einlief, wurde er von den Spaniern verhaftet.

Chester hatte Barker zwischenzeitlich als Häretiker denunziert. Die für Bristol bereitliegende Ware wurde beschlagnahmt. Dies bedeutete für Andrew und seinen Bruder John einen Verlust von 1700 Pfund. Roberts konnte dank der Hilfe eines Klosterbruders mit seinem Schiff wieder heimsegeln, obwohl ihn dies alle Waren kostete, die er für Teneriffa an Bord hatte. Barker musste dem Kapitän bei der Rückkehr als Kompensation für die erlittene Unbill 200 Pfund zahlen.

Die Schiffe der Barkers waren die *Ragged Staffe* unter dem Kommando von Andrew mit Philip Roche als Skipper und die *Beare* mit Kapitän William Coxe aus Limehouse.

Sie legten Anfang Juni 1575 in Plymouth ab. In Trinidad gingen sie das erste Mal in Amerika an Land und nahmen Kontakt mit den Indianern auf.

Vor der Küste von Margarita kaperten sie ein kleines Schiff, dem sie Pech und vier oder fünf Fässer kanarischen Weins abnahmen. In Curaçao bunkerten sie Wasser und Proviant. Nachts wurden sie von einigen Spaniern angegriffen.

In der Nähe von Kap de Vela ereignete sich ein Vorfall, der ein böses Omen für die weitere Expedition sein sollte: Zwischen Barker und Roche gab es einen Streit, und dies war der Anfang einer großen Spannung zwischen beiden Männern.

Sie gelangten zur Bucht von Tolú in der Nähe von Cartagena, wo sie eine Fregatte in ihren Besitz brachten, die Gold, Silber und Edelsteine im Wert von 500 Pfund geladen hatte. Darunter befand sich ein sehr großer, in Gold gefasster Edelstein, den ein Klosterbruder an seinem Schenkel festgebunden hatte.

Sir Francis Drake.
Das Bild wird Marcus Gheeraerts dem Jüngeren (1561–1635)
zugeschrieben. National Maritime Museum Greenwich, London.

Nach zwei Tagen tauchten zwei spanische Galeonen auf, die auf der Verfolgung der Engländer waren. Sie mussten die Fregatte aufgeben, konnten aber mit der Beute entkommen, die sie schon auf ihre Schiffe gebracht hatten.

Sie passierten Nombre de Dios und erreichten die Mündung des Río Chagre. Viele waren krank. Es gelang ihnen nicht, Kontakt mit entlaufenen Negersklaven aufzunehmen. In der Nähe von Veragua fingen sie eine Fregatte ab. Die Beute war unbedeutend, aber zwei Flamen schlossen sich ihnen an.

Hier gab es einen weiteren Streit zwischen Barker und Roche, der die Spannungen an Bord erhöhte. Weil die *Ragged Staffe* ein ziemliches Leck hatte, entschloss man sich, sie zu versenken, und brachte alle Dinge von Nutzen auf die gekaperte Fregatte.

Weiter ging es zum Golf von Honduras, wo ein Tender mit Silber im Wert von 100 Pfund und Lebensmitteln geplündert wurde. Außerdem fiel ihnen ein wichtiger Pas-

Karte von Cartagena de Indias, 1628.
Cartagena war eine der bedeutendsten Städte in Amerika. Sie war Heimathafen der Festlandflotten
und kontrollierte den Handel zwischen dem Vizekönigtum Peru und Spanien.
Drakes Angriff machte die Schwächen des Schutzes im Handelsverkehr deutlich und brachte
die Spanier zu einer Neustrukturierung ihrer Verteidigung.

sagier in die Hände, der Notar von Cartagena, für den sie ein Lösegeld verlangten.

Auf der Insel San Francisco meuterte William Coxe mit einer vielköpfigen Gefolgschaft und übernahm das Kommando und die Beute. Barker wurde mit 30 Leuten am Strand ausgesetzt. Im Schutze der Dunkelheit näherte sich eine Patrouille von über 60 Spaniern und griff an. Unter den Opfern des Gefechts war auch Andrew Barker. Die Übrigen konnten sich auf das auf Reede liegende Schiff retten und in See stechen.

Auf einer anderen Insel, eine League (drei Meilen) vor San Francisco, teilten sie die Beute, darunter eine goldene Kette, die Barker auf der Brust getragen hatte, und trennten sich. Coxe und einige Männer machten sich mit einer Pinasse, die sie in San Francisco hatten mitgehen lassen, und einem Skiff auf den Weg nach Trujillo. Obwohl ihnen hier ein Überraschungsangriff gelang, konnten sie keine weitere Beute machen.

Auf dem Rückweg nach England waren sie weiter vom Pech verfolgt. Die Fregatte kenterte, einige Männer und ein Teil der Beute ging verloren. Sie konnten das Schiff aber wieder flott bekommen. Dann starb Philip Roche. Schließlich erreichten sie England mit einem kleinen Teil ihrer Beute, darunter zehn Korbflaschen Öl und Oxenhams Kanonen.

Die letzte Überraschung wartete auf sie, als sie in Plymouth an Land gingen. John Barker hatte Klage gegen einige Mitglieder der Mannschaft erhoben, am Tod seines Bruders schuld zu sein und ihn im Angesicht des Feindes seinem Schicksal ausgeliefert zu haben. Nach einem langen Prozess wurden einige zu Gefängnisstrafen verurteilt.

Vorboten des Krieges

In den 80er-Jahren des 15. Jahrhunderts verschlechterten sich die englisch-spanischen Beziehungen weiter. Die öffentliche Belobigung der Weltumseglung Drakes durch Elisabeth I. trug dazu bei, ebenso die nachhaltige Unterstützung Antonios von Portugal in seinem rechtmäßigen Kampf gegen Philip II.

Die Spanier wiederum unterstützten 1579 den Aufstand der katholischen Iren durch militärische Verstärkungen, die zwar der Papst schickte, die aber als »Freiwillige« in den kantabrischen Häfen rekrutiert wurden.

1584 gab es allergrößte Spannungen, als die Engländer die Niederlande unterstützten und der spanische Botschafter des Landes verwiesen wurde. Der Bündnisvertrag zwischen England und den abtrünnigen Provinzen

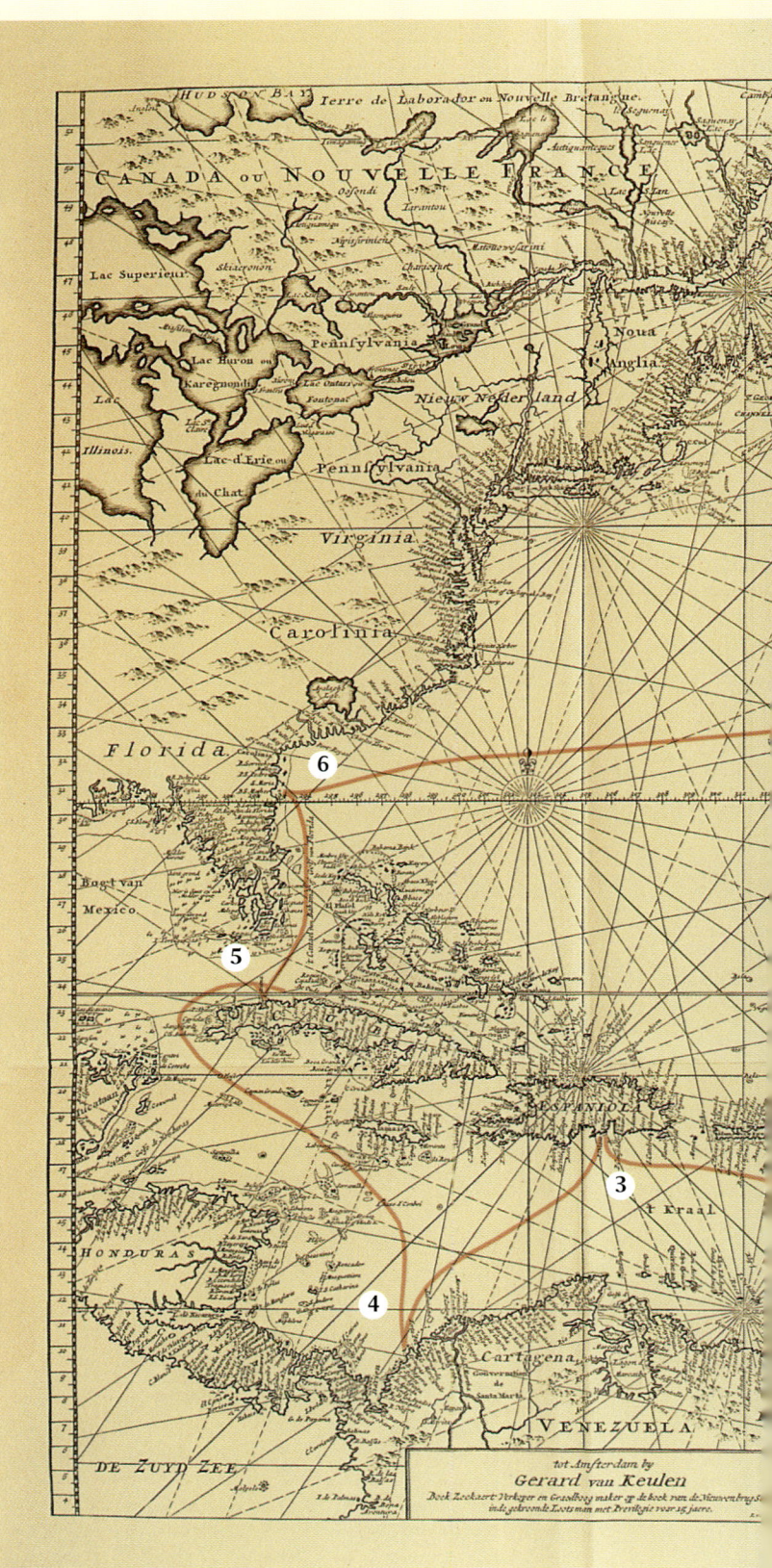

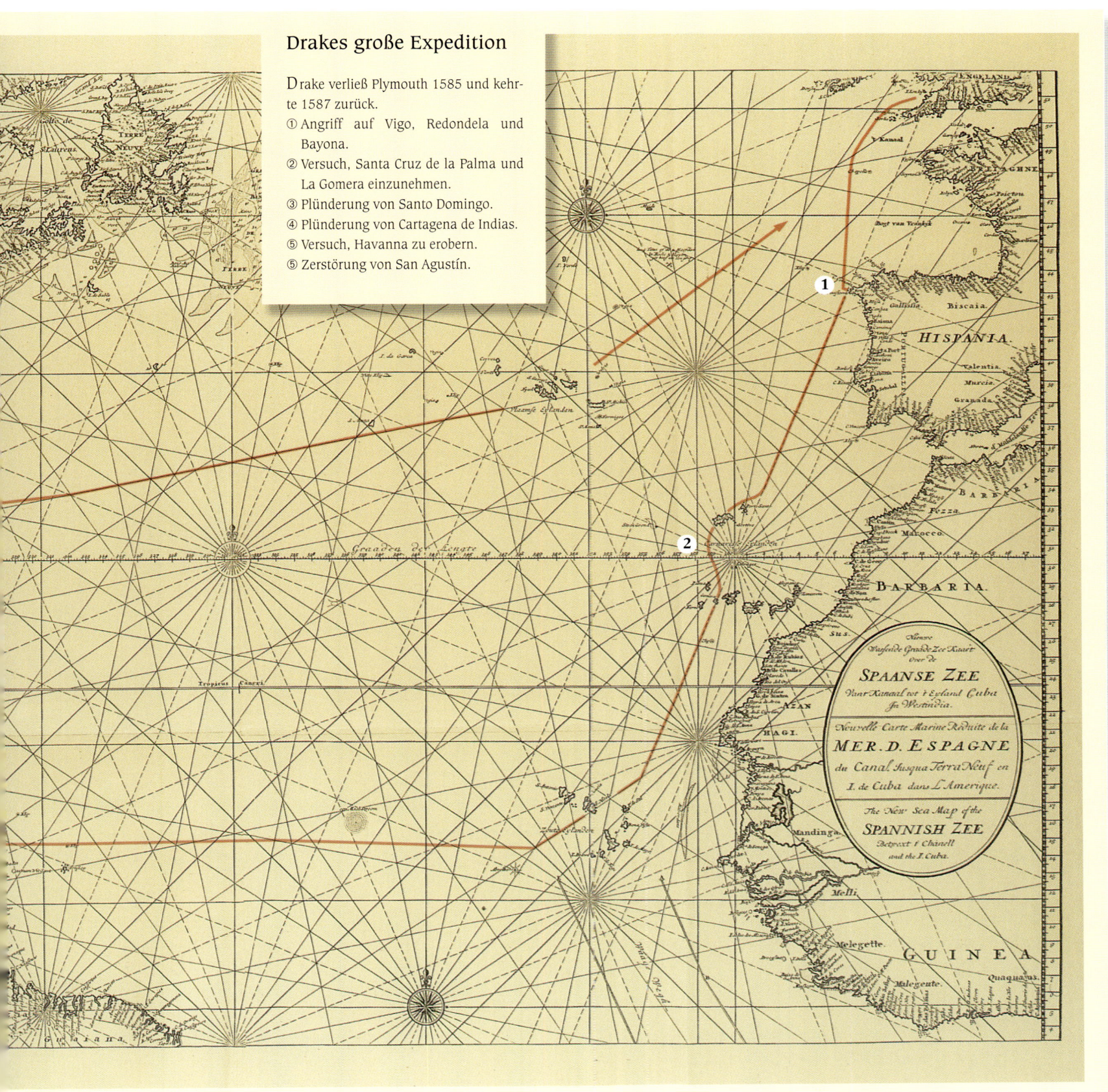

Drakes große Expedition

Drake verließ Plymouth 1585 und kehrte 1587 zurück.
① Angriff auf Vigo, Redondela und Bayona.
② Versuch, Santa Cruz de la Palma und La Gomera einzunehmen.
③ Plünderung von Santo Domingo.
④ Plünderung von Cartagena de Indias.
⑤ Versuch, Havanna zu erobern.
⑤ Zerstörung von San Agustín.

im darauf folgenden Jahr war für Spanien eine offizielle Kriegserklärung. Folglich wurden alle englischen Schiffe in spanischen Häfen beschlagnahmt.

1586 brach schließlich der Krieg aus, als ein Expeditionsheer unter dem Duke of Leicester nach Holland übersetzte und Elisabeth I. den von Drake geführten Seekrieg öffentlich unterstützte. England wiederum betrachtete die Bereitstellung der großen Armada als offizielle Kriegserklärung.

Der letzte Versuch: Hawkins' Handelsreise nach Amerika

Am 3. Juli 1583 erreichte eine Flotte von neun Schiffen unter dem Kommando von William Hawkins[43], Johns Bruder, die Insel Margarita. Der Gouverneur der Insel, Juan Sarmiento de Villandrando, begab sich nach La Asunción, um Verstärkung herbeizuholen. Pedro de Biedma sollte derweil die Verteidigung von Pueblo Viejo de la Mar, heute Porlamar, organisieren. Die Engländer scheinen jedoch nur am Handel interessiert gewesen zu sein, und nach neun Tagen drehten sie ab.

Offenkundig betrieben sie aber in englischen Gewässern wieder Freibeuterei, weil John 1581 eine Bürgschaft[44] von 1000 Pfund für einen »Letter of Reprisal« zugunsten seines Bruders William und von Humphrey Fones plus Mannschaften hinterlegte, der für den Englischen Kanal Gültigkeit hatte.

Der große Feldzug Francis Drakes (1585–1587)

Nach dem großen Erfolg seiner Weltumsegelung genoss Drake auch größeres Ansehen, weil er zum Ritter geschlagen worden war. Er war nun leichter in der Lage, alle Arten von Unterstützung für eine neue Expedition zu bekommen, die »den spanischen König in seinem Westindien bestrafen« sollte. Trotz anfänglicher Zurückhaltung wegen möglicher Repressalien durch die Spanier gab Elisabeth I. dem Unternehmen ihre Zustimmung und stellte zwei gut ausgerüstete Kriegsgaleonen zur Verfügung, die *Bonaventure* mit 600 Tonnen und die *Arot* mit 250 Tonnen. Privatleute finanzierten weitere 21 Schiffe, von denen die *Leicester* mit 400 Tonnen erwähnenswert ist, ebenso die *Primrose*, die *Tiger,* die *Minion* und die *Swallow.*

Jüdische Konvertiten in der Estremadura

Die Unternehmungen der Engländer in der Karibik sind wohl bekannt, weniger ihre Verbindungen zu spanischen Untertanen. Die meisten Einwohner von Fregenal de la Sierra (Badajoz), der Heimatstadt von Benito Arias Montano, waren konvertierte Juden, die im Handel besonders mit Negersklaven tätig waren[45]. Auch die Familie des gefeierten Humanisten Pedro de Valencia betrieb dieses Geschäft, ebenso mit großer Sicherheit der Herzog von Feria, spanischer Botschafter in London 1558/59 und standhafter Beschützer von Untertanen jüdischen Ursprungs.

Diese Gemeinde jüdischer Konvertiten in Fregenal dehnte sich auf die Kanarischen Inseln aus, wo einer der Gouverneure, Pedro Ponte, ihr aktives Mitglied war[46]. Auch Benito Arias Montano war in den 50er-Jahren des 16. Jahrhunderts auf den Kanaren, einer Periode intensiven Handelsaustausches mit England. Die Verbindungen von Hawkins zu Ponte sind bekannt, ebenso die zu dem Steuermann Martínez bei der ersten Unternehmung[47], dessen zweiter Vorname charakteristisch für die jüdischen Konvertiten in Fregenal war. Es wird auch ein außergewöhnlich großes gegenseitiges Vertrauen zwischen Hawkins und dem Herzog von Feria gegeben haben, weil dieser bei dem Plan von 1571, Hawkins solle sich auf die spanische Seite schlagen, im Hintergrund die Fäden zog.

Auch Drake hatte Kontakte zu dieser Gemeinde. Es scheint gesichert, dass er Page in Diensten[48] von Jane Dormer, der Gräfin von Feria, war und in den frühen 60er-Jahren eine Zeit lang in Zafra lebte und Spanisch lernte.

Es ist möglich, dass er sich erstmals während seines Aufenthaltes in der Estremadura am Sklavenhandel beteiligte und so seine Beziehungen zu den Hawkins zustande kamen. Andere glauben, dass familiäre Bande zu einem der Brüder von John Hawkins bestanden hätten. Wie auch immer – die Beziehungen zwischen englischen Schmugglern und Spaniern waren entscheidende Faktoren für deren amerikanische Unternehmungen.

Sie hatten 2500 Soldaten an Bord, »darunter 500 junge Spanier, zwei Reiter und eine Vielzahl portugiesischer Soldaten«[49]. Drake hisste seine Flagge auf der *Bonaventure,* sein zweiter Kommandeur Frobisher die seine auf der *Primrose.*

Ziel des Unternehmens war die Eroberung von Santo Domingo und Cartagena. Sie wollten eine Expedition an Land über den Isthmus schicken, um in Panama Beute zu machen, und sich dann zu den Silberminen von Honduras begeben. Die wirtschaftlichen Pläne waren spektakulär: Sie erwarteten als Lösegeld für die beiden Städte die astronomische Summe von zweieinhalb Millionen Golddukaten, zwölfmal so viel wie das englische Staatsbudget.

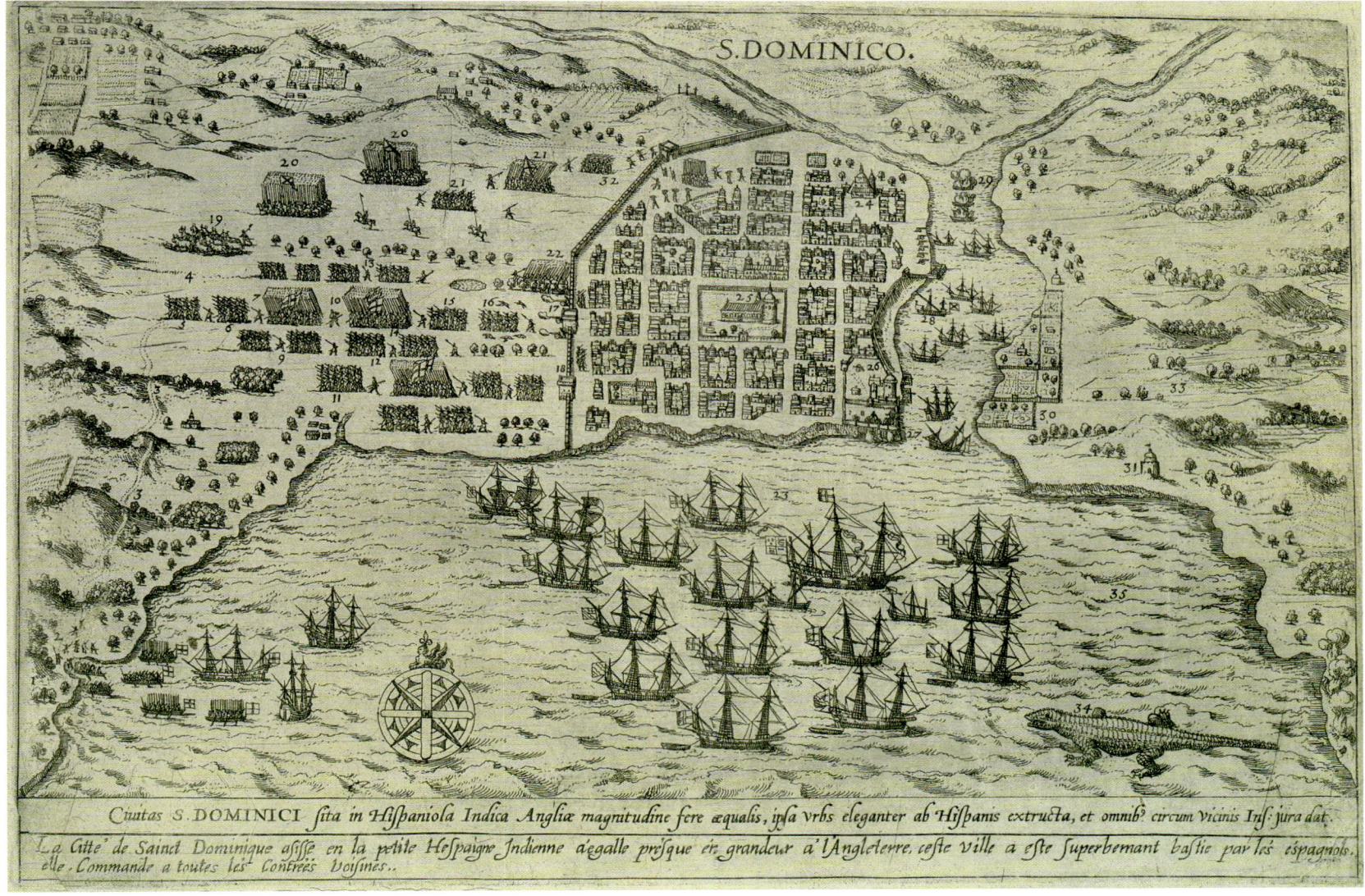

Ciuitas S.DOMINICI *sita in Hispaniola Indica Angliæ magnitudine fere æqualis, ipsa vrbs eleganter ab Hispanis extructa, et omnib.? circum vicinis Insulis jura dat.*

La Citté de Sainct Dominique asisse en la petite Hespaigne Indienne d'egalle presque en grandeur a l'Angleterre, ceste ville a este superbemant bastie par les espagnols, elle Commande a toutes les Contrees voisines.

Drakes Hoffnungen auf riesige Gewinne zerschlugen sich nach der Einnahme von Santo Domingo. Seit kurzem gibt es Zweifel am tatsächlichen Wert seiner Beute. Möglicherweise konnten die Einwohner den Korsaren täuschen und viele Schätze vor ihm verstecken.

Die Expedition lichtete am 24. September 1585 in Plymouth die Anker und blieb eine Zeit lang auf den Azoren, wo sie auf die Westindien-Flotte wartete, die ohne Zwischenfälle eintraf. Von der Wartezeit gelangweilt, segelten sie dann zur Küste von Galicien[50], wo sie zwischen dem 7. und 24. Oktober marodierten. Sie griffen Bayona und Redondela an, die sich aber nicht ergaben, und begingen die »Heldentat«, eine Einsiedlerklause in Vigo und ein Kloster auf der Insel San Simón zu zerstören.

Auf den Kanaren wurde die Flotte rechtzeitig entdeckt. Die Städte konnten die erforderlichen Vorkehrungen treffen. Am 11. November wurde die Flotte vor Gran Canaria gesichtet. Drake griff aber nicht an, sondern versuchte, Santa Cruz de la Palma mit einem Überraschungsangriff zu nehmen.

Seine Strategie war wohldurchdacht. Die Stadt war durch Forts und Militär gut geschützt. Ein Frontalangriff hätte schwere Verluste mit sich gebracht und seine eigentlichen Ziele gefährdet. Deshalb teilte er seine Streitmacht in zwei Geschwader. Das eine unter seinem Befehl ankerte vor der Stadt, das zweite fuhr nach Tazacorte weiter.

Fünf Tage lang rührten sich die Engländer nicht. Das Leben in der Stadt begann wieder, seinen alltäglichen Verlauf zu nehmen. Als Drake der Überzeugung war, dass die Verteidigungsmaßnahmen schwächer geworden wa-

Die Eroberung des Pazifiks

Die Eroberung des Pazifiks war ein lange dauerndes Unterfangen. Viele Jahre versuchten die Spanier, ihre Rückreise aus Westindien ostwärts zu bewerkstelligen, um die amerikanische Küste zu erreichen. Lange fanden sie keinen geeigneten Weg, bis 1565 Andrés de Urdaneta den Kurs entdeckte. Von dann an machte eine regelmäßige Schifffahrtslinie zwischen den Philippinen und Acapulco, die Galeonen von Manila, die gefährliche Passage des Indischen Ozeans überflüssig.

Das Abenteuer der *Golden Hind*

1577 bereitete Drake eine weitere seiner berühmten Expeditionen vor. Zunächst scheint es um die Erkundung von Handelsmöglichkeiten an der amerikanischen Küste gegangen zu sein, aber vermutlich nach einer Audienz bei der Königin entschied er, die pazifische Küste zu erforschen.

Am 13. Dezember setzten vier Schiffe und eine Pinasse in Plymouth die Segel. Das Flaggschiff, die *Pelican* mit 240 Tonnen, hatte mit etwa 1,30 Metern einen ungewöhnlich niedrigen Tiefgang, was die Einfahrt in flache Gewässer möglich machte, die ideal als Versteck und für Reparaturen waren. Weiter gehörten zur Flotte die *Elizabeth,* die *Marygold,* das Versorgungsschiff *Swan* und die Pinasse *Benedith,* die gegen das portugiesische Schiff *Christopher* ausgetauscht worden war. Die Besatzungen bestanden aus 160 Mann. Die Expedition war großzügig finanziert, wozu die Königin 1000 Pfund beitrug.

Auf dem Weg nach Kap Verde kaperten sie ein portugiesisches Schiff und verpflichteten dessen sehr erfahrenen Steuermann Nuño Silva. Sie überquerten den Atlantik und suchten die Magellanstraße. Drake benannte zu Ehren seines Förderers Lord Christopher Hatton sein Schiff in *Golden Hind* um.

Mit der *Golden Hind,* der *Marygold* und der *Elizabeth* lief er in die Magellanstraße. Aber nur er selbst konnte sie passieren. Die *Marygold* sank mit Mann und Maus, die *Elizabeth* desertierte und segelte zurück nach England.

Im Pazifik nahm Drake 90 Mann gefangen und entschied, sein Glück mit Raubzügen zu versuchen. Seine Strategie bestand darin, ungeschützte Küstenstädte unter spanischer Flagge anzulaufen und unerwartet anzugreifen. Mit dieser Taktik konnte er einige Schiffe kapern, darunter ein Handelsschiff in Valparaiso, das als Beute 25 000 Pesos in Feingold und das legendäre Juwelenkreuz brachte, halb so dick wie ein Finger, das er später der Königin zum Geschenk machte.

Schließlich fiel ihm die *Nuestra Señora de la Concepcíon* in die Hände, die mit einer bedeutenden Fracht von Acapulco nach Panama unterwegs war, und mit ihr die Steuerleute Sánchez Colchero und Martín Aguirre. Sie trugen die Beschreibung der Seewege des Pazifiks bei sich. Mit diesem glücklichen Fund konnte Drake die Passage zu den Philippinen antreten.

An der kalifornischen Küste ankerte er in einer Bucht, die er »New Albion« nannte, ließ die Schiffe überholen und bunkerte Proviant für die lange Heimreise. Sie begann am 23. Juli. Über die Marianen, die Philippinen, die Molukken, den Indischen Ozean und Afrika erreichte er am 26. September 1580 wieder Plymouth.

Die Beute der Expedition war ansehnlich, etwa 250 000 Pfund, und damit höher als das Budget, über welches das Britische Parlament verfügen konnte.

Größer allerdings war sein Ruhm, obwohl er nichts anderes getan hatte, als dem Kurs zu folgen, den die Spanier 58 Jahre zuvor gefunden hatten. Die englische Propaganda machte ihn zum ersten Weltumsegler und reduzierte Elcano auf den niederen Rang eines Offiziers von Magellan.

Drake wurde ein Mann von Stand. Er kaufte Buckland Abbey für 3400 Pfund, wurde zum Bürgermeister von Plymouth ernannt und Abgeordneter des Parlaments als Repräsentant Cornwalls.

ren, befahl er den Angriff. Die Spanier organisierten sich sofort wieder und eröffneten von den beiden Forts aus das Feuer. Eines der ersten Geschosse traf die *Bonaventure* und verursachte zahlreiche Verluste. Drake selbst entging dem Tod nur um Haaresbreite. Als sie sich von dem Schrecken erholt hatten, gingen die Engländer in die Boote. Sie wurden mit Kanonen, Musketen und Arkebusen empfangen. Das erste Boot erhielt einen Volltreffer und sank. Die Engländer gaben schließlich auf und drehten ab. Auf La Gomera versuchten sie die gleiche Taktik noch einmal, aber das Ergebnis war ebenso desaströs.

Auf den Antillen angekommen, segelte Drake direkt nach Santo Domingo. Hier war die erste »Audiencia de Indias« eingerichtet worden. Ihr Präsident, zugleich Gouverneur, Cristóbal Ovalle, war ein Mann von Bildung und verstand nicht das Geringste von militärischer Taktik.

Die Verteidigungskräfte bestanden aus kaum 100 Berittenen, 500 Arkebusenschützen und Milizen, die aus »wenigen Einwohnern mit Piken und Lanzen« bestanden, »die sie von ihren Vorvätern geerbt hatten, den Eroberern des Landes, und ein paar Arkebusen, allerdings ohne Pulver, Kugeln oder andere Munition...«[51].

Drake wollte einen offenen Kampf vermeiden. Deshalb wurden 1000 Soldaten mit Arkebusen und Musketen während der Nacht an Land gebracht. Im Morgengrauen rückten sie an Land vor, während die Flotte weiter im Blickfeld der Verteidiger im Hafengebiet lag.

Als die Engländer die Stadttore erreicht hatten, sahen sie sich »30 Mann auf Pferden und allen Frauen der Stadt« gegenüber, »die nur mit ihren Kleidern bewaffnet waren...«[52]. Sie flohen einschließlich des Gouverneurs Ovalle und nahmen alles mit sich.

Im Hafen übernahm Drake ein Schiff, das er *New Year's Gift* nannte, und verschanzte sich in der Kathedrale der Stadt[53]. Er verlangte einen »Tributo de Quema« von einer Million Dukaten, der nicht bezahlt wurde. Aus Rache begann er, die Stadt Haus für Haus zu zerstören. Dann reduzierte er seine Forderung auf 500000 Dukaten. Schließlich willigte er in die 25000 Dukaten ein, die die Bürger zusammengekratzt hatten.

Nach 30 Tagen in der Stadt plünderte er alles, was zu plündern war, Juwelen, Wasserkrüge, Textilien und die Kirchenglocken, und ließ es auf die Schiffe bringen. Wieder auf See, schickte er zehn Galeonen mit der ganzen Beute aus Vigo, Santiago und Santo Domingo zurück nach Calais. Calais war jedoch zwischenzeitlich in die Hände der Spanier gefallen, die so mit einem Schlag alles zurückerhielten, was Drake ihnen gestohlen hatte[54].

Sein nächstes Ziel war Cartagena. Die Nachricht von

Als Drake nach England zurückkehrte, erfuhr er, dass Philip II. seinen Kopf verlangte, aber Elisabeth I. diesem Begehren nicht nachzugeben gedachte. Sie hatte Rache geschworen, weil der Spanier Truppen zur Unterstützung der irischen Rebellen geschickt hatte. Elisabeth ergriff die Gelegenheit und empfing Drake im Hafen. Zusammen mit der gesamten Diplomatenschaft speiste man auf der Golden Hind. *Beim Dessert wurde Drake zum Ritter geschlagen, indem sie seine Schultern dreimal mit dem Schwert des französischen Botschafters berührte. Er bekam ein Wappen mit der Erdkugel und der* Golden Hind *darüber. Am 1. Januar 1581 trug sie das berühmte Juwelenkreuz, das Drake ihr verehrt hatte.*

Die neue Zeitrechnung

1582 fügte Papst Gregor XII. dem Julianischen Kalender zehn Tage hinzu, um den Kalender wieder mit den Jahreszeiten in Übereinstimmung zu bringen. Außerdem bestimmte er ein neues System für die Schaltjahre. So gab es also den Gregorianischen Kalender.

Die Protestanten akzeptierten ihn nicht und behielten bis zur Mitte des 18. Jahrhunderts den Julianischen Kalender bei.

Dadurch entstehen für die ohnehin schwierige Datierung im 16. und 17. Jahrhundert zusätzliche Schwierigkeiten. So gibt es für das gleiche Ereignis zwei Daten, eine nach den englischen Chroniken und eine nach der Zeitrechnung der übrigen Welt.

Um ein Beispiel zu geben: Für die Einnahme der Insel Santa Catalina durch Morgan im Dezember 1670 geben die englischen Quellen den 15. an, während der Angriff für seine französischen Filibuster und die spanischen Verteidiger auf den Heiligen Abend datiert wird.

Drakes mächtiger Flotte hatte sich in alle Winkel der Karibik verbreitet – die Städte waren also vorbereitet.

Pedro Fernández de Bustos, der Gouverneur von Cartagena, evakuierte alle Frauen und Kinder, versteckte die Kasse und bereitete die Verteidigung vor. Er bat die umliegenden Städte und Dörfer um Verstärkung und bekam schließlich eine Streitmacht mit 45 Reitern, 450 Arkebusenschützen, 100 Männern mit Piken, 20 Schwarzen mit Donnerbüchsen und 100 indianischen Bogenschützen zusammen. Das Fort El Boquerón war fertig, bei La Caleta wurde noch gebaut. Um diese exponierte Flanke zu verteidigen, ließ der Gouverneur Gräben ausheben.

Die Hafeneinfahrt wurde mit einer Kette gesperrt, obwohl an beiden Zufahrten zur Lagune, Boca Grande und Boca Chica, keine Kanonen postiert wurden. Zur Verstärkung lagen zwei Galeeren unter dem Befehl von Pedro Vique Manrique im Hafen vor der Kette.

Drake marschierte am 19. Februar 1586 vor Cartagena auf. Er hatte das Glück, zwei Sklaven fangen zu können, die in einem Boot vorbeisegelten und ihm die Verteidigungsmaßnahmen schilderten. Um sie zu umgehen, nahm die Flotte den Weg über Boca Grande und ankerte sicher in der Lagune.

Um zehn Uhr nachts schifften sich die Engländer bei El Boquerón aus. Die Verteidiger brachten ihnen schwere Verluste bei und zwangen sie zum Rückzug. Dann versuchten sie ihr Glück bei La Caleta. 600 Mann gingen bei La Punta del Judío an den Strand, an dem sich Fallen mit vergifteten Spießen befanden. Sie wurden von den Gräben so lange aufgehalten, bis die Indianer und die Schwarzen den Kampf aufgaben und verschwanden. Die Stadt lag nun offen vor ihnen.

Die Engländer nahmen alles, was einigermaßen Wert hatte, Juwelen, Sklaven, 80 Kanonen und die Kirchenglocken, insgesamt etwa 400000 Dukaten. Als »Tributo de Quema« verlangten sie die außerordentliche Summe von einer Million Dukaten.

Der Bischof mischte sich in die Verhandlungen ein und bestand darauf, dass eine solche Summe unmöglich aufzubringen sei. Drake war wütend, weil er unter den Papieren des Bürgermeisters einen Brief gefunden hatte, der die Ankunft von »el pirata Drake« ankündigte.

Drake versuchte, den Bischof davon zu überzeugen, dass er kein Pirat sei, sondern ein Soldat Ihrer Majestät der Königin, der eine Flotte kommandiere. Unter diesen Umständen erwiesen sich die guten Dienste des Bischofs als vergeblich.

Dem Gouverneur gelang es, die Forderung auf 100000 Dukaten zu reduzieren. Drake hatte dabei jedoch Hinter-

Richarts Angriff auf Havanna

Einige Tage vor Drakes Ankunft in Havanna löste dort ein Flottenverband Alarm aus, den man für ein englisches Vorauskommando hielt. Es war aber ein französisches Geschwader unter dem Kommando von Richart, das aus zwei eigenen Schiffen und einem von Hernando Casanova gekaperten bestand, für das Richart Lösegeld wollte. Er hatte jedoch kein Glück. Álvaro Pérez de Maya griff ihn an, befreite die Fregatte und die Gefangenen, kaperte eines der französischen Schiffe und acht Piraten, darunter Richart. Sie wurden nach Bayamo gebracht und auf Befehl von Kapitän Rojas alle gehängt, mit Ausnahme eines neun Jahre alten Stewarts.

Richarts Sohn konnte fliehen. Er schwor Rache. Er segelte zum Süden der Insel und versuchte, Santiago am 1. Mai in einem Überraschungsangriff zu nehmen. Die Kanonen und Arkebusen von Kapitän Gómez Patiño verhinderten seinen Landgang. Nach 20 Tagen trafen vier französische Schiffe zur Verstärkung ein.

Ein zweiter Angriffsversuch folgte. Die Franzosen konnten den Hafen erstürmen und die Kirche sowie etliche Gebäude niederbrennen, wurden aber mit großen eigenen Verlusten schließlich zurückgeschlagen.

gedanken und verlangte weitere 100000 Dukaten für das Kloster San Francisco und den Ort Matadero. Schließlich bekamen die Bürger 107000 Dukaten zusammen, die Drake akzeptierte. In einem Anfall von Ironie stellte er eine Quittung folgenden Wortlauts aus: »Agnosco me centenos et septies mille connatos a Gubernatore civibusque, Cartagenae recepisse. 20 die Martii 1586. Fra.Drac.«[55]

Bei den Kämpfen hatte er zwei Drittel seiner Männer verloren und war damit militärisch sehr geschwächt. Außerdem wusste er, dass ganz sicher Verstärkungen herangeführt würden, die Warnungen vor ihm bekannt waren und alle Orte von ihm wussten. Er entschied, das Unternehmen Panama zu streichen. Nach zwei Monaten in Cartagena stach er am 12. April in See.

Havanna wartete auf seinen Angriff. Der Gouverneur Gabriel de Luján bereitete die Verteidigung vor. Er rekru-

tierte 230 Freiwillige als Verstärkung der Garnison. Weitere 300 Soldaten wurden aus Mexiko geschickt.

Am 29. Mai erreichte Drake mit 16 Schiffen und 14 anderen Booten Havanna. Er hatte der Flotte von Nueva España aufgelauert, die aber nicht auslief. 700 spanische Arkebusenschützen und 300 Soldaten bezogen ihre Stellungen.

Angesichts dieser Übermacht entschied Drake, nicht anzugreifen. Er stach wieder in See, gefolgt von einer spanischen Flottille, die jeden seiner Züge beobachtete.

Auf seinem Rückweg nach Europa griff er das Fort San Juan de Pinos in Florida an und brannte die Stadt San Agustín nieder, die aber von den Einwohnern verlassen worden war[56].

Am 9. Juni legte er in der Kolonie Virginia an[57] und ließ Kolonisten an Land, am 28. Juli 1587 erreichte er wieder England.

Nach den Berichten des spanischen Botschafters in London, Bernardino de Mendoza[58], kehrte Drake mit 18 beschädigten Schiffen zurück und hatte 1000 Mann verloren. Seine Ladung bestand aus Leder, Zucker und nur 200 000 Dukaten, was nicht einmal ausreichte, um die Mannschaft zu bezahlen. Als das Geld aufgeteilt wurde, gab es Unruhen, weil sich einige Mannschaften betrogen fühlten.

Ökonomisch betrachtet war Drakes Expedition ein vollständiger Fehlschlag. Es gab nur eine Dividende von 15 Schillingen pro Pfund, was einen Verlust von 25 Prozent bedeutete. Europa stellte die Profitabilität und Sicherheit des Handels mit Westindien infrage. Politisch spielte die Aggression gegen die spanischen Besitzungen in Übersee aber eine entscheidende Rolle für Philipps II. Unternehmung gegen England, die im folgenden Jahr ein gewaltiger Fehlschlag wurde.

*1590 erhielt Martin Frobisher das Kommando über die legendäre
Revenge und nahm als einer der Offiziere von John Hawkins
an der Blockade der Westindien-Flotten teil.
Trotz aller Anstrengungen wurden ihre Ziele nicht erreicht.
Zwei Jahre später nahm er den Platz von Raleigh an der Spitze eines
Geschwaders ein, das mit Cumberlands Streitmacht auf den Azoren
operierte. Das Unternehmen erwies sich jedoch als Fehlschlag.*

3.

Korsaren in Kriegszeiten
(1588–1604)

Die große Armada von 1588: »Flavit Johova et dissipati«

Im Januar 1586 erreichten den spanischen Hof schlechte Nachrichten. Drake hatte die Küste der Iberischen Halbinsel angegriffen, und das Expeditionsheer des Herzogs von Leicester war in Holland an Land gegangen, um die Aufständischen zu unterstützen. Philipp II. entschied, ein Exempel gegen England zu statuieren.

Einige Zeit zuvor hatte Álvaro de Bazán, der Marquis von Santa Cruz, die Idee ins Spiel gebracht, eine große Armada zusammenzustellen und eine Armee nach England zu verschiffen, die der Arroganz von Königin Elisabeth und ihren Korsaren ein Ende bereiten sollte. Die Idee reifte und wurde als Operation mit zwei Zielen vorgestellt: jeden Widerstand zu brechen und Truppen, Artillerie und den Tross in einem Brückenkopf an Land zu setzen, von dort aus England zu erobern und den Feind zu zwingen, alle spanischen Bedingungen zu akzeptieren[1].

510 Schiffe mit einer Tonnage von 110570 Tonnen und 86 Landungsboote sollten ausgerüstet werden. Als Mannschaften waren 16612 Seeleute geplant. Sie sollten 55000 Soldaten und 1200 Pferde transportieren. Die Kosten des Unternehmens wurden auf dreieinhalb Millionen Dukaten geschätzt.

Die Nachrichten vom Angriff auf Santo Domingo verliehen den Vorbereitungen noch größeren Schwung.

Im Sommer 1587 wurde die Planung eingestellt. Stattdessen sollte gemeinsam mit Alessandro Farneses Truppen eine Operation durchgeführt werden. Farnese war Urenkel von Papst Paul III. und Vertreter eines illustren italienischen Fürstengeschlechtes mit traditionellem Interesse in Spanien. Bazán sollte den Vormarsch von Farnese decken, bis sie einen Brückenkopf errichtet hätten, aber er starb im Februar 1588 und wurde durch den unfähigen Herzog von Medina Sidonia ersetzt. Im April war die Armada einsatzbereit. Ihre Abfahrt musste aber wegen schlechten Wetters verschoben werden.

Am 22. Juli stachen schließlich 127 Schiffe mit einer Tonnage von 50000 Tonnen in See. Nach acht Tagen lief die Große Armada in den Englischen Kanal und sah die Rauchfahnen unzähliger Feuer, die ihre Ankunft weitermeldeten.

Der größte Teil der englischen Flotte unter dem Kommando von Lord Charles Howard of Effingham lag im Hafen von Plymouth. Das zweite Geschwader stand unter dem Kommando von Lord Henry Seymour. Die Vizeadmiräle Sir John Hawkins, Sir Francis Drake und Sir Martin Frobisher und andere waren gute alte Bekannte. Trotz ihrer zahlenmäßigen Überlegenheit mit 226 Schiffen mieden sie die offene Konfrontation und verließen sich auf die Strömungen im Kanal, die ihnen die Arbeit teilweise abnehmen sollten.

Die Spanier erwogen die Möglichkeit, sie im Hafen zu stellen und zu vernichten, verzichteten aber darauf, weil dies nicht der ursprüngliche Operationsplan war.

Am 6. August ankerte die Armada vor Calais und wartete auf Farnese und seine Truppen. Die Engländer ankerten auf der gegenüberliegenden Seite des Kanals und hielten Kriegsrat. Sie kannten die spanischen Pläne, die aber nicht einfach zu verhindern waren. Ein Frontalangriff wurde von vornherein ausgeschlossen. Man überlegte, mit Brandern zu operieren.

In der Nacht schickte man acht brennende Schiffe Richtung Armada. Medina Sidonia glaubte, das berühmte Höllenfeuer vor sich zu sehen, und ließ eine Kanone als Signal zum Ankerlichten abfeuern. Das Flaggschiff und weitere 50 Schiffe folgten dem Kommando, während der Rest zerstreut wurde und gegen das Ufer trieb.

Im Morgengrauen fuhren die Engländer einen großen Angriff. Die Spanier wehrten ihn ab, bis der Wind es ihnen ermöglichte, sich neu zu formieren und den Rückzug anzutreten. Wieder wichen die Engländer dem offenen Kampf aus. Die anfänglichen Verluste beliefen sich auf die acht englischen Brander, ein versenktes spanisches

Schiff und zwei, die Breitseiten erhalten hatten, sowie eine Galeere, die auf Grund gelaufen war.

Es gab keine nennenswerten Verluste an Menschenleben. Sieger dieses Gefechtes waren die Engländer, weil sie die Absichten der Spanier vereitelt hatten.

Weil es ihnen unmöglich erschien, in den Kanal zurückzukehren, begannen die Spanier, ihren Rückzug vorzubereiten. Sie postierten das Flaggschiff und die besten sechs bis zwölf Kriegsschiffe als Nachhut und hielten so die 109 englischen Schiffe in der Bucht, die einen Kampf vermeiden wollten. Am 11. August zogen sich schließlich die Engländer zurück.

Sechs Tage später fiel der erste einer Reihe schrecklicher Stürme über die Armada her und zerstreute sie. Ein großer Teil der Flotte, über 50 Schiffe, gelangte am 21. September nach Kantabrien[2]. Dann trafen die Nachzügler ein, bis 92 Schiffe, zwei Drittel der anfänglichen Armada, vor Anker lagen.

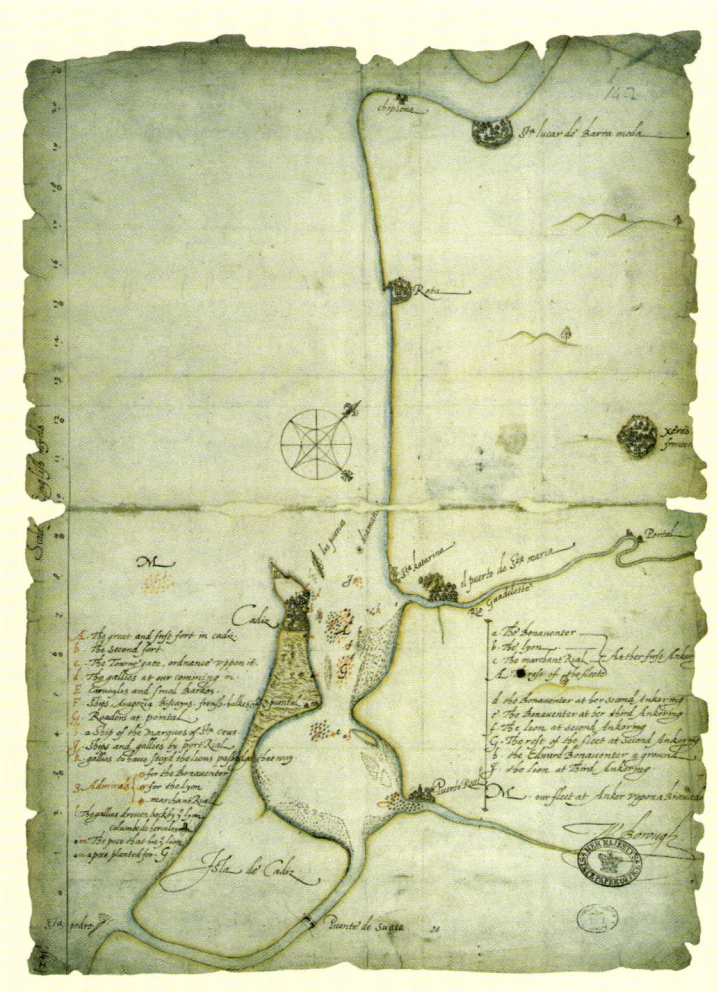

Drakes Überfall auf Cádiz[3]

Die Engländer betrachteten Informationen über eine große spanische Operation gegen die Insel als offizielle Kriegserklärung. Drake schlug im Gegenzug einen Angriff auf spanische Häfen vor, um die Vorbereitungen mindestens zu verzögern.

Am 17. April 1588 startete er mit 17 Kriegs- und ebenso vielen Begleitschiffen in Plymouth. Am 29. April attackierte er die in der Bucht von Cádiz vor Anker liegenden Schiffe. Er versenkte eine genuesische Nao und setzte eine 670-Tonnen-Galeone von Bazán sowie acht mit Lebensmitteln beladene Huker und einige kleinere Schiffe in Brand.

Die Nueva España-Flotte aus 25 großen Naos ankerte in Puerto Real. Die Furcht vor Sandbänken und beständige Scharmützel mit den Galeeren von Pedro de Acuña zwangen ihn zum Rückzug. Er hatte 18 spanische Schiffe zerstört und sechs gekapert, obwohl nur drei von militärischer Bedeutung waren.

Die Ankunft des Herzogs von Medina Sidonia mit Verstärkungen veranlasste Drake, schnell nach Lissabon zu segeln, wo Bazán ihn erwartete. Drake verzichtete aber auf einen Angriff und Bazán auf eine Verfolgung, weil seine Streitkräfte unzureichend waren.

Drake wandte sich nun südwärts und wollte die Schifffahrtswege blockieren. Sein Angriff auf Lagos wurde zurückgeschlagen. In Sagres nahm er die Festung, wodurch die Verbindung zwischen Andalusien und Lissabon unmöglich wurde.

Nach drei Wochen segelte er nach England. Bei den Azoren kaperte er die Galeone *San Felipe* auf der Heimreise aus Westindien und erbeutete 140 000 Pfund. Diese Tat wurde für Propagandazwecke benutzt.

Der Plan von Drakes Angriff auf Cádiz.

Militärisch betrachtet war das Ergebnis der Operation akzeptabel, politisch war es jedoch ein Desaster. Die Spanier hatten nicht nur ihr Ziel verfehlt, sondern die Engländer konnten einen nicht vorhandenen Sieg feiern, den sie Gottes Beistand verdankten: »Flavit Johova et dissipati«, Gott blies und zerstreute sie.

Die englische Antwort

Als sicher war, dass die Armada die Gewässer des Kanals verlassen hatte, zogen die Briten Bilanz. Der Kronrat war der Auffassung, dass die spanischen Kapazitäten für einen neuerlichen Angriff erheblich geschwächt und ihre Silberflotten und Küsten nun ungeschützt seien[4]. Der französische Botschafter in London, Duplessis Mornay, empfahl, sofort etwas zu unternehmen. Der Botschafter Venedigs in Madrid war der gleichen Meinung.

Am 7. September erhielt Howard den geheimen Befehl, einen Plan zur Unterbrechung der spanischen Edelmetalltransporte aus Amerika auszuarbeiten. Dieser Plan wies seinem Vizekommandeur Francis Drake eine wichtige Rolle zu.

Es gab jedoch auch Widerstand. Der Schatzmeister William Cecil glaubte, dass die Spanier sich nur strategisch zurückgezogen hätten, um den Weg für die Landung von Farneses Truppen frei zu machen. Howard und Hawkins teilten diese Auffassung und bestanden darauf, dass das Ziel Englands die Kontrolle des Kanals und die Verhinderung einer Invasion sein müsse.

Auf einem Treffen am 10. September gaben Howard und Drake bekannt, dass man vor November nicht einsatzbereit sei. Zu dieser Zeit waren die Westindien-Flotten sicher wieder in San Lúcar. In der Zwischenzeit reparierten die Spanier schnell die Schäden an ihren Schiffen und waren zur Verteidigung bereit.

In England war man der Meinung, es müsse das oberste Ziel sein, die Armada zu zerstören, bevor sie sich neu organisiert hätte, und dass es dazu nur einen Weg gebe, nämlich eine Expeditionsflotte auszusenden, die Häfen und Schiffe dem Erdboden gleichmachen sollte. Dies erfordere »Sommer-Kreuzzüge« ähnlich denen, die in amerikanischen Gewässern so erfolgreich gewesen waren.

Dieser Plan wurde von Drake und Norris vertreten, Letzterer Oberbefehlshaber der Armee. Dem widersprachen Howard und Hawkins, die ihn angesichts der militärischen Ressourcen für ungeeignet hielten und stattdessen für eine Seeblockade eintraten. Sie wollten sechs

Die Kaperung der *Nuestra Señora del Rosario*

Eine der kontroversesten Episoden im spanisch-englischen Krieg war die Kaperung des andalusischen Flaggschiffes *Nuestra Señora del Rosario*.

Nach dem Angriff auf die *Santa Catalina* trieb die *Rosario* steuerlos im Meer. Und weil die Kaperung ohne Zweifel nur deshalb möglich war, wurde das Verhalten des Kapitäns Pedro Valdés schwer kritisiert.

Zwei Dinge hielt man ihm vor: Die *Rosario* hatte einen Schatz an Bord, der umgehend in Sicherheit hätte gebracht werden müssen. Nach einer Salve zur Warnung der Flotte schickte Valdés ein Boot zu Medina Sidonia, um ihn von der Lage zu informieren.

Und zweitens scheint es so, als ob Valdés sich ohne einen einzigen Schuss ergeben hätte. Außerdem hätte er das Geld, 40 wertvolle Bronzekanonen und das Schießpulver über Bord werfen müssen.

Jedenfalls fiel all dies in die Hände von Drake, und dies ist der interessanteste Teil der Gesichte. Das englische 200-Tonnen-Schiff *Margaret and John* entdeckte die treibende *Rosario*. Weil ihr ein Angriff unmöglich war, suchte sie die *Ark Royal*, um Lord Howard von der Position der *Rosario* zu informieren.

Drake war der Erste Vizeadmiral in Howards Geschwader und von diesem zum Flottenkommandeur ernannt worden. Als er von dieser Gelegenheit hörte, lief er mit seiner *Revenge* unter Missachtung seiner Befehle auf die *Rosario* zu. Kapitän Seymour mit der *Roebuck* begleitete ihn. Drake drohte Valdés mit einem Kampf ohne Pardon, wenn er sich nicht ergäbe.

Die Spanier gaben auf. Valdés ging mit 40 Mann an Bord der *Re-*

venge, wo sie mit ausgesuchter Höflichkeit behandelt wurden. Während des Essens waren die Spanier offenkundig so unvorsichtig, Drake mit Informationen über die Ziele der Armada zu versorgen, die entscheidend für die folgenden Entwicklungen wurden.

Alle Wertgegenstände wurden auf die *Revenge* umgeladen. Valdés blieb bis zum 11. August bei Drake und stand während seiner gesamten Gefangenschaft bis Februar 1593 unter dessen Schutz.

Am Ende des Feldzuges wurde Drakes Verhalten scharf kritisiert. Howard akzeptierte Drakes Entschuldigungen zögerlich, weil er wegen des Ruhms des Korsaren keine drastischen Maßnahmen ergreifen konnte. Die Offiziere der *Margaret and John* bestanden nachhaltig auf ihrem Anteil an der Beute, und andere hohe Offiziere beschuldigten Drake, ein unverantwortlicher gieriger Schurke zu sein.

Noch ärgerlicher war allerdings die Königin, als sie erfahren musste, dass nur die Hälfte der erbeuteten 50 000 Dukaten nach London gelangt waren. Drake brachte vor, das übrige Geld sei ihm von Spaniern und Engländern gestohlen worden.

Seine Erklärungen waren wenig überzeugend und gerieten endgültig in Zweifel, als er von Sir Richard Greenville ein wunderbares Herrenhaus erwarb, The Herbar.

Von nun an wurden bis zu seinem Tod zehn Jahre später alle seine Aktivitäten streng überwacht.

*Drake bekam die Verantwortung für eine Expedition, deren Haupt-
ziel die Vernichtung spanischer Galeonen war, obwohl ihm nur
wenige vertrauten. Aber er hatte andere Absichten, insbesondere
die Plünderung Lissabons. Er fand die Stadt jedoch besser verteidigt
als erwartet vor – der Angriff scheiterte. Im Bild der Torre de Belém,
der einst Lissabons Hafeneinfahrt bewachte.*

Kriegsgaleonen mit Unterstützung von Korsaren-Ge-
schwadern bei den Azoren stationieren. Der Englische
Kanal sollte durch eine vergleichbare Streitmacht abge-
riegelt werden.

Der erste Plan siegte. Am 30. September legte Lord William Cecil seinen Operationsplan mit drei Zielen vor: die
Galeonen des Königs von Spanien zu zerstören, die sich
vermutlich in Lissabon und Cádiz aufhielten; Lissabon
einzunehmen und von hier aus den Seeweg nach Amerika zu blockieren und schließlich einige der Azoren-Inseln
zur Ergänzung der Blockade einzunehmen.

Die Hauptakteure des ersten Sieges über die Armada,
Charles Howard und John Hawkins, wurden von dem
Unternehmen ausgeschlossen[5] und das Kommando
Drake übergeben. Norris war für die Landstreitkräfte ver-
antwortlich. Die holländischen Aufständischen und der
König von Marokko stellten Verstärkungen. Auch der
Prior von Cato und portugiesische Kronprätendent gab
seinen Segen.

Im Februar 1589 erfuhr man in London, dass die spanischen Kriegsschiffe in kantabrischen Häfen Schutz gesucht hätten. Drake und Norris erhielten diese Nachricht
am 23. des Monats und bekamen einen neuen Operationsplan: Sie sollten nach Kantabrien segeln und die dort
vor Anker liegenden Schiffe zerstören. Erst danach sollten
sie Lissabon angreifen. Dort sollten sie alle vorhandenen
Schiffe abtakeln und Don Antonio dabei helfen, den
Thron zu besteigen, falls er ausreichend Unterstützung
fände. Wenn dieses Unternehmen Erfolg hätte, sollten sie
nur so lange in Lissabon verweilen, bis der neue portugiesische König die Summe bezahlt habe, auf die er sich
mit der englischen Königin geeinigt hatte. Dann sollten
sie zu den Azoren segeln und eine Insel als Operationsbasis für die Blockade der Westindien-Flotten erobern.

Die Königin platzierte einen Sekretär des Kronrates im
Generalstab, Anthony Ashley, weil sie Drake misstraute.
Seine Aufgabe bestand darin, Drake und Norris zu beraten und ein Tagebuch über das Verhalten der Befehlshaber und der Offiziere zu führen. Außerdem schrieb die
Königin vor Ablegen der Flotte beiden einen Brief, in
dem sie festhielt, dass ihre oberste Pflicht die Zerstörung
der spanischen Schiffe in den Häfen sei. Falls sie nicht ge-
horchten, würden sie als Verräter betrachtet und entsprechend behandelt.

Die spanischen Spione waren fleißig[6]. Manuel Andrada,

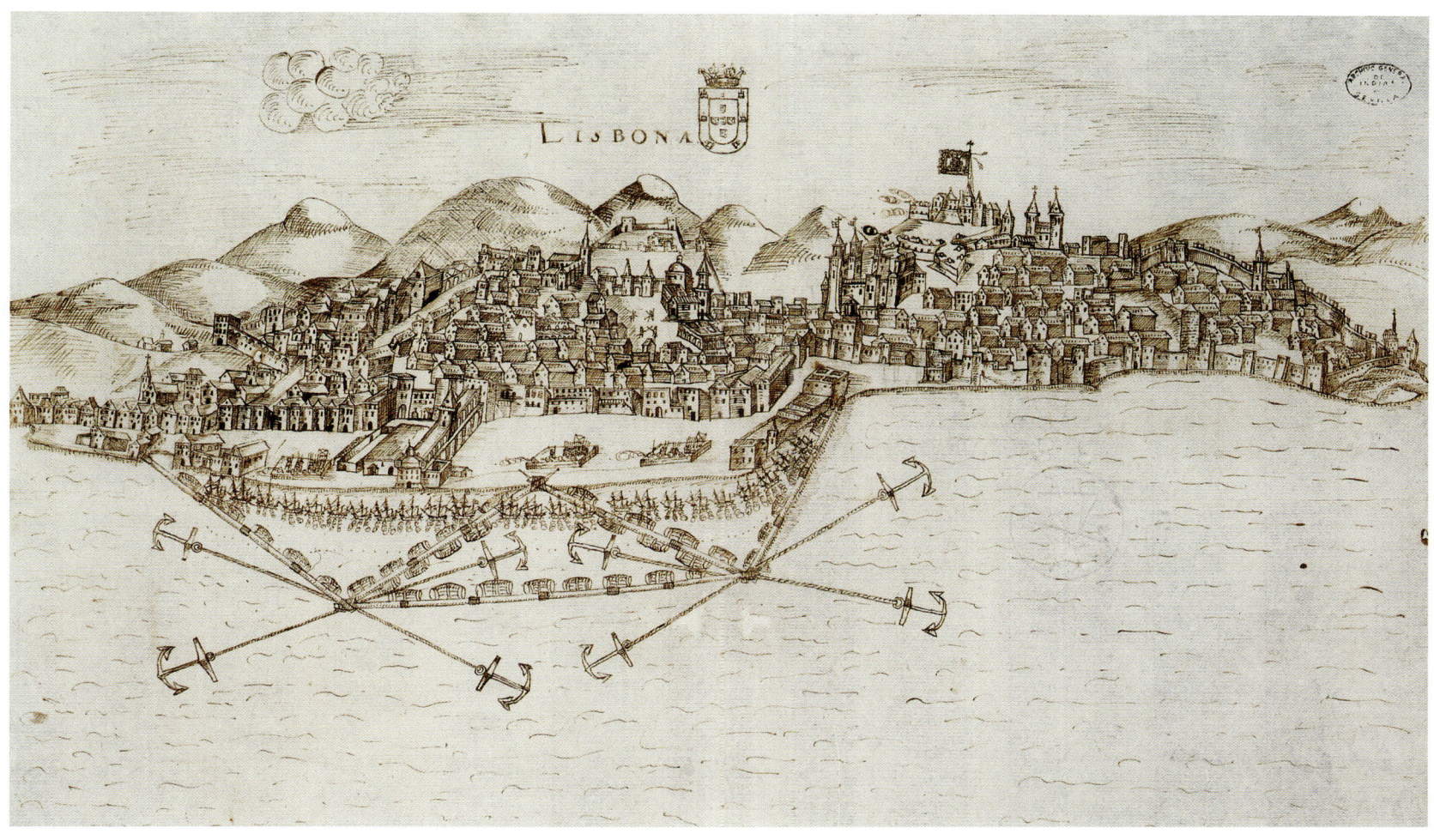

Ansicht von Lissabon, 1596.
Der englische Gegenschlag hatte drei Ziele: die Zerstörung der Galeonen des Königs von Spanien, die Einnahme Lissabons und die Unterbrechung der Schifffahrtswege nach Amerika.

ein Sekretär von Don Antonio, übergab dem spanischen Botschafter eine Kopie der Londoner Vereinbarungen. Antonio Escobar, Don Antonios Botschafter in Frankreich, der ebenfalls im spanischen Sold stand, sandte alle wichtigen Informationen über London nach Spanien.

Am 28. April stachen 150 Schiffe mit 20 000 Mann von Plymouth aus mit Kurs Iberische Halbinsel in See. Vor der Abfahrt hatte es einen ersten Konflikt mit der Königin gegeben, weil Drake und Norris den 21-jährigen Robert Devereux, Earl of Essex und Liebhaber von Elisabeth, versteckt hatten, der aus ihren Armen geflohen war, um an der Expedition teilzunehmen.

In der Nähe der französischen Küste desertierten 24 holländische Schiffe, die Drake konfisziert hatte, und mit ihnen 2000 Mann.

Zunächst wollte Drake die Flotte teilen. Die eine Hälfte sollte die Wünsche der Königin erfüllen, die andere die seinen in Lissabon. Aber weil dann seine Streitmacht zu schwach gewesen wäre, entschied er sich, lieber gleich seinen Plänen nachzugehen. Er setzte ein Schreiben mit der Nachricht ab, dass die Winde gegen ihn gewesen sei-

en, und erreichte am 4. Mai La Coruña. Die Stadt war darauf nicht vorbereitet, weil man zwar von den offiziellen Absichten der Engländer wusste, aber nicht von Drakes Plänen.

Nach 14-tägigem Kampf befahl Drake seinen Männern, wieder an Bord zu gehen. Er hatte 1300 Mann verloren, und die Beute stand dazu in keinem Verhältnis. Außerdem waren wieder zehn holländische Schiffe mit fast 1000 Mann desertiert. Drake setzte Kurs auf Lissabon und brachte alle denkbaren Entschuldigungen vor, während Norris ein Schreiben mit der Bitte um Kanonen und 30 Veteranen-Kompanien aufsetzte, um den Krieg in Spanien fortführen zu können.

Diese Nachrichten trafen am 26. Mai in London ein. Die Königin informierte wütend den Kronrat davon, dass ihre Befehle missachtet worden waren, und ließ dabei die Erklärungen ihrer Kommandeure außer Acht.

Die Engländer zogen sich am 19. Juli zurück[7], nachdem sie in Peniche an Land gegangen waren und der Angriff auf Lissabon fehlgeschlagen war. Sie wurden von Martín de Padilla und den Galeeren von Alonso de Bazán gejagt.

Am 5. Juli erreichte der Earl of Essex mit 15 Schiffen Plymouth und bereitete den Kronrat auf die Nachrichten vor, die bald zu erwarten waren. Die Operationsziele waren zwar nicht erreicht worden, aber wenigstens sollte er glauben, dass in La Coruña und Lissabon größere

Beute gemacht worden war. Die Wahrheit führte zu einer Untersuchung, für die Drake und Norris eine detaillierte Aufstellung der Kosten und Beuteeinnahmen machen mussten.

Seitens der Hansestädte gab es Proteste, die die Engländer zwangen, den größten Teil der 60 in Lissabon gekaperten Schiffe zurückzugeben. Ohne diese Beute erwies sich die Expedition als finanzielles Desaster[8]. 200 000 Pfund Kosten standen 20 000 Pfund Gewinn gegenüber. Die Königin persönlich verlor 50 000 Pfund.

Unter den Truppen gab es Unruhen, als sie entlassen wurden, weil sie nur 15 Shilling pro Kopf bekamen. Die Unruhen wurden so heftig, dass sieben Soldaten zur Abschreckung gehängt wurden.

Drake und Norris kamen am 26. August nach London. Am nächsten Tag traten sie vor eine Kommission unter Vorsitz von Richard Hawkins, die nach etlichen Sitzungen Mitte September einen Bericht vorlegte. Die Schlussfolgerung lautete, dass die Expedition ein finanzielles und strategisches Desaster war und Drake und Norris die direkte Verantwortung zu tragen hatten.

Aber man wollte weder eine öffentliche exemplarische Bestrafung noch die ganze Wahrheit des Fehlschlages zugeben. Drake wurde aus dem Dienst entfernt und Inspekteur der Verteidigung von Plymouth. Erst 1595 nahm er wieder an einer Expedition teil. John Norris erging es ebenso. Er konnte sich allerdings schon im Frühjahr 1591 den englischen Truppen in Frankreich anschließen.

Die englische Strategie der »Sommer-Kreuzzüge« war völlig gescheitert. Hawkins fasste dies so zusammen: »Ihre Majestät machte alles nur halb und lehrte die Spanier durch unbedeutende Angriffe, wie man sich verteidigt[9]«.

Die andere Schlacht: Jagd auf die Westindien-Flotten

Der Angriff auf spanische Städte in Amerika hatte sich als wenig profitables Abenteuer erwiesen. Die Kosten waren hoch, die Risiken noch höher. Und in den meisten Fällen gab es in diesen Städten keine bedeutenden Reichtümer. Es war viel vorteilhafter, die Spanier das Silber abbauen und amalgamieren, wiegen und münzen zu lassen und beim Transport nach Europa auf eine gute Gelegenheit zu warten, es ihnen abzunehmen.

Drake und Norris waren gescheitert. Der Kronrat beschloss mit einer neuen Strategie, Expeditionen zu fördern, die bei den Azoren die Westindien-Flotten kapern sollten.

Etliche Männer verfolgten dieses Ziel mit Hartnäckigkeit, aber niemand mit solchem Eifer wie George Clifford.

Clifford, der dritte Earl of Cumberland, hatte ein großes Vermögen verspielt und wollte es so schnell wie möglich zurückgewinnen[10]. Sein erster Versuch fand 1589 mit einem Geschwader aus 13 Schiffen und 450 Männern statt. Sie segelten zu den Azoren, aber die Westindien-Flotten verließen nach den Ereignissen mit Drake in der Karibik nicht den Hafen.

Am 6. September gelangte er nach Fayal auf den Azoren, wo er sieben Handelsschiffe kaperte, um sein Unternehmen profitabel zu gestalten. Dann zog er sich zurück und organisierte seinen Verband neu, um am 14. die Stadt zu plündern. Dabei verlor er Männer, aber es hatte sich gelohnt.

John Hawkins ging im Juni mit sechs Schiffen und in

Die Kaperung der *Revenge* (1591)

Als Marcos de Aramburu auf die Insel Flores kam, lag dort nur Greenvilles *Revenge* vor Anker. Einige Engländer schienen sich noch auf der Insel befunden zu haben, die der Kapitän nicht zurücklassen wollte. Außerdem war er von den Stärken seines Schiffes so überzeugt, dass er glaubte, die spanische Einkreisung ohne größere Schäden durchbrechen zu können.

Aber er irrte sich. Die *Revenge* war umzingelt. Ihre beiden Hilfsschiffe *Golden Noble* und *Foresight* hielten sich in gehörigem Abstand. Die Spanier konzentrierten ihr Feuer auf die *Revenge*, die dem Angriff gut standhielt. Greenville befahl seinen Begleitschiffen den Rückzug, weil sie nichts für ihn tun konnten.

Nach einigen vergeblichen Versuchen, die *Revenge* zu entern, gelang dies schließlich einigen Männern, als Aramburu am Heck angriff. Sie erbeuteten die englische Flagge. Trotz des Angriffs von zeitweilig vier feindlichen Schiffen gleichzeitig wehrten die Engländer alle Enterversuche ab und ergaben sich nicht.

In der Nacht boten die Spanier einen Waffenstillstand an. Die Engländer wehrten sich aber auch am folgenden Morgen, dem 11. September, weiter. Greenville erhielt eine Musketen-Kugel ins Bein und wurde später durch einen Arkebusenschützen am Kopf verletzt.

Bazán bot Greenville an, ihr Leben bei der Aufgabe zu verschonen und sie zurück nach England zu bringen. Eine Delegation seiner Offiziere akzeptierte. Greenville wurde an Bord von Bazáns Flaggschiff *San Pablo* gebracht, wo er am nächsten Tag im Alter von 49 Jahren seinen Kopfverletzungen erlag.

Einige Tage später sank die *Revenge* in einem Sturm.

Begleitung von Martin Frobisher wieder auf See[11]. Sein Auftrag bestand darin, die Bewegungen der spanischen Geschwader vor der galicischen Küste zu beobachten, während Frobisher auf der legendären *Revenge* die spanische Flotte bei den Azoren ausspionierte.

Sie wurden entdeckt. Die Spanier schickten eine Nachricht nach Havanna, wo man beschloss, die Flotten hier überwintern zu lassen. Der Schatz[12] wurde unentdeckt mit vier Fregatten nach Viana im Norden Portugals gebracht. Von hier transportierte man ihn auf 1125 Mulis nach Sevilla.

Frobisher war die Warterei müde und kehrte am 27. September nach Plymouth zurück. Hawkins wollte noch etwas unternehmen und segelte Mitte September zu den Azoren. Die Spanier nutzten diesen Umstand und brachten 4000 Soldaten in die Bretagne, ohne auf Widerstand zu stoßen.

Eine andere bedeutende Persönlichkeit, Sir Richard Greenville[13], postierte seine Seetruppen in der Nähe von Finisterre und stellte sich einer Flottille Pedro de Zubiaurs entgegen. Nach dem Verlust von sieben Schiffen sah sich Sir Greenville gezwungen, den Rückzug anzutreten.

Schließlich setzte die Westindien-Flotte 1591 die Segel und hatte die angesammelten Schätze mehrerer Jahre an Bord. Die Engländer wussten dies von ihren Spionen. Sie versuchten, die Flotte abzufangen. Ein Geschwader aus Freibeutern unter dem Kommando von Cumberland lief zum Kap San Vicente, ein Geschwader der Royal Navy unter dem Kommando von Thomas Howard, dem Earl of Suffolk, zu den Azoren.

Suffolk gebot über 14 Schiffe, darunter die vier großen Galeonen *Defiance* als Flaggschiff, die *Revenge* unter Grenville, die *Bonaventure* und die *Nonpareil*. Sie legten am 9. April ab.

Die spanische Antwort bestand in einer großen Anstrengung, Kriegsschiffe aufzubieten[14]. Am 30. August wurde ein Geschwader mit 55 Schiffen und 7200 Mann unter dem Kommando von Alonso de Bazán zu den Azoren geschickt. Ihm gehörten die Streitkräfte von Marcos de Aramburu, Antonio de Urquiola, Sancho Pardo und Martín de Bertandona an. Hinzu kamen acht leichte portugiesische Schiffe mit Kapitän Luis Coutinho. Die Engländer zogen sich nach Verlusten zurück.

Das Geschwader von General Francisco Coloma aus fünf Galeeren segelte zum Kap San Vicente. Coloma griff Cumberland vor Las Berlingas an und brachte ein Schiff mit 14 Kanonen und 150 Mann Besatzung auf, außerdem eine große Zabra und eine Karavelle. Nur zwei Spanier fielen bei den Kämpfen.

Sir Walter Raleigh war eine umstrittene Figur. Nachdem der Versuch gescheitert war, Kolonien in Terranova und Virginia zu begründen, wandte er sich anderen Zielen zu. Von Sarmiento de Gamboa hörte er von El Dorado, dem legendären Goldland irgendwo in der Nähe der Mündung des Orinoko.

Die Westindien-Flotten erreichten Spanien. Elf Schiffe wurden von Antonio Navarro geführt, 48 von Aparicio Arteaga. 16 Schiffe sanken im Sturm vor den Azoren, aber ihre Besatzungen und die Ladungen konnten gerettet werden.

1592 gab es neue Versuche, den Schifffahrtsweg zu unterbrechen. Dieses Mal waren es zwei Geschwader unter Raleigh und Cumberland, der fünf Schiffe zur Verfügung hatte[15]. Sie operierten gemeinsam mit einem Teilerfolg. Als Cumberland krank wurde, übernahm John Norton die Führung der Freibeuter.

Raleigh startete mit 14 Schiffen am 6. Mai in Falmouth. Bei Finisterre wurde er zurückbefohlen und sein Kommando an Martin Frobisher übergeben. Raleigh hatte sich des Vergehens schuldig gemacht, am Ende des Vorjahres ohne die Erlaubnis der Königin in den Stand der Ehe[16] getreten zu sein. Sir Walter und Elizabeth Throckmorton, eine der Hofdamen Elisabeths, wurden 18 Monate im Tower eingesperrt.

Das Ergebnis auf See war, dass sich der Verband teilte, weil Raleighs Erster Offizier Robert Crosse sich weigerte, Frobisher zu gehorchen. Norton schloss sich den Meuterern an und ließ Frobisher mit sechs Schiffen allein. Der geriet in einen Sturm, der seinen Verband auflöste, und wurde von Pedro Zubiaur angegriffen, der zwei seiner Schiffe kapern konnte. Frobisher war zum Rückzug gezwungen.

Borough und Crosse, die zusammen auf der *Dainty* fuhren, einem Schiff im Besitz von John Hawkins, kaperten nahe den Azoren die Galeone *Madre de Dios,* die von ihrer Flotte getrennt worden war. Ein Teil der Mannschaft unter Fernando de Mendoza leistete Widerstand. Der Kampf dauerte einen Tag und eine Nacht.

Die Ankunft des gekaperten Schiffes in Dartmouth weckte enorme Erwartungen. Das Schiff wurde leer geräumt und von seinen geschätzten Werten von 500 000 Pfund trotz dringender Forderungen der Königin nur 150 000 übergeben.

In ihrer Verzweiflung schickte sie Drake zu Verhandlungen, aber ohne Erfolg. Schließlich bekam Raleigh noch 9000 Pfund aus der Beute. Die Dividende für alle Finanziers des Unternehmens war hoch, vor allem für die Königin, die etwa einen Anteil von 70 000 Pfund erhielt.

Raleigh erhielt nur 24 000 Pfund und beklagte sich zornig. Zu Weihnachten 1592 wurden er und seine Frau aus dem Tower entlassen.

1594 organisierte Cumberland eine neue Flotte mit drei Freibeuterschiffen. Er begegnete Francisco Melos portugiesischer Galeone[17] *Ginco Chagas,* mit der ein erbitterter Kampf entbrannte. Cumberland hatte schwere Verluste – 90 Mann, darunter der Admiral Williams Anthony und der Vizeadmiral George Cave, sowie 150 Verwundete –, aber die Galeone musste aufgeben. Aus Rache wurden alle Portugiesen hingerichtet und das Schiff verbrannt. Der Angriff auf Luis Coutinhos Galeone *San Felipe* hingegen wurde zurückgeschlagen.

1595 und 1596 kehrte Cumberland jeweils mit leeren Händen von den Azoren nach England zurück.

Das Wiedererstarken Spaniens

Die Spanier hatten bei dem Unternehmen gegen England ihre Lektion gelernt. Als eine Lehre stand die dringende Notwendigkeit im Raum, die verschiedenen Arten von Schiffen zu vereinheitlichen und ein spezielles Kriegsschiff zu entwickeln, die Galeone.

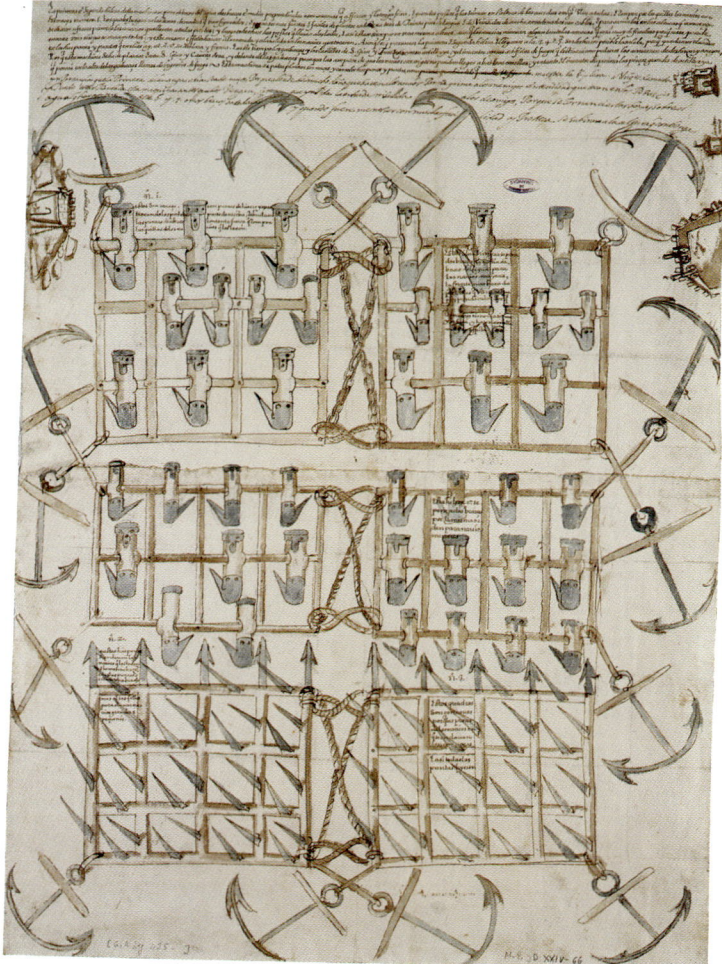

Als Konsequenz der englischen Überfälle entwickelten die Spanier einen Festungsplan auch für die amerikanische Küste. Juan Bautista Antonelli war daran wesentlich beteiligt und entwarf spanische Befestigungen in Westindien.

Um einen optimalen Typ zu entwickeln, entschlossen sich Schiffbauer aus dem Norden und Süden der Iberischen Halbinsel zu einer fruchtbaren Zusammenarbeit und schufen einen Schiffstyp, der vom König finanziert und sofort gebaut wurde. 1592 bestand die spanische Kriegsflotte aus mehr als 50 voll ausgerüsteten Galeonen und war wieder einsatzfähig.

Die fortwährenden Angriffe gegen spanische Festungen in Amerika führten unter Leitung von Juan Bautista Antonelli zu einem Festungsplan, der im letzten Jahrzehnt des Jahrhunderts umgesetzt wurde und wesentlich zu den Er-

Cumberlands letztes Ziel war San Juan de Puerto Rico. Die Garnison war durch eine Epidemie dezimiert worden. Mehrtägiger Beschuss führte zur Kapitulation der Festung El Morro. Die Engländer hatten nur kurz die Kontrolle über die Stadt, weil sie selbst Opfer der Epidemie wurden und heimkehren mussten.

folgen im Kampf gegen die Piraterie in der Karibik beitrug.

Diese Maßnahmen und die Einnahme der Bretagne schüchterten die Engländer ein, die einen neuen Angriff fürchteten und ihre Schiffe zwischen den Azoren und den Britischen Inseln patrouillieren ließen.

Einige Freibeuterfahrten nach Amerika

Während des Krieges zwischen Spanien und England gab es gleichzeitig etliche Kaperfahrten in die Karibik. Sie sollten die erfolgreichen Strategien der Vergangenheit wiederholen und kleine Festungen stürmen oder Waren schmuggeln. Diese Unternehmungen waren nicht besonders spektakulär und auch weniger zahlreich als im Jahrzehnt zuvor.

Die Expeditionen von John Myddelton und Benjamin Wood

Kapitän John Myddelton machte sich in einem kleinen 50-Tonnen-Boot, der *Moonshine*, nach Amerika auf, um kleine Festungen oder die Perlenfischerdörfer an der venezolanischen Küste zu überfallen[18].

Er gelangte am 1. Juni 1592 nach Margarita. Seine Attacke wurde von Francisco Manso de Contreras mühelos zurückgeschlagen. Er war der neue Gouverneur von Santa Marta und befand sich gerade auf dem Weg dorthin.

Dabei kreuzte er den Weg von Benjamin Wood mit vier Schiffen und musste sich ergeben. Wood konnte auch einen spanischen Gegenangriff abwehren. Dabei gelang es ihm, den Spanier zu plündern, aber nicht in seine Gewalt zu bringen.

Vor Cartagena traf er auf Myddeltons Flotte und vereinigte sich mit ihr. Sie konnten aber keine erwähnenswerten Erfolge mehr feiern[19].

James Langtons Expedition (1593)

Dies war eine der wenigen profitablen Expeditionen von den insgesamt zwölf, die der Earl of Cumberland finanziert hatte. Der Grund liegt wohl in den Fähigkeiten des Kapitäns und der Tatsache, dass er Westindien-erfahrene Steuerleute hatte.

Langtons Flottille bestand aus der *Anthony* mit 120 Tonnen, der *Pilgrim* mit 100 Tonnen und der Pinasse *Discovery* von 12 Tonnen und legte im Juni 1593 ab[20].

Langton verfügte über 70 Mann, darunter Antonio Marrino als Steuermann, ein spanischer Überläufer, der lange Jahre in Westindien gelebt hatte. Kapitän der *Pilgrim* war Francis Slingsby. Er hatte 55 Mann und den Steuermann Diego Perrus, gleichfalls ein Überläufer.

Auf Margarita plünderten sie zunächst ohne Widerstand ein Perlenfischerdorf. Die geraubten Perlen hatten einen Wert von etwa 2000 Pfund. Die dort vorhandenen Waffen wurden zerstört. Langton ging sofort wieder auf See, um einem Gegenschlag zuvorzukommen.

Später müssen sie eine Fregatte gekapert haben und kehrten dann noch mal hierher zurück, weil sie wussten, dass die Spanier unbewaffnet waren, und forderten ein Lösegeld in Form von Perlen im Wert von 2000 Dukaten. Sie bekamen es und setzten endgültig ihre Segel.

In Cumaná hatte man von ihrer Anwesenheit erfahren und die Verteidigung vorbereitet. Der Versuch der Engländer, an Land zu gehen, wurde vereitelt. Dabei verloren viele ihr Leben. In Río Hacha gelangten sie nicht einmal an den Strand. Nach einigen Versuchen auf Hispaniola segelten sie nach Jamaika und kaperten eine Fregatte, die zurück nach England geschickt wurde. Auf der Rückreise legten sie sich noch bei Kap San Antonio auf die Lauer.

Bei der Rückkehr nach England im Mai 1594 hatten sie einen Profit von 6000 Pfund vorzuweisen. Die gekaper-

Die Verteidigung der Perlenfischerdörfer

Die Perlenfischerei war die Haupteinkommensquelle auf Margarita. Die Insel mit ihrer Lage an der Einfahrt in die Karibik und weit entfernt von den Hauptsiedlungen von Tierra Firme schien eine leichte Beute.

Allerdings hatten die Spanier ein einzigartiges Verteidigungssystem entwickelt. Entlang der Küste an Orten mit guter Sicht wurden sechs oder sieben Rancherias, Perlenfischerdörfer, etabliert. Alle waren in gutem Zustand, aber nur eines wurde jeweils, nach dem Zufallsprinzip ausgewählt, bewohnt. Außerdem wurde die Ernte jede Woche woanders versteckt, sodass es nie viele Perlen in einer Rancheria gab.

Wenn die Posten einen drohenden Überfall meldeten, wurde das Dorf mit den Perlen geräumt. Deshalb waren Überraschungsangriffe von Land aus die einzige Möglichkeit, hier Beute zu machen – vorausgesetzt, es gab gerade viele Perlen.

Karte der Insel Margarita, 1661. Sie zeigt Häfen, Buchten, Lagunen, Hügel, Täler, Straßen und Verteidigungsgräben.

ten Fregatten wurden dem Earl of Cumberland übergeben.

Die Expedition von John Burgh

Sir John Burgh[21] startete im März 1593 mit den Schiffen *Roebuck, Golden Dragon, Prudence* und *Virgin*. Er plünderte eine Stadt auf Trinidad und segelte dann nach Guayana. Von dortigen Heldentaten gibt es keine Berichte. Im Mai ging er auf Margarita an Land, wurde aber vom Gouverneur Sarmiento de Villandrando trotz zahlenmäßiger Unterlegenheit zurückgeworfen[22]. Das Unternehmen brachte keinerlei Gewinn.

Parkers Expedition (1596–1597)

Im November 1596 verließ Parker Plymouth zu seiner zweiten Expedition in die Karibik[23]. Seine Flottille bestand aus zwei Schiffen, der *Prudence* mit 120 Tonnen und der *Adventure*, einer Patache mit 25 Tonnen unter Kapitän Richard Hen, und 100 Mann Besatzung.

In der Karibik nahm man in einem Überraschungsangriff ein Perlenfischerdorf auf Margarita. Bei Jamaika traf man auf die Expedition Sherleys und segelte gemeinsam in den Golf von Honduras. Ihr Angriff auf Trujillo am 31. März 1597 wurde abgewehrt. Die Einnahme von Puerto Caballos gelang, brachte aber keine Beute.

Dann gingen sie das Abenteuer ein, über Land zum Pazifik vorzustoßen. Sie fuhren in kleinen Booten einige Meilen den Río Dulce hinauf, wobei sie eine zerlegte Pinasse für die weiteren Operationen mit sich führten. Aber das Vorhaben erwies sich als unmöglich. So kehrten sie zu ihren Schiffen zurück und trennten sich wieder.

Am 21. September erreichte Parker mit einem großen Schiff, einer Patache und einem Landungsboot am hellen Tage die Küste von Campeche.

Parker tat so, als würde er sich wieder zurückziehen, während er sich der Hilfe von Juan Venturate versicherte, um unentdeckt in die Stadt gelangen zu können. Der Plan ging auf. Sie gelangten ohne Widerstand über den Bezirk San Román in die Stadt und begannen sofort, wild zu plündern.

Francisco Interán, einer der Gouverneure der Stadt, hatte mit einigen Männern im Kloster San Francisco Zuflucht gesucht. Dies war der vorgesehene Sammelplatz in solchen Fällen, und nach und nach trafen hier viele Bewaffnete ein.

In der Zwischenzeit hatte der zweite Gouverneur Francisco Sánchez in den umliegenden Dörfern eine Truppe aufgestellt und Kontakt zum Kloster aufgenommen. Man entwickelte einen gemeinsamen Angriffsplan. Er bestand aus einem Scheinangriff aus dem Kloster, der die Engländer beschäftigen sollte, während Sánchez die Straßen abriegeln und den Feind einkreisen sollte. Die Engländer feierten ihren offenkundigen Sieg und sahen sich plötzlich umzingelt. Um fliehen zu können, fesselten sie ihre Gefangenen Arm an Arm und benutzten sie als menschliches Schutzschild gegen die Geschosse der Spanier. Nach zwei Stunden sammelten sie ihre Toten ein, entrollten ihre Flagge und zogen sich zurück. Parker wurde von einer Kugel »links unten in die Brust« getroffen, »die dort seither geblieben ist«. Bei ihrer Flucht zu den Schiffen ließen die Engländer den größten Teil der Beute zurück.

Die Einwohner ließen ihre Wut an den Fliehenden aus. Sie töteten viele und nahmen einige gefangen, darunter Venturate.

Die Engländer konnten weiter nördlich die Stadt Sebo plündern und wandten sich dann nach Kap Catoche, wo der Wind sich gegen sie drehte.

Die Spanier ließen sie von einer Fregatte verfolgen. Hinzu kamen Verstärkungen unter Kapitän Alonso Vargas Machuca. Parker wurde eingeholt. Nach einem schweren Gefecht konnten die Spanier die *Adventure* kapern und Kapitän Hen und 13 Männer gefangen nehmen, die in Campeche hingerichtet wurden. Parker verfolgte die Fregatten bis nach Campeche, wo er nach 17 Tagen den endgültigen Rückzug antrat. Am 1. Juli kamen die Scilly-Inseln in Sicht, zwei Tage später lief er in Plymouth ein.

Parkers weitere Expeditionen (1601–1602)

Bei allen seinen Expeditionen zeigte Parker großen Wagemut. Bei dieser neuen Expedition[24] griff er Margarita und die ganze Küste von Tierra Firme an und machte einigen Profit[24].

Anfang November 1601 startete er in Plymouth. Die *Prudence* mit 100 Tonnen hatte 130 Mann Besatzung, die *Pearle*, ein 60-Tonnen-Pinassschiff mit 18 Mann unter Kapitän Robert Rawlin, hatte zwei kleine Schaluppen im Schlepp.

Bei Kap Verde gingen 100 Mann an Land, plünderten St. Vincent und brannten es nieder. In Cubagua griffen sie ein Perlenfischerdorf an. Obwohl sie dabei von Truppen des Gouverneurs von Cumaná gestört wurden, konnten sie es nehmen und ein Lösegeld von 500 Pfund in Perlen bekommen.

Bei Kap de la Vela fingen sie ein portugiesisches 250-Tonnen-Schiff mit 370 Negersklaven für Cartagena ab. Wegen ungünstiger Winde setzten sie die Schwarzen in

Das Schicksal des Überläufers Venturate

Während des Rückzugs in Campeche versuchte auch der Überläufer Venturate zu fliehen.

Er wurde im Wasser aufgegriffen, als er zu den Schiffen schwamm. Sein Verhalten erregte Verdacht, deshalb wurde er vorsorglich eingesperrt.

Während der Untersuchung bezeugten mehrere Gefangene, dass er ihnen den Zugang nach Campeche erleichtert hatte.

Venturate wurde wegen Verrats zum Tode verurteilt und auf die grausamstmögliche Art öffentlich hingerichtet: Man riss ihm mit glühenden Zangen Fleisch aus dem Körper.

der Bucht von Acle an den Strand und behielten den Kapitän als Geisel. Er zahlte ein Lösegeld von 500 Pfund aus seiner Tasche.

Parkers Hauptziel war Portobello. Die Stadt war nach der Zerstörung von Nombre de Dios abseits der Bucht wieder aufgebaut und mit mehreren Forts und Bollwerken versehen worden.

Im Schein des Vollmonds liefen die Engländer am 7. Februar 1602 in die Mündung des Río Portobello ein. Die Besatzung des Forts San Felipe rief sie an und wollte wissen, woher sie kämen und was sie wollten. Einige von Parkers Männern sprachen gut Spanisch. Sie konnten die Wache täuschen und antworteten, dass sie aus Cartagena kämen.

Sie folgten dem Befehl, bis zum Morgengrauen zu ankern. Eine Stunde später segelten 30 Männer in den kleinen Zweimastbooten den Fluss hinauf zum Fort Santiago. Man gab ihnen den Befehl zu stoppen. Sie gingen an Land und liefen zu dem Dorf Triana und besetzten es. Hier wurde Alarm gegeben.

Weiter ging es ein Nebenflüsschen des Portobello hinauf. Gegenüber den spanischen Dienstgebäuden gingen sie wieder an Land und überraschten eine Abteilung Soldaten mit zwei Bronzekanonen. Die Soldaten flohen, und die Kanonen wurden nun auf die Spanier gerichtet.

Der Gouverneur von Portobello, Pedro Meléndez, wollte die Engländer mit einer Truppe von 60 Mann an einer Brücke abfangen. Er wurde an beiden Armen verwundet. Die Spanier schleppten ihn zu einem Haus, wo sie sich verschanzten und auf den Morgen warteten, um die Position und Stärke der Feinde abschätzen zu können.

Aber das Haus wurde gestürmt und der schwer verwundete Gouverneur gefangen genommen. In den

Überfall und Plünderung von Cádiz (1596)[25]

Der Sekretär Philipps II., Antonio Pérez, wurde wegen seiner Verwicklung in dunkle Affären gesucht. Er reiste nach seiner Flucht von London nach Paris und verriet jedem, der es hören wollte, Staatsgeheimnisse – unter anderem die prekäre Verteidigungslage der andalusischen Küste und den Mangel an ordentlichem Militär, um eine Landung zurückschlagen zu können.

Robert Devereux, Earl of Essex, ein Glücksritter und Favorit der Königin, hörte davon. Er überzeugte alle Welt von der Nützlichkeit eines kühnen Überfalls auf Cádiz, von wo aus er einen Feldzug über Land durchführen wollte. Auf dem Höhepunkt des Krieges hatte er eine beachtliche englisch-holländische Flotte von fast 160 Schiffen zusammen, 20 davon holländisch, und ein Expeditionskorps mit aller notwendigen Ausrüstung. Charles Howard, Lord-Admiral von England, leitete die Operation und Essex das Expeditionskorps. Thomas Howard, Walter Raleigh und Francis Vere waren als Offiziere dabei.

Sie erreichten Lissabon Anfang Juni. Wegen der starken Befestigungen segelten sie zu ihrem eigentlichen Ziel weiter. Am 30. Juni kam Cádiz in Sicht, wo zwischen 40 und 50 Schiffe der Tierra Firme-Flotte und 18 Galeeren der Escuadra de España vor An-

Robert Devereux, Earl of Essex

ker lagen. Man verteidigte sich mit Unterstützung der Artillerie in den Forts. Die Inkompetenz der Offiziere unter dem Befehl des Herzogs von Medina Sidonia, den der Dichter Góngora als »Gott der Schwachköpfe« titulierte, ließ das Schlachtenglück sich zugunsten der Engländer neigen.

Die Stadt wurde gestürmt, geplündert und niedergebrannt. Am 16. Juli zogen die Engländer mit ordentlicher Beute ab. An der portugiesischen Küste landeten sie noch in Faro, blieben aber ohne Beute. Nach einem Überfall in La Coruña setzten sie die Segel mit Kurs England.

Die Expedition war sehr profitabel und in der Propaganda sehr abträglich für die spanischen Interessen.

Die Engländer stahlen noch zwei Fregatten und gingen bei Anbruch der Nacht wieder auf ihre Schiffe, nachdem sie einen Tag lang die Herren von Portobello gewesen waren. Als sie in See stachen, wurden sie von den Kanonen der Forts San Iago und El Oriental und durch Musketen an den Stränden beschossen. Parker wurde an Ellbogen und Handgelenk getroffen.

Am 31. März liefen sie in die Floridastraße und gelangten ohne Zwischenfälle zu den Azoren. Hier blieben sie zwei Monate und übernahmen Proviant. Parker selbst segelte nach Plymouth, wo er am 6. Mai 1602 eintraf. Seine Flottille wartete auf den Azoren auf weitere Einsätze.

England wird wieder aktiv

Seit 1592 hielt sich die Royal Navy in der Nähe der englischen Küste auf und vermied das Risiko größerer Gefechte, um das Land nicht schutzlos der ständigen Bedrohung durch Spanien auszuliefern.

Angesichts der Tatsache, dass die europäischen Konflikte für England einen ungünstigen Verlauf nahmen, entschloss man sich 1595 wieder, mit »Sommer-Kreuzzügen« die Initiative zu übernehmen. Die Flotten sollten an drei Fronten operieren: Cádiz, Westindien und der afrikanischen Küste.

Die letzte Reise von John Hawkins und Francis Drake

Eine bedeutende Flotte aus 27 größeren und 25 kleineren Schiffen mit 2500 Mann setzte in England Mitte 1595 die Segel. Sie stand unter dem gemeinsamen Befehl von Hawkins und Drake.

Drake kehrte also auf See zurück. Obwohl er das Unternehmen finanzierte, bekam er die Erlaubnis der Königin nur unter der Bedingung, dass Hawkins als gleichberechtigter Kommandeur mitfuhr[26]. Die Beziehung zwischen beiden war seit Drakes Flucht aus San Juan de Ulúa sehr unterkühlt und auf dem absoluten Tiefpunkt, nachdem Hawkins den Bericht vorgelegt hatte, der zu Drakes Degradierung führte. Die Bedeutung der Mission zwang sie jedoch, den Streit zu begraben. Sie entwickelten gemeinsam einen Plan, der die Plünderung der wichtigsten Städte Westindiens und einen Angriff auf Nombre de Dios und Panama vorsah, um eine englische Kolonie auf dem Isthmus zu gründen[27].

Dienstgebäuden nahmen sie den königlichen Schreiber und andere wichtige Persönlichkeiten als Geiseln und fanden 9000 oder 10 000 Dukaten, die Parker als persönliche Beute in die Taschen steckte. Die übrige Beute wurde unter seinen Männern geteilt. Er entschied, die Stadt nicht dem Erdboden gleichzumachen, und ließ Meléndez als Geste des Respektes vor seinem Mut und seinen vielen Verwundungen ohne Lösegeld frei.

Richard Hawkins im Pazifik[28]

Die Expeditionen der Familie Hawkins waren nicht zu Ende, denn 1593 betrat eine neue Generation den Schauplatz. Richard war der einzige Sohn von John und Katherine Gonson und erhielt alle Unterstützung für seine Reise in den Pazifik.

Er startete am 22. Juni mit der 300-Tonnen-Galeone *Dainty*, die mit 20 Kanonen bestückt war, einem 100-Tonnen-Schiff mit 8 Kanonen und der Patache *Fantasy* mit 60 Tonnen.

Sein erstes Ziel waren die Kanarischen Inseln, aber ein Sturm trieb ihn ab. Ein zweiter Sturm nahm seine kleine Flotte während der Atlantiküberquerung schwer mit. Nach vier Monaten erreichte er die brasilianische Küste. Hier verlor er das zweite Schiff unter der Küste, und die Patache desertierte. Hawkins musste nur mit seinem Schiff weitersegeln.

Im südlichen Pazifik griff er Valpa-raiso an und kaperte fünf Frachtschiffe, für die er 25 000 Dukaten Lösegeld erzielte. Ein Schiff mit dem Steuermann Alonso Pérez Bueno behielt er.

Der Vizekönig García Hurtado de Mendoza setzte drei gut gerüstete 500-Tonnen-Galeonen unter dem Kommando von Beltrán de Castro y de la Cueva in Marsch. Drei Patachen begleiteten sie, jede mit 30 Mann. Kurierboote wurden nach Panama und Nueva España gesandt und Postschiffe in die Küstenstädte. Am 3. Juni legte eine Flottille zur Verstärkung in El Callao ab.

Als de Castro erfuhr, dass Hawkins in Chincha war, wusste er, was er zu tun hatte. Einen Tag später traf er auf die Engländer und versuchte, sie zu kapern, aber die Masten des spanischen Flaggschiffes brachen, und der *San Juan* widerfuhr das Gleiche. Die

Jagd wurde mit dem Schiff des Vizeadmirals und der Patache fortgesetzt. Hawkins warf Ladung über Bord und konnte entkommen.

Am 30. Juni gab es in der Bucht von Atacanes die erste Schlacht, die für Hawkins nicht so gut ausging. De Castro setzte die Verfolgung fort, kam am 2. Juli längsseits und feuerte eine Breitseite. Die englischen Schiffe waren schwer beschädigt. Die Spanier gaben ihnen die Möglichkeit zur Aufgabe, aber Hawkins weigerte sich.

Die Spanier feuerten eine weitere Breitseite und enterten die Schiffe. Viele Engländer wurden getötet. Es gab nur 90 Überlebende, von denen viele schwer verwundet waren. Hawkins selbst hatte zwei Schusswunden und wurde auf de Castros Schiff übernommen, der die einfachen Ränge in Panama ausschiffte und die Offiziere mit nach El Callao nahm.

De Castros Sieg wurde in Lima jubelnd gefeiert. Der Graf von La Gran-

ja machte seine Heldentaten in dem »Poema de Santa Rosa« unsterblich:

Calderón y Castilla erlangte ewigen Ruhm im todbringenden Kampf gegen die Engländer.
Die Flut von Blut, die sich über das Meer ergoss, taufte ihn, den Löwen Quiñones.
Den Ruhm des Schwertes Lezcano, das zu einer sagenumwobenen Flamme von Heldentaten wurde, preisen euch Luján und Rivera y Avalos der Starke, und in jeder Strophe lassen sie den Tod mitschwingen.

Weil das Ereignis als eine Kriegshandlung betrachtet wurde, behandelte man Hawkins als Korsar. Nachdem seine Wunden verheilt waren, war er Gast im Hause de Castros.

Schließlich wurde Hawkins nach Spanien gebracht und büßte ein Jahr im Gefängnis. 1603 kehrte er nach England zurück. Sein Schiff tat unter dem Namen *Inglesa* im Pazifik-Geschwader weiter Dienst.

Trotz aller Bemühungen beider, wieder zu freundschaftlichen Beziehungen zu gelangen, war das Scheitern des Unternehmens vorprogrammiert. Hawkins näherte sich den Siebzig, er war langsam und ein wenig wunderlich geworden. Thomas Maynarde, ein Kapitän und Teilnehmer der Expedition, schrieb, dass »Sir John so langsam bei allen Verrichtungen war, dass die anderen ihr Fleisch schon gegessen hatten, bevor er überhaupt anfing, es über dem Feuer zu rösten«[29].

Die Königin stellte die neu gebauten Schiffe *Garlande* und *Defiance* zur Verfügung[30], dazu die Galeonen *Bonaventure, Hope, Foresighte* und *Adventure* sowie reguläre Truppen unter dem Befehl von Sir Thomas Baskerville. Auch Freibeuter schlossen sich der Expedition an[31]. Am Ende waren es 28 Schiffe, 1500 Seeleute und 3000 Soldaten. Die Flotte führte zerlegte Landungsboote mit, die Drake selbst vermutlich nach dem Vorbild der Pinassen bauen ließ, die er schon früher eingesetzt hatte.

Die Vorbereitungen wurden unterbrochen, weil spanische Truppen Blavet in der Bretagne angegriffen hatten. Auch in Cornwall waren 400 Arkebusenschützen von vier Galeeren an Land gegangen und hatten ohne jeden englischen Widerstand mehrere Städte und Dörfer geplün-

dert[32]. In England verbreitete sich Panik. Man fürchtete eine groß angelegte Invasion und traf Verteidigungsvorbereitungen. Aber dies hatte ein schnelles Ende, als klar wurde, dass es sich nur um einen einzelnen Vorgang handelte.

Am 7. September 1595 hisste Drake seine Flagge auf der *Defiance* und Hawkins seine auf der *Garlande*. Kurz nach dem Auslaufen brach der erste Streit aus. Drake wollte von der übrigen Flotte Proviant, weil er 300 Mann mehr als vorgesehen an Bord hatte, aber Hawkins verweigerte ihm dies.

Dann schlug Drake vor, die Kanaren anzugreifen, um Lebensmittel zu bunkern und die Moral der Truppe zu heben. Hawkins widersprach wiederum mit dem Argument, dass Westindien das Ziel und dadurch der Überraschungseffekt verloren sei[33]. Aber Baskerville war auf Drakes Seite, weil er glaubte, seine Truppen würden Las Palmas in drei oder vier Stunden einnehmen. Schließlich gab Hawkins nach.

Sie erreichten Las Palmas am 6. Oktober im Morgengrauen. In der Stadt wurde Alarm ausgelöst. In kurzer Zeit waren 1000 Mann mobilisiert. Außerdem erwartete man 400 Mann Verstärkung aus Teneriffa.

Überfall auf Las Palmas durch eine holländische Flotte 1599 unter Kapitän Pieter van der Does.

Bei den Spaniern gab es Differenzen über die Verteidigungsstrategie. Gouverneur Alonso de Alvarado war dafür, die Landung zu verhindern, der Vogt Antonio Arias wollte die Engländer lieber an Land bekämpfen. Die Offiziere der Miliz unterstützten Alvarado. Also bereitete man sich darauf vor, das Landemanöver zu verhindern.

Die Engländer trugen ihren Angriff in 27 Landungsbooten mit 500 Mann vor. Sie wurden unmittelbar von drei Schiffen gedeckt, während zwölf Schiffe die Küstenstellungen unter Feuer nahmen.

Das Gefecht dauerte eineinhalb Stunden. Die Engländer verloren 40 Mann und drei Landungsboote, fünf Schiffe waren beschädigt. Drake befahl den Rückzug. Baskerville hielt nun vier Tage zur Eroberung der Stadt für erforderlich. Aber Drake gab zu, dass Hawkins Recht behalten hatte, und stellte den Versuch ein.

In der Bucht von Arguineguín gingen 500 Mann an Land, um Wasser zu holen. Die Spanier kaperten eines der Boote und erfuhren von den eigentlichen Zielen der Expedition. Sofort wurde eine Warnung nach Westindien in Marsch gesetzt.

Am 9. Oktober setzten die Engländer die Segel mit Kurs Antillen. In der Karibik erfuhren sie, dass das Flaggschiff der Tierra Firme-Flotte mit einem Schatz von zwei Millionen Pesos bei Puerto Rico ankerte und abgetakelt worden war. Der Kapitän war Sancho Pardo Osorio. Er hatte eine Besatzung von 300 Mann.

Als dies nach Spanien durchdrang, war klar, dass die Engländer versuchen könnten, sich dieses Schatzes zu bemächtigen. Man sandte eine Flottille aus fünf Fregatten unter dem Kommando von Pedro Tello de Guzmán aus, um ihn zu bergen. In der Karibik kaperte die Flottille die *Francis*, die hinter der englischen Flotte zurückgefallen war. Von ihr erfuhren die Spanier, dass die Engländer in Guadeloupe Proviant bunkern und Landungsboote auftreiben wollten.

Die Spanier segelten unter Vollzeug nach Puerto Rico, wo sie am 13. November eintrafen. Die Vorbereitungen waren schnell erledigt. Der Gouverneur versenkte Sancho Pardos Galeone im Zufahrtskanal und ließ eine Barriere aus Baumstämmen und einer Kette bauen. In der Bucht wurden Guzmáns Fregatten in Stellung gebracht, an Land marschierten 1500 Soldaten, die 300 Seeleute

Karte des Isthmus von Tierra Firme (Panama) und Portobello, wo Drake zurückgeschlagen wurde.

von Pardo und 500 Mann von Guzmán sowie 9000 bewaffnete Zivilisten auf. Der Gouverneur bildete aus seinen Leuten eine Kompanie Lanzenträger. Alle möglichen Landungspunkte wurden von bewaffneten Abteilungen abgedeckt.

Am 22. November wurde Drake vor Punta Escambrón gesichtet und sofort das Feuer eröffnet. Eine Kugel traf die Messe der *Defiance*, in der Drake gerade mit seinen Offizieren speiste. Fünf Offiziere und die Kapitäne Nicholas Clifford und Brute Brown wurden getötet, Drake blieb unverletzt.

Spanische Chroniken schildern den Vorfall so: »Als ein englischer Gentleman, ein Generalleutnat, dinierte, sah ein Kanonier auf dem Hügel ein Licht auf dem Tisch und zielte so genau, dass sein Schuss alle von der Tafel fegte und weitere in der Nähe traf, insgesamt fünfzehn ...«[34].

Am nächsten Tag suchten die Engländer eine Stelle, wo sie anlanden konnten, und versuchten es schließlich am Südende der Insel Cabras. Das Wasser war für die großen Schiffe nicht tief genug, deshalb nahmen sie die Landungsboote.

Der Angriff schlug fehl. Brandgeschosse setzten die Boote in Flammen, die gleichzeitig unter Kanonen- und Musketenbeschuss lagen. Neun Boote wurden zerstört, 400 Engländer getötet.

Am 24. September (der 12. nach dem englischen Kalender, im folgenden e.K.) versuchte Drake einen zweiten Angriff. Sieben Landungsboote näherten sich El Boquerón und wurden von Musketen empfangen. Drake erkannte, dass er den Angriff nicht ohne enorme Verluste durchhalten konnte, und entschied sich zum Rückzug.

*Am 6. Januar 1596 erreichte Drake Nombre de Dios, das er fast ohne
Gegenwehr einnahm. Aber der Zugang nach Panama war zu gut
verteidigt, und Drake trat nach schweren Verlusten den Rückzug an.
Als Racheakt zerstörte er Nombre de Dios. Die Bewohner flohen ins
sicherere Portobello.*

Am 28. (16. e.K.) wurden die Anker gelichtet. Die Bürger
jubelten, und ihre Freude wurde noch größer, als sie
hörten, dass Hawkins offenkundig in der Schlacht gefallen war. Tatsächlich war Hawkins zwischen Guadeloupe
und Puerto Rico am Fieber gestorben. Am 20. Dezember
nahm Tello de Guzmán mit seinen Fregatten und wohl-
gefüllten Laderäumen Kurs auf Spanien.

Die Engländer brannten in Río Hacha und Santa Marta
etliche Häuser nieder. In Cartagena wollte Drake nicht
noch weitere Opfer riskieren, und schließlich erreichte er
Nombre de Dios[35] am 6. Januar 1569 (27. Dez. 1595 e.K.).

Die Stadt war evakuiert worden und wurde von 60
Mann unter dem Gouverneur Diego de Amaya verteidigt.
Drake hatte sich der Dienste eines Überläufers versichert,
des Mulatten Andrés Amador. Angesichts der britischen
Übermacht und nach kurzem Widerstand zogen sich die
Verteidiger in die Berge zurück. Die Engländer konnten
die Stadt plündern.

Nachdem Drake seine Stellungen gesichert hatte, begann er mit den Vorbereitungen für seine letzte Etappe,
den Angriff auf Panama. Er versuchte in einem nahen
Dorf vergeblich, sich entlaufene Negersklaven als Führer
nützlich zu machen.

Dieses Mal hatte der Präsident der obersten Verwaltungsbehörde in Panama sowohl im Gebiet des Río
Chagres als auch auf dem Weg über Land zahlreiche Abwehrmaßnahmen veranlasst, die Juan Bautista Antonelli
organisierte. Drake ging an Land und griff vom Fluss aus
an, während Baskerville über den Landweg vorrückte.
Am Morgen des 8. begannen die Kämpfe am Fort San
Pablo de la Victoria bei Loma Capirilla, wo 70 Arkebusenschützen unter Führung von Juan Enríquez Conabut
die Stellung hielten.

Den Spaniern gelang es, die Engländer in der Bucht zu
halten und ihnen viele Opfer zuzufügen. Sotomayor
schickte 50 Soldaten als Verstärkung unter Kapitän Hernando Lierno Agüero, der mit den Trompeten und Trommeln das Anrücken einer größeren Marschkolonne vortäuschte. Die Engländer fielen darauf herein und zogen
sich an die Küste zurück. Dabei wurden sie von einem
Trupp Schwarzer verfolgt, der vielen die Kehle durch-

Blanke Waffen

Solange man mit Feuerwaffen nicht in schneller Folge schießen konnte, war ihr Nutzen im Kampf Mann gegen Mann äußerst beschränkt. Es wurden verschiedene Arten von Pistolen mit einem einzigen Schuss eingesetzt, aber danach wurden die Waffen blank gezogen.

Die Vielfalt der Blankwaffen war groß. Jede diente einem bestimmten Zweck. Am wichtigsten war das Schwert in allen seinen Formen. Neben seiner militärischen Bedeutung war es ein Rangabzeichen, und nicht jedermann durfte ein Schwert führen.

Es gab eine Form des Kampfes, bei der das Schwert gleichzeitig mit einem linkshändigen Dolch geführt wurde, um Hiebe abzuwehren und den Gegner auf kurze Entfernung treffen zu können.

Man benutzte verschiedene Formen von Lanzen, die in der Länge variierten. Wegen des geringen Raumes waren auf Schiffen kurze Piken üblich. Manche Formen wie die Hellebarde, die Partisane oder der Sponton (Halbpike) konnten auch den Rang symbolisieren, wenn sie von Kommandeuren oder deren Eskorten getragen wurden.

Beim Entern und Kampf Mann gegen Mann an Deck war die Enteraxt die Waffe par excellence. Jede Seite hatte eine Funktion: Mit der Axt konnte man Schläge versetzen und Taue durchtrennen, die Spitze war eine Hilfe, um überall im Holz Halt finden zu können.

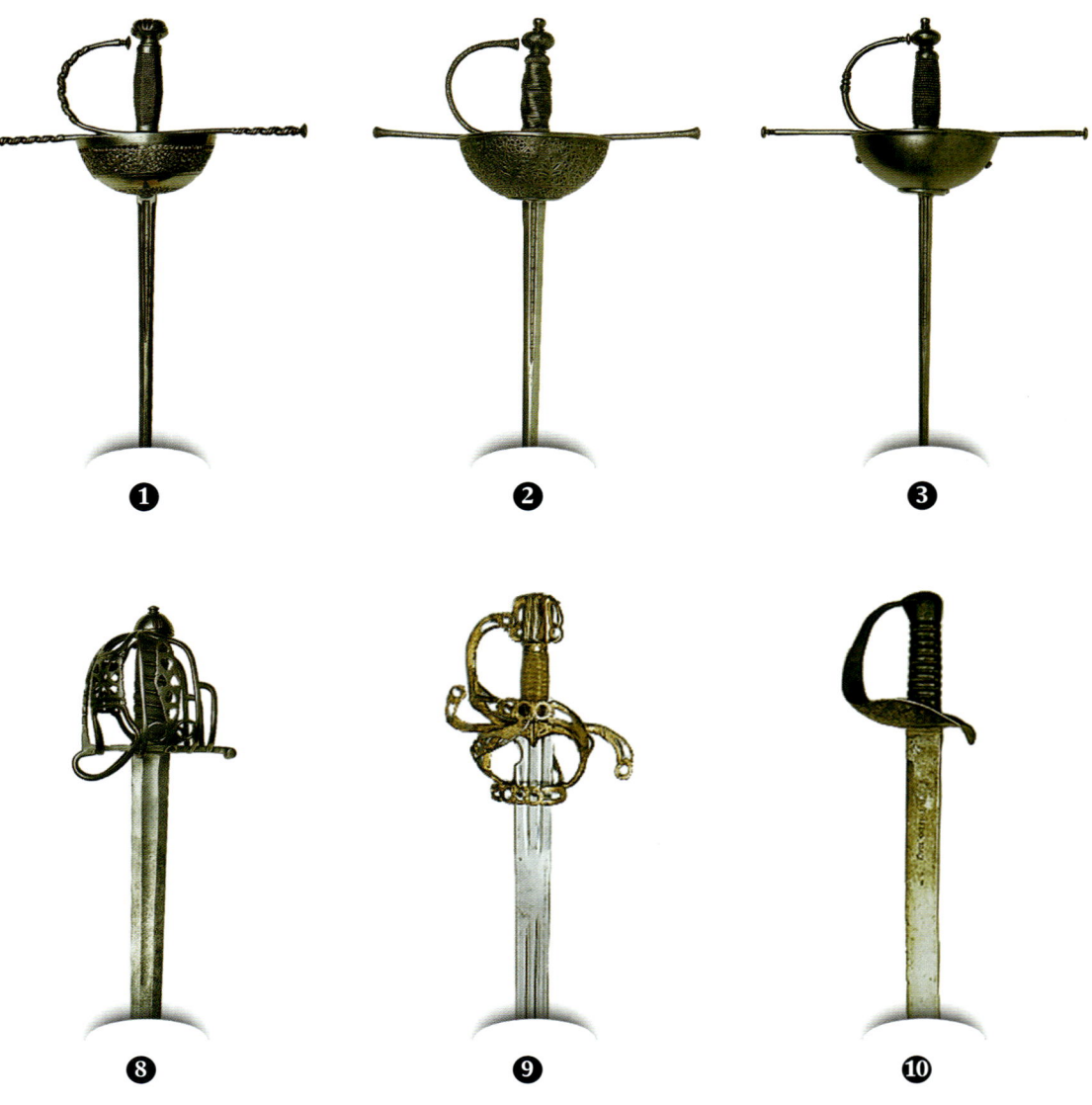

① Schwert mit Handschutz
② Toledanisches Schwert
③ Rapier aus Solingen
④ Deutsches Schwert mit Handschutz
⑤ Tomás de Ayala-Schwert
⑥ Schwert mit Handschutz und wellenförmiger Klinge
⑦ Espada de Lazo
⑧ Claymore oder schottisches Schwert

⑨ Espada de Lazo
⑩ Entersäbel, 18. Jahrh.
⑪ Espada de Lazo
⑫ Espada de Lazo
⑬ Toledanisches Schwert
⑭ Linkshändiger Dolch
⑮ Linkshändiger Dolch
⑯ Linkshändiger Dolch
⑰ Linkshändiger Dolch

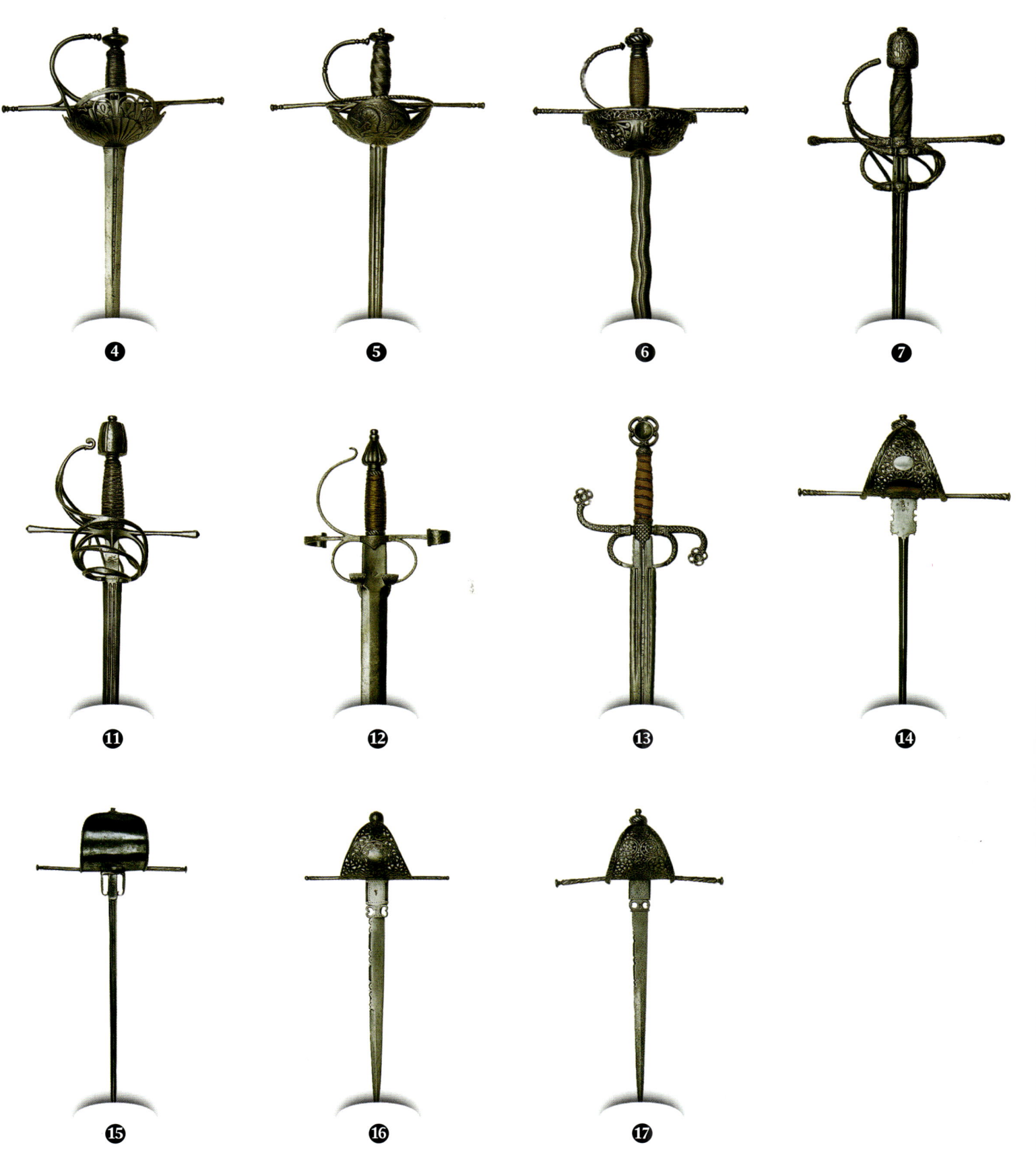

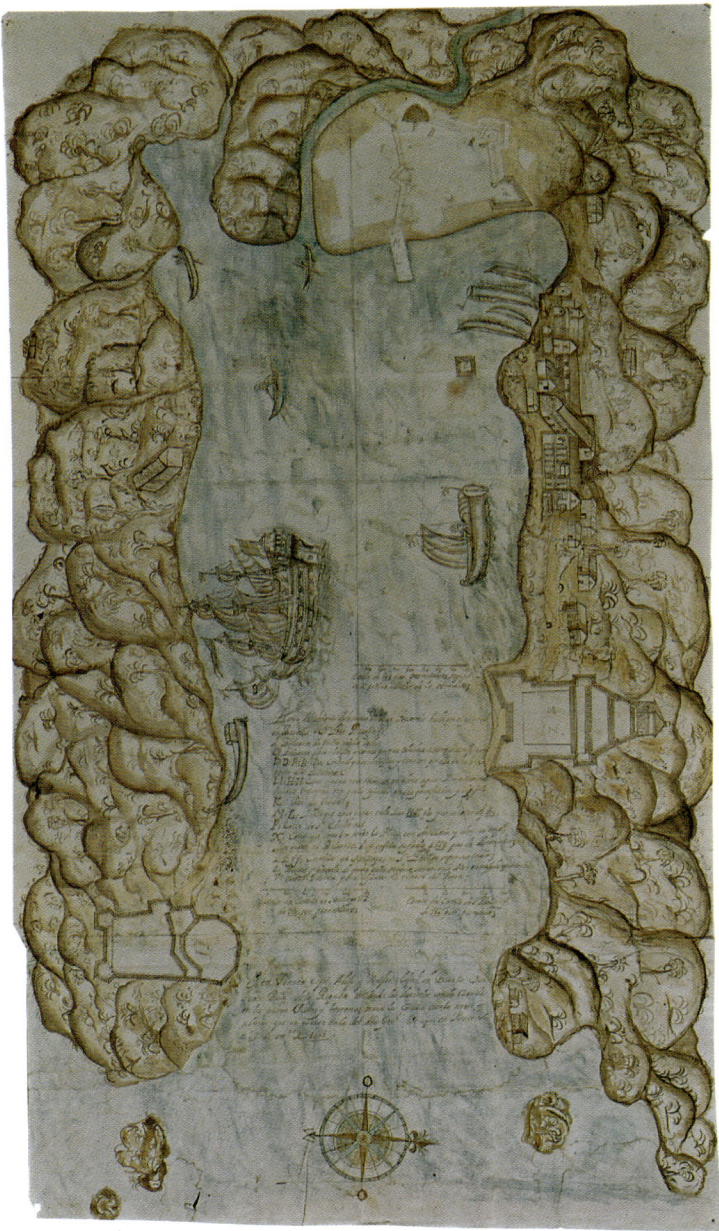

Karte von Portobello, 1688; aufbewahrt im Archivo de Indias, Sevilla.

schnitt. Baskervilles Verluste beliefen sich auf mehr als 500 Mann.

Drake wollte Baskerville helfen und zog sich nach Nombre de Dios zurück. Er befahl weiteren Männern, an Land zu gehen, um Baskervilles Rückzug zu decken. Als Vergeltung brannte er Nombre de Dios am 12. Januar (nach dem spanischen Kalender, im folgenden s.K.) bis auf die Grundmauern nieder. Am 15. ließ er sieben Galeonen, 24 Kriegsschiffe und ebenso viele Landungsboote die Segel setzen. Die Einwohner von Nombre de Dios weigerten sich, die Stadt wiederaufzubauen.

Die Engländer waren außerordentlich demoralisiert. Sie suchten in Veragua Zuflucht. Drake litt an der Ruhr und schloss sich in seine Kabine ein. Am 27. Januar (e.K.), bereits auf hoher See, fiel er in eine Art Delirium und verlangte seine Galauniform und seine Waffen. Am frühen Morgen des nächsten Tages starb er. Die Flotte war acht

oder neun Leagues (ca. 25 Meilen) von Nombre de Dios entfernt. Baskerville übernahm das Kommando.

Die gesamte Flotte warf Anker, um ihrem Befehlshaber die letzte Ehre zu erweisen. Sein Leichnam wurde in einen Bleisarg gebettet. Man ließ zwei kleine Boote links und rechts neben der *Defiance* zu Wasser und setzte sie in Brand, als der Sarg über Bord gelassen wurde.

Die Nachricht gelangte bald nach Portobello und löste große Freude aus. Man war hier der Meinung, dass Drake aus Verzweiflung über seinen vergeblichen Versuch gestorben sei, die Stadt einzunehmen.

Baskerville verbrannte zahlreiche beschädigte Schiffe, gab Gefangene frei und bildete vier Geschwader, die Kurs auf die Floridastraße nahmen.

Seine Flucht verlief jedoch nicht ohne Zwischenfälle. In Spanien war eine Flotte aus acht Galeonen, 13 kleineren Schiffen und 3000 Mann zur Verteidigung Westindiens vorbereitet worden. Sie war am 2. Januar 1596 (23. Dez. 1595 e.K.) unter dem Kommando von Bernardino Delgadillo de Avellaneda und Admiral Juan Gutiérrez Garibay in See gestochen. Die Soldaten wurden von Joanes Villaviciosa befehligt.

Am 11. März begegnete Avellaneda mit nur 13 Schiffen den Engländern bei der Insel Pinos. Garibay, der die Vorausabteilung aus drei Galeonen führte, entschloss sich zum sofortigen Angriff. Die Engländer bunkerten gerade Frischwasser, reagierten aber schnell. Am Ende des Kampfes war ein englisches Schiff mit 300 Mann und eine Patache mit 35 Mann gekapert. Außerdem ließen die Engländer bei ihrer Flucht die Landungsboote zurück und warfen Ladung, darunter auch Kanonen, über Bord.

Die Spanier hatten ein Schiff verloren und etwa 80 Verwundete und Tote. Zur großen Enttäuschung des Hofes kehrten nur acht der anfangs 27 Schiffe im April 1596 nach Plymouth zurück.

Die Expedition von Sir Anthony Sherley (1596)

Parallel zum Unternehmen Drakes und Hawkins' lief die Expedition Sherleys[36]. Sie hatte die portugiesischen Niederlassungen an der afrikanischen Küste zum Ziel, besonders São Tomé. Aber weil Sherley hier keinen Erfolg hatte und ein schwer erträgliches Klima herrschte, nahm er schließlich Kurs auf die Karibik.

Er war am 23. April 1596 in Southampton auf See gegangen und verfügte über neun Schiffe, ein gerudertes Fregattschiff und ein Pinassschiff sowie 900 Mann und Proviant für zehn Monate. Am 29. April traf er in Plymouth

Der Tod Drakes

Drake starb vor der Küste von Nombre de Dios. Er wurde vom Fieber geschüttelt und lag mehrere Tage im Delirium. Die Spanier waren davon überzeugt, dass die Demütigung der Niederlage die Ursache war.

Der Chronist berichtet[37]: »Als Drakes Männer ihren Anführer so krank darniederliegen sahen, wollten sie seine Nahrung vergiften, um ihm Linderung zu verschaffen. Aber der Korsar rührte nichts an, wenn nicht ein anderer vorgekostet hatte. So verabreichten sie ihm schließlich ein vergiftetes Klistier.«

Drakes Leichnam wurde in einem Bleisarg seebestattet, »ein wenig östlich des Forts San Felipe unterhalb eines Felsens«[38].

Seebestattung von Drake.
Thomas Davidson, Sammlung des Plymouth City Museum & Art Gallery.

auf den Earl of Essex, der seinen Angriff auf Cádiz vorbereitete. Sherley überließ ihm drei Schiffe und 500 Mann.

Nach sechs Tagen erreichte man die spanische Küste. Weiter ging es entlang der Berberküste und an den Kanaren vorbei.

Er wollte nahe der Inseln auf die Flotte von São Tomé treffen, die aber ausblieb. Deshalb segelte er weiter zu den Kapverdischen Inseln, wo er am 5. Juli eintraf. Hier setzte Sherley den neuen Kurs Westindien, weil das Klima unerträglich war und weil »das Wasser, das vom Himmel fiel, stank und binnen sechs Stunden voller Larven war ...«.

Am 30. August kam Amerika in Sicht. Nach dem Passieren von Guayana gingen sie ohne größeren Widerstand in Praia an Land. Sherley entschloss sich, das sechs Meilen entfernte Santiago mit 260 Mann anzugreifen. Die Stadt war stark befestigt und der Zugang schwierig. Bei den ersten Gebäuden erwartete sie ein starker Trupp Pikeniere. Aber die Engländer töteten klugerweise den Kommandeur mit gezielten Schüssen, woraufhin sich die Portugiesen zurückzogen und zwei Forts unbemannt ließen.

Am nächsten Tag sahen sich die Engländer einem fürchterlichen Angriff der überlegenen Portugiesen gegenüber und verloren 80 Mann. In dieser verzweifelten Lage entwickelte Sherley eine Strategie, um einen geordneten Rückzug zu ermöglichen.

Er täuschte einen Angriff auf das Kastell vor. Die Portugiesen bezogen neue Stellungen, und in dieser Atempause konnte er mit seinen Männern den Hafen und die Schiffe erreichen. Sie segelten nach Dominica, wo sie sich vom 17. Oktober bis zum 25. November aufhielten.

Weil sie keinen erfahrenen Steuermann an Bord hatten, gelang es ihnen nicht, die Perlenfischerdörfer von Margarita und Cumaná zu finden. Am 12. Dezember kamen sie nach Santa Marta, gingen sechs Meilen außerhalb an Land und besetzten die Stadt fast ohne Widerstand. Weil es Martín de Castilla gelang, Sherley von der Armut der Stadt zu überzeugen, verzichtete er darauf, sie niederzubrennen, und nahm nur die Kanonen und einen Engländer mit, der seit Drakes Angriff hier gefangen war.

Am 31. März überfiel Sherley gemeinsam mit den Truppen William Parkers Trujillo. Die Stadt war gut befestigt, und alles, was dabei herauskam, waren einige Opfer unter den eigenen Männern.

Dann wollten sie in Puerto Caballos Beute machen, aber sie sahen »den ärmsten elendsten Flecken in ganz Westindien ...«.

Schließlich versuchten sie noch vergeblich, den Pazifik zu erreichen, indem sie mit kleinen Booten den Río Dulce hinaufsegelten. Sie hatten wenig Proviant, dafür aber Krankheiten und entschieden, nach England zurückzukehren.

Am 13. Mai befanden sie sich vor Havanna und wollten nach Terranova segeln, um Proviant zu bunkern, die Mannschaften aufzufüllen und dann mit Südkurs nach Indien zu gelangen. Aber die Flotte wurde zerstreut, und die Schiffe endeten an verschiedenen Zielpunkten, ohne irgendwelchen Gewinn gemacht zu haben.

George Clifford versucht sein Glück erneut in Westindien (1598)

Der Earl of Cumberland träumte immer noch davon, sein verschwendetes Vermögen wiederzuerlangen. Er wollte keine weitere Westindien-Flotte kapern, sondern bereitete eine Expedition auf die Antillen vor[39]. Dazu hatte er 27 Schiffe und 2000 Mann zusammengestellt. Darunter waren die *Malice Scourge* mit Kapitän Sir John Berkeley, die *Merchant Royal* und die *Ascensión* des Vizeadmirals Robert Filch, die von den Spaniern gekapert worden war.

Anfang März 1598 startete die Expedition von Portsmouth nach Lanzarote. Mitte April gingen in Puerto Naos auf der Insel 500 Mann an Land. Der neue Gouverneur Sancho de Herrera verlangsamte ihren Vormarsch auf die Hauptstadt durch fortwährende Scharmützel. So hatten die Bewohner Zeit, ihre Wertsachen in Kellern in Sicherheit zu bringen und Teguise zu verlassen.

Als die Invasoren in die Stadt einmarschierten, bot man ihnen von der Festung aus Scheinwiderstand. Die Besatzung zog sich zurück, als die Engländer ihre Kanonen in Stellung brachten. Die Engländer blieben eine Woche in der Stadt. Die einzige Beute waren die Kirchenglocken, einige Kanonen und 150 Tonnen Trauben, die nach England befördert wurden.

Am 22. April begann die Atlantiküberquerung. Cumberland ließ seine Leute in dem Glauben, das eigentliche Ziel sei Pernambuco in Brasilien. Nur der Mangel an Wasser zwinge ihn dazu, nach Puerto Rico zu segeln. Sein Ziel war Panama.

Puerto Rico war von einer Epidemie heimgesucht worden. Die Garnison bestand nur noch aus 134 Soldaten

*»But to defende his Queene and Lande,
Com's Noble Earle of Cumberlande.«
Porträt von George Clifford (1558–1605), Dritter Earl of Cumberland. William Rogers (1545–1610), Privatsammlung.*

und 24 Kanonieren, dazu 200 Mann kürzlich eingetroffener Verstärkungen.

Die englische Flotte warf in Ensenada de los Cangrejos am 15. Juni Anker. 700 Mann gingen an Land und rückten auf die Stadt vor. Dabei wurden sie von spanischer Kavallerie attackiert. Sie mussten eine Brücke über den Kanal von San Antonio überqueren, die von zehn Soldaten und 80 bewaffneten Zivilisten verteidigt wurde. Die Verteidiger schafften es, die Engländer an diesem Punkt zu stoppen, und töteten 15. Auch die spanischen Offiziere fielen. Angesichts dieser Lage gingen die Engländer wieder an Bord ihrer Schiffe.

Am nächsten Tag landeten sie nahe Punta Escambrón und gelangten widerstandslos in die Stadt. Der Gouverneur Antonio Mosquera hatte sich in der Festung El Morro verschanzt und weigerte sich aufzugeben.

Die Festung wurde tagelang von den Schiffen und Artilleriestellungen an Land beschossen. Die Spanier mussten eine ehrenhafte Kapitulation akzeptieren, weil ihnen die Lebensmittel ausgegangen waren. Sie marschierten unter ihren Fahnen aus der Festung auf zwei englische Schiffe, die sie bei Cartagena aussetzten.

Am 14. September erreichten Nachrichten von dem

Vorfall Spanien. Sofort wurde Befehl für ein Expeditionskorps zur Rückeroberung der Stadt erteilt. Die Garnison aus Blavet in der Bretagne war nach dem Frieden von Vervins heimgekehrt und schiffte sich unter dem Kommando von Pedro de Zubiaur ein. Zwei weitere Geschwader wurden vorbereitet, eines in Lissabon unter Diego Brochero und die »Armada de la Guarda de la Carrera de Indias«. Als man abfahrbereit war, traf die Nachricht vom Rückzug der Engländer ein. Die Epidemie hatte nun auch die Engländer befallen. Hinzu kam, dass kleine Patrouillen sie daran hinderten, genug Lebensmittel aufzutreiben. Cumberland verließ die Insel am 14. August und nahm alles mit, was transportabel war: die Kirchenglocken und die Orgel, 1000 Körbe Zucker, 2000 Doppelzentner Ingwer, ein Schiff mit einer Ladung Schwarzer und eines mit Perlen. Cumberland legte mit dem größten Teil seiner Flotte ab und ließ Berkeley mit einer Garnison zurück.

Er traf Mitte September in England ein und verkündete seine Absicht, eine Handelsniederlassung zu gründen, von der aus man weitere Abenteuer unternehmen könne. Zwischenzeitlich hatte Berkeley am 24. August die Festung El Morro teilweise in die Luft gesprengt, nachdem er ein Lösegeld für die Stadt erpressen wollte, und selbst mit den Resten seiner Truppe die Segel gesetzt. Die Engländer ließen 700 bis 1000 Tote zurück, zumeist Opfer der Epidemie.

Trotzdem segelte die spanische Flotte mit 400 Mann unter dem Kommando von Francisco Coloma und mit dem neuen Gouverneur Alonso de Mercado hinüber. Als sie im April 1599 eintraf, waren 250 Einwohner zurückgekehrt und hatten mit dem Bau neuer Festungswerke begonnen.

Die Legende von El Dorado

Die Legende von einem Land voller Gold im Herzen des amerikanischen Dschungels hat ihren Ursprung in der Erzählung eines Chioca-Indianers gegenüber Kapitän Luis de Daza, der sich in der Begleitung Sebastián de Benalcazar befand. Fast 100 Jahre lang haben die Spanier sich daraufhin auf die Suche nach diesem fantastischen Land gemacht.

Die Engländer erfuhren von dieser Legende durch Pedro Sarmiento de Gamboa, der 1586 bei seiner Rückfahrt nach Spanien von englischen Korsaren gekapert

Die Initiative von Drake und Norris scheiterte. Der Geheime Rat (Consejo Privado) schlug vor, die Strategie zu ändern und Unternehmungen zu den Azoren zu favorisieren, um die Flotten auf dem Wege in die Neue Welt aufzubringen. George Clifford, der dritte Earl von Cumberland, war ein Aristokrat, der sein Glück im Spiel verschwendete – und verschiedene Male erfolglos versuchte, dieses Ziel zu erreichen.

und mit nach London genommen wurde. Sarmiento erzählte Raleigh die Geschichte und gab als Quelle Antonio Berrio, den Gouverneur von Trinidad und Guayana an. Von diesem Zeitpunkt an war der Traum von Kolonien in Amerika mit der Entdeckung und Eroberung von El Dorado verbunden, und viele Expeditionen machten sich auf den Weg.

Die Expedition von Sir Robert Dudley und George Popham (1594–1595)

Robert Dudley verließ Southampton am 6. November 1594[40]. Sein Ziel war die Erkundung der amerikanischen Küste als erster Schritt zur Errichtung eines Reiches mit

Der Friedensvertrag von Vervins

Der Frieden von Vervins beendete den Krieg zwischen Spanien und Frankreich, der am 20. Januar 1595 offiziell erklärt worden war. Als die Delegationen die Bedingungen aushandelten, schlugen die Franzosen eine Geheimklausel vor, die päpstliche Grenzziehung westlich des Meridians der Azoren und südlich des Wendekreis des Krebses zu annullieren.

Zu ihrer Überraschung akzeptierten die Spanier, weil für sie diese Regelung von geringer Bedeutung war. Tatsächlich wurde so die Bulle außer Kraft gesetzt, die Spanien Rechte auf Westindien zugestand, oder zumindest dem Papst bei künftigen Konflikten keine Rolle mehr zuwiesen.

Heinrich IV. sah seine Forderungen erfüllt und ahnte, dass die Interpretation der Klausel zu permanenten Auseinandersetzungen führen würde. Er erklärte, dass »der Frieden jenseits des Wendekreises nicht gilt«.

Als dies allgemein bekannt wurde, nahmen sich alle Länder die Freiheit, nach Westindien zu segeln.

Guayana als Basis. England wollte eine größere Handelsniederlassung gründen, von der aus man Feldzüge gegen die Spanier führen konnte. Man hoffte, die hiesigen Caciques, die Indianerhäuptlinge, für diese Sache gewinnen zu können[41].

Dudleys Expedition war ein totaler Fehlschlag. Seine kleine Flotte war von Anfang an vom Pech verfolgt. Sie bestand aus der *Beare* mit 200 Tonnen, der *Beare's Whelp* unter Kapitän Munck und den beiden Pinassschiffen *Frisking* und *Earewing*.

Die Expedition gelangte Ende Dezember zu den Kanaren und wartete dort zwölf Tage auf Munck.

Am 1. Februar 1595 kam Trinidad in Sicht. Nach einer kurzen Erkundung ging es weiter nach Paracoa oder Parico, wo sie nahe am Strand ein kleines Fort errichteten. Bald darauf kam Antonio Berrío mit 300 Mann dazu.

Die Engländer erkundeten die ganze Insel. Sie machten in Indianerdörfern Quartier und hatten mit den zahlenmäßig überlegenen Spaniern keinen Burgfrieden vereinbart.

16 Tage lang erforschten sie den Orinoko, wo die Indianer ihnen »von einem reichen Land« erzählten, »wo die Menschen ihre Körper mit Gold puderten, bis es schien, sie seien daraus gemacht, und das jenseits der großen Stadt El Dorado« liege.

Hier stieß George Pophams Expedition[42] dazu. Er war am 6. Februar in einem Pinassschiff in Plymouth auf See gegangen. Dudley wartete auf die Ankunft von Sir Walter Raleigh, der seine Expedition finanziert hatte, und verließ am 12. März Trinidad zusammen mit Popham.

Ein Stück nördlich von Grenada kaperten sie ein spanisches, mit Wein beladenes Pinassschiff, das sie in San Juan de Puerto Rico verkaufen wollten. Das gelang nicht, und so wollten sie ihr Glück auf Hispaniola versuchen.

Dudley segelte an Banco de La Plata vorbei nach Bermuda und hoffte, auf ein verirrtes Schiff der spanischen Flotte zu stoßen, die kürzlich Havanna verlassen hatte. Stürme und der Mangel an Proviant zwangen ihn jedoch, aufzugeben und heimzukehren. Bei der Heimreise gab es noch ein zweitägiges Feuergefecht mit einer spanischen 600-Tonnen-Galeone. Aber auch hier gab er schließlich auf, weil er zum Sturm des Schiffes nicht genug Leute hatte und vermutete, dass dessen Ladung nur aus Fisch bestand. Ende Mai 1595 kam er in St. Ives in Cornwall an. Gewinne hatte er keine gemacht, aber schwere Verluste. Popham versuchte sich noch in Margarita und Cumaná, wurde aber beide Male von den Spaniern geschlagen.

Die Expedition von Preston und Sommers (1595)

Am 12. März, zwei Monate später als geplant, segelte eine Flottille von Plymouth nach Amerika, die sich mit Popham vereinen sollte. Der Befehlshaber auf der *Ascensión* war Preston[43], sein Erster Offizier auf der *Gift* war Sommers. Außerdem gab es noch ein Pinassschiff.

Fast einen Monat hatten sie auf die Kapitäne Jones mit der *Derling* und Prowse mit der *Angel* gewartet, die als Eskorte vorgesehen waren. Beide folgten der Flottille mit einer Woche Verzögerung.

Nach einigen leichteren Misshelligkeiten gelangten sie am 8. Mai nach Dominica. Hier tauschten sie bei den Indianern Lebensmittel ein und ruhten sich von den Strapazen aus.

Auf der Insel Coche konnten sie einige Spanier mit ihren schwarzen Fischern gefangen nehmen und Perlen bekommen. In Cumaná erhielten sie für die Gefangenen Lösegeld. Am 27. Mai landeten sie in Guaira und nahmen den Gouverneur des Forts gefangen.

Philipp II. Porträt von Antonio Moro.
El Escorial, Madrid.

Die Niederlande greifen an

Holland hatte es in den letzten Jahren des 16. Jahrhunderts zu einer beachtlichen Flotte gebracht – Graf Gauillaume de la Marck gilt 1576 als ihr Begründer – und sich an der Seite der Engländer am Seekrieg beteiligt. Nun operierten die Niederlande selbstständig.

72 Schiffe unter Pieter van der Does legten im Mai 1599 in Holland ab. Sie überfielen Gran Canaria, verursachten schwere Schäden und machten reiche Beute. Anschließend segelten sie nach Brasilien und luden dort Zucker, um am 10. September heimzukehren. Allerdings verloren sie dabei fast die halbe Flotte.

Prinz Wilhelm I. von Oranien, Graf von Nassau (1533–1584), genannt »Der Schweiger«.

Im 17. Jahrhundert wurde die niederländische Flotte die mächtigste in Europa.

Dann suchten sie den besten Weg über den Berg, um die Stadt Caracas (Santiago de León) angreifen zu können. Der Berg war unüberwindlich, zudem hatten die Spanier Verteidigungsstellungen an der Straße. Von einem spanischen Offizier erfuhren sie von einem alten Indianerpfad, der allerdings vermutlich auch durch die Spanier blockiert sei. In Cumaná nahmen sie einen Spanier gefangen, der diesen Weg kannte – er sollte die Engländer führen und dann seine Freiheit zurückbekommen.

Nach einer ersten Auseinandersetzung mit einer Abteilung Kavallerie entschlossen sie sich, auf dem Indianerpfad vorzurücken. In der Nacht machten sie an einem Fluss Rast. Der Pfad war mit Baumstämmen und anderen Hindernissen verbarrikadiert. Die Schiffszimmerer hatten viel zu tun, um ihn passierbar zu machen.

Dann formierten sich die Engländer auf einem Hügel und sahen die Stadt unter sich liegen. Sie entrollten ihre Flaggen und feuerten zwei Warnschüsse mit Musketen auf die Spanier, die sie auf ihren Pferden erwarteten. Nach einigen Scharmützeln zogen sich die Spanier zurück und überließen die Stadt der Gnade der Engländer.

Gegen drei Uhr am Nachmittag betraten sie Caracas. Alles, was sie als mögliche Beute vorfanden, war Wein, Eisenteile und anderes, was schwer zu transportieren war.

Am 1. Juni kam ein spanischer Emissär, um den »Tributo de Quema« auszuhandeln. Die Engländer setzten ihn auf 30 000 Dukaten fest. Der Unterhändler kam am nächsten Tag zurück und bot beim Lunch mit Preston 3000 Dukaten an, was Preston aber als lächerlich ansah.

Die Engländer machten einige Dörfer der Gegend dem Erdboden gleich und setzten Indianer gefangen. Von denen erfuhren sie, dass die Spanier Verstärkungen angefordert hätten und auf Zeit spielten. Preston befahl, die Stadt niederzubrennen und sofort zu verlassen, was am 3. Juni geschah.

Der Rückzug war ebenso mühsam wie der Vormarsch. Nach Passieren einer verlassenen Blockade erreichten sie abends den Gipfel und blieben an diesem sicheren Ort über Nacht, ehe sie am Morgen den Abstieg zum Meer fortsetzten.

Gegen Mittag waren sie am Fort La Guaira und beluden die Schiffe mit Fellen und Sarsaparillwurzeln, Wasser und Lebensmitteln und setzten abends die Segel. Als letzten Gruß fackelten sie das Fort und einige Indianerhütten ab.

Am 9. Juni gelangten sie nach Coro. Weil niemand die Gegend kannte, ankerten sie vor der Küste und schickten Patrouillen zur Erkundung. Gegen elf Uhr nachts am 10. Juni gingen sie an Land und rückten auf die Stadt vor.

Die Spanier hatten eine Straßenblockade errichtet und verteidigten sie tapfer, mussten aber der zahlenmäßigen Überlegenheit der Engländer weichen. Diese wurden beim Vorrücken am nächsten Morgen mehrfach von kleinen spanischen Trupps aus dem Hinterhalt angegriffen.

Gegen Mittag gelangten sie in die Stadt. Es gab keinen Widerstand, aber auch keine Beute. Also setzten sie die Stadt in Brand und kehrten zu den Schiffen zurück. Sie erkundeten noch zwei Tage lang die Bucht von Laguna, ohne sich zu weit ins Land zu wagen, und segelten am 16. Juni nach Hispaniola. Fünf Tage später warfen sie vor Cabo Tiburón Anker. Sie hatten 80 Mann verloren, die an Durchfall gestorben waren, »einer üblichen Krankheit in diesem Land«.

Auf der Rückfahrt trafen sie im Hafen von Jamaika am 13. Juli Sir Walter Raleigh, der aus Guayana zurückkehrte, verloren aber am 20. wieder die Verbindung zu ihm. Nach weiteren Angriffen auf Forts und vereinzelte Schiffe mussten sie schließlich Richtung Heimat segeln.

Am 10. September 1595 kamen sie im walisischen Hafen Milford an. Trotz ihrer »militärischen« Siege war die Expedition wirtschaftlich ein Misserfolg.

Das Abenteuer Pazifik

Während die Holländer in europäischen Gewässern aktiv wurden, bekam der Pazifik allmählich strategische Bedeutung. Sie führten mehrere Expeditionen durch, um den Seeweg zu erkunden und Handelsbeziehungen aufzubauen.

Am 27. Juni 1598 setzte Admiral Jacques Mahu mit fünf Schiffen und 547 Mann in Rotterdam Segel, um in Chile eine Handelsniederlassung zu gründen. Am 6. April des nächsten Jahres passierte er die Magellanstraße und verweilte dann fünf Monate lang in Bahia Grande.

Im Frühjahr der Südhalbkugel kämpften sie verlustreich gegen die spanische Pazifik-Armada. Ihre Flucht auf den Pazifik misslang, die Flotte ging mit Mann und Maus verloren.

Am 15. September startete Oliver van Noort in Rotterdam mit vier Schiffen und 248 Mann eine zweite Expedition, die nur Handel treiben sollte.

Nach 14 Monaten passierten sie die Magellanstraße und liefen am 29. Februar 1600 in den Pazifik. Die Flotte griff vor Valparaiso ein Schiff an und wurde daraufhin bis zu den Philippinen verfolgt. Zwei Schiffe erreichten am 14. Oktober die San Bernardino-Straße. Hier gab es einen Kampf mit Morgans *San Diego* und Verluste auf beiden Seiten.

Am 26. August 1601 gelangte die *Mauricio* schließlich nach einer äußerst unergiebigen Expedition wieder nach Holland.

Guayana, nahm Kontakt zu den Eingeborenen auf und machte genaue Aufzeichnungen. Profite brachte diese Expedition allerdings nicht.

Die Expedition von Leonard Berry (1596–1597)

Leonard Berry, einer der Offiziere Raleighs, startete am 14. Oktober 1596 in Limehouse mit dem Pinassschiff *Watte*[45]. Am 28. Januar traf er an der Berberküste Benjamin Wood, der mit drei Schiffen auf dem Weg nach China war.

Nach einer Rast und dem Bunkern von Proviant auf der Insel Mayo trennten sich ihre Wege, und Berry begann die Atlantiküberquerung nach Guayana. Er kam am 20. Februar in den Benguelastrom vom Kap der Guten Hoffnung nach Brasilien und war sieben Tage später in Amerika.

Bis Anfang Mai erkundete er die Küste und setzte dann Kurs auf die Karibik. Am 28. Juni 1597 passierte Berry Lizard Point und war noch in der gleichen Nacht wieder in Plymouth.

Auf seiner Fahrt nach Guayana hielt Berry Verbindung zu der Patache *John of London* unter Kapitän Charles Leigh, der offenkundig eine Handelsfahrt unternahm.

Frieden mit England

Der Tod von Philipp II. und später Elisabeth I. leitete eine neue Ära in den spanisch-englischen Beziehungen ein Jakob I. und Philipp III. unterzeichneten 1604 einen Friedensvertrag, der einen zwanzigjährigen unerklärten Krieg beendete.

Die Spanier hatten nur noch eine offene Front in den Niederlanden. Hier schloss Philipp 1607 einen Waffenstillstand mit den Aufständischen. So begann eine Friedenszeit, die bis 1621 anhielt, als die Schmuggelei in Amerika eine neue Blüte erlebte.

Die Expedition von Lawrence Keymis (1596)

Lawrence Keymis war ein erfahrener Kapitän und schon im Jahr zuvor mit einer geruderten Fregatte bei Pophams Expedition dabei[44]. Er legte am 26. Januar in Portland mit der *Darling of London* ab. Die begleitende Pinasse *Discoverer* verlor bereits nach ein paar Tagen den Kontakt. Sir Walter Raleigh hatte dieses Unternehmen finanziert, und man wollte Guayana erkunden.

Ende März gelangte Keymis zur Mündung des Río Arrowari. Fünf Monate lang erforschte er Trinidad und

Die Somerset House-Konferenz. Eines von zwei Bildern, das J. Pantoja de la Cruz von diesem Ereignis gemalt hat.
Nach dem Tod von Elisabeth I. kamen spanische und englische Delegationen von Mai bis August 1604 in London zusammen, um mit einem Friedensvertrag einen nie erklärten, mehr als 30 Jahre währenden Krieg zu beenden. Der Vertrag wurde am 28. August unterzeichnet.
Links die spanisch-flandrische Delegation: Juan de Velasco, Herzog von Frias, Magistrat-Vorsteher von Castilla, Juan de Tassis,
Graf von Villa Mediana; Alessandro Robido, Senator in Mailand; Charles de Ligne, Graf von Arenberg; Jean Richardot, Präsident des Geheimen Rates; Louis Vereyken, Hauptsekretär. Rechts die Engländer: Thomas Sackville, Graf von Dorset; Charles Howard, Graf von Nottingham; Charles Blount, Graf von Devonshire; Henry Howard, Graf von Northampton; Robert Cecil, Graf von Salisbury (jeweils von oben nach unten).

4.

Eine Zeit des Friedens
(1604–1621)

Endlich Frieden

Nach dem Tod seines Vaters bestieg Philipp III. 1589 den spanischen Thron. Er hatte eine pazifistische Grundhaltung und sehnte sich nach dem Ende der dreißigjährigen Konflikte in Europa. Fünf Jahre später schuf der Tod Elisabeths und die Thronbesteigung Jakobs I. aus dem Hause Stuart eine günstige Situation für eine Änderung der Beziehung zu Spanien.

In London versammelte sich eine Konferenz, um die Bedingungen für ein Ende der Feindseligkeiten auszuhandeln. Die früheren Berater von Elisabeth unter Führung von Charles Howard[1] forderten, dass England freien Handel mit Westindien treiben und dazu Niederlassungen in der Karibik errichten können müsse, um einen Waffenstillstand zu akzeptieren. Robert Cecil unterstützte diese Forderung, obwohl er wusste, dass sich die Spanier niemals darauf einlassen würden. Schließlich mäßigten die Engländer ihre Haltung, vor allem weil Jakob I. seine Regierungszeit ohne Konflikte im Ausland beginnen wollte.

Spanien brauchte den Frieden als ersten Schritt zur Isolierung der Niederlande und um seine militärischen Anstrengungen auf die Unterwerfung der Aufständischen konzentrieren zu können. Infolgedessen war Philip III. zu Konzessionen bereit.

Der Frieden von London wurde 1604 unterzeichnet. Die Spanier ließen zu, dass England überall außer in den amerikanischen Ländern Handel treiben dürfe. Jakob garantierte im Gegenzug, jeden seiner Untertanen mit dem Tode zu bestrafen, der nach Westindien segelte.

Im Konflikt mit Holland hatte der Rückzug Englands und der Fall von Oostende die Balance ein wenig zugunsten Spaniens verschoben, aber die wirtschaftliche Rezession von 1606 stoppte den spanischen Feldzug. Des Konfliktes überdrüssig, suchte Spanien mit dem Generalstatthalter einen Waffenstillstand, der am 9. März 1609 für zwölf Jahre geschlossen wurde.

Artikel IV des Vertrages[2] erlaubte den Holländern Handel mit der Iberischen Halbinsel bis auf die Höhe von Tordesillas. Weiter westlich benötigten sie die ausdrückliche Genehmigung des Königs. Der Artikel enthielt jedoch den Vorbehalt, dass diese Beschränkung nicht für Länder gelte, die eine Genehmigung auch jenseits dieser Grenze gäben.

Die Interpretation dieser Klausel sollte Anlass für Konflikte werden, weil die Holländer die Bereitschaft der Kolonisten zum Schmuggel mit der Handelserlaubnis durch ein drittes Land gleichsetzten. Mit dieser Auffassung versuchten sie 1613 am Fluss Essequibo und 1615 in Cayenne, an den Flüssen Oyapock und Amazonas Handelsniederlassungen zu gründen.

Nachdem Spanien die Hauptprobleme gelöst hatte, konnte es eine aggressive Kampagne gegen Piraten, illegale Händler und Kolonisten, die mit ihnen kollaborierten, starten. Zu Beginn autorisierte Philipp III. die Kolonisten, Waren der Schmuggler zu konfiszieren und sie nach einem Schnellverfahren sogar hinrichten zu lassen.

Gleichzeitig wurden drastische Maßnahmen ergriffen, um ganze Einwohnerschaften abzutransportieren, die Schmuggler geschützt hatten, und ganze Landstriche in Amerika zu entvölkern. Das Schifffahrtswesen wurde neu

Persönliche Interessen und Staatsräson

Im Dezember 1602 begannen die englischen Kaufleute John Eldred und Richard Hall, auf den Antillen Handel zu treiben, d.h. nach spanischer Lesart zu schmuggeln.

Sie hatten sich dazu entschlossen, weil die Konkurrenz hier schon gute Geschäfte machte. Die holländischen Brüder Baltasar und Peter Moucheron hatten in London ihre Filialen eröffnet[3]. Das Genueser Handelshaus Cataneo hatte bereits einige Zeit offiziell Geschäfte auf den Antillen gemacht.

Die Gewinne der Cataneos im Handel mit den Antillen waren so prächtig, dass sie das englische Schiff *Prosperus* chartern und drei Jahre lang ungestraft im Hafen von Guanahibes liegen lassen konnten. Bei anderer Gelegenheit hatte Pompilio Cataneo in Manzanillo acht Schiffe und einen Holländer, die *Angel Gabriel*, mit Waren im Wert von 30 000 Dukaten beladen.

Eldred und Hall[4] liefen im Dezember 1602 mit einer Expedition aus. Andere Personen mit Interessen am direkten Handel waren Thomas Middleton und Richard Hawkins, die eng mit den Krei-

sen um Sir Robert Cecil und den Reedern der *Vineyard* verbunden waren.

Charles Howard, Cecils Schmuggel-Partner, war an verschiedenen Unternehmungen beteiligt und trieb auch während des Krieges mit Spanien Handel.

Die englische Delegation verlangte bei der Londoner Konferenz das Recht auf freien Handel mit Westindien, um den sehr individuellen Interessen von Howard und Cecil entgegenzuwirken. Aber die Staatsräson in Form des Königs verlangte, im Hinblick auf ein Ende der

Ansicht von London im 18. Jahrhundert.

Feindseligkeiten diese Forderung zu relativieren. Nutznießer der Regelung waren schließlich nur die Schmuggler.

organisiert und die amerikanischen Festungen verstärkt. Dies belegt, dass die Spanier sich entschlossen hatten, ihr Handelsmonopol um jeden Preis zu verteidigen. Letztlich waren die Maßnahmen effektiv und verringerten den Schmuggel, aber der Preis dafür war hoch.

Hispaniola, Insel der Schmuggler

Wenn es eine karibische Insel gab, deren Autoritäten positiv zu Schmugglern standen, dann war es Hispaniola.

Die Insel war als Erste von den Spaniern besiedelt worden, aber sie verfügte nicht über die natürlichen Rohstoffe des Kontinents und wurde bald nur zweitklassig.

An ihrer Nordküste gab es eine Reihe von Häfen mit

nur wenigen Spaniern, von denen aus der Export der Produkte aus La Vega, dem Hauptanbaugebiet der Insel, kontrolliert wurde.

Der profitable Lederhandel

Unter dem Gouverneur Nicolás de Ovando wurde der Import von Vieh[5] veranlasst, um die kärgliche Ernährungslage der Insel aufzubessern. Das Vieh akklimatisierte sich gut und vermehrte sich schnell. Es wurde bald eine Hauptsäule der Inselwirtschaft und war so zahlreich, dass nur die Häute verwandt wurden und das Fleisch für die Straßenkehrer blieb.

Die Schwierigkeit, die Häute oder auch die Herden aus den Herkunftsgebieten um Vega, Santiago und Cotuy

Preise

Ein Schwarzer	50 bis 60 Häute
Eine spanische Elle feinen Tuchs	2 bis 3 Häute
Vier bis fünf spanische Ellen Tuch aus Rouen	1 Haut
Fünf oder sechs spanische Ellen Tuch aus Angers	1 Haut
Ein Schlauch Wein	20 bis 25 Häute

*Die Schmuggelei hatte auf Hispaniola ungeahnte Ausmaße ange-
nommen. Um sie zu bekämpfen, wurden ganze Dörfer aus
dem Norden in die Nähe von Santo Domingo umgesiedelt, allerdings
mit fatalem Ergebnis.*

nach Santo Domingo zu schaffen, führte zur Suche nach leicht zugänglichen Häfen für den Export der Ware.

Puerto Plata, Monte Christi und La Yaguana wurden die Haupthäfen an der Nordküste, obwohl offizielle Schiffe sie nicht erreichen konnten, denn die Anwesenheit von Korsaren schränkte die Schifffahrt stark ein. Sie wurden die wahren Herren der Häfen. Von hier aus konnten sie Häute gegen Schwarze, Textilien und Wein tauschen und schmuggeln.

Die ersten Schmuggler waren Portugiesen. In den 60er-Jahren begannen die Engländer und Franzosen, die Vorherrschaft anzutreten. Sowohl Hawkins[6] als auch Bontemps hatten hier sehr profitable Verbindungen. Nach 1565, als die Offiziere bestraft worden waren, die mit Hawkins Geschäfte gemacht hatten, kamen Vermittler ins Spiel, die »Tangomangos«[7]. Sie waren zumeist alleinstehende Männer, die für kräftige Provisionen Aufträge entgegennahmen, sie den Schmugglern weitergaben und die Ware organisierten. Wenn sie auf frischer Tat erwischt wurden, zahlten sie ohne lange zu fragen Strafen.

Um den Schmuggel unter Kontrolle zu bekommen, wollte man 1573 die Einfuhr[8] von Salz und Quecksilber so beschränken, dass damit nur eine kontrollierbare Menge Leder produziert werden konnte, deren Verkauf gleichfalls kontrolliert werden sollte. Außerdem sollte die Bevölkerung der Nordküste weiter ins Inland ziehen.

Etwa 1577 beteiligte sich die gesamte Insel am Lederexport, und die Hauptstadt musste zuschauen.

Die Umsiedlungspolitik

Der Schmuggel hatte auf Hispaniola ein solches Ausmaß angenommen, dass Baltasar López de Castro[9] 1598 die Tatsache beklagte, der Schmuggel habe den legalen Handel ruiniert. Er schlug vor, die Viehherden in die Nähe der Hauptstadt zu treiben oder wenigstens in Gegenden, wo die Verwaltungsbehörde sie kontrollieren konnte.

Zu der Zeit beherrschten die Holländer einen Teil des Marktes und dehnten mit Duldung der »Banda del Norte« ihre Geschäfte auf die Inseln Kuba, Jamaika und Margarita aus. Auch die Oberschichten machten mit. Luis Colón, der Enkel von Kolumbus, und Aldonza Manrique überließen ihre Lehnsgüter den Schmugglern als Tarnung für ihre Aktivitäten[10].

Ende 1601 befahlen die aufs Äußerste gereizten spanischen Behörden die Bildung eines Küstenschutz-Geschwaders, der so genannten »Armada de Barlovento«. Aber das Vorhaben wurde verschoben, weil die Friedensverhandlungen dazwischen kamen. López de Castro weilte 1603 am spanischen Hof, um die »Junta de Guerra del Consejo de Indias« zu überzeugen, Puerto Plata, Bayajá und Yaguana zu entvölkern.

Im folgenden Jahr kehrte er mit Dekreten nach Hispaniola zurück, die Gouverneur Osorio anwiesen, die Umsiedlungen durchzuführen. Entscheidend war auch die Klage des Erzbischofs von Santo Domingo[11], dass die Schmuggler der »Banda de Norte« sogar protestantische Bibeln auf die Insel brachten.

Der Evakuierungsbefehl löste Wellen des Protestes aus. Im Januar bot der Holländer Paulus van Caerden[13], der in Guanahibes ankerte, den Einwohnern militärische Hilfe an, wenn sie sich wehren wollten.

Mitte Februar rückte Osorio mit bewaffneten Männern zur Durchführung des Befehls aus. Damit die evakuierten Bewohner nicht zurückkehren konnten, wurden ihre Häuser niedergebrannt. Puerto Plata, Bayajá und Yaguana wurden entvölkert, die Einwohner in zwei neuen En-

Die zwei Spanien[12]

Im Spanien der Philipps II. bis IV. (1556–1665) gab es nebeneinander zwei unterschiedliche Einstellungen zu Politik, Wirtschaft und der Rolle des Landes in der Welt.

Auf der einen Seite standen diejenigen, die Spaniens fortwährende Verwicklung in kriegerische Auseinandersetzungen für den Ruin des Landes hielten und für eine friedliche Politik durch Diplomatie und Verhandlungen plädierten.

Die andere Seite war für eine noch stärkere militärische Einmischung in die Angelegenheiten anderer Staaten mit dem Ziel, den Rest der Welt zu beherrschen.

Das Aufkommen neuer Theorien und Ideen führte zu dem Versuch, das spanische Volk intellektuell zu isolieren. Entscheidend waren für dieses Bemühen die Handelsbeschränkungen und die Aufteilung der spanischen Wirtschaft in einige Monopole. Die Gegenseite war für die Gründung von Handelsgesellschaften und freien Handel.

Die erste Haltung dominierte während der Regierung Philipps III., in der Gestalten wie Lorenzo Suárez de Figueroa, zweiter Herzog von Feria, und seine religiösen Mitstreiter mit starken Verbindungen zu jüdischen Konvertiten der Estremadura großen Einfluss hatten.

Die zweite Grundauffassung beherrschte die Regierungszeit Philipps IV. und führte schließlich zur völligen Isolation Spaniens.

Stadt und Hafen von Sevilla; ein Ausschnitt auf der rechten Seite. Alonso Sánchez Coello, Museo de América, Madrid.

klaven, Monte Plata und Bayaguana in der Nähe von Santo Domingo, angesiedelt[14]. Es war bei Todesstrafe verboten, nördlich oder westlich von Santiago und weiter westlich von San Juan de la Maguana und Azua zu siedeln.

Die Folgen waren schrecklich[15]. Man hatte nur 8000 der insgesamt etwa 110 000 Stück Vieh mitnehmen können, der Rest verwilderte. Fleisch war äußerst knapp, weil wegen fehlenden Weidelandes nur 2000 Kühe überlebten. Ein Drittel der Einwohner von Bayaguana verhungerte oder starb an Krankheiten. 1609 wurde die Stadt niedergebrannt. Viele der Heimatlosen wurden zu Viehdieben, um zu überleben.

1608 wurde Gouverneur Antonio Osorio durch Diego Gómez de Sandoval ersetzt, der die Viehzucht wieder förderte. Er verbat die Opferung von Kühen und Kälbern und organisierte Jagden, um die Rudel verwilderter Hunde auszurotten, die die Herden dezimierten. Die Preissteigerungen ließen die Wirtschaft der Kolonie jedoch zusammenbrechen.

Das schlimmste Ergebnis der Hungersnot war die Tatsache, dass große Gebiete der Insel menschenleer waren und später von Franzosen und Engländern besetzt wurden, die anderswo vertrieben worden waren. Hier liegt die Wurzel der Geschichte der Bukaniers und Filibuster.

Komplizenschaft – ein besonderes Problem

Wenn jemand für den Schmuggel im Norden Hispaniolas besondere Verantwortung trug, dann war es Francisco Ceballos, Bürgermeister von Puerto Plata und Gouverneur der Festung.

Er war reich und mächtig, denn ihm gehörte eine große Zuckerplantage. Außerdem bestanden eheliche Bindungen zur Familie des Richters Grajeda, zu Christoph Kolumbus und zum Pächter Ortegón, mit dessen Hilfe er die Verwaltungsbehörde von Santo Domingo als Tarnung für seine illegalen Geschäfte nutzte.

Ceballos beschäftigte 250 Negersklaven, die er illegal von Portugiesen, Franzosen und niemand anderem als Hawkins gekauft hatte, mit dem er sich während dessen Expedition von 1562 angefreundet hatte. Hawkins war Partner von Pedro Ponte, der wiederum Geschäftsbeziehungen zu Bernáldez hatte[16]. Diesen hatte sein Schwager Angulo[17] hierher geschickt, um die verbotenen Geschäfte zu unterbinden. Angulo galt als »diabolischer Mann« und war der Sohn und Enkel jüdischer Konvertiten. Bernáldez wurde des illegalen Handels angeklagt und dank des Einflusses seines Cousins Alonso Bernáldez de Quirós freigesprochen, der Gouverneur in Venezuela war. 1566 kam Jean Bontemps nach Puerto Plata und stahl mithilfe von Ceballos drei Schiffe. Er wurde während seines Aufenthaltes festlich bewirtet, handelte mit Häuten und Zucker und versprach, im nächsten Jahr wiederzukommen.

Der Beginn dieser Handelsbeziehungen fiel mit der Ankunft der Streitkräfte von Pedro Menéndez de Avilés in Florida zusammen, der eine Abteilung unter dem Befehl von Juan de Garibay y Aguirre[18] nach Puerto Plata schickte, die hier am 1. Januar 1567 ankam.

Alles lief gut, bis im Februar zwei französische Schiffe von der Expedition Hugo Gourguesios mit ihren gehissten Kriegsflaggen unter Trompeten und Trommeln in den Hafen liefen und die Franzosen den Einwohnern das Schlimmste androhten.

Sie wussten nichts von der Anwesenheit Garibays, der die Verteidigung organisierte und das Flaggschiff vom Fort aus mit Kanonen beschoss. Mithilfe ihres Tenders konnten die Franzosen ein spanisches Schiff kapern, die *Pinta di lla*. Sie bereiteten sich gerade auf die nächste Attacke vor, als ihr Schiff einen Volltreffer erhielt und sank. Sie retteten, was zu retten war, und versuchten, ihre Position zu halten. Der Versuch, an Land zu gehen, scheiterte an starker Gegenwehr, und sie mussten sich zurückziehen.

Ceballos hinderte Garibay daran, seine Boote für die Verfolgung zu Wasser zu lassen, und ließ die Franzosen wissen, dass er das spanische Schießpulver und die Munition verstecken wolle.

Als Garibay zum Fort zurückkehrte, war das Pulver verschwunden. Er verlangte es von Ceballos zurück, der laut zu schreien begann, was das vereinbarte Zeichen war.

Die Franzosen setzten zum Angriff an. Ceballos verschwand mit den meisten Einwohnern in den Bergen und ließ Garibay allein und ohne Schießpulvervorrat zurück. Und der schaffte es sogar, den Angriff mit Arkebusen zurückzuschlagen.

Die Franzosen mussten erkennen, dass ihre Kräfte zur Einnahme des Forts nicht ausreichten und begaben sich nach Monte Christi, um Verstärkungen zu holen. Aber weil sie ihre Landsleute nicht überreden konnten, gaben sie die Absicht der Eroberung Puerto Platas auf.

Zwischenzeitlich war Ceballos nach La Isabela gegangen und wollte ohne neuerliche Behinderungen seinen Handel abwickeln. Er schickte ein französisches Schiff nach Puerto Plata, um Garibay weiter unter Druck zu halten. Gourguesio gab er den Steuermann Mezina mit auf den Weg nach Florida.

Karte von Hispaniola aus dem Jahr 1568.

Garibay fing einen Schwarzen namens Caramanzana, der der Bruder einer Frau war, mit der Ceballos lebte. Er überführte ihn vor der Verwaltungsbehörde als denjenigen, der für die Schmuggeleien verantwortlich sei. Ceballos' Einfluss in Santo Domingo war aber groß genug, ihn wieder freizubekommen.

Bontemps kam im Mai zurück. Ceballos warnte ihn mit einem Kanonenschuss. Bontemps zog sich nach Monte Christi zurück, wie es vorher mit Ceballos vereinbart war. Hier blieb er vier Monate und handelte mit Häuten.

Die Unterstützung der Verwaltungsbehörde für ungesetzliche Aktivitäten ging so weit, dass Garibay nur die Möglichkeit hatte, das Fort zu verlassen. Daraufhin konnte Ceballos die Kanonen auf seinen Grund und Boden bringen. Proteste aus Puerto Rico waren nutzlos. Die Konflikte verschärften sich, bis Garibay mit seinen Truppen Hispaniola am 12. November 1568 verließ.

Windstille. Holländisches Schiff geht vor Anker.
Willem van de Velde der Jüngere (1633–1707).

Die Suche nach der westlichen Route

1602 wurde in Amsterdam die »Vereenigte Nederlandsche Oost Indische Compagnie (V.O.C.)« gegründet. Ihre Aufgabe war, das holländische Handelsmonopol auf den Meeren zwischen dem Kap der Guten Hoffnung und Kap Hoorn zu sichern, Kolonien zu gründen, Gouverneure zu ernennen, Verträge zu schließen, Münzen zu prägen und Krieg zu erklären.

Acht Jahre später schuf Holland eine Institution zur Kontrolle der Kolonien. Sie schickte Expeditionen aus, um alternative Seewege zu erkunden. Die zwei bedeutendsten wurden von Willem Cornelisz Schouten und Joris van Spielbergen kommandiert.

Die Expedition von Le Maire (1615–1617)

Isaac Le Maire war ein bedeutender Händler aus Hoorn und organisierte 1615 eine Expedition, um eine Passage südlich der Magellanstraße zu finden, die ihm das Brechen des Handelsmonopols der Ostindischen Kompanie erlauben sollte. Befehlshaber seiner zwei Schiffe *Hoorn* und *Concordia* war Willem Cornelisz Schouten.

Die Schiffe legten am 4. Juli ab. Jakob, der Sohn Isaacs, war als Proviantmeister mit an Bord. Vor Patagonien ging die *Concordia* verloren. Die *Hoorn* erreichte das Ziel am 24. Januar 1616, als sie eine zweite Passage entdeckte, die Le Maire-Straße genannt wurde. Zu Ehren des Schiffes und ihrer Heimatstadt nannten sie Amerikas südlichsten Punkt Kap Hoorn.

Im Oktober kamen sie zu den Molukken. In Batavia wurde die *Hoorn* gekapert und ihre Ladung vom Gouverneur der Ostindischen Kompanie beschlagnahmt. Das Recht dazu leitete er von dem Schifffahrtsmonopol ab,

Über die Freiheit der Meere[19]

1602 kaperte der holländische Admiral Heemskerk in Diensten der Ostindischen Kompanie die portugiesische Karacke *Catalina*. Wieder in Holland, musste er die Beute unter den Anteilseignern verteilen. Einige von ihnen waren Mennoniten und betrachteten diesen Gewinn als unrechtmäßig.

Die Direktoren der Kompanie beauftragten den 22-jährigen Juristen Huigh de Groot mit einem Gutachten, das sie vom Gegenteil überzeugen sollte. De Groot verfasste bis 1604 »De iure praede

commentarius« (Über das Beuterecht). Die Schrift wurde allerdings aus einer Reihe von Gründen erst 1868 vollständig publiziert.

1608 veranlasste die Kompanie De Groot, das Kapitel 12 »Mare liberum« (Freiheit der Meere) zu veröffentlichen, das 1609 in Leiden erschien. Zwei Gründe waren dafür verantwortlich. Zum einen befanden sich die Verhandlungen zum 12-jährigen Waffenstillstand in der heißen Phase. Holland war entschlossen, seine Rechte im Indischen Ozean zu sichern. Zum anderen entstand die Notwendigkeit, etwas gegen das Dekret Jakobs I. vom Mai 1609 zu unternehmen, das die Fischereirechte in den Gewässern vor der englischen Küste beschränkte.

García Arias drückt es treffend so aus: »Mare liberum« war gegen Portugal geschrieben, gegen Spanien veröffentlicht und gegen England verwandt worden. Seine geistige Grundlage war die spanische Schule des internationalen Rechtes, insbesondere die Gedanken von Vitoria und Vázquez Menchaca. Die Schrift trat für das Recht ein, andere Nationen aufzusuchen und mit ihnen Handel zu treiben, und schloss exklusive Schifffahrtsrechte für eine spezielle Nation aus.

Sofort gab es Gegenreaktionen. England wies die Schrift zurück und produzierte eigene Dokumente, besonders John Seldens »Mare clausum, seu de Dominio Maris Libri Duo«, veröffentlicht 1635. Die Kontroverse dauerte bis 1645 an.

Seestück von Adam Willaerts, 18. Jahrhundert.

Venedig lehnte de Groots Thesen wegen des Konfliktes mit Spanien über die Kontrolle der Adria ab; Spanien zögerte mit jeder Reaktion, die momentan in seinem Interesse hätte sein können, und gab seine Antworten nach dem Kriegsausbruch.

Etwa 1703 kann die Kontroverse als geklärt angesehen werden, als Cornelius van Brynkershoek seine »Dissertio de Dominio Maris« veröffentlichte und darin das Prinzip der Freiheit der Meere formulierte, das jeder Nation nur die Herrschaft über ihre unmittelbaren Küstengewässer zugesteht.

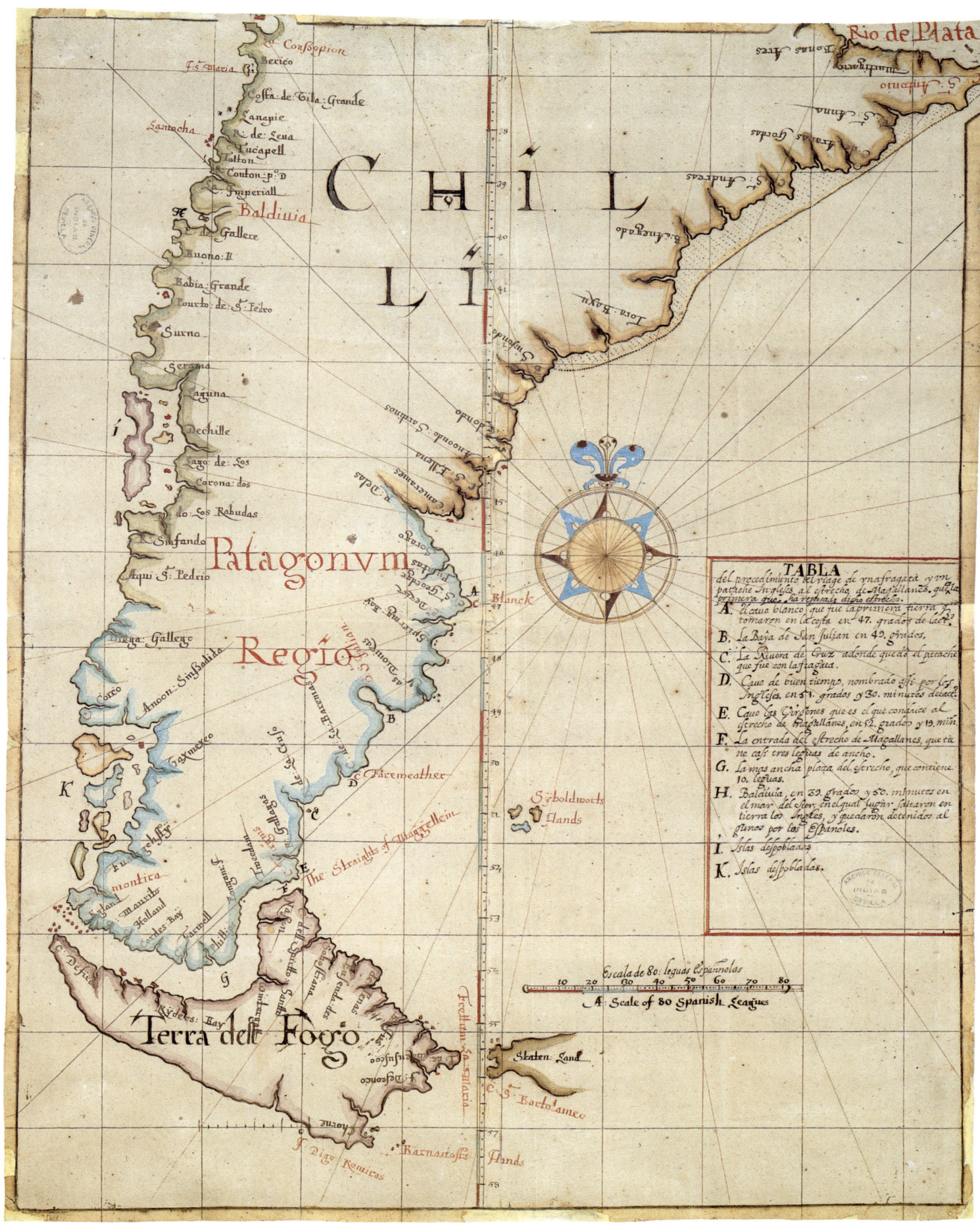

Karte der Magellanstraße von 1671.

Schiffe der spanischen Marine

Die Schiffe der »Carrera de Indias« kann man grob in Fracht- und Kriegsschiffe unterteilen. Die Flotten von Nueva España und Tierra Firme bestanden aus einer beträchtlichen Zahl bewaffneter Handelsschiffe, die Soldaten zur Verteidigung an Bord hatten, und zwei Typen von Geleitschutz-Galeonen größerer Tonnage, Capitana und Almiranta, die besser bewaffnet waren und eine größere Mannschaft hatten. Vervollständigt wurde die spanische Marine durch die »Armada de la Guarda de la Carrera de Indias«, allgemein als »die Galeonen« bekannt, die eine wechselnde Zahl – im Allgemeinen acht – schwer bewaffneter Schiffe umfasste, deren Aufgabe der Silbertransport nach Spanien war, wenn sie auch andere wertvolle Güter transportierten.

Die Handelsschiffe dienten ausschließlich dem Transport von Waren und waren für einen militärischen Einsatz nicht geeignet. Die Maximaltonnage betrug etwa 500 Tonnen, damit sie mit den Untiefen vor Sanlúcar und San Juan de Ulúa keine Probleme bekamen. Im Schnitt hatten sie um 400 Tonnen. Die Tonnagebeschränkung ergab sich auch aus der maximalen Breite, die 17 Codos (1 Codo ≈ 0,5 m) betrug.

Die Geleitschutzschiffe waren ein interessanterer Fall: Capitanas, Almirantas und »Galeones de Plata« waren als Kampfschiffe ausschließlich für die Selbstverteidigung ausgerüstet. Der Typ Galeon de Plata war einfach ein großer Silbertresor, der feindliche Angriffe abwehren konnte und von solcher Solidität war, dass er allen Widrigkeiten standhielt.

Die »Silbergaleonen« hatten drei Decks, zwei gewöhnliche und das Oberdeck, Puente Corrida genannt. Sie waren zumindest in der Theorie als Frachter wie gewöhnliche Handelsschiffe gebaut. Deshalb diente der Raum unter Deck nur für die Ladung und den Mannschaften und keinem anderen Zweck.

Im ersten Deck unter dem Oberdeck – bei reinen Kriegsschiffen mit schweren Kanonen bestückt – waren die Soldaten zur Schiffsverteidigung untergebracht. Im folgenden Deck standen die Geschütze, die natürlich kleinere Kaliber als bei den Schiffen der Armada hatten. Der Kampf Mann gegen Mann stand am Ende jeden Seegefechtes; aber die Galeon de Plata war so gebaut, dass dies praktisch verhindert wurde.

Die Segelmanöver der Galeone wurden vom Oberdeck geführt, das eine Art Exerzierplatz war, auf dem gegebenenfalls Kämpfe stattfanden. Ein Charakteristikum dieses Decks waren Sperren, mit denen die Decks und Niedergänge geschlossen werden konnten, damit der Pulverdampf nicht unter Deck ziehen konnte.

Achtern, über dem Oberdeck, lagen die Kapitäns- und Offizierskabinen und die Kammern für die Steuerleute. Sie vergrößerten den Freibord am Heck enorm.

① Kapitänskajüte. Sie war die höchstgelegene Kabine der Aufbauten. Der Kapitän wurde vom zweiten Kapitän, Steuermann und Küstenlotsen unterstützt und war für die Navigation verantwortlich.

② Offizierskabinen

③ Das Steuerhaus. Der Ruderstand war geschützt ins Achterdeck eingebaut. Hier bediente der Steuermann nach den Angaben des Kapitäns das Ruder.

④ Heilige Barbara: Kanonen zum Schutz der Ruderanlage (Die hl. Barbara gilt als Schutzpatronin der Kanoniere).

⑤ Das zweite Deck

⑥ Poopdeck (achtern) und Backdeck (vorn). Hier wurden die Leinen bedient und Segelmanöver durchgeführt.

⑦ Schiffsküche

⑧ Galion, diente als Abort der Mannschaft.

⑨ Erstes Deck

⑩ Mannschaftsunterkunft für Soldaten bei Geleitschutzschiffen.

⑪ Pulverkammer für fertige Munition und Schießpulver. Hier luden die Kanoniere die Kartuschen mit Pulver und beförderten sie durch eine Luke zu den Geschützen.

⑫ Hier wurden häufig Kartuschen, Brot oder Notproviant gelagert.

⑬ Bilgenpumpe

⑭ Last für die Kugeln der Geschütze

⑮ Laderaum

⑯ Lager für Tauwerk und Segel

⑰ Bei- und Rettungsboot

⑱ Falkonetts. Kleine Kanonen für kurze Entfernungen.

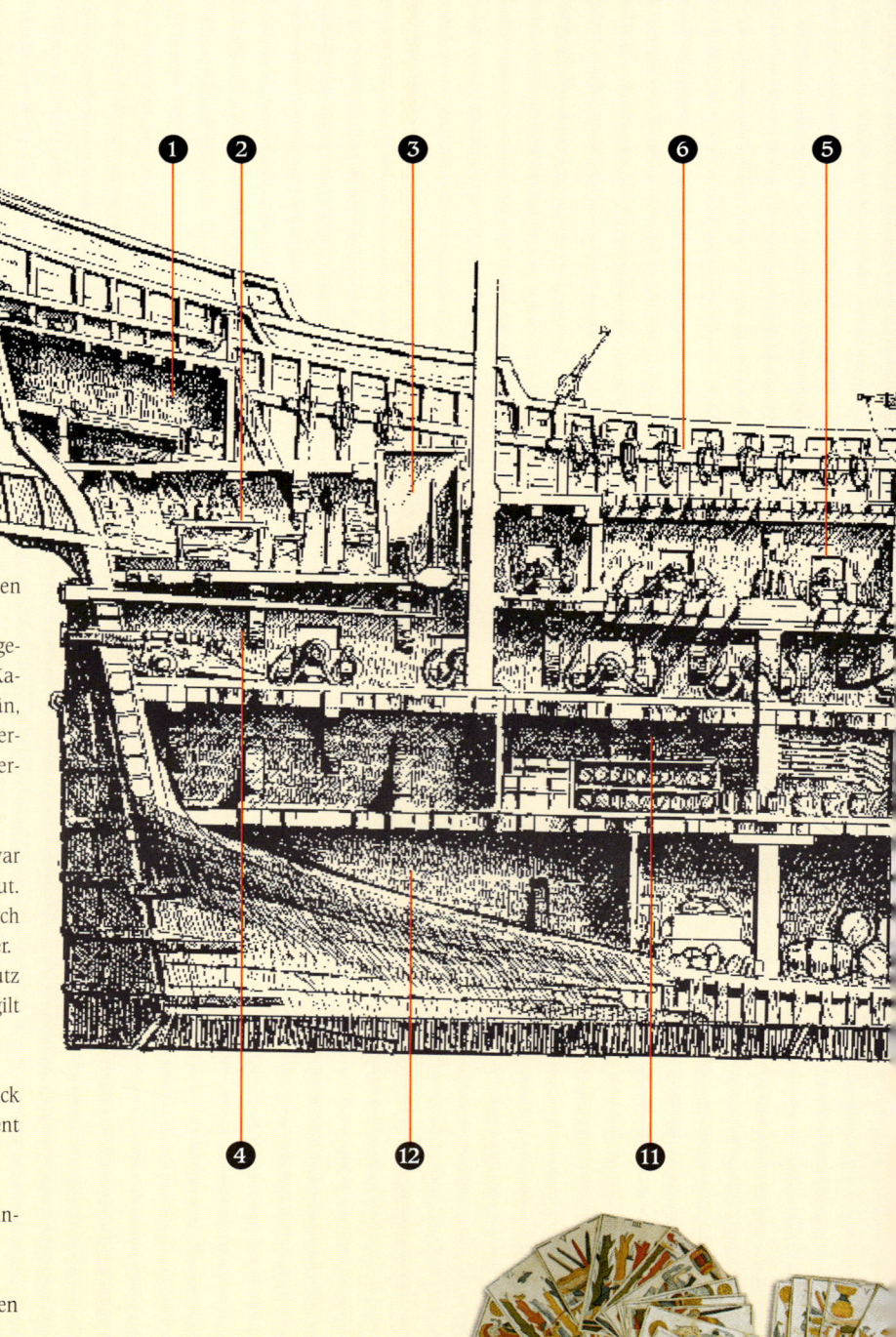

Während der Überfahrt gab es lange Phasen, in denen günstiges Wetter die Anwesenheit der Mannschaft an Deck überflüssig machte. Sich in dieser Zeit zu beschäftigen, war nicht einfach. Glücksspiele wurden zum Teil des täglichen Lebens – obwohl Wetten mit den unterschiedlichsten Strafen belegt wurden.

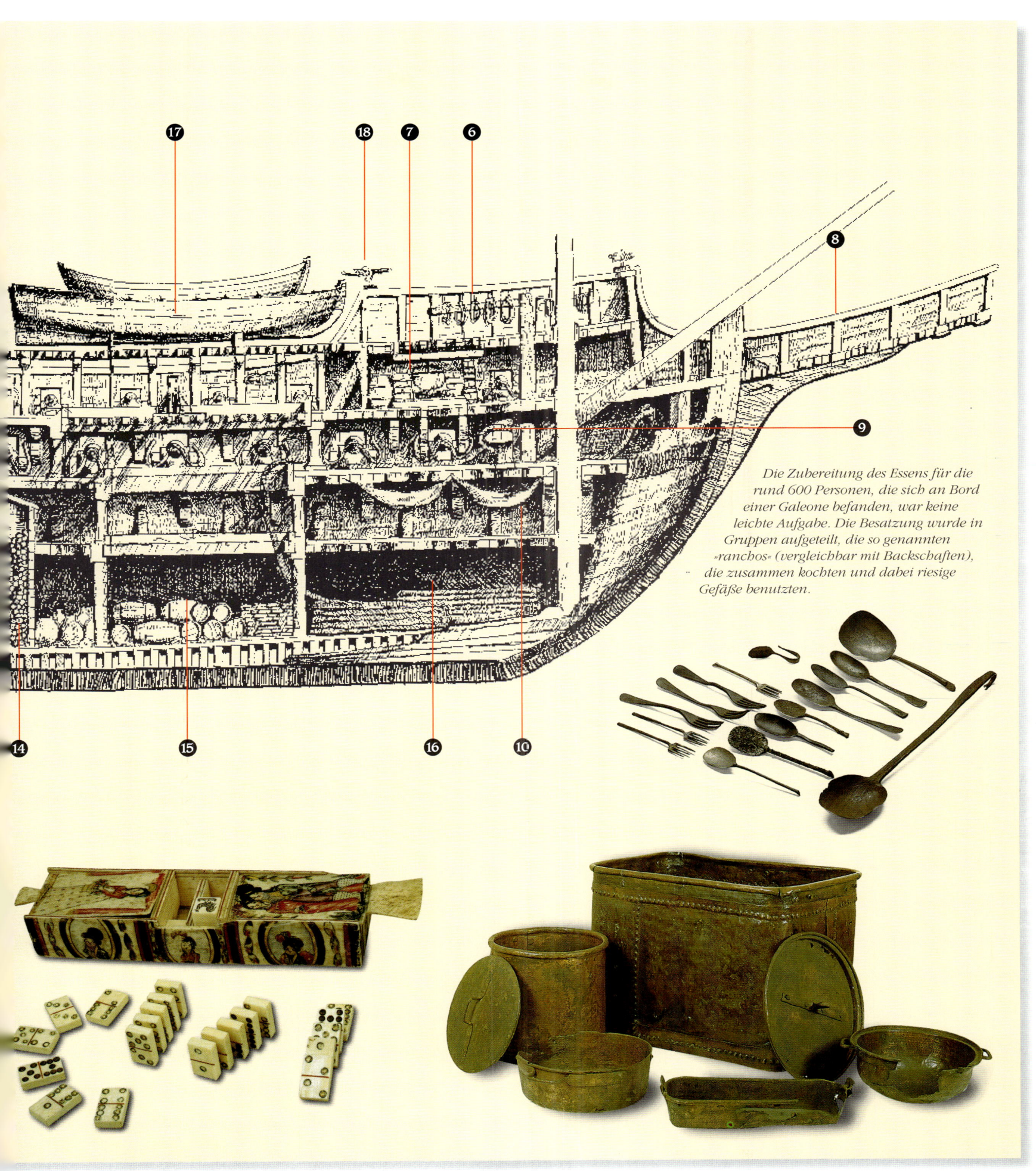

Die Zubereitung des Essens für die rund 600 Personen, die sich an Bord einer Galeone befanden, war keine leichte Aufgabe. Die Besatzung wurde in Gruppen aufgeteilt, die so genannten »ranchos« (vergleichbar mit Backschaften), die zusammen kochten und dabei riesige Gefäße benutzten.

das Holland seiner Gesellschaft gewährt hatte. Man erlaubte ihnen aber, zusammen mit der Expedition Spielbergens heimzukehren. 1617 kehrte die *Hoorn* nach Holland zurück. Jakob Le Maire starb im Dezember 1616 auf See.

Die Expedition von Joris van Spielbergen (1614–1617)

Spielbergen, ein ausgezeichneter deutscher Seemann in holländischen Diensten, startete am 8. August 1614 mit 800 Mann und dem Ziel, eine Handelsniederlassung an der brasilianischen oder chilenischen Küste zu gründen, die als Zwischenstation auf dem Weg nach Ostindien dienen sollte. Seine fünf Schiffe waren extra für dieses Unternehmen gebaut worden. Die *Grote Zoon* und die *Grote Maan* hatten je 600 Tonnen und 28 Kanonen, die *Neuew* und die *Eolus* je 400 Tonnen und 22 Kanonen, die Patache *Morgenstern* hatte 150 Tonnen und acht Kanonen.

Im Februar 1615 erreichten sie die Küste des Pazifik und begannen mit Plünderungen. Der Vizekönig von Pe-

ru, der Marquis von Montesclaros, schickte eine Flotte von sechs Schiffen gegen ihn aus, von denen das Flaggschiff *Jesús María* mit 22 Kanonen und 100 Mann und das Schiff des Vizeadmirals, die *Santa Ana* mit 12 Kanonen und 200 Mann, für den Kriegseinsatz ausgerüstet waren.

Die Begegnung ereignete sich am 17. Juli vor Cañete südlich von Lima. Die spanische Flotte war zerstreut worden. Nur das Flaggschiff, die *Santa Ana* und ein Tender sahen sich den Holländern gegenüber. Die Spanier hatten viele Opfer. Am nächsten Morgen zog sich die *Jesús María* zurück und ließ das Schiff des Vizeadmirals im Kampf gegen fünf holländische Schiffe allein. *Die Santa Ana* wurde versenkt.

Die Nachricht verbreitete sich schnell. Man begann eilig mit Vorbereitungen für die Verteidigung. Am 21. Juni beschoss Spielbergen El Callao. Zwei Kanonen aus der Festung erwiderten das Feuer. Sie wurden von Pater Gallardo bedient, einem Franziskanermönch, der vor seinem Eintritt in den Orden Kanonier gewesen war[20]. Der Mönch verzeichnete einen Treffer am Hauptmast der *Grote Zoon* und einen im Laderaum der *Morgenstern*, woraufhin die Holländer gezwungen waren, abzudrehen.

A Castillo de S. ...
B La Cathedral
C Casa del Castellano
D Ostial
E S.n Francisco
F San Nicolas
G La Contaduria

H San Joseph
I La Marina
K El Marques
L La Mota Chica
M Isla de Chinos
N El Farallon
O Punta del Sur

P La Mota Grande
Q Playa Sonda

106

121

Am 8. August gingen sie in Payta mit vier Kompanien Musketieren an Land. Hier bekamen sie es mit Paula Giraldo zu tun, der Frau des Magistrat-Vorstehers von Piura, die mit einer Streitmacht aus Einwohnern einige Zeit Widerstand leisten konnte.

In Acapulco tauschten sie Gefangene gegen Proviant und segelten dann unbehelligt zu den Philippinen und den Molukken, wo weitere Schiffe zu ihrer Flotte stießen. Nach einer unglücklich verlaufenen Begegnung mit dem Geschwader von Juan Ronquillo kehrten sie am 25. April 1617 nach Holland zurück.

Die neuen Reichtümer Amerikas

Zu Beginn des 17. Jahrhunderts hatten sich die wirtschaftlichen Grundlagen für die Niederlassungen in Tierra Firme geändert. Es gab kaum Nachfrage nach Zucker, die Perlenfischerei ging rapide zurück, und Leder wurde immer knapper.

Die Versenkung der *Santa Ana*[21]

Nach einem Gefecht mit dem spanischen Flaggschiff geriet das holländische Geschwader in ein Artillerie-Duell mit der *Santa Ana*, dem Schiff des Vize-Admirals, das vom Morgengrauen bis acht Uhr abends dauerte. Die *Santa Ana* sank. Die Holländer retteten die einzigen vier Überlebenden.

Zu ihrer Überraschung erwies sich einer als eine Frau in Soldatenuniform: Es war Catalina de Erauso, die berühmte Nonne als »Oberleutnant zur See«.

Schnelle Hilfe[22]

Am 20. Januar 1618 wurden zwei Soldaten der Garnison von Santo Tomé am Orinoko zur Suche nach Verstärkungen ausgeschickt, um dem Angriff der englischen Streitmacht unter Keymis standhalten zu können.

Sie segelten die Flüsse Orinoko, Meta und Casanare hinauf bis nach Pauto. Von hier machten sie sich auf den Weg nach Santa Fe de Bogotá, wo sie am 9. April ankamen.

Präsident Borja gab ihnen 25 Soldaten mit. Die Rückkehr auf dem gleichen Weg dauerte bis zum 19. August. Die Engländer hatten allerdings Guayana sechseinhalb Monate zuvor wieder verlassen.

Eine Alternative waren neue Produkte, vor allem Tabak. Das Rauchen war in England um 1580 beliebt geworden. Zwischen 1590 und 1600 schmuggelten Engländer und Holländer Tabak in großem Stil.

Jakob I. trug 1604 mit seiner eigentlich anders gemeinten Schrift[23] »A Counter-Blaster to Tobacco« zur wachsenden Beliebtheit des Krauts in der Oberschicht bei. Tabak schuf eine Atmosphäre der Harmonie, wenn man Gäste hatte. Ein Pfeifchen zurückzuweisen war schlimmer als eine Beleidigung.

Die Nachfrage wuchs. Kolonisten in Venezuela, Trinidad und Guayana wurden zumeist über den Hafen Cumanagoto die Hauptlieferanten.

1606 wurde der Tabakanbau in Venezuela, Margarita und den »Inseln unter dem Wind« verboten[24]. Im Februar erhielt der Gouverneur von Cumaná, Pedro Suárez Coronel, den Befehl, Cumanagoto zu räumen.

Nach dem Waffenstillstand mit den Niederlanden richteten viele Korsaren ihre Aktivitäten auf den Schmuggel mit Trinidad und Santo Tomé aus.

Angesichts der Bedeutung des Problems wurde im Februar 1610 dem Gouverneur von Trinidad, Antonio Berrio de la Hoz, befohlen, gegen die Schmuggelei außergewöhnliche Maßnahmen zu ergreifen. Berrio war allerdings selbst Schmuggler[25]. Er verhaftete einige Anfänger in dem Geschäft, um nicht aufzufallen. Im folgenden Jahr wurde er durch einen Richter ersetzt und die Lage unter Kontrolle gebracht.

England versucht, neue Kolonien zu gründen

Trotz des Handelsverbots mit Westindien im Friedensvertrag mit Spanien versuchte England weiterhin, Kolonien und Handelsniederlassungen in Amerika zu gründen.

Es gab zwei Unternehmungen, die erste in Neuengland, wo die Legende von Pocahontas entstand. Bei der zweiten folgte ein alter Bekannter, Sir Walter Raleigh, der Legende von El Dorado und segelte 1671 nach Guayana. Nur die erste Expedition hatte Erfolg.

Expeditionen nach Neuengland

1607 begann eine neue Phase der Kolonisierung der Küste von Virginia, diesmal in der Gegend der Chesapeake

Don Fadrique de Toledos Sieg über die Holländer
in der Straße von Gibraltar (1621).

Bay. Von besonderer Bedeutung für dieses Unternehmen war Kapitän John Smith, damals 26 Jahre alt. In seinem 1624 in London veröffentlichten Buch »The Generall Historie of Virginia« erzählt er die Geschichte von Pocahontas. Sie wurde um 1596 als Tochter des Häuptlings Powhatan geboren.

Smith wurde 1607 von den Indianern gefangen genommen[26]. Sie verurteilten ihn zum Tod am Marterpfahl. Aber Pocahontas rettete ihn, und Powhatan adoptierte ihn daraufhin und nannte ihn Nantaquod. Smith kehrte nach Jamestown zurück. Im Oktober befahl ihm Kapitän Newport, Powhatan im Namen der »Virginia Company« feierlich zu krönen. Dies geschah eilig in Werewocomoco, dem Hauptdorf des Stammes. Das Ergebnis war, dass Powhatan seiner Tochter verbot, nach Jamestown zurückzukehren. Die Feindseligkeiten zwischen Indianern und Siedlern setzten sich fort.

Im Juli 1609 traf Sir Samuel Argall in Jamestown ein. Er verkündete, dass die Siedler von nun an Untertanen von »The Treasurer and Company of Adventurers and Planters of the City of London for the First Colony in Virginia« seien.

Im Mai 1611 ersetzte Sir Thomas Dale Sir Thomas Gate als Oberkommandierenden. Er errichtete die Stadt Henrico in der Nähe von Apamatuk, einem Dorf, das er zu Weihnachten als Rache für seine von den Indianern getöteten Männer niederbrennen ließ.

Argall entführte 1613 Pocahontas, um ihren Vater zu einem Friedensvertrag zu zwingen[27]. Sie wurde in die Obhut des Predigers Alexander Whitaker gegeben, der sie zum Christentum bekehrte. Dann traf das Indianermädchen einen John Rolfe, den sie im April 1614 heiratete. Dale versuchte, ihre jüngere Schwester zu heiraten, wurde aber abgewiesen. Aber zum Trost durfte er ein Bündnis mit den Indianern schließen, das die Sicherheit der Kolonie garantierte.

Als dies Jakob I. zu Ohren kam, klagte er Rolfe des Hochverrates an, weil er die Tochter eines »Königs der Wilden« geheiratet habe. Im Juni 1616 segelte das Paar mit ihrem Sohn nach England, wo sie ehrenvoll empfangen wurden. Die Virginia Company nutzte die günstige Stimmung, um mehr Mittel zur Vergrößerung der Kolonie zu erhalten. Smith schrieb der Königin mit der Bitte, sie möge »Lady Rebecca« empfangen.

Man traf Vorbereitungen zur Rückkehr nach Virginia. Im März 1617 starb Pocahontas, vermutlich an Pocken.

Walter Raleighs letztes Abenteuer

1595 erschien Walter Raleighs Buch »Discovery of the Large, Rich and Beautiful Empire of Guiana, with a Relation of the Great and Golden City of Manoa (which the Spaniards call El Dorado)«. Hier breitete er seine Vorstellung von El Dorado aus und versuchte, die Erlaubnis zu erhalten, nach Amerika zurückkehren zu dürfen. Aber der Friedensvertrag mit Spanien machte die Sache kompliziert.

Als wichtiger Vertreter der Herrschaft Elisabeths I. fand er sich 1613 im Tower wieder. Die Anklage lautete: Verschwörung gegen Jakob I. Und obwohl er alles tat, um den König von seiner genialen Idee zu überzeugen, hatte er erst drei Jahre später damit Erfolg, als er wieder frei war. Er durfte die Reise machen, hatte aber strenges Verbot hinsichtlich jeder Art von Piraterie[28].

1617 gründete er in London eine Finanzierungsgesellschaft[29] und setzte schließlich mit 14 Schiffen und 2000 Soldaten Segel. Das Flaggschiff war *The Destiny*. Der spanische Botschafter in London, Graf von Gondomar, unterrichtete den spanischen Hof.

Am 7. November gelangte Raleighs Flotte nach Trinidad und setzte seinen Angriffsplan um. Er segelte zur Hauptstadt San José de Orduña, um sie zu erobern, während sein Sohn und Lawrence Keymis mit leichten Booten den Orinoko hinauffuhren und Santo Tomé nehmen wollten[30].

Walter Raleigh hatte Erfolg, sein Sohn nicht. Er fiel im Kampf mit den hartnäckig Widerstand leistenden Einwohnern. Die Spanier zogen sich in den Urwald zurück und schickten zwei Soldaten mit der Bitte um Hilfe nach Bogotá. Am 19. Januar befahl Keymis den Rückzug, und er wurde neun Tage lang gejagt. Die Spanier wurden durch indianische Bogenschützen verstärkt und wandten eine Guerilla-Taktik an, der viele Engländer zum Opfer fielen.

In Trinidad berichtete Keymis Raleigh, dass er 250 Mann verloren habe, darunter seinen Sohn. Aus Verzweiflung erschoss er sich. Es ist allerdings wahrscheinlicher, dass Sir Walter Raleigh den Schuss abfeuerte.

Dann versuchte er, seine Kapitäne dazu zu überreden, die Westindien-Flotte anzugreifen, aber alle waren dagegen. Einige desertierten sogar.

Im April befahl Raleigh, die Segel zu setzen. Die kleine Beute bestand aus Tabak und einigen Edelsteinen, die er in einer Kirche gestohlen hatte. Das Unglück war noch nicht zu Ende. Weitere Kapitäne desertierten. Als er Bermuda erreichte, bestand seine Flotte noch aus zwei Schiffen.

In Europa versuchte er zunächst, in Frankreich anzulegen, aber eine Meuterei zwang ihn, nach Plymouth zu segeln[31]. In London wurde er verhaftet und im Tower eingesperrt. Die Anklage lautete auf Piraterie, und die Beweise wurden vom spanischen Botschafter vorgelegt.

Er floh zweimal und wurde wieder verhaftet. Am 29. Oktober 1618 wurde er schließlich als Pirat und Verschwörer aufgehängt.

Galeone des 17. Jahrhunderts
nach Zeichnungen von José Monleón
aus dem 19. Jahrhundert.

Escala de 0,005 metr. por pié

Galeon del siglo XVII.

Planos segun los tratados mas autorizados de la época. Quilla 120 pies. Eslora 146. Manga 40. Puntal 22. Plan 20. Cubierta de infanteria á los 16 pies, de esta á la puente 7. Yugo 20, rasel de
popa 15, idem de proa 3, lanzamiento de proa 20 pies, idem de popa 7. Arbol mayor de la coz al tamborete 2 mangas y ⅔, verga mayor 2 mangas ¼ mastelero de gavia 1, manga ⅓, verga de gavia 1 manga ½. Arbol trinquete la 6ª parte menos que el mayor, verga de trinquete la 5ª parte menos que la mayor. Mastelero de velacho un
5º menos que el de gavia, verga de velacho un quinto menos que la de gavia, banprés como el trinquete de largo.

Die Verteidigung von Cádiz gegen die Engländer (1634).
Francisco de Zubarán (1598–1664); Prado, Madrid.
Nach dem Tod von Jakob I. brachen die Feindseligkeiten zwischen England und Spanien wieder aus.
Eine englische Flotte versuchte vergeblich, Cádiz zu erstürmen.

5.

Die Expansion der Handelsgesellschaften und die ersten Filibuster (1621–1654)

Das Ende des Waffenstillstandes

Im Frühjahr 1621 starb Philipp III., kurz bevor der Waffenstillstand von Antwerpen unterzeichnet wurde. Aber am 3. Juni erhielt die Vereenigte Nederlandsche West Indische Compagnie (V.W.C.) ihr Handelsmonopol verliehen und war zur Fortsetzung der Feindseligkeiten entschlossen. Die Kompanie wurde mit dem Ziel gegründet, den Handelsaustausch zu konsolidieren, der schon länger existierte. Ihre »erste Pflicht war es, gegen Spanien einen Wirtschaftskrieg zu führen und in großem Umfang Korsaren-Piraterie zu betreiben«.

Das Hauptquartier der Kompanie war Amsterdam. Sie hatte ein Anfangskapital von mehr als sieben Millionen Florin[1], das in 1200 Anteilen von reichen Händlern aus Amsterdam, Middelburg, Rotterdam und Groningen gezeichnet war. Die 74 Delegierten wählten einen Rat aus 19 Mitgliedern, genannt »Heeren XIX«, der die Führung der Kompanie übernahm.

So begann eine Zeit, in der ab etwa 1640 die Kriege und Revolten auf der Iberischen Halbinsel dazu führten, dass Spanien seine amerikanischen Kolonien vernachlässigte und Ansiedlungen auf kleinen karibischen Inseln tolerierte.

Die Nördlichen Niederlande wurden zur führenden Seemacht. Die Investitionen durch die großen Kompanien brachten eine bedeutende Vergrößerung der Zahl der Schiffseinheiten mit sich, die unter den Farben der Oranier segelten. Schließlich versuchten die Holländer, jede Konkurrenz auf See auszuschalten[2].

Die Kompanie mobilisierte ihre Korsaren als Hauptwaffe im Kampf gegen die spanischen Interessen. Zu diesem Zweck stellten die Generalstaaten 16 Schiffe und vier Jachten zu Verfügung. Sie wurden durch eine ähnlich große Flotte der Kompanie ergänzt. Auf diese Weise wurde die Freibeuterei zu einer wesentlichen Einkommensquelle. Bis 1647 waren zwei Drittel der Profite des Landes das Ergebnis von Plünderungen. Das übrige Drittel wurde durch Handelsaktivitäten einschließlich des Schmuggels und Salzhandels erwirtschaftet.

Dem Prinzen von Oranien standen zehn Prozent der Gewinne zu. Weitere zehn Prozent teilten sich die Mannschaften. 80 Prozent verschwanden in den Schatzkammern der Kompanie und wurden nach Abzug der Kosten unter den Teilhabern verteilt[3].

Das Hauptbetätigungsfeld waren Angriffe auf die Sklavenhandels-Kolonien in Afrika und die Verdrängung der Portugiesen aus diesem einträglichen Geschäft mit Amerika sowie der Schmuggel in der Karibik.

Dazu wurden drei überaus aufwändige Unternehmungen durchgeführt: die Gründung von Kolonien in Brasilien, auf San Martín (heute: Sint Marteen) und Tortuga und an der Küste von Venezuela. Im ersteren Fall gab es eine Seeschlacht, in der Spanien und Holland ihre Kräfte maßen.

Um ihre Interessen zu wahren, erließen die Holländer bereits 1632 ein Dekret, demzufolge jedermann ohne Erlaubnis der Kompanie in amerikanischen Gewässern Schmuggel treiben konnte. Der Niedergang der Westindischen Kompanie begann 1645 mit einem Aufstand der

Portugiesen in Pernambuco und mit der Vertreibung der Holländer aus Brasilien. 1646 gab es Regularien für die Freibeuterei, ein Jahr später durfte sie sich offiziell am Sklavenhandel beteiligen. All dies verlängerte die Existenz der Westindischen Kompanie bis 1674. Sie brach zusammen, als in diesem Jahr ihre Feinde die afrikanischen Handelsniederlassungen angriffen.

England und Frankreich waren an der Expansionspolitik keineswegs unbeteiligt. Ihre Handelsgesellschaften versuchten, auf den »Inseln vor dem Winde« Fuß zu fassen und am verbotenen Tabak- und Lederhandel zu partizipieren. Unternehmungen auf Providence, San Cristóbal (heute: St. Kitts/St. Christopher) und La Tortuga eröffneten neue Chancen für den Handel in der Karibik.

Das zunehmend geschwächte und an allen Fronten geplagte Spanien musste aus diesem Dilemma einen Ausweg finden. Mit dem Westfälischen Frieden (1648) und dem Vertrag von Münster erkannte Spanien nicht nur »den freien Handel und die freie Schifffahrt der Ostindischen und der Westindischen Kompanie in deren Einflussgebiet« an, sondern akzeptierte auch neben anderen Dingen die holländischen Besitzungen in Brasilien und der Karibik. Nach Artikel V des Vertrages wurde die Karibik ein »Mare clausum«, nachdem die Territorien jeder der Parteien festgelegt waren, »... und der Handel im Gebiet der anderen war verboten ...«.

Erste Unternehmungen: Ambitionen und Vernunft

Ende 1621 planten die Generalstaaten die Plünderung Perus und forderten die Westindische Kompanie zur Teilnahme auf[4]. Das Ziel dieses Feldzuges unter Führung von L'Hermite war das Vizekönigreich Peru. Die Expedition sollte »zu diesem Königreich« segeln »und alle Schiffe auf dem Meer des Südens in Brand setzen und die Städte Lima und El Callao plündern, Panama durch Feuer zerstören und so viel Schaden wie möglich gegen Leute anrichten, die sich gegen ihre Religion stellen«[5].

Spanien war gewarnt. Man glaubte allerdings, dass L'Hermites Flotte in die Karibik segeln würde, und schickte General Larraspuru mit einem Geschwader von 14 Galeonen, um die Rückreise der Nueva España-Flotte 1623 zu decken.

L'Hermite wurde während der Belagerung von El Callao getötet. Seine Raubzüge wurden mit ähnlich geringem Erfolg von Schapenham fortgeführt. Die Vorsicht der gerade gegründeten Westindischen Kompanie oder aber ihre Absicht, nach dem Auslaufen des Waffenstillstandes

einen großen Feldzug in der Karibik durchzuführen, retteten das Unternehmen vor dem totalen Scheitern. Die spanischen Besitzungen am Pazifik gingen gestärkt daraus hervor. Die Holländer versuchten es erst zehn Jahre später erneut.

Die Kompanie hatte ihre eigenen Pläne. Pieter Schouten segelte wie von den Spaniern erwartet in die Karibik, um Informationen für künftige Operationen zu sammeln: Häfen, Salinen, Befestigungen und Garnisonen, Wasserstellen und Möglichkeiten, Früchte zu bunkern, Routen der Postboote und Flotten, mögliche Schutzhäfen und alles, was strategische Bedeutung haben könnte. Er hielt sich in der Karibik, im Golf von Mexiko und bei den Großen Antillen auf. Nebenbei gab es ein paar Plünderungen, einen Angriff auf Sisal auf Yucatán und die Kaperung etlicher Schiffe. Im Februar 1625 kehrte er mit seiner Beute nach Zeeland zurück.

Die Suche nach Salz

Die Holländer brauchten Salz. Es war zwar nicht teuer, aber von großer strategischer Bedeutung. Geld und Schiffe allein reichten für die geplanten Unternehmungen nicht aus. Die Schiffe brauchten Mannschaften, und die Grundlage ihrer Ernährung war Fleisch und Fisch. Beides musste gesalzen werden, um haltbar zu sein. Die Salzwirtschaft war eine der Stützen der Wirtschaft an den Küsten der Vereinigten Niederlande, und sie hing vom ausreichenden Nachschub billigen Salzes ab. Auch die Herstellung von Butter und Käse war auf Salz angewiesen. Die Salinen von Araya an der venezolanischen Küste waren seit 1585 einer der Hauptlieferanten gewesen. Während des Waffenstillstandes gab es keine Transporte, und die Holländer importierten Salz aus Setúbal[6].

Nach dem Bruch des Waffenstillstandes versuchten die Holländer wieder, Salz aus Venezuela zu bekommen. Der erste Vorfall ereignete sich im September 1621, als Diego Arroyo Daza, der Gouverneur von Cumaná[7], die Holländer in Araya daran hinderte, Frischwasser zu übernehmen. Sie führten daraufhin mit zehn Schiffen einen Angriff, der aber zurückgeschlagen wurde.

Um ihre Salinen zu schützen, errichteten die Spanier 1622 die Festung von Santiago del Arroyo de Araya auf dem »Cerro de Daniel« genannten Hügel. Er hieß so nach dem Holländer Daniel Moucheron, der die zweifelhafte Ehre hatte, hier gehängt worden zu sein. Die Festung[8] hatte Kanonen und eine Garnison von 100 Mann.

Der Krieg um das Salz hatte erst begonnen. Im Novem-

128

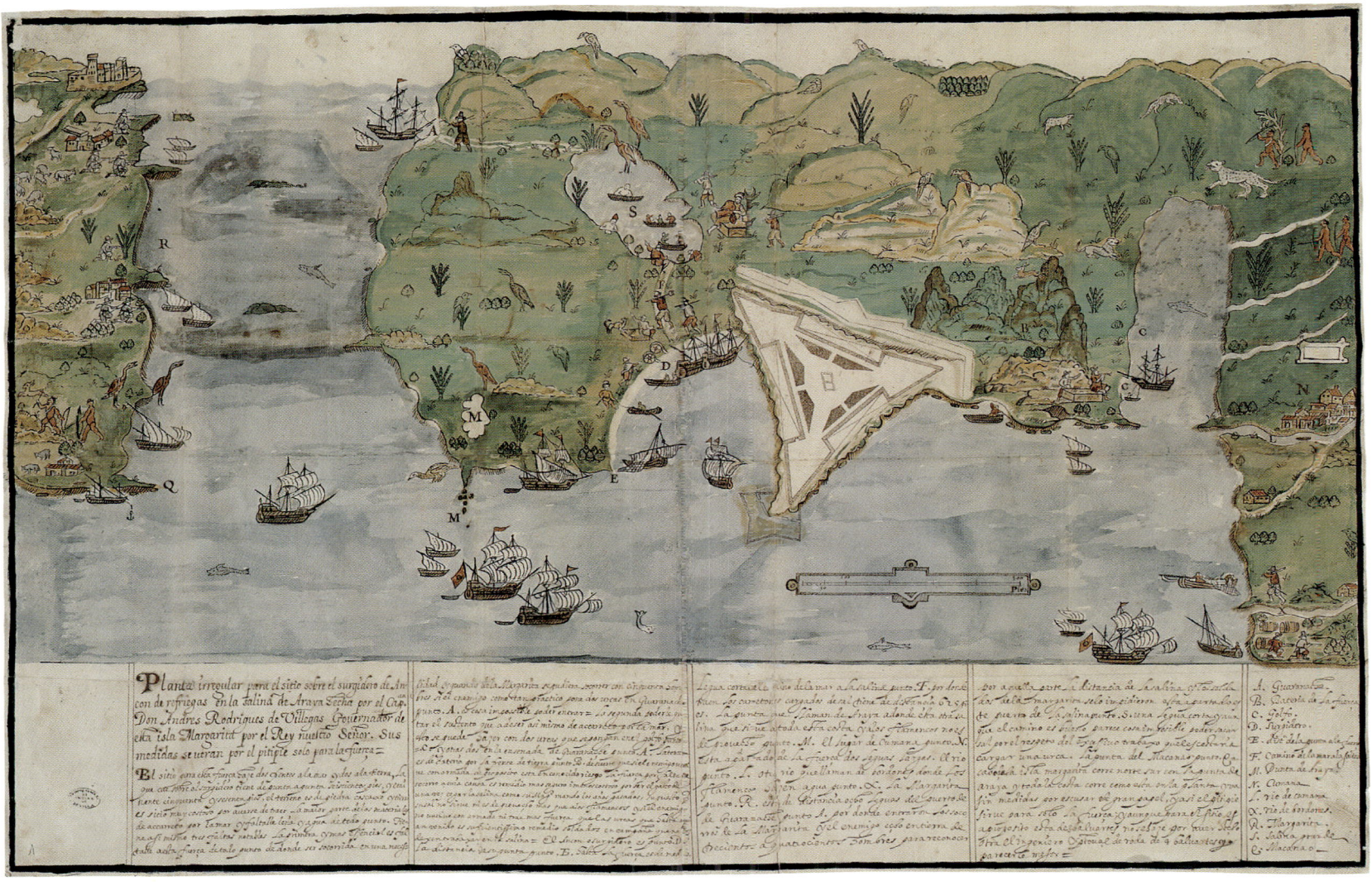

Befestigung von Araya unter dem Gouverneur der Insel Margarita, Andrés Rodríguez de Villegas, 1623.

Seit dem Ende des 16. Jahrhunderts suchten die Holländer neue Salzvorkommen, nachdem sie von ihren traditionellen Plätzen an der afrikanischen Küste vertrieben worden waren. Araya hatte eine riesige Salzpfanne, die von den Holländern heimlich ausgebeutet wurde. Hier ereigneten sich viele Auseinandersetzungen.

ber beschossen 43 holländische Schiffe die Festung. 1000 Mann landeten an. Arroyo zwang sie jedoch zum Rückzug. Sie verloren drei Schiffe und hatten viele Gefallene. Am nächsten Tag tauchten Verstärkungen in Form von 16 Handelsschiffen auf. Man bat darum, Salz laden zu dürfen. Die Spanier verweigerten dies und trafen weitere Verteidigungsvorbereitungen, angesichts derer die Holländer beidrehten.

Aber es herrschte nur einen Monat Ruhe. Im Januar 1623 lag eine neue Flotte aus 41 Schiffen vor der Küste von Araya. Sie nahmen die Festung zwei Tage lang unter Feuer und gaben dann auf.

In der Nähe brachten die 14 Galeonen von Admiral Tomás de Larraspuru sechs holländische Frachtschiffe auf. Etliche andere, die in der Gegend von Sisal mit Schmuggelware unterwegs waren, mussten überstürzt die Flucht antreten.

Weitere 106 Schiffe aus allen amerikanischen Gewässern versuchten vergeblich, in Araya Proviant zu bunkern. Danach gab es hier keine weiteren Angriffe mehr.

Aber Salz war so wichtig, dass die Holländer weiter nach Versorgungsmöglichkeiten suchten.

Die Hauptniederlassungen waren auf Tortuga und am Fluss Unare an der venezolanischen Küste sowie die Insel Sint Marteen. Tortuga entwickelte sich gut. Die Holländer bauten ein Fort, die Salzproduktion lief. Beni-

GOLF VON MEXIKO

NUEVA ESPAÑA

CORPUS
CHRISTI

PANUCO

ISLA
DE LOBOS

MÉXICO

VERACRUZ   SAN JUAN
DE ULUA
Punta de Roca Partida

ACAPULCO

SANTA MARÍA
DE LA FRONTERA

VILLAHERMOSA

Laguna de Terminos

PAZIFIK

INVIERNO

VERANO

CAMPECHE

EL ALACRÁN

BANCO DE CAMPECHE

CAMPECHE

BACALAR

YUCATÁN

C. Catoche

C. San
Antonio

C. Corrientes

LA HABANA

LOS PINOS

ISLA
COZUMEL

TORTUGAS

LOS MA

CAIMÁN

Bahía
San José

SAN AGU

Ba
Ma

MAT

C

PUERTO
CABALLOS

TRUJILLO

HONDURAS

HONDURAS

C. Gracias a Dios

CAYOS
MISKITOS

QUITA

NICARAGUA

COSTA DE LOS MOSQUITOS
(1655-1860)

SAN ANDRÉS

PROV
(Sta.

GRANADA

Isla de
Ometepe

Punta Mono

Desaguadero

RÍO SAN JUAN

BA
SI

BOCAS
DEL TORO

POR

COIBA

CEBACO

15°

12°

9°

6°

99°   96°   93°   90°   87°   84°   81°

Indios
Riff
Nothafen
Trinkwasser
Zucker
Häute/Leder
Klippe

0   80   160   240   320 km

Schweden
Dänemark
Holland
Frankreich
England

Die Karibik, ein Meer ohne Grenzen

Im Laufe des 17. Jahrhunderts, und ganz besonders im zweiten Drittel, stürzten sich die europäischen Großmächte geradezu auf die Gründung von Handelsunternehmen auf den Kleinen Antillen. Spanien – unfähig, die Kontrolle über die Küsten des amerikanischen Kontinents aufrechtzuerhalten – duldete diese Niederlassungen, ohne dabei auf sporadische Repressalien zu verzichten. Was aber lediglich dazu führte, dass jede gelungene Vertreibung von einer Insel mit der Besetzung einer anderen einherging.

Da die Spanier die wenigen Wasserstellen kontrollierten, konnten die Möglichkeiten großer Schmuggelfeldzüge letztendlich nur von denen ausgeschöpft werden, die auf die Unterstützung durch dauerhafte Handelsniederlassungen bauen konnten.

Der Schmuggel erstreckte sich vor allem über Produkte des allgemeinen Bedarfs: Leder und Proviant, Zucker, Tabak und, zu einem späteren Zeitpunkt, Kakao.

Die Schiffsrouten waren durch Sandbänke und Felsriffe bedingt und damit vorhersehbar. Zur Kontrolle strategischer Punkte, wie den Zugang zum Golf von Mexiko und die nähere Umgebung von Cartagena de Indias, hatten die Spanier ein effizientes Überwachungssystem eingerichtet.

Nicht die ganze Karibik empfing Besucher auf gastliche Weise. Einige der Inseln blieben weiterhin von feindlich gesinnten Eingeborenengruppen bewohnt, vor allem im Gebiet der Inseln St. Lucia und Martinique (Martinica).

to Arias Montano berichtete, dass dort mehr als 1000 Salzhaufen bereitlägen und dass man in einer Woche 2940 Karren beladen hatte[9].

1631 sandten die Spanier eine Strafexpedition, die zwei holländische Segler kaperte und die Einrichtungen zerstörte. Im nächsten Jahr erreichte die Produktion wieder 12 000 Fanegas (1 Fanega = 55 Liter) pro Woche. Montano, Interims-Gouverneur[10] von Cumaná seit 1633, löste das Problem 1638 endgültig. Er griff die Insel Tortuga an, zerstörte das Fort und flutete die Saline.

1633 errichteten die Holländer am Rió Unare ein neues Fort, aus dem sie von Montano sehr bald wieder vertrieben wurden. Nachdem sie eine neue Siedlung angelegt hatten, wurden sie 1640 vom Gouverneur von Cumanagoto, Juan de Orpín, vertrieben. Er traf acht Pinken und 700 Mann an, von denen 100 von seinen Truppen getötet wurden. Die Siedlung wurde zerstört, die Saline geflutet. Ein Holzfort wurde erhalten, das die Holländer in Einzelteilen mitgebracht und binnen einer Woche aufgebaut hatten. Die Spanier nutzten es für ihre Garnison[11].

Im April beantragte der Heeren XIX, »die Einnahme der Insel Curaçao zu genehmigen, um einen Ort für die Gewinnung von Salz, Holz und anderen Produkten zu besitzen«[12]. Joannes van Walbeck und Pierre Le Grand führten die Operation durch und trafen auf wenig Widerstand seitens des Gouverneurs Lope López de Morla.

Das okkupierte Gebiet wurde bis nach Aruba erweitert, wo die Holländer seit zehn Jahren eine Saline minderer Qualität betrieben, und ein Jahr später bis nach Bonaire.

Auf San Martín wurde eine Steinsalzmine allerbester Qualität entdeckt. Die Holländer ließen zunächst 1630 vier Kanonen und 30 Mann zurück, die ein Fort bauen sollten. Im folgenden Jahr wurde die Insel einer der wichtigsten Verladehäfen. Etwa 400 Schiffe wurden hier pro Jahr abgefertigt. Man baute ein Fort und holte das Frischwasser von der Handelsniederlassung der Kompanie auf der nahen Insel St. Kitts/St. Christopher (San Cristóbal).

1633 entschied der Kriegsrat in Spanien, dem Treiben ein Ende zu machen.

Er beauftragte die Tierra Firme-Flotte[13] unter dem Marquis von Caldereyta damit. Sie erreichte Sint Marteen Ende Juni, nahm die Insel und hinterließ eine Garnison von 250 Mann unter dem Gouverneur Cebrián de Lizarazu.

Sein Problem war der Nachschub. Er sollte aus Puerto Rico oder Santo Domingo kommen, traf aber nicht mit der erforderlichen Regelmäßigkeit ein. Es fehlte an

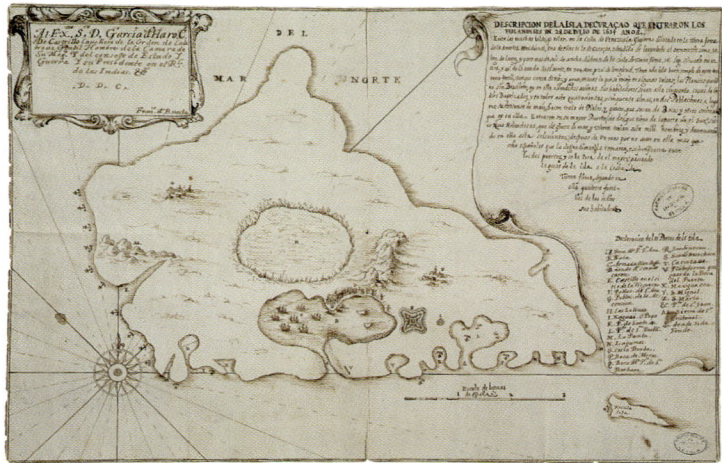

Nach Auffassung der holländischen »Westindischen Kompanie« war Curaçao reich an Salz, Holz und anderen Produkten. Im Juli 1634 wurde die Insel erfolgreich kolonisiert.

Schießpulver und Lafetten für die Geschütze, Wasser, wenn es nicht regnete, und Nahrung, wenn sie nicht fischten. Die beständigen Entbehrungen führten 1635 zu einer Meuterei. 1644 bot eine mächtige holländische Flotte unter Peter Stuyvesant der demoralisierten Truppe an, zu kapitulieren. Nach ein wenig Widerstand zur Wahrung ihrer Ehre wurden die Spanier vertrieben.

Die Holländer besetzten eine Hälfte der Insel und teilten sich einzelne Gebiete mit den Franzosen, die später die Insel besiedelten.

Die große Brasilien-Kampagne

Die Generalstaaten schlugen der Kompanie vor, in Brasilien eine holländische Kolonie zu gründen, von der aus der Handel wirkungsvoll betrieben werden sollte. Man stellte dazu eine Flotte aus 35 Schiffen mit 3000 Mann zusammen. Kommandeur wurde Jakob Willekens, sein Vize Piet Heyn, der später der berühmteste Admiral der Westindischen Kompanie wurde.

Die enormen Kosten beliefen sich auf zweieinhalb Millionen Florin. Sie sollten aus den erwarteten jährlichen Einnahmen von achteinhalb Millionen Florin zurückgezahlt werden. Die Flotte legte Anfang 1624 ab und erhielt bei den Kapverdischen Inseln noch Verstärkung. Dann segelte sie direkt nach San Salvador (Bahía), das am 8. März praktisch ohne Widerstand genommen wurde.

Die Spanier bereiteten einen gewaltigen Gegenschlag vor: 26 portugiesische Schiffe unter Francisco de Almeida

und 37 Schiffe aus der »Armada del Océano« sowie Verstärkungen regionaler Geschwader unter Juan Fajardo de
Guevara. Der gemeinsame Oberkommandierende Fadrique de Toledo hatte also 63 Schiffe, 945 Geschütze, 3200
Seeleute und 7500 Soldaten unter sich.

Die Flotte eroberte Bahía im Mai 1625, machte 3000
Gefangene und vertrieb die Holländer aus Brasilien.

Die Holländer schickten nunmehr Boudewijn Hendrijks
mit 34 Schiffen und 6000 Mann zu Hilfe. Er kam jedoch
zu spät.

Hendrijks nahm daraufhin Nordkurs und teilte seine
Flotte. 17 Schiffe unter Vermont segelten nach Afrika, er

selbst mit ebenfalls 17 Schiffen und 1500 Mann zu den
Großen Antillen. Der Heeren XIX hatte eine Weile erwogen, Puerto Rico zu erobern, weil die Lage am Eingang in
die Karibik eine ideale Basis für den Schmuggel abgab.
Als Alternative sollte die spanische Flotte oder sogar Havanna angegriffen werden. Spione hatten jedoch von den
Absichten der Holländer erfahren. Sie kannten auch die
Alternative, Metanzas anzugreifen, die Stadt zu sichern
und von hier den Angriff auf Havanna vorzubereiten.

In San Juan überwachte Gouverneur Juan de Haro die
Verteidigung. Das Fort hatte Artillerie und eine Garnison
von 350 Soldaten. Aber Haro machte einen Fehler: Er
glaubte, Hendrijks würde über El Boquerón angreifen.
Der Holländer segelte jedoch in die Mündung und gelangte unversehrt bis zur Festung El Morro. Diego de Lar-
rasa beschreibt den Kampf so: »Er griff mit einem Selbst-
bewusstsein an, als wäre er in Holland oder Zeeland;
dank des völligen Unvermögens der wenigen Kanoniere

Auf dem Fort El Morro in San Juan de Puerto Rico.

Seeschlacht zwischen Holländern und Spaniern.
Juan de la Corte.
Die holländische Flotte war nach der Schlacht vor Dover 1639 die
stärkste in Europa. Gleichwohl gelang es den Spaniern, ihren Seeweg
nach Westindien offen zu halten.

waren die Holländer im Vorteil. Die Kanonen waren in einem so erbärmlichen Zustand, dass viele nach dem ersten Schuss verstopft waren, außerdem waren die Lafetten veraltet, und einige waren vor vier Jahren das letzte Mal geladen worden ...«[14].

Hendrijks beschoss San Lázaro und rückte dann zur Plünderung der Stadt vor. Der Gouverneur verteidigte sich in El Morro. Hendrijks nahm das Fort und belagerte die Festung.

Am 27. September sollte der Sturm erfolgen. Haro bekam ein Ultimatum, sich zu ergeben, was er aber ablehnte. Mit einigem Erfolg wurde ein Ausfall mit 80 Männern gestartet. Kapitän Botello gelang es mit seinen Leuten, die Boote zu erreichen und das Fort El Cañuelo anzugreifen, wonach die Spanier wieder die Kontrolle über die Bucht hatten.

Am 21. Oktober forderte Hendrijks Haro erneut zur Kapitulation auf und drohte, andernfalls die Stadt niederzubrennen. Haro antwortete folgendermaßen: »Ich habe Ihren Brief gelesen. Auch wenn die gesamten Streitkräfte Hollands heute in Puerto Rico wären, wäre ich hocherfreut, denn sie würden Zeugen des Muts der Spanier werden. Und wenn Sie die Stadt niederbrennen, haben wir genügend Mittel, sie wiederaufzubauen, denn es gibt noch Holz in den Bergen und überall Baumateriel. Und ich habe heute hier genug Männer, alle Ihre Schiffe zu verbrennen. Sehen Sie bitte von weiteren Botschaften ab, denn ich werde sie nicht beantworten.«[15] San Juan wurde abgefackelt.

Aus Santo Domingo trafen inzwischen Verstärkungen ein. Der Holländer erkannte, dass er keinen Erfolg haben würde, hob die Belagerung auf und setzte am 1. November die Segel. Beim Ablegen richteten Salven aus den Kanonen der Festungen in seiner Flotte schwere Schäden an. In dem Getümmel lief eines der Schiffe des Prinzen von Oranien, die *Mendeblinck*, auf den Strand. Die Holländer kamen mit fünf Landungsbooten, um sie wieder freizubekommen, die Spanier mit sechs, um sie zu kapern. Vier dieser Boote wurden von Kapitän Santiago de Villate geführt, zwei von Amézqueta. Die Holländer verminten das Schiff und zogen sich zurück, aber Amézqueta[16] hatte genug Zeit, die Zünder zu entfernen.

In der Stadt hatte es große Verwüstungen gegeben. 96 Gebäude einschließlich des Forts und weitere 45 Steinge-

Angriff auf San Salvador de Bahía am 9. Mai 1624.
Andries van Eertvelt (1590–1625).
National Maritime Museum Greenwich.

bäude waren durch Feuer zerstört. Die Kirchen waren ge-plündert, ebenso die Bibliothek des Bischofs Balbuena, Sklaven, Archive und Juwelen gestohlen[17].

Hendrijks hatte ein Kriegsschiff und ein Landungsboot sowie mehr als 200 Soldaten verloren. 15 waren gefangen genommen worden. Haro verhängte exemplarische Strafen. Er unterrichtete den Gouverneur von Santo Domingo, der ihm übergeordnet war, er würde alle »zur Hölle schicken, es sei denn, sie wollten in den Himmel«[18]. Der Unterschied war nicht sehr groß. Gehängt wurden alle, aber elf hatten sich durch Übertritt zum Katholizismus für den Himmel entschieden, vier zogen die Hölle vor.

Über Santo Domingo setzte Hendrijks seinen Weg zur Insel Margarita fort, wo er einige Städte plünderte. Er ging nach Coche, Cumaná und Araya, wo er die Festung Santiago mit Artilleriefeuer belegte und ein Gefecht mit der 25-köpfigen Verteidigung führte. Dann wandte er sich nordwärts nach Havanna und kaperte unterwegs einige Schiffe. Von hier ging es nach Matanzas.

In Cabañas bunkerte er Frischwasser und etwas Fleisch. Beim Landgang gab es kleinere Auseinandersetzungen, und er entschloss sich zur Heimreise. Hendrijks starb am 2. Juli 1626 an Fieber. Seine Expedition bestand nur noch aus 1500 Mann, 200 davon Soldaten. Das 16-monatige Abenteuer war insgesamt ein Desaster.

Piet Heyn, ein Mann mit Fortüne

Piet Heyn, eigentlich Pieter Pieterszoon, wurde 1577 in Delfshaven geboren. Er begann seine erfolgreiche Laufbahn 1593 als Korsar. 1597 geriet er in spanische Gefan-

1627 sollte Piet Heyn Bahía zurückerobern. Der Angriff war ein Erfolg, und die Plünderung brachte großen Gewinn. Aber der Sieg währte nicht lange.

genschaft und blieb bis 1602 an die Galeeren geschmiedet. 1623 wurde er Vizeadmiral und nahm an der Brasilien-Kampagne teil.

Nachdem die Spanier 1624 aus Bahía vertrieben worden waren, kehrte er nach Holland zurück und wurde von der Heeren XIX mit dem Kommando einer neuen Flotte betraut. Sie bestand aus neun Schiffen und fünf Jachten und sollte Hendrijks Strafexpedition verstärken, die feindliche Flotte kapern und nach Möglichkeit Bahía angreifen.

Heyn setzte Mitte Mai 1626 die Segel, erreichte Barbados im Juni und segelte Kurs Havanna. Vor der Küste der Insel La Tortuga (nordwestlich von Hispaniola) kamen 40 Schiffe in Sicht, die Flotte von Tomás de Larraspuru. Doch er ließ sie unbehelligt.

Dann kehrte er zu den Kapverden und schließlich nach Bahía zurück. Hier plünderte er in einem Überraschungsangriff den Hafen und kaperte einige Schiffe, ohne die Stadt erobern zu können. Wegen dieses Erfolges wurde er bei seiner Rückkehr nach England 1627 in Ehren empfangen.

Ein Jahr später machte ihn der Heeren XIX zum Kommandeur einer mächtigen Flotte von 36 Segelschiffen mit 2300 Seeleuten, 1000 Soldaten und 679 Geschützen, 120 davon aus Bronze. Die Aufgabe war, die Flotte anzugreifen, »welche die goldene Rute nach Europa bringt, die die ganze Christenheit züchtigt und entmutigt, und deren Macht von 24 gut bewaffneten Kriegsschiffen und 12 Hilfsschiffen mit Kanonen und Munition und tapferen Soldaten« gebrochen werden kann[19].

In Kuba erwartete er die Ankunft der Flotte. Der Gouverneur von Havanna sandte Postboote nach Veracruz, Cartagena und Honduras, damit die Schiffe nicht auslie-

Rückkehr der Flotte der holländischen »Ostindischen Kompanie«.
Andries van Eertvelt (1590–1652).
National Maritime Museum, Greenwich.

fen. Aber Heyn war diese Taktik bekannt, und er ließ diese Boote abfangen. Er kaperte sechs, versenkte eines und zwang das andere zur Rückkehr nach Havanna. Nur das Schiff nach Cartagena kam durch.

Die Tierra Firme-Flotte lief nicht aus, aber das Honduras-Geschwader und die Flotte von Nueva España setzten wie geplant Segel.

Anfang August kreuzte die Honduras-Flotte mit einer Eskorte von zwei Kriegsschiffen auf. Neun holländische Schiffe griffen an. Nach einem schweren Gefecht wurde immerhin das Flaggschiff gekapert.

Heyn lag weiter auf der Lauer für die Nueva España-Flotte. Am 5. September zeigte sich ein Vorauskommando aus zwölf Segelschiffen, die sofort gekapert wurden. Nach einigen Stunden tauchte der Rest der Flotte auf, elf Segelschiffe mit einer Eskorte aus vier Galeonen unter dem Kommando von Juan de Benavides Bazán und seinem Admiral Juan de Leoz.

Sie waren überrascht und bereiteten sich schnell auf den Angriff vor. Ihre beste Strategie bestand darin, in den

Probleme mit den Gefangenen

Für die spanischen Kolonialbehörden war die Frage, was man mit Gefangenen tun sollte. Während der Herrschaft Philipps II. gab es die Anordnung[20], die Kapitäne und Offiziere gekaperter Schiffe über Bord zu werfen und die Mannschaften in die Galeeren zu stecken.

Während des zweiten Viertels des 17. Jahrhunderts wurde in den Gewässern der Karibik ein totaler Krieg geführt. Zumeist kapitulierte bei den Kämpfen eine Seite, und das Leben der Gefangenen wurde geschont.

1634 wurden etwa 20 Franzosen vom Gouverneur von Puerto Rico gefangen genommen und nach Sevilla überstellt. Sie kamen ins Gefängnis, die Casa de Contratación. Das verursachte Kosten. Weil er nicht wusste, wie er

mit ihnen verfahren sollte, fragte der Vorsteher den König[21]. Dessen Antwort lautete, »dass diese Männer hören *(oir)*, aber auf keinen Fall freigelassen werden dürfen«.

Weil er dies nicht ganz verstand, schrieb der Vorsteher erneut dem König und bat um Aufklärung, »um die Orders unterthänigst ausführen zu können, habe ich das Wort hören *(oir)* gelesen, es könnte aber im Zusammenhang betrachtet ›vermeiden *(huir)* Gefangene zu machen‹ gemeint gewesen sein. Dies wollen wir Ihrer Majestät mitteilen und Instruktionen zur Ausführung des Befehls erwarten«.

Philipp IV. antwortete handschriftlich kurz und knapp: »Das Wort heißt ›vermeiden‹, und so soll es ausgeführt werden.«

Hafen von Havanna zu laufen, den Heyn aber abriegeln konnte, oder die Schiffe sogar in Hafennähe auf Grund zu setzen und zu versuchen, das Silber zu entladen und an Land zu verteidigen.

Die Holländer liefen vor dem Wind, was ihnen beim Manövrieren einen Vorteil verschaffte. Benavides versuchte, nach Matanzas zu entkommen, was vor ihm lag und auf die Verteidigung eingestellt war. Aber das Manöver gelang nicht wie geplant. Er schrieb seinem König folgenden Bericht:

»Ich setzte am 8. August in San Juan de Ulúa die Segel, nachdem beim Einlaufen das Flaggschiff seine Masten verloren hatte. Ich brauchte 30 Tage bis zur Küste von Havanna, die im Morgengrauen des 8. September nahe dem Hafen Matanzas in Sicht kam. Im gleichen Moment sah ich eine holländische Armada aus 32 Pinken, die auf mich zuhielten. Ich war entschlossen, weiter zu segeln und dabei zu sterben, aber meine Männer drängten mich, kein Risiko einzugehen und Ihrer Majestät Silber zu retten (...), und indem ich den Rat derjenigen, die dazu befugt sind, beachtete, stimmte ich zu, im Hafen Zuflucht zu suchen, weil ich glaubte, das Silber oder wenigstens die Männer retten und die Schiffe anzünden zu können, damit der Schatz gesichert bliebe, indem ich dem Feind wenig Raum für Manöver gäbe. Nach Einbruch der Nacht erreichte ich die Bucht, obwohl es immer noch taghell war. Obwohl der Wind hier nachts üblicherweise einschläft, frischte er auf, und der Feind kam so dicht heran, dass ich die Männer so schnell wie möglich ausschiffen musste mit der Absicht, mich an Land zu verteidigen und die Schiffe in Brand zu setzen. Aber die Männer flohen ohne Ordnung, als ich immer noch von meinem Posten aus Befehle gab. Als ich meinen Fuß an Land setzte, war ich allein. Der Feind enterte sofort unsere Schiffe und feuerte viele Salven. Und so bekam er alles ...«[22]

Heyn hatte keine Probleme, das Silber auf seine Schiffe umzuladen und die spanischen Schiffe bis auf die vier Galeonen anzuzünden. Fast alle Gefangenen konnten befreit werden. Am 17. September startete er in Matanzas nach Europa. Er sah die Gefahr, im Englischen Kanal angegriffen zu werden, und lief zunächst nach Falmouth, von wo aus er mit einer Eskorte die Niederlande am 9. Januar 1629 erreichte.

Die Beute wurde auf elfeinhalb Millionen Florin geschätzt. Abzüglich der Kosten war dies ein Profit von sieben Millionen, den die Teilhaber bekamen. Der Prinz von Oranien erhielt seine zehn Prozent, die Mannschaften ebenfalls. Dies entsprach dem Sold für 17 Monate. Über fünf Millionen gingen an die Westindische Kompanie, die

ihren Anteilseignern in diesem Jahr eine Dividende von 50 Prozent zahlte[23].

Mit diesen Profiten wurde eine Flotte aus 61 Schiffen und 7300 Mann unter Hendrick Corneliszoon Loncq aufgestellt, die 1630 Pernambuco eroberte und eine Kolonie errichtete, die bis 1654 überlebte.

Heyn wurde als Held empfangen. Es gab 50 Kanonenschuss Ehrensalut, Feuerwerk, Medaillen und Paraden. Er wurde zum Admiral-Leutnant der holländischen Marine ernannt. Der Statthalter nahm Glückwünsche des französischen, englischen, venezianischen, dänischen und schwedischen Botschafters sowie von Papst Urban VIII. entgegen, dessen Beziehungen zu Philipp IV. nicht besonders herzlich waren.

In Spanien löste die Nachricht große Erregung aus. Benavides und Leoz wurden verhaftet und in der Festung von Carmona eingesperrt, wo sie auf ihren Prozess warteten. Die Anklagen waren äußerst streng, die Strafen ebenso.

Benavides wurde am 14. Mai 1634 in Sevilla enthauptet, obwohl Teile des Adels dagegen waren. Leoz starb in einem afrikanischen Gefängnis, nachdem er erfolglos seine Rehabilitation betrieben hatte.

Weitere Unternehmungen der Kompanie

Bald wollten viele es Heyn gleichtun. Der Erste war Cornellius Goll oder Cornelis Corneliszoon, besser bekannt als »Holzbein«, weil er sein linkes Bein im Alter von 20 Jahren in einer Seeschlacht verloren hatte und nun eines aus Holz benutzte.

Eine Flotte aus 27 Pinken und Galeonen erreichte Havanna 1629. Es reichte jedoch nur zu kleineren Plünderungen, nachdem der Traum zerronnen war, gleichfalls die Flotte kapern zu können.

Ähnlich erfolglos blieb Johann Adrian Hauspater, der Santo Tomé in Guayana angriff. Er versuchte, ein Fort zum Schutz einer Siedlung zu errichten, und hatte Ziegel und anderes Baumaterial dabei. Der Widerstand der Bevölkerung mit ihrer Guerilla-Taktik führte zum Verlust von 200 Mann in wenigen Tagen.

Schwer enttäuscht versuchte er, am 26. Februar 1630 mit 3000 Mann Santa Marta anzugreifen. Die Stadt wurde evakuiert. Eine »eindrucksvolle« Truppe[26] bereitete die Verteidigung vor: 50 Mann in drei Schützengräben und im Fort, vier Soldaten und 15 Unbewaffnete zur Bedienung der Geschütze. Entsprechend groß war die Feuerkraft: vier Bronzekanonen und zwei eiserne, sechs Quintals

Arias Montano und La Tortuga

Benito Arias Montano begann seine Karriere in der Karibik als Freibeuter[24].

1631 segelte er als Anführer von 40 Soldaten und einigen Indianern mit einigen Kanus zur Insel Tortuga vor der venezolanischen Küste, wo es ihm gelang, zwei holländische Pinken, die dort Salz luden, zu kapern. Das größere Schiff hatte 600 Tonnen und 22 Geschütze, das kleinere 300 Tonnen und sechs Geschütze.

Er zerstörte die Lagerhäuser und Einrichtungen zur Salzgewinnung, tötete etliche Holländer und nahm viele gefangen. Es war »ein bemerkenswerter Sieg«[25]. Als Belohnung wurde er kurze Zeit später zum Gouverneur von Cumaná ernannt.

Im März 1638 erfuhr er, dass acht holländische Schiffe bei der Salzpfanne lagen, die nun durch ein kürzlich errichtetes Fort geschützt war. Er bat den Gouverneur von Margarita um Hilfe und bekam 50 Mann, ebenso viele Indianer und sechs Kanus.

Plan der Insel La Tortuga und der Niederlassung, die die Holländer errichtet hatten, 1628

Am 4. April ging Montano mit 15 Kanus, 150 Soldaten und 200 indianischen Ruderern auf See. Sie wurden von einem Vorposten-Schiff gesichtet, das Alarm auslöste.

Die Spanier gingen an Land, griffen das Fort an und durchbrachen die Verteidigungslinien. 40 Holländer wurden enthauptet, der Rest konnte auf die Schiffe fliehen.

Das Fort wurde dem Erdboden gleichgemacht, Lagerhäuser und Vorrichtungen zerstört und die Salzpfanne geflutet. Montanos Beute bestand aus acht Kanonen.

(≈ 300 Kilo) Schießpulver und ein paar Kugeln. Während des zweistündigen Schusswechsels gaben sie zwölf Schuss ab.

Danach ging Hauspater an Land. Gouverneur Quero befahl seinen Leuten den Rückzug. Die Männer verließen die Gräben und ließen Cristóbal Matute mit den vier Soldaten im Fort allein im Angesicht von 3000 Holländern.

Hauspater verlangte vom Fort, es solle sich ergeben. Matute stimmte zu, wenn die Stadt nicht niedergebrannt würde. Er verließ mit seinen Waffen und einem Spazierstock das Fort, gefolgt von seinen wenigen Getreuen. Die Holländer staunten nicht schlecht.

Sie nahmen sich das Wenige, was es noch in der Stadt gab, einschließlich der Kanonen und der Kirchenglocken. Am 5. März segelte Hauspater nach Brasilien ab, wo ihm Antonio de Oquendo am 12. September einen schweren Schlag versetzte. Das Schiff fing Feuer. Hauspater sprang

über Bord und klammerte sich an einen Fregattenkapitän der *Prins Willem,* aber seine Kräfte erlahmten und er ertrank.

›Holzbein‹ kam 1631 wieder in die Karibik. Er konnte einige kleinere Schiffe kapern, als er der spanischen Flotte auflauerte, hatte aber sonst kaum Erfolg. 1633 wollte er ein Bündnis mit dem kubanischen Piraten Diego Reyes eingehen, der als »Diego der Mulatte« oder »Diego Luzifer« bekannt war[27], um Campeche angreifen zu können.

Am 11. August erreichte er die mexikanische Stadt mit elf Kriegsschiffen und zwei Schaluppen. Mit 500 Mann konnte er die Stadt erobern und verlangte 40 000 Pesos. Aber man behauptete, nicht so viel auftreiben zu können. Also wurde Campeche in Schutt und Asche gelegt.

Am 15. März 1638 kehrte »Holzbein« nach Kuba zurück. Auf seiner Reise von Holland hatte er eine Weile in Pernambuco gelegen, um auf Verstärkungen zu warten. Das

Prozess und Exekution von Juan de Benavides[28]

Als Philipp IV. vom Desaster von Matanzas erfuhr, befahl er Juan de Solórzano vom »Consejo de Indias«, die Anklage gegen Benavides und Leoz zu verfassen. Der ausführliche Bericht empfahl harte Strafen, obwohl ihnen keine Nachlässigkeit vorzuwerfen war.

Benavides wurde in der Festung von Carmona fünf Jahre lang festgesetzt. Leoz, den die Holländer freigelassen hatten, steckte man vier Jahre in Einzelhaft.

Am 18. Januar 1633 wurde Benavides in Madrid zum Tode verurteilt. Proteste seitens des Adels zögerten die Exekution 18 Monate hinaus, aber schließlich wurde der Befehl im Geheimen erteilt, wovon das Königliche Tribunal in Sevilla erst am 15. Mai 1635 erfuhr.

Benavides wurde nach Sevilla überstellt und von dem Urteil informiert. Man gab ihm eine schwarze Tunika, die er über seine Gefangenenkleidung ziehen musste. Er durfte weder die Tracht von Santiago noch seine Rangabzeichen tragen.

Am Morgen des 18. Mai wurde er auf dem Rücken eines Mulis zum Schafott gebracht, eine Ehre, die nur Rittern zuteil wurde. Vor dem Obersten Gericht wurde das Urteil verlesen: »Dieses Urteil haben Seine Majestät der König und seine königlichen Ratgeber

gegen diesen Mann und seinen Beitrag beim Verlust der Flotte von Nueva España gefällt, die der Feind im Jahre 1628 kaperte. Möge Gott seiner Seele gnädig sein ...«[29]

Das Schafott stand auf der Plaza de San Francisco. Um Zwischenfälle mit dem Adel zu vermeiden, waren die Zugänge so blockiert, dass keine Kutschen hindurch konnten. Falls ein Adliger einen Aufruhr verursachen wollte, musste er dies zu Fuß tun.

Benavides bestieg das Blutgerüst, kniete nieder und sprach mit einem Klosterbruder, der ihm die Absolution erteilte. Dann erhob er sich, setzte sich auf den Stuhl und umklammerte das Kreuz von Santiago. Er bat den Henker fortzufahren.

Er wurde an den Stuhl gefesselt und bekam eine Augenbinde. Der Henker stand vor ihm, wie es sich gehörte, und schlug dreimal mit dem Schwert zu.

Dem Leichnam wurden die Fesseln abgenommen. Er blieb unter einem schwarzen Tuch auf dem Schafott liegen. Die Adligen übernahmen die Bestattung. Benavides wurde in einer Nische der Hauptkapelle des Klosters San Francisco beigesetzt, die der Marquis von Ayamonte zur Verfügung gestellt hatte.

---

dritte Mitglied seiner Bande war sein Vizeadmiral Abraham Rosendal, der ein Patent der Westindischen Kompanie besaß.

Der Gouverneur von Havanna wurde vom Kriegsrat in Spanien vor diesen Piraten gewarnt und gab die Information nach Veracruz und Portobello weiter. Für Veracruz kam sie rechtzeitig, für Portobello zu spät. Carlos de Ibarra hatte mit der Tierra Firme-Flotte bereits Segel gesetzt.

Am 30. August sah er Holzbeins Flotte in Pan de Cabañas vor Anker liegen.

Dessen Angriff scheiterte jedoch, ebenso der zweite Versuch am 3. September. Holzbein verlor viele Männer und konnte kein einziges Schiff kapern. Einen dritten Versuch lehnte seine Mannschaft ab, und er musste gescheitert abdrehen. Ibarra kehrte am 24. September nach Veracruz zurück, um hier zu überwintern. Holzbeins Flotte wurde in einem Hurrikan schwer beschädigt.

Die Flotten von Nueva España und Tierra Firme wurden neu geordnet. Sie segelten auf einem ungewöhnlichen Kurs nach Spanien, bei dem sie Havanna und die Azoren umgingen. Am 15. Juni 1639 kamen sie unter großem Jubel im ganzen Königreich in Cádiz an[30].

1640 versuchte Holzbein nochmals sein Glück in Havanna. Er verlor nur vier Huker. In dieser Zeit gab es jedoch nur ein paar unbedeutende Angriffe auf Küstenstädte von Venezuela und Honduras.

San Cristóbal, Insel der Bruderschaft

Nach dem Ende des Waffenstillstandes suchten Banden von französischen, englischen und holländischen Abenteurern die »Inseln unter dem Winde« auf. Der Tabakanbau und die Schmuggelei waren für sie der Ausweg aus äußerster Armut.

Um 1622 hatte Sir Thomas Waernard oder Warner[31] eine kleine Tabakplantage auf der Insel San Cristóbal (heute: St. Kitts/St. Christopher) angelegt. Anfangs wurde die Kolonie von Indianern angegriffen und erlitt schwere Verluste. Nachdem diese Phase überstanden war, massakrierten die Engländer die Bevölkerung mit Ausnahme der jungen Männer, die als Sklaven auf den Plantagen arbeiten mussten.

In dieser Zeit legte in Dieppe eine Brigantine mit 40 Mann und vier Kanonen ab. Kommandeur war Pierre Belain d'Enambuc, Kapitän der Royal Navy. Sein Erster Offizier hieß Urbain du Roissey de Chardouville.

Sie segelten zur Insel Pinos, wo sie seit Anfang der 1620er-Jahre Piraterie betrieben zu haben schienen. In der Nähe von Gran Caimán (Grand Cayman) zogen sie bei einer Begegnung mit einer spanischen Galeone den Kürzeren. Danach gingen sie vor St. Kitts vor Anker und trafen Lavasseur mit etlichen Sklaven. Einige Quellen behaupten, dass d'Enambuc zwischen 1620 und 1623 zusammen mit Henry de Chantail und Levasseur auf der Insel war. Sie hatten gute Beziehungen zu den Engländern. Wie auch immer, die Freundschaft zwischen den

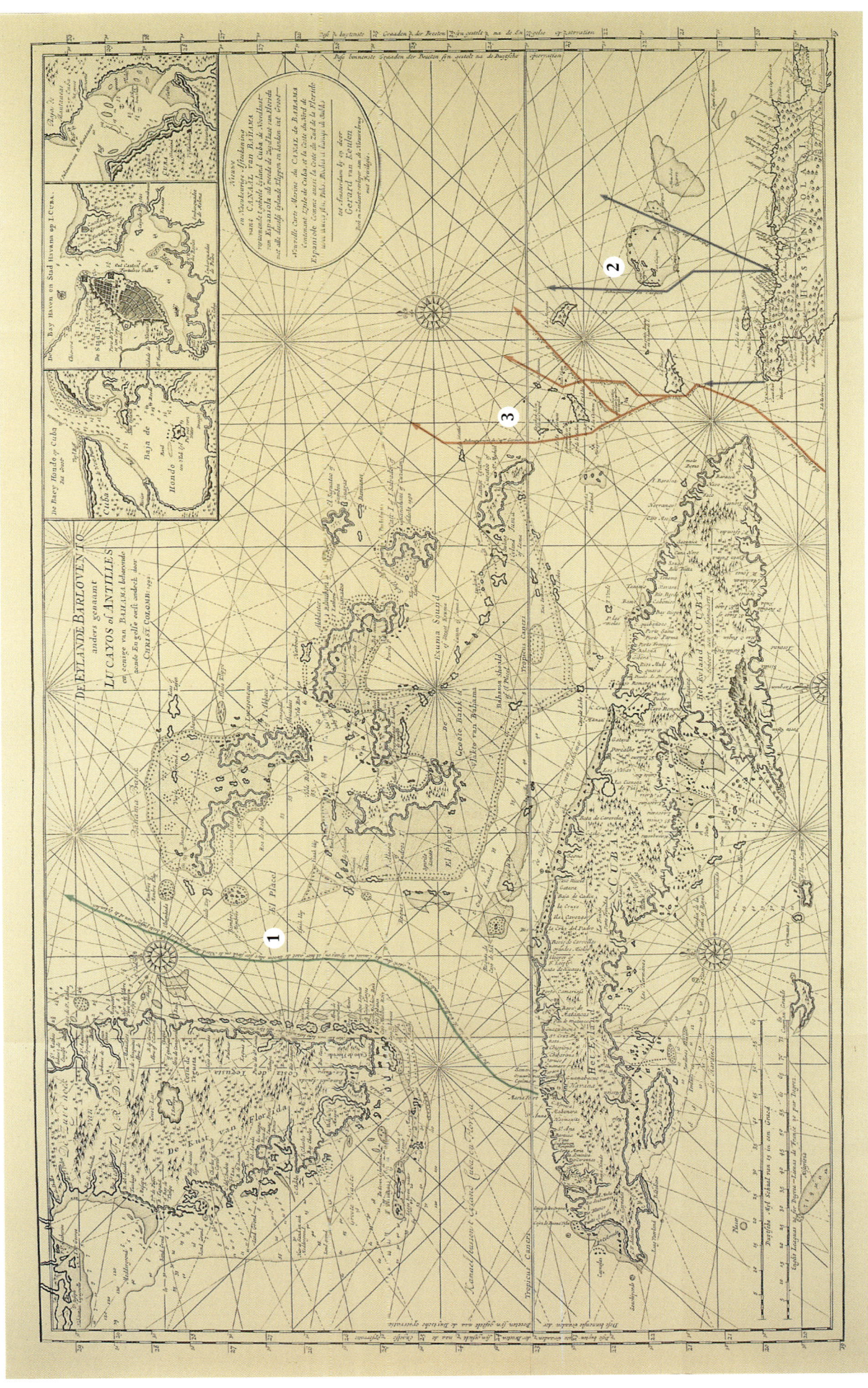

*Holländische Karte mit den
Routen der Flotten von
Spanien ①, Frankreich ②
und England ③.*

Gefechtsbereitschaft

Die ständige Gefahr der Feindberührung auf See bedeutete auch dauernde Alarmbereitschaft. Für den Gefechtsfall hatte der aus Offizieren gebildete Kriegsrat einen Einsatzplan ausgearbeitet, damit jeder Mann an Bord wusste, was er zu tun und wo er zu stehen hatte.

Die Seeleute mussten die Leinen aufschießen und verstauen, damit sie nicht darüber stürzen konnten, falls im Gefecht die Fallleinen herunterkamen. Der Erfahrenste sollte ans Ruder gehen. Ersatzteile mussten bereitliegen, falls die Pinne brach.

Die Kanoniere wurden den Geschützen zugeteilt. Zu jedem gehörten ein Kanonier und zwei Gehilfen. Nur die Geschütze auf dem Vor- und Quarterdeck wurden von zwei Mann bedient.

Die Soldaten waren unter Führung von Offizieren über das ganze Schiff verteilt und hatten jeder einen bestimmten Auftrag.

① Buggeschütz 1 (3 Kanoniere)
② Buggeschütz 2 (3 Kanoniere)
③ 1. Geschütz (3 Kanoniere)
④ 2. Geschütz (3 Kanoniere)
⑤ 3. Geschütz (3 Kanoniere)
⑥ Geschütz am Pumpenauslass
⑦ Großmastgeschütz (3 Kanoniere)
⑧ 3. Achtergeschütz (3 Kanoniere)
⑨ 2. Achtergeschütz (3 Kanoniere)
⑩ 1. Achtergeschütz (3 Kanoniere)
⑪ Heckgeschütz (3 Kanoniere)
⑫ Backdeckgeschütz 1 (3 Kanoniere)
⑬ Backdeckgeschütz 2 (3 Kanoniere)
⑭ 3. Quarterdeckgeschütz (3 Kanoniere)
⑮ 2. Quarterdeckgeschütz (3 Kanoniere)
⑯ 1. Quarterdeckgeschütz (3 Kanoniere)
⑰ Galion. Hier standen Soldaten mit Arkebusen und Musketen. Ihre Aufgabe war, in die Geschützluken zu schießen, um den Feind am Feuern zu hindern.
⑱ Backdeck. Der Erste Offizier stand hier mit zwei Unteroffizieren an jeder Seite sowie Arkebusen- und Musketenschützen. Wenn geentert werden sollte, bekamen die Soldaten Enteräxte, Säbel, Schwerter und andere Blankwaffen.
⑲ Hauptdeck. Hier versammelten sich die meisten Soldaten mit der Reservemannschaft. Sie hatten Blankwaffen, Piken, Enteräxte, Säbel und Schwerter.

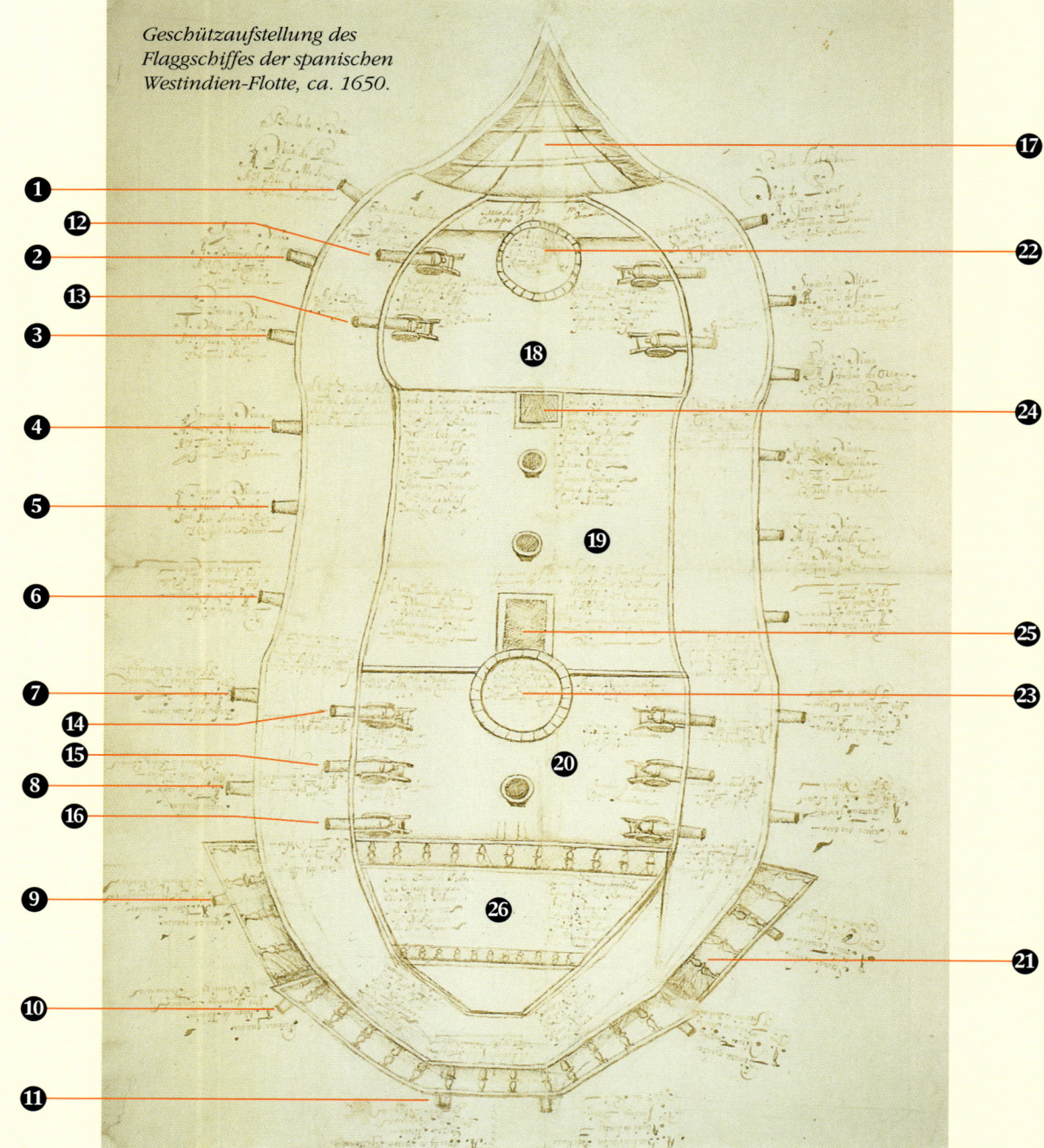

Geschützaufstellung des Flaggschiffes der spanischen Westindien-Flotte, ca. 1650.

⑳ Poop. Hier unterstützten der Kapitän und die Stabsoffiziere den Flottenkommandeur. Dies konnte auch auf dem Quarterdeck der Fall sein. Unbeteiligte Passagiere versammelten sich gleichfalls hier.
㉑ Gedeckte Heckreling. Hier waren zumeist Arkenbusenschützen postiert.
㉒ Mars im Fockmast. Ein Offizier und zwei Soldaten warfen Granaten und andere Geschosse von hier auf das Deck des Feindes.
㉓ Großmars. Besetzung wie Mars im Fockmast mit Arkebusenschützen als Verstärkung.

㉔ Vorluke. Hier waren ein Kapitän, drei Leutnants und ein Sergeant postiert, um »Feuer zu löschen« und »die Soldaten mit Munition zu versorgen und die Verwundeten zu bergen«.
㉕ Hauptluke. Hier befand sich das Lazarett, zu dem die Verwundeten gebracht wurden.
㉖ Quarterdeck. Von hier aus gaben Offiziere Befehle an die Geschütze auf beiden Seiten.

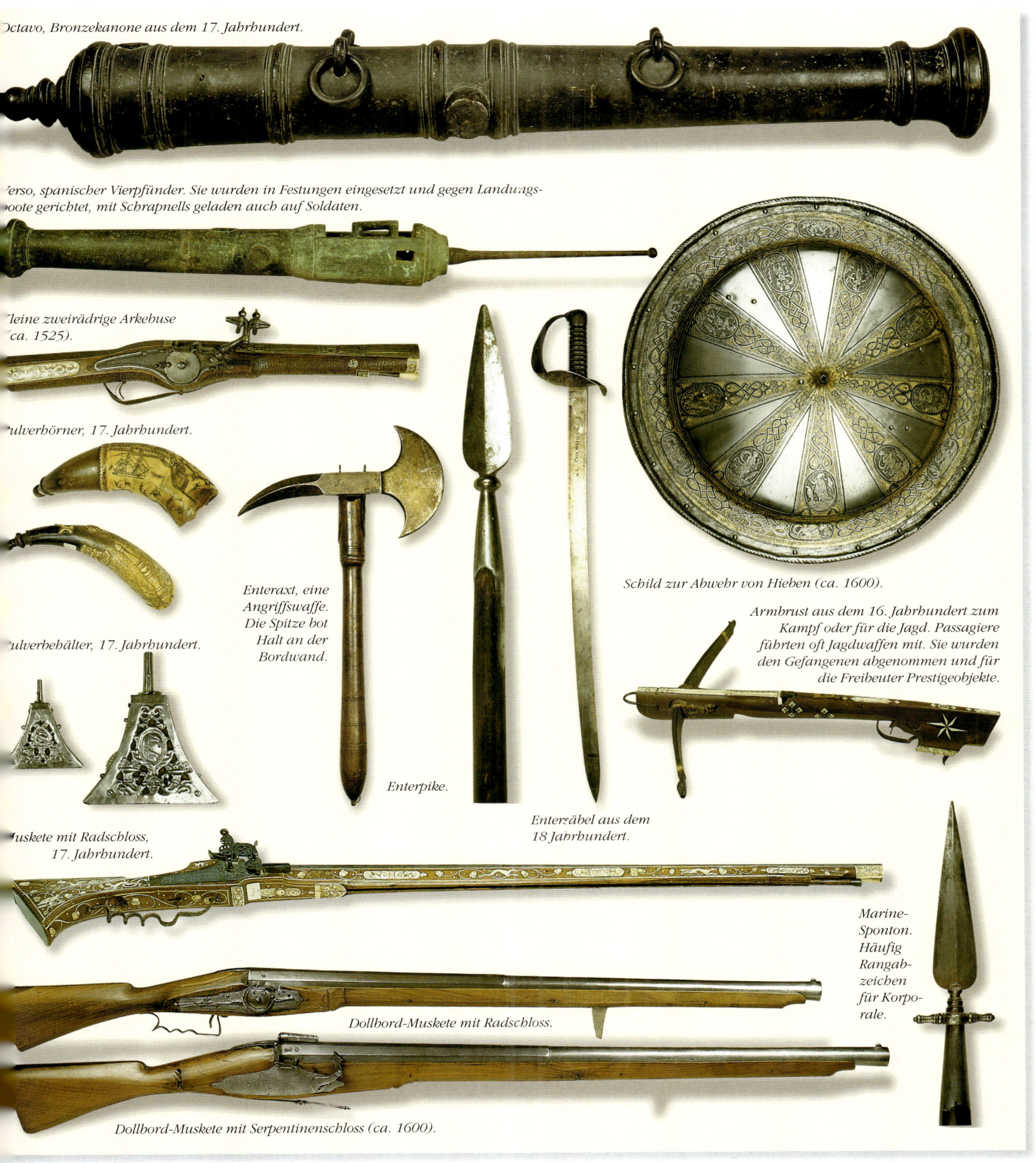

Octavo, Bronzekanone aus dem 17. Jahrhundert.

Verso, spanischer Vierpfünder. Sie wurden in Festungen eingesetzt und gegen Landungs-boote gerichtet, mit Schrapnells geladen auch auf Soldaten.

Kleine zweirädrige Arkebuse (ca. 1525).

Pulverhörner, 17. Jahrhundert.

Pulverbehälter, 17. Jahrhundert.

Enteraxt, eine Angriffswaffe. Die Spitze bot Halt an der Bordwand.

Enterpike.

Schild zur Abwehr von Hieben (ca. 1600).

Armbrust aus dem 16. Jahrhundert zum Kampf oder für die Jagd. Passagiere führten oft Jagdwaffen mit. Sie wurden den Gefangenen abgenommen und für die Freibeuter Prestigeobjekte.

Muskete mit Radschloss, 17. Jahrhundert.

Entersäbel aus dem 18. Jahrhundert.

Marine-Sponton. Häufig Rangab-zeichen für Korpo-rale.

Dollbord-Muskete mit Radschloss.

Dollbord-Muskete mit Serpentinenschloss (ca. 1600).

Rückeroberung von Bahía in Brasilien.
Juan Bautista Maino (1578–1649); Prado, Madrid.
1624 nahm eine holländische Flotte mit 35 Schiffen und 3000 Mann
unter Jacob Willekens und Pieter Heyn Bahía ohne Widerstand ein.
Spanien bereitete als Gegenschlag eine mächtige spanisch-portugiesi-
sche Armada vor.

Franzosen und Engländern war so gut, dass Warner und d'Enambuc beschlossen, in ihren Heimatländern Mittel zum Ausbau der Kolonie aufzutreiben und alles brüderlich zu teilen. Dann segelten sie mit Ladungen von Tabak und Holz zurück nach Europa.

Im Oktober 1626 war Kardinal Richelieu zum General-Superintendenten für Schifffahrt und Handel ernannt worden. D'Enambuc nahm mit ihm Kontakt auf und konnte seine Unterstützung gewinnen. Am letzten Oktobertag wurde die »St. Kitts Company« gegründet, die als »Westindien-Kompanie« oder als »Vereinigung der Herren der Kompanie der amerikanischen Inseln« bekannt wurde[32].

Sie hatte ein Kapital von 40 000 Pfund. 10 000 Pfund hatte Richelieu selbst beigesteuert. D'Enambuc und Du Roissey erhielten die Erlaubnis der Kompanie, auf den »Inseln unter dem Winde« zwischen 11° und 18° nördlicher Breite Kolonien zu gründen.

Rückeroberung von St. Kitts (San Cristóbal/Saint Christopher).
Eugenio Caixes (1572–1634); Prado, Madrid.
Die Spanier reagierten auf die Einrichtung französischer und englischer Siedlungen auf St. Kitts schnell. Fadrique de Toledo führte den Befehl aus, die Siedler von der Insel zu vertreiben.

Am 8. Mai 1627 trafen 300 Franzosen auf St. Kitts ein. Warner war kurz zuvor mit 400 Mann und Erlaubnis einer englischen Kompanie eingetroffen, die Lord Karlay in London gegründet hatte[33].

Nach fünf Tagen wurden die Grenzen vertraglich geregelt. Die Engländer bekamen die Mitte der Insel, die Franzosen den Nordwesten und den Südwesten[34]. Man legte Festungen an: Fort Charles mit 22 Geschützen bei den Engländern, Fort Richelieu mit 14 Geschützen im Norden und Basseterre mit 11 im Süden.

Als dies in Madrid bekannt wurde, erhielt Fadrique de Toledo den Befehl, auf seinem Weg nach Brasilien die Kolonisten zu vertreiben. Dies wiederum kam Richelieu zu Ohren, der neun Schiffe unter Francis Rotondy zur Verstärkung der Kolonie schickte. Die Flotte kam sehr früh an und glaubte, dass die Spanier bereits vorbeigefahren seien. Sie segelte nach San Eustaquio/Sint Eustatius und baute hier ein Fort.

Das spanische Geschwader aus 35 Galeonen, 14 Handelsschiffen und acht in Nieves gekaperten englischen Schiffen kam erst Mitte September[35]. Die Spanier gingen in Basseterre an Land. Du Roissey erhielt noch 900 Mann Verstärkung und konnte das Fort einige Zeit halten, ergab sich dann aber mit allen Ehren.

Der nächste Angriff galt Fort Charles, dann eroberten sie Fort Richelieu. Die Spanier machten 2300 Gefangene und erbeuteten 129 Kanonen, 42 Steinmörser, 1350 Musketen und Arkebusen sowie Munition. Das Fort wurde abgefackelt, die Gefangenen unter der Bedingung freigelassen, dass sie nach Europa zurückkehren und nie mehr nach Westindien kommen würden.

Die französische Flotte segelte nach Antigua. Wegen eines Sturmes musste sie bei Saint Martin Schutz suchen, wo es aufgrund von Wassermangel viele Probleme gab. Du Roissey kehrte nach Frankreich zurück und erstattete Richelieu Bericht. Dieser ließ ihn in der Bastille einsperren, weil er die Kolonie nicht energisch genug verteidigt hatte[36]. Andere französische Kolonisten fanden sich teilweise auf Monserrat, San Bartolomé/Saint Barthélemy oder Anguilla wieder.

Die Engländer hatten mehr Glück. Sie handelten einen geordneten Rückzug aus. Die Spanier drohten ihnen allerdings den Tod an, wenn sie bei ihrer Rückkehr aus Brasilien immer noch auf der Insel wären.

Fast überflüssig zu erwähnen, dass sie die Siedlung wieder aufbauten, kaum hatten die Spanier die Anker gelichtet. D'Enambuc kehrte 1630 nach St. Kitts zurück. Das Abkommen zwischen Franzosen und Engländern galt immer noch.

Einige der Vertriebenen ließen sich an der Nordküste von Hispaniola nieder und wurden Bukaniers, andere siedelten auf der vorgelagerten Insel Tortuga, bauten Tabak an und handelten mit den Holländern. Die holländische Westindische Kompanie bot ihnen Schutz an und »versprach, sie nicht zugrunde gehen zu lassen und mit allem Nötigen im Tausch gegen Leder von erjagtem Vieh zu versorgen ...«[37].

Das Ergebnis der Vertreibung von St. Kitts war anders als erwartet. Die Kolonie erhielt sich, und einige weitere Inseln wurden kolonisiert.

Diese Erfahrung ermutigte andere, ähnliche Projekte zu verfolgen. 1630 erhielt die englische Providence-Kompanie Rechte von der Britischen Admiralität, darunter auch Kaperbriefe auszustellen[38]. Die Kolonie konnte bis zur Vertreibung 1641 gehalten werden. 1635 reorganisierte Richelieu die französische Indien-Kompanie, und d'Enambuc errichtete auf Martinique und Guadeloupe neue Siedlungen.

Der Freihandel von La Tortuga

Die Kolonie auf der Insel La Tortuga vor Hispaniola hatte seit ihrer Gründung unter holländischem Schutz viele Rückschläge erlitten. 1635 entvölkerte Ruy Fernández de Montemayor[39] mit 250 Mann aus Santo Domingo die Insel. Er enthauptete 195 Kolonisten, nahm 39 Gefangene und 30 Sklaven. Aber er ließ keine Besatzung zurück. Bald entstand eine neue französische Kolonie mit Siedlern aus Tierra Grande, wie man damals die Nordküste von Hispaniola nannte.

Ein Jahr später fiel eine Abteilung Engländer aus Nieves über die Insel her und brachte 40 Franzosen um, die sich hier dauerhaft niedergelassen hatten.

Die Spanier dachten nicht daran, dieses Treiben zu dulden, und schickten 1638 eine Flotte unter Carlos de Ibarra, um dem ein Ende zu machen. Wem nach der Landung der Spanier die Flucht gelang, begab sich wiederum nach Hispaniola.

Am 14. Februar des gleichen Jahres wurde Philippe de Loinvilhiers de Poincy, Ritter des Johanniterordens zu Jerusalem und Geschwader-Kommodore der Marine, zum Generalkapitän der amerikanischen Inseln ernannt[40]. Er folgte d'Enambuc nach, der 1636 auf St. Kitts gestorben war. Gleichzeitig beförderte ihn der französische König zum Generalleutnant der Inseln.

Poincy traf im Februar 1639 aus St. Kitts ein. Mit ihm kam Levasseur als sein Leutnant zurück. Aber es gab Probleme mit ihm, weil er beschuldigt wurde, Hugenotte zu sein. Um ihn nicht opfern zu müssen, schickte Poincy ihn nach La Tortuga, um dort wieder die Kontrolle zu übernehmen. Die Insel war wieder von 300 Männern besiedelt, die Roger Flood befreit hatte, der Vertreter der englischen Kompanie von Providence[41].

Ende Mai 1640 ging Levasseur hier mit 50 Hugenotten[42] aus der Normandie an Bord und segelte nach Port Margot, einer kleinen Insel dicht bei Hispaniola. Innerhalb von drei Monaten entwickelte er freundschaftliche Beziehungen zu den Bukaniers und gliederte 50 Mann in seine Streitmacht ein. Am 31. August begann sein Angriff auf La Tortuga, das er schließlich einnehmen konnte.

Anfänglich unterstellte er sich der Autorität Poincys und unterzeichnete am 2. November 1641 ein Abkommen, mit dem er im Namen der Kompanie zum Gouverneur ernannt wurde.

Der erste Artikel garantierte die Gleichberechtigung zwischen Hugenotten und Katholiken und regelte die allgemeinen Grundsätze[43]. Besonders genau wurde die Aufteilung der Profite festgelegt. Ein Zehntel erhielt der Kö-

Die Ermordung von Levasseur[44]

Levasseur hatte zwei Patensöhne zu seinen Nachfolgern bestimmt. Tibaut und Kapitän Martín standen ihm bei seiner Schreckensherrschaft als Gouverneur zur Seite. Aber weil Levasseur Tibaut wegen seiner Beziehung zu einer besonders schönen Prostituierten dauernd Vorwürfe machte, heckte dieser eine Verschwörung gegen seinen Paten aus.

Als der Gouverneur eines Morgens die Lagerhäuser kontrollierte, wurde er von sieben oder acht mit Musketen bewaffneten Männern angegriffen. Die Schüsse trafen ins Ziel, aber es war nicht Levasseur, sondern nur sein Abbild in einem Spiegel. Als er sein Schwert von seinem schwarzen Schwertträger ergreifen wollte, wurde er von Tibaut erstochen.

Die Bewohner der Insel La Tortuga[45]

Nachdem sich die »Kompanie der Amerikanischen Inseln« die Kolonie einverleibt hatte, achtete man auf ein harmonisches Zusammenleben von Bukaniers, Filibustern, normalen Siedlern und Dienstverpflichteten.

Die Filibuster waren seefahrende Abenteurer. Ihr Geschäft war das Plündern und Schmuggeln, und ihre Beute versorgte die Kolonie teilweise mit dem Nötigsten.

Die Bukaniers hatten ihre Siedlungen an der Nordküste von Hispaniola. Hier jagten sie wildes Vieh, das in den riesigen, Anfang des Jahrhunderts entvölkerten Gebieten umherwanderte. Sie präparierten die Häute, räucherten und salzten das Fleisch.

Nach Jagden von sechs oder zwölf Monaten kehrten sie nach La Tortuga zurück, um Fleisch und Talg zu verkaufen. Das Leder wurde exportiert, und im Gegenzug bekamen sie Waffen, Schießpulver und Munition.

Die übrigen Bewohner der Insel betrieben Tabakplantagen und Handel. Gelegentlich beteiligten sie sich auch an der Verteidigung und an Raubzügen auf hoher See. Für die schwersten Arbeiten hatten man Neger- oder Indianersklaven.

In einer späteren Phase stellte die Kompanie Dienstverpflichtete zur

Verfügung. Dies waren freie Männer, die einen Dreijahresvertrag unterschrieben und sich zur Arbeit unter ähnlichen Bedingungen wie die Sklaven verpflichteten. In den ersten zwei Jahren waren ihre Arbeitsbedingungen in der Regel gut, im

Illustration zum Leben der Bukaniers

dritten Jahr wurden sie so schlecht behandelt, dass sie gezwungen waren, einen neuen Vertrag einzugehen, um ihre Lage zu verbessern.

---

nig, die eine Hälfte des verbleibenden Teiles stand der Kompanie zu, die andere dem Gouverneur und seinen Offizieren. Sie wurde wiederum gedrittelt: ein Teil für Gouverneur Levasseur, ein Teil für den Generalkapitän Poincy, der Rest für die Offiziere.

Aber Levasseur hatte nicht wirklich vor, sich an das Abkommen zu halten. Er war etwas über 40 Jahre alt und in Kriegsdingen sehr erfahren. Er wählte den besten Platz für ein Fort, La Roca[46], in dem er sein Hauptquartier aufschlug. Für Anordnungen Poincys hatte er ein taubes Ohr.

Eine Abteilung aus 40 Mann unter Poincys Neffen de Lonvilliers, der ihn überwachen sollte, wies er zurück. Er

machte die hugenottische Religion zur offiziellen, verbrannte die katholische Kapelle und verfolgte Katholiken.

Die Uneinnehmbarkeit des Forts La Roca erwies sich 1643, als es einem spanischen Angriff mit zehn Schiffen und 1000 Mann standhielt[47]. Die Spanier verloren ein Zehntel ihrer Leute und mussten aufgeben.

Die Befestigung der Insel wirkte sich günstig auf die Geschäfte aus. Hier war ein Ort entstanden, an dem Sicherheit herrschte. Die Bukaniers verkauften ihre Häute und kauften Schmuggelware. Es entstanden Tabakplantagen und Lagerhäuser.

Levasseur arbeitete mit den Korsaren zusammen. Er unterstützte die Freibeuter nicht offen, erlaubte ihnen aber,

Der Angriff auf La Tortuga/Hispaniola

In der Dämmerung des 10. Januar 1654 richtete die spanische Flotte ihr Augenmerk auf La Tortuga. Juan de Morfa Giraldino, ein irischer Flüchtling und ehemaliger Filibuster, beriet die Offiziere bei ihrer Angriffsplanung. Die ursprüngliche Taktik, bei Nacht unbeobachtet an Land zu gehen, misslang aber. Die Flotte musste unter französischem Geschützfeuer La Roca passieren.

Sie segelte in eine Bucht an der Westküste der Insel und setzte Soldaten an Land. Diese Truppen griffen eine Stadt an und sicherten ihre Stellungen unter dem Schutz der Flotte. Vor Einbruch der Nacht errichteten sie am Fuß des Berges ein Lager.

Am 12. Januar griff die Flotte La Roca von See mit ihren Geschützen an. Die Truppen rückten vor und brachten ihre Geschütze in Stellung.

Am nächsten Tag erhielten sie durch zwei Bronzekanonen Verstärkung und beschossen das Fort während des ganzen Nachmittags und der folgenden Nacht.

In der Nacht machten die Franzosen einen Ausfall, wurden aber zurückgeschlagen. Ihnen wurde zum ersten Mal Pardon angeboten, aber sie lehnten die Aufgabe ab.

Am Morgen des 18. Januar kapitulierte Fontenay schließlich. Er hatte zugestimmt, »das Fort und die Insel mit seinen Männern, Kleidung und Flagge zu verlassen ..., um mit 30 seiner Sklaven auf den zugewiesenen Schiffen nach Frankreich zu segeln«.

ihre Waren an den Mann zu bringen, ohne nach ihrer Herkunft zu fragen.

Zu seiner Zeit war La Tortuga eine Art Freihandels-Republik. Auch wenn es eine formale Abhängigkeit von der Autorität der Kompanie gab, galten praktisch nur die Gesetze, die der Gouverneur für richtig hielt. Er erzielte enorme Gewinne durch Wucher-Steuern auf alle hier getätigten Geschäfte und etablierte eine Terrorherrschaft.

In La Roca[49] ließ er ein Gefängnis bauen, das er »Fegefeuer« nannte, von wo aus die Missetäter in die Hölle gelangen sollten. In dieser selbst erfundenen Vorrichtung folterte er seine Opfer, bis sie für den Rest ihres Lebens gezeichnet waren.

Dies konnte nicht ungestraft bleiben. 1652 erreichte der Chevalier de Fontenay mit einer Fregatte und 22 Geschützen St. Kitts und wollte Mannschaften als Ersatz für seine erschöpften Leute anwerben.

Poincy hatte längere Zeit nach jemandem Ausschau gehalten, der für eine Aktion gegen Levasseur geeignet war, um die Kontrolle über La Tortuga zurückzugewinnen. Fontenay schien ihm dieser Mann zu sein[50]. Er verfügte über beträchtliche Kriegserfahrung und hatte im Mittel-

meer 1644 an der Schlacht zwischen der türkischen Flotte und General Neufchesés teilgenommen. Am 29. Mai 1652 unterzeichneten Fontenay und Poincy ein Abkommen, das jenem sehr ähnlich war, in dem Levasseur zum Gouverneur von La Tortuga ernannt wurde. Eine Angriffstruppe wurde zusammengestellt, die direkt zu der Insel segelte. Als sie dort ankam, erfuhr sie jedoch von der Ermordung Levasseurs.

Die Insel wurde jetzt von den Verschwörern beherrscht, die keine verlässlichen Truppen zum Kampf gegen die Franzosen aufbieten konnten. Sie ergaben sich unter der Bedingung, die ganzen Reichtümer Levasseurs behalten zu dürfen, und mit dem Versprechen, die Umstände seines Todes nie zu untersuchen[51].

Fontenay setzte den Katholizismus wieder in sein Recht ein und unterstellte sich der Autorität der Kompanie. Der neue Gouverneur ermutigte viele, auf die Insel zurückzukehren. Es bildete sich wieder ein ausgeglichenes Gemeinwesen.

Fontenay konzentrierte sich darauf, die Insel zu konsolidieren. Um Probleme mit den Spaniern zu vermeiden, sah er davon ab, Tierra Grande zu kolonisieren. Auf der anderen Seite unterstützte er die Freibeuterei, wie er sie aus dem Mittelmeer kannte.

Auf Hispaniola erfuhr man im Mai 1652 von der Situation auf der Insel durch die Befragung englischer und französischer Gefangener aus La Tortuga. Sie wurden im August nach Santo Domingo gebracht und erneut befragt.

Danach erhielt der König in Spanien einen Bericht, der feststellte, dass »die englischen und französischen Feinde mit mehr als 1000 Mann an der Nordseite der Insel in 22 Städten an den besten Plätzen an Land gegangen sind. Sie ziehen unbehelligt von Ort zu Ort und stehlen Vieh und die Früchte der Insel. Sie nehmen den Leuten in den Dörfern im Norden und besonders in La Tortuga, wo sie ihr Fort haben, Fleisch und Häute ...«[52]

Am 18. August des folgenden Jahres starb der Generalkapitän von Hispaniola, Andrés Pérez Franco. Sein Nachfolger Juan Francisco Montemayor Cuenca, ein junger Mann von 33 Jahren, schwor, das Problem zu lösen.

Nach etlichen Vorbereitungen schrieb er am 8. Dezember an den König und informierte ihn, dass es dringend und sofort notwendig sei, die Franzosen zu vertreiben, und schlug geeignete Maßnahmen vor.

Ohne die Antwort abzuwarten, erreichte er mit seinen Männern am 10. Januar 1654 die Küste von La Tortuga. Acht Tage später kapitulierten die Franzosen. 330 Männer – ohne Frauen und Kinder – ergaben sich, 25 Soldaten wurden aus dem Gefängnis befreit. Insgesamt 500 Men-

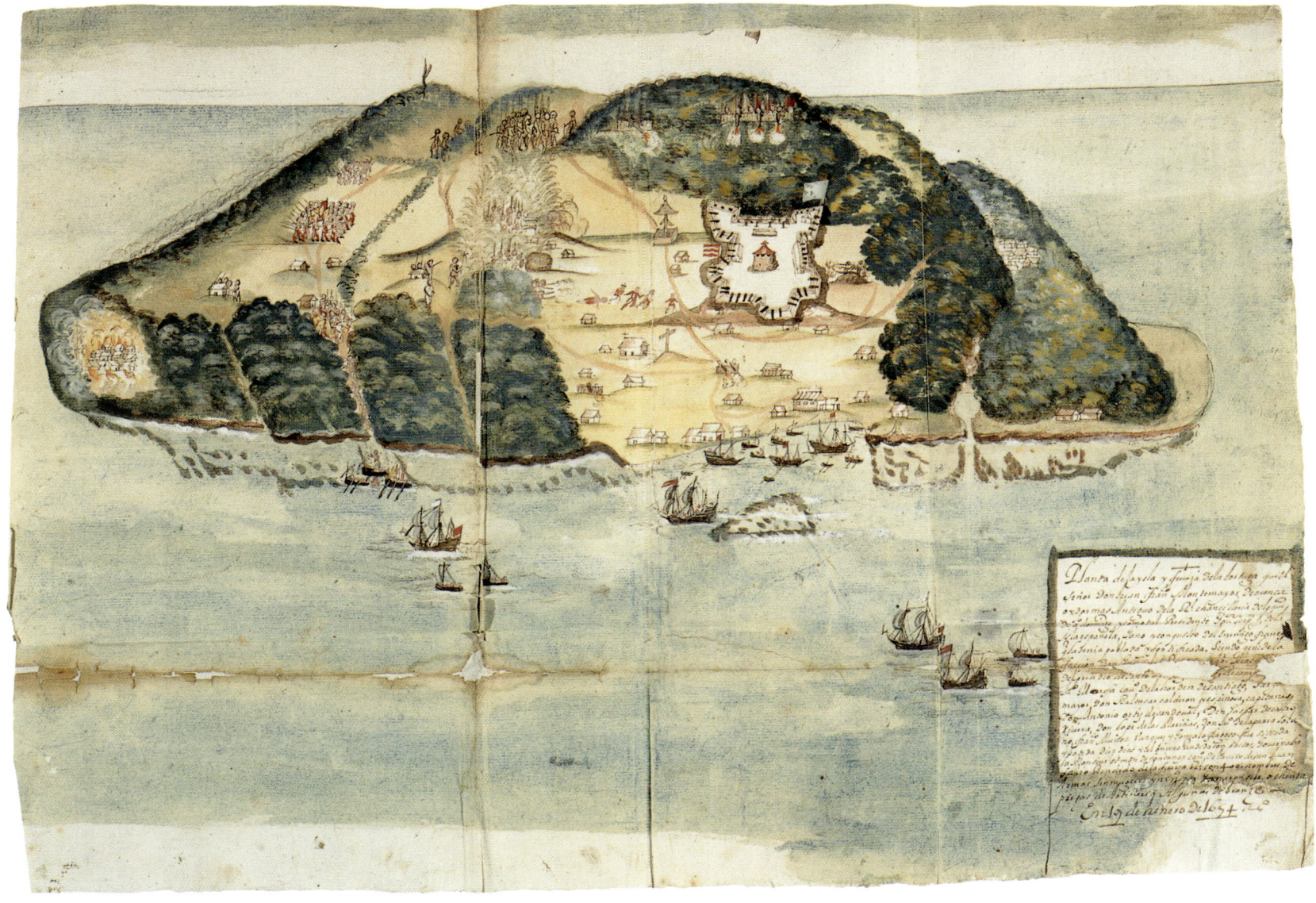

Im Januar 1654 wurde La Roca eingenommen, das berühmte Fort zum Schutze der Insel La Tortuga (nordwestlich von Hispaniola, heute Haiti). Die Franzosen wurden vertrieben, wenngleich sie auch versuchten, die Insel zurückzuerobern. Die politischen Umstände und in ganz besonderer Weise auch die Unfähigkeit des neuen Gouverneurs von La Española (Hispaniola) verurteilten die Versuche des Montemayor Cuenca zum Scheitern, seinen Besitz für Spanien wiederzuerlangen.

schen mussten die Insel verlassen. Thomas de Fontenay, der Bruder des Gouverneurs, blieb als Geisel zurück.

Man fand 70 Kanonen, davon vier aus Bronze, ebenso Indianer-Sklaven. Auf spanischer Seite hatte es zwei Tote gegeben, auf französischer 25 bis 30. Zusätzlich zu den Geschützen betrug der Gewinn 20 000 Dukaten.

Eine Abteilung mit 150 Mann unter Baltasar Calderón Espinosa wurde zum Schutz der Insel zurückgelassen. Sie wehrte im August zwei Gegenangriffe der Franzosen ab.

Trotz aller Bemühungen Montemayors nach der Ankunft des neuen Präsidenten der Verwaltungsbehörde von Santo Domingo, Bernardino de Meneses Bracamonte y Zapata, wurde die Insel am 8. April 1655 evakuiert.

Neue Siedlungen prägten das neue Gesicht der Insel La Tortuga, die zum Versteck der Filibuster werden sollte.

Sir William Penn.
Sir Peter Lely, 1618. National Maritime Museum Greenwich.

6.

Die Sonne scheint für alle:
Bukaniers, Filibuster und Korsaren
(1655–1671)

Der Sieg Oliver Cromwells, die Bildung des »Commonwealth of England« und seine Vorstellung von England als Republik zerstörte neuerlich die empfindliche Balance, die der Westfälische Friede geschaffen hatte. Weil er Spanien als den gefährlichsten Feind betrachtete, betrieb er eine neue anti-spanische Politik, nachdem der niederländisch-englische Krieg beendet war. 1653 schloss er einen Handelsvertrag mit Portugal und trat in eine Allianz mit Frankreich ein, um einen offenen Krieg gegen Spanien zu führen.

1654 startete Cromwell einen größeren Angriff auf spanische Interessen an zwei Fronten gleichzeitig. Ein schlagkräftiges Geschwader mit 25 Schiffen unter Admiral Blake und einem Expeditionskorps unter General Montagu segelte in das Mittelmeer. Nach Lateinamerika schickte Cromwell 38 Schiffe unter dem Kommando von Sir William Penn. Sie hatten 3000 Soldaten unter General Venables an Bord.

Blake hatte vor der Küste von Cádiz und vor den Kanarischen Inseln einigen Erfolg. Penn erlitt vor Santo Domingo eine peinliche Niederlage. Um dies wieder wettzumachen, eroberte Venables die Insel Jamaika, die dem Herzog von Veragua gehörte und von einer kleinen Kolonie Bauern und Schafhirten besiedelt war. Diese Tat sollte die Geschichte der Piraterie in der Karibik nachhaltig verändern: Ab 1655 wurde Jamaika ein Schlupfwinkel für Filibuster und Schmuggler.

Englands Politik für Westindien

Blake hatte am 24. Dezember 1655 die Segel gesetzt. Zwei Monate später ging das Geschwader von Penn und Venables in See. Der Anfang war nicht vielversprechend. Die Mannschaften begannen beinahe eine Meuterei, weil die Verpflegung miserabel war und niemand wusste, was das Ziel des Unternehmens war.

Die Kommandeure Penn und Venables waren fast genauso niedergeschlagen wie ihre Leute. Sie hatten von Cromwell, als »Lord Protector« seit Januar 1654 Chef der Exekutive, den Befehl erhalten, die genauen Instruktionen über ihren Auftrag erst vor Barbados zu entsiegeln. Wie befohlen, erreichten sie nach 35 Tagen die Inseln, nahmen 3500 Soldaten Verstärkung an Bord und machten sich auf nach Hispaniola.

Die spanischen Behörden kannten die Absichten der Engländer. Zunächst hatten sie die Informationen aus England nicht ernst genommen, weil sie glaubten, Cromwell würde erst den Krieg erklären, bevor die Feindseligkeiten begännen. Aber nach dem Ablegen von Blakes Geschwader wurden Warnungen herausgeschickt und zur Vorbereitung der Verteidigung aufgefordert.

Zusammen mit dem neuen Gouverneur, Bernardino de Meneses Bracamonte y Zapata, Graf von Peñalba, der Montemayor Cuenca ersetzte, trafen 200 Soldaten und Arkebusen, Schießpulver, Munition und andere Ausrüstungen auf Hispaniola ein.

Die normalen Streitkräfte von Santo Domingo bestanden aus nur 700 Mann, die durch 1300 auf der ganzen Insel rekrutierte Lanzenträger verstärkt werden konnten. Sie waren den 6000 Engländern zahlenmäßig klar unterlegen[1].

Am 23. April kreuzte das englische Geschwader vor Santo Domingo auf. Obwohl das Ziel klar war, bestanden Meinungsverschiedenheiten über den Angriffsplan. Die Festung sollte fallen, wenn alle Truppen nahe der Stadt landen und sofort zum Angriff übergehen würden. Aber Penn, Venables und der Zivilbeauftragte Edward Winslow waren anderer Auffassung.

Schließlich teilte man die Landungstruppen in zwei Abteilungen. Eine kleine Truppe unter Oberst Buller lande-

Chronik einer Indiskretion

Die für Westindien bestimmten Schiffe wurden in Portsmouth zügig ausgerüstet. Ihr genaues Ziel blieb aber eines der bestgehüteten Geheimnisse.

Informationen über den geplanten Kurs gab es nur zufällig. Ein in London lebender französischer Priester namens Stoupe, der für Cromwell arbeitete, betrat eines Tages überraschend das Büro des »Lord-Protectors«.

Cromwell betrachtete gerade eine Seekarte und schätzte Entfernungen. Stoupe erkannte mit einem Blick, dass es sich um den Golf von Mexiko handelte, und merkte sich den Namen des Herausgebers.

So schnell er konnte, ging er zu der Druckerei und verlangte ein Exemplar. Zu seiner Verblüffung sagte der Drucker, dass es diese Karte gar nicht gäbe.

»Aber ich habe sie gesehen«, sagte Stoupe.

»In diesem Falle muss das beim Protector gewesen sein, weil es nur wenige Exemplare gibt und er mir den Verkauf verboten hat.«

Der spanische Botschafter hörte davon und bot Stoupe 10 000 Pfund Sterling an, wenn er ihm das Geheimnis lüfte. Stoupe redete sich heraus und gab die Information nach Frankreich weiter, wo sie den Prinzen de Condé erreichte, der sie an Johannes von Österreich weitergab, der das Gerücht wiederum nicht glauben wollte.

Als Blakes Geschwader die Segel setzte, waren die spanischen Autoritäten dennoch alarmiert und gaben die Nachricht schnell nach Westindien durch.

---

te in Hania. Die Hauptinvasionstruppe unter Venables ging in Nizao an Land. Die Engländer wollten die Verteidigung aufspalten[2].

Aber die Strategie schlug fehl. Als Venables sich mit den Truppen von Buller vereinte, befanden sich seine Soldaten in einer erbärmlichen Verfassung. Sie waren drei Tage durch dichten Dschungel oder unter gnadenloser Sonne über ausgetrocknete Sandebenen marschiert, hatten kein Wasser und miserable Verpflegung. Die meisten litten an der Ruhr.

Am 25. April setzten sich die neu organisierten 6000 Mann in Bewegung. Die 3500 Soldaten, die in Barbados an Bord gekommen waren, verhielten sich undiszipliniert. Die Offiziere stellten eine niedrige Moral fest. In diesem Moment starteten die Spanier einen Angriff mit 150 Lanzenträgern, die aussahen wie »eine Art Vagabunden«, denen die Flucht von spanischen Galeeren gelungen war«[3]. Sie hatten Katapulte als Waffen, mit denen sie sonst Vieh jagten.

Nach anfänglichen Rückschlägen und vielen Verlusten konnten die Engländer vorrücken und die Befestigungen erreichen, wo sie auf heftigen Widerstand stießen. Die Zahl der Gefallenen stieg, weshalb sie sich zum nächstgelegenen Ankerplatz zurückzogen, um einen zweiten Angriff mit Unterstützung der Flotte vorzubereiten.

Die Spanier nutzten die Verwirrung für ihren Hauptstoß mit den Truppen, die bisher im Fort San Gerónimo versteckt gehalten worden waren. Die englischen Reihen lösten sich auf. Überwältigt von Furcht, suchten sie hinter der bisher zurückgehaltenen Kavallerie Schutz, um Anschluss an die Hauptstreitmacht mit Venables Regiment zu finden. Hätte es nicht die Tapferkeit von General Heane gegeben[4], der hier sein Leben und das seiner besten Offiziere ließ, so hätten die Spanier die englische Armee vollständig vernichtet. Auch so fielen mehr als 600 Engländer, über 1000 wurden verwundet. Venables entließ seinen Stabschef und ließ eine Reihe von Männern hängen, die ihre Stellung verlassen hatten. Winslow wurde krank und starb.

Es wurde ein dritter Angriff geplant, aber die Soldaten aus Barbados weigerten sich[5]. Am 12. Mai wurde Befehl zum Einschiffen gegeben. Die Offiziere entschieden, dass es unmöglich sei, ohne einen Sieg nach England zurückzukehren. Jamaika sollte nunmehr das Ziel sein.

Hier landeten sie am 18. Mai und nahmen die Stadt; die spanische Bevölkerung war in die Berge geflohen. Neun Kriegsschiffe und vier Versorgungsschiffe der Flotte bildeten anschließend eine Küstenstation unter Kommandeur Goodson[6].

Das Geschwader brach Ende Juli nach England auf und traf hier zwischen dem 9. und 18. September ein. Penn und Venables wurden verhaftet und in den Tower gebracht. Sie wurden zwar angeklagt, aber bald darauf wieder freigelassen.

Spanien erklärte England nunmehr den Krieg und verhängte ein Embargo. In sehr kurzer Zeit wurden Hunderte englischer Handelsschiffe aufgebracht.

Blake begann seinen Feldzug gegen Spanien. Er legte sich vor Cádiz vor Anker, musste sich aber wegen Wassermangels bald nach Lissabon zurückziehen. Richard Stayner blieb mit sieben Schiffen zurück, um nach Möglichkeit einen Spanier zu kapern. Er griff die Flotte an, kaperte zwei Schiffe mit einem Schatz im Wert von zwei Millionen Pesos.

Als Montagu mit dem Schatz nach Portsmouth kam, wurde er von Cromwell und dem Parlament mit Gunstbeweisen überschüttet. Richard Stayner wurde zum Ritter geschlagen.

Man lud das Silber »auf 38 Wagen und fuhr es – begleitet von Wachen – langsam durch Städte und Landschaften Südwest-Englands zum Tower in London, wo das Edelmetall den englischen Prägestempel erhielt«[7].

Englisch-Jamaika

Das Ziel der Engländer war zwischen 1655 und 1664 zunächst die Konsolidierung ihrer Kolonie. Nachdem das Gros der Flotte nach England aufgebrochen war, wurde Goodson Kommandeur der Küstenstation, und D'Oyley, ein Oberstleunant aus Venables' Regiment, wurde Gouverneur der Kolonie.

D'Oyley[8] hielt es für die beste Strategie, zur Absicherung der Kolonie eine aggressive Politik zu verfolgen. Er verlieh Kaperbriefe als Verteidigungsmaßnahme und verwandelte Jamaika in ein Versteck für Freibeuter jeder Nationalität. Im Gegenzug mussten sie einen Teil ihrer Gewinne an den König abführen. Gleichzeitig förderte er die Anlage von Plantagen und die Ansiedlung von Schmugglern, um die Wirtschaft voranzubringen.

D'Oyley übernahm die Initiative und startete eine Kampagne gegen Tierra Firme. Er entschied, Santa Marta anzugreifen, die Stadt zu plündern und dem Erdboden gleichzumachen. Aber er riskierte es nicht, mit Cartagena ebenso zu verfahren, weil er fürchtete, seine Kräfte wären zu schwach, und kehrte Mitte November nach Jamaika zurück.

Im April 1656 war er wieder mit der Absicht in Tierra Firme, ein Schiff der spanischen Flotten zu kapern. Er überfiel Río Hacha und verschonte Cartagena angesichts seiner Verteidigungsanlagen. Aber er nahm in Nevis 1400 Pflanzer an Bord, um Jamaika weiter zu besiedeln, und war im Juni wieder zurück.

Goodson segelte im Januar 1657 nach England. Sein Stellvertreter Christopher Myngs übernahm das Kommando[9]. Er verfolgte D'Oyleys aggressive Politik weiter, sorgte für Befestigungen und führte mit beträchtlichem Erfolg gegen holländische Schiffe Küstenpatrouillen durch.

Spanien reagierte schließlich im Mai 1658 und schickte ein Geschwader. Bei einer Patrouille an der Nordküste entdeckte Myngs vier Truppentransporter, die 550 Soldaten aus Nueva España an Land setzten[10]. Ihr Ziel war Cagway, die frühere Hauptstadt der Insel. Sie brachten ihre Geschütze am Hafen in Stellung und versuchten so, einen Brückenkopf zur Rückeroberung der Insel zu bilden.

Myngs holte sich vom Gouverneur Verstärkung und kam mit zehn Schiffen und Truppen wieder in den Norden. Er konnte sich am Strand festsetzen, und die spanischen Truppen wurden in einer blutigen Schlacht vernichtet.

Als Vergeltung segelte er nach Tierra Firme und griff Santa Marta und Tolú an. Er kaperte drei Handelsschiffe

Die Filibuster verprassten ihre Beute bei Wein, Weib und Gesang.

Jamaika – eine Lasterhöhle

Die Filibuster verprassten ihre Beute auf Jamaika schneller, als sie sie erobert hatten. Das spanische Silber landete in Kneipen und bei den Huren.

Die berühmtesten Kneipen in Fort Royal vor der Zerstörung durch das Erdbeben 1692 trugen Namen wie diese: *Black Dog, Blue Anchor, Cat and Fiddle, Chesire Cheese, Feaders, Green Dragon, Jamaika Arms, Kings Arms, The Salutaçon, The Ship, Sign of Bacchus, Sign of the Mermaid, Sign of George, Sugar Loaf, Three Crowns, Three Mariners, Tree Toons, Windmill.*

Getrunken wurde hauptsächlich Brandy, Bier und Rum. Trunkenbolde, »Flypados« oder »Groggies« frönten allen Exzessen und verloren ihr Geld im Spiel.

Bordelle, die hier »Punch Houses« hießen, boten Prostituierte jeder Nationalität an. Einige fanden ein trauriges Ende: Die berühmteste Hure der Insel, Mary Carleton, bekannt als die »deutsche Prinzessin«, wurde 1673 in Tyburn gehängt.

Morgan machte die Huren für die Armut verantwortlich, in der seine Männer lebten. Manche glauben, dass er deswegen 1670 wieder auf See ging.

auf dem Weg von Cartagena nach Portobello und kehrte als großer Sieger nach sechs Wochen nach Jamaika zurück. Hier verkaufte er die gekaperten Schiffe an Bukaniers: »Das größte Schiff mit acht Kanonen wurde an Robert Searle verkauft, der es in *Cagway* umtaufte. Das zweite mit 50 Tonnen und vier Kanonen wurde an den Holländer Laurens Prims verkauft, der es in *Pearl* umbenannte. Das dritte Schiff ging an John Morris, der es *Dolphin* taufte[11].«

Die englische Offensive gegen Tierra Firme

D'Oyleys Strategie erwies sich als erfolgreich. Viele Bukaniers machten Jamaika zu ihrer Heimatbasis und verstärkten ihre Kräfte hier beträchtlich.

Diese neue Lage erlaubte es den Engländern, die Initiative zu ergreifen. Die erste Reise gab Myngs Recht.

Flaggen und Standarten

Auf See wurde ein Schiff anhand verschiedener Signale, darunter auch Hornsignale, identifiziert. Dazu gehörten Standarten, Flaggen, Stander. In der Regel wurden sie nur vom Flaggschiff einer Flotte oder eines Geschwaders geführt. Es war Pflicht, sie beim Passieren zu grüßen.

An den Flaggen erkannte man die Nationalität. Zusätzliche Bugflaggen, »Jacks« genannt, zeigten die Flotte oder das Geschwader an, zu dem das Schiff gehörte.

Stander wurden über den Masttopp oder an einem Standerstock an anderer Stelle gesetzt und gaben Zusatzinformationen. Der Rang des Kommandeurs oder die Abteilung, zu der das Schiff innerhalb eines Geschwaders gehörte, wurde durch breite oder schmale Wimpel angezeigt.

Die abgebildeten Flaggen gehören zu der hier behandelten Epoche. Hinzu kommen einige bedeutende Flaggen aus dem Mittelmeerraum.

Frankreich

Königliche Standarte der französischen Galeeren

Französische Handelsflagge

Flagge von Neuengland

Bugflagge (Gösch) »Union Jack«

Königlich-spanische Standarte

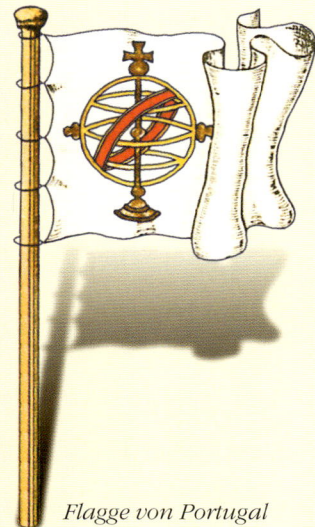

Flagge von Portugal

Portugiesische Kriegsflagge

Portugiesische Handelsflagge

Königlich-schwedische Flagge

Flagge von Malta

Flagge von Sizilien

Flagge von Genua

Flagge von Korsika

Königliche Standarte von England

Englischer Admiral

Große englische Standarte

Flagge der British East India Company

Königlich-spanische Flagge

Spanische Standarte

Flagge der spanischen Galeonen

Königlich-portugiesische Standarte

Königlich-dänische Flagge

Holländische Flagge

Flagge der holländischen Westindischen Kompanie

Flagge der Vereinigten Provinzen der Niederlande

Flagge von Sardinien

Flagge von Venedig

Flagge des türkischen Sultans

Flagge von Marokko

Also entschied er, sich erneut in den Kampf zu stürzen.

Er wollte mit seinem durch zahlreiche Korsarenschiffe verstärkten Geschwader aus drei Fregatten die gleiche Strategie anwenden: schnelle Überraschungsangriffe und mehrere weit voneinander entfernt liegende Ziele nacheinander. Er plünderte Cumaná und zerstörte den Hafen. Dann folgte Puerto Cabello und Coro. In Coro erbeutete er 22 Kisten, die dem spanischen König gehörten und auf einem holländischen Schiff transportiert wurden. Sie hatten einen Wert von 50 000 Pfund.

Nach einem Feldzug von vier Monaten kehrte er triumphierend nach Jamaika zurück. Als er jedoch in Port Royal einlief, entdeckte er, dass die Kisten auf der Rückreise geplündert und ein beträchtlicher Teil der Beute gestohlen worden war[12]. Myngs versuchte persönlich herauszufinden, wer seiner Leute dies getan hatte. Aber noch ehe er damit beginnen konnte, machte ihn D'Oyley für den Verlust verantwortlich und klagte ihn an, sich 12 000 Pesos »ohne Bereitstellung des Anteils des Staates« angeeignet zu haben, und schickte ihn als Gefangenen nach England[13].

Zu der Zeit war England mit einer viel bedeutenderen Angelegenheit beschäftigt – der Restauration der Monarchie unter Karl II. Myngs erklärte sofort seine Unterstützung für den König und wurde als Unschuldiger rehabilitiert. Er klagte seinerseits D'Oyley an, mehr Geld erhalten zu haben, als ihm zustand. Der Gouverneur wurde daraufhin abgesetzt.

Der neue Gouverneur Thomas Windsor und der Aufbau Jamaikas

1661 machte die Politik D'Oyleys eine bedeutende Wandlung durch. Der Wohlstand der Kolonie war nicht zu übersehen, und die Korsaren zogen es vor, ihre Aktivitäten zu verlagern.

Im April 1662 brach in England ein Konvoi

Der Glanz des Hofes von Karl II. (1630–1685) konnte sich mit Versailles messen. Peter Nason, 17. Jahrhundert.

mit dem neuen Gouverneur Lord Windsor auf. Das »Committee for Foreign Plantations« hatte ihn ernannt. Christopher Myngs reiste an Bord der *HMS Centurion,* einer Fregatte mit 46 Geschützen.

Im Juli kam er in Barbados an. Als Erstes schickte er den Gouverneuren von Puerto Rico und Santo Domingo Briefe und bat um Handelserlaubnis für englische Schiffe[14]. Obwohl Madrid drei Jahre zuvor mit England Frieden geschlossen hatte, weigerten sich die Behörden, die englischen Siedlungen in Westindien anzuerkennen, und stimmten der Bitte aus Furcht vor der Gefährdung ihres Handelsmonopols nicht zu.

Am 21. August gelangte der Konvoi nach Port Royal, und sofort begann der Aufbau einer Verwaltungsstruktur der Kolonie[15]. Windsor bot allen über zwölf Jahre alten Siedlern Land an. Er gründete eine Art Gemeindeversammlung, ein Gericht und die Admiralität, die es ihm ermöglichte, Kaperbriefe auszustellen.

Im Hinblick auf das Militär schloss er die Arbeiten an dem Fort ab, das den Hafen schützte, und nannte es Fort Charles. Er erhöhte den Sold der Soldaten und verteilte sie in fünf Regimentern rund um die Insel.

Schließlich traf die Antwort der spanischen Gouverneure ein. Windsor hatte die geheime Instruktion erhalten für den Fall, »wenn der König von Spanien sich weigert, den Handel mit unseren Untertanen zu erlauben, dass wir dann den Handel mit seinen Untertanen überall mit Gewalt ermöglichen müssen«[16].

Gemäß dieser Order erteilte er allen, die Jamaika anliefen, Kaperbriefe, »um unsere Feinde zu Land und zu See an der ganzen amerikanischen Küste zu unterwerfen«[17].

Windsor rief die Bevölkerung dazu auf, sich freiwillig für einen großen Feldzug gegen die Spanier unter Kommodore Myngs zu melden. In drei Tagen kamen 1300 Mann zusammen, zwei Drittel davon waren Filibuster. Auch etliche Schiffe des Königs beteiligten sich an dem Unternehmen. Unter den Offizieren befand sich der 27-jährige Henry Morgan.

Der Angriff auf Santiago de Cuba

Weil Santiago de Cuba als Ausgangspunkt der spanischen Rückeroberung Jamaikas dienen konnte, plante Myngs ein Kaperunternehmen gegen die Stadt[18]. Die englische

Flotte verließ Port Royal am 1. Oktober 1662 und segelte nach Punta Negril auf Jamaika. Um sich den spanischen Beobachtern zu entziehen, warf Myngs schon östlich seines Zieles Anker, wo das Schiff Thomas Wessels ihn bereits erwartete.

Seine Spione hatten Myngs über die Lage der spanischen Verteidigung informiert. Nach einer Beratung an Bord der *Centurion* wurde entschieden, einen direkten Angriff auf den Hafen zu führen, um die Spanier zu überraschen. Nachdem weitere sieben jamaikanische Piraten eingetroffen waren, machte man sich auf den Weg nach Santiago. Die Lichter der Festung kamen nachts in Sicht, und der Angriff wurde auf den Morgen des 16. Oktober festgelegt. Wegen ungünstiger Winde wurde er allerdings verschoben.

Gegen Mittag änderten sie den Plan. Weil der Wind nun günstig von Land kam, segelten sie zur nahe gelegenen Stadt Aguadores an der Mündung des San Juan. Bei Einbruch der Dunkelheit gingen 1000 Mann an Land und rückten vor. Nach mühsamem Marsch erreichten sie gegen Morgen eine Plantage drei Meilen vor der Stadt. Hier rasteten sie und frischten ihre Wasservorräte auf.

Dann rückten sie weiter vor, bis Santiago vor ihnen lag. Die Spanier waren überrascht. Sie rechneten zwar mit diesem Vorstoß, aber nicht so früh.

Gouverneur Pedro Morales erwartete die Engländer mit nur 250 Mann. Cristóbal de Isasi Arnaldo, ein früherer Gouverneur von Jamaika und guter Freund der Engländer, lag mit weiteren 500 Mann in Reserve.

Myngs begann seinen Angriff auf Morales und übernahm mithilfe des Verräters Isasi die Stadt[19]. Zur Beute gehörten auch sieben Schiffe, die im Hafen ankerten.

Einige Verteidiger waren in die Festung geflohen, andere in die Berge. Um vor Überraschungen sicher zu sein, verfolgten die Engländer die Geflohenen fünf Tage lang. Die Filibuster plünderten derweil die Stadt. Weil die Beute gering war, schlugen sie vor, die Festung zu stürmen. Myngs war gegen eine lange Belagerung und zog es vor, die Festungsmauern zu sprengen.

Nach fünf Tagen wurden mit 500 Fässern Schießpulver die Festung, die Kathedrale, der Sitz des Gouverneurs, das Hospital und weitere Hauptgebäude dem Erdboden gleichgemacht. Nach weiteren Plünderungen erfolgte ein geordneter Rückzug der Engländer, die auch die Kirchenglocken und die Kanonen mitnahmen. Die Bewohner brauchten zehn Jahre für den Wiederaufbau.

Myngs kehrte am 1. November nach Port Royal zurück. Er hatte 26 Opfer zu beklagen. Sechs Mann waren gefallen, der Rest war krank geworden oder hatte sich sonst-

Kleinere Aktionen

Die neuen Bündnisse, die von der neu geschaffenen Kolonie Jamaika ausgingen, verhinderten nicht gelegentliche Aktionen unabhängiger Filibuster.

1662 erschien Bartolomeu Portugués[20] in Manzanillo auf Kuba und stahl ein kleines Schiff. Er rüstete es mit vier Kanonen aus und segelte damit unter der Südküste.

Am 7. Juli 1663 kaperte er mit 30 Mann vor Kap Corrientes ein Handelsschiff. Zur eigenen Überraschung machte er 75 000 Escudos und 100 000 Pfund Kakao Beute.

Mit dem gekaperten Schiff segelte er nach Campeche auf Yucatán, wo er Ende des Jahres ein-

traf. Er wollte die Verteidigung umgehen und setzte Männer an Land, wurde aber entdeckt und gefangen genommen. Man machte Portugués den Prozess und verurteilte ihn zum Tode, doch konnte entkommen. Nachdem er gut 150 Kilometer den Strand entlanggewandert war, stieß er auf Piraten, die ihre Wasservorräte auffüllten. Er schloss sich ihnen an und konnte sie überreden, wieder Campeche zu überfallen.

Er schlich sich im Hafen an Bord eines Handelsschiffes und erstach die gesamte Besatzung. Anschließend wollte er nach Jamaika segeln, erlitt aber im Archipel Jardines de la Reina Schiffbruch.

wie verletzt. Ein Zehntel der Beute wurde für den König reserviert, ein Fünfzehntel für den Duke of York.

Drei Tage zuvor hatte Windsor die Insel verlassen. Er hatte Myngs noch zum Mitglied des Rates von Jamaika ernannt[21]. Charles Lyttelton wurde provisorischer Gouverneur.

Die Plünderung von Campeche 1663[22]

Am Beginn der 60er-Jahre des 17. Jahrhunderts festigte sich die Stellung von La Tortuga als sicheres Versteck und Zentrum des Schmuggels, und die Filibuster drohten, Jamaika zu verlassen. Deshalb musste etwas unternommen werden, um sie als militärische Hilfstruppe zu halten. Die Wahl fiel wieder auf Myngs. Ermutigt durch den Erfolg von Santiago, übernahm er die Führung eines Geschwaders mit der *Centurion* und ihren 40 Geschützen und der *Griffin* sowie 100 Mann unter Kapitän Smart. Diese offiziellen Streitkräfte wurden ergänzt durch die Brigg von Mansfield mit vier Kanonen und weitere Kapitäne wie William James, sodass die Flotte aus einigen Dutzend Schiffen bestand. Am 21. Januar 1663 wurden die Segel gesetzt, aber man verlor bald den Kontakt untereinander.

Eine Vorausabteilung mit Myngs landete in der Nacht des 8. Februar mit 1000 Mann an einem Strand von Yucatán vier Meilen westlich von Campeche.

Am Morgen wurde in der Stadt Alarm ausgelöst, als einige kleinere Schiffe im Schutz zweier größerer auf den Strand zu liefen. Aber es war zu spät. Der gleichzeitige Angriff von Land und von See aus war zu viel: Campeche ergab sich um acht Uhr morgens.

Gleichwohl leistete die Miliz aus 150 Mann heftigen Widerstand. Ihr kamen dabei die Eigenschaften der Verteidigungsanlagen und die einstöckigen Gebäude aus Stein entgegen. Sie fügten den englischen Truppen größere Verluste zu. Auch Myngs wurde verletzt und an Bord der *Centurion* gebracht.

Mansfield übernahm die Leitung der Operation. Die Engländer hatten insgesamt 30 Tote, die Verteidiger 50. Außerdem gingen 170 Spanier in Gefangenschaft.

Am Morgen des 10. Februar betrat Antonio Maldonado de Aldana die Stadt, um sich zu ergeben und darum zu bitten, dass die Gefangenen gut behandelt würden. Er verhandelte dabei mit Mansfield – seither heißt in Spanien diese Aktion traditionell »der Mansfield-Angriff«.

Die Filibuster blieben bis zum 23. Februar in Campeche. Ihre beachtliche Beute wurde auf drei 300-Tonnen-Schiffe verladen. Beim Verlassen der Stadt hatten sie den Wind gegen sich. Die Flotte wurde zerstreut. Die *Centurion* kam am 26. April mit einer Beute von 150 000 Pesos zurück nach Port Royal. Myngs ging nach England und wurde von Karl II. zum Ritter geschlagen[23].

Die Wiedergeburt von La Tortuga

Als die englische Politik das Schicksal von Jamaika wendete, ereignete sich etwas Ähnliches mit der Insel La Tortuga. Angesichts des drohenden Angriffs durch Penn und Venables ordnete der Gouverneur von Santo Domingo, Graf Peñalba, die Evakuierung von La Tortuga an und konzentrierte seine gesamten Kräfte in Santo Domingo[24].

Weil es auf der Insel keine Soldaten mehr gab, scheinen bald darauf einige französische Siedler aus Hispaniola zurückgekehrt zu sein. Im Dezember 1656 schrieb der neue Gouverneur Félix de Zúñiga[25] an den spanischen König. Er kritisierte die übereilte Aktion von Peñalba und bat um die Erlaubnis, die Insel neuerlich evakuieren und nur 100 Mann zurücklassen zu dürfen.

Aber die Lage in Frankreich hatte sich geändert. Ludwig XIV. hatte Richelieus alten Plan wieder aufgenommen und Jeremie Deschamps, Herr von Rausset[26], zum Gouverneur und Generalleutnant von La Tortuga ernannt. 1659 war Du Rausset für sein Abenteuer gerüstet und legte in La Rochelle mit 30 Mann ab.

Er segelte direkt nach Jamaika, wo ihn D'Oyley im Namen Englands zum Gouverneur von La Tortuga ernannte. Dann ging er in Port à Margot vor Anker und warb 500 bis 600 Leute zur Wiederbesiedlung der Insel an. Dank seines persönlichen Geschicks wurde er von allen Einwohnern anerkannt. Er war von Franzosen und Engländern zum Gouverneur bestimmt worden und wurde auch von der »Bruderschaft der Küste« (sprich: von den Seeräubern) freundlich aufgenommen.

Er baute die Verteidigungsanlagen wieder auf und brachte die Kolonie, die bald zum Versteck der Filibuster werden sollte, auf einen guten Weg.

Etwa 1662 segelte Du Rausset nach Frankreich zurück, weil er krank war, und überließ die Verwaltung der Insel seinem Neffen de la Place. Er endete jedoch in der Bastille. Der Grund waren vermutlich seine Machenschaften im Dienste der Engländer[27].

D'Ogeron und die »goldenen Jahre« von La Tortuga

1649 hatte die »Kompanie der amerikanischen Inseln« alle ihre Kolonien an Privatleute verkauft. Im Juli 1664 gründete Frankreichs Staatssekretär Colbert, der Administrator der zentralistischen Politik von König Ludwig XIV., die französischen Ost- und Westindischen Kompanien[28] und übernahm wieder die Besitzungen, die zur Aufbesserung der Kassen des Königs verkauft worden waren.

Am 15. November wurde in der Bastille zwischen Du Rausset und der Westindischen Kompanie ein Kaufvertrag abgeschlossen[29], in dem Du Rausset die Insel La Tortuga für 15 000 Pfund an die Kompanie verkaufte. Die Kompanie ernannte Bertrand d'Ogeron zum Gouverneur und gab ihm sehr genaue Instruktionen für die neue Kolonialpolitik[30].

D'Ogeron kam am 6. Juni 1665 auf der Insel an. Die »Bruderschaft« erkannte ihn an. Er leitete eine Politik mit dem Ziel ein, Filibuster als Siedler für die Insel zu gewinnen.

Deshalb schrieb er an den Sekretär des Staatsrates Bechameil und informierte ihn darüber, »dass sich zwischen 700 und 800 Franzosen an unzugänglichen Plätzen entlang der Küste der Insel (Hispaniola) niedergelassen haben ... in Gruppen von drei oder vier oder sechs oder zehn Männern ... die wie die Wilden leben, niemanden anerkennen, ohne gewählte Führer, die alle Arten von Missetaten begehen. Es ist deshalb zwingend, dass Ihre Majestät all diese Menschen von Hispaniola verweisen ... und nach La Tortuga schicken möge, wo sie überall hingehen könnten, wenn die Insel gesichert wäre[31]«.

Glücklicherweise ergriffen die Behörden von Hispaniola eine besondere Maßnahme, mit der sie den Bukaniers

Frauen auf La Tortuga

D'Ogeron war der Ansicht, dass der schnellste Weg zur Ansiedlung der Filibuster darin bestand, ihnen zur Familiengründung zu verhelfen. In Frankreich besorgte er sich 100 Prostituierte, die er nach La Tortuga vor Hispaniola schaffte und verkaufte.

Die Paare mussten nicht heiraten, aber drei Bedingungen erfüllen:
– Jeder Mann musste die Schiffspassage seiner Partnerin tragen.
– Die Frauen sollten gut behandelt werden. Sie galten als Partnerinnen, nicht als Sklavinnen. Wenn eine Frau misshandelt wurde, durfte sie sich an den Gouverneur wenden, der die Beziehung aufheben konnte.
– Wenn der Mann fiel oder nach ein paar Monaten von einer Kampagne nicht zurückkehrte, konnte die Frau sich einen neuen Partner suchen.

Die Ankunft der ersten Frauen 1666 wurde folgendermaßen be-

Die Ankunft von Frauen und Kindern Ende der 1670er-Jahre auf La Tortuga veränderte das Leben hier gründlich.

schrieben: »Die Männer hatten am Strand einen Halbkreis gebildet. Viele waren rasiert. Die Frauen wurden zu zehnt an Land gebracht. Wenn ein Kanu den Strand erreichte, stiegen die Frauen ins Wasser und hoben ihre Röcke halb bis zu den Hüften. Hier warteten sie auf die anderen. Jedermann blieb still, bis alle zehn an Land waren. Sie wagten es nicht, den Männern direkt in die Augen zu schauen, die einen unbeteiligten Eindruck machten. Plötzlich trat einer der Brüder vor. Er stützte sich auf seine Flinte und begann eine lange, feierliche Rede. Er sprach von gutem Benehmen, Ehre, Treue und sogar Erlösung. Und er endete damit, dass er den Frauen sagte, sie sollten diesem Weg, den sie gewählt hatten, um jeden Preis folgen und ihre niederen Instinkte beherrschen. Der Verkauf ging ohne Zwischenfall vonstatten ...«

die Lebensgrundlage entziehen wollten: Sie ließen das verwilderte Vieh töten. Außerdem verstärkten sie den Druck auf die Siedlungen, indem sie mehr Patrouillen der Küstenwache durchführten, was die Bukaniers zum Rückzug zwang.

Viele gingen nach La Tortuga und bauten Kakao, Weizen, Tabak und Kaffee an oder befassten sich mit der Farbenherstellung aus dem Saft der Schildlaus Koschenille. Dazu waren viele Arbeitskräfte erforderlich. Innerhalb von zwei Jahren kamen 2000 Dienstverpflichtete auf die Insel. Unter ihnen war auch der französische Arzt Alexandre Olivier Exquemelin[32], der hier am 7. Juli 1666 ankam. Um die Besiedlung attraktiver zu machen, beseitigte D'Ogeron spezielle Vorrechte des Gouverneurs und erhöhte die Gewinnmöglichkeiten der Siedler. Außerdem organisierte er einen Markt und förderte 1666 die Einwanderung europäischer Frauen[33].

Das Unheil beginnt: Überfall auf Santiago de los Caballeros

Der Erfolg seiner Politik ermutigte D'Ogeron zu kühneren Projekten. 1667 entschloss er sich, Bukaniers und Filibuster unter seinem Kommando bei einem Unternehmen zusammenzuführen. Die spanischen Maßnahmen hatten unter ihnen viele Opfer gefordert. Er glaubte, dass eine Vergeltungsaktion ihren Beifall finden würde. Als Ziel des Angriffs wurde Santiago de los Caballeros ausgewählt[34].

Mit der Leitung der Operation wurde Delisle betraut. Er setzte in Puerto Plata 400 Filibuster an Land und rückte auf Santiago vor. Im Morgengrauen des Karfreitag griff er die Stadt an und plünderte sie. Zur Feier des Sieges gab es eine große Orgie.

Dann versuchte man, mit Geiseln wieder an die Küste

zu gelangen, aber der Weg war versperrt. Delisle drohte, den Gouverneur umzubringen. Die Einwohner erfüllten seine Forderungen, weniger um den Gouverneur zu retten, sondern eher ihren eigenen Besitz. Delisle durfte nach La Tortuga abrücken.

D'Ogeron kehrt nach Frankreich zurück

Angesichts seiner Erfolge plante D'Ogeron einen Großangriff und bat die Kompanie um mehr Mittel und Menschen, um »die Stadt Santo Domingo anzugreifen und Herr der Insel zu werden«[35]. Um die entsprechende Unterstützung zu organisieren, reiste er 1668 nach Frankreich und blieb dort bis zur Mitte des folgenden Jahres.

Zwischenzeitlich begannen die Bukaniers, La Tortuga zu verlassen und neue Siedlungen in Cul de Sac und um Yaguana zu gründen, das den neuen Namen Leogane erhielt.

Trotz der Erleichterungen durch D'Ogeron waren die von der Kompanie einverlangten Steuern eine große Last. Die Schmuggler wollten sie umgehen, indem sie in ihren neuen Küstensiedlungen direkt mit den Holländern handelten.

Der Verbot des direkten Handels, den die Kompanie verhängte, führte zu einem Aufstand der Küstenbewohner gegen La Tortuga, den die Holländer anstachelten. Am heftigsten war es im August 1670, als D'Ogeron bei dem Versuch, eine gewalttätige Demonstration zu verhindern, beinahe sein Leben verlor[36].

Ein französisches Geschwader trug zur Befriedung der Küstengebiete bei, aber im Hinterland gingen die Probleme weiter. Angesichts der Schwierigkeiten, in denen sich die Kolonie befand, schlug D'Ogeron im Oktober 1671 vor, die gesamte Kolonie nach Florida zu verlagern, was aber abgelehnt wurde. Im Oktober bot Ludwig XIV. auch allen Teilnehmern des Aufstandes eine Generalamnestie an. Nun begann die Kolonisierung der Nordküste von Hispaniola, indem zunächst die Anlage von Tabakplantagen gefördert wurde.

Bis 1674 hatte die Kompanie ihre Kolonie so vernachlässigt, dass D'Ogeron feststellte: »Die Armut einiger Einwohner von La Tortuga und der Küste von Santo Domingo ist so groß, dass sie keine Waffen oder Schießpulver kaufen können[37]«. Schließlich löste Colbert die Kompanie auf, überführte ihr Eigentum in das der Krone und erlaubte den freien Handel.

Um sich in dieser neuen Lage weitere Unterstützung zu sichern, reiste D'Ogeron nach Frankreich, wo er in Paris

überraschend Ende Januar 1676 starb. Sein Neffe De Pouancay wurde Mitte März der neue Gouverneur von La Tortuga.

El Olonés

Einer der aktivsten Filibuster zur Zeit D'Ogerons war Jean-David Nau, der als »El Olonés« (»El Olonés« ist übrigens die hispanisierte Wortschöpfung von »demjenigen, der aus dem französischen Ort Sables d'Olonne kommt«; im Französischen trug dieser Filibuster den Beinamen »L'Olonnais«) traurige Berühmtheit erlangte und um 1660 als Dienstverpflichteter auf die Antillen kam. Nach Ablauf der Vertragszeit kaufte er sich frei und wurde Bukanier. Er begann, auf La Tortuga Handel zu treiben, und bekam von De la Place ein Schiff mit 20 Mann. Acht Monate später war er bereits der Anführer von acht Schiffen und 400 Mann.

Er versuchte einen Angriff auf Campeche, erlitt aber Schiffbruch[38]. Gleichwohl griff er die Stadt mit den Überlebenden seiner Mannschaft an und verlor die meisten in den Befestigungsanlagen. Er selbst rettete sich, indem er sich mit Blut und Sand beschmierte und tot stellte.

Es gelang ihm, nach Campeche zu fliehen, wo er einige Sklaven zu einer Revolte aufhetzte. Sie stahlen ein Kanu, mit dem er nach La Tortuga zurückkehren konnte.

El Olonés befand sich irgendwo in der Nähe von Cayo Fragoso auf Kuba[39], als er eine spanische Fregatte unter vollen Segeln auf sich zuhalten sah. Sie war auf der Suche nach ihm vom Gouverneur von Havanna ausgeschickt worden. An Bord befand sich bereits sein Henker.

Der Filibuster legte sich in einen Hinterhalt und bereitete seine Geschütze vor. Sein Angriff zwang die Spanier zur Aufgabe. Besonders brutal erwies er sich gegen den Schwarzen, der als sein Henker bestimmt worden war.

Wieder in La Tortuga, wurde El Olonés Verbündeter von Miguel el Vasco[40] und anderen Franzosen, die an der Küste von Venezuela gelebt hatten. Sie planten ein profitables Abenteuer, nämlich den Angriff auf die beiden dicht beieinander liegenden Städte Maracaibo und Gibraltar.

Im August 1667 hatten sie 1000 Mann mobilisiert und attackierten Maracaibo[41]. Sie liefen nachts in die Bucht und überraschten die Wachen, obwohl Alarm gegeben wurde und die Bewohner nach Gibraltar fliehen konnten. Die Beute war mit 20 000 Reales, Möbeln und anderen Gütern nur klein. Doch sie folterten einige Gefangene so lange, bis sie die Verstecke ihrer Wertsachen preisgaben.

Während seines Raubzuges durch Mittelamerika geriet »El Olonés/L'Olonnais« Jean David Nau auf seinem Weg nach San Pedro mehrfach in einen Hinterhalt. Er machte einige Gefangene und verlangte von ihnen Auskunft über die feindlichen Stellungen und den sichersten Weg. Als sie sich weigerten, wurde er zornig und »schlitzte die Brust eines Gefangenen mit dem Säbel auf, riss das Herz heraus, biss hinein, warf es den anderen ins Gesicht und schrie: ›Zeigt mir einen anderen Weg, oder euch geht es genauso!‹«

Danach zogen sie nach Gibraltar, das gut gerüstet war. El Olonés hatte viele Gefallene zu beklagen. Aber Gibraltar fiel, und der Gouverneur wurde enthauptet. Die Stadt konnte den »Tributo de Quema« nicht zahlen und wurde dem Erdboden gleichgemacht.

Für Maracaibo bekam El Olonés ein Lösegeld von 20 000 Reales, als er zurückkam. Dann wurde die Stadt geplündert und die Kirchenglocken und Bilder gestohlen. Zur Aufteilung der Beute segelte man zur Insel Vaca. Insgesamt betrug sie 260 000 Reales und Gegenstände im Wert von weiteren 100 000 Reales. Der Sieg wurde in La Tortuga gefeiert, und der ganze Gewinn in zwei Wochen verprasst.

Um dies wieder aufzuholen, ging El Olonés neuerlich auf See und griff zuerst Puerto Caballos in Nicaragua an. Weiter ging es zum Golf von Honduras, wo er in Kap Gracias a Dios landete und sich in Kap Las Perlas niederließ. In den nächsten zehn Monaten nahm er sein Schiff auseinander, um ein neues, kleineres zu bauen.

Damit segelte er zur Mündung des Río San Juan und weiter flussaufwärts, aber viele seiner Leute desertierten. Schließlich wandte er sich südwärts, und als er den Golfe de Darién erreichte, griffen sie ein Eingeborenendorf an, um sich Nahrung zu beschaffen. Doch die Eingeborenen besiegten sie. Alle bis auf einen, der fliehen und die Geschichte berichten konnte, wurden bei lebendigem Leib aufgegessen[42].

Modyford und die Sicherung von Jamaika

Ende Mai 1664 bezog Edward Morgan auf Jamaika seinen Posten als Adjudant von Gouverneur Sir Thomas Modyford. Sir Thomas traf ein par Tage später am 4. Juni ein. Dies war der Beginn einer neue Ära in der Geschichte von Jamaika. Er war vom Duke of Albermale, George Monck, empfohlen worden. Sein Ziel war die Beseitigung der Piraterie.

Er erließ einen Befehl, »dass von heute an alle Feindseligkeiten gegen die Spanier aufhören müssen«[43]. Viele Filibuster zogen sich daraufhin nach La Tortuga zurück.

Bald wurden Proteste der Siedler laut. Die Pflanzer und Händler meinten, dass ihr Wohlstand und ihre Sicherheit von den Filibuster abhingen. Angesichts der Möglichkeit, dass 1000 bis 1500 Filibuster mit 14 oder 15 Schiffen, deren Operationsbasis bisher Jamaika gewesen war, nach La Tortuga gehen könnten, entschied man, den Befehl

nicht sonderlich streng zu handhaben[44]. Kurz darauf traf aus London ein Brief ein, der das Verbot von Angriffen auf Spanier wiederholte und befahl, alles Beutegut zurückzugeben. Die Lage zwang Modyford zu einer mehrdeutigen Politik: Er unterstützte keinerlei Aktionen, aber er ließ sie dennoch zu.

Jamaika war einer der verletzlichsten Punkte des englischen Kolonialreiches in der Karibik. In der Vergangenheit hatte es sich für die Krone als nützlich erwiesen, alle Verbrecher auf die Insel zu bringen, die nicht zum Tode verurteilt worden waren. Jetzt wurden Verstärkungen gebraucht, und der König ordnete an, dass »alle zu schweren Strafen verurteilten Gefangenen ... begnadigt und in die Kolonien überführt werden sollten«[45].

Überfälle auf Tabasco

Trotz der Verbote verletzten einige Filibuster weiter spanische Interessen. Unterstützt von den Kapitänen Henry Morgan, Freeman und Jackman, verließen Morris und David Martien mit fünf Schiffen und 200 Mann Jamaika im Januar 1665.

Sie gelangten zur Küste von Tabasco[46] und gingen in Santa María de la Frontera an Land. Dann stiegen sie zur Hauptstadt Villahermosa de Tabasco am Ufer des Grijalba hinauf und erreichten den Stadtrand am 24. Februar.

Um vier Uhr morgens begann ihr Angriff. Die Verteidiger wurden im Schlaf überrascht, die Stadt genommen und geplündert.

Auf der Rückreise machten sie in Santa Teresa Halt und verlangten als Lösegeld für ein paar Gefangene 300 Stück Vieh. Als sie wieder an Bord gehen wollten, bemerkten sie drei spanische Fregatten, die Antonio Maldonado, der Adjutant des Gouverneurs von Campeche, unter dem Kommando von José Aldana ausgesandt hatte.

Die Spanier waren zahlenmäßig überlegen. Die Engländer mussten fliehen und ihre Beute und die Schiffe zurücklassen. Morris, Morgan und Martien wandten sich nordwärts, wo sie einige Boote kapern und ihren Raubzug fortsetzen konnten.

Das nächste Angriffsziel war Trujillo an der Küste von Honduras, von wo sie weiter zur Costa de los Mosquitos zogen. Neun eingeborene Führer führten sie südlich den Río San Juan hinauf bis zum Nicaraguasee.

Sie überquerten den See bei Nacht und rasteten bei Tage. Am 29. Juni griffen sie Granada an und machten mehr als 300 Gefangene. Um nicht verfolgt zu werden, versenkten sie alle Boote, ließen die Gefangenen frei, über-

See und Stadt Maracaibo, 1699.
Maracaibo und Gibraltar, einander gegenüber am Maracaibosee gelegen,
waren in der zweiten Hälfte des 17. Jahrhunderts ein Hauptziel der Filibuster.
El Olonés und Morgan machten hier 1667 und 1669 große Beute.

Jamaika, Curaçao und der Sklavenhandel

Seit der Mitte des 17. Jahrhunderts wurde der Sklavenhandel in der Karibik von Lagerhaus- und Handelsgesellschaften organisiert.

Holland holte seine Sklaven in San Jorge de Mina, Santo Tomé und von der Mündung des Zaire. Sie wurden unter dem Handelsmonopol der Westindischen Kompanie nach Curaçao gebracht.

Die Engländer hatten ihre Sklaven auf Barbados und Jamaika. Den kompletten Handel hatte die »Company of Royal Adventurers of English Commerce with Africa« unter Kontrolle. Der Herzog von

TO BE SOLD on board the Ship *Bance-Island*, on tuesday the 6th of *May* next, at *Ashley-Ferry*; a choice cargo of about 250 fine healthy **NEGROES**, just arrived from the Windward & Rice Coast. —The utmost care has already been taken, and shall be continued, to keep them free from the least danger of being infected with the SMALL-POX, no boat having been on board, and all other communication with people from *Charles-Town* prevented.
Austin, Laurens, & Appleby.
N. B. Full one Half of the above Negroes have had the SMALL-POX in their own Country.

RECIEN LLEGADOS DE EUROPA, procedentes de las más selectas prisiones: condenados a la pena capital, enganchados franceses y reos de *muerte civil*, salvaban la vida a cambio de la esclavitud, los trabajos forzados y la venta como siervos. Estos fueron métodos utilizados por los tribunales para redimir los delitos de muchos desgraciados enviados a tierras americanas como mano de obra.

Korsaren wie der Däne John Petersen, der einen Kaperbrief aus Jamaika hatte, griffen systematisch die Sklavenschiffe der Holländer an: So im November 1659 mit seinem 30-Tonnen-Schiff *Kastel Fer-*

NVESTRA SEñORA DE LA

REAL COMPAñIA DE GUINEA

CONCEPCION DE EDAD DE TRES AÑOS

PROTECTORA DE LA

ASSIENTO,
QUE SE HA AJUSTADO CON EL
Capitan Don Gaspar de Andrada, Teforero, y
Adminiftrador General de la Compañia Real
de Guinea, fita en Lisboa, Corte del
Reyno de Portugal.

Sobre encargarfe de la Introducion de Negros en la America D. Manuel Ferreyra de Carvallo, como Socio, y en virtud de poder de la dicha Real Compañia, por tiempo de feis años, y ocho mefes, que empezaron en fiete de Julio de 1696.

M. y P. ESTAMPAS. 158
Leg. Indiferente General. 2768

Portugals Kampf um die Unabhängigkeit von der spanischen Krone brachte es mit sich, dass sich das Land für einige Zeit aus dem Sklavenhandel zurückzog. Als 1696 die Unabhängigkeit schließlich anerkannt wurde, erlaubte ein formaler Vertrag den Portugiesen, ihre Aktivitäten in diesem Bereich wieder aufzunehmen.

gat und einer Mannschaft aus Franzosen, Engländern und Deutschen die *Sant Jan*, die Adriaen van der Veer gehörte und 90 Schwarze transportierte.

Der Zusammenhang zwischen Sklavenhandel und Piraterie blieb sehr eng. Viele Filibuster begannen ihre Karriere im Sklavenhandel. Einige Gouverneure wie Modyford waren zuerst Agenten der »Company of Royal Adventurers« in Jamaika und später auf Barbados.

1663 erhielten die Genuesen Grillo und Lomelin von den Spaniern eine Konzession als Vermittler bzw. Händler (Asiento) im Dreiecksgeschäft des Sklavenhandels in den spanischen Besitzungen.

Genuesischer Handel war dauernd Gegenstand von Auseinandersetzungen. Ihre Schiffe waren speziell für dieses Geschäft gebaut, erfüllten aber nicht alle

Die inhumane Behandlung der Sklaven wurde durch die körperliche Züchtigung verschärft, die den Willen derjenigen brechen sollte, die ihr Schicksal nicht akzeptieren wollten. Torturen aller Art waren ihr tägliches Los.

York, ein Bruder von Charles II., hatte sie 1660 gegründet. Aber sie konnte mit der Effektivität der Holländer nicht mithalten und ging 1667 Pleite.

Zwischen den englischen und spanischen Kolonien und La Tortuga blühte der illegale Handel. Augenscheinlich pflegten englische Pflanzer trotz der »Königlichen Abenteurer« ihre Beziehungen zu den Holländern. Die Kriege zwischen England und Holland waren im Kern der Kampf um den Handel in der Karibik, und der Sklavenhandel war dabei ein zentraler Punkt.

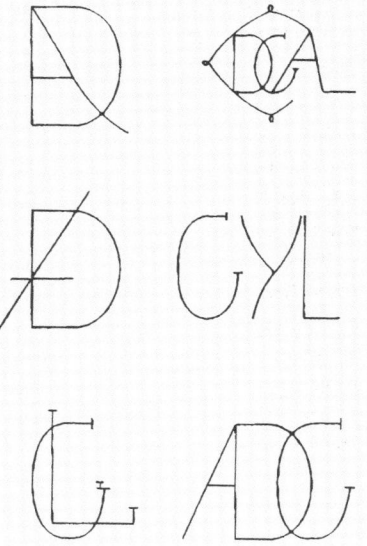

Der Arbeitskräftebedarf auf Plantagen und in den Minen war der Ursprung des Sklavenhandels und führte zum »Import« großer Mengen von Schwarzen.

Anforderungen dieser Regelung und blieben deshalb immer suspekt.

Die schwerwiegendste Anklage gegen sie erfolgte nach der Plünderung von Panama durch Morgan. Ein Memorandum der »Comercio de Lima« behauptete, dass Grillo Militärs und Ingenieuren die Erlaubnis verschafft habe, die Verteidigungsanlagen zu inspizieren, und dass er Beziehungen zu dem in Jamaika lebenden Engländer Roger Reyt pflegte. Reyt hatte sich vermutlich in Portobello aufgehalten und war mit exakten Plänen zurückgekehrt.

Als Beweis wurde angeführt, dass Grillos Agenten gewarnt worden waren und daraufhin aus Panama flohen. Außerdem sei sein Besitz verschont geblieben.

Die Carimba

Die Übernahme eines Sklaven wurde mit der »Carimba« abgeschlossen. Dazu wurden sie mit einem rotglühenden Metallstempel (Carimba) auf Brust, Rücken oder Oberarm gebrannt.

Alle Sklaven erhielten zwei Brandzeichen: Das Monogramm der Vermittler, das die Herkunft bezeichnete, und die Insignien des Königreichs Spanien, die die legale Einfuhr und die Entrichtung der entsprechenden Steuern markierte.

Das staatliche Emblem wurde erst nach 30 Tagen gebrannt, um im Todesfall oder bei Zurückweisung des Sklaven nicht unnötig Steuern entrichten zu müssen.

Einige Monogramme enthielten offenkundig Informationen über Krankheiten und anderes, was für den Käufer von Nutzen sein konnte.

Monogramme zur Markierung von Sklaven vom Ende des 17. Jahrhunderts.

165

querten den See erneut und kehrten nach Jamaika zurück.

Jamaika im Krieg

Im Frühjahr 1665 war die Nachricht vom Beginn des dritten englisch-niederländischen Krieges nach Jamaika durchgedrungen. Die Filibuster wurden nun zur Armee Jamaikas. Der Befehl zur Einstellung der Feindseligkeiten war außer Kraft.

Weil Modyford bemerkte, dass die Vagabunden nur Unruhe in die Straßen von Port Royal brachten, versammelte er sie im November an der Bluefields Bay[47] und versuchte, sie für einen Feldzug gegen die holländischen Kolonien Curaçao, Saba und San Eustaquio/Sint Eustatius zu gewinnen. An der Spitze dieser Streitmacht stand Edward Morgan als Kommandeur der Miliz von Jamaika.

Man war der Auffassung, dass die Beute die Kosten des Feldzuges abdecken würde. Den Filibustern teilte man mit: »Wenn es keine Beute gibt, gibt es keinen Lohn, und der König kann nicht mit irgendwelchen Kosten belastet werden, außer für Schießpulver und Mörser[48].«

Mehr als 600 begnadigte Gefangene gingen in zehn Schiffen auf See. Sobald die Segel gesetzt waren, machte sich ihr Mangel an Disziplin bemerkbar. Sie verlangten, den Schlüssel zur Verteilung der Beute zu ändern. Im Juli gelangten sie nach San Eustaquio/Sint Eustatius, nahmen die Insel und zogen weiter nach Saba, San Martín/Sint Marteen und Tortola. Hier bestanden die Filibuster auf einer Aufteilung der Beute, die aus 900 Sklaven, Waffen, Vieh und Baumwolle bestand.

Sie wählten Mansfield aus, ihre Interessen gegenüber Modyford zu vertreten, und erklärten sich mit seinem Vorschlag einverstanden, nach Curaçao zu gehen. Aber letztlich scheiterte das Vorhaben an schlechten Wetterbedingungen und der Meinung der Korsaren, dass ein Angriff auf spanische Kolonien größeren Gewinn bringen würde.

In kubanischen Gewässern kaperten sie ein Schiff mit 22 Mann an Bord, denen sie allen die Kehle durchschnitten. Dann kamen sie in den Hafen Júcaro im Süden Kubas, wo sie versuchten, Proviant zu kaufen. Aus Furcht vor einem Angriff wies man sie zurück. 200 bis 300 Filibuster marschierten daraufhin 42 Meilen landeinwärts, um die Stadt Sancti Espíritus einzunehmen und in Brand zu setzen. Ihnen fielen 200 Pferde und zahlreiche Gefangene in die Hände, für die sie 300 fette Kühe als Lösegeld erhielten. Die Rechtfertigung für diese Raubzüge war, dass eine beträchtliche Zahl unter den Korsaren Portugie-

sen mit einem Patent des französischen Gouverneurs von La Tortuga waren.

Später gelangten sie nach Bocas del Toro, wo sie sich teilten: Sieben Schiffe segelten nach Costa Rica, die übrigen acht zur Stadt Nata in der Provinz Veragua.

Im Januar 1666 erklärte Frankreich England den Krieg. Zunächst schloss sich Holland, dann Spanien den Franzosen an.

Einen Monat später legte der Rat von Jamaika[49] ein Dokument mit zwölf Argumenten vor, warum es im Interesse der Kolonie liege, Kaperbriefe gegen die Spanier auszustellen. Modyford unterstützte dieses Anliegen, indem er auf den Rückgang von Wirtschaft und Handel hinwies und bemerkte, dass man auf die gewalttätigen Akte der spanischen Küstenwache reagieren müsse. Er begann, über die Rückkehr der Filibuster nach La Tortuga zu verhandeln, die ausschließlich ökonomische Gründe hatte. Von da an gab er Kaperbriefe gegen die Spanier an Korsaren jeder Nationalität aus, und die Piraterie verbreitete sich rasch. Mansfield war der Hauptgewinner dieser Entwicklung und wurde der Anführer der Filibuster.

Sie kamen am 8. April 1666 in Portete an und überrumpelten die Küstenwache, bevor diese an Land gelangen und Alarm auslösen konnte. Die Flotte ankerte in Punta del Toro. Das Ziel war, die Hauptstadt Cartago in einem Überraschungsangriff zu nehmen.

Zunächst fielen sie über die nahe gelegene Stadt Matina her und nahmen 35 Spanier gefangen. Ein Indianer namens Esteban Yaperi[50] aus Teotique entkam und warnte den Gouverneur von Costa Rica, Juan Lopez de Flor. Mitte April durchkämmten Hunderte von Milizionären den Dschungel und bezogen Stellungen in den nahen Turrialba-Bergen, um die Invasoren am Vormarsch zu hindern. Ihr Hauptproblem war der Mangel an Waffen.

Mansfields Truppen waren kaum besser dran. Der Dschungel ließ sie schwer leiden, Hunger und Erschöpfung führten zu Auseinandersetzungen um den geringen Vorrat an Weizen, den sie den Indianern gestohlen hatten.

Lopez de Flor wusste um ihre Lage und befahl einen Vorstoß, der die Aggressoren zum Rückzug zwang. Am 23. April erreichten die erschöpften und ausgehungerten Überlebenden ihre Schiffe in Portete und zogen sich nach Bocas del Toro zurück.

Dabei desertierten zwei Schiffe. Mansfield war in einer sehr unvorteilhaften Situation und konnte so nicht heimkehren. Um seine Glaubwürdigkeit zurückzugewinnen, entschloss er sich zum Angriff auf die Insel Santa Catalina (Isla de Providencia).

Mansfield und der Traum von Providencia

Dieses Unternehmen war Mansfields Versuch, für die Filibuster eine Operationsbasis ohne jeden Einfluss der Franzosen oder Engländer zu organisieren und eine freie Republik zu gründen. Der auserwählte Ort war die Insel
Providencia[51].

Mit zwei Fregatten und drei Schaluppen kam er am 25.
Mai auf der Insel an. Er landete unentdeckt an der nördlichen Küste. Gegen Mitternacht rückten 200 Korsaren auf
der Insel vor. 100 waren Engländer, 80 Franzosen aus La
Tortuga und der Rest Portugiesen.

Die schlafenden Einwohner wurden von acht Soldaten
bewacht. Mansfield sicherte ihnen persönliche Unver-
sehrtheit zu. Seine Franzosen hinderten die Engländer
daran, die Kirche zu plündern.

Nach zehn Tagen ging er mit 170 Gefangenen auf See.
Er ließ Kapitän Hatsell mit 35 Korsaren und 50 Schwarzen
zurück. Sie sollten auf die Rückkehr von Mansfield oder
einer anderen englischen Autorität warten.

Am 11. Juni ankerte er in Punta de Brujas an der Nordküste von Panama, um seine Gefangenen abzusetzen und
dann die Reise nach Jamaika fortzusetzen. Nach elf Tagen
kam er mit zwei Schiffen in Port Royal an.

Hier erwartete ihn ein Vermögen in Form von Gold-
stücken. Nach den im Februar durch den Rat und
den Gouverneur eingeführten Änderungen wurden
Angriffe auf spanischen Besitz prämiert und auch Mansfields Einnahme von Providencia belohnt, nachdem
er zunächst dafür gerügt wurde, die versprochenen
Ziele nicht erreicht zu haben.

Nach vier Tagen sandte Modyford die Nachricht an den
Außenminister Lord Arlington.

Mansfield bot an, Providencia der Gerichtsbarkeit von
Jamaika zu unterstellen[52], aber Modyford lehnte dies ab.
Dann bot er La Tortuga mit dem gleichen Ergebnis an.
Seine letzte Hoffnung war der Gouverneur von Neueng-
land. Aber Mansfield starb plötzlich, bevor er sich 1667
auf den Weg machen konnte.

Unterdessen hatte der Gouverneur von Panama, Pérez
de Guzmán, schnell reagiert und ein Expeditionskorps
unter José Sánchez Ximénez ausgesandt. Das Ziel war,
Providencia zurückzuerobern, bevor Verstärkungstruppen aus Jamaika die Lage konsolidieren konnten. Der Erfolg des Unternehmens vergrößerte das Ansehen von
Pérez de Guzmán.

Der Traum von Providencia aber hatte sich endgültig in
Luft aufgelöst.

Henry Morgan betritt die Szene

Im Mai 1667 wurde der erste Vertrag zwischen London
und Madrid abgeschlossen, der die ständige Spannung
zwischen beiden Nationen beenden sollte, die sich in einem permanenten Kleinkrieg befanden.

Ende des Jahres gab Modyford bekannt, dass er Informationen über spanische Pläne zur Invasion Jamaikas erhalten habe. Er nahm an, dass die Operation von Kuba
aus durchgeführt werden sollte.

Im Februar 1668 löste der Bruder des Gouverneurs, James Modyford, Edward Morgan als Obersten Richter in
Jamaika ab. James betraute Henry Morgan, den Kommandeur der örtlichen Miliz, mit der Aufgabe, »alle englischen Korsaren zu sammeln«[53] und den Ausgangspunkt
der spanischen Invasion auszukundschaften.

In Übereinstimmung mit dem Gouverneur nannte Morgan Kuba als das Ziel. Er stellte ein Expeditionskorps auf,
um die Vorbereitung zu unterbinden, und setzte im April
mit einem Dutzend Schiffen und 700 Mann die Segel.
Ursprünglich scheint er vorgehabt zu haben, Havanna
einzunehmen.

Der Plan wurde aber angesichts der Verteidigungsanlagen fallen gelassen. Er durchquerte Los Jardines de la
Reina, um den Golf von Ana María zu erreichen. Hier verließ er die Schiffe und griff die Stadt Puerto Príncipe
(heute: Camagüey) über Land an.

Die Beute betrug 50 000 Pesos und einige hundert
Stück Vieh, die geschlachtet und gesalzen wurden und
von Einwohnern an die Küste geschafft werden mussten.
Diese Beute war groß genug, um ihn seine Missetaten
fortsetzen zu lassen. Während des Rückzuges wurde er
von Berittenen und Lanzenträgern angegriffen, was 200
Opfer unter seinen Männern kostete.

Die Plünderung von Portobello[54]

Bei seiner Rückkehr nach Jamaika berichtete Morgan Modyford, dass dessen Informationen über eine Invasion
richtig waren. Der Gouverneur unterstützte nun vorbe-
haltlos alle Maßnahmen.

Morgan plante einen weiteren Angriff, diesmal ohne
die französischen Filibuster. Sie hatten sich nach Meinungsverschiedenheiten über die Aufteilung der Beute
aus Puerto Príncipe zurückgezogen. Mit vier Fregatten,
acht Schaluppen und weniger als 500 Mann segelte er
zum Isthmus von Panama und ließ die Anker in Bocas
del Toro fallen.

Seine Truppen stiegen in 23 Kanus und kleine Boote um und bewegten sich nordöstlich entlang der Küste. Sie brauchten vier Nächte für die 150 Meilen nach Portobelo, wo sie am 10. Juli 1668 ankamen.

Die Truppe ging in der Nacht an Land und marschierte zur Stadt. Der Angriff erfolgte in der Morgendämmerung. Die Filibuster feuerten auf alles, was sich bewegte, um Panik zu verbreiten.

Die Besetzung der Stadt ging schnell vonstatten. Als sie das Fort Santiago erreichten, jagten sie das Arsenal mit der Besatzung in die Luft. Dann kamen sie an den Außenbereich des Forts San Jerónimo, wohin sich die Verteidiger ohne Verluste zurückgezogen hatten.

Der Angriff erfolgte abschnittsweise, wobei die Nonnen und Priester der Stadt als Schutzschilde verwandt wurden. Nach entschlossener Verteidigung mit fünf Toten auf der eigenen Seite ergab sich die Festung. Der Preis für die Angreifer waren 35 Gefallene.

Kurz darauf ereigneten sich schreckliche Dinge. Morgan schmückte die Festung mit einer roten Flagge und ihre Mauern mit den Leichen der 50 Soldaten, die zunächst gefangen genommen worden waren. Der Zivilbevölkerung erging es nicht viel besser: Alle denkbaren Grausamkeiten wurden begangen, um sie zu quälen und die Verstecke der Wertsachen zu erfahren.

Der Gouverneur von Panama war unterrichtet und traf mit Verstärkungen ein. Er griff Morgans Stellungen an, konnte aber das Fort nicht nehmen.

Es gab anschließend Verhandlungen, und er entrichtete einen »Tributo de Quema« von 100 000 Pesos und zog sich zurück, damit die Engländer abziehen konnten. Morgan gelangte zu seinen Schiffen und segelte nach Port Royal, wo er triumphierend am 27. Juli landete.

Dies war aber nicht das Ende der Überfälle. Der französische Filibuster Picard[55] dehnte die Offensive auf die Provinz Veraguas aus, wo er die großen Städte plünderte, Gefangene machte und Gold aus den hiesigen Minen erbeutete.

Picard scheint auch den Isthmus zum Pazifik in der Gegend von Natá am Chico durchquert zu haben, wurde aber zum Rückmarsch gezwungen, weil man auf ihn gut vorbereitet war.

Die spanische Antwort war gleichfalls aggressiv. Königin Mariana von Österreich[56] befahl die Ausgabe von Kaperbriefen und förderte wahllose Angriffe auf englische Interessen.

Der Überfall auf Maracaibo[57]

Um keine Zeit zu verlieren und ohne die neue Ausrüstung seiner Truppen mit Waffen abzuwarten, hatte Morgan vor, mit acht Schiffen und 500 Mann die Inseln Trinidad oder Margarita anzugreifen. Einer seiner französischen Gefolgsleute schlug ihm dagegen vor, Maracaibo als Ziel zu wählen, das El Olonés schon zwei Jahre zuvor angegriffen hatte.

Morgan ließ sich darauf ein, und im Februar 1669 stachen sie in See. Nach der Übernahme von Proviant in Aruba segelten sie in den Golf von Venezuela[58] und hatten Maracaibo am 9. März in Sicht. Nach dem Angriff von El Olonés hatte man an der Bucht eine kleine Festung mit elf Geschützen gebaut. Morgans Truppen nahmen sie in der Nacht, ohne auf Widerstand zu stoßen. Der wachhabende Offizier und seine acht Soldaten flohen und lösten Alarm in der Stadt aus, als sie den Feind nahen sahen.

Die Angreifer feuerten die Geschütze ab, gingen wieder an Bord und segelten in die Stadt, deren Einwohner bereits geflohen waren. Morgan stellte Trupps zusammen, die sie jagen sollten, besonders die Priester und Klosterbrüder. Zeit spielte für ihn dabei keine Rolle. Man wandte sehr überzeugende Methoden an, um die armen Teufel dazu zu bringen, die Verstecke der Wertsachen zu verraten.

Morgan hielt sich bereits beinahe einen Monat in Maracaibo auf, als Alonso de Campos y Espinosa, Admiral der Barlovento-Flotte[59], mit drei Schiffen die Sandbank vor der Stadt erreichte. Sein Flaggschiff, die *Nuestra Señora de la Magdalena* hatte 412 Tonnen und 38 Geschütze. Die *San Luis* unter Mateo Alonso Huidobro hatte 218 Tonnen und 26 Geschütze, und die 50-Tonnen-Patache *Nuestra Señora de la Soledad,* die frühere *Marquesa,* war mit 14 Kanonen bestückt.

Die Flotte blockierte die Sandbank und setzte 40 Arkebusenschützen an Land, die sechs Geschütze der Festung wieder gefechtsbereit machten. Nachdem so für Morgan der Rückweg abgeschnitten war, wurde in den umliegenden Dörfern um Verstärkungen gebeten.

Als Morgan dies erkannte, bereitete er seine Männer und Schiffe auf einen Ausbruch aus dieser Mausefalle vor. Die spanischen Schiffe waren im Vorteil, weil die Mündungsstrecke vom See in den Golf so eng war, dass Morgans Männer keine Manöver segeln konnten und vom Bug aus gegen die Bordwände der vor Anker liegenden Spanier kämpfen mussten, die außerdem von Land aus unterstützt wurden.

Essen und Trinken

Die Filibuster ernährten sich mit einer Kombination verschiedener Grundnahrungsmittel. Das Fleisch, in der Regel Rind oder Schwein, wurde geräuchert und mit Schmalz gekocht, um es zum Schmoren oder Rösten zart zu machen. Frisches Fleisch wurde gegrillt.

Die Getränke der Engländer in Jamaika waren hauptsächlich Bier und starker Alkohol, besonders Brandy und Rum. Einige typische Kombinationen hatten merkwürdige Namen.

SIR CLOUDISLEY: Nach diesem Mix aus dem 17. Jahrhundert mag manchen bewölkt zumute gewesen sein, obwohl der Name zu Ehren von Sir Cloudisley Shovell (1650–1707) gewählt wurde, der sich im Mittelmeer gegen die Korsaren verdient gemacht hatte.

Der Drink bestand aus Brandy mit ein wenig Bier und einem Schuss Zitronensaft, häufig gesüßt oder gewürzt. Ohne Zitrone hieß das Getränk »Flip«.

MUM: Dieses Getränk hieß eigentlich »Mumme« und stammte aus Braunschweig. Es handelt sich um ein Starkbier aus Weizen- und Hafermalz, das mit Kräutern gewürzt wurde.

KILDUIJVEL: »Kill-Devil« klang für die Holländer schöner als einfach Rum, um den es sich hier handelt.

RUM: Er wurde aus der Melasse von zermahlenem Zuckerrohr bereitet und war in der gesamten Karibik sehr beliebt, weil er billiger als Brandy war.

Die Herkunft des Wortes ist unbekannt. Es könnte von dem altenglischen Adjektiv »rum« abstammen, womit man etwas besonders Herausragendes bezeichnete. Auf englischen Schiffen wurde Rum ins Trinkwasser gemischt, um es frisch zu halten. Daraus entstand dann der Grog.

1668 ordnete die Britische Admiralität an, dass künftig an die auf Jamaika stationierten Soldaten Rum statt Brandy ausgegeben wurde.

SALMIGONDIS oder SALMAGUNDI: Eine französische Bezeichnung für ein sehr stark gewürztes Stew aus Fleisch, Gemüse und weiteren Zutaten. Die Fleischsorten wurden zumeist als Rouladen serviert, die übrigen Zutaten als Beilage.

Das Gericht erfreute sich unter den Bukaniers großer Beliebtheit und war die Grundlage unterschiedlichster Rezepte.

Sir Cloudisley Shovell, ein englischer Seemann des ausgehenden 17. Jahrhunderts, der für seinen Humor berühmt war. Sein Name bezeichnet einen typischen Drink auf englischen Schiffen.

Alonso de Campos forderte Morgan zur Kapitulation auf. Der lehnte ab und forderte einen Kriegstribut. Dann schickte er einen mit Puppen und Holzkanonen als Kriegsschiff getarnten Brander vor. Die Spanier eröffneten das Geschützfeuer, aber das Flaggschiff und das Schiff des Vizeadmirals verhakten und blockierten sich gegenseitig. Die Filibuster konnten beide Schiffe in Brand setzen. Morgan nutzte die Situation aus und kaperte die Patache.

Campos und Huidobro flohen mit ihren Mannschaften auf die Festung und nahmen Morgans Flotte schwer unter Beschuss. Weil Morgan den Wind von vorn und keine Buggeschütze hatte, versuchte er zu verhandeln. Er wollte die Gefangenen freigeben, wenn er passieren dürfte.

Campos lehnte ab. Morgan war gezwungen, nach Maracaibo zurückzukehren.

Am nächsten Tag versuchten die Engländer, das Fort über Land anzugreifen. Aber sie trafen auf die Arkebusenschützen und die Mannschaften, verstärkt durch 70 Mann örtlicher Miliz.

Doch nachdem ihm klar wurde, dass auf der Festung nur sechs Geschütze waren, hatte Morgan die Lösung. Bei Einbruch der Dunkelheit schickte er Leute in Booten los, damit die Spanier glauben sollten, bei Nacht würde ein Angriff gleichzeitig an Land und von den Booten aus erfolgen. Sie brachten ihre Kanonen gegen einen Angriff von der Landseite aus in Stellung.

Als Morgan und seine Leute im April 1669 schon fast einen Monat in Maracaibo waren, erschien Alonso de Campos y Espinosa mit fünf Schiffen am Eingang des Sees. Als für die Filibuster schon alles verloren schien, rettete sie eine List des Engländers: Er schickte ein Brandschiff in die feindliche Flotte, das die Nuestra Señora de la Magdalena *und* San Luis *Feuer fangen ließ, und konnte in der Verwirrung die Patache* Nuestra Señora de la Soledad *kapern.*

Morgan hatte gewonnen: Im Schutze der Dunkelheit konnte er mit Schiffen und Mannschaften die Enge passieren, ohne dass die Spanier Zeit hatten, ihre Geschütze erneut zu richten. Er ließ seine Gefangenen auf der Sandbank frei. Am 27. Mai kehrte er mit einer beachtlichen Beute nach Port Royal zurück.

Der Vizekönig von Mexiko erhob Anklage[60] gegen Campos und Huidobro und schickte beide nach Sevilla ins Gefängnis. Der Kriegsrat ließ sich ihren Fall vortragen, kam aber zu dem Ergebnis, sie hätten mutig gekämpft, und sprach sie frei.

Wieder wurde das Ende der Feindseligkeiten gegen Spanien verkündet. Morgan befand sich bereits einen Monat auf Jamaika. Modyford befahl ihm ausdrücklich, an Land zu bleiben.

Morgan folgte gehorsam und kaufte Farmland. Ein Jahr lang tat er nichts.

Der spanische Gegenangriff

Als Konsequenz auf die heftigen Angriffe auf spanische Befestigungen autorisierte Königin Maria Anna von Österreich im April 1669 die Ausgabe von Kaperbriefen in Westindien[61].

Viele Sklavenhändler, Schmuggler und Abenteurer entschlossen sich zum Dienst an der spanischen Sache. Der Angriff auf die Basen der Filibuster auf Jamaika begann.

Die Kaperung der *Mary and Jane*

Der populärste Freibeuter auf Jamaika war der Holländer Bernard Claesen Speirdyke, bekannt als »Kapitän Bart« oder »Barnard«. Er segelte die *Mary and Jane,* ein kleines Schiff mit sechs Geschützen und 18 Mann Besatzung.

Im Januar 1670 schickte man ihn zur Beschwichtigung der Spanier und zur Verbesserung der Beziehungen nach Kuba. Als er in der Manzanillo-Bucht (heute: Golf von Guacanayabo) an der Südwestküste die Anker fallen ließ, bemerkte er die Ankunft eines Schiffes unter englischer Flagge.

Er schickte ein Boot mit zwei Mann zur Begrüßung hinüber. Es handelte sich um die *Fama* unter Kapitän Rivero Pardal. Sie wurden gefangen genommen, als sie berichteten, dass sie aus Jamaika kämen.

Die *Fama* hisste dann die spanische Flagge und griff die *Mary and Jane* an, weil sie einen Kaperbrief besaß, der sie dazu berechtigte. Mit dem Schlachtruf »Verteidige dich, du Hund!« enterte Rivero das Schiff des Holländers. Bei dem ungleichen Kampf wurden Bart und alle seine Männer getötet.

Wegen der Bedeutung seiner Taten war der Portugiese Manoel Rivero Pardal einer der bekanntesten Korsaren. Seinen Kaperbrief hatte der Gouverneur von Cartagena ausgestellt.

Anfang 1670 startete Rivero Pardal in Cartagena[62] auf seinem Schiff *San Pedro,* der früheren *Fama.* Es hatte 14 Geschütze und 70 Mann Besatzung. Sein Ziel war Point Morant, wo er Negersklaven kapern wollte. Aber das Wetter trieb ihn zu den Caiman Inseln (Cayman-Inseln). Um das Beste aus dieser neuen Lage zu machen, griff er etliche Fischerdörfer auf Gran Caiman an und brannte sie nieder. Er kaperte eine Ketsch und ein Kanu und nahm vier Kinder gefangen, die er nach Kuba brachte.

Die spanischen Korsaren waren erfolgreich, weshalb Modyford sich gezwungen sah, einen Versuch zur Verbesserung der Beziehungen zu starten. Er schickte einen Vermittler nach Havanna: Kapitän Bart mit der *Mary and Jane* wurde ausgewählt, dem Gouverneur Briefe zu überbringen.

Rivero war wieder auf See und begegnete der *Mary and Jane.* Der Kampf endete mit dem Tod aller Filibuster und der Kaperung ihres Schiffes[63].

Ende Mai soll Rivero wieder in Cartagena gewesen sein, wo er mit Verstärkung durch die *Gallardina,* ein zwei Jahre zuvor von den Franzosen gekapertes Schiff, auslief.

Er näherte sich der Küste von Jamaika mit einem seiner üblichen Tricks, dem Hissen der englischen Flagge. Am 11. Juni kämpfte er gegen William Harris und kaperte einen seiner Tender, nachdem er die Kolonien der Montego-Bucht geplündert und abgefackelt hatte.

Dann bekam er Verstärkung aus Santiago de Cuba und unternahm weitere Raubzüge. In Jamaika entstanden Rachegelüste unter den Bewohnern. Als Rivero erfuhr, dass Morgan in See gestochen war, machte er sich auf die Jagd, traf aber statt seiner auf John Morris mit der *Dolphin,* einen Offizier von Morgan[64].

Ein schwerer Sturm trieb beide Schiffe an die kubanische Küste, wo Rivero in einer Bucht Zuflucht fand. Morris lag schon hier, und Rivero versuchte, ihm den Rückweg auf offene See abzuschneiden. Aber der Engländer konterte das Manöver, enterte die *Fama* und kaperte sie. Rivero wurde mit einem Schuss durch die Kehle getötet.

Weitere Überfälle der Filibuster

Gleichzeitig mit Morgans Kampagne versuchte eine Gruppe von Filibustern unter Führung von Braziliano, Joseph Bradley und Lecat ihr Glück. Nachdem sie sich zum Zusammengehen entschlossen hatten, liefen sie im Frühjahr 1669 in den Golf von Mexiko[65]. Braziliano und Bradley riegelten mit 34 Holländern und sechs Engländern Campeche auf der Halbinsel Yucatán ab, während Lecat Patrouille fuhr, ohne ein einziges Schiff kapern zu können.

Bei der Landung hatte Braziliano zwei Mann verloren. Ermüdet von der Warterei, zogen sie sich zur Laguna de Términos zurück, um sich auszuruhen und das Schiff kielzuholen. Bei der Rückkehr zur Blockade von Campeche nahm Braziliano drei Fischer gefangen und erpresste von ihnen durch Folter die Information, dass man ein Handelsschiff mit dem neuen Gouverneur erwarte.

Am 18. Dezember 1669 zwangen drei spanische Schiffe Braziliano und Bradley zur Flucht. Der Wind trieb Braziliano nach Südosten ab, bis er strandete, ohne nach Yucatán gelangt zu sein. Einige seiner Gefangenen konnten fliehen und die Spanier alarmieren. Aber zum Glück für die beiden kam Lecat und rettete sie. Braziliano fuhr an Bord von Bradleys Fregatte nach Jamaika. Lecat blieb zusammen mit Juan Erasmus Reyning zurück und kaperte ein spanisches Handelsschiff, das in *Sevillian* umbenannt wurde.

Bei ihrer Rückkehr nach Jamaika bemerkten sie, dass der portugiesische Korsar Manoel Rivero Pardal die Insel geplündert hatte.

Neue Vergeltung

George Monk starb im Juli 1670. Die Politik seines Nachfolgers war gegen weitere Feindseligkeiten gegen die Spanier gerichtet. Er konnte einen zweiten Vertrag mit Madrid unterzeichnen, der gute Beziehungen möglich machen sollte. Dies hatte Auswirkungen auf die Kolonie: Man entschied, für Modyford, der der Beförderung der Piraterie[66] angeklagt war, Sir Thomas Lynch als neuen Gouverneur[66] einzusetzen.

Augenscheinlich löste Rivero Pardals Raubzug auf Jamaika[67] Vergeltungsmaßnahmen aus, die von den Filibustern massiv unterstützt und von Henry Morgan geführt wurden. Andere Quellen nehmen an, dass Morgan angesichts der äußerst elenden Situation der Filibuster, in die sie sich durch ihre beständige Sauferei und Hurerei brachten, wieder auf See ging[68]. Tatsache ist, dass am 28. Oktober eine Versammlung auf der Insel Vaca zusammentrat, bei der die Filibuster verschiedene Projekte erörterten: Angriffe auf Cartagena, Veracruz und Panama. Man entschied sich für Panama. Als Befürworter und Führer dieses Unternehmens sollte Morgan ein Prozent der Beute für sich erhalten.

Am 18. Dezember 1670 segelten acht Schiffe mit mehr als 2000 Korsaren von Port Royal nach Panama. Auf dem Wege überfielen sie die Insel Santa Catalina (Providencia), wo sie 450 Gefangene machten und die Sträflinge befreiten. Ein Vorauskommando mit drei Schiffen und 600 Mann unter Kapitän Bradley war weitergesegelt. Rock Braziliano und Reyning machten sich zur Festung San Lorenzo an der Mündung des Río Chagre auf, um die Ankunft der übrigen Expedition vorzubereiten. Aber das Kommando erwies sich als verlustreich. Die Filibuster verloren 400 Mann, die spanischen Verteidiger 250.

Die Plünderung von Panama[69]

Morgan traf mit der Hauptstreitmacht Anfang Januar ein. 500 Mann wurden zum Schutz der Festung und der Schiffe zurückgelassen. Der Rest rückte entlang des Flusses vor, eine Abteilung an Land, die andere in sieben kleinen Booten und 36 Ruderbooten. Sie hungerten während des siebentägigen Vormarsches bis zu den Ausläufern der Stadt, weil sie glaubten, sich entlang des Weges verproviantieren zu können. Aber die Spanier hatten die Farmen evakuiert.

Am 27. Januar gelangten sie zu einem Hügel, der seit-

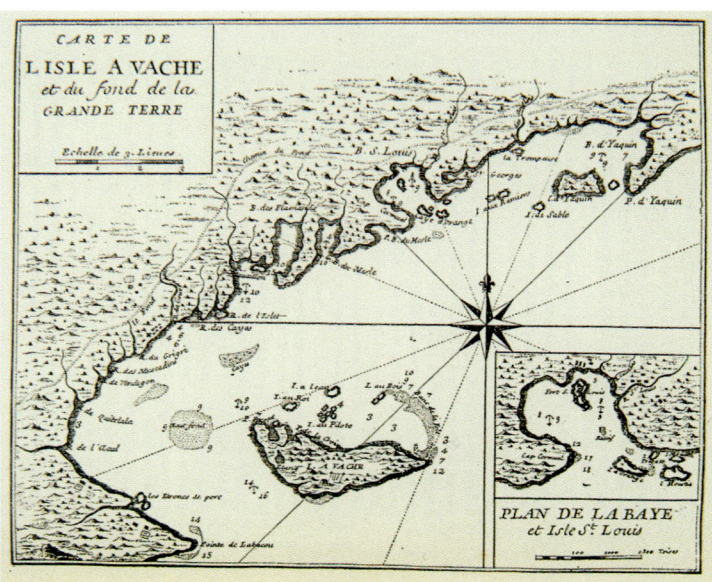

Die Insel Vaca im Süden vor Hispaniola war ein wichtiger Stützpunkt der Filibuster. Hier verproviantierten sie sich vor ihren Raubzügen oder verteilten hinterher die Beute.
Auch Morgan und El Olonés versteckten sich auf Vaca.

her »Hügel der Bukaniers« (Loma de los Bucaneros) heißt. Geführt von den auf Providencia befreiten Sträflingen, umrundeten sie die Stadt, um aus dem Wald heraus anzugreifen. Damit machten sie die Strategie der Einwohner zunichte, die sie in ein Gelände locken wollten, wo ihre Kavallerie große Wirkung entfalten sollte. Die Verteidiger wurden von Juan Pérez de Guzmán kommandiert. Er hatte 1200 Infantristen, 200 Kavalleristen und Verstärkungstruppen aus Nata, Penonomé, Villa de los Santos ... Nonnen, Frauen, Kinder und das Silber des Königs waren an Bord der *Trinidad* nach Peru evakuiert worden.

Die Infanterie war sehr unerfahren. Nach zweistündigen Kampfhandlungen verließ sie befehlswidrig ihre Stellungen und geriet in Morgans Feuer. Fast 600 Mann fielen. Man setzte die Verteidigung ungeordnet von den Häusern aus fort und wollte vor allem die eigenen Häuser retten. Gegen Mittag war die Stadt evakuiert und das Arsenal in die Luft geflogen. Die Verteidiger flohen nach Penonomé. Um drei Uhr nachmittags war die Stadt in der Hand der Filibuster.

Die Beute war enorm, wenn auch nicht so groß wie erwartet, weil die *Trinidad* das Silber und die meisten Wertgegenstände mitgenommen hatte. Die Kanonen wurden unbrauchbar gemacht und ihre Drehzapfen abgesägt, die Befestigungen und der Hafen dem Erdboden gleichgemacht. Dann setzten die Filibuster die Stadt in Brand und verwüsteten den Rest. Der Schaden war dergestalt,

*Im Januar 1671 zerstörten Morgan, Rock Braziliano, Lecat,
Prins und Reyning mit ihren Leuten Panama. List auf der einen und
Unfähigkeit auf der anderen Seite waren Garanten des Erfolges.*

dass die Stadt an einem neuen Platz wieder aufgebaut
werden musste.

Am 24. Februar kehrten sie mit ihrer Beute zum Río
Chagre zurück. Außerdem führten sie 600 Gefangene mit
sich, die sie foltern wollten, um Informationen über ihre
versteckten Reichtümer zu erhalten.

Nachdem die Beute aufgeteilt und die Gefangenen
nach Zahlungen von Lösegeld freigelassen worden waren, machte sich Morgan Mitte März auf den Weg nach Jamaika. Er erhielt eine Belohnung von 400 000 Pesos. Dieses Vermögen erlaubte es ihm, sich einen Adelstitel zu
kaufen und als einflussreicher Bürger in Jamaika zur Ruhe zu setzen. Die Filibuster hingegen bekamen nur 200
Reales (10 Pfund Silber) und fühlten sich betrogen.

Als Pérez de Guzmán nach Hause zurückkehrte[70], fand
er alles dem Vandalismus zum Opfer gefallen: 70 Betten,
Brillen, Möbel und Gemälde waren zerstört, seine Bibliothek von mehr als 500 Bänden zerfetzt.

Er wurde am 9. Oktober aus seinem Amt entfernt. Nach
Ankunft des Inspektors Francisco de Marichalar wurde
die übliche Untersuchung vorgenommen, die sich vom
17. November 1661 bis zum 20. Februar 1672 hinzog. Er
wurde schließlich freigesprochen, war aber nur noch ein
Schatten seiner selbst. Guzmán kehrte nach Madrid
zurück und starb 1675.

Betrug und Desertion

Nach der Plünderung Panamas patrouillierten Reyning
und Lecat weiter im Golf von Mexiko. Sie belästigten ein
spanisches Küstenwachboot, als sie dabei von der *HMS*

Disziplin und Strafen

MAROON: Abgeleitet vom spanischen Cimarrón, bezeichnete man so jemanden, der auf einer einsamen Insel ausgesetzt wurde. Das Verb lautet »marooning«.

KIELHOLEN: Eine besonders grausame Strafe, die Engländer und Holländer verhängten. Sie wurde bei der holländischen Rückeroberung der Kolonie San Eustaquio/Sint Eustatius von den Engländern exemplarisch angewandt.

Das holländische Geschwader unter Kommodore Cornellis Evertsen (»Kees der Teufel«) eroberte die Insel. Dann fand man heraus, dass während der britischen Besatzung drei holländische Seeleute den früheren Gouverneur Jan Symonsen de Buck heimtückisch ermordet hatten.

Um ein Exempel zu statuieren, gab es einen öffentlichen Prozess. Einer wurde zum Tode durch den Strang verurteilt, die beiden anderen sollten kielgeholt, geschlagen und auf einer einsamen Insel ausgesetzt werden.

Alle drei wurden mit dem Strick um den Hals zum Galgen geführt, einer gehängt. Die beiden anderen wurden zu den Schiffen im Hafen gebracht, wo sie ihre Strafe erhalten sollten.

Das Kielholen bedurfte einer besonderen Vorbereitung. Ein starkes Tau wurde von der Nock der Großrah rund unter dem Schiff bis zur gegenüberliegenden Rahnock geführt.

Um zu verhindern, dass die Delinquenten ertranken, wurden ihnen Mund und Nase mit Fett zugeschmiert.

Der Delinquent wurde mit den Füßen am Tau befestigt. Dann zogen ihn die Seeleute zur Rahe hoch und ließen ihn dort ein paar Sekunden hängen. Anschließend wurde er ins Wasser gezogen und unter dem Schiff hindurch bis zur anderen Rahnock gezogen.

Das Ganze wiederholte sich drei Mal. Um diese »atemberaubende« Strafe zu verschlimmern, zog man den Delinquenten dicht über das mit Muscheln bewachsene Unterwasserschiff, die in sein Fleisch schnitten.

Für die Offiziere waren harte Strafen gegen Piraten und Aufrührer völlig normal, und das Kielholen gehörte üblicherweise dazu.

Assistance überrascht wurden. Die Engländer mussten sich nach den Befehlen von Lynch bei den Spaniern beliebt machen, klagten beide der Piraterie an und versuchten, ihr Schiff zu kapern. Angesichts der Überlegenheit des Feindes flohen Reyning und Lecat nach Campeche[71].

Beide wurden verhaftet, schwer bestraft und mit dem Tode bedroht, falls sie sich weigern sollten, den Anordnungen der spanischen Behörden Folge zu leisten. Die Piraten willigten ein und traten sogar zum Katholizismus über.

Sie verließen ihre Mannschaften auf der Insel Tris und traten in den Dienst der Küstenwache. Während ihrer ersten Patrouille in der Laguna de Terminos kaperten sie vier englische Schiffe. In den folgenden Monaten widmete sich Reyning seinen Geschäften an Land, während Lecat bei der Küstenwache blieb.

Als Lecat am 28. April 1672 auf einer gekaperten Schaluppe Patrouille fuhr, segelte Reyning an Bord der *Sevillian* von Campeche aus nach Tabasco, auf der auch der zurückgetretene Gouverneur Fernando Francisco de Escobedo mitfuhr. Sie kamen am 18. Juli mit einer Ladung Kakao und Edelholz in Tabasco an. Von hier segelten sie nach Veracruz und wieder nach Campeche, um das Schiff zu überholen. Im August erfuhr Reyning vom Krieg zwischen England, Frankreich und Holland und stach mit unbekanntem Ziel in See.

Als Lecat zurückkehrte, war er allein, und er versuchte, Reyning zu finden. Von keinem hat man je wieder etwas gehört.

Morgans Verhaftung

Der spanische Botschafter in England betrachtete den Angriff auf Panama als einen Akt der Piraterie und protestierte unüberhörbar. Als Morgan in Port Royal ankam, hatte Lynch den Gouverneursposten übernommen und ein radikaler Kurswechsel in der englischen Politik gegenüber Spanien stattgefunden. Morgan wurde verhaftet und nach England gebracht.

Wegen seiner schwachen Gesundheit verzögerte sich seine Ankunft bis zum April 1672. In London tauchte er erst im August auf. Als Folge der neuen politischen Lage zwischen England und Spanien wurde nie ein Verfahren gegen ihn eröffnet. Englands König Charles II. schlug ihn zum Ritter und ernannte ihn zum Vizegouverneur von Jamaika.

Plan von Panama, 1673.
Die Plünderung und Zerstörung Panamas durch Morgans Filibuster im Januar 1671 machten es erforderlich,
die Stadt an einem sichereren Ort wieder aufzubauen.
Eine weiter östlich gelegene Halbinsel mit Hafen und schützender Klippe
wurde dafür ausgewählt. Die Westseite befestigte man, das Straßennetz wurde rechtwinklig angelegt.

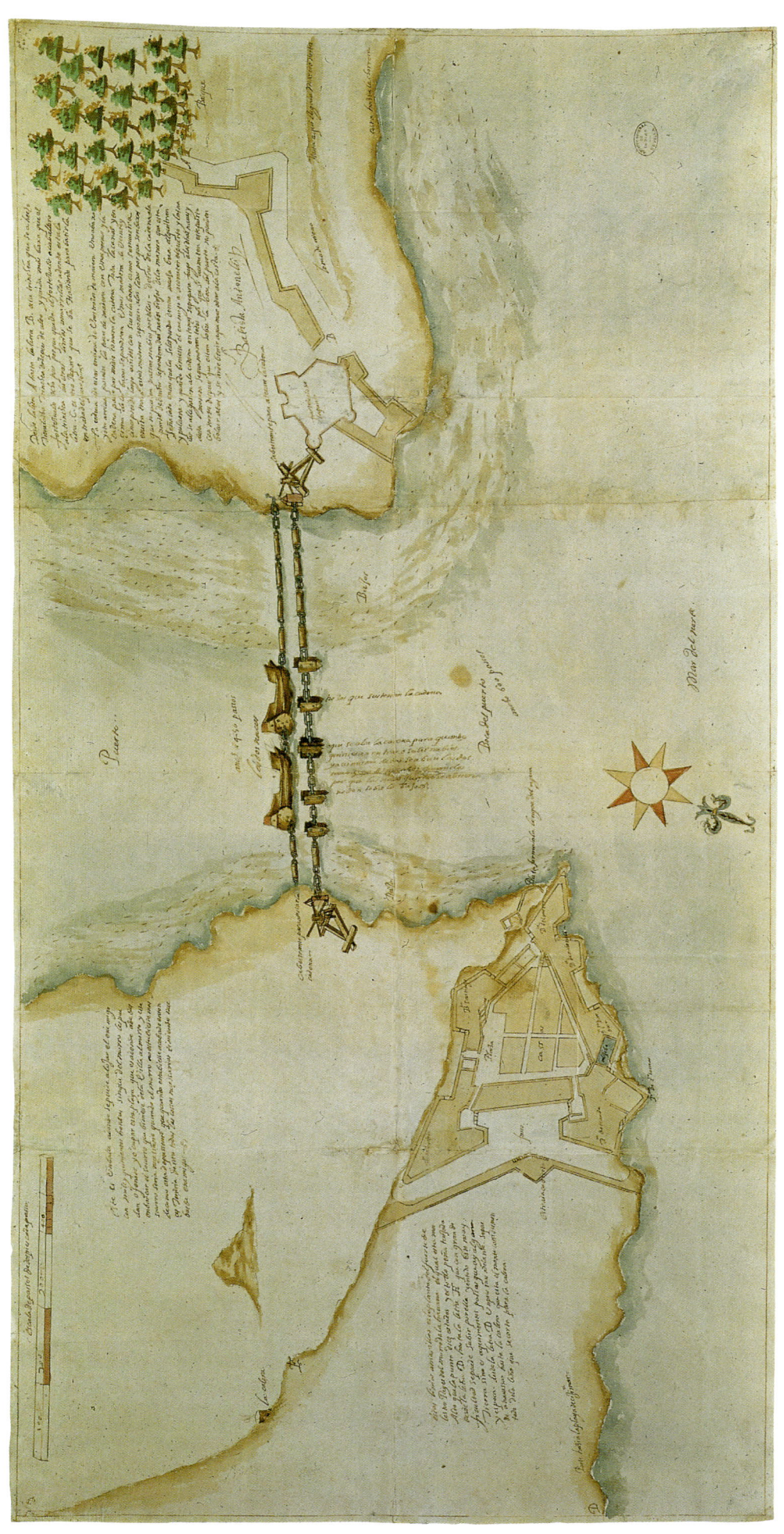

Verteidigungsanlagen
von Havanna, 1612.

7.
Das Ende einer goldenen Epoche
(1672–1700)

Der zweite Vertrag von Madrid zwischen Spanien und England war der Anfang vom Ende der Filibuster. Spanien überließ England die Insel Jamaika und verzichtete auf weitere Ansprüche. Die englische Politik im Hinblick auf die spanischen Kolonien wandelte sich radikal. Als erste Maßnahme wurde Modyford, der als Gouverneur wegen seines Einsatzes für die Filibuster bekannt war, durch Thomas Lynch ersetzt, dessen Politik auf ein Übereinkommen mit den Spaniern ausgerichtet war. Er trat am 1. Juli 1671 sein Amt an und befahl die sofortige Zurückziehung aller Kaperbriefe. Modyford wurde verhaftet und der Beförderung der Piraterie angeklagt. Sechs Wochen später schickte man ihn als Gefangenen nach England.

Mitte August proklamierte der König eine Amnestie für alle Filibuster[1]. Sie konnten in die Royal Navy eintreten oder Unterstützung bei der Ansiedlung als Kolonisten auf Jamaika erhalten. Dieses Angebot fand in den britischen Kolonialgebieten von Neuengland, New York und Virginia sowie auf den Bermudas seinen Widerhall. In London hatte man allerdings falsch eingeschätzt, dass die Filibuster zu rebellisch veranlagt waren, um ein solches Angebot anzunehmen. Sie zogen es überwiegend vor, nach La Tortuga zu gehen und Jamaika schutzlos zurückzulassen. Einige blieben allerdings, weil sie diese Proklamation – wie bei früheren Wechseln des Gouverneurs – für reine Propaganda hielten. Dieses Mal lagen die Dinge aber anders, und einige, die die Zeichen der Zeit nicht erkannten, endeten auf dem Schafott.

Nach einigen Monaten des Zögerns wurde Henry Morgan im April 1672 als Gefangener nach England überführt. Einmal mehr war das Glück auf seiner Seite, weil seine Ankunft mit dem Ausbruch des dritten englisch-niederländischen Krieges zusammenfiel. Frankreich unterstützte England, und Spanien, mit Österreich gegen Frankreich verbündet, befand sich wieder im Krieg gegen die Briten. Ein Jahr darauf wurde William Beeston zum Vertreter der Admiralität in Jamaika ernannt. Dies bedeutete, dass die Angelegenheiten der Seefahrt, insbesondere die Freibeuterei, wieder einmal mit einer gewissen Nachlässigkeit behandelt wurden.

Wieder Krieg in der Karibik
(1672–1678)

Spaniens Kriegseintritt führte wieder zu systematischen Angriffen durch die Filibuster. Sie hatten ihre Basis auf La Tortuga und Jamaika als weiteren Hafen. Man organisierte die Unterstützung der regulären Streitkräfte durch etliche dieser Abenteurer. Dieses Mal stand Spanien allerdings nicht allein. Holland schickte Admiral de Ruyter mit einem Geschwader und dem Auftrag, in den unruhigen Gewässern der Karibik für Ordnung zu sorgen. Er wurde von dem Offizier Jacob Binckes als Kommandeur der Fregatte *Nordhollandt* begleitet, die 46 Geschütze und 210 Mann Besatzung hatte.

Im Mai 1672 erreichte Binckes Martinique und freundete sich mit Cornellis Evertsen und Hurriaen Aernouts an. In der holländischen Kolonie Curaçao gab Gouverneur Jan Donker Kaperbriefe gegen Engländer und Franzosen aus.

Einige Korsaren, unter ihnen Aernouts, segelten nach Nordamerika, um englische Siedlungen anzugreifen. Im Juli besetzten sie New York, das aber nach dem Friedensschluss wieder an England zurückfiel. De Ruyter kam im Dezember 1673 zurück nach Cádiz. Seine Bilanz bestand aus 34 gekaperten und mehr als 150 versenkten englischen und französischen Schiffen.

Der französische Fehlschlag

Die Nachricht vom Ausbruch des Krieges kam in der zweiten Jahreshälfte 1672 in die Karibik. Die Franzosen starteten unter De Baas-Castlemore, Gouverneur von St. Kitts/St. Christopher, eine Offensive gegen die Holländer auf Curaçao. Einmal mehr waren die Filibuster gefragt, und 400 folgten freiwillig dem Ruf. Sie versammelten sich am 18. Februar 1673 auf der *Ecueil* mit 50 Geschützen und der *Petit Infante* auf La Tortuga. Ein Dutzend kleiner Freibeuter-Schiffe kam als Verstärkung hinzu. Schließlich nahmen sie unter dem Kommando von Bertrand d'Ogeron Kurs auf Curaçao.

Ein Fehler des Steuermanns der *Ecueil* führte in der Nacht des 25. Februar nordwestlich von Puerto Rico nahe Arecibo zum Stranden des Schiffes und zu vielen Verlusten an Menschenleben[2]. Die Überlebenden sandten an De Pouançay und die Behörden der Insel einen Hilferuf. Obwohl Spanien neutral und zur Hilfeleistung verpflichtet war, griffen lokale Milizen die gestrandeten Seeleute an. Zehn von ihnen wurden im Kampf getötet und zwölf verwundet, 40 bis 50 von D'Ogerons Männern verloren ihr Leben. Außerdem wurde nichts unternommen, um örtliche Banden daran zu hindern, die Überreste des Schiffes zu plündern und etliche Franzosen zu erschlagen.

Der Gouverneur von Puerto Rico, Gaspar de Arteaga, ließ die Schiffbrüchigen verhaften. Die 460 Gefangenen wurden verhört und mit einer Eskorte von 60 spanischen Soldaten in das Gefängnis von San Germán überführt. Einige Monate später waren etliche einer Epidemie zum Opfer gefallen, andere wurden ausgetauscht.

D'Ogeron konnte mit ein paar Begleitern entkommen[3]. Sie gelangten nach Hato de Arriba und brachten sich in den Besitz eines kleinen Fischerbootes, indem sie die bei-

den Seeleute ermordeten und über Bord warfen. Nach ein paar Tagen erreichten sie Cabo Rojo und dann die Bucht von Samaná auf Hispaniola. Sie standen so viele Abenteuer durch, dass die Zeitgenossen ihre Rückkehr nach La Tortuga als ein kleines Wunder ansahen.

Vergeltung gegen Puerto Rico

Im Oktober hatte D'Ogeron eine Truppe aus 500 Filibustern zusammen und segelte nach Puerto Rico, um seine Männer herauszuhauen. Er organisierte in Samaná Verstärkungen und landete in Aguada, um die Gefangenen in San Germán zu befreien. Der Franzose versuchte, mit Arteaga zu verhandeln und ihn zur Herausgabe der Männer zu veranlassen. Als dies scheiterte, gingen 300 Mann an Land und rückten auf die Festung vor. Die Spanier waren darauf vorbereitet: Angriff auf Angriff wurde zurückgeschlagen.

Um den Druck zu erhöhen, plünderte D'Ogeron Hato de Arriba. Arteaga ließ sich nicht beeindrucken und befahl die sofortige Exekution von 40 Gefangenen und verschärfte die Haft für die Übrigen. Zwei Monate lang griffen die Franzosen immer wieder erfolglos an und kehrten schließlich am 29. Dezember nach La Tortuga zurück. D'Ogeron bat um die Erlaubnis, nach Frankreich heimkehren zu dürfen.

Die Freibeuterstatuten von 1674

Angesichts dauernder Angriffe der Filibuster wurden am 22. Februar 1674 die ersten Regeln für die Freibeuterei in Amerika erlassen[4]. Das Dokument enthält 19 Artikel, die Folgendes festlegen:

- Beute wird gemäß nach den Regeln der Biskaya gedrittelt.

- Piraten werden als solche bestraft.

- Um die Freibeuterei attraktiver zu machen, sollen die Reeder den früheren »Quinto Real« (das Fünftel des Königs) erhalten.

- Gefangene müssen herausgegeben werden.

- Keine Kolonial- oder Flottenbehörde darf von einem Teil der Beute profitieren.

- Die Beute kann steuer- und zollfrei verkauft werden.

- Dienste der Freibeuter sollen wie solche der Royal Navy gelten.

- Freibeuter sollen die Privilegien des Militärs genießen.

- Beim Entern ist der Einsatz kleiner Pistolen erlaubt.

Mehr als einmal standen sich die europäischen Mächte beim Kampf um die Herrschaft über den Handel in der Karibik gegenüber. Holland und Frankreich kämpften um ihre Handelsniederlassungen auf den Inseln vor der Küste von Tierra Firme, England um die Konsolidierung von Jamaika und zögerte nicht, ein Bündnis mit Spanien einzugehen.

Im Frühjahr 1674 leisteten immer noch 131 Gefangene Zwangsarbeit an den Befestigungen von Puerto Rico[5]. Schließlich wurden sie nach Havanna überführt und in der Folge des Landes verwiesen.

Das neutrale England

1674 unterzeichnete England einen Friedensvertrag mit Holland und nahm in dessen Krieg mit Frankreich eine neutrale Haltung ein. Diese neue Situation führte zu einem Wandel der jamaikanischen Politik, die nun gute Beziehungen zu den Nachbarn der Insel anstrebte. Im Januar wurde der Duke of Carlisle zum Gouverneur ernannt. Er trat sein Amt allerdings erst fünf Jahre später an[6]. Zwischenzeitlich versah Lord Vaughan den Posten. Er kam Mitte März in Jamaika an, und Henry Morgan begleitete ihn als sein Stellvertreter.

Nach einem Monat erließen sie eine Generalamnestie. Sie befahlen das Ende der Freibeuterei und begannen, Piraterie zu verfolgen. Lynch war in Ungnade gefallen und verließ am 24. Mai die Insel.

Vaughans Amtszeit hatte etliche Schwierigkeiten durchzustehen. Morgan widersetzte sich den Maßnahmen gegen die Piraterie sowohl durch Passivität als auch sein persönliches Verhalten, weil er in den Kneipen spielte und trank wie zu seinen besten Zeiten.

1677 wurde Beeston zum Sprecher der Versammlung von Jamaika gewählt und begann eine Reihe wichtiger Reformen. Im März 1678 verließ Vaughan seinen Posten und wurde durch Samuel Long ersetzt, bis der Duke of Carlisle im Mai 1679 eintraf.

Carlisles Politik stand im Widerspruch zu den Interessen der Versammlung, die daraufhin im August aufgelöst wurde. Beeston wurde auf Anordnung von Oberst Long,

Santo Domingo, die Hauptstadt von Hispaniola, war im letzten Viertel des 17. Jahrhunderts der Ausgangspunkt für das Bestreben Frankreichs, die ganze Insel zu kontrollieren.

dem Obersten Richter, nach England deportiert. Aber er hatte Glück, denn nur 14 Wochen später ging es andersherum: Carlisle und Long wurden nach England deportiert.

Der zweite karibische Feldzug

Spanien und Holland lagen weiter im Krieg gegen Frankreich. Einmal mehr verlagerte sich der Schauplatz in die Kolonien. Die Parteien taten alles, um Konkurrenz im florierenden Handel mit Westindien auszuschalten. Die holländische Westindische Kompanie ging Pleite, und die Franzosen hatten bereits 1637 Faktoreien in Senegal gegründet, um massiv am Sklavenhandel beteiligt zu sein.

Anfang 1674 kehrte Aernouts, der mit Binckes an holländischen Aktionen teilgenommen hatte, nach Nordamerika zurück[7]. In New York erkannte er, dass die englischen Kolonien durch den Vertrag von Westminster neutrales Territorium geworden waren. Um mit seiner Reise einen Gewinn zu machen, entschloss er sich zum Angriff auf französische Besitzungen nördlich von Maine. Das Ergebnis war, dass er Gebiete vom Penobscot- und San Jean-Fluss, Jemsec und den Rest der Provinz kontrollierte und sie in Neuholland umbenannte. Er ernannte Pieter Roderigo zum Gouverneur, der mit den Engländern einige Streitigkeiten über Fischereirechte zu lösen hatte.

Holland bereitete einen Großangriff vor und wählte als Kommandeur Jacob Binckes, der mit der Gegend vertraut war[8]. Er wurde im März 1676 zum Vizeadmiral ernannt und übernahm das Kommando eines Geschwaders mit drei Linienschiffen, die zwischen 44 und 56 Geschütze hatten, sechs Fregatten mit 24 bis 36 Geschützen, einem Brandschiff und zahlreichen Transportschiffen. Sein Auftrag lautete, die Franzosen aus der Karibik zu vertreiben und ihre Kolonien zu übernehmen.

Im Mai eroberte er Cayena (Cayenne), die Inseln Mariagalante/Marie Galante und San Eustaquio/St. Eustatius. Dann segelte er auf der Suche nach neuen Zielen südlich an den Kleinen Antillen vorbei und gelangte am 16. Juni nach Guadeloupe. Angesichts der Stärke der Verteidigung verzichtete er auf einen Angriff. Einige Tage später ging Binckes mit seinen Männern in San Martín/St. Marteen an Land. Sie töteten den französischen Gouverneur und nahmen 100 Schwarze gefangen. Mitte Juli erreichte Binckes schließlich sein Hauptziel Tobago. Dies war seinen Instruktionen zufolge ein idealer Ort, um eine dauerhafte befestigte Basis anzulegen. Er traf auf keinen Widerstand, vertrieb die französische Bevölkerung und setzte seinen Vizekommandeur Pieter Constant als Gouverneur ein. Von Tobago aus startete Binckes eine Kampagne, die die Bukaniers von Santo Domingo dazu veranlassen sollte, die erhöhten Steuern der französischen Westindischen Kompanie zu boykottieren und die französischen Kolonien in der Karibik zu verlassen.

Die Franzosen reagierten umgehend und stellten unter Jean Conde d'Estrées eine größere Flotte auf[9], die bereits im Dezember in der Karibik operierte. Sie eroberte Cayena/Cayenne zurück, rekrutierte im Hafen von Martinique Freiwillige und segelte nach Tobago, das die Holländer in eine einzige Festung verwandelt hatten. Mitte Februar ankerte die Flotte mit 4000 Mann vor der Küste der Insel.

Am 21. Februar landeten 1000 Infanteristen. 14 leichte Schiffe blockierten den Hafen. Am Morgen des 3. März wurde der Hafen gleichzeitig von Land und von See aus angegriffen. Entscheidend war die zahlenmäßige Überlegenheit der Holländer. Sie zwangen die Franzosen zum Rückzug, die aber gleichwohl beträchtlichen Schaden anrichten konnten. Zehn der 13 holländischen Schiffe im Hafen waren durch Geschützfeuer irreparabel zerstört.

Die Franzosen flohen nach Grenada und Martinique – sie hatten fast 1000 Mann verloren. D'Estrées begab sich auf der Suche nach Verstärkung nach Europa. Anfang Juli empfing ihn Ludwig XIV. in Versailles. Der König bewilligte ihm zusätzliche Truppen, die sich am 17. September in Brest einschifften.

Pouançay wird neuer Gouverneur von La Tortuga

Mittlerweile war Pouançay im März 1676 neuer Gouverneur von La Tortuga geworden. Er war sich darüber im Klaren, dass die französische Position in der Karibik verstärkt werden musste. Im Mai des darauf folgenden Jahres schickte er Colbert einen Bericht und schlug zwei Sofortmaßnahmen vor: die Befestigung von La Tortuga und die Förderung von Ansiedlungen auf Hispaniola, wo er eine neue Kolonie mit der Hauptstadt Petit Goave (heute: Port-au-Prince) gründen wollte[10].

Einige Monate später kam D'Estrées in die Karibik und verlangte von Pouançay die Bildung eines Filibuster-Geschwaders aus zwölf Schiffen und 1000 Mann, die er Grammont unterstellte. Die Holländer hatten ihre Artilleriestellungen auf Tobago wiederhergestellt, aber weniger als 500 kampfbereite Männer. Schuld daran waren die Verluste aus der ersten Schlacht, aber auch die Tropenkrankheiten. Außerdem hatten sie weder Verstärkungen noch Schiffe oder Nachschub bekommen.

Am 6. Dezember erreichte die französische Flotte die Insel und bereitete den Angriff vor. Trotz der wolkenbruchartigen Regen, die die Manöver sehr behinderten, setzte D'Estrées 1000 Mann an Land und brachte seine Geschütze in Stellung. Der Hafen war nicht das strategische Ziel, weil die zwei verbliebenen holländischen Schiffe keine Gefahr für die Truppen des Sonnenkönigs darstellten. Der Angriff begann mit genau gerichtetem Artilleriefeuer. Bereits die dritte Salve zerstörte die holländische Verteidigung. Im anschließenden Gefecht töteten die Franzosen 250 Verteidiger, darunter Binckes.

Der Untergang der französischen Flotte

Nach der Rückeroberung Tobagos gingen die Franzosen zur Offensive über. D'Estrées rekrutierte in St. Kitts (St. Christopher) ein Dutzend Filibuster mit ihren Schiffen und segelte westwärts nach Curaçao. Sie segelten parallel zum Küstenverlauf von Tierra Firme, aber weil die Steuerleute diese Gewässer nicht kannten, gerieten sie in eine gefährliche Zone. Am Abend des 1. Mai 1676 feuerte ein Filibuster-Schiff einen Musketen- und einen Kanonenschuss ab, um vor den gefährlichen Sandbänken vor den Inseln Aves zu warnen. Dennoch gingen sieben Linienschiffe, drei Transporter und drei Filibuster-Schiffe sowie 500 Mann verloren.

Die Überlebenden retteten sich nach Santo Domingo. D'Estrées kehrte im Juli nach Frankreich zurück. Nach diesem Desaster zogen es die Filibuster vor, ihre Abenteuer allein zu bestehen.

Grammont greift Maracaibo an

Nachdem die Filibuster unter Führung von Grammont den Schutz der französischen Flotte verlassen hatten, liefen sie in den Golf von Venezuela und überraschten die Spanier. Anfang Juni 1678 machten sich 2000 Mann mit sechs großen und 13 kleineren Schiffen auf den Weg nach Maracaibo.

Grammont landete die Hälfte seiner Leute an und marschierte über die Halbinsel San Carlos zum Fort am Rande der Stadt. Die Verteidigung wurde von Francisco Pérez de Guzmán geleitet[11]. Er brachte 100 Arkebusenschützen vor den Wällen in Stellung. Die Filibuster beschossen die Stellungen mit ihren Geschützen.

Grammont segelte an der Sandbank vorbei, blockierte die Hafeneinfahrt mit seinen sechs großen Schiffen und lief mit den 13 kleineren in den See. Der Gouverneur Jorge Madureira Ferreira hatte den Posten erst eine Woche zuvor angetreten und vermochte es nicht, Vertrauen bei der Bevölkerung zu wecken. Sie wussten nicht, auf welche Seite sie sich schlagen sollten, und flohen. Am 14. Juni fiel die Stadt in die Hände der Filibuster. Wer das Pech hatte, gefangen genommen zu werden, wurde gefoltert, bis die Verstecke der Wertsachen verraten waren. Nach 15 Tagen verließen die Filibuster mit allem, was Wert hatte, Maracaibo und segelten nach Gibraltar am Ostufer des Sees.

Die Stadt war evakuiert worden und wurde von einer Reserveabteilung aus 22 Soldaten verteidigt, die dem Beschuss so lange sie konnten widerstanden und dann aufgaben. Als Grammont herausgefunden hatte, dass die Straße frei war, rückte er 50 Meilen landeinwärts bis nach Trujillo vor. Auch diese Stadt war evakuiert worden, und

Frieden kommt in die Karibik[12]

Auf sehr ungewöhnliche Weise erfuhren die Filibuster im Frühjahr 1680 vom Ende des Krieges. Jan Willems befand sich mit seinen Leuten an einem Strand nahe Puerto Plata, als eine spanische Patrouille aus Santiago vorüberkam und wieder verschwand. Kurz darauf erschien spanische Kavallerie mit einer weißen Fahne. Der Offizier überreichte Willems eine Abschrift der königlichen Urkunde mit dem Friedensvertrag von Nijmegen, der den französisch-spanischen Krieg beendete. Willems stach in See und brachte sie nach Pouançay.

die Einwohner waren weitere 75 Meilen landeinwärts nach Mérida de la Grita geflohen. Hier gab es mit 250 Soldaten und vier Geschützen in einem Fort sowie Verstärkungen auf den nahen Hügeln eine solide Verteidigung. Obwohl die Filibuster vier Tage lang die Stellungen beschossen, wurden sie gehalten. Am 1. September zogen sie angesichts des Risikos eines Sturmangriffs und der Gefahr eines Gegenangriffes wieder ab.

Auf ihrem Rückweg zum See wurde Gibraltar als Vergeltung für den Fehlschlag in Trujillo bis auf den Grund niedergebrannt. Am 3. Dezember verließ Grammont mit seinen Leuten den Maracaibosee. Die Schiffe waren mit Gefangenen und einer respektablen Beute im Wert von etwa 150 000 Pesos beladen[16]. Heiligabend erreichten sie Petit Goave (Port-au-Prince) und wurden als Helden empfangen.

Endlich Frieden (1679–1683)

Der Friede zu Nijmegen (1678) war der Beginn einer Epoche, in der die kriegführenden europäischen Mächte ihre Handelsstrukturen wiederherstellten, die in dem fünfjährigen Konflikt schwer gelitten hatten.

Spanien erlebte zu Beginn der 1680er-Jahre eine schwere Rezession, die es durch den Silberimport aus Amerika zu mildern versuchte. Frankreich und England hatten unter dem Verfall der Tabakpreise zu leiden, was sich besonders in den Kolonien auswirkte. Man begann mit dem Anbau der Indigopflanze zur Farbstoffgewinnung, wofür mehr Arbeitskräfte erforderlich waren. Folglich wuchs der Sklavenhandel in den Händen privilegierter Gesellschaften sprunghaft an, wenn auch nicht ohne

Widerstand der traditionellen Sklavenhändler. Der Verfall der Tabakpreise zwang viele Filibuster, die ihr Glück mit Plantagen versucht hatten, wieder hinaus auf See.

Filibuster überfallen Caracas

Nach anderthalb Jahren friedlicher Ruhe kehrte Grammont nach Tierra Firme zurück und führte seine Filibuster zu einem aufsehenerregenden Angriff auf La Guaira und Caracas. Am 26. Juni 1680 schlichen sich 47 Korsaren nach La Guaira, als die Einwohner schliefen[17]. Als sie und die 150 Soldaten aufwachten, hatte Grammont mit seinen Männern die Festung besetzt.

Kapitän Juan de Laya Mújica konnte entkommen und Caracas warnen[18]. Die königlichen Schätze wurden landeinwärts mit einer schwer bewachten Mulikarawane in Sicherheit gebracht, während die Miliz unter Gouverneur Francisco de Alberro die Verteidigung vorbereitete.

Sie konnte den Vormarsch Grammonts stoppen. Laya machte einen Ausfall, bei dem er einige Filibuster tötete und verwundete, darunter auch Grammont, der einen Säbelhieb in den Nacken erhielt. Schließlich gewannen die Angreifer jedoch die Oberhand und konnten mit einer beträchtlichen Beute verschwinden. Caracas verlor den Nimbus einer uneinnehmbaren Stadt. Grammont wurde durch seine kühne Tat zu einer Legende.

Morgan – Gouverneur von Jamaika

Während der Zeit des Herzogs von Carlisle als Gouverneur[21] wurden sehr viele Passierscheine ausgegeben. Das Schlagen von Edelholz in Campeche, besonders in der

Von Portobello in den Pazifik

Im Dezember 1679 verbündeten sich Alliston, Cornelius Essex, Thomas Magott und Sharp, um unter Führung von Coxon Portobello zu nehmen[19]. Sie segelten am 17. Januar 1680 von Port Morant auf Jamaika aus. 20 Meilen vor der Küste begegneten sie der französischen Brigg *Flibustier*, die sich ihnen anschloss.

Sie plünderten Portobello, verteilten die Beute und zogen sich nach Bocas del Toro (Panama) zurück. Ihr eigentliches Ziel waren die Pazifikhäfen.

Dazu segelten sie zunächst zur Insel Dorada und nahmen in Darien einen Indianer gefangen, der sie über die Landbrücke führte. Im April traten 332 Filibuster den Weg durch Panama an.

Ohne besondere Vorkommnisse gelangten sie zum Pazifik. Hier konnte Sharp in der ersten Nacht mit 135 Mann ein Schiff in seine Gewalt bringen. Damit führten sie ihre Überfälle an der Küste von Panama aus.

Eines Nachts stieß eine spanische Abteilung auf die Piraten und verwundete etliche. Coxon verließ die Abenteurer und kehrte mit 70 Mann in die Karibik zurück.

Die anderen wählten Sawkins zu ihrem Anführer und gingen auf das 400-Tonnen-Schiff *Santísima Trinidad*. Nach Passieren der Insel Cohiba in der Nähe der Stadt Remedios starb Sawkins, und Sharp übernahm das Kommando.

Die Mannschaft war mit seiner Führung unzufrieden, einige desertierten. In der Folge übernahm John Watling die Führung, der jedoch beim Überfall auf Arica ermordet wurde. Sharp war wieder Herr der Situation. Sie umsegelten schließlich Kap Hoorn und erreichten die (dänische) Jungferninsel St. Thomas, wo sie sich zerstreuten.

Sharp kam im März 1682 nach Plymouth. Er wurde am 10. Juni verhaftet und vor dem Obersten Gericht der Britischen Admiralität der Piraterie angeklagt. Der kontrovers geführte Prozess löste Protest durch den spanischen Botschafter aus[20]. Wegen Mangels an Beweisen wurde Sharp freigesprochen und bekam die *Bonito*, ein Schiff mit vier Geschützen. Im Januar 1684 erhielt er vom Gouverneur von Nevis einen Kaperbrief und trieb noch eine Zeit lang Freibeuterei.

Region von Laguna de Términos, war eine neue Form der Nutzung des Landes geworden. Die Gegend war aber nur über See zugänglich. Carlisle stellte Dokumente für die spanischen Behörden aus, die die unbehelligte Passage der Schiffe erbat. Diese Passierscheine wurden häufig als Tarnung für Aktivitäten missbraucht, die an Piraterie grenzten.

Die Piraten wurden streng verfolgt. Viele Filibuster, darunter auch Essex und 20 seiner Kumpanen, wurden angeklagt und als Piraten verurteilt. Nach dem Überfall auf Portobello befahl Carlisle die Verfolgung der Angreifer und ging sogar so weit, Coxon damit zu beauftragen. Morgan nahm an der Jagd teil und konnte drei Piraten verhaften.

Im Januar 1681 kam eine Schaluppe mit Kapitän Jacob Evertsen nach Jamaika[22]. Morgan war jetzt Interims-Gouverneur, nachdem Carlisle nach England deportiert worden war. Evertsen war sogar mit Morgans eigenen Worten ein »berühmter Pirat«. Dies gab ihm Gelegenheit zu zeigen, wie ernst er den Auftrag zur Bekämpfung der Piraterie nahm.

Hafenoffiziere gingen an Bord der Schaluppe. Evertsen und seine 26 Mann wurden verhaftet und nach Port Royal gebracht. Sechs dieser Leute waren Spanier. Morgan tauschte sie gegen eigene Leute aus, die in Cartagena saßen. Die übrige Mannschaft bestand aus Engländern, die angeklagt und schließlich gehängt wurden. Allerdings hatte Evertsen mit einigen seiner Leute fliehen können[23].

Zwei Monate später, am 28. Juli, wurde Lynch erneut Gouverneur von Jamaika, um dem ständigen Druck des spanischen Botschafters in London nachzugeben[24]. Er trat den Posten im Mai des folgenden Jahres an. Hender Molesworth war sein Vizegouverneur. Als erste Maßnahme eröffnete er ein Verfahren gegen seinen »alten Freund« Henry Morgan wegen dessen Aktivitäten als Interims-Gouverneur. Die Anklage stützte sich auf viele Beschwerden aus dieser Zeit.

Auf der anderen Seite gab es Schwierigkeiten, weil andere Gouverneure englischer Kolonien in Nordamerika die Zusammenarbeit verweigerten. Lynch sandte einen Protest, und der König gab im März 1684 eine Proklamation heraus, die eine Kooperation anordnete.

Die Verfolgung der Flotten

Die Filibuster von La Tortuga verschwendeten keine Zeit und kehrten in ihre Jagdgebiete zurück. Im Juli 1682 lagen etliche Geschwader so bekannter Filibuster wie Grammont, De Graaf, Pierre Bot und Jean Williams vor Kuba auf der Lauer nach spanischen Schiffen.

In anderen Breitengraden transportierte Kapitän Manuel Delgado[25] 120 000 Silberpesos aus Puerto Rico und Santo Domingo in der Nähe des Kanals von Mona (Monapassage). Sein Schiff war die Fregatte *Princesa*. Sie war von den Franzosen gekapert worden, wo sie *Dauphine* hieß, obwohl sie allgemein als *Francesa* bekannt war.

Weil er Proviant bunkern musste, segelte Delgado nach La Aguada auf Puerto Rico, wo ihn De Graaf mit seinem Schiff *Tigre* überraschte. Bei der blutigen Schlacht wurden 250 von Delgados Männern getötet, der Rest gefangen genommen und später auf Kuba befreit. Jeder der Mannschaft der *Tigre* bekam 700 Pesos. Die *Princesa* wurde De Graafs neues Schiff.

Zwei Monate später entschied sich die Gruppe von Grammont mit acht Schiffen, die in der Nähe von Punta Icacos keinerlei Beute gemacht hatte, zur Rückkehr nach

Ende des 17. Jahrhunderts war das Linienschiff in den Kriegs-marinen vorherrschend. Es war länger als sein Vorgänger, die Galeone, die Geschütze waren wirkungsvoller aufgestellt, und das wichtige Oberdeck hatte eine größere Fläche.

Santo Domingo auf Hispaniola. Nach einer Überholung der Schiffe gingen sie nach Pasaje de Barlovento auf den Bahamas, wo sie größere Beute machten.

Im November erreichte diese Information Santo Domingo, als gerade Nicolas Van Horn hier mit 300 Sklaven aus Cádiz einlief[26]. Der Gouverneur Francisco de Segura beschlagnahmte Schiff und Ladung und verhaftete van Horn, weil er in Cádiz gestohlene Dinge an Bord hatte. Der Holländer versicherte Segura, dass er mit De Graafs

Unternehmen nichts zu tun gehabt hätte, und warf dem Gouverneur einen Racheakt gegen sich vor. Aber weil die Lage für ihn aussichtslos schien, floh er Anfang 1683 mit 20 Mann und einem Viertel seiner Ladung. Er kam nach Petit Goave (Port-au-Prince), schloss sich den Filibustern an und erhielt einen Kaperbrief.

Van Horn brach mit Grammont auf, um sich mit De Graaf und Andrieszoon zu vereinigen. Weil sie kein Schiff von irgendeinem Wert hatten kapern können, segelten sie nach Cartagena. Auf dem Weg begegneten ihnen zwei große spanische Handelsschiffe, die *Nuestra Señora de la Consolación* und die *Nuestra Señora de Regla,* die vor der Küste vor Anker lagen. Sie waren auf dem Weg von Honduras nach Havanna, wo sie mit den Flotten für die

Heimfahrt zusammentreffen sollten. Die Schiffe ergaben sich und wurden in das Geschwader eingegliedert.

Einige Wochen später kam es zum Zusammenschluss von Grammont, Van Horn, De Graaf und Andrieszoon.

Die Plünderung von Veracruz[27]

Die Blockade Kubas brachte nicht den gewünschten Erfolg. Trotzdem beließ man zwei große Schiffe, eine Schaluppe, ein weiteres Boot und 500 Mann auf Position. Im Bewusstsein ihrer Stärke entschlossen sich die Filibuster, sich das Silber im Hafen der Nueva España-Flotte zu holen, bevor es auf die Schiffe verladen wurde.

Zunächst zog man sich auf die Insel Guanaja zurück und wartete hier auf Verstärkungen aus dem Norden von Yucatán. Als alle Vorbereitungen abgeschlossen waren, segelte das Geschwader direkt nach Veracruz.

Als Gouverneur Luis de Córdova und andere Würdenträger am 17. Mai eine Sitzung abhielten, wurden zwei Schiffe von De Graaf und Willems gesichtet. Sie ankerten an der Hafeneinfahrt, obwohl der Wind die Einfahrt in den Hafen möglich gemacht hätte. Dies erregte bei Mateo Alonso de Huidobro Verdacht. Der Kapitän bat den Gouverneur darum, mit 400 Mann nach dem Rechten sehen zu dürfen. Aber die Behörden sahen keine Gefahr und lehnten dies ab.

In der Nacht schlichen sich 800 Filibuster in die Stadt.

Die Piroge – eine wirksame Waffe

In der zweiten Hälfte des 17. Jahrhunderts setzten viele spanische Korsaren die Piroge als wirksame Waffe ein. Die herkömmlichen Schiffe der europäischen Geschwader konnten diese großen Kanus nicht in flache Gewässer verfolgen.

Sie waren 90 Fuß lang, zwischen 16 und 18 Fuß breit und hatten einen Laderaum von vier oder fünf Fuß Tiefe. Am Bug stand eine Sechspfünder-Kanone, am Heck vier Stein-Mörser. Gebaut waren sie vollständig aus Mahagoni. Man konnte an zwei Masten Segel setzen. Bei Flaute ruderten zwischen 36 und 44 Männer.

Eine Piroge konnte 120 Mann fassen. Ihr Tiefgang betrug nur anderthalb Fuß, weshalb sie bis auf den Strand oder in Flüsse und Lagunen einlaufen konnte.

Piroge nach einer französischen Zeichnung aus dem 17. Jahrhundert.

Im Morgengrauen erfolgte der Angriff und überraschte die Garnison und die Einwohner. Das Überraschungselement und der Mangel an Munition bei den Verteidigern machte die Sache für die Filibuster einfach. Am Morgen wurde das letzte Widerstandsnest, der Palast des Gouverneurs, gestürmt und Huidobro und viele andere dabei getötet. Jedes Haus wurde systematisch geplündert. Dies brauchte vier Tage. Schließlich zogen sich die Filibuster mit 4000 Gefangenen auf die Insel Sacrificios zurück und verlangten für sie von Mexiko ein astronomisches Lösegeld.

In der Wartezeit wurde die Beute verteilt. Spanische Offiziere schätzten sie auf 800 000 Pesos in Münzen, 400 000 Pesos in Silber und 200 000 Pesos in Form von Juwelen. Nach zwei Wochen bekamen sie das verlangte Lösegeld und ließen die Gefangenen frei. Allerdings behielten sie 1500 Schwarze und Mulatten als Sklaven, die sie auf ihren 13 Schiffen mit auf See nahmen.

Als sie abfuhren, lief die Nueva España-Flotte unter dem Kommando von Diego Fernández de Zaldívar in Veracruz ein. Zaldívar hatte den Wind im Rücken und befand sich in einer ausgezeichneten Position für einen An-griff auf die Filibuster. Aber er zog es vor, den Kampf zu vermeiden, und erleichterte so deren Flucht.

Nun lagen keine Hindernisse mehr auf dem Weg. Sie bunkerten Wasser in Coatzacoalcos und setzten sich dann getrennt von Yucatán ab. Auf den südlichen Karibikinseln wurde die Beute verkauft. Viel Aufwand war nötig, den unrechtmäßig erworbenen Gewinn durch den jamaikanischen Zoll zu schleusen.

Krieg zwischen Spanien und Frankreich (1683–1684)

Der Überfall auf Veracruz löste neue Feindseligkeiten zwischen Frankreich und Spanien aus. Am letzten Septembertag 1683 wurde De Cussy in Frankreich zum Gouverneur von La Tortuga ernannt. Im April des folgenden Jahres trat er seinen Posten an und begann eine Kampagne gegen spanische Interessen. Seine Politik basierte auf Filibustern zur Verteidigung und der Konzentration regulärer Truppen. Die Filibuster gingen wieder auf See.

*Ende des 17. Jahrhunderts war Havanna eine der bedeutendsten
Städte in Amerika und zentraler Anlaufpunkt für die Flotten.
Hier gab es Werften und Ausrüster, die Anfang des
18. Jahrhunderts einen großen Aufschwung nahmen.*

Zwei Monate später organisierte Andrieszoon einen
weiteren Feldzug auf Tierra Firme, bei dem Cartagena angegriffen werden sollte[28]. Der Gouverneur der Stadt, Juan
Pando Estrada, war durch Nachrichten von kleineren
Überfällen alarmiert und beschlagnahmte drei Handelsschiffe, die im Hafen ankerten: die *San Francisco* mit 40
Kanonen, die *Nuestra Señora de la Paz* mit 34 Kanonen

und eine Galiot mit 28 Geschützen. Heiligabend waren
die Vorbereitungen abgeschlossen. 800 Soldaten und Seeleute unter dem Befehl von Andrés del Pez setzten Segel,
um die Filibuster zu bekämpfen.

Die Dinge liefen aber nicht so, wie die Spanier geplant
hatten. Als man aufeinander traf, schwärmten die kleinen
Piratenschiffe zwischen den Handelsschiffen aus und
zwangen sie ohne Schlachtordnung zur Verteidigung. In
der Verwirrung lief die *San Francisco* auf Grund und
wurde nach vierstündigem Kampf gekapert. Willems kaperte die *Nuestra Señora de la Paz*. Dabei kamen 20 Filibuster und 90 Spanier um.

187

Man teilte sich die Schiffe. Nachdem die *San Francisco* wieder flottgemacht worden war, ging sie an De Graaf, der sie in *Fortune* umbenannte. Andrieszoon erhielt die *Nuestra Señora de la Paz* und nannte sie *Mutine* (Meuterer). Willems bekam De Graafs Schiff, die *Francesa*, frühere *Princesa* oder *Dauphine*.

Nachdem jeder Widerstand beseitigt war, blockierten die Filibuster den Hafen von Cartagena mit einem alten Schiff. Mitte Januar kamen englische Schiffe mit Sklaven, die wegen der englischen Neutralität passieren konnten. Kurz darauf wurde die Sperre aufgehoben, und die Filibuster nahmen Kurs auf Hispaniola.

Sie legten im Hafen von Roatan an und segelten dann weiter in den Süden von Kuba. Hier erfuhren sie vom Ausbruch des Krieges zwischen Spanien und Frankreich als Ergebnis des Überfalls auf Veracruz. De Graaf nutzte die Situation sofort aus und besorgte sich in Petit Goave (Port-au-Prince) neue französische Kaperbriefe, während Andrieszoon und Willems vor der kubanischen Küste patrouillierten.

Die Blockade von Kuba

Einmal mehr blockierten die Filibuster die Gewässer um Kuba, um den Verkehr mit Spanien zu verhindern. Am 18. Mai sichteten sie nahe Havanna zwei große Schiffe und fingen sie ab. Die *Stad Rotterdam* und die *Elisabeth* segelten unter holländischer Flagge und gaben sich als Eigentum der holländischen Ostindischen Kompanie zu erkennen[30]. Es gab einen Geheimvertrag zwischen England und Frankreich, mit dem der Handel holländischer Schiffe mit Tierra Firme verhindert werden sollte.

Trotz der holländischen Neutralität befahl Andrieszoon die Inspektion der Ladung und ging mit 90 Mann an Bord. Dabei stellte sich heraus, dass in Cartagena wichtige Fracht und hochstehende Herrschaften an Bord genommen worden war, die die Blockade unter holländischer Flagge unterlaufen wollten. Andrieszoon verlangte die Herausgabe der spanischen Passagiere und die Hälfte der 200 000 Pesos, die auf dem Schiff waren. Die Holländer stimmten dem schließlich zu und durften dann ihre Reise fortsetzen.

Die Spanier protestierten natürlich. Die Holländer meinten, sie seien Opfer eines Überraschungsangriffs geworden und würden Andrieszoon niemals an Bord gelassen haben, wenn sie seine Absichten gekannt hätten. Die ganze Wahrheit ist allerdings, dass die Holländer die Hälfte der Ladung behielten und behaupten konnten, die Fi-

Englische Filibuster emigrieren in den Norden

Unnachgiebige Verordnungen des englischen Gouverneurs von Jamaika und die Präsenz von Küstenwachschiffen zwangen die englischen Filibuster, sich neue Jagdgründe zu suchen.

Im August 1684 identifizierte man die Schiffe von Andrieszoon und Willems. Gouverneur Cranfield informierte London, dass die Anwesenheit der Filibuster dem königlichen Befehl widersprach, den Piraten keinerlei Unterstützung zukommen zu lassen. Aber es war nicht einfach, diesem Befehl nachzukommen, weil sie große Mengen Silber in die Kolonie brachten.

Gouverneur Robert Clark gab auf New Providence (Bahamas) neue Kaperbriefe aus[29]. Wegen der heftigen Proteste aus Jamaika wurde er durch Robert Silburne abgelöst. Lynch berichtete über eine ähnliche Lage in Carolina an der Ostküste Amerikas. Die Spanier zogen es vor, das Problem dadurch zu lösen, dass sie Galeeren aus San Agustín schickten und die Gegend um Charleston plünderten. Die Engländer planten Vergeltungsmaßnahmen, die nach der Ankunft von Gouverneur James Colleton zu den Akten gelegt wurden.

Die Piraten auf dem Fluss Delaware wurden vom Gouverneur Markham beschützt, der den Quäkern in Pennsylvania angehörte. Die Piraten von New York standen unter dem Schutz von Gouverneur Fletcher.

In Jamaika praktizierte Albermale von 1687 bis 1689 trotz der Proteste aus der Kolonie eine Politik des Laisser-Faire. Sein Nachfolger Sir Francis Watson wiederum verfolgte die Filibuster.

libuster hätten sie vollständig ausgeraubt. Ihr Gewinn bei dieser Aktion war nicht unbeträchtlich.

De Graafs Begnadigung

Nach der Blockade begegnete De Graaf im Frühjahr 1684 einem spanischen Schiff mit 14 Kanonen in Begleitung eines weiteren unbekannten Schiffes. Er enterte es in der Nacht und eignete sich die Ladung aus Chinarinde und 47 Pfund Gold an. Am nächsten Morgen entdeckte er, dass das andere Schiff ein von den Spaniern in der Nähe von Kuba gekaperter Engländer war.

Um seine Beziehungen zu den Engländern zu verbessern, gab er dieses Schiff und seine Mannschaft an Lynch zurück[31]. Sie kamen am 6. Mai in die Bucht von San Felipe und hatten einen Brief des Holländers dabei, in dem er den Gouverneur seiner Hochachtung versicherte und hinzufügte, dass er das Schiff zurückgäbe, der Mannschaft nichts angetan und im Übrigen nichts gegen England habe.

Lynch dankte ihm für diese Geste[32]. Später setzte er sich

für De Graaf ein, damit er für seine Angriffe auf englische Interessen begnadigt und als »Engländer« eingebürgert würde.

Die britischen Behörden stellten für die Spanier die notwendigen Papiere aus und sicherten freies Geleit zu, sodass De Graafs Frau zu ihm stoßen konnte.

In der Zwischenzeit verhandelte der englische Botschafter in Madrid über eine Begnadigung seitens des spanischen Königs. Aber noch während der Verhandlungen führte der Überfall auf Veracruz zur Kriegserklärung.

Neue Angriffe in Tierra Firme

Die Blockade Kubas wurde im Januar 1685 fortgesetzt. Willems mit der *Mutine* und De Graaf mit der *Neptuno*, der früheren *San Francisco* und ursprünglichen *Fortune*, blieben in diesen Gewässern, während Andrieszoon mit einer kleinen Flotte nach Nueva España segelte. Andere Kapitäne wie Rose, Vigneron und Le Garde schlossen sich diesem Unternehmen an. De Graaf sah, dass er das Kommando verlor, und segelte gleichfalls südwärts, um sich Andrieszoon anzuschließen.

Weitere Kapitäne unterstützten diese Operation, erreichten Andrieszoon aber vor De Graaf. In der Nacht des 17. Januar entdeckten sie ein einsames Schiff. Kurz vor Tagesanbruch wurde es angerufen, und die Antwort kam auf Französisch. Das Schiff machte jedoch den Eindruck eines Spaniers. Die Filibuster waren verwirrt, aber auf der Hut. Rose dagegen zögerte nicht. Er eröffnete das Feuer und verfolgte das Schiff, um es zu entern. Als es hell genug war, erkannte Andrieszoon jedoch die *Neptuno*, De Graafs Schiff.

Man entschuldigte sich, De Graaf bekam seine alte Führungsposition zurück und legte Curaçao als neues Ziel fest, wo die Flotte am 20. Januar eintraf. Sie baten Gouverneur Van Erpecun darum, Reparaturen ausführen zu dürfen. Dies wurde aber abgelehnt, unter anderem, weil die Holländer den Angriff auf die »Indiamen« in kubanischen Gewässern noch nicht vergessen hatten.

De Graaf segelte weiter die Küste entlang zum Golf von Honduras, während sich die anderen nach Isla Dorada begaben. Hier trafen sie andere Filibuster, die den Isthmus zum Pazifik durchqueren und spanische Siedlungen angreifen wollten. Eine Gruppe von 46 Männern unter der Führung von Rose entschloss sich, ihr Schiff zu versenken und sich dem Unternehmen anzuschließen. Auch 118 Mann aus Andrieszoons Geschwader entschieden sich für die Abenteurer. Andrieszoon selbst kehrte

angesichts seiner reduzierten Truppen nach Santo Domingo zurück.

Anfang Mai kreuzte Andrieszoon in den Gewässern südlich von Kuba und wurde häufig von jamaikanischen Patrouillienschiffen begleitet. Es ist möglich, dass er zusammen mit De Graaf und Grammont an der Operation gegen Campeche beteiligt war und sich mit ihnen auf der Insel Pinos (südlich Kuba) traf, um sie vorzubereiten.

De Graaf plündert Campeche[38]

Der Angriff auf Campeche im Juli 1685 war eine der kühnsten Taten, die Filibuster je begangen haben. Unter der Führung von De Graaf und Grammont als zweitem Mann versteckten sich 700 Mann mit sechs großen Schiffen, vier kleineren, sechs Schaluppen und 17 Kanus ei-

De Graaf zur Gitarre[33]

Laurens de Graaf wurde unter spanischen Seeleuten sehr beliebt. Seine großen Taten (Campeche 1685, Veracruz 1683) wurden in Liedern ebenso gefeiert wie seine Niederlagen (Havanna). Diese Lieder erwähnen auch seine lutherische Religion, die Tatsache, dass er den König verraten hat, nachdem er auf spanischen Schiffen als Kanonier gefahren war, ebenso seine Natur als Überläufer (wobei dies auch mit seiner Herkunft aus Zeeland, einer der aufständischen niederländischen Provinzen, zu tun haben mag).

Sag mir Lorencillo – ach –
hat dich der Teufel in
Versuchung geführt,
als du mit deinen Schiffen
El Morro begegnetest?

Als wir dir und deinen Schiffen
gegenüberstanden,
musstest du dich in Acht nehmen auf der Wache.

El Morro verteidigt diese Stadt
und auch die Landspitze mit
seiner ganzen Stärke.

Vor El Morro und der Landspitze
fürchtest du dich nicht, auch
davor nicht, dass die alten
Mächte den Zugang versperrten.

Als du sahst, dass du nichts
machen konntest, fuhrst du aus
der Mündung aufs Meer hinaus
und setztest deine Reise fort.

Du plünderst Campeche,
du lutherischer Hund,
du fürchtest nicht Gott,
du warst kein Christ.

Ja, sogar Veracruz plündertest
du bei Nacht, Havanna konntest
du nicht einnehmen –
die Stadt war vorbereitet.

Ich bin weder ein Abtrünniger,
noch ein Verräter, ich bin ein
legitimer Vasall des Königs,
meines Herrn.

Refrain

Das sind die Taten
und das ist der Refrain.
Es lebe der König von Spanien
und es sterbe Lorencillo.

(Anmerkungen)
– »Lorencillo« = Spitzname der Spanier für Laurens de Graaf, ironisch gemeint.
– »el Morro«, eigentlich »el moro«, ist hier ein Sammelbegriff für die Spanier, die von Südspanien aus nach Westindien fuhren.
– »die alten Mächte«: hier sind die Spanier gemeint.

Schatzsucher

Im letzten Drittel des 17. Jahrhunderts machten sich viele englische und französische Abenteurer auf die Suche nach den Schätzen versunkener spanischer Schiffe. Etliche Expeditionen wurden durchgeführt, einige von bekannten Persönlichkeiten. Der Erfolg war sehr unterschiedlich.

Die Expedition von Phips (1686–1687)[34]

Am 12. September 1686 setzte Phips' Flaggschiff *James and Mary* zusammen mit der *Henry* in Downs in England die Segel. Offizieller Zweck der Reise war Handel mit den Spaniern. Das eigentliche Ziel aber war das Flaggschiff der Nueva España-Flotte, die *Nuestra Señora de la Pura y Limpia Concepción,* die 1641 gesunken war.

Die Spanier hatten alle Umstände geheim gehalten, doch Phips fand das Wrack nach wenigen Tagen auf der Sandbank von Abre Ojos.

Die Bergungsarbeiten dauerten bis zum 2. Mai 1687. Phips kehrte mit Silber im Wert von 200 000 Pfund nach England zurück. Bei seiner Ankunft im Juni wurde er als Held begrüßt.

Die Expedition Narboroughs (1687–1688)[35]

Nach Phips' Rückkehr wurde eine zweite Expedition nach Abre Ojos ausgerüstet, weil bekannt war, dass sich im Wrack der *Concepción* noch mehr Silber befand. Das Kommando der *Mary and Jane* bekam Strong, der an der ersten Expedition teilgenommen hatte. Drei weitere große Schiffe gehörten zu der Flotte. Narborough war Kapitän der königlichen Fregatte *Foresight,* Phips befehligte das 400-Tonnen-Schiff *Good Luck and Ahoy.*

Die Flotte legte am 3. September 1687 in Downs ab. Ein schwerer Sturm zwang Phips, nach Schäden an seinem Schiff in den Hafen zurückzukehren. Strong verlor vor Finisterre den Kontakt und konnte sich nicht, wie vorgesehen, im November mit Narborough in Barbados vereinen.

Mitte Dezember gelangten sie nach Abre Ojos, wo etwa 50 Schiffe lagen und sich an dem Wrack zu schaffen machten. Mit einer sehr kleinen Ausbeute segelten sie fünf Monate später zurück nach England.

Wenn eine der legendären spanischen Galeonen sank, ertranken die meisten an Bord. Das Meer war tief, Rettungsmöglichkeiten kaum vorhanden.

Bei der Rückkehr wurde Strong zusammen mit vier Offizieren verhaftet und angeklagt, bei der ersten Expedition Silber im Wert von 1200 Pfund nicht versteuert zu haben. Die Anklage wurde später zurückgezogen.

Die Expedition von Laurens de Graaf (1689)[36]

1689 wurde eine spanische Patache von Filibustern gekapert. Sie erfuhren vom Kapitän, dass ein spanisches Schiff auf der Sandbank von La Serranilla gesunken war. De Cussy schlug vor, De Graaf solle diesen Schatz bergen. Er rüstete vier kleine Schiffe aus und startete im März.

De Graaf segelte nach Serranilla und fand die Galeone. Nach mehreren Wochen des Tauchens hatte er vier Kanonen und drei Stein-Mörser geborgen. Wegen der Bedeutung seines Fundes segelte er auf dem größten Schiff nach Santo Domingo, um Verstärkung zu holen. Ungünstige Winde zwangen ihn, im Süden Kubas Lebensmittel zu bunkern, und verzögerten seine Rückkehr. Erst nach

zweieinhalb Monaten war er wieder in La Serranilla.

Anfang November erfuhr Watson, dass De Graaf mit 250 Mann in Montego Bay auf Jamaika angekommen war, um Lebensmittel zu übernehmen, und dass die Bevölkerung floh, als sie den Namen des Besuchers mitbekam.

Die Expedition O'Byrnes (1693)[37]

Nach 20 Jahren im Dienste des spanischen Königs erhielt Admiral Arturo O'Byrne 1692 eine Lizenz, spanische Schiffe zu bergen, die vor der amerikanischen Küste gesunken waren.

Phips' Erfolg ermutigte 66 englische Investoren, eine Expedition auszurüsten, für die sie auf die Erfahrung von Strong und anderen zählten.

Sie verließ England jedoch erst im August 1693. Der Krieg gegen Frankreich, in dem Spanien mit Frankreich verbündet war, führte zu dieser Verzögerung.

Im Februar 1694 kamen die Schiffe nach La Coruña, wo Strong einer Krankheit erlag. Ohne ihre Hauptperson war die Expedition ein großer Fehlschlag.

Für den Silberabbau war Quecksilber entscheidend. Sein Transport und seine Anwendung wurden besteuert.

In den Gewässern der Großen Antillen und der Floridastraße liegen viele Schätze, die heute dank moderner Ausrüstung aus der Tiefe gehoben werden können. Die Stücke auf dem Foto rechts stammen von den Galeonen Nuestra Señora de la Pura y Limpia Concepción, Guadalupe *und* Tolosa.

nen Monat lang in der Nähe von Kap Catoche und bereiteten ihren Angriff vor.

Späher aus Yucatán hatten diese Bewegungen entdeckt und den Gouverneur von Campeche, Felipe de la Barrera y Villegas, gewarnt. Er traf Vorbereitungen zur Verteidigung. Ende Juni erhielt er die Nachricht, dass der Angriff unmittelbar bevorstehe. Er ließ die Hafeneinfahrt mit Schiffen blockieren.

Die Filibuster näherten sich am 6. Juli bis auf sechs Meilen an die Küste. Landungstruppen machten sich auf den Weg nach Campeche. Die Spanier waren jedoch vorbereitet: Vier Kompanien, insgesamt 200 Mann, erwarteten sie am Strand und zwangen sie zum Rückzug.

Am nächsten Morgen gab es einen neuen Angriff. Die erste Welle gelangte an den Strand und bildete einen Brückenkopf. Der Angriffsplan sah vor, mit vier Abteilungen vorzugehen. 100 Mann sollten unter Kapitän Rettechar einen Stoßtrupp bilden, 200 Mann sollten mit De Graaf direkt zur Stadt marschieren, 200 Mann unter Kapitän Foccard parallel dazu vorrücken und 200 Mann mit Grammont die Stadt umgehen und von hinten angreifen.

Angesichts ihrer schwierigen Lage entschieden die Verteidiger, die Fregatte *Nuestra Señora de la Soledad* von Kapitän Cristóbal Martínez de Acevedo zu versenken, um sie nicht in die Hände des Feindes fallen zu lassen. Das Schiff wurde in die Luft gejagt, die Verteidiger suchten im Fort Schutz und überließen die Stadt der Gnade der Filibuster. Diese beschäftigten sich die nächsten Tage mit der Plünderung.

Am 12. Juli begann der Angriff auf das Fort mit heftigem Beschuss. Zwei Abteilungen Miliz aus Merida gelangten als Verstärkung in die Stadt und wurden sofort in heftige Kämpfe mit den Eindringlingen verwickelt. Grammont konnte die Miliz ins Kreuzfeuer nehmen und damit den Sieg sichern.

Als der Abend hereinbrach und keine Hoffnung mehr auf Hilfe von außerhalb bestand, baten die Verteidiger des Forts um einen Waffenstillstand, um die Bedingungen ihrer Kapitulation aushandeln zu können. Aber die Soldaten trauten den Franzosen nicht und evakuierten die Festung während der Verhandlungen, weil sie fürchteten, hingerichtet zu werden. Deren letzter nächtlicher Angriff traf auf keinerlei Widerstand mehr.

Die Filibuster führten in Campeche zwei Monate lang ein ruhiges Leben und warteten auf das Lösegeld für ihre Gefangenen. Der Gouverneur von Yucatán, Juan Bruno Téllez de Guzmán, untersagte jedoch jede Zahlung. Die Warterei zog sich hin, und weil Grammont wusste, dass

die Spanier die Wiedereroberung der Stadt vorbereiteten, befahl er eine Massenexekution auf dem Marktplatz. Als die ersten beiden Opfer am Strick hingen, näherte sich Felipe de la Barrera y Villegas mit weiteren Bürgern De Graaf und sagte, er habe geglaubt, dass Franzosen menschlicher seien. Der Holländer war gegen die Fortsetzung der Hinrichtungen und stellte sich zwischen die Gefangenen und Grammont, mit dem er in ein heftiges Wortgefecht geriet. Angesichts des bevorstehenden spanischen Angriffs gab der Franzose schließlich nach, und die Filibuster gingen auf ihre Schiffe.

Ende August 1685 verließ De Graaf Petit Goave (Port-au-Prince) auf der *Neptuno*. Ihm folgte Pierre Bot auf der *Nuestra Señora de Regla* und drei weitere Filibuster-Schiffe. Am 11. September begegneten sie einer starken Abteilung der Barlovento-Flotte[39] unter Andrés de Ochoa y Zárate. Sie versuchten zu fliehen, aber Bot und eine Schaluppe wurden gekapert.

Die übrigen Schiffe konnten ihre Verfolger abschütteln. Bald sahen sie die Fregatte *Nuestra Señora de Hon Hon* und die *Jesús María y José*, die frühere *Sevillano*, vor sich, die eine leichte Beute zu werden versprachen. Sie machten sich an die Verfolgung und erkannten nicht, dass beides schnelle Kurierschiffe waren, die sie als Köder zum Hauptgeschwader von Ochoa locken sollten. Um vier Uhr am Nachmittag des 13. September erschienen die *Santo Cristo de Burgos* und die *Nuestra Señora de la Concepción*, das Schiff des Vizeadmirals, dicht vor den Filibustern. De Graaf erkannte die Gefahr und versuchte zu fliehen, aber die Kurierschiffe wendeten, und vier Schiffe liefen gleichzeitig auf ihn zu. Bei dem Manöver hatte er mehrfach auf beiden Seiten jeweils einen Verfolger, und De Graaf musste an Steuer- und Backbord gleichzeitig feuern lassen. Sein Schiff war leichter als die der Spanier, die Ladung an Bord hatten. Mit einem gelungenen Manöver eröffnete er sich einen Fluchtweg und konnte fliehen. Im Dezember ankerte er bei der Insel Pinos/Kuba, um sein Schiff zu überholen. Aber er fürchtete, noch nicht endgültig aus der Falle entkommen zu sein.

Im April 1686 ging ein neues Geschwader unter Grammont auf See. De Cussy hatte ihn zum »Leutnant der Küste von Santo Domingo« ernannt. Nicolás Brigaut und De Graaf waren dabei. Am letzten Tag des Monats erspähte Brigaut in der Nähe von Matanzas ein Schiff unter spanischer Flagge. Als er davon erfuhr, segelte Grammont nach Matanzas, wo er drei Tage später eintraf, um das Wrack eines Schiffes zu finden, das im Sturm an der Küste gestrandet war.

In der Hoffnung, vielleicht weitere Wracks zu finden, segelte er durch die Floridastraße nach Norden. Hier geriet er selber in einen Sturm. Man hörte erst nach anderthalb Jahren wieder von ihm, als der Filibuster Du Marc nach Santo Domingo kam[40]. Er war aus einem spanischen Gefängnis geflohen und berichtete De Cussy, er habe gehört, dass Grammont mitsamt seinen 180 Mann in einem Sturm untergegangen sei.

Frieden als Vorspiel des Krieges (1685–1688)

Im Frühjahr begann De Graaf mit Vergeltungsmaßnahmen. Der Grund war vermutlich die Tatsache, dass die Spanier ihm mehr als 100 Sklaven abgenommen und nach Santo Domingo gebracht hatten.

Er segelte mit einem Geschwader aus sieben Schiffen und mit 500 Filibustern zur Bucht von Ascensión auf Yucatán. Hier rückte er landeinwärts vor. Die erste Stadt auf ihrem Weg war Tihosuco. Die Einwohner hatten sie nach den Warnungen vor den Angreifern durch die Wachtposten verlassen. Weiter ging es nach Valladolid, wo die verbliebenen 36 Milizionäre praktisch keinen Widerstand leisteten.

Der Gouverneur von Yucatán erfuhr im April von diesem Überfall. Bevor er reagieren konnte, nahm De Graaf schon an Bord seiner Schiffe Kurs auf Roatán. Er scheint sich in der Gegend eine gewisse Zeit aufgehalten zu haben, bevor er zurück nach La Tortuga ging.

Das Biskaya-Geschwader (1687–1692)[41]

Am 6. November stimmte Madrid dem Vorschlag einiger Kaufleute aus Guipuzoca zu, ein Korsaren-Geschwader mit vier Fregatten aufzustellen, um Ordnung in der Karibik zu schaffen. Kommodore Francisco García Galán mit seinem 250-Tonnen-Schiff mit 34 Geschützen und 180 Mann, der *Nuestra Señora del Rosario y las Ánimas,* erhielt den Oberbefehl.

Zum Geschwader gehörten darüber hinaus die *San Nicolás de Bari* mit 200 Tonnen, 24 Geschützen und 142 Mann, die *Nuestra Señora de la Concepción* mit 140 Tonnen und 66 Mann, der Tender *San Antonio* mit 60 Tonnen und 36 Mann sowie die Galiot *Santiago* mit 30 Tonnen und 53 Mann.

Die übrigen Offiziere waren Francisco de Aguirre als Erster und Miguel de Vergara als Zweiter Offizier, außerdem José de Leoz y Echalar, Martín Pérez de Landeche, Sebastián Pisón, Silvestre Soler und Fermín de Salaverri. Der Auftrag bestand darin, De Graaf zu vernichten. Das Geschwader war als Biskaya- oder Guipuzocoano-Geschwader bekannt.

Vor der Atlantiküberquerung hatte das Geschwader mit den Franzosen vor Kap Verde Feindberührung, wobei zwölf Mann fielen, darunter García Galán. Als sie Westindien erreicht hatten, teilte man sich auf.

Salaverri brachte Post nach Nueva España, die übrigen Schiffe patrouillierten in den Gewässern vor Trinidad, Margarita und La Tortuga. Die Patrouille bestand aus drei Schiffen. Eines war eine Schaluppe aus Jamaika mit Kapitän John Jennings.

Salaverri kam Anfang März nach Havanna und Mitte April 1687 nach Veracruz. Auf dem Weg nach Nueva España hatte er eine erste Begegnung mit De Graaf. Er zog es vor, einen Kampf zu vermeiden, und floh. Der Holländer verfolgte ihn. Salaverri hatte Glück, weil er auf ein kubanisches Küstenwachschiff traf.

Als die Filibuster flohen, ließen sie eine Piroge allein zurück, die ohne Hilfe gegen die Küstenwache stand. Während des Gefechts wurde ein Bruder des Korsaren Blas de Miguel getötet. Der schwor, deshalb Rache an De Graaf zu nehmen.

Salaverri gelangte schließlich zurück zum Geschwader und organisierte es neu in zwei Gruppierungen. Die erste Abteilung unter Leoz mit der *Rosario* kam Anfang Juli nach Veracruz. Ihre Schiffe waren so schwer beschädigt, dass sie nicht mehr repariert werden konnten.

Anfang 1688 verließ Leoz Veracruz. Unterwegs fing er Roger Whitfields *Dragon* ab, die von Jamaika nach New York unterwegs war. Er verließ das Schiff in Santiago de Cuba und begab sich weiter nach Santo Domingo auf Hispaniola, wo er seine Mannschaft entließ. Die meisten siedelten sich hier als Küstenwachen an und wurden für die Engländer zur Plage.

Der Schaden für die englischen Schiffe war so schwerwiegend, dass der Gouverneur von Jamaika Ende 1699 die Erlaubnis erhielt, die Royal Navy gegen das Biskaya-Geschwader einzusetzen, um den englischen Handel mit Jamaika zu schützen. Dies erwies sich jedoch als unnötig, weil die Augsburger Allianz Engländer, Spanier und Holländer zu Verbündeten gegen Frankreich machte.

Das Biskaya-Geschwader löste sich auf, die Schiffe operierten einzeln weiter. Der Kommandeur Francisco de

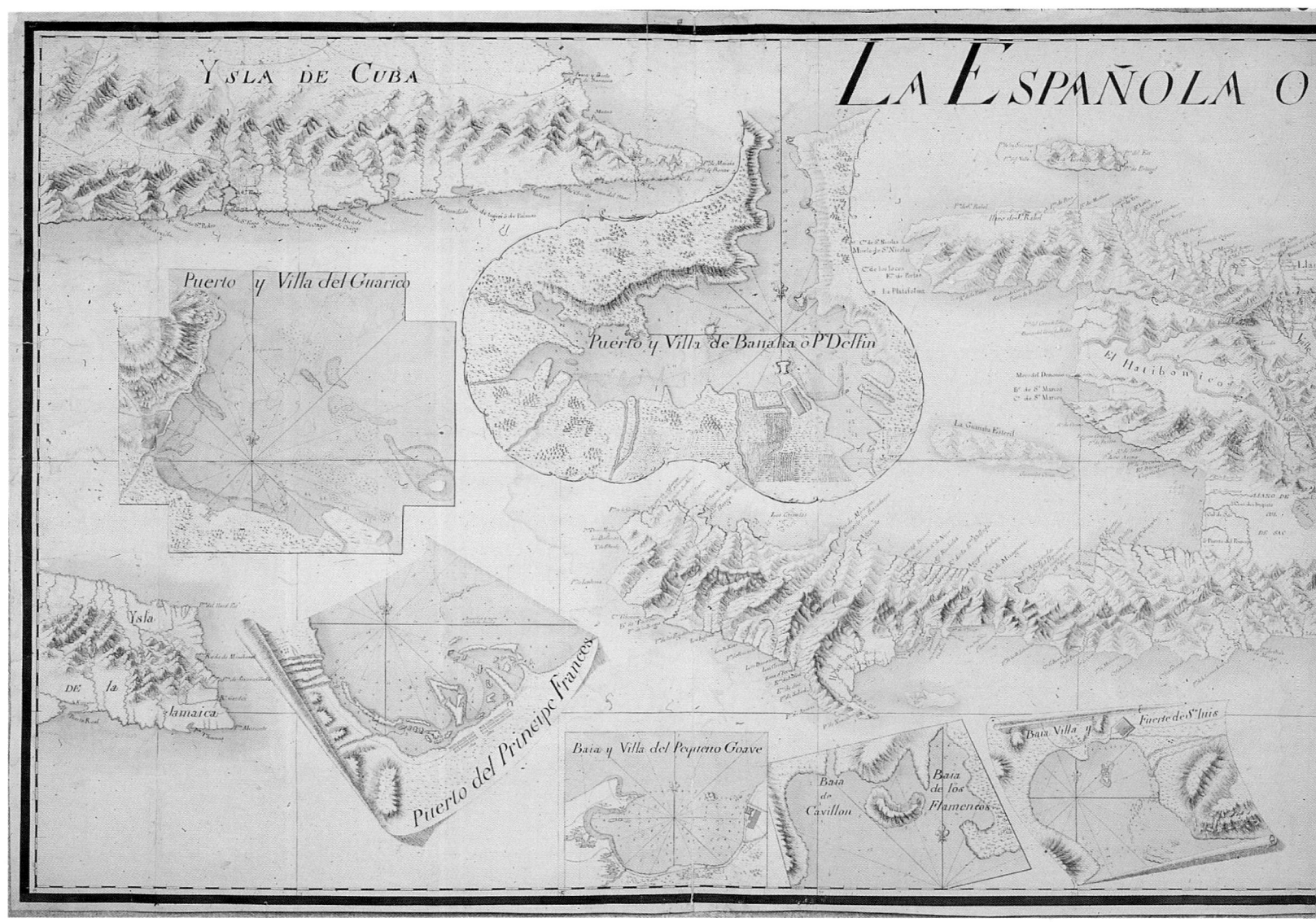

Der Frieden von Rijswijk 1697 beendete lange Jahre des Konfliktes. Spanien erkannte die französische Souveränität im Westen von Hispaniola an. Die Grenzen ähneln denen des heutigen Haiti (französisch) und der Dominikanischen Republik (spanisch).

Blas Miguel sucht Rache[42]

Weil er De Graaf für den Tod seines Bruders verantwortlich machte, schwor Blas Miguel Rache. Er versuchte, den Holländer in Petit Goave (Port-au-Prince) zu überraschen. Dabei begleiteten ihn nur 80 Mann in einem Kanu. Er nahm die Stadt in einer Nacht des Jahres 1687 und zeigte im Stil eines Filibusters keine Gnade.

Aber er zog sich nicht rechtzeitig zurück und plünderte blind vor Wut, bis eine Truppe von 500 Mann aus den umliegenden Orten aufgestellt war.

Bei dem anschließenden Kampf ging ihm die Munition aus, und er musste mit nur 24 Mann fliehen.

Am nächsten Tag wurde er mit zweien seiner Offiziere dazu verurteilt, »lebend auf der Folterbank zerrissen zu werden«. Die Übrigen wurden gehängt.

Aguirre befand sich 1690 noch in Havanna, und 1692 kam das offizielle Aus.

Die Insel Vaca – ein strategischer Ort

Im September 1687 befahl der Gouverneur von Santo Domingo, De Cussy, De Graaf, mit 250 Mann eine Festung auf der Insel Vaca anzulegen, um die Kontrolle über die Insel zu sichern. De Cussy schrieb dem englischen Gouverneur von Jamaika und unterrichtete ihn von seiner Absicht.

Angesichts der Neutralität zwischen Frankreich und England gab er seiner Hoffnung Ausdruck, dass die Engländer dieses Gebiet meiden würden, um etwaige Konfrontationen zu verhindern.

Sein wahres Ziel war es jedoch, die Engländer von Santo Domingo fernzuhalten und die spanischen Küstenwachschiffe in diesen Gewässern daran zu hindern, die Insel als Basis zu nutzen. De Graaf erfüllte seinen Auftrag.

DE SANTO DOMINGO

Wieder Krieg in der Karibik: Frankreich gegen die Augsburger Allianz (1689–1697)

Am 22. Mai 1688 erließ der König von England, Jakob II., eine Proklamation gegen Freibeuterei und schickte ein Geschwader unter dem Kommando von Robert Holmes in die Karibik[43]. Am Ende des Jahres floh Jakob II. nach Frankreich. Wilhelm von Oranien wurde zum König von England ausgerufen.

Der französische Schutz für den letzten Stuart veranlasste eine Allianz zwischen den übrigen europäischen Mächten, die Wilhelms Fahne hochhielten, um ihre eigenen Interessen gegen Frankreich zu verteidigen. Die Augsburger Allianz vereinigte unter anderem England, Holland und Spanien, die eine Koalition schlossen, um Frankreich aus seinen amerikanischen Kolonien zu vertreiben. Sie alle waren gegen die Filibuster.

Die Karibik wurde Schauplatz militärischer Auseinandersetzungen, und Frankreich machte den Anfang. Der Generalgouverneur von Martinique, Graf de Blenác's, griff St. Kitts/St. Christopher an. Am 27. Juli 1689 versammelten sich die Franzosen mit sechs Kriegsschiffen, 14 Handelsschiffen und 23 Schaluppen vor Basseterre. 120 Filibuster gingen an Land und begannen die Eroberung von Fort Charles, das sich nach zwei Wochen ergab.

Im Dezember führte De Graaf seinen Jamaika-Feldzug. In kurzer Zeit kaperte er acht Schaluppen vor der Nordküste mit schnellen Überraschungsangriffen. Die Engländer versuchten dagegenzuhalten, indem sie ein Geschwader unter Kapitän Edward Spragge auf dem Kriegsschiff *HMS Drake* aufstellten. Es hatte allerdings keinen durchschlagenden Effekt.

Anfang 1690 erhielt Ducasse das Kommando über drei Kriegsschiffe, eine Schaluppe und eine Brigantine, um 700 Mann Verstärkung nach San Martín zu bringen, das von den Truppen von Sir Timothy Thornhill belagert wurde. Die Verstärkungen trafen rechtzeitig genug ein, um die Kolonie zu retten. Die Engländer wurden an Land überrascht. Die vielen Gefangenen schickte man auf die Insel Nieves.

Zwischen März und Mai setzte De Graaf die Blockade von Jamaika fort. Kein Schiff konnte die Insel verlassen oder sie erreichen, ohne den Filibustern zu begegnen. Einen Monat später kam es nahe den Cayman-Inseln zur erwarteten Begegnung mit der *HMS Drake,* die Handelsschiffe auf dem Weg durch die Blockade eskortierte. De Graaf zahlte einen hohen Preis und zog sich Mitte Juni nach Santo Domingo zurück.

In der Kolonie gab es Gerüchte über einen drohenden englisch-spanischen Angriff. De Cussy hielt dies für unwahrscheinlich und traf dafür keine Vorbereitungen, schickte aber De Graaf nach Vaca.

Man glaubte, dass die Verteidigungskräfte im Zweifelsfall ausreichen würden. Die Franzosen gingen zur Offensive über und griffen Santiago de los Caballeros an[44]. Am 6. Juli 1690 nahm De Cussy mit 900 Filibustern und 200 freigelassenen Sklaven die Stadt, plünderte sie und machte sie dem Erdboden gleich. Ein Gegenschlag aus Santo Domingo zwang sie jedoch zum Rückzug.

Sechs Monate später im Januar 1691 fand der befürchtete Angriff statt. Eine englische Abteilung, die Barlovento-Flotte, 200 Musketiere sowie 300 Bewohner aus Santiago und weitere 100 aus Monte Christi griffen Guarico (heute: Derac) an. De Cussy stellte sich bei Sabana Real dem Kampf. Das Ergebnis dieser Schlacht von La Limonade[45] waren 300 gefallene Franzosen, darunter Franquesnay und De Cussy. Dann wurden Port-de-Paix, Cabo Frances Viejo und Port-au-Prince dem Erdboden gleichgemacht. Ducasse machte sich auf, um seinen Landsleuten zu Hilfe zu kommen, aber er fand Cabo Frances Viejo verwüstet und das Schlachtfeld mit Leichen übersät, die in der Sonne vor sich hin faulten.

Als Ducasse nach Martinique zurückkam, erhielt er die Nachricht, dass Truppen unter Gouverneur Codrington von den »Inseln unter dem Winde« Guadeloupe belagerten[46]. Mit zwei Kompanien Infanterie und 600 Filibustern wollte er zu Hilfe eilen. Seine Schiffe waren die *Jasardeux, Mignon, Emerillon, Cheval Marin* und drei Handelsschiffe mit je 20 Geschützen als Nachhut. Zunächst vermied er es, in den Kampf verwickelt zu werden, ging aber schließlich in Grosier am 23. Mai mit seinen Leuten an Land. Die Engländer ergaben sich nach zwei Tagen – die sintflutartigen Regenfälle und zahlreiche Krankheiten hatten sie demoralisiert.

Ducasse kehrte im Triumph nach Martinique zurück. Weil einige seiner Mannschaften an Gelbfieber litten, schickte er sie nach Santa Cruz. Am 7. August segelte er nach Port-de-Paix an der Nordküste von Hispaniola, wo 250 seiner Leute am Fieber starben.

Ducasse wird Gouverneur von Santo Domingo

Wegen seines Erfolges wurde Ducasse am 1. Oktober zum Gouverneur von Santo Domingo ernannt. Die Kolonie hatte sich noch nicht vom spanischen Angriff erholt, und seine erste Aufgabe war es daher, die Moral zu stärken. 1692 reorganisierte er die Verwaltung und verlegte den Regierungssitz nach Cabo Frances Viejo, wodurch er eine Massenauswanderung aus La Tortuga auslöste[47].

Mitte Februar kamen Informationen über einen neuerlichen spanischen Angriff auf die Kolonie. Ducasse schickte eine Infanteriekompanie von Petit Goave (Port-au-Prince) nach Port-de-Paix als Verstärkung für De Graaf und Levasseur und um einen zweiten Angriff auf Santo Domingo zu verhindern. Der Angriff fand jedoch nie statt.

Santo Domingo erholte sich allmählich. Im Januar 1693 wurden die Verdienste von Ducasse durch die Beförderung zum Flottenkapitän gewürdigt.[48]

Angriff auf Jamaika

Die Lage Jamaikas nach dem Erdbeben von 1692 war desolat: Port Royal war zerstört, Nahrung und andere Dinge des Lebens wurden knapp. Im Sommer 1693 erfolgte die Ernennung William Beestons zum Gouverneur[49]. Seine Aufgabe war der Wiederaufbau der Insel und sein größtes Problem der Mangel an Arbeitskräften, besonders in Kriegszeiten.

Anfang Juni 1694 entschloss sich Ducasse, der englisch-spanischen Bedrohung durch eine eigene größere Offensive zuvorzukommen: Jamaika war das Ziel[50]. Er startete in Petit Goave (Port-au-Prince) mit der *Temeraire* mit 54 Geschützen. Sein Erster Offizier war Chevalier du Rollon. Die Flotte umfasste insgesamt 22 Schiffe mit mehr als 3000 Mann, die am Morgen des 27. Juni vor Jamaika ankamen.

Ducasse teilte seine Truppen in zwei Abteilungen. Die erste ankerte 15 Meilen östlich von Port Royal, die zweite unter seinem Kommando begab sich nach Port Morant, wo 800 Mann unter Beauregard an Land gingen. Sie rückten in östlicher Richtung vor und zerstörten alles auf ihrem Wege.

Die Engländer in Port Morant warnten die Städte im Norden vor der Ankunft der Franzosen. Gouverneur Beeston wollte jedoch sein kleines Kontingent nicht zersplittern und ließ die Truppen nicht ausrücken.

Nach dem Tod Karls II. bestieg Jakob II. 1685 den englischen Thron. Als Katholik war er den Protestanten ein Dorn im Auge und musste 1688 nach Frankreich fliehen. Unter Wilhelm III. von Oranien (1689–1702) verbündeten sich England und Holland gegen den gemeinsamen Feind Frankreich.

Am 1. Juli lichteten die *Temeraire* und ein zweites französisches Schiff die Anker und segelten in die Bluefields Bay. Ende des Monats hatte Ducasse alle Truppen an Land gebracht und seine Operationen fortgeführt.

Am 27. Juli versammelte er seine Hauptstreitmacht zum Angriff auf Port Royal. Beeston hatte sich bis zu diesem Zeitpunkt nicht bewegt und befahl einen Entlastungsangriff. Die Franzosen konnten jedoch im Schutz der Nacht wieder auf ihre Schiffe gelangen.

Die drei größten Schiffe mit den Truppen von De Graaf griffen Carlisle 35 Meilen westlich an. Sein Geschwader warf nachmittags die Anker und brachte etwa 1500 Filibuster in der Nacht des 28. Juli an Land. Am Morgen war die kleine englische Garnison eingekesselt. Beauregard befehligte das Vorauskommando, De Graaf die Hauptstreitmacht. Nach der Plünderung der Stadt schickte er Spähtrupps in die Umgebung. Ducasse zog sich am 3. August nach Petit Goave (Port-au-Prince) zurück, wo er am nächsten Tag eintraf. Die Operation hatte die Verwundbarkeit der Insel eindeutig bewiesen.

Der englisch-spanische Gegenangriff

Einen Monat später schickte Beeston eine kleine Truppe nach Santo Domingo. Sie belegten die Stadt L'Esterre in der Nähe von Léogâne am 11. Oktober 1694 mit Feuer.

Um ihre Vergeltung fortzuführen, segelten sie nach Petit Goave, wo Beauregard sie erwartete. Sie brannten noch einige Dörfer nahe der Insel Vaca nieder und kehrten dann nach Jamaika zurück, um Verstärkungen abzuwarten.

Im Frühjahr 1695 erreichte eine englische Expedition die Antillen. Sie bestand aus mehr als 20 Schiffen unter dem Kommando von Oberst Luke Lillingston und Kommodore Robert Wilmot. Sie vereinigten sich mit den spanischen Truppen aus Santo Domingo und der Barlovento-Flotte. Ihr Ziel war der entscheidende Schlag gegen die französischen Kolonien[51].

Am 15. Mai segelten sie nach Guarico (Derac) und schlugen die klar unterlegenen Verteidiger unter De Graaf in die Flucht.

Einen Monat später eroberte das englische Geschwader Port-de-Paix. Die französische Garnison versuchte, die Stadt wenige Stunden vor Eintreffen der feindlichen Infanterie zu evakuieren, und ergab sich dann. Die Stadt wurde dem Erdboden gleichgemacht.

Am 27. Juli ging die Flotte der Verbündeten wieder auf See. Nun waren Port Margot, Planemon und andere Festungen an der Reihe. In der Zwischenzeit hatte sich Ducasse nach Léogâne zurückgezogen.

Das Ergebnis des Feldzuges waren 600 gefallene Franzosen, 900 Gefangene und eine Beute von 1000 Sklaven, 150 Kanonen und 200 000 Pesos. Auseinandersetzungen über die Aufteilung der Beute führten dazu, dass die Verbündeten sich trennten und auf ihre Basen zurückzogen. Ducasse schickte De Graaf und La Boulaye nach Frankreich, wo sie als Deserteure angeklagt und schließlich freigesprochen wurden.

Bis zum folgenden Jahr gab es keine Feldzüge mehr. Die Franzosen versuchten, Verstärkungen für einen möglichen Gegenangriff zu schicken. Das Geschwader stand unter dem Kommando von Bernard-Jean-Louis de Saint-Jean, Baron de Pointis[52]. Als er dies erfuhr, versammelte Ducasse eine größere Zahl von Filibustern. Aber er konnte Kap Frances erst Anfang März 1697 erreichen.

Am 16. März lag das Kriegsschiff *Esceptre* mit 84 Geschützen vor Petit Goave (Port-au-Prince). Als er an Bord ging, empfing ihn ein wütender De Pointis, weil er entgegen seinen Befehlen nur 200 Filibuster mobilisiert hatte und die Übrigen ihren eigenen Abenteuern nachgingen.

De Pointis lichtete die Anker, um diese Filibuster wieder unter Kontrolle zu bekommen. Dabei waren seine Methoden so brutal, dass unter ihnen eine Revolte ausbrach, die erst das Eingreifen von Ducasse ersticken konnte. Die Filibuster weigerten sich, an dem Feldzug teilzunehmen, weil sie sich vom Angriff auf den spanischen Teil der Insel keinen Gewinn versprachen. Außerdem erkannten sie De Pointis nicht als Oberbefehlshaber an.

Durch die Ernennung von Ducasse zum Kommandeur der Inselstreitkräfte wurde das Problem schließlich gelöst[53]. De Pointis blieb Kommandeur der Truppen aus Frankreich. Außerdem bot er den Filibustern einen größeren Anteil an der Beute an.

So gelang es, zwei ausreichend starke Abteilungen aufzustellen. Die erste unter dem Befehl von Ducasse auf der *Pontchartrain* mit 40 Geschützen bestand aus den Inseltruppen und 650 Bukaniers, 170 Soldaten, 110 Freiwilligen und 180 freigelassenen Negersklaven. Insgesamt waren 1110 Mann auf der *Serpente* mit 18 Geschützen, der *Gracieuse* mit 20 Geschützen, der *Cerf Volant* und der *Saint-Louis* mit je 18 Geschützen, der *Dorade* mit 16 Geschützen und einigen kleineren Schiffen versammelt.

Die zweite Abteilung bestand aus dem französischen Kontingent unter De Pointis. Beide Abteilungen sammelten sich am 8. April 1697 bei Kap Tiburon und nahmen Kurs auf Cartagena de Indias.

Der Feldzug gegen Cartagena de Indias[54]

Am 15. April 1697 setzten Ducasse und De Pointis 1200 Mann an Land, die Boca Chica nehmen sollten. Als sie ihre Stellungen bezogen, kaperten die Filibuster ein Küstenwachboot mit Verstärkungen aus Portobello. Wie in den guten alten Zeiten benutzten sie das Boot, um eine Reihe ihrer Schiffe nach Cartagena zu geleiten. Die Verteidiger in der Festung durchschauten jedoch die List, eröffneten das Feuer auf die Angreifer und zerstreuten sie. De Pointis geriet über diesen Mangel an Disziplin außer sich und ließ die Rückkehrer verprügeln.

In der Nacht machten die Spanier einen Ausfall, töteten 17 Filibuster und sechs Soldaten und verwundeten 22 weitere, darunter Ducasse. Sein Kommando wurde nunmehr von Josep d'Honon de Gallifet übernommen, der neu in Santo Domingo und für die meisten völlig unbekannt war.

De Pointis befahl den Filibustern, den kleinen Hügel Nuestra Señora de la Popa anzugreifen, während das Hauptkontingent über die Ebene vorrückte. Die Filibuster unter Gallifet zögerten bei ihrem Angriff und wurden zum Rückzug gezwungen.

Nach diesem Misserfolg stürmten die Franzosen höher gelegene Stellungen, wo sie ihre Geschütze positionierten. Acht Tage später wurde das Stadtviertel Getsemaní schwer beschossen, und nach weiteren zwei Tagen übernahm Ducasse, der sich von seiner Verwundung erholt hatte, wieder das Kommando über die Filibuster.

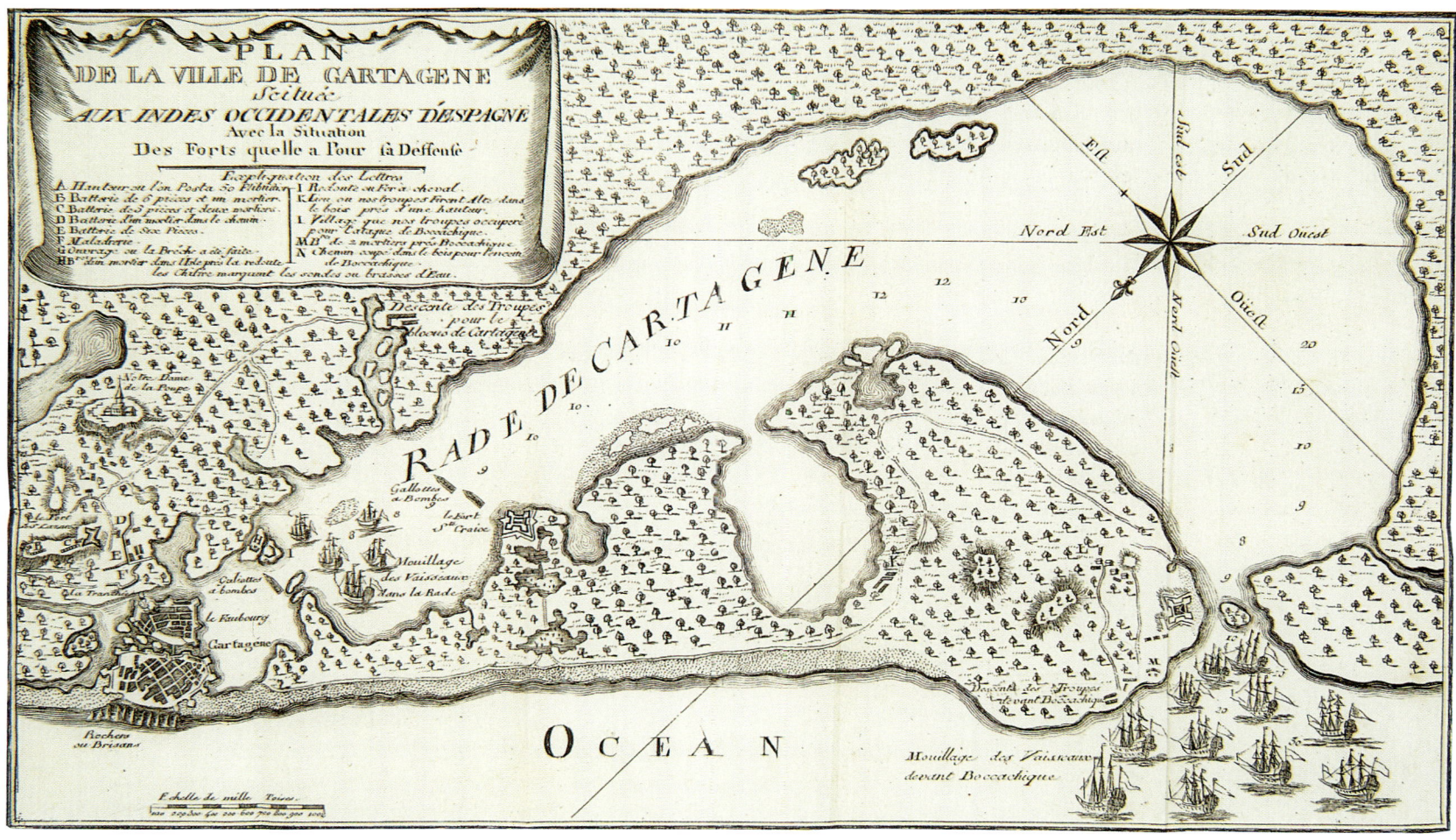

Cartagena de Indias an der Küste von Tierra Firme war Ziel des letzten großen Angriffs der Filibuster. Viele gerieten in Gefangenschaft oder fielen. Die Heimkehrer ließen sich nach und nach als Siedler nieder und gaben die Freibeuterei auf.

Am 1. Mai traf sich Ducasse außerhalb der Stadttore mit einem spanischen Offizier zu Übergabeverhandlungen. Er gab vor, dass die Franzosen bereits eine Bresche in die Verteidigung geschlagen hätten. Der Spanier lehnte die Kapitulation ab. De Pointis befahl daraufhin den entscheidenden Angriff.

Nach einer blutigen Schlacht wurde am 2. Mai die weiße Fahne über den Mauern gehisst und um einen Waffenstillstand zur Verhandlung der Kapitulationsbedingungen gebeten. Es gab das Gerücht, dass sich 1000 Spanier der Stadt näherten. Ducasse wurde daraufhin mit den Filibustern und einigen Soldaten in Marsch gesetzt, um sie aufzuhalten. Aber dieses Heer wurde nie gesehen.

Bei ihrer Rückkehr fanden die Filibuster die Stadttore verschlossen: De Pointis hatte die Kapitulation erzwungen und hinderte Ducasse daran, in die Stadt zu gelangen, um sie zu plündern.

Die wenigen Überlebenden von Cartagena wurden von De Pointis gezwungen, alle ihre Wertsachen herauszugeben, um der Rache der Filibuster zu entgehen. Diese »Sammlung« erbrachte mehr als acht Millionen französische Kronen.

Die aufgebrachten Filibuster verlangten als ihren Anteil ein Viertel der Beute. De Pointis gab jedoch nur 40 000 Kronen heraus. Er zog anschließend seine Truppen zurück und verlud die Beute auf seine Schiffe. Cartagena war den Filibustern nun ausgeliefert, die die Stadt plünderten: Wer sich ihnen entgegenstellte, wurde erschlagen, der Rest floh in die Kirche.

Ducasse hatte das Stadttor mit Geschützfeuer zerstört. Er nahm alle Einwohner gefangen. Dann folterte er die Überlebenden, um so viel Beute wie möglich aus ihnen herauszupressen, aber dies waren nur noch wenige Kronen.

De Pointis sah sich nunmehr der englisch-holländischen Flotte unter Vizeadmiral John Neville gegenüber, die Cartagena zu Hilfe kam. Die meisten seiner Schiffe desertierten oder wurden gekapert. De Pointis selbst konnte am Morgen des 10. Juni entkommen, obwohl er zwei Tage verfolgt wurde.

Neville segelte nach Cartagena weiter, wo das Geschwader von Ducasse noch in der Bucht vor Anker lag. Er griff sofort an und kaperte zahlreiche Schiffe. Die meisten Filibuster wurden gefangen genommen. Ducasse selbst konnte die Blockade durchbrechen und nach Santo Domingo entkommen.

Das Glück hatte die Filibuster verlassen. Die einen flohen ohne Beute, die anderen mussten beim Wiederaufbau der Stadt Zwangsarbeit leisten. Am 8. Juli 1697 schrieb Ducasse an Pontchartrain aus Léogâne eine Beschwerde über die Führung durch De Pointis und klagte ihn an, für die Verluste der Filibuster verantwortlich zu sein. Nach etlichen Korrespondenzen und einer Reihe von Rechtshändeln bekam Ducasse einen kleinen Anteil an der riesigen Beute aus Cartagena.

Am 30. Oktober wurden im Frieden zu Rijswijk die Rechte Frankreichs auf Kolonien in Amerika anerkannt. Ein 200-jähriger Konflikt war damit zu Ende.

Die letzten Scharmützel

1698 ankerten zwei schottische Schiffe, die *Unicorn* und die *Dolphin*, vor St. Thomas bei den holländischen Jungferninseln. Sie hatten 1200 Kolonisten an Bord und wollten für die »Schottische Handelskompanie am Golf von Darien« an der Küste von Darien eine Handelsniederlassung gründen[55]. Die Kapitäne kannten sich an der Küste von Tierra Firme nicht aus und brauchten einen Lotsen, um ihr Ziel zu erreichen. Sie fanden ihren Mann, Robert Alliston, in einer Kneipe.

Nach zwei Wochen gelangten sie zur Insel Dorada im Golf von San Blas östlich von Nombre de Dios, und am 15. November kamen sie in den Golf von Darien, den sie »Bucht von Kaledonien« nannten. Sie nutzten ihre guten Beziehungen zu den Indianern zum Kauf von Land und rechtmäßigem Besitz.

Die Kolonie hatte jedoch ernste Schwierigkeiten zu durchstehen. Die stechende Sonne, Langeweile und interne Auseinandersetzungen belasteten das Abenteuer gleich zu Beginn[56].

Ende Februar 1699 stach Alliston auf der *Endeavour* in See. Er sollte den Kapitän John Anderson nach Jamaika geleiten, wo man Lebensmittel holen wollte. Nach einigen Tagen kehrten sie erfolgreich zurück und warteten auf Verstärkungen, die aus England kommen sollten.

Die Barlovento-Flotte aus fünf großen und sechs kleineren Schiffen unter Díaz Pimienta setzte am 13. Februar 1700 die Segel[57]. Sie kam am 7. März nach Playón, setzte 200 Mann an Land und griff gleichzeitig von Land und von See aus an. Am 11. April wurde die Kapitulation unterzeichnet und die Kolonie evakuiert.

Es gab einen weiteren Kolonisierungsversuch mit 1000 Menschen aus Neuengland, doch sie wurden durch das Klima wieder vertrieben.

Auch in Nordamerika wurden neue Niederlassungen gegründet. Eines Morgens im Januar 1699 lagen gegenüber der spanischen Kolonie von Penzacola (heute: Pensacola) fünf französische Schiffe unter Pierre le Moyne d'Iberville und baten um Hilfe durch einen Lotsen[58]. Als die Spanier an Bord der *François* mit 58 Geschützen gingen, entdeckten sie zu ihrer Überraschung, dass Ibervilles Dolmetscher niemand anders als Laurens De Graaf war.

Seinetwegen durften die Franzosen nicht in den Hafen einlaufen. Man erlaubte ihnen lediglich, mit Booten Proviant zu übernehmen. In höchster Alarmbereitschaft ließ die spanische Garnison die französische Flotte mit einigen Schiffen verfolgen. Sie verschwanden bald westwärts und gründeten die Kolonie Louisiana am Mississippi.

Eine Volkszählung im Jahre 1700 erfasste einen »Le Sieur Graffe«, Offizier der Kolonie und Diener seiner Majestät des Königs. Man hält ihn im Übrigen auch für einen der ursprünglichen Gründer der Kolonie von Mobile, Alabama, obwohl er offenkundig nie dort war. De Graaf starb Anfang 1704.

Dieses Bild zeigt das Leben an Bord im frühen 18. Jahrhundert.
Im Gegensatz zum harten Leben der Mannschaften vertrieben sich die gut betuchten Passagiere
der Oberklasse die Zeit mit Lesen und Vorlesen, Tabakrauchen,
gutem Essen und dem Service von schwarzen Sklaven.

Battaglia Maritima.

Giache la Flotta Inglese ed Ollandese dell'A°. 1702. Corseggiò sù le Coste de Cadice, trovossi Obligata la Flotta Spagnola, venuta dall' Indie Occidentali, di prendere altro Corso, ed entrare nel Porto di Vigos in Gallicia p ̄ barchare suoe Richeze d'Argento, ma hac accendome di ciò haccuto notitia, l'Amiraglio Röcke Inglese, rivolse d'attachare la Flotta Nemica nel suddetto Porto comandò perciò 15. Naui Inglesi e 40. Ollandesi, e non ostante che ello Porto di Vigos era molto fortificato e custodito d'ambe le parti con Castelli, e Batterie Palizade d'Alberi, Cattene grosse ed altro, lo passorono tuttavia con grand forza valorosamente, e misero in terra molta gente armata, p ̄ acquistare li detti Castelli e fortificationi, ed attachandoli p ̄ Mare e per Terra, senza perdita d'alcuna loro Naui, rumiaurò le 36. Naui di Guerra, nemiche (de quali li franceji, freji p ̄ desperatione affondorono e fecero crepare molto loro Naui) parte Naufra= gati parte Sorpresi, gl' Inglesi acquirtorono 5. Naui di Guerra, l'Ollandesi 1. Vascello di Guerra, e 5. Galloni, e ritornorono alla loro Flotta.

Paulus Decker Archit: Inv: et del: Ornament.   Cum Privileg. Sac. Cæs. May: Ieremias Wolff excudit Aug. Vind: Iohann August Corvinus Sculpsit.   6

Auf ihrem Rückzug von Westindien nahm die spanische Flotte – mit Reichtümern beladen – Kurs auf Cádiz.
Als sie bemerkten, dass sie von der englisch-holländischen Flotte verfolgt wurden, versuchten die Spanier, in Vigo Zuflucht zu finden.
Obwohl Vigo eine stark befestigte Stadt war, wurde sie von Land- und Meerseite aus angegriffen.
Die Engländer kaperten fünf Kriegsschiffe, die Holländer ein Kriegsschiff und fünf Galeonen.

Epilog

Glücksritter

Gegen Ende des 17. Jahrhunderts befand sich Spanien in einer hoffnungslosen Lage: Die Armada bestand nur noch aus einigen alten, schlecht ausgerüsteten Schiffen; es gab kaum noch Mannschaften und keine Mittel, sie zu unterhalten. Die Werften Kantabriens lagen praktisch still. Sie hatten keine öffentlichen Aufträge, die Zahlungen blieben aus, einige brannten ab oder wurden gelegentlich von Feinden angegriffen. Die Flotten waren zeitweilig stillgelegt, Handel gab es nur noch auf niedrigstem Niveau.

Karl II. hatte keine Kinder, und als er starb, war der Hof ein Hort der Verschwörungen. Es gab in erster Linie zwei Nachfolge-Kandidaten: Philipp, Herzog von Anjou, Sohn des Dauphins von Frankreich und Enkel von Ludwig XIV., und Karl, Erzherzog von Österreich.

Karl II., der letzte Habsburger auf dem spanischen Thron, starb im November 1700. Philipp wurde zum Nachfolger ernannt und kam am 22. Januar 1701 über Bidasoa nach Spanien. In Madrid begann er nach einem Monat den Staatshaushalt zu kürzen und eine Verwaltungsreform, die viele Interessen des Adels berührte.

Sein erklärtes Ziel war die Wiederherstellung der Handelsverbindungen mit Amerika. Dazu bekam er Unterstützung durch zwei Geschwader von Ludwig XIV. Die Gegenleistung war die Abtretung des Sklavenhandels an die französische Handelskompanie von Guinea.

Zwischen 1700 und 1706 gab es praktisch keinen Schiffsverkehr über den Atlantik[1]. Nur die *Azogues* segelte 1701 und 1703 nach Veracruz. 1706 legte die letzte Flotte nach den traditionellen Regularien in Nueva España ab. Dann gab es Flotten in den Jahren 1708, 1711, 1712, 1715, 1720 und 1722. Die *Azogues* fuhr noch 1710, 1719 und 1722.

Für die Galeonen aus Tierra Firme stand es nicht besser. 1700 segelte eine Flotte ab, einige Galeonen taten dies 1706 und 1713, ohne je zurückzukehren. Die Flotte war von den Engländern abgefangen worden, die Galeonen erlitten zusammen mit der Nueva España-Flotte vor Florida Schiffbruch. 1721 gab es noch einen weiteren Versuch durch Baltasar de Guevara.

Bei den Flotten zwischen 1700 und 1715 transportierten nicht-spanische Schiffe 31,2 % der Ladung, und sie führten 41,1 % aller Reisen durch[2]. Die Frachtkosten für die französische Hilfe waren so hoch, dass man nach einer Schätzung dafür 30 Schiffe hätte kaufen können, darunter acht Schiffe mit 50 Geschützen und zwei mit 80 bis 90 Geschützen[3].

Am meisten war die spanische Seefahrt davon getroffen, dass ihre Kapitäne sich französischen Offizieren unterordnen mussten. Am 24. März 1701 wurde Graf D'Estrées zum Vizeadmiral ernannt[4], später Ducasse zum Geschwaderchef.

Die Erinnerung an die Beschießung von Alicante durch D'Estrées und die Einbeziehung von Ducasse, der von allen als »Meister der Piraten« betrachtet wurde, ließ viele ältere spanische Offiziere ihren Abschied nehmen.

Blackbeard – eine Legende[7]

Einer der berühmtesten Piraten zu Anfang des 17. Jahrhunderts war Edward Teach. Vermutlich stammte er aus Bristol, manche vermuten aus South Carolina oder sogar aus Jamaika.

Er begann auf Schiffen der Royal Navy. Nach Ende des Spanischen Erbfolgekrieges entschied er sich für weitere Abenteuer. Sein erster Angriff fand 1716 auf ein spanisches Handelsschiff statt, das Weizenmehl in Havanna geladen hatte, ein weiterer auf ein Schiff mit Wein, das von den Bermudas kam. Außerdem griff er ein drittes Schiff auf dem Weg von Madeira nach South Carolina an.

Seinen Spitznamen »Blackbeard« verdankte er seinem langen schwarzen Bart. Er hatte eine mächtige schwarze Haarpracht, die er mit Zündhütchen krönte und anzündete, wenn er in den Kampf zog. Abgesehen von dieser furchteinflößenden Maßnahme war er auch als einer der blutrünstigsten Piraten bekannt.

Eine seiner kühnsten Taten fand 1717 statt, als er ein französisches Schiff mit 40 Kanonen eroberte. Es gehörte unter dem Namen *Queen Anne's Revenge* der französischen Handelskompanie von Guinea. Blackbeard war der Allererste, der an Bord des Schiffes – Pistole in der Hand und ein Messer zwischen den Zähnen – sprang.

Er kaperte zahlreiche Schiffe aller Nationalitäten und hatte so viel Zulauf, dass er schließlich über 400 Mann und sechs Schiffe verfügte. In North Carolina und in Virginia waren 100 Pfund auf seinen Kopf – tot oder lebendig – ausgesetzt.

Sein Ende kam am 17. November 1717, als die *Pearl,* ein Schiff des Königs unter Leutnant Maynard, seinen Aufenthalt aufspürte. Es kam zum Kampf, bei dem Maynard Blackbeard die Kehle durchschneiden konnte. Sein Kopf wurde in Virginia gezeigt und zierte das Bugspriet der *Pearl.*

Das Entermanöver entschied die meisten Schlachten. Die kriegerischen Mannschaften von Piratenschiffen bestanden häufig aus Veteranen der europäischen Kriege und Deserteuren der Kriegsmarinen. Sie griffen Handelsschiffe an, gelegentlich auch Küstenwach-Fregatten.

Frauen als Piraten

Eines Tages im November 1720 lief eine Schaluppe Jamaika an, und die Hafenoffiziere fragten nach dem Woher und Wohin. Die Antwort war, dass man Proviant kaufen wolle und der Kapitän Jack Rackham sei. Sofort verbreitete sich die Nachricht, der schreckliche Pirat »Calico« sei da, der unter diesem Namen für seine Neigung bekannt war, auffällige seidene Unterwäsche zu tragen.

Während sie Proviant an Bord nahmen, fragte noch mal Jonathan Barnet, der vom Gouverneur der Insel den Befehl zur Verhaftung Calicos erhalten hatte, wer an Bord sei. Wieder war die Antwort, dass der Kapitän Jack Rackham aus Kuba sei. Barnet forderte ihn daraufhin auf, sich zu ergeben. Calico hisste die schwarze Flagge und befahl seinen Männern zu kämpfen. Schließlich musste sich die Schaluppe ergeben. Die Gefangenen wurden nach Santiago de la Vega gebracht. Hier entdeckte man, dass sich in der Mannschaft zwei Frauen befanden, Anne Bonny und Mary Read.

Anne Bonny war das Ergebnis einer Affäre zwischen einem Rechtsanwalt aus dem County Cork und einer Dienstmagd, als die Gattin des Hauses auf dem Lande weilte, aber unerwartet zurückkam. Sie überraschte die beiden, und es kam zur Trennung.

Als Anne geboren war, kleidete ihr Vater sie wie einen Jungen, um die Gattin glauben zu machen, der Junge sei die Frucht eines früheren Abenteuers. Das wirkte jedoch nicht. Er verlor seine Stellung und ging mit Anne und ihrer Mutter nach Carolina, wo er mit einer Plantage ein Vermögen gemacht haben soll.

Anne wuchs unter Seeleuten auf und heiratete einen John Bonny, mit dem sie nach New Providence ging und eine Zeit lang eine Kneipe betrieb. Hier traf sie Calico, der 1719 um seine Begnadigung gebeten hatte, und sie verliebten sich. Sie flohen und brachten mit einigen Männern eine Brigg in ihre Gewalt, die im Hafen lag. So begann ihre Piratenkarriere.

Mary Read war gleichfalls das Kind einer Affäre. Ihre Mutter war kurz verheiratet gewesen und hatte aus dieser Ehe einen Sohn. Marys Vater war ein Unbekannter. Nach ihrer Geburt zog ihre Mutter mit den Kindern aufs Land, wo der Sohn starb.

Wieder in London, kehrte der Ehemann zurück. Mary wurde als Junge verkleidet, damit der Vater ihn für seinen Sohn hielt. Dies funktionierte so gut, dass ihre Großmutter dem »Knaben« ein Pfund pro Woche zukommen ließ. Als Mary 13 Jahre alt war, starb die Großmutter, und Mary musste arbeiten gehen.

Nach einer Zeit als Hausmädchen verkleidete sie sich als Mann und heuerte auf einem Kriegsschiff an, wo sie aber desertierte. Dann verdingte sie sich als Söldner in Flandern. Hier verliebte sie sich in einen Soldaten namens Fleming, den sie heiratete. Sie ließen sich in Breda nieder und betrieben die Kneipe »The Three Horseshoes«.

Einige Zeit später starb ihr Mann. Sie verdingte sich als Infanterist in Holland. Schließlich heuerte sie auf einem Schiff an, das von Calico in der Karibik gekapert wurde, und schloss sich ihm an.

Sie verstand sich bestens mit Anne Bonny. Beide wussten von ihrer Identität, und Calico glaubte, sie wären ein Paar. Alle Zweifel waren aber beseitigt, als sich Mary in ein Mitglied der Mannschaft verliebte.

Nach der Gefangennahme durch Barnet wurden sie am 28. November 1720 in Santiago zum Tode verurteilt. Calico wurde am Galgen gehängt. Mary und Anne wurden begnadigt. Anne scheint auf die Plantage ihres Vaters zurückgekehrt zu sein. Mary starb in Santa Catalina (Providencia) Ende April des folgenden Jahres an Fieber.

Einer der gefürchtetsten Piraten der Karibik war Jack Rackham. »Calicos« Schiff hatte eine schwarze Flagge mit einem Totenkopf über gekreuzten Säbeln. In seiner Mannschaft befanden sich zwei der berühmtesten Frauen als Piraten, Anne Bonny und Mary Read.

Eine der größten Schlachten im Spanischen Erbfolgekrieg fand bei Vélez Málaga 1704 statt. Hier verlor Blas de Lezo ein Bein.

Edikt zur Bekämpfung der Piraterie[6]

Wir, König Georg I., sind davon unterrichtet worden, dass mehrere Untertanen von Großbritannien seit dem 24. Juni diesen Jahres 1715 Piraterie und Raub zur See in Westindien oder der Nähe unserer Ansiedlungen begangen und britischen Handelsschiffen großen Schaden zugefügt haben.

Gleichwohl wir ein Regiment dazu bestimmt haben, diese Piraterie zu unterdrücken, halten wir es für notwendig, und um sie wirkungsvoller zu beenden, hat unser Kronrat den Gegenstand dieses Ediktes erörtert.

Hiermit erklären und versprechen wir, dass jeder Pirat, der sich bis zum 5. September 1718 oder früher einem unserer Minister in Britannien oder Irland oder einem Gouverneur oder Vizegouverneur einer unserer überseeischen Siedlungen stellt, von uns für Piraterie begnadigt wird, die er vor dem 5. Januar begangen hat.

Deshalb weisen wir unsere Admiräle, Kapitäne und Seeoffiziere sowie die Gouverneure oder Festungskommandanten in unseren Kolonien und alle übrigen zivilen und militärischen Beamten an, die Piraten zu verhaften, die sich weigern, sich gemäß diesem Edikt zu stellen ...

Gegeben am Hof zu Hampton am 5. September 1717 im vierten Jahr unserer Herrschaft.
Gott schütze den König.

Darunter waren der Herzog von Nájera, Generalkapitän der spanischen Galeeren, der Marques de Leganés, Generalkapitän des Ozeans, und Juan Tomás Enríquez de Cobrera, Admiral von Kastilien.

Die Anfechtung des Testaments von Karl II. durch Kaiser Leopold, der den Thron für seinen Sohn Karl beanspruchte, zog die Legitimität von Philipp V. in Zweifel. Die Dinge wurden in Europa immer komplizierter. Ludwig XIV. hatte die Rechte des Stuarts Jakob auf den englischen Thron anerkannt. Das Haus von Oranien begann mit der Vorbereitung eines möglichen Krieges.

Holland, England, Dänemark und deutsche Fürstenhöfe schlossen sich zur Verteidigung der Rechte des Erzherzogs gegen Frankreich zusammen und erklärten im Mai 1702 dem Ursupatoren des spanischen Throns den Krieg.

Ein großes alliiertes Geschwader aus 50 Linienschiffen mit 14 000 Soldaten machte sich auf den Weg nach Cádiz, um die Rechte Karls durchzusetzen. In Spanien standen die Günstlinge an der Seite des Königs und diejenigen, die sich ungerecht behandelt fühlten, auf Seiten des Erzherzogs. In den folgenden Jahren des Spanischen Erbfolgekrieges[5] standen sich die »Azules« oder Blauen auf der Seite von Karl und die »Blancos« oder »Blanquillos« (Weißen) auf der Seite von Philipp auf dem Schlachtfeld gegenüber. Die Einnahme von Gibraltar und das Fiasko der Nueva España-Flotte in der Bucht von Vigo machten die spanische Schwäche deutlich.

Die Nueva España-Flotte war am 11. Juni 1702 auf See gegangen. Sie hatte die seit dem Ende der Regierungszeit von Karl II. angesammelten Schätze an Bord von 19 Schiffen. Nur das Flaggschiff von Manuel de Velasco war eine Kriegsgaleone. Als Eskorte fuhren 22 französische Schiffe unter Vizeadmiral Chateau-Renault mit.

Bis zu den Azoren verlief die Reise ohne größere Zwischenfälle. Hier erreichte sie die Nachricht vom Kriegsausbruch und von einem englisch-holländischen Geschwader unter dem Kommando von Sir Cloudesley Shovell.

Valesco vermutete, dass Shovell sie vor Cádiz erwarten würde. Er folgte dem Rat der Franzosen, sich nach Brest zurückzuziehen, und befahl, in der Bucht von Vigo vor Anker zu gehen; dies geschah in der Nähe von Redondela. Sie sicherten ihre Position und die Verteidigung an Land. Es dauerte zehn Tage, den größten Teil der Ladung an Land zu bringen, der später in 1500 Wagen nach Madrid transportiert wurde.

Am 21. Oktober erschien Shovells Geschwader. Der Angriff erfolgte nach zwei Tagen, als Soldaten an Land gingen und die dortigen Stellungen nehmen wollten. Das Artillerieduell dauerte bis zum 24. und brachte bei den Spaniern und Franzosen viele Verluste, zum Teil auch wegen des Befehls in letzter Minute, die eigenen Schiffe in Brand zu setzen. Am 28. gingen die Alliierten wieder an Bord und nahm am letzten Oktobertag Kurs auf England und Holland, wo sie ihren Sieg feierten.

Auch die Flotte von Antonio de Ubilla, die sich mit den Galeonen in Havanna vereint hatte, hatte kein Glück. Sie setzte am 27. Juli 1715 die Segel und wurde drei Tage später von einem Hurrikan überrascht, bevor sie die Floridastraße erreichte. Ein Schiff entging der Katastrophe, zehn andere gingen vor Kap Canaveral (Kap Kennedy) verloren.

Als man davon in Havanna erfuhr, wurde Juan Hoyo Solórzano damit beauftragt, nach den versunkenen Schätzen zu tauchen. In den folgenden Monaten wurden vier Millionen Pesos geborgen. Als danach noch einmal 350 000 Pesos beisammen waren und von 60 Soldaten bewacht wurden, griff Henry Jennings mit 300 Mann den Ort des Geschehens von drei Schaluppen und zwei Schiffen aus an. Sie hatten keine Schwierigkeiten, mit der Beute nach Jamaika zu gelangen.

Die spanischen Proteste hinderten die englischen Behörden immerhin daran, die Piraten zu unterstützen, die allerdings Defoe zufolge zuvor von ihnen dazu ermuntert worden waren.

Das Ende des Spanischen Erbfolgekrieges und der Frieden zu Utrecht 1713 leiteten eine Periode ein, in der die Beziehungen der europäischen Mächte relativ ausgewogen waren. Nach der Konsolidierung der französischen, englischen und holländischen Kolonien und dem Ende des spanischen Handelsmonopols mit Amerika bedeuteten Piraten in der Karibik eine Bedrohung für alle.

England verfügte daher die Unterdrückung und Verfolgung der Piraterie in allen seinen Kolonien. Die Korsaren, einstmals im Dienste der Krone, wurden nunmehr als Gesetzesbrecher gebrandmarkt.

Als »Glücksritter« gingen sie nun auf See und griffen jedes Schiff an, das ihren Weg kreuzte. Einige wie William Kidd endeten am Galgen, andere wie Blackbeard wurden von Schiffen aller Nationalitäten gejagt und zu Tode gebracht.

Das Ende des spanischen Handelsmonopols, das Lebenselixier der Korsaren, Bukaniers und Filibuster, machte sie zu Piraten und Feinden der Handelsschifffahrt, die von allen verfolgt wurden. Im ersten Viertel des 18. Jahrhunderts war ihre Zeit in den Gewässern der Karibik vorüber.

Piratenflaggen

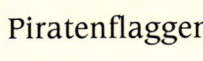

Zu Beginn des 18. Jahrhunderts begannen Piraten, sich durch eigene Flaggen zu identifizieren, wenn sie auf ihre Opfer zuliefen. Damit wollten sie Furcht und Schrecken und die sofortige Aufgabe hervorrufen, um nicht unnötig kämpfen zu müssen.

Die Symbole des Todes oder Rot und Blau als Zeichen für Blut waren eine deutliche Botschaft für alle, die ihrer ansichtig wurden.

Christopher Condent

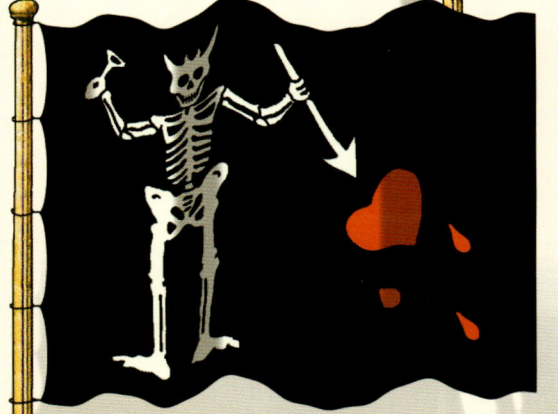

Edward Teach »Blackbeard«

Jack Rackham »Calico«

Thomas Dew

»Der Herr der Piraten« – Kapitän Thomas und Kapitän Edwards

Jolly Roger oder Schwarze Flagge, Zeichen des Königs des Todes

Berber-Piraten

Kapitän Bartholomew Roberts (Deine Zeit ist abgelaufen)

Bugflagge von Roberts
ABH: A Barbadian's Head
(Kopf des Gouverneurs von Barbados)
AMH: A Martinician's Head
(Kopf des Gouverneurs von Martinique)

Biografien

Aernouts, Hurriaen: Holländischer Korsar aus Curaçao, der Expeditionen gegen die Franzosen in Nordamerika und der Karibik organisierte. 1674 griff er französische Besitzungen nördlich von Maine an und erstürmte Penobscot, San Jean River, Jemsec und die übrige als Neuholland bekannte Provinz. Er nahm an mehreren Unternehmungen zusammen mit Reyning teil.

Alliston, Robert: Auch als »Allison« bekannt. Zum ersten Mal hörte man von ihm in der Karibik im Dezember 1679, als er sich mit Coxon beim Angriff auf Portobello und der Expedition zum Pazifik zusammentat. 1698 war er als Kapitän bei dem Abenteuer der Schottischen Handelskompanie von Darien dabei.

Andrieszoon, Michael: Er war Holländer, aber seine Basis war Santo Domingo. Er operierte häufig mit Duldung von Laurens De Graaf. Seine Freibeuter gaben ihm den Spitznamen »Kapitän Michel« oder »L'Andresson«, für die Engländer war er »Michel« oder »Mitchel«.

Zum ersten Mal wird er 1683 erwähnt, als er bei der Einnahme von Puerto Rico und Santo Domingo dabei gewesen zu sein scheint. Er nahm an der Plünderung von Veracruz im Frühjahr 1683 teil, an der Blockade von Cartagena (Weihnachten 1683) und am Angriff auf die holländischen »Indiamen« (Frühjahr 1684). Im August 1684 wurde er an der Küste von Neuengland gesehen und Anfang des folgenden Jahres in Tierra Firme. Im Frühjahr 1685 nahm er an der Blockade von Kuba teil und im Juli am Angriff auf Campeche unter Führung von De Graaf.

Nach diesem Abenteuer gab er die Seefahrt auf und verbrachte seine letzten Tage friedlich in der französischen Kolonie von Santo Domingo.

Barrera a Villegas, Felipe de la: Spanischer Offizier aus Valle de Toranzo in der Nähe von Santillana in Kantabrien. Er verteidigte Laguna de Términos, wo er 1680 Bürgermeister war, und Campeche (1683); er starb 1704.

Beeston, William: Er wurde 1636 in Tichfield in Hampshire, England, geboren. 1660 wanderte er nach Jamaika aus und wurde drei Jahre später für Port Royal in den »Council of Jamaica« gewählt. Im Dezember 1664 war er Richter am Court of Common Pleas, 1671/72 mehrfach als Küstenwache unterwegs. 1673 war er Bevollmächtigter der Admiralität in Jamaika. 1677 wurde er zum Sprecher der »Assembly of Jamaica« gewählt. Seine Differenzen mit dem neuen Gouverneur, dem Duke of Carlisle, führten zur Auflösung der Versammlung und auf Befehl des Obersten Richters Colonel Jong im Juli 1680 zur Deportation Beestons nach England. Er wurde später rehabilitiert.

Ende 1692 wurde er in Kensington in den Adelsstand erhoben, kehrte im Sommer 1693 als Gouverneur (bis 1702) nach Jamaika zurück und starb anschließend.

Binckes, Jacob: Fregattenkapitän aus Friesland (Niederlande), der zwei Expeditionen nach Westindien führte. Er war Veteran des englisch-holländischen Krieges und hat an den Schlachten von Dünkirchen 1666 und Medway 1667 teilgenommen. 1672 wurde er zum Fregattenkapitän der *Woerden* mit 70 Geschützen ernannt, mit der er in Schoonveld kämpfte. Im September 1672 wurde Binckes mit vier anderen Offizieren ungerechtfertigterweise der Verletzung der Sorgfaltspflicht angeklagt und später rehabilitiert.

De Ruyter rekrutierte ihn in Texel für seine Karibik-Kampagne 1673 und gab ihm das Kommando der Fregatte *Nordhollandt*. Im März 1676 wurde er in Amsterdam zum Vizeadmiral befördert und in die Karibik gesandt, wo er an den Operationen in Tobago im nächsten Jahr teilnahm.

Braziliano, Rock: Er wurde in Holland geboren und ließ sich bei den Engländern in Jamaika nieder. Der zeitgenössische Autor Alexandre Olivier Exquemelin nennt Groningen als Geburtsort, von wo aus er in die Kolonie Bahia auswanderte. Daher sein Spitzname. Er hatte ein kleines Schiff und wurde mit einer ergiebigen Kaperung in Nueva España berühmt. Er selbst wurde in Campeche gekapert und nach Spanien verbracht, kehrte aber als freier Mann nach Jamaika zurück. Anfang 1668 tat er sich mit El Olonés zusammen, als dieser in Jamaika war, um ein Schiff zu verkaufen. Dann wurde er Erster Offizier in Lecats Mannschaft. Er nahm am Angriff auf Portobello 1688 teil, an der Kampagne im Golf von Mexiko 1669 und am Überfall auf Panama 1670/71.

Clifford, George (3. Earl von Cumberland): Dieser englische Adlige war der Spielsucht verfallen und verlor dabei sein Vermögen. Er studierte in Cambridge und war ein hervorragender Mathematiker. Er wollte seine Verluste durch die Kaperung einer spanischen Flotte wieder wettmachen und konnte 1589 eine Flotte aus 20 Schiffen ausrüsten, mit der er Lanzarote und Puerto Rico angriff und beträchtliche Beute machte. Sein Begleiter Sir John Berkeley blieb in der Festung. Wegen der

Fieberopfer unter seinen Truppen verließ Clifford später die Insel und kehrte gegen Jahresende ohne großen Erfolg nach England zurück.

Corso, Juan: Auch als »Corzo« bekannt und von den Engländern »Corsario John« genannt. Dieser berühmte spanische Korsar war bei seinen Opfern gefürchtet und gehasst. Man weiß nichts über seine Herkunft. Er war einer der Untergebenen Pedro de Castros und zeichnete sich durch große Gewalttätigkeit aus. Seine aktive Zeit lag zwischen 1680 und dem 19. Mai 1685, als er in einem Sturm in der Apalachee Bay zugrunde ging.

Coxon, John: Aktiv seit 1676, war er mit einem französischen Patent bei der Eroberung von Santa Marta im Juni 1677 dabei. 1680 führte er einen Angriff auf Portobello und nahm später an der Kampagne im Pazifik teil.

1682/83 war er Korsar mit einem jamaikanischen Kaperbrief, auf den er schließlich verzichtete und seine Abenteuer als Pirat weiterführte. Das letzte Mal hörte man von ihm nahe der Insel Vaca vor der Küste von Hispaniola, wo er 1688 ein großes Schiff mit 80 Engländern, drei Franzosen und fünf Flamen kommandierte.

Cussy, Pierre Paul Tarin de: Gouverneur von La Tortuga und Santo Domingo. Er war im März 1676 Interims-Gouverneur als Nachfolger von D'Ogeron, bis De Pouançay im gleichen Jahr eintraf. Sieben Jahre später übernahm er am 1. September 1683 das Amt von De Pouançay, obwohl er offiziell erst Anfang 1684 ernannt wurde. Er behielt die Politik bei, die Freibeuter zur Sicherung des Wohlstandes in der Kolonie zu belassen. Die großen Feldzüge von De Grammont, De Graaf und anderen fielen in seine Amtszeit. Nach dem Angriff auf Santiago de los Caballeros 1690 nahm er an der Schlacht von La Limonade teil, wo er fiel.

D'Estrées, Graf (später Herzog) Jean: Er wurde am 3. November 1624 als Sohn einer alten Familie aus der Picardie in Soleure in der heutigen Schweiz geboren. Er trat während der flandrischen Feldzüge von 1644 bis 1647 in die französische Armee ein. Nach einer brillanten Karriere wurde er im Juni 1655 zum Generalleutnant ernannt. Während des Erbfolgekrieges von 1667 war er mit der französischen Flotte an Angriffen auf spanische Provinzen in Holland beteiligt.

Er war der Kommandeur des französischen Geschwaders in der Schlacht von Tobago 1677 und erlitt bei den Inseln Aves im Mai 1678 Schiffbruch. 1679 kehrte er in die Karibik zurück.

1681 wurde er Marschall von Frankreich und führte die Feldzüge im Mittelmeergebiet, wobei Tripolis 1685 und Algier 1688 beschossen wurden. Im März 1687 wurde er Herzog und 1701 Vizeadmiral der Bretagne. Am 19. Mai 1707 starb er in Paris.

D'Ogeron, Bertrand, Sieur de la Bouère: Er wurde als dritter Sohn eines Kaufmanns in Rochefort geboren und am 19. März 1613 getauft. Wenige Monate vor dem Tod seines Vaters wurde er im Oktober 1653 Kapitän der Marine.

1657 kam er nach Martinique und wurde zwei Jahre später am Ende des französisch-spanischen Krieges verwundet. Er nahm an einigen Kampagnen an der Westküste von Santo Domingo teil und verlor später bei einem Schiffsuntergang all seinen Besitz, konnte aber gleichwohl 1660 nach Frankreich zurückkehren. Bei der Vorbereitung seiner Rückkehr in die Neue Welt trat er 1662 in die französische Westindische Handelskompanie ein. 1663 war er einer der 30 Gründer der ersten Kolonie an der Westküste Hispaniolas. Sie hieß Léogâne, was der französischen Aussprache für das spanische La Yaguana entspricht.

Im Frühjahr 1664 wurde er zum Gouverneur von La Tortuga ernannt, trat diesen Posten aber erst am 6. Juni 1665 an.

1668 musste er zur Regelung persönlicher Dinge nach Frankreich reisen. Pouançay war sein Stellvertreter. Als er im August 1669 in die Kolonie zurückkehrte, gab es wegen der strengen Auflagen der Kompanie bei den Bukaniers starke Vorbehalte. Im Frühjahr erfolgte ein großer Aufstand, der D'Ogeron zum Verlassen der Insel zwang. Er konnte erst Monate später dank der Hilfe von Schiffen und deren Besatzungen die Kontrolle wiedergewinnen, die ihm der Gouverneur der »Inseln über dem Winde«, Jean Charles de Baas-Castelmore, geschickt hatte. Außerdem bot er den Filibustern eine Generalamnestie an.

Er führte 1673 einen desaströsen Feldzug gegen Puerto Rico und kehrte auf der Suche nach einer neuen Aufgabe nach Paris zurück. Noch bevor der König oder Colbert ihn empfangen hatte, starb er am 31. Januar 1676 an der Ruhr.

Drake, Sir Francis: Er wurde vermutlich 1543 als eines von elf Kindern eines Farmers in Crowndale nahe Tavistock geboren. Er war der Neffe von William Hawkins, des Bruders von John Hawkins. Wahrscheinlich hat er Spanien als Diener von Jane Dormer, Gräfin von Feria, besucht und blieb mit jüdischen Konvertiten in Kontakt, die den Sklavenhandel in Verbindung mit der Familie Hawkins kontrollierten. Im Auftrag von John Hawkins nahm er 1566 an der von John Lowell geführten Expedition teil. 1567 war er bei der desaströsen Unternehmung von Veracruz dabei und floh an Bord der *Judith* nach England. Zwischen 1570 und 1572 machte er mehrere Reisen nach Amerika. Während der letzten versuchte er, Silber in Panama zu erbeuten.

1577 startete Drake zu seiner großen Reise an Bord der *Pelican,* die in *Golden Hind* umbenannt wurde. Er attackierte mehrere Festungen und besuchte Kalifor-

nien, Las Marianas und etliche andere Gegenden, bevor er die Weltumsegelung vollendete. Bei seiner Rückkehr nach England wurde er von der Königin geadelt und zum Nationalhelden.

1585–1587 fand seine wichtigste Reise statt. Mit 21 Schiffen griff er die Küste von Galicien an und segelte dann südwärts zu einem erfolglosen Angriff auf Santa Cruz de la Palma. Nach der Atlantiküberquerung plünderte er Santo Domingo mit einem Angriff an Land und erzwang einen »Tributo de Quema«. Auch in Cartagena machte er anschließend eine beträchtliche Beute. Mit diesem Ertrag kehrte er nach England zurück.

1588 war er zusammen mit Seymour an Bord von Admiral Howards *Revenge*, die gegen die große Armada von Philip II. kämpfte. Die merkwürdige Weise, in der er das andalusische Flaggschiff kaperte, gab zu allerlei Verdacht Anlass. Im Jahr darauf unternahm er mit 80 Schiffen und 20 000 Mann eine Vergeltungsmaßnahme gegen La Coruña, die jedoch fehlschlug. Er wurde des Kommandos enthoben.

Sein Glück endete mit der Expedition 1595 zusammen mit John Hawkins. Eine große Flotte brach in die Karibik auf. Nach dem Tod von Hawkins durch Krankheit übernahm Drake das Kommando und versuchte einen Angriff auf San Juan de Puerto Rico. Seine Einkesselungsstrategie an Land wurde jedoch erkannt, der Angriff zurückgeschlagen.

Weiter südlich griff er Río Hacha an und setzte es in Brand. Um an mexikanisches Silber zu gelangen, begab er sich nach Nombre de Dios, wo er auf eine wohlgerüstete Garnison traf. Dann versuchte er, Panama zu stürmen, wurde aber unter eigenen Verlusten von 500 Mann zurückgeschlagen. Zur Vergeltung zerstörte er Nombre de Dios. Die Ruhr hatte ihn geschwächt und führte am 28. Januar 1596 nahe Portobello zu seinem Tod. Sein Leichnam wurde in einem Bleisarg dem Meer übergeben.

Ducasse, Jean-Baptiste: Dieser Franzose wurde am 2. August 1646 in Saubuse in der Nähe von Dax geboren. Er begann 1677 als Schiffsjunge für die französische Handelskompanie von Senegal und segelte mehrfach nach Santo Domingo, Florida und Kanada.

Im März 1686 trat er als »Lieutenant de Vaisseau« in die französische Marine ein. Im folgenden Jahr wurde er zum Fregattenkapitän ernannt. Im Juli 1689 nahm er an der Kampagne gegen St. Kitts/St. Christopher teil. Anfang 1690 bekam er das Kommando über drei Schiffe, eine Schaluppe und eine Brigg, um 700 Mann Verstärkung zur Insel San Martín/Sint Marteen zu bringen, die von den Engländern angegriffen worden war. Nach dem spanischen Angriff auf Santo Domingo eilte Ducasse den Einwohnern Ende Januar 1691 zu Hilfe und fand nur noch die Überreste von Cabo Francés Viejo vor.

1691 nahm er an französischen Operationen auf Guadeloupe teil. Im Oktober ernannte man ihn zum Gouverneur von Santo Domingo, und im Januar 1693 wurde er zum »Capitaine de Vaisseau« befördert.

Anfang Juni 1694 griff er erfolgreich Jamaika an und hielt beim englisch-spanischen Gegenangriff im nächsten Jahr seine Position, bis Verstärkung aus Frankreich eintraf.

Ducasse führte die Filibuster 1697 beim Angriff auf Cartagena de Indias, wurde aber von De Pointis getäuscht. 1700 trat er als Gouverneur zurück und kehrte nach Frankreich zurück. Mit der Thronbesteigung Philips V. im folgenden Jahr wurde er als Geschwaderkommandant nach Spanien geschickt, um hier französische Interessen zu verteidigen und die Kontrolle über den Sklavenhandel mit Schwarzen zu sichern. Philip V. ernannte ihn zum Generalkapitän, und er eskortierte anschließend mit einem französischen Geschwader die Flotte von Tierra Firme nach Cartagena.

Ende August 1702 kehrte er nach Santa

Marta zurück und schlug ein überlegenes englisches Geschwader. Bei der Schlacht von Vélez Málaga am 24. August 1704 wurde er verwundet. Nach seiner Genesung eskortierte er 1705, 1708 und 1711 die Flotten von Nueva España. Zur Belohnung für seine Verdienste wurde er 1707 Generalleutnant der französischen Marine und erhielt im April 1712 das Goldene Vlies aus der Hand Philips V.

Im März 1714 übernahm Ducasse das Kommando der Belagerungstruppen von Barcelona, musste sich aber aus gesundheitlichen Gründen im darauf folgenden Jahr zurückziehen. Er starb am 25. Juni 1715 in Bourbon l'Archambauld.

El Olonés, Jean David Nau (L'Olonnais): Er wurde 1630 in der französischen Provinz Poitou in Sables d'Olonne geboren. Mit 20 reiste er als Dienstverpflichteter in die Karibik. Hier wurde er auf Hispaniola Bukanier und schließlich Freibeuter in der »Bruderschaft der Küste« und war besonders für seine Grausamkeit gegen Gefangene berüchtigt.

Auf dem Weg nach Campeche erlitt er Schiffbruch und konnte schließlich La Tortuga/Hispaniola erreichen. 1688 kaperte er nahe Key Fragoso auf Kuba eine Fregatte und ließ die gesamte Besatzung über die Klinge springen. Er verbündete sich mit Miguel el Vasco und anderen Freibeutern.

Gemeinsam griffen sie 1668 Maracaibo und Gibraltar an, machten eine beträchtliche Beute und misshandelten die Einwohner. Auf dem Rückweg wollte El Olonés Nicaragua erobern. Die Strömungen brachten ihn aber nach Honduras, wo er Puerto Caballos stürmte. Viele Schiffe desertierten, und er gelangte mit nur noch einem nach Darien. Die ortsansässigen Kannibalen rächten alle seine Opfer, indem sie ihn bei lebendigem Leib verspeisten.

Evertsen, Cornellis: Ein holländischer Filibuster, der an mehreren Kampagnen mit

Jan Willems teilnahm. Er wird bei den Vorgängen auf der Insel Pinos 1685 und bei der Kampagne gegen Campeche erwähnt. Später war er beim Angriff auf Jamaika im September 1687 und auf Honduras im Februar 1688 dabei.

Florin, Juan (Juan Florentino, Jean Fleury oder El Florentino): Vermutlich der Spitzname von Giovanni Verrazano, dem Bruder des berühmten Florentiner Kartografen Jeronimo Verrazano, der sich in Frankreich niederließ. In den Diensten von Franz I. als Korsar von Jean d'Ango operierte er zwischen den Azoren und den Kanaren. 1521 hatte er größeren Erfolg, als er den Schatz Montezumas bei den Azoren kaperte.

Nach zahlreichen Abenteuern wurde er selbst 1527 von Kapitän Martín Pérez de Irízar gekapert. Er machte den Fehler, für seine Freiheit ein hohes Lösegeld anzubieten, was Verdacht über seine Identität erregte. Man brachte ihn nach Sevilla und identifizierte ihn. Den König benachrichtigte man in einem Brief und transportierte Florin Richtung Madrid. Karl I. schickte den Boten mit dem Befehl zurück, Florin unverzüglich exekutieren zu lassen, wenn er auf ihn traf. Die Begegnung fand im Hafen von Pico an der Straße von Toledo nach Ávila statt. Florin wurde im heutigen Mombeltrán gehängt.

Graaf, Laurens Cornelis Boudewijn de (Lorencillo): Man vermutet, dass Graaf in Boost in Holland um 1670 geboren wurde und auf den Kanarischen Inseln mit Petronila de Guzmán verheiratet war. Die Spanier nannten ihn »Lorencillo«, und er war einer der gefürchtetsten Freibeuter des 17. Jahrhunderts. Seine Missetaten begann er als Kanonier auf spanischen Schiffen bei Vergeltungsmaßnahmen gegen die Filibuster von Hispaniola, La Tortuga und Jamaika. Als sie ihn gefangen nahmen, schloss er sich ihnen an und wurde einer ihrer größten Führer.

Er nahm an vielen Operationen teil,

darunter der Plünderung von Veracruz und Cartagena 1683, die Kampagnen gegen Tierra Firme und die Plünderung von Campeche 1685. 1686/87 kämpfte er mehrfach gegen spanische Truppen, darunter in der Schlacht von Bajo Alacrán, und gegen die Korsaren der Biskaya.

1687 ließ er sich auf der Insel Vaca nieder, von der er mehrere Unternehmen startete. Er war an der Blockade von Jamaika 1689, am Angriff auf Santiago de los Caballeros 1691 und an der Plünderung von Jamaika 1694 beteiligt.

Der spanische König bot ihm Begnadigung an, wenn er in die spanische Marine einträte und die Piraterie aufgäbe. De Graaf trat in die Dienste Ludwig XIV., der ihn in den Adel erhob und zum Bevollmächtigten in der Kolonie Santo Domingo ernannte. Gegen Ende seines Lebens scheint er an der Gründung der Kolonie Louisiana beteiligt gewesen zu sein. Er starb Anfang 1704.

Grammont, François (Agramont): Um 1650 wurde er in einer wohlhabenden Familie in Paris geboren. Die Legende will, dass er mit 14 Jahren einen königlichen Offizier und Verehrer seiner Schwester tötete und sich anschließend verstecken musste. Er trat unter falschem Namen in die Marine ein und wurde sehr schnell mit 24 Jahren Fregattenkapitän. Grammont war klein, ein dunkler Typ voller Energie.

Nach mehreren Fahrten in die Karibik entschloss er sich, die Marine zu verlassen, und ließ sich in La Tortuga nieder, wo er sich der Bruderschaft anschloss und einer ihrer Führer wurde. Die Spanier fürchteten ihn wegen seiner äußersten Grausamkeit gegen Gefangene. Er organisierte Angriffe auf Maracaibo 1678 und auf La Guaira 1680 und nahm an den Pünderungen von Veracruz und Campeche 1683 und 1685 teil.

Er scheint 1686 beim Untergang seines Schiffes in der Floridastraße ums Leben gekommen zu sein.

Hauspater, Johann Adrian (Adrian Juan Pater): Einer der großen holländischen Admirale, der im ersten Viertel des 17. Jahrhunderts an den karibischen Feldzügen teilnahm, obwohl er in seiner Zeit als Korsar nicht so viel Glück hatte. Luis Fajardo nahm ihn in Araya gefangen: Er wurde zu drei Jahren als Ruderer in den Galeeren von Cartagena verurteilt und kehrte zur Piraterie zurück, als er wieder frei war.

Die Holländische Westindische Kompanie schickte ihn nach Guayana, um eine Kolonie zu gründen, aber er scheiterte und segelte nach Panama. 1639 griff er Santa Marta an und nahm die Stadt gegen 15 Verteidiger. Er erhielt die Nachricht, dass die riesige Armada von Antonio de Oquendo auf dem Weg nach Brasilien vorüberkommen würde. In der Schlacht wurde der Holländer geschlagen und sein Schiff in Brand gesetzt. Um nicht zu verbrennen, sprang er ins Wasser und ergriff ein Tau, das von der *Prins Willem* herabhing. Als seine Kräfte nachließen, ertrank er. Es war der 12. September 1631.

Hawkins, Sir John: Er wurde 1532 in eine Familie von Schiffbauern in Plymouth geboren. Er versuchte es mit Wein- und Zuckerhandel, bemerkte aber bald, dass Piraterie einträglicher war. Als Korsar begann er während der Kriege gegen Frankreich.

1560 weilte er auf den Kanaren, wo er den Sklavenhandel über seinen Freund Pedro Ponte kennen lernte, vermutlich auf Empfehlung des spanischen Botschafters in London, Gomes Suárez de Figueroa, Graf von Feria. 1562 brach er zu seiner ersten Reise auf. Das Ziel war Isabela auf Hispaniola. Seine zweite Reise fand 1564 statt, wobei er an der Küste von Tierra Firme in Borburata, Curaçao, Río Hacha, Santa Marta und Cartagena Handel trieb. Bei seiner Rückkehr konnte er erhebliche Dividenden ausschütten und wurde von der Königin in den Ritterstand erhoben.

Seine dritte Expedition führte ihn 1567 mit der gleichen Ware und guten Geschäften nach Margarita und Borburata. In Río Hacha lief es nicht so gut, und »er war gezwungen«, Feuer in der Stadt zu legen, um die Einwohner zu überzeugen, die sich zum zweiten Mal weigerten, Handel mit ihm zu treiben. Auch Cartagena war kein Erfolg. Wegen eines Sturms musste er in Veracruz Schutz suchen. Die Flotte von Nueva España verfolgte ihn. Beim Kampf hatte er zahlreiche Verluste, konnte aber über Marín und Vigo wieder nach England gelangen.

Hawkins war 1588 beim Kampf gegen die spanische Armada dabei und schließlich bei der Expedition in die Karibik 1595, wo es ihm ähnlich wie seinem Genossen Francis Drake erging. Er starb auf dem Weg nach San Juan de Puerto Rico am 22. November an einer Krankheit und wurde seebestattet.

Heyn, Pieter Pieterszoon: Er wurde am 15. November 1577 in Delfshaven geboren und fuhr schon in jungen Jahren zur See. Er kämpfte in den Kriegen gegen Spanien, wurde 1597 gefangen genommen und zu einer vierjährigen Strafe auf den Galeeren »ad modum belli« verurteilt und kam nach einem Gefangenenaustausch wieder frei.

Anschließend fuhr er wieder zur See, trieb Handel und erwarb sich ein bedeutendes Vermögen. Er wurde zum Direktor der holländischen Westindischen Kompanie ernannt und förderte den Schmuggel mit den spanischen Kolonien in Amerika. 1622 wurde er Vizeadmiral und nahm an der Brasilien-Kampagne teil, wobei er in San Salvador 22 Schiffe erbeutete.

Nach diesem Erfolg übergab man ihm das Kommando eines Korsaren-Geschwaders, das eine Flotte kapern sollte – und er hatte 1628 bei der Flotte aus Nueva España in der Bahia de Matanzas Erfolg.

Die Beute ging an die Westindische Kompanie. Sie hatte einen Gesamtwert von 11,5 Millionen Gulden und setzte sich aus 177 000 Pfund in Silber, 66 Pfund in Gold, 1000 Perlen, Koschenille, Indigo, Seide, 37 375 Häuten usw. zusammen. Piet Heyn erhielt nur einen Anteil von 7000 Gulden und verließ unzufrieden die Kompanie.

Er wollte sich zur Ruhe setzen, wurde aber 1629 zum Admiralleutnant von Holland befördert und war Kommandeur der holländischen Seestreitkräfte. Beim Kampf gegen die Piraten von Dünkirchen fiel er am 8. Juni des gleichen Jahres.

Hendrijks, Boudewijn (Balduino Enrico): Er wird als einer der bedeutendsten Seefahrer der holländischen Westindischen Kompanie angesehen. Man schickte ihn zur Hilfe nach Bahia, wo er zu spät ankam und weiter zu den Antillen segelte. Er griff San Juan de Puerto Rico an, plünderte die Stadt und belagerte die Festung Morro. Nach einigen Verlusten sah er ein, die Festung nicht nehmen zu können, und segelte südwärts, wo er Araya und weitere kleinere Befestigungen angriff. Wieder in Kuba, versuchte er, die Flotte vor der Küste von Havanna zu kapern, aber er starb im Juli 1626 am Fieber. Seine Flotte kehrte nach Holland zurück.

Horn, Nikolaas van (Banoren): Er wurde in Holland geboren und von dem zeitgenössischen Autoren Alexandre Olivier Exquemelin und in einer Vielzahl spanischer Dokumente erwähnt.

Während des französisch-holländischen Krieges (1672–1689) kämpfte er in der Nordsee zusammen mit anderen Korsaren. Auf den Inseln der französischen und spanischen Kolonien betrieb er Sklavenhandel. Hier entging er der Legende nach einer Haftstrafe, vermutlich wegen ungesetzlichen Handels, die Jean d'Estrées verhängt hatte.

Ende November 1682 kam er mit 300 Sklaven in die spanische Kolonie Santo Domingo. Der Gouverneur Francisco de Segura Sandoval beschlagnahmte Schiff und Ladung. Horn beteuerte seine Unschuld und hielt die Maßnahmen gegen ihn für eine Vergeltung wegen der Kaperung von Schiffen durch De Graaf. Der Gouverneur sah dies anders, und als er entdeckte, dass das Schiff voller in Cádiz gestohlener Dinge war, stellte er Horn an Bord seines eigenen Schiffes unter Arrest.

Anfang 1683 floh er nach Petit Goave, wo ihn die Freibeuter gut aufnahmen. Von da an verlief sein Werdegang wie der von De Graaf. Er starb am Wundbrand nach Verletzungen, die er sich im Kampf mit De Graaf zugezogen hatte.

Huidobro, Mateo Alonso de: Er war einer der wichtigsten Offiziere der Barlovento-Flotte und widmete sich ganz der Verfolgung bekannter Piraten. 1663 betrat er die Szene, als er mit 2000 Pesos zum Bau von vier Galeonen für die Barlovento-Flotte in Holland beitrug. Dafür wurde er zum Kapitän des 572-Tonnen-Schiffes *San Felipe* ernannt. Die Flotte setzte 1667 Segel und gelangte im Herbst 1668 nach Havanna.

Beim Angriff von 1669 verteidigte er Maracaibo gegen Morgan, musste aber mit seinem Schiff und 56 Mann nach Mexiko fliehen. Er wurde wegen fahrlässigen Verhaltens angeklagt und nach Spanien deportiert, wo ihm zusammen mit Alonso de Campos der Prozess gemacht wurde. Das Gericht befand, sie hätten mutig gehandelt, und sprach beide frei.

Er fiel 1683 bei der Verteidigung des Gouverneurspalastes von Veracruz gegen De Graaf.

Jol, Cornelis Corneliszoon (Holzbein): Er ist auch unter dem Namen »Cornelius Goll« bekannt geworden, wurde Ende des 16. Jahrhunderts in Holland geboren und sehr jung Korsar. Mit 20 Jahren verlor er im Kampf sein linkes Bein. Ermutigt von Pieter Heyns Sieg, wollte er eine Flotte kapern und brach 1629 nach Kuba auf, erzielte aber keinen erwähnenswerten Erfolg. 1630 und 1635 machte er zwei weitere Versuche. 1633 schloss er sich Diego Lucifer an, und mit Abraham Rosendal als Admiral griffen sie Campeche an, plünderten die Stadt und steckten sie später in Brand. Jol versuchte 1638, Santiago de Cuba anzugreifen. Zwei Jahre später verfolgte er die Flotte von Carlos Ibarra. Er erreichte sein Ziel nicht und machte sich auf den Heimweg, wobei er in einem Hurrikan auf See schwere Verluste hatte. 1641 starb er in Holland.

Le Clerc, François (Holzbein): Le Clerc verlor im Kampf gegen die Engländer in den Kriegen mit Frankreich sein Bein. 1553 belohnte ihn Heinrich II. mit dem ersten französischen Kaperbrief. Er nahm zusammen mit Jacques Sore und Robert Blondel an französischen Kampagnen gegen spanische Kolonien teil. Auf seinem Rückweg nach Frankreich 1559 griff er Santa Cruz de las Palmas an. Heinrich II. belohnte seine Dienste mit der Erhebung in den Adelsstand.

Le Grand, Pierre (Peter der Große): Ein einfacher Mann, dessen Karriere als Bukanier ebenso einfach verlief. Er wurde in Dieppe geboren und tauchte in der Karibik als Pirat auf. Der Augenblick des Ruhms ereilte ihn 1602. Er war nahe Kap Tiburon mit 28 Kumpanen in einem großen Schiff unterwegs, als sie eine Galeone der spanischen Flotte sichteten. In der Nacht griffen sie an, kaperten das Schiff und setzten Kurs Dieppe, wo es später verkauft wurde. Er beendete seine Tage als angesehener Ehrenmann.

L'Hermite, Jacob: Ein französischer Seemann und Hugenotte, der nach Holland geflohen war und verschiedene Posten in der Holländischen Westindischen Kompanie ausfüllte. Er leitete die erste Kampagne der Kompanie zum Pazifik, bei der peruanisches Silber geraubt werden sollte. 1622 stach er mit elf Schiffen und 1600 Mann in See. Er hielt sich weit von der Küste entfernt, um nicht entdeckt zu werden, und kam am 7. Mai 1623 nach El Callao, nur drei Tage, nachdem das Silber Panama verlassen hatte. Die Stadt wurde 100 Tage belagert. Es gab viele Opfer, darunter auch L'Hermite, aber keinen Erfolg. Die Flotte kehrte nach einer Weltumrundung mit nur zwei Schiffen und wenig Beute nach Holland zurück.

Le Testu, Guillaume: Sein Gewährsmann war Philippo Strozzi, ein Verwandter von Katharina di Medici. Er machte sich um 1570 einiger gewaltsamer Taten in der Karibik schuldig. Seine größte Heldentat fand 1572 in Verbindung mit Drakes Truppen auf dem Isthmus von Panama statt. Beim Rückzug aus einer Schlacht wurde er erschossen.

Lecat, Jelles de (Hels oder Ycles): Ein Friese in Diensten von Spaniern und Engländern. Erstmals wird er um 1668 erwähnt, als er Erster Offizier in der Mannschaft von Rock Braziliano war.

Er nahm zusammen mit Morgan an der Kampagne im Golf von Mexiko und der Plünderung Panamas teil. Wieder in Jamaika, wurde ein Kaperversuch gegen sie unternommen, aber sie konnten nach Campeche entkommen, wo sich Lecat zusammen mit Reyning entschied, in spanische Dienste zu treten. Eine Zeit lang diente er bei der Küstenwache. Nach 1673 hörte man nichts mehr von ihm.

Lynch, Sir Thomas: Gouverneur von Jamaika 1671–1675, 1682 und 1684. Er wurde in Cranbrook in der Grafschaft Kent geboren. Nach Westindien kam er 1654 als »Junior Officer« auf einem Schiff von William Penn. 1660 kehrte er nach England zurück. Im November diesen Jahres bekam er als Kommandeur der Miliz eine Überfahrt nach Jamaika auf einem der Schiffe des Königs. Als Windsor im Dezember 1662 in der Kolonie ankam und eine Verwaltungsreform durchführen wollte, wurde Lynch zum Oberstleutnant der Miliz ernannt. Nach der Konstituierung des Rates von Jamaika wurde er zum Senator ernannt und ein Jahr später dessen Präsident.

Aufgrund von Meinungsverschiedenheiten mit dem Gouverneur und anderen Ratsmitgliedern kehrte Lynch nach England zurück. Um das Beste aus seinem Aufenthalt in Europa zu machen, reiste er nach Spanien und verbrachte den Winter in Salamanca, wo er die Sprache und Sitten und Gebräuche kennen lernte.

Sein Ansehen wuchs allmählich. Mit Unterstützung des Außenministers Lord Arlington, der an sein Talent als Politiker glaubte, wurde er für bestens geeignet betrachtet, die Feindseligkeiten zwischen Spaniern und Engländern zu beenden. Im Januar 1671 ernannte man Lynch zum Gouverneur und Oberkommandierenden der Seestreitkräfte von Jamaika. Er reiste mit einem Haftbefehl für Modyford nach Jamaika, der angeklagt wurde, »gegen des Königs Willen gehandelt und Verwüstungen und Feindseligkeiten gegen die Untertanen seiner Majestät des katholischen Königs Bruder verursacht zu haben«.

Bis 1675 blieb er an der Spitze der Insel, als ein Wechsel in der englischen Politik gegen Spanien zu Lynchs Absetzung wegen seiner pro-spanischen Haltung führte. Er wurde durch Vaughan abgelöst.

1682 gab es wiederum einen Wechsel in der Politik, um spanische Wünsche zu erfüllen, wozu ein Ende der Angriffe durch jamaikanische Korsaren gehörte. Lynch wurde wieder Gouverneur der Insel. Er ließ sich mit seiner Familie endgültig hier nieder und starb am 24. August 1684.

Mansfield, Edward (Mansvelt oder Mansafar): Er war Holländer von Geburt, wurde aber Korsar in englischen Diensten. Die Bruderschaft der Küste ernannte ihn zum Admiral, und er war der Ziehvater vieler wohlbekannter Freibeuter, darunter auch von Henry Morgan.

Mansfield war vermutlich beim Angriff auf Santiago de Cuba mit Christopher Myngs 1662 dabei. Ein Jahr später nahm er an der Plünderung von Campeche teil, dann an der Unternehmung gegen Sancti Espíritus im Dezember 1665, an der Kampagne gegen Cartago im April 1666 und am Angriff auf Santa Catalina (Providencia).

Ein Jahr später starb er in La Tortuga unter merkwürdigen Umständen. Vermutlich wurde er vergiftet.

Martien, David (1674–1671): Er war ein holländischer Vagabund, der unter französischer und englischer Flagge segelte. Als altgedienter Kommandeur aus Westindien schloss er sich Morris bei dessen Abenteuern im Golf von Mexiko an.

Miguel, Blas de (1687): Ein kubanischer Korsar, vermutlich ein Mulatte, der versuchte, Lorencillo in Petit Goave als Rache für den Tod seines Bruders zu ermorden, der während der Begegnung mit Miguel Salaverria zurückgelassen worden war.

Er wurde anderntags gefangen genommen und mit seinen zwei Offizieren dazu verurteilt, auf dem Rad zu Tode gefoltert zu werden. Die Übrigen wurden gehängt.

Modyford, Sir Thomas: Zwischen 1660 und 1664 war er Gouverneur von Barbados und dann zwischen 1664 und 1671 von Jamaika. Er wurde als Sohn des Bürgermeisters von Exeter um 1620 geboren.

Nach dem Bürgerkrieg, in dem er auf der Seite der Royalisten gekämpft hatte, versuchte er, sich in Barbados niederzulassen. Er kaufte eine Plantage von 500 Morgen und wurde der Führer seiner Gemeinde. Er war auch Mitglied des Rates von Barbados. Als Karl II. 1660 den Thron bestieg, wurde er zum Gouverneur ernannt.

Wegen seiner Freundschaft zu George Monck und dessen Einfluss auf den König wurde er im Februar 1664 als Windsors Nachfolger in Jamaika vorgeschlagen. Er trat den Gouverneursposten im Mai an.

Seine Regierungszeit war durch ihr Laisser-faire und die Herausgabe von Kaperbriefen gegen die Spanier gekennzeichnet.

1671 wurde er aus dem Amt entfernt und für über ein Jahr im Tower in London eingesperrt. Nach einer Änderung der Politik durfte er 1675 nach Jamaika zurückkehren, wo er 1679 starb,

Molesworth, Hender: Interims-Gouverneur von Jamaika, der Lynch 1684 ersetzte.

Morgan, Henry: Er wurde um 1635 in Penkarne oder Llanrhymny, Wales, in eine Familie mit militärischer Tradition geboren. Mit 19 Jahren nahm er als untergeordnetes Mannschaftsmitglied an der desaströsen Expedition der neuen Westindienpolitik teil und blieb in Jamaika. Während der Verwaltungsreformen durch Windsor wurde er Kapitän des Regiments in Port Royal. Andere Quellen sehen ihn in Barbados, wohin er als Lakai gelangte und dann weiter nach Jamaika zog.

Er bekam einen Kaperbrief und segelte mit Kommodore Myngs' Geschwader während der Kampagne gegen Santiago de Cuba 1662. Zusammen mit Morris nahm er an der Kampagne gegen Tabasco im Frühjahr 1665 und in Mittelamerika im Sommer diesen Jahres teil.

Seine erste Aktion als Führer war der Angriff auf Puerto Príncipe im April 1668. Später kamen die Angriffe auf Portobello im Juli 1668, Maracaibo im März 1669, die Rückeroberung von Santa Catalina (Providencia) Weihnachten 1670 und schließlich die Plünderung von Panama im Januar 1671 hinzu.

Bei seiner Ankunft in England wurde Morgan verhaftet und im August 1672 nach London gebracht, obwohl man ihm nie den Prozess machte. Nachdem er in den Ritterstand erhoben worden war, kehrte er als Vizegouverneur von Lord Vaughan nach Jamaika zurück und behielt diese Funktion, bis er 1678 aus dem Amt entfernt wurde. 1681 war er wenige Monate Interims-Gouverneur.

Seine letzten Jahre verbrachte er auf seiner Plantage und als Mitglied der feinen Gesellschaft von Jamaika. Er starb 1688 an Wassersucht.

Morris, John (1658–1672): Er kam 1658 nach Jamaika. Man glaubt, dass er zusammen mit Myngs an einem Angriff auf Campeche und Santiago de Cuba teilnahm und von Gouverneur Lord Windsor einen Kaperbrief erhielt. Im Juni 1664 missachteten Morris und einige andere Kapitäne den Befehl, die Feindseligkeiten gemäß den alten Kaperbriefen einzustellen, und führten ihre Aktivitäten weiter.

1665 nahm er an den Kampagnen gegen Tabasco und Mittelamerika teil. Zwischen 1668 und 1671 war er Morgans Stellvertreter und begleitete ihn bei allen Aktionen. Als Morgan als Gefangener nach England gebracht wurde, empfahl der neue Gouverneur Sir Thomas Lynch Morris als »einen guten Kameraden, guten Kapitän und jemanden, der nie Pirat gewesen sei, soweit er wisse ...«

Myngs, Sir Christopher (1655–1666): Dieser Offizier der Royal Navy kam in einer wohlhabenden Familie in Norfolk zur Welt. Während des ersten englisch-holländischen Krieges ging er an Bord der *Elizabeth* und übernahm das Kommando, nachdem der Kapitän in einem Gefecht mit den Holländern beim Rückweg aus dem Mittelmeer gefallen war.

Im Oktober 1655 wurde er zum Kommandeur der *Marston Moore* befördert, die kurz zuvor nach Jamaika gekommen war. Die Mannschaft hatte in Westindien viel Schweres durchgemacht, meuterte, weil sie ihren Sold nicht erhielt, und kehrte nach Jamaika zurück. Trotz seiner Beliebtheit wurde Myngs vom Militärkommandeur der Insel verhaftet, weil er sich hinter seine Männer gestellt hatte.

Er nahm an den militärischen Aktionen teil, die von Jamaika ausgingen, ebenso 1658 an der Verteidigung der Insel. Im folgenden Jahr war er bei einer Vergel-

tungsmaßnahme gegen Tierra Firme mit Angriffen auf Cumaná, Puerto Cabello und Coro dabei. Wegen des Verlustes eines Teils der Beute wurde Myngs verhaftet und nach England gebracht. Weil er König Karl II. unterstützte, konnte er im August 1662 nach Jamaika zurückkehren und leitete die von hier ausgehenden Operationen. Die bedeutendste war die Zerstörung von Santiago de Cuba. Ein Jahr später nahm er an der Plünderung von Campeche teil.

Während des zweiten englisch-holländischen Krieges wurde er Ende 1664 zum Vizeadmiral befördert. In der Schlacht von Lowestoft im Juni 1665 zeichnete er sich durch Tapferkeit aus und wurde dafür zum Ritter geschlagen. Im Juni 1666 war er im »Four Days Fight« Befehlshaber der *Victory*. Er wurde mehrfach an Hand und Schulter verwundet, verließ aber nie die Brücke. Einige Tage später erlag er seinen Verletzungen in seinem Haus in Goodman Fields, Whitechapel.

Pérez de Guzmán, Juan (1618–1675): Dieser Präsident der Audiencia von Panama und Ritter des Ordens von Santiago wurde in Sevilla geboren und trat mit 20 Jahren in die »Armada del Oceano« ein. Er segelte in verschiedenen Flotten und war zwischen 1643 und 1647 Leiter einer Kompanie in Mailand.

1651 kehrte er in die Neue Welt zurück. Am 19. Januar 1657 wurde er zum Gouverneur von Antioquía in Nueva Granada ernannt. Er trat dieses Amt aber nie an, weil er zwischenzeitlich Interims-Gouverneur von Cartagena geworden war. Später wurde er Gouverneur von Puerto Rico, am 11. Januar 1665 Präsident der obersten Verwaltungsbehörde von Panama und betrieb die Rückeroberung von Santa Catalina nach Mansfields Besetzung.

Seine Glückssträhne endete, als eine Flotte mit dem neuen Vizekönig von Peru, Graf Lemos, ankam. Nach Auseinandersetzungen wurde Guzmán angeklagt,

einige Silberbarren aus dem Schatzamt unterschlagen zu haben. Er wurde seines Amtes enthoben, im Juli 1667 verhaftet und als Gefangener nach Peru überführt. Seinen Posten übernahm Agustín de Bracamonte. Der »Consejo de Indias« in Madrid sprach ihn im Januar 1668 frei und befahl seine Wiedereinsetzung. Diese Entscheidung traf erst ein Jahr später in Peru ein.

Am 4. Februar 1669 segelte er an Bord der *Nuestra Señora de Granada* von El Callao nach Panama, wo er zwei Monate später eintraf, um sein Amt zu übernehmen. Im Januar 1671 zog er sich eine ansteckende Krankheit zu.

Nach Morgans Plünderung von Panama wurde Guzmán am 9. Oktober 1671 aus dem Amt entfernt, als der Inspektor Francisco de Marichalar eintraf. Die Untersuchungen gegen ihn zogen sich vom 17. November bis zum 20. Februar 1672 hin. Obwohl er entlastet wurde, war er nur noch ein Schatten seiner selbst. Er kehrte nach Madrid zurück und starb 1675.

Pérez de Irízar, Martín: Er wurde in der spanischen Provinz Guipúzcoa in Rentería geboren und diente dem König als Korsar mit zwei eigenen Kriegsgaleonen. Er machte reiche Beute, darunter die Kaperung von Juan Florín, erhielt einen Adelstitel und ein Wappen. Er starb 1540 in der Schlacht bei der Insel Alborán, die Bernardino de Mendoza gewann, an sieben Wunden durch Arkebusen.

Pez y Malzarraga, Andrés del: Dieser Offizier der »Armada del Oceano« und Piratenjäger wurde 1657 in Cádiz geboren. Sein Vater übte bereits den gleichen Beruf aus. Am 2. Juli 1672 trat er mit 16 Jahren in die Marine ein und segelte mit dem spanisch-holländischen Geschwader während des Krieges mit Frankreich nach Palermo. Dabei fielen sein Vater und sein Bruder.

1681 diente er auf Schiffen zur Verstärkung der Barlovento-Flotte. Im Sommer

1683 wurde er zum Kapitän der *Jesús María y José* befördert, einem Schiff mit acht Geschützen, der früheren *Sevillano*.

1683 war er bei der Verteidigung von Cartagena de Indias und in der Schlacht von El Bajo del Alacrán dabei, wo er beinahe De Graaf gekapert hätte.

Phips, Sir William: Er wurde 1650 auf einer Plantage am Fluss Kennebeck in Maine als Sohn eines Immigranten aus Bristol geboren. Er wuchs in großer Armut auf, weil sein Vater sehr früh starb.

1668 kam er nach Boston und begann eine Zimmermannslehre. Er war ein großer, kräftiger Mann und fing bald an, zwischen den Bahamas und den Westindischen Inseln zu reisen und zu handeln. Dabei erkundete er die Positionen etlicher spanischer Schiffe in der Karibik. Dann heiratete er die Witwe eines reichen Kaufmanns und hatte so die finanzielle Grundlage für seine Expeditionen.

Er war als Schatzsucher sehr erfolgreich, so vor New Providence, wo er vermutlich die 1656 gesunkene *Nuestra Señora de las Maravillas* entdeckte. Sein größter Erfolg war die Entdeckung der *Nuestra Señora de la Pura y Limpia Concepción,* die 1641 gesunken war.

Nach etlichen mehr oder weniger erfolgreichen Expeditionen reiste er 1691 nach England. Dank seiner Verbindungen und seines beträchtlichen Vermögens wurde er zum Gouverneur von Massachusetts ernannt und kehrte im Mai 1692 nach Boston zurück, wo er am 18. Februar 1695 starb.

Picard, Pierre le: Dieser französische Filibuster unternahm in der Karibik, im Pazifik und in Nordamerika Aktionen.

Er war einer von El Olonés' Leuten, bis sich ihre Wege in Panama trennten. 1668/69 führte er Angriffe in der Provinz Veragua. Während des französisch-holländischen Krieges scheint er bis zum Frieden von Nijmegen Korsar in den Diensten der Franzosen gewesen zu sein.

Zwischen 1685 und 1687 nahm er an Kampagnen im Pazifik teil. Das letzte Mal hörte man einige Jahre später auf Rhode Island etwas von ihm.

Pointis, Bernard-Jean-Louis De Saint Jean, Baron von: Er wurde 1645 geboren und trat im Januar 1677 in die königliche Marine ein, mit der er an etlichen Gefechten teilnahm. 1677 war er Leutnant bei D'Estrées' Kampagne gegen Tobago.

Er setzte seine Marinelaufbahn im Mittelmeer fort und nahm als Generalleutnant der Artillerie am Krieg der Augsburger Allianz 1689 teil. Dann ging er wieder zur See und war Kommandeur des Geschwaders, das die Kolonie Santo Domingo verstärken sollte.

Im Oktober 1699 wurde er Konteradmiral. Während des Spanischen Erbfolgekrieges kommandierte er die *Magnanime* in der Schlacht von Vélez Málaga am 24. August 1704. Sieben Monate später hatte sein Geschwader aus fünf Schiffen, das während der Blockade von Gibraltar von der übrigen Flotte getrennt worden war, eine desaströse Begegnung mit dem Geschwader des Vizeadmirals Sir John Leake. Drei Schiffe wurden gekapert, die übrigen beiden, darunter das von Pointis, selbst in Brand gesetzt.

Pointis starb in Frankreich am 24. April 1707.

Portugués, Bartolomeu: Obwohl er Portugiese war, besaß er einen Kaperbrief vom Gouverneur von Jamaika. Seine erste Tat war 1662 die Eroberung eines spanischen Schiffes vor der Küste von Manzanillo (Kuba). Er rüstete es mit vier Geschützen aus. Ein Jahr später kaperte er ein Handelsschiff mit 100 000 Pfund Kakao und 75 000 Escudos in bar. Mit seinem neuen Schiff wollte er Campeche angreifen, wurde aber gekapert und zum Tode verurteilt. Er konnte entkommen und kehrte nach Campeche zurück, wo er ein Schiff eroberte, mit dem er nach Jamaika wollte. In den Jardines de Cuba

erlitt er Schiffbruch, erreichte aber schließlich nach vielen Schwierigkeiten sein Ziel.

Pouançay, Jacques Nepveu, Sieur de: Er war der fünfte französische Gouverneur von La Tortuga und Santo Domingo und ein bekannter Anstifter zur Freibeuterei.

Pounçay war der ältere von zwei Söhnen der älteren Schwester von D'Ogeron und ihres Mannes Thomas Nepveu. Ein paar Jahre diente er seinem Onkel und vertrat ihn bei dessen Frankreichreise als Gouverneur von La Tortuga.

Am 16. März 1676 wurde er Nachfolger des damaligen Interims-Gouverneurs De Cussy. Sein Hauptziel war es, die Wirtschaft von La Tortuga durch Piraterie wieder in Gang zu bringen und die Kolonie Santo Domingo zu stärken, wo die wirtschaftlichen Möglichkeiten besser waren. Deshalb führte er trotz des Friedens zwischen Frankreich und Spanien eine Politik ununterbrochener Feindseligkeiten gegen seine Nachbarn auf Hispaniola.

Aufgrund seiner Furcht vor einem unmittelbar bevorstehenden spanischen Angriff ließ Pouançay die Angriffe auf spanische Kolonien noch intensivieren, als Van Horn auftauchte und sich mit De Graaf vereinte. Sie bildeten eine Armee, die die kühnsten Angriffe des 17. Jahrhunderts durchführte.

Am 30. September 1683 wurde er durch De Cussy als Gouverneur abgelöst.

Reyes, Diego (Diego Grillo oder Diego der Mulatte, 1670–1673): Reyes war ein Mulatte aus Havanna, der von La Tortuga aus im Dienste der Franzosen spanische Schiffe angriff. Er segelte auf dem Schiff von Jean Lucas mit 15 Geschützen und wurde im Oktober 1673 von Mateo Alonso de Huidobro gekapert und schließlich in Veracruz gehängt.

Reyning, Jan Erasmus: Er wurde 1640 in Vlissingen als Sohn eines Seemanns aus Kopenhagen geboren, der in einer Seeschlacht während des ersten englisch-holländischen Krieges fiel. 1665–1667, während des zweiten holländisch-englischen Krieges, wurde Reyning gefangen genommen und 18 Monate in Irland inhaftiert.

Nach kurzer Wiederbegegnung mit seiner Familie segelte er nach Surinam. 1667 gelangte er zu den Antillen und wollte die holländische Kolonie in Cayenne wiedererrichten, die von den Franzosen drei Jahre zuvor zerstört worden war. Die Franzosen kamen zurück und nahmen ihn als Gefangenen mit nach Martinique, wo er als Ruderer dem pensionierten Gouverneur Robert Le Frichot des Friches dienen musste.

Später konnte er nach Santo Domingo fliehen. Er wurde Diener eines Bukaniers, der ihn bald frei ließ. 1668 ging er auf die Cayman-Inseln und gründete als »Kapitän Casten« aus Amsterdam mit einem jamaikanischen Kaperbrief seine eigene Korsarentruppe.

Mit seinen Leuten kam er nach Port Royal und verbündete sich mit Lecat und Braziliano. Nach einigen Aktionen in Nueva España verließ Reyning Mexiko über die Halbinsel Yucatán. Er gelangte nach Caracas, wo er in Francisco Galesio einen neuen Genossen fand, mit dem er 1673 einige englische Schiffe kaperte.

Als 1674 der Friedensvertrag zwischen Holland und England unterzeichnet war, ging er nach Granada und verbündete sich mit Hurriaen Aernouts. Sie griffen Granada gemeinsam an, wurden aber von den Franzosen gekapert und nach Martinique mitgenommen. Hier versuchten sie, in einem Kanu nach Curaçao zu fliehen, wurden aber durch einen Sturm nach Maracaibo abgetrieben und eine Zeit lang von den Spaniern eingesperrt. Reyning gelangte später nach Curaçao.

Anfang 1676 reiste er nach Amsterdam, um seine Familie zu sehen. Hier wurde er zum Kommandanten der *Fortuyn* ernannt, einem Schiff mit acht Geschützen in der Flotte von Admiral Binckes, mit

dem er an den Schlachten um Tobago teilnahm.

Als der Krieg vorüber war, gründete er für die spanische Krone eine Gesellschaft zum Transport von Sklaven von Curaçao nach Nueva España. Nach vielen Problemen mit der Korruption der spanischen Behörden vor Ort kehrte er nach Holland zurück. Die Admiralität ernannte ihn zum Kommandeur. An Bord der *Drakenstein* mit 44 Geschützen und 170 Mann nahm er am Krieg der Augsburger Allianz gegen Frankreich teil und beschoss 1694 Brest. Wegen seiner Tapferkeit wurde er zum »Extraordinaris-Kapitein« befördert.

Reyning starb am 4. Februar 1697, als er einen Konvoi nach Bilbao eskortierte. Er und seine Leute gerieten in einen Sturm, als sie auf die Flut warten mussten, um mit ihrer schweren Ladung weitersegeln zu können. Fast 400 Mann ertranken.

Rivero Pardal, Manoel: Dieser portugiesische Korsar erhielt am 3. Januar 1670 seinen Kaperbrief vom Gouverneur von Cartagena, Pedro de Ulloa. Er verdankt dies der Tatsache, dass Königin Mariana von Österreich diese Kaperbriefe am 20. April 1669 freigegeben hatte.

Nach zahlreichen Operationen wurde er von John Morris, dem Leutnant von Morgan, durch einen Schuss in die Kehle getötet.

Roderigo, Pieter (1674/75): Er war von Haus aus Flame. Im Sommer 1674 eroberte Aernouts das französische Acadia und nannte es Neuholland. Obwohl sich die Engländer im französisch-holländischen Krieg neutral verhielten, wurden ihre Schiffe von Roderigo und seinen Leuten angegriffen. Sie wurden schließlich gefangen genommen, der Piraterie angeklagt und zum Tode verurteilt, aber schließlich begnadigt. Während des als »Krieg von König Philipp« bekannten Konfliktes kämpften sie mutig bei der Verteidigung der englischen Kolonien.

Roverbal, Jean-François de la Roque, auch de la Roche oder Roberto Baal: Dieser französische Edelmann wollte sein Glück durch Piraterie machen. Er nahm an Reisen zur Entdeckung Kanadas teil. Seine Heldentaten begannen mit der Einnahme von Santa Marta in der Karibik. 1544 griff er Cartagena de Indias an und machte große Beute. Dann kaperte er vor der Küste von Santiago de Cuba ein Handelsschiff und scheiterte mit einem Angriffsversuch auf Havanna.

Searle, Robert: Er war einer der aktivsten jamaikanischen Piraten. 1658 wird er erstmals erwähnt, als er ein 60-Tonnen-Schiff mit acht Geschützen kaufte, das er *Cagway* nannte. 1662 schloss er sich Myngs beim Angriff auf Santiago de Cuba an.

Nach dem Friedensschluss von 1670 beteiligte er sich an der Wiedereroberung der Insel New Providence (Bahamas). Die Insel war von einem spanischen Regiment besetzt. Nach diesem Erfolg startete er einen Angriff auf die Kolonie von San Agustín (Florida). Deshalb wurde er von Gouverneur Modyford verhaftet, als er nach Port Royal zurückkehrte.

Nach Rivero Pardals Angriff auf Jamaika nahm Searle an der Strafexpedition von Morgan nach Panama teil.

Sharp, Bartholomew: Er wurde 1650 in London geboren und zwischen 1665 und 1667 während des zweiten englisch-holländischen Krieges zum Korsaren. Zusammen mit Dampier eroberte er 1675 Segovia. Seine erste bekannte Aktion fand im Sommer 1679 statt, als er mit Franzosen, Engländern und anderen die Bucht von Honduras plünderte.

Er war bei der Allianz von Allison, Cornelius Essex und Thomas Magott dabei, die unter Führung von Coxon Portobello plünderte. Sharp nahm auch an der Kampagne im Pazifik teil und kehrte 1682 nach England zurück.

Man verhaftete ihn und klagte ihn vor der Admiralität der Piraterie an. Aus Mangel an Beweisen wurde er unter Protesten der spanischen Botschaft freigesprochen.

Er kehrte auf einem eigenen Schiff in die Karibik zurück und erhielt vom Gouverneur von Jamaika, Neville, im Januar 1684 einen Kaperbrief.

Man vermutet, dass er zusammen mit Lorencillo und Grammont am Angriff auf Campeche im Juli 1685 beteiligt war. 1686/87 klagte ihn Neville der Piraterie an, aber er wurde neuerlich aus Mangel an Beweisen freigesprochen. 1688 wurde er zum Kommandeur der nördlichen »Inseln vor dem Winde« ernannt.

Im Sommer 1699 sperrten ihn die dänischen Behörden der Jungferninsel St. Thomas wegen ungebührlichen Verhaltens ein.

Strong, John: Ein englischer Korsar und Schatzjäger in Diensten von William Phips und Sir John Narborough, der als Schatztaucher sehr erfolgreich war. Er versuchte ähnliche Unternehmungen im Pazifik und starb 1694 in La Coruña.

Windsor, Lord Thomas (7. Baron von Windsor und 1. Herzog von Plymouth): Windsor war von 1660 bis 1664 der erste königliche Gouverneur von Jamaika. Seine Politik zeichnete sich dadurch aus, dass Angriffe auf spanische Interessen auch zu Friedenszeiten erlaubt waren.

Geboren wurde er in Kew in der Grafschaft Surrey um 1627.

Während des Bürgerkriegs diente er als Kavallerist auf der royalistischen Seite und kämpfte auch später gegen Cromwells Protektorat. Als die Monarchie restauriert war, wurde er wieder als Baron von Windsor und Lordleutnant von Worcestershire eingesetzt. Dank einer Empfehlung des »Committee for Foreign Plantations« im Sommer 1661 wurde er als Nachfolger von Oberst D'Oyley zum Gouverneur von Jamaika ernannt.

Er übernahm sein Amt im April 1662 und sandte den Gouverneuren von Puerto Rico und Santo Domingo Briefe mit der Bitte um Handelserlaubnis. Er verteilte fünf Regimenter rund um die Insel.

Anschließend vollendete er die Festung im Hafen und nannte sie Fort Charles. Außerdem bot er allen Kolonisten über zwölf Jahre Siedlungsland an und richtete ein Gericht und eine Admiralität ein.

Als ihn die Antwort der spanischen Gouverneure mit einem Handelsverbot erreichte, schlug er »erzwungenen« Handel vor.

Windsor rekrutierte Freibeuter unter dem Kommando von Myngs und befahl ihnen 1662, Santiago de Cuba anzugreifen und zu zerstören. Im gleichen Jahr kehrte er nach England zurück und hinterließ Sir Charles Lyttelton als seinen Vertreter. Der Hof war über seine Tat aufgebracht und setzte ihn im Februar 1663 ab. Sir Thomas Modyford wurde sein Nachfolger.

Erst 1676 bot man ihm wieder einen Posten an: Er wurde zum »Master of the Horse« des Duke of York. Fünf Jahre später wurde er Gouverneur von Portsmouth und starb im November 1687.

Anmerkungen

Einleitung

1) Casado Soto, José Luis: *Los barcos españoles y la Gran Armada de 1588.* Madrid: San Martín, 1988.
2) Der *Bund der fünf Häfen* wurde zum Schutz und zur Sicherung der Privilegien und wirtschaftlichen Interessen der Städte Südenglands gegründet.
3) Angesichts des drohenden Verlustes ihrer eigenen Privilegien durch den *Bund der fünf Häfen* entschlossen sich die Städte der Ostküste zur Gründung eines eigenen Bündnisses.
4) Die Seestädte um Bayona schlossen sich ebenfalls zu einem Bund zusammen. Ihre Beziehungen zu den kantabrischen Häfen bestanden bis in das 19. Jahrhundert.
5) Fernández Duro, Cesáreo: *La Marina de Castilla.* Madrid: Neuauflage Editmex SL, 1995.
6) Fernández Duro, a.a.O., S. 67 und 94.
7) 10. August 1350: *Mensaje del rey de Inglaterra al arzobispo de Canterbury.* Aus: Fernández Duro, a.a.O., S. 418-419.
8) Ebd., S. 99-108.
9) Ebd., S. 105.
10) Gosse, Philip: *Los corsarios berberiscos, los piratas del norte.* Buenos Aires: Espasa-Calpe Argentina, 1947, S. 109-110.
11) Ebd., S. 117-118.
12) Fernández Duro, a.a.O., S. 245.
13) *Kaperbrief an Harry Pay.* Aus: Marsden, R.G. (Herausgeber): *Documents Relating to Law and Custom of the Sea.* Navy Records Society, 1915, Bd. 1, S. 112-114.
14) Fernández Duro, a.a.O., S. 167-168.
15) Ebd., S. 173.
16) Ebd., S. 177.
17) Gosse, a.a.O., S. 26-27.
18) Azcárraga y Bustamante, José Luis: *El corso marítimo: concepto, justificación e historia.* Madrid: Institut Francisco de Vitoria, 1950.

Kapitel 1

1) Lucena Salmoral, Manuel: *Piratas, bucaneros, filibusteros y corsarios en América.* Madrid: Mapfre, 1992, S. 52.
2) Real Academia de la Historia (RAH), Sammlung Muñoz, LXXXV, f. 144 v.
3) *Recopilación de las Leyes de los Reinos y de las Yndias,* Band IV, Libro 3, Título 13, Ley 4. Madrid: 1681.
4) Lucena, a.a.O., S. 53.

5) Sáiz Cidoncha, Carlos: *Historia de la Piratería en América Española.* Madrid: San Martín, 1985, S. 20.
6) Lucena, a.a.O., S. 54. Entnommen aus Morineau, Jean: *Tels étaient corsaires et flibustiers.* Paris: 1957, S. 51.
7) Sáiz, a.a.O., S. 20.
8) *Memoria de las joyas, plumejes y otras cosas enviadas al Emperador desde Nueva España.* RAH, Sammlung Muñoz, LXXVI, f. 209.
9) Díaz del Castillo, Bernal: *Verdadera historia de los sucesos de la conquista de Nueva España, por el capitán....* Aus: Historiadores Primitivos de las Indias, Bd. II / XXVI. Bibliothek der Spanischen Schriftsteller. Madrid: Atlas, 1947, S. 205.
10) Díaz del Castillo, a.a.O., S. 206-207.
11) Bibliothek des Museo Naval (BMN), Ms. 70 und Ms. 72.
12) Díaz del Castillo, a.a.O., S. 205.
13) Lucena, a.a.O., S. 55.
14) Díaz del Castillo, a.a.O., S. 206.
15) Ebd., S. 207.
16) Jármy Chapa, M. de: *Un eslabón perdido de la Historia. Piratería en el Caribe siglo XVI y XVII.* Mexiko: UNAM, 1983.
17) Sáiz, a.a.O., S. 22.
18) Archivo General de Indias (AGI), Contaduría General, 1872.
19) Lucena, a.a.O., S. 57.
20) Picó, F.: *Historia General de Puerto Rico.* Río Piedras: Huracán, S. 53
21) Lucena, a.a.O., S. 57.
22) Fernández Duro, Cesáreo: *Armada Española, desde la unión de los reinos de Castilla y Aragón.* Madrid: Neuauflage MNM, 1972. Band 1, S. 207.
23) Sáiz, a.a.O., S. 23.
24) *Carta del Teniente Corregidor de Cádiz al Consejo de Indias* RAH, Sammlung Muñoz, LXXV, f. 54 v.
25) *Asalto a la Habana en 1537.* Aus: De Bry's *América (1590-1634).* Madrid: Siruela, 1992, S. 23.
26) Sáiz, a.a.O., S. 28. Siehe auch Picó, a.a.O., S. 54.
27) Pezuela, Jacobo de la: *Historia de la Isla de Cuba.* Madrid: 1968. Bd. I, S. 182-183.
28) Santa Marta, 1. November 1543. RAH, Muñoz, Bd. LXXXIII, f. 105.
29) RAH, Muñoz, Bd. LXXXIII, f. 106.
30) De Bry, a.a.O., S. 28. Siehe auch RAH, Muñoz, LXXXIII, f. 231. Der hier zitierte Steuermann war Juan Álvarez aus Sevilla.
31) Sáiz, a.a.O., S. 25.
32) *Carta de los oficiales de la Casa de Contratación,* April 1545. RAH, Muñoz, LXXXIV, f. 68 v.

33) Sáiz, a.a.O., S. 25.
34) Lucena, a.a.O., S. 58.
35) Recopilación ..., Band 4, Libro 3, Título 13, Ley 5.
36) Lucena, a.a.O., S. 64.
37) Santo Domingo, 11. Mai 1553. RAH, Muñoz, LXXXVI, f. 258 v.
38) Ebd.
39) Ebd., f. 251 v.
40) *Carta del Gouverneur Angulo al Emperador.* 23. Dezember 1553. Sammlung *Documentos de Indias,* 2. Reihe, Band III, S. 260.
41) Fernández Duro: *Armada....,* Band I, S. 280.
42) *Relación de Diego de Mazariegos sobre la entrada, toma, saqueo que hizo en la Habana el corsario francés Jacques de Soria... el mes de julio de dicho año.* 10. Juli 1555. BMN, Mn. 38, Dokument 17.
43) Mota, F.: *Piratas en el Caribe.* Havanna: Casa de las Américas, 1984, S. 35.
44) Gall, J. und F.: *El Filibusterismo.* Mexiko: F.C.E., 1957.
45) Haring, C.H.: *The Buccaneers in the West Indies in the XVIIIth Century.* London: Methuen, 1910, S. 51.
46) Recopilación ..., Band 4, Libro 3, Título XIII, Ley 8.
47) *Documents Relating to....,* Bd. I, S. 162.
48) Recopilación ..., ebd.
49) Sáiz, a.a.O., S. 31.
50) Er nennt ihn *Juan Beautemps.*
51) Lucena, a.a.O., S. 65-66.
52) Simón, Fray Pedro: *Noticias Historiales de las conquistas de Tierra Firme en las Indias Occidentales.* Neues Königreich Granada: 1624. Nachdruck: Bogotá, 1892.
53) *Relación que se ha tenido en el Consejo de las Indias y noticia de los robos que corsarios franceses han hecho en el Mar de Poniente, en navegación de las Yndias....* BMN, Mn. 38, Dokument 34.
54) Lucena, a.a.O., S. 67.

Kapitel 2

1) Cecil teilte dem spanischen Botschafter in London mit, dass der geheime Kronrat eine Ausweitung des Handelsembargos gegen Las Indias (Westindische Kolonien) ablehnte.
2) *Documents Relating...,* Bd. I, S. 172.
3) Georget, Henry und Rivero, Eduardo: *Herejes en el Paraíso. Corsarios y navegantes ingleses en las costas de Venezuela durante la segunda mitad del siglo XVI.* Caracas: Arte, 1993, S. 41.

4) Georget, a.a.O., S. 42.
5) Rumeu de Armas, A: *Viajes de Hawkins a América. Sevilla: 1947. Siehe auch Hakluyt, Richard: Principales viajes, expediciones, tráfico comercial y descubrimientos de la nación inglesa.* Herausgegeben, übersetzt und mit einer Einleitung versehen von José Mª Pérez Bustamante. Madrid: Atlas, 1988-1992, Bd. II.
6) Lucena, a.a.O., S. 72.
7) Rumeu, a.a.O., S. 246.
8) Ein Jahr zuvor, 1563, hatte die englische Königin Thomas Stucley beauftragt, eine Entdeckungsfahrt nach Florida zu unternehmen, unter der Bedingung, dort zwei Jahre zu bleiben.
9) Lucena, a.a.O., S. 72.
10) Georget, a.a.O., S. 42.
11) *Testimonio de John Sparke.* Aus: Hakluyt, Bd. X, S. 9-63. Zitiert in der spanischen Ausgabe von Georget: a.a.O., S. 61-115.
12) Lucena, a.a.O., S. 74.
13) Lucena, a.a.O., S. 72.
14) Sáiz, a.a.O., S. 55.
15) Andere behaupten, dass es der 18. war. Siehe Lucena, a.a.O., S. 75.
16) Einige Quellen versichern uns, dass der Angriff im Einverständnis mit dem Schatzmeister vorgetäuscht war. Diese Vermutungen basieren auf der Zeugen-aussage des *Comisario* des Gerichts von Santo Domingo, Alonso Pérez Roldán. Siehe Lucena, a.a.O., der E. Restrepo Tirado, zitiert: *Historia de la Provincia de Santa Marta.* Bogotá: Bibliothek der kolumbianischen Schriftsteller, 1953, Band I, S. 230.
17) *Verkauf* wäre das passendere Wort dafür.
18) Sáiz, a.a.O., S. 56.
19) AGI, Justicia 38.
20) Lucena, a.a.O., S. 78.
21) *Testimonio de Job Hortop*, aus: Hakluyt, Bd. IX, S. 448 ff. Siehe auch Georget, a.a.O., S. 44 ff.
22) González, Tomás: *Apuntamientos para la Historia del rey Felipe II, por lo tocante a sus relaciones con la reina Isabel de Inglaterra.* Madrid: Memorias de la Real Academia de la Historia, Band II, 1832.
23) Schreiben des Guerau de Spes an den Herzog von Alba, London, 14. Dezember 1471. AGS, Estado 824, aus: *Sammlung de Documentos Inéditos para la Historia de España.*
24) Nach Romeu, a.a.O., S. 249-250, fand der vorgetäuschte Angriff bei dieser Gelegenheit statt.
25) Sáiz, a.a.O., S. 59.

26) Juarez Moreno, Juan: *Piratas y Corsarios en Veracruz y Campeche.* Sevilla: CSIC, 1972, S. 19.
27) *Relación del suceso de la Armada y Flota de Nueva España en el puerto de San Juan de Ulúa con el corsario Juan de Aquines, en el mes de septiembre de 1568.* BMN, Ms. 31, Dokument 83.
28) Nach der Verlagerung von Veracruz an seinen heutigen Platz wurde der Hafen *San Juan de Ulúa* und die kleine vorgelagerte Insel *Isla Gallega* bezeichnet. Sáiz, a.a.O., S. 60.
29) Jiménez Rueda, Julio: *Corsarios Franceses e Ingleses en la Inquisición de Nueva España.* Mexiko: Archivo General de la Nación, UNAM, 1945.
30) *Recognisance of his ships commissioned to search for contraband and to take pirates.* 15. November 1571. Aus: *Documents Relating to...,* S. 190.
31) Recopilación ..., Band 4, Libro III, Título14, Ley 5.
32) Ebd.
33) Lucena, a.a.O., S. 99.
34) Lucena, a.a.O., S. 100.
35) Die Anwesenheit des Schiffes war bekannt. AGI, Ind. 427, Gesetz 30, f. 232 r und v.
36) Le Testu war ein alter Bekannter. Mit seinem Schiff *La Condesa* hatte er 1571 verschiedene Kaperfahrten unternom-men. BMN, Ms. 38, Dokument 34. Auch auf Hispaniola war er auf Raubzügen unterwegs. Der spanische Botschafter in Paris verlangte das Diebesgut zurück – erfolglos. AGI, Patronato 267, R. 57.
37) In dem 1626 von Sir Francis Drakes Neffen Francis (Sohn von Thomas Drake) herausgegebenen Werk *Sir Francis Drake Revived* beschrieb dieser eine Szene, in der Drake die Spitze der Gebirgskette, die am Isthmus liegt, erklomm und ihm ein eingeborener Häupling von einer Baumkrone aus den Pazifik zeigte. Auf Knien bat Drake Gott, ihm zu gestatten, »noch einmal mit einem englischen Schiff dieses Meer zu befahren«.
38) Es ist wahrscheinlich, dass er in seinen fantastischen Erzählungen *Vera Cruz* mit *Venta Cruz* oder *Venta de Cruces* ver-wechselt hat, einen Ort, den er einge-nommen und zerstört hatte.
39) Schreiben von Cristóbal Moner, BMN, Ms. 38, Dokument 38.
40) *Relación de los daños que los corsarios Yngleses hicieron en la Carrera de las Yndias en S.M. puertos y costas de ellas y sus vasallos... desde el año 1568 hasta 1573.* BMN, Ms. 38, Dokument 36.

41) Fernández Duro: *Armada...,* a.a.O., S. 344.
42) Hakluyt, Richard: *El viaje del patrón Andrew Barker, de Bristol, en el año de 1576.* Aus: Georget, a.a.O., S. 117-125.
43) Georget, a.a.O., S. 48.
44) *Documents...,* S. 234-244.
45) Kamen, Henry: *La Inquisición Española.* Una revisión crítica. Barcelona: Crítica, 1999, S. 274.
46) Nach Serrano Mangas ist der Nachname *Aponte/Ponte* charakteristisch für die jüdisch-konvertierte Gemeinde von Fregenal.
47) Serrano Mangas, Fernando: *La Segura Travesía del Agnus Dei. Ignorancia y Malevolencia en Torno a la Figura de Benito Arias Montano »El Menor«.* Villanueva de la Serena (Badajoz): Diputación de Badajoz-Editora Regional de Extremadura, 1999.
48) Zamora, Pater Alonso de: *Historia de la Provincia de San Antonio del Nuevo Reino de Granada.* Druckschrift von 1701, Buch IV, Kap. III, S. 280.
49) *Relación de lo que declaró un inglés llamado Francisco que se perdió en una pinaza de la armada del capitán Francisco Drac y fue preso en la cienaga de Santa Marta.* Montag, 24. März 1586. BMN, Ms. 38, Dokument 56.
50) *Relación de los daños que se entiende han hecho las Armadas que salieron de Ynglaterra y Tregelingas en la costa de Portugal y Galicia, en todo septiembre de 1585.* BMN, Ms. 38, Dokument 50.
51) Simón, a.a.O., S. 257.
52) Moya Pons, Frank: *Manual de Historia Dominicana.* Santo Domingo: Caribbean Publishers, 1995, S. 46.
53) Lucena, a.a.O., S. 107.
54) Ebd.
55) Lucena, a.a.O., S. 108.
56) Die Kolonie wurde durch Meldungen aus Cartagena gewarnt. AGI, Patronato 266, R. 51.
57) Lucena, a.a.O., S. 109.
58) Fernández Duro, a.a.O., S. 399.

Kapitel 3

1) Casado Soto, a.a.O., S. 158 ff.
2) Verlustliste. Aus: Casado, a.a.O.
3) Aus: Hakluyt: *Principales...,* Bd. I.
4) González-Arnao Conde-Luque, Mariano: *Derrota y muerte de Sir Francis Drake. A Coruña 1589-Portobelo 1596.* Xunta de Galicia: 1995.

5) González-Arnao, a.a.O., S. 53. Siehe auch bei Norris, John: *The Expedition of Sir John Norris and Sir Francis Drake to Spain and Portugal, 1589.* London: Ed. R.B. Wernham, Navy Record Society, 1988.
6) González-Arnao, a.a.O., S. 55.
7) Ebd., S. 92.
8) Ebd., S. 96.
9) Lucena, a.a.O., S. 112. Entnommen aus Lloyd, S. 117-118.
10) Ebd., S. 280.
11) González-Arnao, a.a.O., S. 128.
12) Ebd., S. 129.
13) Ebd., S. 130.
14) Ebd., S. 149.
15) Der Earl von Cumberland wurde am 21.2.1592 mit diesem Feldzug beauftragt. *Commission to the Earl of Cumberland to Capture Spaniards, with Authority to Divide the Spoil. Documents Relating...,* S. 279.
16) González-Arnao, a.a.O., S. 117.
17) Ebd., S. 219.
18) Hakluyt, *Principales...,* Bd. II.
19) Schreiben des Lizentiaten Manso de Contreras an den König. Margarita, 4. Juni 1592. AGI Santo Domingo, 184.
20) *Appleby Manuscript.* Aus: Andrews, S. 242-253. Samuel Purchas, Hakluyt posthum, Bd. XVI, S. 18-22, aus: Georget, a.a.O., S. 127-139.
21) Diese Anmerkung konnte nicht verifiziert werden; der Verlag.
22) Petitionsverhör des Kapitäns Felipe de Linares y Torrellas. Asunción, 29. Mai 1593. Aus: Vicente Dávila, *Encomiendas...,* Bd. II, S. 154-158.
23) Aussage von William Parker. Aus: Hakluyt, Bd. X, S. 277-280. Georget, a.a.O., S. 245-248.
24) Aussage von William Parker. Aus: Purchas, Bd. XVI, S. 292-297. Georget, a.a.O., S. 267-274.
25) Fernández Duro, *Armada...,* Bd. III, S. 117-133.
26) Rumeu, a.a.O., S. 365.
27) *Sir Francis Drake and Sir John Hawkins to Queen Elizabeth.* Plymouth, 13. August 1595 (E.c.) PRO. SP. 12/253 n° 79l.
28) Fernández Duro, *Armada...,* Bd. II, S. 96-100.
29) Maynarde, Thomas, *Sir Francis Drake his Voyage 1595.* Additional Ms., 5209.
30) *Commission to Sir John Hawkins and Sir Francis Drake against the Spaniards.* Westminster, 21. Januar 1595 (E.c.).
31) Lucena, a.a.O., S. 114. Der Autor erwähnt 2500 Männer, was eher untertrieben scheint.

32) González-Arnao, a.a.O., S. 140-141.
33) Lloyd, a.a.O., S. 183-186.
34) Simón, a.a.O., Band VII, S. 300.
35) *Relación de lo sucedido a la Armada Ynglesa en el puerto de Nombre de Dios a 8 de henero de 1596.* BMN, Mn. 38, Dokument 65.
36) Aussage von Sir Anthony Sherley. Hakluyt, Bd. X, S. 266-276.
37) Simón, a.a.O., Band VIII, S. 30.
38) *Toma de Saint Vincent y Puertobello por el cap. William Parker....* Aus: Georget, a.a.O., S. 272.
39) Lucena, a.a.O., S. 117-118.
40) Aussage von Sir Robert Dudley. Aus: Hakluyt, Bd. X, S. 203-212. Georget, a.a.O., S. 141-152.
41) Georget, a.a.O., S. 50.
42) Aussage von Sir Robert Dudley. Aus: Hakluyt, Bd. X, S. 203-212. Georget, a.a.O., S. 141-152.
43) Aussage von Robert Davie. Aus: Hakluyt, Bd. X, S. 213-226. Georget, a.a.O., S. 153-167.
44) Aussage von Lawrence Keymis. Aus: Hakluyt, Bd. X, S. 441-501. Georget, a.a.O., S. 168-229.
45) Aussage von Thomas Masham. Aus: Hakluyt, Bd. XI, S. 1-15. Georget, a.a.O., S. 251-265.

Kapitel 4

1) Deive, Carlos Esteban: *Tangomangos. Contrabando y piratería en Santo Domingo (1522-1606).* Santo Domingo: Fundación Cultural Dominicana, Inc., 1996, S. 175.
2) Lucena, a.a.O., S. 127.
3) Deive, a.a.O., S. 174.
4) Ebd., S. 175.
5) Moya, a.a.O., S. 51.
6) BMN, Mn. 38, Dokument 22.
7) Deive, a.a.O., S. 82 und 112.
8) Ebd., S. 99-100.
9) Memoiren von López de Castro. Aus: Rodríguez Demorizi, Emilio: *Relaciones históricas de Santo Domingo.* Ciudad Trujillo: Archivo General de la Nación, Bd. II, 1945, S. 161-188.
10) Deive, a.a.O., S. 82, 83 und 88.
11) Peña Batllé, Manuel Arturo: *La Isla de la Tortuga.* Madrid: Cultura Hispánica, 1951. Nachdruck, Santo Domingo: Editora de Santo Domingo, S.A., 1974, S. 76.
12) Serrano Mangas, Fernando: a.a.O., S. 58-77.

13) Sáiz, a.a.O., S. 119. Deive identifiziert ihn als *Pablos Barlandingen.* Deive, a.a.O., S. 203.
14) Moya, a.a.O., S. 64.
15) Deive, a.a.O., S. 237.
16) Ebd., S. 68.
17) Ebd., S. 67 ff.
18) BMN, Ms. 38, Dokument 22.
19) Grocio, Hugo: *De la libertad de los mares.* Madrid: Centro de Estudios Constitucionales, 1956.
20) Sáiz, a.a.O., S. 125.
21) Ebd., S. 124.
22) Lucena, a.a.O., S. 120.
23) Deive, a.a.O., S. 178.
24) Ebd., S. 229.
25) Ebd., S. 230-231.
26) De Bry, a.a.O., S. 476.
27) Ebd., S. 472.
28) Lucena, a.a.O., S. 120.
29) *Copia del capítulo de carta del Conde de Gondomar a S.M. acerca de haberse deshecho la compañía que se firmó en Inglaterra para ir al río de las Amazonas.* BMN, Mn. 38, Dokument 78.
30) Ebd., S. 120.
31) Ebd., S. 120.

Kapitel 5

1) Lucena, a.a.O., S. 129.
2) Ebd., S. 131.
3) Ebd., S. 132.
4) Ebd., S. 133.
5) Ebd., S. 134. Entnommen aus Bradley, P.T.: *Relación del viaje y sucesos de la Armada Olandessa.*
6) Ebd., S. 125.
7) Serrano Mangas, a.a.O., S. 250-251.
8) Lucena, a.a.O., S. 144.
9) Cardot, a.a.O., S. 204.
10) Serrano Mangas, a.a.O., S. 259.
11) Lucena, a.a.O., S. 145.
12) Ebd., S. 146.
13) National-Bibliothek (BN), Ms. 18719, 45.
14) Picó, a.a.O., S. 90.
15) Sáez, a.a.O., S. 150.
16) Ebd., S. 151.
17) Lucena, a.a.O., S. 138.
18) Ebd.
19) Goslinga, a.a.O., S. 161.
20) Die Verordnung wurde am 31.12.1557 während des Krieges mit Frankreich als Antwort auf die Aktivitäten der französischen Korsaren in Kraft gesetzt.
21) Serrano Mangas, a.a.O., S. 269.
22) Lucena, a.a.O., S. 141. Entnommen aus Cardot, S. 131.

23) Lucena, a.a.O., S. 142. Entnommen aus Goslinga, S. 172-173.
24) Serrano Mangas, a.a.O., S. 254.
25) Ebd., S. 255.
26) Lucena, a.a.O., S. 147.
27) AGI, Indiferente, 1873.
28) Rahn Phillips, Carla: *Seis galeones para el Rey de España*. Madrid: Alianza Editorial, 1991, S. 21-24. Siehe auch Fernández Duro, Cesáreo: *Disquisiciones Nauticas*. Bd. II, S. 285-286.
29) AGI, Escribanía de Cámara, 968. Siehe auch BMN, Navarrete, XXIV.
30) Haring, a.a.O., S. 303.
31) Peña Batllé, a.a.O., S. 35.
32) Ebd., S. 136. Entnommen aus Durtertre.
33) Ebd., S. 137.
34) Lucena, a.a.O.
35) Peña Batllé, a.a.O., S. 118.
36) Ebd., S. 119.
37) Ebd.
38) *Documents Relating...*, S. 470 ff.
39) Peña Batllé, a.a.O., S. 137.
40) Ebd., S. 137.
41) Moya Pons, a.a.O., S. 78.
42) Peña Batllé, a.a.O., S. 140.
43) Ebd., S. 141.
44) Ebd., S. 154.
45) Alexander Oliver Exquemeling: *Piratas en la América y luz a la defensa de las costas de las Indias Occidentales*. Madrid: 1681 und 1793. Sevilla: Ed. Facsimilar, Hispano Americana de Publicaciones, 1987.
46) Ebd., S. 145.
47) Ebd., S. 146.
48) *Relación sucinta de la restauración de la Isla de Tortuga que la defendían las Armas de Francia y la gobernaba M.Timaleon de Fontenay, caballero de la religión de San Juan*. AGI, Patronato 276, R.6. Also *Memorias de lo obrado en la facción de las yslas de la Tortuga y la Española, contra los Franceses e Yngleses, 1654*. BMN, Ms. 1841.
49) Peña Batllé, a.a.O., S. 145-146.
50) Ebd., S. 148.
51) Ebd., S. 149.
52) Ebd., S. 154.

Kapitel 6

1) Moya Pons, a.a.O., S. 84.
2) In dieser Absicht hielten sie die Flotte als ständige Bedrohung einer möglichen Landung in Sichtweite der Verteidiger.
3) Moya Pons, a.a.O., S. 85.
4) *Relación de la feliz vitoria que han tenido las Armas de Su Majestad (Dios le guarde) en la ciudad de Santo Domingo, isla Española, contra la Armada Inglesa de Guillermo Pen....* BMN, Mn. 38, Dokument 83.
5) Moya Pons, a.a.O., S. 85.
6) *Relación de lo sucedido de la Armada Inglesa de Guillermo Pen en la Isla de Xamaica y las perdidas de gente y Baxeles que ha tenido....* BMN, Mn. 38, Dokument 85.
7) Guizot: *Histoire de la République d'Angleterre*. Bd. II, S. 194-197. Aus: *Relación del viaje y sucesos que tuvo desde que salió de la ciudad de Lima, hasta que llegó a estos Reinos de España, el Dr. D. Diego Portichuelo de Rivadeneira....* Undatierter Nachdruck: Documentos relacionados.
8) Lucena, a.a.O., S. 176.
9) Ebd.
10) Marley, David F.: *Pirates and Privateers of Americas*. Santa Barbara (Kalifornien): ABC-CLIO, 1994, S. 278.
11) Ebd.
12) Ebd., S. 279.
13) Lucena, a.a.O., S. 176.
14) Marley, a.a.O., S. 429.
15) Lucena, a.a.O., S. 177.
16) Marley, a.a.O., S. 429.
17) Ebd.
18) Lucena, a.a.O., S. 177.
19) Fernández Duro, *La Armada....* Bd. V, S. 43.
20) Lucena, a.a.O., S. 179.
21) Jarmy, a.a.O., S. 193. Siehe auch Lucena, Ebd., S. 178.
22) Juárez Moreno, J.: *Piratas y corsarios en Veracruz y Campeche*. Sevilla: CSIC, 1972, S. 21 ff.
23) Lucena, a.a.O., S. 177.
24) Peña Batllé, a.a.O., S. 185 ff.
25) Ebd.
26) Ebd., S. 227.
27) Ebd., S. 230.
28) Ebd., S. 232.
29) Ebd., S. 231. Zitat: Auszug aus der *Recopilación Diplomática*, Band 13, Sammlung Trujillo, von Américo Lugo.
30) Ebd., S. 236.
31) Ebd., S. 125.
32) Exquemeling, a.a.O.
33) Lucena, a.a.O., S. 174. Entnommen aus Gall: a.a.O., S. 109-110.
34) Moya Pons, a.a.O., S. 89.
35) Ebd.
36) Ebd., S. 90.
37) Peña Batllé, a.a.O., S. 241.
38) Lucena, a.a.O., S. 186.
39) Exquemeling, a.a.O., S. 67.
40) Lucena, a.a.O., S. 187.
41) Exquemeling, a.a.O., S. 76 ff.
42) Exquemeling, a.a.O., S. 98.
43) Marley, a.a.O., S. 255.
44) Lucena, a.a.O., S. 179.
45) Ebd., S. 179. Er zitiert Haring: *The Buccaneers in the West Indies in the XVII Century*. London: 1910, S. 129.
46) Marley, a.a.O., S. 259-260.
47) Die Bezüge zum Sklavenhandel stammen von Vega Franco, Marisa: *El tráfico de esclavos con América (Asientos de Grillo y Lomelin)*. Sevilla: Estudios Hispano-americanos-CSIC, 1984.
48) Lucena, a.a.O., S. 180.
49) Marley, a.a.O., S. 255-258.
50) Ebd., S. 246.
51) Alvarado García, E., *Historia de Centroamérica*. Tegucigalpa: undatiert, S. 126.
52) Lucena, a.a.O., S. 186.
53) Ebd., S. 190.
54) Marley, a.a.O., S. 264 ff.
55) Ebd., S. 320.
56) Lucena, a.a.O., S. 255.
57) Exquemeling, a.a.O., S. 135 ff.
58) Lucena, a.a.O., S. 194.
59) Fernández Duro: *La Armada....* Bd. V, S. 173.
60) *Absolución de Mateo Alonso Huidobro y Alonso Campos*. Aus: Fernández Duro, ebd., S. 174.
61) Lucena, a.a.O., S. 255.
62) Marley, a.a.O., S. 348.
63) Ebd.
64) Ebd., S. 272-273.
65) Ebd., S. 219.
66) Ebd., S. 229.
67) Lucena, a.a.O., S. 196.
68) Marley, a.a.O., S. 349.
69) Lucena, a.a.O., S. 197-200. Siehe auch Exquemeling, a.a.O., S. 192 ff.
70) Marley, a.a.O., S. 307-309.
71) Ebd., S. 220.
72) Ebd., S. 269.

Kapitel 7

1) Lucena, a.a.O., S. 205.
2) Marley, a.a.O., S. 296. Entnommen aus Exquemeling, a.a.O.
3) López Cantos, A.: *Historia de Puerto Rico (1650-1700)*. Sevilla: CSIC, 1975, S. 290.
4) Royal Decree aus: Fernández Duro: *Armada Española....* Bd. V, S. 169.
5) Marley, a.a.O., S. 297.
6) Lucena, a.a.O., S. 206.

7) Marley, a.a.O., S. 4.
8) Ebd., S. 51-52.
9) Fernández Duro: *La Armada...*, Bd. V, S. 183 ff.
10) Peña Batllé, a.a.O., S. 251-252.
11) Lucena, a.a.O., S. 209.
12) Marley, a.a.O., S. 421.
13) Ebd., S. 87.
14) Ebd., S. 88.
15) Ebd.
16) Lucena, a.a.O., S. 209.
17) Marley, a.a.O., S. 164.
18) Ebd.
19) AGI, Panama, S. 95-96.
20) Serrano Mangas, Fernando: *El proceso del pirata Bartholomew Sharp, 1682.* Aus: Temas Americanistas, Bd. 4, 1984, S. 14-18.
21) Lucena, a.a.O., S. 209.
22) Marley, a.a.O., S. 139.
23) Lucena, a.a.O., S. 210.
24) Ebd.
25) Marley, a.a.O., S. 105.
26) *Pesquisa contra Francisco de Segura, Presidente de la Audiencia de Santo Domingo, por haber dejado salir de aquel puerto a Nicolas Van Horen, zaalandés, siendo pirata y habiendo saqueado Veracruz.* AGI, Escribanía de Cámara, 25 A, 25 B und 25 C.
27) *Averiguación sobre los culpables en la entrada y saqueo de Veracruz por el pirata Lorenzo.* AGI, Escribanía de Cámara, 297-A.
28) Marley, a.a.O., S. 12.

29) Lucena, a.a.O., S. 205.
30) Marley, a.a.O., S. 13.
31) Ebd., S. 108.
32) Ebd.
33) Gaztañeta e Yturribalzaga, Antonio de: *Arte de Fabricar Reales.* Barcelona: Ed. Facsimilar, Lunwerg, 1992.
34) Marley, a.a.O., S. 315-320. Die Überreste wurden um 1680 von den dominikanischen Behörden geborgen.
35) Ebd., S. 285.
36) Ebd., S. 112.
37) Ebd., S. 380.
38) Juárez, a.a.O., S. 360 ff.
39) Lucena, a.a.O., S. 223.
40) Ebd., S. 224.
41) Fernández Duro: *La Armada...*, Bd. V, S. 278 ff.
42) Ebd.
43) Juárez, a.a.O., S. 411.
44) Moya Pons, a.a.O., S. 94.
45) Ebd., S. 95.
46) Marley, a.a.O., S. 125.
47) Peña Batllé, a.a.O., S. 257.
48) Moya Pons, a.a.O., S. 94-95.
49) Marley, a.a.O., S. 44-45.
50) Lucena, a.a.O., S. 225-226.
51) Ebd., S. 226.
52) Ebd., S. 227.
53) Marley, a.a.O., S. 126-127.
54) Die Unternehmungen nach Cartagena werden hervorragend beschrieben in: De la Matta Rodríguez, Enrique: *El asalto de Pointis a Cartagena de Indias.* Sevilla: CSIC, 1979.

55) Fernández Duro: *La Armada...*, Bd. V, S. 307.
56) Marley, a.a.O., S. 7-8.
57) Ebd.
58) Marley, a.a.O., S. 117.

Epilog

1) Der Wandel zwischen 1700 und 1715 wird beschrieben bei: Pérez-Mallaína, Pablo Emilio: *Política Naval Española en el Atlántico (1700-1715).* Sevilla: Escuela de Estudios Hispanoamericanos, CSIC, 1982.
2) Ebd., S. 27 (Abbildung).
3) Ebd., S. 138.
4) Im Zuge der Thronbesteigung von Philipp V. wurden viele hohe Seeoffiziere ernannt und die Armada nach dem von Colbert entworfenen Modell wieder aufgebaut.
5) Auch die alten Königreiche der Iberischen Halbinsel schlossen sich den Kriegsparteien an. Kastilien unterstützte mehrheitlich Philipp, während Aragonien vor allem hinter Karl stand.
6) Defoe, Daniel (Kapitän Charles Johnson): *Historia General de los Robos y Asesinatos de los más famosos piratas.* Nachdruck, Madrid: Valdemar, 1999, S. 67.
7) Ebd., S. 103-129.
8) Ebd., S. 189-207.

Literaturverzeichnis

Alvarado García, E: *Historia de Centro-américa*. Tegucigalpa: undatiert.

Alsedo y Herrera, Dionisio de: *Piraterías y agresiones de los ingleses y otros pueblos de Europa a la América Española desde el siglo XVI al XVIII*. Madrid: 1883.

A person of quality: *A full account of the proceedings in relation to captain Kidd*. London: 1701.

Azcárraga y Bustamante, José Luis: *El corso marítimo: concepto, justificación e historia*. Madrid: Institut Francisco de Vitoria, 1950.

Barrionuevo, Jerónimo de: *Avisos de D. Jerónimo de Barrionuevo (1654-1658)*. Aus: Sammlung Escritores Castellanos, Madrid: 1893.

Casado Soto, José Luis: *Los barcos españoles y la Gran Armada de 1588*. Madrid: San Martín, 1988.

Sammlung Documentos inéditos de Ultramar. Madrid: 1885-1900, 13 Bde.

Sammlung Documentos relativos al descubrimiento, conquista y colonización de las posesiones españolas en América y Oceanía. Madrid: 1864-83, 42 Bde.

Chaunu, Huguette und Pierre: *Sevilla et l'Atlantique (1504-1650)*. Paris: 1955-56.

De Bry's *América (1590-1634)*. Madrid: Siruela, 1992.

Deive, Carlos Esteban: *Tangomangos. Contrabando y piratería en Santo Domingo (1522-1606)*. Santo Domingo: Fundación Cultural Dominicana, Inc., 1996.

De la Matta Rodríguez, Enrique: *El asalto de Pointis a Cartagena de Indias*. Sevilla: CSIC, 1979.

Desjean, Jean Bern, Baron de Pointis: *Relation de l'expedition de Cartagena faite par les françois en 1697*. Amsterdam: 1698. Spanischer Nachdruck von Arrázola, Roberto: »Genuina y detallada relación de la toma de Cartagena«. Aus: *Historial de Cartagena*. Buenos Aires: 1943.

Díaz del Castillo, Bernal: »Verdadera historia de los sucesos de la conquista de Nueva España, por el capitán...«. Aus: *Historiadores Primitivos de las Indias*. Ausgabe II, Band XXVI. Madrid: Bibliothek der Spanischen Schriftsteller, Atlas, 1947.

Durtertre, Jean Baptiste: *Histoire générale des Antilles habitués par les françois*. Paris: 1667-1671.

Exquemeling, Alexander Oliver: *Piratas de la América y luz a la defensa de las costas de las Indias Occidentales*. Madrid: 1681 und 1793. Sevilla: Faksimile-Ausgabe, Hispano Americana de Publicaciones, 1987.

Fernández Duro, Cesáreo: *Armada Española, desde la unión de los reinos de Castilla y Aragón*. Madrid: Nachdruck MNM, 1972. Bde. I–V.

– *La Marina de Castilla*. Madrid: Nachdruck Editmex S.L., 1995.

– *Disquisiciones Nauticas*. Bd. II. Faksimile-Ausgabe, MNM, Madrid: 1995.

Gall, J. und F.: *El Filibusterismo*. Mexiko: F.C.E., 1957.

García Arias, L.: *Historia del principio de la Libertad de los Mares*. Santiago: 1946.

Gaztañeta e Yturribalzaga, Antonio de: *Arte de Fabricar Reales*. Barcelona: Faksimile-Ausgabe, Lunwerg, 1992.

Georget, Henry; Rivero, Eduardo: *Herejes en el Paraíso. Corsarios y navegantes ingleses en las costas de Venezuela durante la segunda mitad del siglo XVI*. Caracas: Arte, 1993.

González, Tomás: *Apuntamientos para la Historia del rey Felipe II, por lo tocante a sus relaciones con la reina Isabel de Inglaterra*. Madrid: Memorias de la Real Academia de la Historia, Bd. VII, 1832.

González-Arnao Conde-Luque, Mariano: *Derrota y muerte de Sir Francis Drake. A Coruña 1589 – Portobelo 1596*. Xunta de Galicia, 1995.

Gosse, Philip: *Los corsarios berberiscos, los piratas del norte*. Buenos Aires: Espasa-Calpe Argentina, 1947.

Grocio, Hugo: *De la libertad de los mares*. Madrid: Centro de Estudios Constitucionales, 1956.

Haring, C.H.: *The Buccaneers in the West Indies in the XVIII[b] Century*. London: Methuen, 1910.

– *Comercio y navegación entre España y las Indias*. Mexiko: FCE, 1979.

Hakluyt, Richard: *Principales viajes, expediciones, tráfico comercial y descubrimientos de la nación inglesa*. Herausgabe, Vorwort und Übersetzung von José Mª Pérez Bustamante. Madrid: Atlas, 1988-1992, Bd. II.

Jármy Chapa, M. de: *Un eslabón perdido de la Historia. Piratería en el Caribe siglos XVI y XVII*. Mexiko: UNAM, 1983.

Jiménez Rueda, Julio: *Corsarios Franceses e Ingleses en la Inquisición de Nueva España*. Mexiko: Archivo General de la Nación, UNAM, 1945.

Juárez Moreno, Juan: *Piratas y Corsarios en Veracruz y Campeche*. Sevilla: CSIC, 1972.

Kamen, Henry: *La Inquisición Española. Una revisión crítica*. Barcelona: Crítica, 1999.

Labat, S. Jean Robert: *Voyage et nouveaux voyages aux isles de l'Amerique*, Paris:1722.

Lavedan, Antonio: *Tratado de los usos, abusos, propiedades y virtudes del Tabaco, Café, Té y Chocolate*. Madrid: 1796.

López Cantos, A.: *Historia de Puerto Rico (1650-1700)*. Sevilla: CSIC, 1975.

Lucena Salmoral, Manuel: *Piratas, bucaneros, filibusteros y corsarios en América*. Madrid: MAPFRE, 1992.

Mardsen, R.G. (Herausgeber): *Documents relating to Law and Custom of the Sea*. Navy Records Society, 1915.

Marley, David F: *Pirates and Privateers of the Americas*. Santa Barbara (Kalifornien): ABC-CLIO, 1994.

Moreno, J.J.: *Asaltos Piratas a Veracruz y Campeche durante el siglo XVII*. Sevilla: 1972.

Morineau, Jean: *Tels étaient corsaries el flibustiers*. Paris: 1957.

Mota, Francisco M.: *Piratas en el Caribe*. Havanna: Casa de las Américas, 1984.

– *Piratas y corsarios en las costas de Cuba*. Havanna: Gente Nueva, 1997.

Moya Pons, Frank: *Manual de Historia Dominicana*. Santo Domingo: Caribbean Publishers, 1995.

Norris, John: *The Expedition of Sir John Norris and Sir Francis Drake to Spain and Portugal, 1589*. London: Ed. R.B. Wernham, Navy Record Society, 1988.

Ordenanzas del Buen Gobierno de la Armada del Mar Océano de 24 de Henero de 1633. Madrid: CSIC-Instituto Histórico de la Marina, 1974.

Otero Lana, Enrique: *Los Corsarios Españoles durante la decadencia de los Austrias*. Madrid: Ed. Naval, 1992.

Peña Batllé, Manuel Arturo: *La Isla de la Tortuga*. Madrid: Cultura Hispánica, 1951. Nachdruck, Santo Domingo: Editora de Santo Domingo, S.A., 1974.

Pérez Martínez, Héctor: *Piraterías en Campeche*. Campeche: Universidad Autónoma del Sudeste, 1984.

Pérez-Mallaína, Pablo Emilio: *Política Naval Española en el Atlántico (1700-1715)*. Sevilla: Escuela de Estudios Hispanoamericanos, CSIC, 1982.

Pezuela, Jacobo de la: *Historia de la Isla de Cuba*. Madrid: 1968.

Picó, F.: *Historia General de Puerto Rico*. Río Piedras: Huracán. Portichuelo de Rivadeneira, Diego: *Relación del viaje y sucesos que tuvo desde que salió de la ciudad de Lima, hasta que llegó a estos Reinos de España, el Dr. D. Diego Portichuelo de Rivadeneira...* Nachdruck, undatiert: Documentos relacionados.

Rahn Phillips, Carla: *Seis galeones para el Rey de España*. Madrid: Alianza Editorial, 1991.

Recopilación de las Leyes de los Reinos y de las Yndias. Madrid: 1681.

Restrepo Tirado, E: *Historia de la Provincia de Santa Marta*. Bogotá: Bibliothek der Kolumbianischen Schriftsteller, 1953, Bd. I.

Rodríguez Demorizi, Emilio: *Relaciones históricas de Santo Domingo*. Ciudad Trujillo: Archivo General de la Nación, 1945.

Rumeu de Armas, A: *Viajes de Hawkins a América*. Sevilla: 1947.

Sáiz Cidoncha, Carlos: *Historia de la Piratería en América Española*. Madrid: San Martín, 1985.

Simón, Fray Pedro: *Noticias Historiales de las conquistas de Tierra Firme en las Indias Occidentales*. Neues Königreich Granada: 1624. Nachdruck, Bogotá: 1892.

Serrano Mangas, Fernando: »El proceso del pirata Bartolomew Sharp, 1682«. Aus: *Temas Americanistas*. Bd. 4, 1984.

– *La Segura Travesía del Agnus Dei. Ingorancia y Malevolencia en Torno a la Figura de Benito Arias Montano »El Menor«*. Villanueva de la Serena (Badajoz): Diputación de Badajoz-Editora Regional de Extremadura, 1999.

Un de ceux de la compagnie qui fit le voyage: *Un flibustier français dans la mer des Antilles en 1618-1620 manuscrit inedit du debut du XVIIe siecle*. Editions J.-P. Moreau, 1987.

Vega Franco, Marisa: *El tráfico de esclavos con América (Asientos de Grillo y Lomelín)*. Sevilla: Estudios Hipanomericanos-CSIC, 1984.

Zamora, S. Alonso de: *Historia de la Provincia de San Antonio del Nuevo Reino de Granada*. Gedruckt 1701.

Benutzte Archive

Archivo General de Indias, Sevilla (AGI)

Archivo General de Simancas, Simancas (Valladolid) (AGS)

Archivo Histórico Nacional, Madrid (AHN)

Bibliothek des *Museo Naval,* Madrid (BMN)

National-Bibliothek, Madrid (BN)

Personenregister

Ortsregister

Schiffsregister

Abbildungsnachweis

Kapitel 5

S. 126: Prado, Madrid.
S. 129: Archivo General de Indias, Sevilla.
S. 130-131: Lunwerg-Archiv.
S. 132: Archivo General de Indias, Sevilla.
S. 133: Prado, Madrid.
S. 134.1: Lunwerg-Archiv.
S. 134.2: Museo Naval, Madrid.
S. 135: National Maritime Museum Picture Library, Greenwich.
S. 136: National-Bibliothek, Madrid (Oronoz).
S. 137: National Maritime Museum Picture Library, Greenwich.
S. 139: Archivo General de Indias, Sevilla.
S. 141: Lunwerg-Archiv.
S. 142: Bibliothek des Museo Naval, Madrid.
S. 143: Waffensammlung des Duque del Infantado. Museo Naval, Madrid.
S. 144: Prado, Madrid.
S. 145: Prado, Madrid.
S. 147: Bibliothek des Museo Naval, Madrid.
S. 149: Archivo General de Indias, Sevilla.

Kapitel 6

S. 150: National Maritime Museum Picture Library, Greenwich.
S. 153: *El rey bebe* (Fragment). Jacob Jordaens. Kunsthistorisches Museum, Wien. Foto-Archiv Fournier Artes Gráficas, S.A.
S. 154-155: Graphische Gestaltung, Lunwerg-Archiv.
S. 156: Historical Portraits Society, London.
S. 159: *La Kermesse* (Fragment). Peter Paul Rubens, um 1635-1638. Louvre, Paris. Foto-Archiv Fournier Artes Gráficas, S.A.
S. 161: Bibliothek des Museo Naval, Madrid.
S. 163: Archivo General de Indias, Sevilla.

S. 164.1: Privatsammlung.
S. 164.2: Archivo General de Indias, Sevilla.
S. 164.3-165.1: Bibliothek des Museo Naval, Madrid.
S. 164.4: Privatsammlung.
S. 169: Porträt von Sir Cloudisley Shovell. Michael Dahl. National Maritime Museum Picture Library, Greenwich.
S. 170: Bibliothek des Museo Naval, Madrid.
S. 172: Bibliothek des Museo Naval, Madrid.
S. 173: Bibliothek des Museo Naval, Madrid.
S. 175: Archivo General de Indias, Sevilla.

Kapitel 7

S. 176: Archivo General de Indias, Sevilla (Oronoz).
S. 179: National Maritime Museum Picture Library, Greenwich.
S. 180: (Prisma).
S. 184-185: National Maritime Museum Picture Library, Greenwich.
S. 186: Bibliothek des Museo Naval, Madrid.
S. 187: Archivo General de Indias, Sevilla (Oronoz).
S. 190.1: Nachbildung des Schiffbruchs der Galeone *Conde de Tolosa*.
S. 190.2: Foto: Jonathan Blair.
S. 191: Alle Steine sind aus den Wracks der Galeonen *Nuestra Señora de Guadalupe, Nuestra Señora de la Pura y Limpia Concepción und Conde de Tolosa* geholt worden. Der größte Teil befindet sich jetzt im Museum Las Atarazanas, Santo Domingo (Dominikanische Republik).
S. 194-195: Karte von Hispaniola zu Beginn des 18. Jhs. 20-B-2. Museo Naval, Madrid.
S. 197: National Maritime Museum Picture Library, Greenwich.
S. 199: Bibliothek des Museo Naval, Madrid.
S. 201: National Maritime Museum Picture Library, Greenwich.

Epilog

S. 202: Archivo General de Indias, Sevilla.
S. 205: Archivo General de Indias, Sevilla.
S. 206-207: Kaperung des französischen Schiffes *El Guineano* durch Blackbeard, 1717. John Michael Groves. Privatsammlung.
S. 208-209: Kaperung des Schiffes *The Sheba Queen*. John Michael Groves. Privatsammlung.

Fotografen

Matías Briansó
Joaquín Cortés
Jonathan Blair
Pedro Borrell
Manel Pérez
Adalberto Ríos

Danksagung

Ich möchte all jenen danken,
die an diesem Werk mitgearbeitet haben
und mich dabei unterstützt haben,
dieses Buch fertig zu stellen:

Alejandro Selmi, Carlos León, Genoveva Enríquez, Gerardo Vivas,
Guillermo Santoni, Ignacio del Hierro, Javier Escudero, Jean-Yves Blot,
José Chez Checo, Lourdes Odriozola, Manu Izaguirre,
Miguel Quadra-Salcedo, Miguel Rosa, Patricia Meehan,
Pedro Borrell und Victoria Stappel.

Mein Dank gilt den Mitarbeitern des Museo Naval in Madrid,
vor allem Herrn Konteradmiral José Ignacio González Aller
und Dolores Higueras,

allen Mitarbeitern des Archivo General de Indias, Archivo General de Simancas,
des Archivo Histórico Nacional und der National-Bibliothek,

dem Verlag Lunwerg, besonders Carmen García,
Andrés Gamboa und Miguel Ángel Palleiro.

Mein besonderer Dank gebührt Fernando Serrano Mangas und Jorge Pla,
mit denen ich viele Stunden zusammen gearbeitet habe,
und ohne deren Mithilfe dieses Werk nicht hätte vollendet werden können.

Und mein ganz persönlicher Dank geht an Virginia, Íñigo and María,
die für dieses Buch viel Zeit geopfert haben.

SPANISCHE GALEONE
17. JAHRHUNDERT

Shere Hite   REPORT IN EIGENER SACHE

SHERE HITE

REPORT IN EIGENER SACHE
MEIN LEBEN, SEX UND POLITIK

Aus dem Amerikanischen von
Xenia Osthelder und Bernd Rullkötter

GUSTAV LÜBBE VERLAG

© 1996 by Shere Hite
Titel der Originalausgabe: Deep in the Forest are the Dancing Deer.
Sex and Politics in My Life. The Hite Report on Herself. A Sexual and
Political Autobiography
© 1996 für die deutschsprachige Ausgabe
bei Gustav Lübbe Verlag GmbH, Bergisch Gladbach
Aus dem Amerikanischen von Xenia Osthelder und Bernd Rullkötter

Umschlagentwurf von Reinhard Borner, Bergisch Gladbach,
unter Verwendung eines Fotos von Iris Brosch, Paris
Autorenfoto: Michael Dannenmann, Düsseldorf
Satz: Dörlemann Satz, Lemförde
Gesetzt aus der Goudy Old Style von Berthold-Syntax
Druck und Einband: Clausen & Bosse, Leck

Printed in Germany
ISBN 3-7857-0827-0

5   4   3   2   1

»Und die Seele unbewacht
Will in freien Flügen schweben,
Um im Zauberkreis der Nacht
Tief und tausendfach zu leben.«

Hermann Hesse, *Beim Schlafengehen*
Vertont von
Richard Strauss in *Vier letzte Lieder*

INHALT

REPORT IN EIGENER SACHE:
TECHNICOLORTRÄUME

Ich schreibe dieses Buch, um zu mir selbst zurückzukehren. Man hat soviel über mich zu Papier gebracht – neunzig Prozent davon unzutreffend und manchmal verletzend –, daß ich schließlich das Gefühl hatte, fast keine eigene Identität mehr zu besitzen.

Es war eine ungewöhnliche Erfahrung, mein Leben unter die Lupe zu nehmen. Ich identifiziere mich nicht mit den Bezeichnungen – etwa »Rebellin« –, die die Presse für mich verwendet. Mir ist klar, weshalb man solche Etiketten benutzt, aber sie sind meilenweit von der Wirklichkeit entfernt. Seit zwanzig Jahren tauchen Begriffe wie »Sheer Hate« (»Schierer Haß«) oder »Sheer Hype« (»Schiere Reklame«) in den Schlagzeilen auf, so daß ich fast den Eindruck habe, meinen Namen verloren zu haben – so oft wurde er vergewaltigt. Die Intensität des Hasses, der in der ständigen Wiederholung dieser höhnischen Namen zum Ausdruck kommt, ist kaum zu ertragen. Ekelhaft.

Die Einzelheiten meines Lebens sind in dem verrückten Wirbel um Schlagzeilen wie »Frau schreibt Sexbuch« (nach Art von »Marsmonster sucht die Erde heim«) untergegangen. Man ignoriert meine persönliche Entwicklung, die in einer bestimmten Zeit und Weltanschauung verwurzelt ist.

Ich wuchs nach dem Zweiten Weltkrieg im Mittelwesten der Vereinigten Staaten auf, wo ich lernte, daß »Demokratie das beste System ist«. Zudem war meine religiöse Erziehung fundamentalistisch geprägt; meine Großmutter und ich knieten jeden Abend zum Gebet vor unseren Betten. Dadurch, daß ich diese Art Religionsausübung hautnah erlebte – ich sang jeden Sonntag im Kirchenchor und ging zweimal pro Woche zu geselligen Veranstaltungen der Gemeinde –, habe ich Verständnis für den gegenwärtigen Konflikt zwischen religiösem Fundamentalismus einerseits und dem Feminismus sowie den Menschenrechten andererseits.

Seit meiner Kindheit interessiere ich mich zunehmend für die Beziehung zwischen menschlichen Bedürfnissen und Emotionen sowie den sozialen und politischen Institutionen, mit deren Hilfe wir die ersteren zum Ausdruck bringen oder befriedigen sollen. Meine Arbeit diente und dient dem Bemühen, das ideologische System hinter diesen Institutionen zu analysieren und zu verändern. Meiner Ansicht nach bringt es sowohl einen Großteil der Gewalt, die irrtümlich der menschlichen Natur zugeordnet wird, als auch zahlreiche aktuelle Probleme der Demokratie hervor. Aufschluß über dieses ideologische System liefern die Sexualität und die Betrachtung des weiblichen Körpers als Reproduktionsmittel.

Später verlief mein Leben vor dem Hintergrund von Studentendemonstrationen, der amerikanischen Bürgerrechts- und Demokratiebewegung der sechziger Jahre, der Proteste gegen den Vietnamkrieg und der aufregenden

Frauenbewegung. Zuerst verdiente ich meinen Lebensunterhalt in New York, dann in Europa.

Seit Jahren ist vieles von dem, was über mich geschrieben wird, so unrichtig, so sehr eine Mischung aus Dichtung und Wahrheit, daß es mich kalt überläuft.

Dieses Buch ist für Leser und Leserinnen gedacht, die meine wahre Lebensgeschichte erfahren wollen – oder wenigstens meine Lebensgeschichte bis heute. Wie lautet die wahre Geschichte? Ich weiß nicht, ob sie mir selbst immer klar ist! Dieses Buch gibt mir die Möglichkeit, über mein Leben nachzudenken, die Ereignisse zu verarbeiten und die Zukunft ins Auge zu fassen – für mich, meine Arbeit und meine politischen Ideen.

Ich schreibe dieses Buch, um zu mir zurückzufinden und um den Menschen, die in meinem Leben eine wichtige Rolle gespielt haben, Dank abzustatten.

Shere Hite
November 1995

PROLOG

Der Tod meiner »Eltern«

Eines Tages, kurz nachdem ich die von ihm bezahlte Universitätsausbildung abgeschlossen hatte, starb mein Großvater.

Ich erhielt einen Anruf: »Dein Großvater ist gestorben.« Diese Worte betrübten mich, denn er war im Grunde mein Vater gewesen. Er hatte seit einiger Zeit an der Alzheimer-Krankheit gelitten. In Wirklichkeit hatten wir uns bereits ein paar Jahre zuvor voneinander verabschiedet, aber sein Tod tat mir trotzdem weh. Denn eigentlich war *er* meine Familie.

An jenem Abend blätterte ich mein Fotoalbum durch. Da waren die vor langer Zeit entstandenen Bilder von mir, wie ich die Hühner fütterte, mit meinen Puppen spielte, wie mich mein Großvater in den Armen hielt. Einmal bat er mich sogar, ihn »Dad« zu nennen. Der Gedanke bezauberte mich, aber er war so scheu, daß er seine Bitte zurücknahm, bevor ich antworten konnte.

Ich liebte meinen Großvater. Wie gern betrachte ich das Foto, auf dem er mich in unserem Vorgarten auf den Schultern trägt und so stolz und glücklich aussieht. Genau so hat er mich viele Male angeschaut.

Mir schien, als sei die ganze Welt gestorben und nur ich hätte überlebt. Nur die Vergangenheit war real, die Vergangenheit, die ich mit ihm durchlebt hatte.

Ein paar Jahre vor seinem Tod verabschiedete sich Großvater von mir, obwohl es noch mehrere Jahre dauern sollte, bis er physisch starb. Eines Tages, als wir allein in der Küche waren (er lag dort auf einem Bett, wo er in unserer Nähe sein konnte, denn er war nicht mehr in der Lage, sich fortzubewegen), begann er, stockend, mühsam mit mir zu sprechen. Sein Alzheimer hatte sich verschlimmert, und er zeigte zum erstenmal seit einiger Zeit eine Spur des Erkennens. Deshalb war der Moment faszinierend für mich. Er sagte: »Von nun an mußt du für dich selbst sorgen. Ich liebe dich. Ich liebe dich so sehr. Paß auf dich auf. Besorge dir eine gute Wohnung. Und laß dich nicht unterkriegen. Man wird dir ein paar Schwierigkeiten machen, aber das geht vorbei. Kümmere dich nicht darum. Leb wohl.«

Als ich ihn »Leb wohl« sagen hörte, wußte ich, daß er es wußte. Natürlich brach es mir das Herz, aber ich war glücklich, ihn sprechen zu hören. Dann folgte ein langes Schweigen. Ich erinnere mich, daß es am Abend war. Alle anderen waren einkaufen gegangen, und wir warteten auf ihre Rückkehr. Wir hatten das Licht angeknipst, denn es wurde dunkel. Ein langes Schweigen, während ich ihn ansah, seine Worte verarbeitete und nachdachte.

Dann begann er von neuem: »Du mußt zur Sonntagsschule gehen.« Pause. »Weißt du, Venus und Merkur, sie scheinen sehr, sehr fern von uns zu sein, aber manchmal kommen sie ganz nahe. Leb wohl, Schatz. Nun mußt du für dich selbst sorgen . . .«

14

Ich saß da, und plötzlich fiel mir ein, wie ich – viele Jahre zuvor – kurz nach dem Abendessen mit ihm spazierengegangen war und zum Himmel aufgeschaut hatte, während er mir die Sternbilder erklärte. Wir gingen abends immer um den Häuserblock, und er zeigte mir den Großen und den Kleinen Wagen und viele andere Sternbilder. Es war wunderbar, zu dem gewaltigen, dunklen, samtenen Nachthimmel hinaufzuschauen. Man kann ihn in Missouri so deutlich erkennen, denn er ist wie eine Tasse an allen Seiten, an allen Horizonten über dich gestülpt, da das Land flach ist. Die Sterne funkeln klar, und ich erinnere mich an die Stille, die tiefe Lautlosigkeit, die zu uns zu sprechen und ihre Botschaften zu schicken scheint – die Sterne sind schöner als Diamanten und alles, was Menschen herstellen –, und an die rauhe Hand meines Großvaters, die meine zart umfaßte.

Er war bei der geologischen Vermessungseinheit gewesen, die New Mexico während des Ersten Weltkrieges kartographierte. Vorher hatte es keine Karte jenes Teils der Vereinigten Staaten gegeben. Die Männer bewegten sich zu Pferde fort und benutzten neben ihren Instrumenten auch die Sterne, um ihren Standort zu bestimmen. Mein Großvater schickte seinen Eltern täglich lange, ausführliche Briefe über die Arbeit, sein Pferd und die anderen Tiere, die sie einsetzten. Die Briefe sind immer noch im Besitz der Familie.

Nun, ebenfalls an einem Abend und Jahre später, war ich wieder in dieser Küche, in der ein helles Licht von der Decke schien, und fühlte mich immer noch von seiner Gegenwart gestärkt. Ich war traurig darüber, daß er mich nicht mehr hören konnte, doch dankbar für das, was er mir übermittelt hatte. Immer rücksichtsvoll, immer großzügig.

Auf anderen Spaziergängen im Herbst, wenn es abends noch hell war – oder im Frühsommer? –, sammelten wir die Heuschreckenpanzer, die wir an den Baumstämmen fanden.

Wir hatten immer eine enge Beziehung zueinander. Er bezahlte meine Studiengebühren und schrieb mir jeden Tag einen wunderschönen kurzen Brief, um mich seiner Liebe zu versichern. Ich bewahrte all seine Briefe auf. Sie wurden samt der Schreibhefte und Zeichnungen aus meiner Kindheit gestohlen, als ich nach New York zog, um die Columbia University zu besuchen, und sie naiverweise im Keller meiner neuen Unterkunft in einem Koffer zurückließ, den mir meine Tante geschenkt hatte. Damals kannte ich mich in New York noch nicht aus.

Auf die Rückseite seines Lieblingsfotos von mir hatte Großvater geschrieben:

»25. Mai 1964

Das Bild stand auf meinem Schreibtisch. Feuer und Wasser haben es so zugerichtet. Aufgenommen im Herbst 1953. Ich habe noch eine Kopie, die in der Schreibtischschublade war und nicht so mitgenommen aussieht. Sie steht nun zu Hause auf meinem Schreibtisch.

Grandpa.«

Erwartete er, daß ich dies später lesen würde? Oder schickte er mir das Foto, und ich habe es vergessen? Oder handelte es sich um eine Gedächtnisstütze für später? Damals war ich zehn Jahre alt.

An meinem Lächeln und meinen glücklichen Augen ist abzulesen, daß ich ihn liebte, daß ich sehr glücklich war. Meine Augen glänzten. Ich liebte das Leben und ihn.

An einem anderen Tag, dem Tag der Beerdigung meiner Großmutter, saß ich auf dem Fußboden des Hauses (es gab nicht genug Stühle für alle Familienangehörigen und Gäste) und weinte. Alle anderen führten normale Gespräche: über das Wetter, das Essen und so weiter. Niemand wollte über meine Großmutter sprechen, niemand seine Erinnerungen mit den anderen Anwesenden teilen. Deshalb trauerte ich für mich allein.

Es war Grandpa – er begriff nicht mehr, was vor sich ging, wußte nicht einmal, daß es der Nachmittag eines Begräbnisses war, da er bereits seit langem an Alzheimer litt –, der auf seinen dünnen, wackeligen Beinen unsicher durch das Zimmer auf mich zukam und mit zittriger Stimme fragte: »Was ist denn los, Liebling?« Er legte die Arme um mich. »Ich weiß nicht, wer oder was dir Sorgen macht, aber laß dich von ihnen nicht aus der Fassung bringen. Niemand darf dich ärgern, oder er kriegt's mit mir zu tun!« Und nach einer Pause: »Du bist wirklich lieb, Schatz. Du bist viel wert. Ich liebe dich, wirklich, auch wenn es sonst niemand tut.« Ich schüttelte mich noch immer vor Tränen. »Weine nicht. Es lohnt sich nicht.« Und er blieb noch eine Zeitlang still, den Arm um mich gelegt, neben mir sitzen.

Später am selben Tag kam er ohne besonderen Anlaß wieder auf mich zu und sagte: »Ich bin auf deiner Seite, mein Schatz. Ganz auf deiner Seite.« Er schaute mich unverwandt an. »Es wird schon in Ordnung kommen. Du hast dein Leben noch vor dir. Die Leute beneiden dich. Sie würden gern so jung sein wie du und alles haben, was du hast!« Er blickte mich verwirrt und freundlich an, als überlege er, was mich bedrückte. Und dann wiederholte er mit seiner schwachen, liebevollen, zittrigen und dennoch entschlossenen Stimme: »Ich bin auf deiner Seite, ganz auf deiner Seite.« Er war ungefähr fünfundachtzig Jahre alt.

Als ich meine Großmutter ein paar Monate vor ihrem Tod in ihrem Haus besuchte, waren alle Schubladen leer. Sie waren völlig ausgeräumt worden. Nicht einmal eine Sicherheitsnadel oder eine Haarnadel oder ein alter Flaschenkorken war zu finden. Hatte sie in Erwartung ihres Todes alle Habseligkeiten, wie sie sagte, weggegeben?

Die Leere der Zimmer schockierte mich; so konnte der Wind, der Präriewind, durch die Ritzen fegen. Meine Großmutter war auf den Tod vorbereitet, kein Besitz, alles wie ausgeplündert. Sogar die Schubladen der Möbel waren leer und bargen keine Geheimnisse, Puderdöschen, Fläschchen und Überraschungen (gebügelte Leinentaschentücher mit Stickereien) mehr – wie in meiner Kindheit. Nichts war in ihnen zurückgeblieben, nicht einmal eine Staubschicht. Nichts, nur ein paar Sachen im Schrank, ein oder zwei Kleider.

Großmutter hatte auch Vorsorge für ihre eigene Beerdigung getroffen und die Lieder ausgewählt, die gesungen werden sollten. Sie hatte ihren Sarg im voraus gekauft und sich für »Old Rugged Cross« und »Red River Valley« entschieden. »Red River Valley« war stets ihr Lieblingslied gewesen, da sie von einer Viehranch im Südwesten stammte. Sie war als einziges Mädchen mit fünf Brüdern aufgewachsen.

Ihr Tod war tragisch. Warum? Weil sie wußte, daß sie nie das getan hatte, was sie wollte, wozu sie fähig war, weil sie nie Freiheit gekannt hatte? »Die Begegnung mit meinem Schöpfer« – so hätte sie ihren Tod genannt.

War ihr Tod wahrhaft tragisch, oder bilde ich es mir nur ein? Weshalb erscheint sie mir als tragische Gestalt? Sie war eine starke Persönlichkeit mit einem Anflug von Größe – fähig zu leidenschaftlicher Liebe und Hingabe, Besessenheit, Zielstrebigkeit und intensiver Treue zu Idealen. Einen einmal gewählten Weg ging sie unbeirrt weiter. Ein erstaunlicher Mensch.

Vielleicht war aber nicht ihr Tod, sondern ihr Leben tragisch. War es möglicherweise ein Tod wie jeder andere? Hält nicht jeder den Tod seiner Eltern für tragisch? Viele meinen, das Leben ihrer Mutter sei vergeudet, ein tragisches Opfer gewesen . . .

Meine Großmutter hatte sich für einen hinreißend schönen Sarg mit einer üppigen Polsterung aus blaßrotem Satin entschieden. Sie wurde im Besichtigungszimmer der Leichenhalle aufgebahrt – auf dem rosa Satin, bedeckt von einem rosa Netz.

Der Teppich und die Wände des Raumes sind grasgrün – ein seltsamer Kontrast (oder vielleicht auch nicht) zu den rosa Lampen aus den zwanziger Jahren neben ihrem Bett. Viele der Einrichtungsgegenstände in der Leichenhalle stammen aus den zwanziger Jahren. Auch das Gebäude ist mit dem spanischen Stuck jener Zeit verziert, errichtet um einen Innenhof mit einem herrlich plätschernden Brunnen. Aber ich fühle mich unbehaglich, habe Angst, zu atmen oder ein Geräusch zu machen. Alles ist gedämpft und parfümiert, doch friedlich, gut zum Nachdenken. Es gibt etwas, das ich verstehen möchte.

Ich möchte nicht zum Gottesdienst gehen, sondern hier in der Leichenhalle bei ihr bleiben. Aber ich habe nicht das Gefühl, bei ihr zu sein, sondern bei einer neuen Frau, einer alten Chinesin, die mir etwas mitteilt. Was? Oder höre ich etwas, das ich mir selbst mitteile? Ich muß mir selbst treu sein, den Weg finden, ich selbst zu sein. Noch habe ich diesen Weg nicht ganz gefunden – außer in seltenen Momenten. Ich benötige mehr Zeit, irgendeine andere Perspektive. Ich weiß nicht, ob das, was ich brauche, bereits in meinem Innern ist, oder ob ich es anderswo suchen muß, an einem neuen Ort mit Menschen, die mich nicht kennen und keine Vorurteile haben.

Nun meine ich, bei ihr, bei dieser Frau, Größe zu spüren, aber ich bin ihr gleichwertig. Endlich stehen wir auf der gleichen Stufe. Wir können zutiefst ehrlich miteinander sein.

Und nun kann ich mich völlig umwandeln, mich von diesem Leben abwenden, denn ich bin denen, die mich als einen vertrauten Orientierungspunkt benötigten, nicht mehr verpflichtet. Ich bin nicht mehr gezwungen zu bleiben, wie ich war. Wer immer du bist, ich danke dir für dieses Geschenk der Befreiung. Du bist befreit, das sehe ich. Auch ich möchte diesen Zustand erreichen. Wenn andere Hilfe und Trost brauchen, spende ich sie, wie ich sie dir so viele Jahre lang gespendet habe – wozu du mich unter Einschüchterungen abgerichtet hast. Aber wenn ich den anderen nicht wirklich bewundere, ist meine Hilfe unecht. Das muß ich überwinden.

Ich sitze hier in der Leichenhalle in dem Raum mit dem geöffneten Sarg, und es ist so still, daß man nie tot sein möchte, weil man dann *wirklich* allein ist. Man möchte jemanden finden, den man glücklich machen kann.

Ich denke daran, Großmutter zu Ehren eine Party mit Musik und Essen zu geben.

20

Am nächsten Morgen schaue ich mich in ihrem Haus um und versuche, ihre letzten Tage zu verstehen. Ich möchte mich ihr näher fühlen, sie sehen, sie erkennen. Meine Tante begleitet mich, und ich spreche mit ihr über das, was ich sehe. Aber ich stoße auf Widerstand. Sie bleibt entweder stumm oder macht teilnahmslose Bemerkungen, bis ich sie schließlich frage, ob sie verlegen sei. »Nein«, erwidert sie schroff. »Aber wenn das hier noch viel länger dauert, gehe ich mir lieber die Haare waschen.« Sie spricht so heftig, ohne jeden Versuch, Verständnis aufzubringen, als wäre sie zornig. Warum? Bin ich ein Eindringling? Ist sie verärgert darüber, daß sie das Haus in Ordnung bringen muß? Oder will sie mit ihren Erinnerungen allein sein?

Ich bin verletzt und erzähle ihr, daß ich mich mit meiner Schwester einmal drei Stunden lang unterhalten habe. Meine Tante ist gereizt und antwortet immer noch nicht. »Hast du dich jemals drei Stunden lang mit jemandem unterhalten?« möchte ich hervorstoßen. Ich wünsche mir, allein sein, meine eigene Erfahrung sammeln und mich auf meine eigene Weise verabschieden zu können.

Am Tag ihres Begräbnisses hatte mich mein Großvater, der kaum mehr als ein oder zwei Sätze hervorbringen konnte, zu trösten versucht, als er mich weinen sah. Außer ihm wollte keiner der Anwesenden eingestehen, daß jemand gestorben war oder daß es jemanden zu betrauern gab. Oder vielleicht hatten alle Angst, ihre Gefühle zu zeigen.

Ich danke meinem Großvater Alex J. Hurt und all den anderen Männern, die zartfühlend sein und ihre Liebe teilen können.

Ich danke ihm für all seine Zärtlichkeit, als er mir *The*

21

Little Train that Could vorlas, mir Geschichten über seine Arbeit als Zeitungsjunge und über sein Pferd Joe während des Ersten Weltkrieges erzählte und mich zu den Paraden des Frühlingsfestes mitnahm.

Es muß auf derselben Reise gewesen sein, als ich mich einmal in der Küche, wo er in seiner zunehmend stilleren Welt auf dem Bett lag, über ihn beugte, um ihm einen Gutenachtkuß zu geben. In dieser Sekunde schaute er auf und nannte mein Haar einen Himmel! »Das ist ein hübscher Himmel, den du da hast!« Er zeigte mit einem dünnen, zitternden Finger auf mein Haar und betrachtete es lächelnd. Er hatte überaus schöne blaue Augen. Da er sich kaum noch an etwas erinnern konnte, sprach er nur selten. Aber nun zwinkerten seine Augen.

Und einmal sagte er nach langem Schweigen: »Du mußt zur Sonntagsschule gehen.« Dann: »Sie [die Frau, mit der er seit achtundzwanzig Jahren verheiratet war] will keine Probleme. Sie hat hier alles so, wie sie es braucht, sie wird keine Schwierigkeiten haben.« Ich erklärte ihm, daß ich eine schöne Wohnung und genug Geld hätte, kein Grund zur Sorge. Zwar war ich nicht sicher, ob er meine Worte hören oder verstehen würde, aber ich sprach sie trotzdem aus. »Mir geht's *gut*. Du hast für alles gesorgt, ganz und gar, und mir all die Liebe gegeben, die ich brauchte.«

Ich erinnerte mich an unser Haus in der Doniphan Street und daran, wie wir eine Woche nach unserem Einzug alle zusammen in einem großen Bett im Wohnzimmer schliefen, wie ich die Schatten an der Decke betrachtete und ununterbrochen redete, bis er mir befahl, still zu sein und die Augen zu schließen! Dann heiratete er von neuem und zog zu seiner zweiten Ehefrau Rose in deren nahe gelegene Wohnung. (Ich frage mich, ob er mich bei sich behalten hätte, als ich später aus dem Haus meiner Großmutter weglief, wenn man ihm nicht gesagt hätte, daß ich »jüngere Eltern« benötigte.) Ich erzählte ihm auch, daß ich mich erinnerte, wie ich als ganz kleines Mädchen mit ihm zu Faucett and Platt und dem Lumberman's Supply fuhr. Er erinnerte sich ebenfalls daran. Jedenfalls nickte er mehrere Male und schien sich zu freuen.

Das Ende war so tragisch. Warum? Weil es eine zum Untergang verurteilte Familie, das Ende einer Ära war? Weil sie unnötig gelitten hatte? Hatten die Familienmitglieder ein unnützes Leben geführt? Waren sie selbst dieser Meinung?

Der Tod meiner Familie scheint eine bedeutende Tragödie zu sein, aber warum? Ist der Tod jeder Familie wichtig, bedeutend, mehr als ein persönliches Unheil für sie selbst?

Mein Großvater war der einzige Familienangehörige, der mich auf eine Weise liebte und schätzte, die ich spürte und an die ich glauben konnte. Wurde ich durch seinen Tod von den Lebenden abgeschnitten? Von meiner Vergangenheit, ja.

Am Ende hatte ich den Eindruck, die ganze Welt sei gestorben und nur ich lebte allein weiter. Nur die Vergangenheit war real. Nur die Vergangenheit, wie ich sie mit meiner Familie durchlebt hatte.

»Wenn jemand stirbt, wissen wir, daß er nicht tot, nicht verschwunden ist, denn er ist stets ein Teil von uns.«

KINDHEITSERINNERUNGEN

Als ich ungefähr drei Jahre alt war, befahl meine Großmutter mir, die Eier im Hühnerstall einzusammeln. Der Stall war ein dunkler Schuppen im Hinterhof, der in den dreißiger Jahren als Garage gedient hatte. Man hatte das Innere nie angestrichen, und das Holz war dunkel. Der Stall wirkte sehr gemütlich. Die Wände waren an drei Seiten von ungestrichenen Brettern umsäumt – wie Bücherborde, nur breiter. Darauf saßen die Hühner in ihren Nestern. Es waren schöne, weiche runde Nester, die sie aus honigfarbenem Stroh gemacht hatten.

Ich mußte die Hand unter die Hühner strecken, um die Eier herauszunehmen und diese dann in einen Korb legen, den ich dabeihatte. Die Nester und Eier waren warm, aber manchmal wurde ein Huhn wütend, und es gackerte oder kreischte mich an oder versuchte sogar, nach meiner Hand zu picken, damit ich die Eier nicht wegnehmen konnte! Das war furchterregend, denn wenn eines der Hühner rebellierte, schlossen sich die meisten anderen an, stürzten von ihren Nestern herunter, flogen auf mich zu, flatterten mit den Flügeln und kreischten, um mich hinauszujagen. Es gelang ihnen fast immer. Ich rannte erschrocken hinaus, hatte aber gewöhnlich ein paar Eier an mich gebracht. Dann sah meine Großmutter verärgert und erschöpft aus und schalt mich, weil ich nicht genug Eier geholt hatte. Aber sie fand sich damit ab, daß sie sich selbst aufmachen und die Eier holen mußte. Sie war viel größer als ich und hatte keine Angst vor den Hühnern.

Es machte mehr Spaß, die Hühner zu füttern. Wir taten es außerhalb des Schuppens im Hinterhof, wo die Hühner herumspazierten und miteinander sprachen und sich stets freuten, uns zu sehen. Wir schleuderten ihnen das Futter entgegen, und sie rannten rasch herbei, um die hellbraunen Körner von der Erde aufzupicken.

Später wollte meine Großmutter keine Hühner mehr halten. Deshalb schlachtete sie jeden Samstag abend eines für das Sonntagsmahl. Zu diesen Mahlzeiten am Sonntag nachmittag kamen gewöhnlich an die sechs Personen – Gäste und Verwandte – zusammen. Das Sonntagsessen wurde an einem großen Tisch serviert, auf dem eine gehäkelte elfenbeinfarbene Tischdecke lag. Es gab acht Plätze, und alles wirkte sehr feierlich.

Während des Essens sagte meine Großmutter häufig vor versammelter Runde, daß ich das kleine unausgebrütete Ei, das noch im Huhn gewesen war, als Festschmaus haben dürfe. Sie fischte es von der Platte, während alle anderen zuschauten. (Großmutter machte die beste Sauce der Stadt.) Diese Babyeier waren köstlich und etwa so groß wie Murmeln. Es machte Spaß, sie mit dem besonderen silbernen Sonntagslöffel in den Mund zu befördern. Aber trotzdem wollte ich die Eier bald nicht mehr essen, denn ich kam mir gemein und verwöhnt vor – seltsam. Es gefiel mir nicht, daß mich alle am Tisch beobachteten.

Der wahre Grund dafür, daß ich mich bei jenen Mahlzeiten unbehaglich fühlte, bestand aber darin, daß ich mich an die Szene vom Vortag erinnerte, als meine Großmutter das Huhn im Hinterhof einfing. Kreischend und keuchend vor Entsetzen rannte es davon und versuchte verzweifelt, meiner Großmutter zu entkommen. Wenn sie es gefangen hatte, stülpte sie einen alten Holzkorb (der für Äpfel benutzt wurde) über das Huhn. Nur der Kopf ragte heraus. Und während das Huhn schauerlich kreischte, hieb sie den Kopf mit einem kräftigen Schlag einer schweren Axt ab. Wenn sie den Korb hochhob, zuckte der Körper des Huhns immer noch hin und her und versuchte ein paar Sekunden oder Minuten lang davonzulaufen. Dabei verlor ich die Fassung, und mir wurde schlecht.

Ich glaubte, nicht protestieren zu dürfen, denn ich wohnte bei ihr, »da meine Eltern fortgegangen waren und sich nicht um mich kümmerten« (die Worte meiner Großmutter, nicht meines Großvaters). Deshalb mußte ich mich allem fügen, was sie tat. Ich war ein Gast, hatte wenig Rechte und mußte ein freundliches, höfliches Kind sein – was ich tatsächlich (meistens) auch war oder zu sein versuchte.

War der Tod der Hühner wirklich so brutal wie in meiner Erinnerung? Wer hätte sie schließlich schlachten sollen, wenn nicht meine Großmutter? Die Tötung von Tieren war typisch für Haushalte auf dem Land in der Nähe von Farmen. Meine Schulkameraden zogen Kühe und andere Tiere heran – und verkauften sie dann auf dem Markt zur Schlachtung! Dafür wurden sie mit Preisen ausgezeichnet, aber auch das war seltsam. Vielleicht war es ihre Armut, die Großmutter zu diesem Tun zwang. Es hätte sie in Verlegenheit gesetzt, wenn sie ihrer Familie keinen Sonntagsschmaus hätte anbieten können. Deshalb konnte sie nicht anders handeln.

Voll Abscheu sah ich zu, wie meine Großmutter die Hühner schlachtete. Es war meine erste Erfahrung mit reiner, roher Gewalt und Macht. Der Tod wurde ungestraft verhängt, und die Furcht der Hühner war entsetzlich. Das Ganze wirkte so herzlos, grausam und sachlich. Ich verlor manche Illusion.

»Und was war mit Ihrer Familie? Haben Sie nicht bei Ihren Eltern gewohnt?«

»Was? Wo meine Eltern waren? Nun, ich wohnte bei meinen Großeltern. *Sie* waren meine Eltern.«

»Warum wohnten Sie dort? Wo waren Ihre Eltern, wo Ihre Mutter und Ihr Vater?«

»Darauf komme ich gleich zurück. Aber zuerst möchte ich Ihnen erzählen – solange es mir noch klar vor Augen steht –, woran ich mich sonst noch erinnere.«

Meine Großeltern und ich lebten im »Harry-Truman-Gebiet« im Mittelwesten der Vereinigten Staaten, also in Missouri, dicht an der Grenze zu Kansas. Mein Großvater war sein Leben lang ein unerschütterlicher Demokrat und Truman-Anhänger. Präsident Truman stammte aus dem nahe gelegenen Independence, Missouri. (»Independence« = Unabhängigkeit – was für ein Name! Und dann auch noch »true-man« = wahrer Mann!) Mein Großvater hatte vieles mit Truman gemeinsam, da beide aus »derselben Ecke« kamen. Beide Männer waren ungefähr gleich groß (nicht hochgewachsen), von mittlerem Körperbau, und sie trugen Anzüge und Hüte desselben Stils. Sie waren hartnäckig, hatten einen trockenen Humor und einen instinktiven Glauben an Fairneß nach dem Prinzip: Alle haben die gleichen Chancen verdient, mach dich über niemanden lustig, schlag dich irgendwie durch und hilf anderen, wenn du kannst. (Ob mein Großvater die Atombombe ebenfalls hätte abwerfen lassen? Welche Empfindungen wohl Truman dabei hatte? Vielleicht trugen seine Gewissensbisse dazu bei, daß er nicht zur Wahl für eine zweite Amtszeit antrat.) Es gefiel mir, daß sich Harry für seine klavierspielende Tochter Margaret einsetzte, obwohl die Presse über sie witzelte. Mein Großvater war auch mit dem Vater des berühmten Journalisten Walter Cronkite befreundet, der ebenfalls aus unserem Städtchen, St. Joseph, stammte.

St. Joseph war der Sitz der Kreisverwaltung des Buchanan County und in jedem Frühjahr die Stätte der Fruchtbarkeitsfeier für die gesamte Gegend, des Apfelblütenfestes. Dazu gehörte eine große Parade, an der fast alle Bewohner der Stadt und der Umgebung teilnahmen. Mein Großvater war ein »Shriner« (wieso sprach man vom Schottischen Ritus?). Die Shriners (sämtlich Männer) marschierten alljährlich in der Parade. Sie trugen auffallende, hohe »türkische« Hüte, an deren Vorderseite eine große Mondsichel angenäht war. Auch die Decken der Pferde hatte man mit den Insignien (zahlreiche Mondsicheln) der Shriners versehen. Die Hüte wirkten sehr exotisch und hatten mit irgendwelchen geheimen arabischen Riten zu tun, über die die Mitglieder ein Schweigegelübde abgelegt hatten. Der Hut meines Großvaters (die verschiedenen Grade hatten unterschiedliche Hüte) war kastanienbraun, ungefähr fünfundzwanzig Zentimeter hoch und rund wie ein Fes. Eine große schwarze Troddel hing von oben an der Seite herunter; vorn war eine große silberne Mondsichel. Wow! Der Hut war seltsam, aber wunderbar. Ich hätte nie gedacht, daß Großvater den Mut haben würde, ihn zu tragen. Die Männer sahen sonntags in der Kirche so unscheinbar aus, aber nun wirkten sie so fremdartig und taten, als wäre das ganz normal! Auch Frauen nahmen an der Parade teil. Manche trugen prächtige Abendkleider, obwohl es hellichter Tag war, und saßen auf Festwagen: riesigen Konstruktionen aus Kreppapier, die von darunter verborgenen Autos fortbewegt wurden. Die Festwagen sahen aus wie große exotische Tiere, die die Straße hinunterschwebten; auf ihnen thronten kleine Menschen in Kostümen und winkten den Zuschauern zu. Andere Frauen in Paradeuniform marschierten in der Band, und viele ritten in Cowgirlkostümen vorbei. Manche saßen sogar auf Zirkustieren, denn der Barnum and Bailey Circus and Carnival war während der gesamten Festwoche (sie schien kein Ende zu nehmen und war ungeheuer aufregend) im Ort. Es gab Karusselle, ein Riesenrad, eine schräge Drehscheibe, Spielbuden und Leckereien wie kandierte Äpfel und gewaltige rosa Zuckerwattekegel, die in einem alten Metallbehälter vor den Augen des Käufers gesponnen wurden.

Der Rest des Jahres war nicht ganz so exotisch oder unterhaltsam. Meine Freizeit verbrachte ich bei den »Wölflingen« und später bei den Pfadfinderinnen und sang im Kirchenchor. Das war langweilig, und wir trugen weiße Chorröcke. Jeden Sonntag morgen zogen wir sie über unsere Kleidung, marschierten zu zweit das Kirchenschiff hinunter und sangen aus Leibeskräften. Wir sollten Unschuld und Reinheit verkörpern (was wir wahrscheinlich auch taten). Ich hatte eine schöne, kräftige Stimme und liebte die Musik. Da ich auch Klavier und Klarinette spielte, galt ich in der Nachbarschaft als musikalisches Kind.

In unserem Haus war es über alle Maßen still. Wenn man die Tür öffnete, sah man an der Wand gegenüber vom Eingang als erstes Jesus am Kreuz. Dort hing er: in sich zusammengesackt, das jugendliche Haupt für immer halb im Koma, mit ewig aus seinen Wunden tropfendem Blut – in Zeitlupe festgehalten, wie es aus seinen Händen, seiner »mit Dornen gekrönten« Stirn und seinen durchbohrten Füßen floß. Das war das erste, was ich jeden Tag sah, wenn ich aus der Schule heimkehrte. Es dämpfte jeden Überschwang. Wie konnte man beim Anblick solchen Leidens lachen und fröhlich sein? Mußte man aus Respekt nicht zumindest die Stimme senken?

Unter dem Kreuz stand ein kleiner Bücherschrank aus braunem Holz, der ein Dutzend Bände enthielt. Den Ehrenplatz hatte natürlich die Heilige Schrift, und zwar die King James Bible; auf ihrem gefleckten schwarzen Ledereinband war mit goldenen Lettern »The Holy Bible« geprägt. Daneben lagen Exemplare von *The Upper Room*, einer religiösen Monatszeitschrift mit Meditationsvorschlägen für das tägliche Gebet.

Bevor ich das Schulalter erreichte, vergnügte ich mich mit einer großen Puppensammlung. Die Stoffpuppe war mein Liebling. Wir nannten sie »Sleepy«, weil ihre Augen sich, abweichend von der Gebrauchsanweisung, nicht automatisch öffnen und schließen wollten. Sie hatte blaue Augen wie ich und schlief in meinem Bett. Die anderen Puppen waren schön wie Prinzessinnen, und ich hatte Angst, sie zu berühren. Von ihnen bemutterte ich keine; statt dessen inszenierte ich Einladungen.

Manchmal versuchte ich, ihnen Tee aus einem Puppenteeservice anzubieten, das mir geschenkt worden war. Es stammte aus Japan (wie an dem Stempel auf der Unterseite zu erkennen war) und bestand aus winzigen Porzellantassen mit perfekt geformten Griffen und Untertäßchen in prächtiger Lackarbeit; die handgemalten fliederartigen Blütenzweige schimmerten blaßgelb. Aber die Teezeremonie erwies sich als recht langweilig – all die schweigenden Puppen, und keine trank etwas.

Dann war mein Teddybär (ich habe ihn immer noch, da ich ihn bei einem späteren Besuch fand) jahrelang mein Schlafgefährte und Freund. Ich teilte ihm all meine Geheimnisse mit und schmiegte den Kopf an seine wollige braune Nase, wenn ich unglücklich war. Mit ihm war ich noch enger verbunden als mit Sleepy. Den herausgeputzten Puppen, den Prinzessinnen, verriet ich niemals Geheimnisse, und ich führte auch keine Gespräche mit ihnen, sondern servierte ihnen Kuchen. (Warum? Weil ich gesehen hatte, wie meine Großmutter dies bei ihren Teegesellschaften tat?) Sie waren meine Besucherinnen; der Teddybär hingegen war mein Freund.

Von einer braunhaarigen Puppe war ich allerdings fasziniert. Diese Prinzessin kam mir schöner und interessanter vor als all die anderen blonden Puppen, die durchschnittlich und leicht durchschaubar zu sein schienen. Sie wirkte geheimnisvoll. Aber ich versuchte nicht, mit ihr zu reden, weil es »unmöglich gewesen wäre« und weil »sie ein Gespräch mit mir abgelehnt hätte«.

Ich starrte diese braunhaarige Prinzessin lange an und

versuchte mir vorzustellen, was sie dachte und fühlte. Das war für mich die einzige Möglichkeit, mit ihr zu spielen. Unsere Kommunikation war zwar wortlos, aber während wir einander betrachteten, schien sie doch einen Sinn zu haben.

Beim Schreiben dieser Zeilen wird mir klar, daß sie für mich meine Mutter repräsentiert haben muß. Auch meine Mutter hatte braunes Haar und war schön und distanziert.

Das Haar meiner Großmutter war bereits graumeliert. Vorn war es ganz weiß und fiel makellos in ihre Stirn wie ein Biskuitsoufflé.

Mein engster Spielgefährte war Mike. Er wohnte mit fünf Geschwistern (hauptsächlich Schwestern) auf der anderen Straßenseite in einem schönen, ausladenden viktorianischen Haus mit einem riesigen, gepflegten Rasen. Ich durfte die Straße nicht überqueren, um ihn zu besuchen. Sie waren Katholiken, und meine Großmutter hielt Katholiken nicht für geeignete Spielgefährten. (Meine Mutter hatte einen Katholiken geheiratet und mich zur Welt gebracht.)

Eines Tages vergnügten Mike und ich uns damit, Kiesel an die kleinen Fensterscheiben in den Vordertüren des Hühnerstalls zu werfen. Immer wenn eine zerbrach, lachten wir aus vollem Hals. Da kam Großmutter wütend aus dem Haus gerannt und befahl Mike, zu verschwinden und unseren Hof nie wieder zu betreten. Es tat mir leid.

Zum Glück durfte ich kurze Zeit darauf in die Vorschule gehen, und ich hatte bald andere Kinder, mit denen ich spielen konnte.

Abends, wenn ich nach dem Baden meinen Pyjama angezogen hatte, erzählte mir Großvater immer Geschichten. Er erzählte mir, wie er als Junge an Bord des Dampfers seines Großvaters auf dem Missouri Bonbons und Zeitschriften verkauft hatte. Es war ein großer Vergnügungsdampfer, den man für Wochenendkreuzfahrten und Abende auf dem Fluß – mit Musik und Tanz – charterte. Die Arbeit gefiel meinem Großvater. Das einzige Problem war, daß einige ältere Jungen versuchten, ihn hinter eine Wand zu locken und ihn »in Schwierigkeiten« zu bringen. Seine Stimme klang immer noch nervös, wenn er davon sprach. Als ich mich danach erkundigte, in was für Schwierigkeiten sie ihn hatten bringen wollen, stotterte er etwas über das Rauchen von Zigaretten, doch dann verstummte er und blieb zugeknöpft.

An den meisten Abenden handelten die Geschichten jedoch von seinem Pferd Joe. Joe und er seien Kumpel gewesen und zusammen durch ganz New Mexico geritten, als er dort während des Ersten Weltkrieges bei der U.S. Army stationiert war. (Dort begegnete er auch meiner Großmutter, die als einziges Mädchen mit fünf Brüdern auf einer Viehranch aufgewachsen war – ein Cowgirl!) Joe und er und die anderen Soldaten seien durch New Mexico gezogen und hätten das bis dahin unvermessene Territorium kartographiert. Dies geschah häufig bei Sternenlicht, da die Männer die Richtungen anhand der Sterne exakt bestimmen konnten – wie die alten Seeleute.

Sämtliche Jahrhunderte unserer von der Landwirtschaft geprägten Vergangenheit, in der unser Planet noch unberührt von der Technologie des zwanzigsten Jahrhunderts war, trafen sich in der Lebensgeschichte dieser beiden

Menschen, die mich so gütig umsorgten. Es war ein großer Glücksfall, daß ich das alles in der zweiten Hälfte des zwanzigsten Jahrhunderts noch erleben konnte. Ist es möglich, daß alle Jahrhunderte vor dem unseren mehr miteinander gemeinsam hatten als mit unserem Teil des zwanzigsten Jahrhunderts?

Am besten gefielen mir, wenn ich auf Großvaters Schoß saß und mich in meinem Pyjama an ihn schmiegte, die Beschreibungen von Joe. Wie »hübsch« Joe gewesen war. Dann klang die Stimme meines Großvaters sehr liebevoll. Joe hatte einen weißen Streifen, der von der Stirn, zwischen seinen großen braunen Augen über den langen, pelzigen Kopf bis zu seiner schwarzen Nase verlief. (Sein Fell war dunkelbraun.) Ich bat meinen Großvater immer wieder, den weißen Streifen auf Joes samtenem Gesicht zu beschreiben. Nur zu gern stellte ich mir vor, wie mein Großvater Joes Kopf streichelte, daß die beiden gute Freunde waren und Joe die Nüstern an ihn schmiegte.

Einige Zeit später kauften meine Großeltern für fünfunddreißig Cent ein Kinderbuch, *The Little Train that Could*, um mir daraus vorzulesen. Es gehörte zu der Little-Golden-Book-Reihe und enthielt die berühmte Zeile mit den Gedanken des Zuges, als er sich einen steilen Berg hinaufarbeitet:»Ich glaube, ich kann's, ich glaube, ich kann's, ich glaube, ich kann's!« Der Zug erreicht den Gipfel des Berges, weil er nie aufgibt. Er war weder männlich noch weiblich (wie auf dem Umschlag), sondern einfach ein glücklicher, lächelnder Zug. Entschlossenheit und Hartnäckigkeit, wie schwierig die Umstände auch sein mochten, das war das Ideal, das hier gelobt wurde. Vielleicht war das berühmte Buch aus der Wirtschaftskrise der zwanziger, dreißiger Jahre hervorgegangen, die meine Großeltern durchlebt hatten. Sie hatten sich mit Mühe durchgeschlagen und eine Zeitlang bei den Eltern meines Großvaters wohnen müssen. Es ist natürlich ein sehr amerikanischer Gedanke, daß »nichts unmöglich ist«. Man kann alles schaffen, was man sich vorgenommen hat. Zum Glück glaubte ich uneingeschränkt daran.

Ich wuchs also in der Überzeugung auf, daß ich die Möglichkeit hatte, alles auf der Welt zu vollbringen, wenn ich es nur wollte. Sogar in unserem Städtchen gab es eine sehr klar umrissene, nicht zu übersehende Klassenstruktur; aber ich war sicher, daß die »große weite Welt« im Zeichen des Leistungsprinzips stehen würde, das der kleine Zug verkündete. Das Schulsystem in unserer Stadt war gut, und unsere Ausbildung kam nicht zu kurz: Ich hatte sechs Jahre Latein sowie zehn Jahre Englisch, Mathematik und Naturwissenschaften. Es war ein unglaubliches Glück für mich, gesundes Essen zu bekommen, saubere Luft zu atmen, kein Fernsehgerät zu besitzen, wenig Rundfunk zu hören, mich viel körperlich zu bewegen, einen freundlichen schwarzen Hund, Schulkameraden, ein Fahrrad, einen Großvater (besser, lustiger als ein Vater, dachte ich) und eine Großmutter zu haben (überarbeitet und von Sorgen geplagt, aufbrausend, aber fähig, mir die Zuversicht zu vermitteln, daß ich klug und hübsch war und daß Frauen etwas leisten können).

Dann begann ich mit der Schule. Am ersten Tag wurde ein Gruppenfoto von uns gemacht.

Ich liebte die Schule. Meine Vorschullehrerin, Mrs. Duncan, spielte uns den *Ungarischen Tanz Nr. 5* von Brahms auf ihrem großen Grammophon mit Kurbelantrieb vor, und sie wies uns an, im Kreis durch den Raum zu marschieren. Das machte uns viel Spaß. (Das zweite Stück, das sie uns vorspielte, war Schostakowitschs Polka aus dem Film *Das goldene Zeitalter*!)

An manchen Tagen holte mich Großvater nach der Schule ab und fuhr mit mir aufs Land, um mir ein Dach zu zeigen, das »die Jungs« (die Männer, die für ihn arbeiteten – keiner war Gewerkschaftsmitglied) und er irgendwo deckten. Er besaß einen kleinen Dachdeckerbetrieb. Es war wunderbar, neben ihm im Auto zu sitzen und »seine beste Freundin« zu sein. Sein Wagen, ein alter schwarzer Ford, hatte einen kleinen Innenraum mit zwei Sitzen und einen aus dem Boden ragenden Schalthebel. Ich mochte das Auto sehr.

Ich erinnere mich an die grüne Landschaft, voll von üppigem Getreide, das im Wind schwankte, und an die Kühe und Pferde, die sich gemächlich bewegten oder zwischen den kleinen Hügeln und Flüssen im Gras lagen. Die Namen der winzigen Ortschaften, durch die wir hindurchfuhren, standen unterwegs auf Schildern: »Platte« (auch ein Flüßchen, an dem alle angeln gingen; man konnte hineinwaten, denn am Rand reichte das Wasser nur bis zu den Knöcheln und in der Mitte allenfalls bis zu den Knien), »Liberty« und – tatsächlich – »Fawcett«. (Ich möchte immer noch wissen, wie Fawcett zu seinem Namen gekommen war.) Die Fahrten an jenen langen Nachmittagen mit meinem Großvater, »um uns die Arbeit anzusehen«, die Heusilos, die Farmer auf ihren Treckern (manchmal waren es auch Farmerinnen in Overalls) – all das bescherte mir ein Gefühl des stillen Glücks und der Zufriedenheit.

Später legte sich mein Großvater einen puderblauen Buick zu, auf den er mächtig stolz war. Er sagte allen, die es hören wollten, ich hätte ihm beim Autokauf geholfen, denn er habe mich gefragt, welche Farbe mir am besten gefalle. Es war kurz nachdem man unterschiedliche Autofarben eingeführt hatte; vorher waren alle Autos schwarz gewesen, und es gab nur ein einziges Modell. Unser neues Auto war vorn und hinten mit glänzendem Chrom und auf beiden Seiten des Motors mit drei Löchern versehen. Dieses Buick-Markenzeichen sollte auf die Superleistung des Motors hindeuten: eine Menge »Pferdestärken«.

Als ich die Vorschule und die erste Klasse besuchte, badete meine Großmutter mich immer noch im Spülstein in der Küche und wusch mir dort auch die Haare. Ich hatte Angst, auf dem schlüpfrigen weißen Porzellan auszurutschen und hinunterzustürzen. Das Becken war sehr hoch, weit über dem Fußboden.

Samstag morgens machte Großmutter stets Schokoladenfondant. Die Masse erlangte immer genau die richtige Härte (eine große Leistung), und Großmutter schnitt sie in köstliche, seidige Quadrate. Diese halbweiche Beschaffenheit hatte damit zu tun, daß die Mischung nur eine exakt bemessene Zeit lang gekocht werden durfte.

Später am Samstag vormittag fuhr mein Großvater mich in den Ort zur Bücherei und setzte mich dort zur »Kinderlesestunde« ab. Zusammen mit den anderen Kindern saß ich im Kreis auf dem Fußboden, und die Bibliothekarin las uns etwas vor. Danach konnten wir in allen Büchern blättern, die uns interessierten – zum Beispiel in einem der vielen Bildbände. Der Vorleseraum befand sich im Untergeschoß der Erwachsenenbücherei am Ende einer imposanten Marmortreppe, an deren Anfang eine Skulptur des »blauen Knaben« und ein Hinweisschild mit der Aufschrift »Jugendbibliothek« standen. Ich liebte den Geruch, eine Mischung aus dem Duft von alten Büchern und Marmorsälen.

Danach holte mich mein Großvater wieder ab, und wir gingen – nur wir beide – zum Lunch in eine besondere Cafeteria: »Jerri-Ann's«. Es war eine Wonne, ganz allein ausgeführt zu werden, in einem Restaurant zu essen, meinem Großvater am Tisch gegenüberzusitzen, ihm zuzuhören und mit ihm zu reden. Wieviel Zeit sich mein Großvater nur für mich nahm. Jeden Samstag bestellte ich das gleiche: Hackbraten, Kartoffelbrei und Orangensaft. Das Essen war bereits frühmorgens von den Frauen zubereitet worden. Ich erinnere mich an ihre Gesichter. Die meisten hatten eine rauhe, sauber gewaschene, hellweiße Haut, die ich gern betrachtete. Bei ihrem Anblick fühlte ich mich irgendwie zufrieden und behaglich. Es wäre schön, die Frauen wiedersehen zu können. Ich würde sehr gern mit ihnen sprechen, ihre Stimmen hören, ihnen sagen, was das alles für mich bedeutet. Sie würden es verstehen.

Ich bewunderte diese Frauen. Sie waren würdevoll und stolz auf ihre Arbeit. Vornehm wie die Statuen römischer Matronen. Es machte mich glücklich zu wissen, daß ich wie sie werden konnte: eine stolze und würdevolle Mitarbeiterin in einem Restaurant.

In meiner Kindheit ging ich gern mit meinem Hund in dem Wald unweit unseres Hauses spazieren. Ich verliebte mich in den Wald. Die Bäume waren hoch und mindestens hundert Jahre alt, vielleicht noch älter, vielleicht eine Ewigkeit. In unserer Gegend war das Land nicht für den Ackerbau gerodet worden, und man hatte die Häuser errichtet, bevor es üblich wurde, Baufahrzeuge einzusetzen. Weshalb nur die Bäume auf dem eigentlichen Bauplatz gefällt wurden, während die Umgebung unversehrt blieb.

Diese uralten Bäume waren vorwiegend Eichen und Ulmen mit großen, im Sommer sattgrünen Blättern, die im Herbst golden wurden, und mit majestätischen braunen Stämmen, die bis zum Himmel emporragten.

Der Wald war meine erste Liebe. Er schien mit mir zu sprechen, und ich hatte das Gefühl, daß auch die Bäume mich liebten und mir helfen wollten. Bäume leben soviel länger als wir, sie könnten unsere Eltern sein.

Und auf dem Boden unter den Bäumen wuchsen alle möglichen Gräser und Unkräuter. Jeder Quadratzentimeter war anders und interessant, voll von Spalten und Warzen und überraschenden Dingen – manchmal einer blühenden Blume, manchmal einem alten Kronenkorken.

Mir gefielen die Baumstämme mit ihrer Borke. Am besten ließen sich die braunen Stämme im Winter betrachten, wenn Schnee auf dem Boden lag. Dann fiel einem die dunkelbraune Rinde unverfälscht ins Auge, ohne Moos oder Blätter, ohne jedes Grün.

Ich verspürte stets den Impuls, die Baumstämme mit den Armen zu umschlingen, besonders die dicken, die ich kaum umfassen konnte. Ich wollte ihre Kraft, ihre Festigkeit an meiner Brust fühlen. Hin und wieder machte ich einen Versuch, aber wenn ich das Gesicht zu heftig an den Stamm preßte, wurde ich vom Schmerz überrascht. Die Rinde war zu rauh, und man konnte sich nicht an sie drücken.

Es war verblüffend. Die Bäume hätten sich lebendiger anfühlen müssen, wenn man sie berührte, aber sie fühlten sich durchaus nicht gut an. Ich war verwirrt und überlegte, wie ich sie auf persönlichere Weise berühren konnte.

Ich erinnere mich sehr gut an mein Zimmer im Haus meiner Großmutter. Es war ein kleiner, einfacher, schöner Raum – so einfach, daß er fast schmucklos wirkte. Er besaß jedoch eine ganz besondere Atmosphäre. Meine intensivsten Erinnerungen beziehen sich auf den Frühling. Mein Zimmer war quadratisch mit einer hohen Decke, und es hatte eine zarte, elfenbeinfarben gemusterte Tapete. Die Möbel waren aus hellem Holz. Ich hatte einen kleinen Schreibtisch für meine Hausaufgaben, einen dazu passenden Frisiertisch, eine winzige Kommode und ein Erwachsenenbett mit hellem Kopfbrett. Über dem Bett lag eine weiße Chenilledecke. Dicht daneben war ein Fenster mit hauchdünnen weißen Spitzenvorhängen.

Während der Schulzeit ging ich gewöhnlich recht früh ins Bett. Da ich meistens noch nicht müde war, lauschte ich den Geräuschen der Züge, die in der Ferne vorbeifuhren, dem letzten Vogelgesang oder dem Zirpen der Grillen und bisweilen dem Bellen eines Hundes. Manchmal stand ich auf und trat ans offene Fenster. Die Vorhänge bewegten sich sanft in der Brise. Wenn ich mich hinkniete, konnte ich die Arme auf die Fensterbank stützen, hinausschauen, das frische Gras riechen und träumen.

Unter dem Fenster, dessen Holzrahmen weiß gestrichen war, wuchsen in jedem Frühling üppige dunkelgrüne Pflanzen. Ein paar wunderbare Wochen lang überzogen Maiglöckchen mit ihrer zarten Schönheit den Boden unter meinem Fenster. Die Erde war dunkel, fruchtbar und feucht, und die unzähligen weißen Blütchen der grünen Triebe strömten einen intensiven, süßen Duft aus, der von der Nachtluft durch mein geöffnetes Fenster getragen wurde. Ich saß da und ließ mich in der Dunkelheit völlig von dem feuchten, zauberhaften Wohlgeruch einhüllen. Es war berauschend.

An manchen Abenden schien der Mond – ich hätte ihn mit der Hand greifen können – auf den kleinen Garten unter meinem Fenster, und ich sah hinaus und sann darüber nach, wie die Welt von so göttlicher Schönheit sein konnte. Das Mondlicht glänzte auf den feuchten grünen Blättern, als sei es nur für mich gemacht, als wolle es mir etwas mitteilen. Vielleicht Stunden, vielleicht Jahre, vielleicht eine Ewigkeit saß ich so da. Zuweilen fiel ein Mondstrahl auf die seitliche Hauswand und bildete das Muster der Äste des kleinen Baumes ab, den wir daneben gepflanzt hatten.

Später, im Sommer, wurde ich immer noch früh ins Bett geschickt, obwohl es draußen recht lange hell war. Ich wünschte mir, mit den Kindern aus der Nachbarschaft weiterhin Ball spielen zu dürfen. Manchmal konnte ich, wenn ich im Bett lag, sogar den einen oder anderen von ihnen rufen und einander gute Nacht sagen hören.

An einem jener Abende verspürte ich ein seltsames Begehren, ein tiefes Sehnen, das aus dem unerreichbaren Innern meines Körpers zu kommen schien. Bald entdeckte ich, daß ich das Gefühl verstärken konnte, indem ich den Körper gegen das Bett drückte und die Beine hin und her bewegte. Wenn ich, mit dem Gesicht nach unten, mein Kissen umklammerte, war das Gefühl am intensivsten. Ich preßte den Körper gegen das Bett, bis das Gefühl, statt zu enden, immer heftiger und immer fordernder wurde. Nun packte ich die Matratze mit einer Hand, drückte und krümmte mich ans Bett, aber mein Körper gab sich nicht zufrieden. Es war eine süße Folter. Was mochte es sein?

Eines Tages nahm ich dabei eine wunderbare Explosion tief in meinem Körper wahr. Der Genuß war wie ein elektrischer Schlag zwischen meinen heißen, sich krümmenden Beinen. Ich wollte es immer wieder tun, und ich tat es immer wieder.

Dann tat ich es jeden Tag. Aber bald begann ich mir Sorgen zu machen: Hatte ich etwas in meinem Körper zerbrochen? Was tat ich überhaupt? Niemand hatte je mit mir über eine solche Erfahrung oder ein solches Gefühl oder ein so angenehmes Reiben gesprochen – vielleicht war es unnatürlich. Ob Gott (Er, wie ich dachte) mich sehen konnte? Bestimmt, denn schließlich sah er alles. Und wenn es unrecht war, würde er mir Einhalt gebieten, mich irgendwie bestrafen? Aber er bestrafte mich nicht.

Diese ersten ekstatischen Begegnungen mit der Sexualität sind eine wunderschöne Erinnerung für mich: wie ich in jenem weißen Zimmer mit der feuchten, duftgeschwängerten Luft auf dem Bett lag, während sich die weißen Spitzenvorhänge am offenen Fenster in der Brise bauschten und die leisen Sommergeräusche hereindrangen, wie ich von den hellen, luftigen Farben des Zimmers und dem schwachen Rascheln der grünen Blätter auf dem Hof umhüllt wurde. Es war eine einmalige Art, meine Sexualität zu entdecken – nicht durch Pornographie oder mit Hilfe von Abbildungen nackter Körper, mit denen an jedem Kiosk Geld gemacht wird, sondern mich ganz allein in meinem Zimmer, in meinem eigenen Bett, selbst zu finden.

»Aber was war mit Ihren Eltern?«

»Stimmt, darüber habe ich bisher geschwiegen. Vielleicht weil es mir nicht so wichtig erscheint. Aber ich werde darauf eingehen. Ich lebte immer bei meinen Großeltern; meine Eltern wurden nach dem Zweiten Weltkrieg geschieden, als mein Vater heimkehrte. Sie waren nur einen Monat verheiratet, da ging er schon wieder fort. Deshalb blieb meine Mutter weiterhin bei ihren Eltern.

Also lebte ich von Anfang an bei meinen Großeltern und wurde von ihnen aufgezogen. Eigentlich war ich weniger das Kind meiner Mutter als vielmehr ihre jüngere Schwester. Meine Mutter beendete damals noch die Schule.

Meine Tante erzählte mir später, meine Mutter habe, als sie entdeckte, daß sie schwanger war, ausgerufen: ›Wie konnte das passieren?‹ Mein Vater entfernte sich unerlaubt von der Truppe, um nach Hause zu kommen und mich zu sehen. In meinem Fotoalbum sind Bilder von ihm in Uniform, wie er mich in den Armen hält.«

Ich mochte meine Mutter zwar, aber ich hatte auch ein wenig Angst vor ihr. Wie erwähnt, fürchte ich mich vor Wasser. Das liegt daran, daß mich meine Mutter eines Nachmittags bei meiner Großmutter abholte und mit mir und meinem Cousin ins Schwimmbad ging.

Sie trug einen schwarzen Badeanzug, der links und rechts geschnürt war. Man konnte das Fleisch zwischen den Kordeln sehen – von ihren Hüften bis hinauf zu den

Seiten ihrer Brüste! Das war äußerst gewagt und sexy. Mehrere Männer folgten ihr, als sie um das Becken herumging, und versuchten, mit ihr ins Gespräch zu kommen – und ich lief hinter ihr her. Ich amüsierte mich auch ohne sie, aber einmal wollte ich sie auf mich aufmerksam machen. Ich rief: »Mommy, Mommy, guck mal, wie tief ich schon ins Wasser gehen kann! Guck mal, wie groß ich bin, ich kann schon am tiefen Ende rein!«

Ich sprang hinein. Doch ich hatte mich verrechnet, und die Wellen schlugen sofort über meinem Kopf zusammen. Ich sank weiter und weiter, aber meine Füße berührten den Boden noch immer nicht. Ein böser Irrtum. Mit meinen sieben Jahren war ich im vier Meter tiefen Wasser, und ich konnte nicht schwimmen. Wahrscheinlich hätte ich im folgenden Jahr Unterricht bekommen.

Am Boden des Schwimmbeckens dachte ich: Meine Mutter wird mich gleich rausholen, sie ist eine tolle Schwimmerin, sie kann wunderbar springen und hat kräftige Arme. Ich stellte mir vor, wie sie ins Wasser tauchte, um mich zu retten. Aber nichts geschah. Dann bemerkte ich, daß sich mein Mund öffnete und das Wort »Hilfe« bildete; doch ich nahm es distanziert wahr – wie eine Wissenschaftlerin. Es war erstaunlich, daß sich mein Mund öffnete, »Hilfe!« sagte und mit Wasser gefüllt wurde – während ich völlig gelassen dasaß. Distanziert. Objektiv.

Dann war plötzlich eine Bademeisterin an meiner Seite, legte den Arm um mich, zog mich hinauf, hinauf, hinauf und hievte mich über den Rand des Schwimmbeckens. Ich weiß noch, wie sie mich ansah, als sie mich in der Tiefe erreichte: voller Erleichterung darüber, daß ich noch lebte. Ihr Anblick überraschte mich, denn ich hatte meine Mutter erwartet. Nachdem sie mich über den Beckenrand befördert hatte, ließ sie mich soviel Wasser erbrechen, wie ich konnte. Russ, mein älterer Cousin, kam heran und fragte mich, ob alles in Ordnung sei. Er versuchte, meine Mutter herbeizuholen, aber sie stand plaudernd und flirtend mit so vielen Bewunderern am Springbrunnen, daß sie keine Notiz von mir nahm. Sie schaute nicht einmal zu mir herüber, und ich rappelte mich schließlich auf und hinkte hinter ihnen her, wobei ich immer noch ein wenig Chlorwasser ausspuckte.

Zu Hause verschwieg ich meiner Großmutter und meinem Großvater den Vorfall, denn es hätte eine üble Auseinandersetzung gegeben und sie hätten mich meiner Mutter nie wieder anvertraut. Das war eine der seltenen Gelegenheiten, bei denen ich meine Mutter sah – außer den zwölf Monaten, ungefähr zwei Jahre später, die ich bei ihr wohnte.

Der Leser mag sagen: »Das war schrecklich, sie hätte sich mehr um ihre Tochter kümmern müssen.« Gewiß, aber ich hatte kaum je etwas mit ihr oder meinem Vater zu tun. (Und wo war er zu jenem Zeitpunkt? Kümmerte er sich etwa um mich? Warum soll die Mutter immer mehr Anteilnahme an den Tag legen als der Vater?) Deshalb dachte ich in meiner Jugend nie daran, daß es eigentlich ihre Aufgabe sei, für mich zu sorgen. Ich betrachtete sie nur als zwei Menschen mit ihrer eigenen Geschichte. Wenn man Menschen begegnet, mit denen man nicht zusammenlebt, ordnet man ihnen ihre eigene Galaxis, ihre eigene Zeitkapsel zu und stellt keine Beziehung zu sich selbst her. Genauso war es mit meinen Eltern. Das lag vielleicht auch daran, daß ich das abfällige Gerede meiner Großmutter über die beiden leid war. Irgendwie beneidete ich sie um ihre Freiheit – gleichgültig, welchen Preis sie dafür bezahlt hatten –, um ihre Fähigkeit, einfach fortzugehen und nach ihren eigenen Regeln zu leben.

Als ich das Jahr bei meiner Mutter und ihrem zweiten Ehemann verbrachte, hatte ich die größte Freude an ihrem Baby – meinem Bruder. Ich vermißte meine Großeltern. Die äußeren Umstände waren nicht sehr angenehm, und meistens war niemand zu Hause. Denn meine Mutter zog es tagsüber und auch abends vor, ihre Freunde zu besuchen. Sie kümmerte sich kaum um das, was zu Hause vorging. Zuerst schlief ich auf einem harten Feldbett, später hatte ich ein eigenes Zimmer. Aber es war unbeheizt. An den Fenstern waren keine Vorhänge, und es gab auch keine Möbel, nur nackte Wände und ein Bett. Ich mußte meine Kleidung für die Schule selbst bügeln (ich war erst neun Jahre alt), bereitete mein Frühstück, mein Mittagessen (das ich mit in die Schule nahm) und häufig auch meine abendliche Hauptmahlzeit selbst zu. Und nach der Geburt meines Bruders rührte ich seine Babynahrung an, fütterte ihn und unseren Hund. Damals war ich viel glücklicher. Warum wohl?

Ich spielte sehr gern mit meinem kleinen Bruder, der gewöhnlich auf seinem Hochstuhl saß. Tippy, der schwarze Cockerspaniel, lag auf dem Fußboden, während ich Tommy mit Dosenpfirsichen fütterte; auch ich aß einige, und Tippy verschlang die Stücke, die auf den Boden fielen. Wir lachten immer, wenn sie mit einem »Platsch« aufschlugen. Das war lustig.

Eines Sommers, ich muß wohl sieben Jahre alt gewesen

sein, hatte meine Mutter einen Giftsumach-Ausschlag am ganzen Körper, und es ging ihr ziemlich schlecht. Sie lag unbekleidet auf dem Bett, einer großen Doppelmatratze in der Mitte des Wohnzimmers, und war nur teilweise von einem zerknüllten weißen Baumwollaken bedeckt (es war ein glühendheißer Sommer). Sie mußte stündlich mit einer dickflüssigen Salbe eingerieben werden, die das Jucken und Brennen linderte. Sie behauptete, Höllenqualen zu leiden, blieb mehrere Tage lang liegen und wand sich matt auf dem Bett.

Ich trat nie zu dicht an das Bett heran, sondern hielt mich abseits, da ich wußte, daß es mir nicht gestattet war, ihren Körper einzusalben. Ihr neuer Ehemann hätte Einwände erhoben, und außerdem war mir klar, daß ich ihren Körper nicht anrühren durfte. Ich weiß nicht, ob sie mich gestillt hatte, denn schließlich war ich von meiner Großmutter aufgezogen worden. Wenn ich Trost suchte, schmiegte ich mich an deren Körper. Meine Mutter und ich waren sozusagen voneinander getrennt. Ich durfte sie anschauen, aber nicht berühren.

Bevor mein Bruder geboren wurde, zogen wir aus unserer Wohnung in der Doniphan Street in eine neue Siedlung am Stadtrand. Das neue Haus hatte aus irgendeinem Grund keine Heizung (vielleicht immer noch nicht?). »Vorläufig« stellte man einen riesigen altmodischen Ofen, der mit Holz befeuert wurde, in die Mitte des Wohnzimmers! Das war seltsam. Er heizte das Haus eigentlich nicht, und es war nur warm, wenn man dicht daneben saß – und dann hatte man das Gefühl zu verbrennen. Mein Schlafzimmer war kalt und unmöbliert, abgesehen von einem alten khakifarbenen Feldbett aus einem Armeegeschäft.

Um das Haus herum gab es kein Gras, da die Bauleute den Boden aufgewühlt hatten; auch alle Bäume waren gefällt worden. Bei Regen verwandelte sich die Erde deshalb in schweren, tiefen Schlamm. Am schlimmsten war es im Winter, wenn der Schnee schmolz. Ehrlich gesagt, der Schlamm verschwand nie völlig – nur sein Flüssigkeitsgrad änderte sich –, da der Boden nie ganz austrocknete. Deshalb war es unmöglich, das Haus zu verlassen, ohne sich die Schuhe zu beschmutzen.

Ich vermißte die Gegend meiner Großeltern, wo die Häuser vorwiegend im späten neunzehnten Jahrhundert gebaut worden waren: geräumige Häuser (drei oder vier Etagen hoch, mit rund fünfzehn Zimmern) mit großen, gepflegten Rasenflächen und sogar Tennisplätzen. Nur das Haus meiner Großeltern war klein. Ich sehnte mich danach, dorthin zurückzukehren.

Jeden Morgen mußte ich durch den Schlamm waten, um zur Schule zu gehen. Niemand kümmerte sich darum, ob ich die Schule besuchte oder nicht. Aber es war unterhaltsamer, als zu Hause zu bleiben. Außerdem hatten meine Großmutter und mein Großvater mich gelehrt, daß es eine schreckliche Sünde sei, nicht zur Schule zu gehen – oder zu spät zu kommen oder auch nur einen einzigen Tag zu schwänzen. Ich war an einen Fußmarsch von einer halben Stunde gewöhnt; denn so lange hatte es vom Haus meiner Großeltern bis zu meiner alten Schule gedauert. Und genauso lange dauerte es nun von diesem neuen Haus zur nächstgelegenen Schule (einer anderen). Aber der Weg war unvertraut und unangenehm. Ich war nicht immer sicher, die Richtung zur Schule eingeschlagen zu haben, und ich fühlte mich unbehaglich, denn keine lächelnden

Menschen winkten mir zu, wenn ich vorbeikam, und niemand von meinen Freunden wohnte in der Nähe.

Mrs. Hoops, meine neue Lehrerin in der vierten Klasse, war eine schmale, gebrechliche alte Frau. Sie war gütig, brachte mir aber nicht sehr viel bei. Ab und zu besuchte ich nach der Schule ein Mädchen, das um die Ecke wohnte. Ihr Vater war ein Prediger der Siebenten-Tags-Adventisten, und er hatte einen Fernkurs belegt, um Jurist zu werden. Meine Freundin konnte nicht zu mir kommen, da ich zu weit entfernt wohnte. Aber es machte Mühe, in ihrem Haus zu spielen, da es so klein war und fünf Menschen beherbergte: ihre Mutter, ihren Vater (»Stört ihn nicht, er studiert, seid ganz leise!«), ihre beiden Brüder und sie. In einem Vierzimmerhaus ist es ein Luxus, Besuch von einer Freundin zu haben. Armut läßt Freundschaft – ungeachtet aller romantischen Klischees – tatsächlich zu einem Luxus werden.

Noch ein paar Bemerkungen zu dem Tag im Schwimmbad, an dem meine Mutter den schwarzen Badeanzug mit den Kordeln trug. Wie fand ich diesen Badeanzug? Ich war verblüfft und fasziniert, denn sie bot wirklich einen tollen Anblick. Wo mochte sie sich den Badeanzug wohl besorgt haben, und woher hatte sie den Mut, ihn zu tragen? Sie sah großartig aus.

Mein Blickfeld begann ungefähr an ihrer Taille, da ich damals etwa halb so groß war wie sie. Ich schaute direkt auf ihre Hüften und ihre Brust, die üppig und athletisch waren, ähnlich wie die der Schwimmerin und Filmschauspielerin Esther Williams.

Ihr Haar war dicht, kastanienbraun, halblang und gewellt, ihr Körper sinnlich. Zu Hause trug sie immer Unter- und Nachtwäsche, die mir im Vergleich zur Unterwäsche meiner Großmutter recht sexy vorkam. Sonst kannte ich keine.

Ihre Augen waren, ebenfalls wie die von Esther Williams, braun. Aber ihnen fehlte eine gewisse Lebhaftigkeit, ein Ausdruck von Glück oder Klarheit. Sie schienen immer nervös an mir vorbeizublicken. Vielleicht hatte ich aber auch nur das Gefühl, daß sie mich nie wirklich ansah (aber das galt wohl nicht nur für mich, sondern auch für andere). Im Grunde wirkte sie nie gelassen und glücklich. Ich sah sie manchmal lachen, aber nicht vor Freude und aus tiefstem Herzen, sondern eher lauthals, wenn sie sich mit ihren Freundinnen einen obszönen Witz erzählte.

Sie identifizierte sich nicht mit der tugendhaften weiblichen Welt der »braven Mädchen«, aber sie war auch nicht maskulin, jedenfalls nicht im Sinne der heutigen maskulinen Kleider- und Haarmode für Frauen. Ihr Körper war nicht zierlich und ihr Gesichtsausdruck nicht unterwürfig. Unliebsamen Gesprächspartnern riet sie ohne jegliche Hemmung, sich zur Hölle zu scheren. Sie wartete nicht, bis andere das Gespräch eröffneten, und hörte nur zu, wenn sie das Thema selbst gewählt hatte. Die Sorgen anderer interessierten sie nicht, denn ihre eigenen waren zu drückend, nämlich erstens ihre große Unzufriedenheit mit ihrem Leben, die Frage, ob sie umziehen sollte oder wie sie ihre gegenwärtige Situation hinter sich lassen konnte, und zweitens, wo sie ein rasches Vergnügen für die nächsten Stunden finden konnte, ob mit einem Mann, auf einer Autofahrt, im Schwimmbad oder im Kino.

Als sie jünger war, wechselte sie von einem Mann zum

anderen. Die Männer bezahlten die Rechnungen, während sie ihnen Sex und vielleicht ein Kind lieferte. Als sie älter war, schien sie in der Religion Beistand zu suchen, aber ich war nicht mehr in ihrer Nähe und kenne deshalb keine Einzelheiten.

Ich vermißte meinen kleinen Bruder, nachdem meine Mutter verschwunden war. Eines Tages verkündete sie plötzlich – kurz vor dem Essen und kurz bevor mein Stiefvater zu Hause eintraf –, daß sie sich von ihm, dem Vater meines Bruders, scheiden lassen werde. Sie liebe ihn nicht genug und habe ihn nur geheiratet, um ein Heim und eine Familie zu besitzen. Aber nun sei sie der Meinung, daß er sich nicht allzusehr um die Familie kümmere (genausowenig wie sie, um ehrlich zu sein).

Meine Mutter zog mit meinem Bruder fort, und ich kehrte zu meinen Großeltern zurück. (Mir war nicht klar, wie diese Entscheidung fiel, aber ich wurde jedenfalls nicht gefragt.) Ich erinnerte mich stets voller Zärtlichkeit an meinen Bruder. Später war es ein Schock für mich zu hören, daß er sich nicht an jene Tage im Hochstuhl in der Küche oder an unsere gemeinsamen Spiele entsinnen konnte. Nicht im geringsten.

Ich war froh, wieder zu Hause zu sein. Im Grunde hatte sich nur eines geändert: Bevor ich bei meiner Mutter wohnte, hatte ich in der Hall School zwei »beste Freundinnen« gehabt: Jill und Becky.

Zuerst war es nur Jill (oder »Jillikins«, wie ihre Mutter sie gern nannte). Jill hatte langes hellrotes Haar, eine blasse Haut, blaue Augen und schöne zarte Sommersprossen überall auf Gesicht, Armen und Beinen. Zauberhaft. Ihre jüngere Schwester war im Gegensatz zu der gertenschlanken Jill untersetzt und pummelig. Judy stellte Fragen wie: »Mommy, wenn man einen Pickel im Gesicht hat, wieso kann man ihn dann nicht einfach abrasieren?« Wir alle – Jill, ihre Mutter und ich – lachten sie aus, als wir diese Frage hörten. Die arme Judy war immer »außen vor«, immer die letzte. Und sie war sich dessen bewußt. Sie hatte schlichtes braunes Haar.

Hinter Jills Haus war ein Weingarten – so groß, daß man sich darin verirren konnte. Ihr Vater besaß ein Bauunternehmen und hatte das Haus für die Familie errichten lassen. Es war herrlich und in jeder Hinsicht modern. Aber unseres gefiel mir besser, weil es altmodisch aussah und sich in die Landschaft einfügte; es schien sich den Bäumen und den sanften Rundungen der Hügel anzupassen und ein Teil von ihnen zu sein.

Dann, in dem Jahr, bevor ich zu meiner Mutter zog, erschien ein neues Mädchen in der Schule. Sie hieß Becky, hatte hochrotes Haar, ebenfalls Sommersprossen und eine kurze Kleopatra-Frisur mit dichtem, geradem Pony. Sie war unglaublich charmant! Jill und ich freundeten uns mit ihr an, und wir drei unternahmen alles mögliche gemeinsam. In der Zeit, als ich bei meiner Mutter wohnte und eine andere Schule besuchte, wurden Becky und Jill »beste Freundinnen«. Anderthalb Jahre später kehrte ich zurück, aber nun wurde ich von der Gruppe nicht mehr akzeptiert. Ich sehnte mich nach unserer engen Dreiergemeinschaft. Aber es wurde Zeit, auf die Junior High School in einem anderen, größeren Gebäude zu gehen.

Im Sommer schien das Haus meiner Großeltern in einer Art Paradies zu liegen. Die Nachbarn pflegten ihren Rasen und die Blumenbeete sorgsam, die Gärten waren grün und voll farbenprächtiger Blumen und Vögel. Auch wir mähten unseren Rasen, der sich über zwei steile Hänge erstreckte. Es war mörderisch, den schweren Rasenmäher auf und ab zu zerren (damals gab es noch keinen Elektroantrieb). Manchmal mähte meine Großmutter, und als ich größer war, kam ich an die Reihe. Bei den hohen Temperaturen mußte man sich häufig ausruhen, um keinen Hitzschlag zu erleiden. Wenn ich meine Großmutter beobachtete, hatte ich Angst, sie könnte einen Herzinfarkt bekommen, denn ihr Gesicht lief immer sehr rot an, und ihre Atmung beschleunigte sich. Ich konnte sie jedoch nicht von der Arbeit abbringen. Sie war entschlossen, es den Nachbarn gleichzutun, denn es wäre ein Gesichtsverlust gewesen, einen vernachlässigten Rasen zu haben.

Sie liebte die Schönheit ihres Gartens und pflanzte ständig Blumen: die blauen Schwertlilien mit ihren gelben Kehlen, die jedes Frühjahr kurz nach den Narzissen und Osterglocken blühten, und später die bunten Tulpen. Wie sie wohl gelernt hatte, die Zwiebeln zu pflanzen? Sie tat es gewissenhaft Jahr um Jahr – aus reiner Liebe zu den Blumen.

Zwei Häuser weiter lag ein im ausgehenden neunzehnten Jahrhundert errichtetes Gebäude. Der Garten war extravagant mit mehr als sechzig Blumensorten von einer Frau gestaltet worden, die um die Jahrhundertwende nach St. Joseph gezogen war, um einen Hutsalon zu eröffnen. Welch eine exotische Idee! Es muß eine interessante Frau gewesen sein, die ein so schönes Haus bauen ließ und ge-

53

staltete und der es Freude machte, Damenhüte zu entwerfen! Wie gern hätte ich sie kennengelernt. Sie pflanzte zwei importierte Tulpenbäume auf ihrem Vorderrasen, und jedes Frühjahr schimmerten die fleischigen rosa- und cremefarbenen Blüten vor dem Blau des Himmels.

Es war ein herrlicher Anblick für ein kleines Mädchen. Das Bild, das sich mir eingeprägt hat, zeigt die Bäume vor dem Himmel – wahrscheinlich deshalb, weil ich aus meiner Höhe immer zu ihnen hinaufschauen mußte, so daß sie und ihre Zweige stets vom Himmel eingerahmt zu sein schienen. Es war herzzerreißend schön, sie gleichsam am Himmel schweben zu sehen. Außerdem gab es damals noch nicht so viele dicht nebeneinanderstehende Gebäude, die den Blick auf die Landschaft verstellten.

Im Hinterhof legte meine Großmutter einen Gemüsegarten an. Ich erinnere mich, daß ich ihr beim Jäten half und sie über die Pflanzen ausfragte. Wie wunderbar, wenn man eine Zwiebel einfach aus dem Boden ziehen konnte! Oder eine Rübe oder eine Karotte! Ich war verblüfft.

Wenn das Geld knapp wurde, übernahm meine Großmutter Flickarbeiten. Noch heute wird mir das Herz schwer, wenn ich daran denke, wie sie an ihrer Nähmaschine saß. Sie haßte diese Arbeit, glaube ich.

Großmutter nähte in einem kleinen Zimmer, das sie an das Haus hatte anbauen lassen. Die drei Fenster – eines zu jeder Seite – blickten auf die großen alten Bäume und den Rasen hinaus. An ihrer Singer-Nähmaschine sitzend, betrachtete meine Großmutter die Welt, mit der sie jedoch nicht viel Kontakt hatte. Immerhin beteiligte sie sich eifrig an der Kirchenarbeit und an der »Auslandshilfe«. Im Sommer, wenn die Blätter grün und die Fenster offen waren, hielt sie sich besonders gern in dem Zimmer auf. Im Winter war es dort kälter, da man die Zentralheizung nicht auf den Anbau erweitert hatte, und das Haus wurde zu einer Art Festung gegen den tiefen Schnee. Im Winter mußte jemand einmal pro Tag nach draußen gehen, durch die Luke im Boden ins Untergeschoß klettern und Kohlen in den Kessel schaufeln, damit das Feuer nicht erlosch.

Was mir mißfiel war, daß Großmutter unseren Hund jeden Abend in der Küche anband – noch dazu mit einem viel zu kurzen Seil, wie ich dachte. Es muß unbequem für ihn gewesen sein. Wie konnte er sich im Schlaf bewegen? Wieso mußte er überhaupt an den Tisch gebunden werden? Es gab keinen Grund dafür. Jahrelang fand er sich mit dem nur einen halben Meter langen Seil ab, doch dann biß er meine Großmutter eines Abends – zu ihrer Überraschung und Empörung.

Wenn ich mir das Foto von ihr auf der Viehranch anschaue, habe ich den Eindruck, daß sich meine Großmutter ursprünglich ein glücklicheres Leben erhofft hatte. Auf jenem Foto mit ihren Freundinnen lacht sie sorglos. So habe ich sie nie erlebt.

Meine Großmutter, ein musterhaft »braves Mädchen«, wuchs in New Mexico mit fünf Brüdern auf. Meine Frage, was für ein Mensch ihre Mutter gewesen sei, konnte sie anscheinend nicht beantworten. Später hörte ich von meiner Tante, daß ihre Mutter früh gestorben sei. Im Kindbett? Oder vielleicht hatte ihre Mutter – mit sechs Kindern im Grenzgebiet – nicht genug Zeit, sie alle richtig kennenzulernen. Außerdem verließ meine Großmutter die Ranch schon mit ungefähr achtzehn Jahren, um meinen Großvater zu heiraten. Es hörte sich nicht danach an, als habe sie ihre Mutter sehr bewundert, doch sie sprach mit glühendem Stolz von ihrem Vater und einem ihrer Brüder: Mose, dem »Großen«. (Sämtliche Brüder waren hoch gewachsen.)

Sie brachte Bilder eines anderen Mannes – Jesus (gewöhnlich am Kreuz) – überall im Haus an. Es war seltsam, daß sie sich so heftig über die Katholiken beklagte, da unser Haus viel katholischer aussah als die meisten Häuser der von ihr Geschmähten!

Wenn meine Großmutter das Haus verließ, trug sie stets Hut und Handschuhe, Strümpfe, hochhackige Schuhe und ein Kleid (niemals einen Rock und eine Bluse), und sie sprühte Unmengen leicht parfümierten Staubpuders über ihren ganzen Körper. Daheim begnügte sie sich mit locker sitzenden Hauskleidern. Jeden Morgen um sieben war sie bereits völlig angezogen, hatte sich das Haar geflochten und es säuberlich auf ihrem Kopf angeordnet. (Meine Mutter war genau das Gegenteil von ihr.)

Ihre Hüte erblühten in jeder erdenklichen Pastellfarbe und waren immer mit einem Schleier versehen. (Schwarze Hüte blieben Beerdigungen vorbehalten.) Sie besaß Filzhüte in sanftem Rosa, Elfenbein und Taubengrau. Der rosa Hut hatte einen blaßrosa Schleier. An sämtlichen Hüten steckten Hutnadeln, gewöhnlich aus Perlmutter. Mir gefiel ihre Art, sich zu kleiden. Sie war sehr elegant.

Das Hauptvergnügen meiner Großmutter bestand darin, in die Kirche zu gehen, wo sie siebenundzwanzig Jahre lang in der Sonntagsschule unterrichtete. (Wie alle anderen durchlief auch ich ihren Unterricht, als ich im entsprechenden Alter war.) In der Sonntagsschule wurden uns

Geschichten aus der Bibel vorgelesen oder erzählt, und danach spielten wir miteinander. Manchmal machten wir Klassenpicknicks, und später gab es Einkehrwochenenden, an denen wir uns vermutlich auf unschuldige Weise in andere religiöse Kinder verknallen sollten.

Ich nahm nur zweimal an einer solchen Campingeinkehr teil, da mir die frommen Jugendlichen allzu still und uninteressant waren. Sie hatten solche Angst davor, etwas Falsches zu tun, daß sie wie unbeschriebene Blätter wirkten. Die Mädchen waren noch eingeschüchterter als die Jungen. Deshalb versuchte ich, mich mit den Jungen anzufreunden, die wenigstens Spiele machten. Einer von ihnen hieß Harlan. Meine Großmutter hatte ihn offenbar zu meinem »Liebsten« auserkoren. Sein Vater war Prediger, und Harlan wollte diesem Vorbild folgen. Ich dachte ständig, daß er einen sehr merkwürdigen Namen hatte, und ich konnte ihn nie dazu bringen, einmal begonnene Spiele fortzusetzen. Gewöhnlich verschwand er mittendrin, um zu meditieren.

Als ich noch sehr jung war, hatte ich keine Schamhaare. Ich weiß noch, wie ich an meinem Körper hinunterschaute und meine kräftigen und wohlgeformten Arme mit ihren blonden Härchen betrachtete. Alle neigten sich wie beim Schwimmen in dieselbe Richtung. Sie begannen in der Mitte meines Körpers, über dem Herzen und am Bauch, und wuchsen wellenförmig nach außen. Sie waren sehr symmetrisch und glänzten in der Sonne – eine schöne warme Goldfarbe. Im Sommer wurde meine Haut nur wenig dunkler; ich konnte nicht wirklich braun werden, aber als ich später in Florida lebte, gab ich mir Mühe.

Die Härchen gefielen mir, weil sie so kräftig aussahen. Und auch meine Arme wirkten kräftig. Ich erinnere mich, daß ich stolz auf meinen Körper war und mich ein bißchen für Menschen schämte, deren Muskeln im Alter schlaffer geworden waren. Es mochte nicht »ihre Schuld« sein, aber insgeheim machte ich sie doch für ihr Altern verantwortlich. Wie konnten sie das zulassen? Mir graute vor dem Tag, an dem mir das gleiche zustoßen würde. Andererseits hielt ich es für unmöglich. Immer wenn jemand betonte, wie jung ich sei und daß mein ganzes Leben noch vor mir liege, hätte ich jubeln können. Es machte mir Freude, wenn mich jemand aus irgendeinem Grund beneidete, weil dies so selten der Fall war. Aber mein Überlegenheitsgefühl, wenn jemand sagte: »Oh, wie jung du bist – und welch ein Glück du hast!«, verwandelte sich bald in Schuldbewußtsein. Ich tat so, als wäre meine Jugend unwichtig, doch ich wußte, daß sie einen Vorteil für mich darstellte.

Unser Badezimmer war mit weißen Fliesen gekachelt; den Fußboden bedeckte schwarzweißes Linoleum. An der einen Seite des kleinen Raumes waren ein Waschbecken und eine Toilette, an der anderen stand eine Badewanne. Ich hasse diesen Wannentyp bis zum heutigen Tag.

Meine Großmutter bürstete ihr langes Haar dort jeden Abend nach ihrem Bad mit langen Strichen, um es zum Glänzen zu bringen. Wenn es offen war, reichte es fast bis zur Hüfte. Aber tagsüber trug sie es, wie erwähnt, zu Zöpfen geflochten in einem Kranz auf dem Kopf. Die weißen Seiten bildeten eine Art viktorianischen Rahmen für ihr helles Gesicht.

Sie hatte ein Ritual, dem sie jeden Abend vor dem

Schlafengehen folgte. In der Mitte des Badezimmers stehend, zog sie bei geöffneter Tür, während das Badewasser einlief, ihre Kleidung aus. (Warum ließ sie die Tür offen? Weil der Raum so klein war? Weil sie Platzangst bekommen hätte, wenn die Tür geschlossen gewesen wäre? Weil sie sich einsam gefühlt hätte? Vielleicht wollte sie mich besser im Auge behalten.) Dann stieg sie nicht allzu behende in die Wanne, die nur etwa zehn Zentimeter hoch mit Wasser gefüllt war, und wusch sich. Nach dem Bad stellte sie sich neben das Waschbecken, puderte sich den Körper und löste ihr Haar. Manchmal beugte sie sich vor und bürstete es über ihren Kopf. Dabei bot sie mir den Anblick ihres Gesäßes und ihrer Hüften dar. Danach zog sie sich eines ihrer pastellfarbenen Nylonnachthemden über den Kopf und cremte sich das Gesicht ein.

Wenn ich die wuchtige, nackte Gestalt – sie war sehr schwer – meiner Großmutter aus der Wanne steigen oder am Waschbecken stehen sah, hielt ich sie nicht für schön, sondern für häßlich oder vielleicht für faszinierend häßlich. Warum? War ich von den schlanken Frauen auf den Parfümreklameplakaten in der Drogerie beeinflußt worden? Ich mochte den fülligen Unterleib, die dicken Schenkel und den Hängebusen meiner Großmutter nicht. Warum nicht?

Schließlich hatte der Körper meiner Großmutter (was mir allerdings erst später klar wurde) große Ähnlichkeit mit dem der Venus von Willendorf, die ebenfalls einen Hängebusen und ein mächtiges Gesäß besitzt.

Es war eigenartig, ihre nackten Hüften anzuschauen. Wenn sie nackt im Badezimmer stand, hatte ich das Gefühl, etwas Unrechtes zu tun. Aber ich konnte einfach nicht anders, als ihr entblößtes Fleisch anzustarren. Fasziniert überlegte ich, wie sie entstanden war. Sie kam mir überlebensgroß vor – besonders, wenn ich sie nackt vor mir hatte.

Sie schien etwas Primitives – Animalisches – an sich zu haben, wenn ich sie so sah und wenn ihr dralles, rosigweißes Fleisch bebte. Außerdem wurde ich von ihrer physischen Kraft und Größe eingeschüchtert. Da sie mir manchmal eine Ohrfeige gab oder eine Bewegung machte, als wolle sie mich stoßen, war ich immer ein wenig auf der Hut vor ihrem Zorn. Sie war viermal so groß wie ich, größer noch als Großvater.

Zwar schien sie sich in meiner Gegenwart nie unbehaglich oder verlegen zu fühlen, wenn sie nackt war, doch ich schämte mich meiner Nacktheit ihr gegenüber. Lag es daran, daß ein Kind kaum eine Privatsphäre hat? Denn Erwachsene baden und berühren dich, als wäre dein Körper ihr eigener – ihr Besitz, ein »Ding«, das man wäscht und füttert.

Großmutters Körper war so ganz anders als meiner. (Es war der einzige nackte weibliche Körper, den ich zu Gesicht bekam.) Erstens war er viel größer. Zweitens hatte sie Brüste, und drittens war sie sehr schwer. Ihre Körperspalten schienen geheim zu sein, verboten. Ich konnte mir einfach nicht vorstellen, daß Kinder aus ihrem Bauch gekommen waren. Natürlich sah ich nie ihre Geschlechtsteile, aber einmal erhaschte ich einen Blick auf ein wenig graues, borstiges Schamhaar. Ich hatte Angst, genauer hinzuschauen oder sie um die Erlaubnis zu einem gründlicheren Blick zu bitten. Dachte ich überhaupt bewußt an solche Dinge?

Vielleicht mochte ich ihre Nacktheit, ihre Hüften und Brüste nicht, weil sie – wie überhaupt ihr ganzer Körper –

ihr *selbst* nicht gefielen. Sie respektierte ihren Körper vermutlich nicht, sondern hielt ihn für »tierisch« und damit für »weniger gut« als alles Geistige. Sie lehnte ihren Körper ab und wünschte sich, dessen Bedürfnisse und Identität leugnen zu können (dabei liebte sie ihn insgeheim). Oder vielleicht war ich als Kind einfach nicht in der Lage, sie zu verstehen.

Ein nackter Körper sieht zwangsläufig verletzlicher aus als ein bekleideter oder eingehüllter. Ihre Brustwarzen und ihr Bauch wirkten im Gegensatz zu ihren Armen und Beinen schwach, farblos und nicht sehr muskulös.

Großmutter selbst fand ihre Fesseln (schmal und elegant) am attraktivsten. Ihr ganzes Leben hindurch gab sie ihre kümmerlichen Ersparnisse für Strümpfe aus, und sie wünschte sie sich auch stets als Weihnachts- oder Geburtstagsgeschenk. Ihre Lieblingsstrümpfe waren hautfarben, und wenn sie ausging, befestigte sie die Strümpfe an den Strapsen ihres Hüfthalters. Daheim zog sie die Strümpfe unter ihrem Hauskleid hoch, wie es in den zwanziger Jahren üblich war; sie drehte den oberen Rand fest und verknotete ihn.

Nach dem Ritual des Haarebürstens kam sie abends in mein Schlafzimmer, und wir knieten gemeinsam auf den Fußboden, um unsere Gebete zu sagen. An dem Tag, als mein Großvater fortgegangen war, beteten wir besonders intensiv. Nach fünfunddreißigjähriger Ehe hatten die beiden beschlossen, sich voneinander zu trennen.

Warum? Ich werde die Wahrheit nie erfahren, aber es gab allerlei kleine Hinweise darauf, daß sie sich miteinander nicht mehr wohl fühlten. Vieles an ihrer Ehe dürfte meiner Großmutter nicht gefallen oder sie sogar verärgert haben.

Schließlich mußte sie zu Hause bleiben und das Geschirr abwaschen, während ihr Mann arbeitete und andere Menschen um sich hatte. Wenn er nach Hause kam, hatte er wahrscheinlich wenig Lust, mit ihr auszugehen. Ohnehin hatten sie dafür nicht genug Geld. Es war die typische Ehesituation der fünfziger Jahre, die so häufig von Frauen beschrieben wird. Gleichzeitig hatten die Männer das Gefühl, daß ihre Frauen dauernd nörgelten und eine »närrische« Einstellung zur Liebe hatten. Die Frauen empfanden Groll über diesen Mangel an Freiheit und Liebe. Das alles verstand ich erst viel später. Damals war ich zu jung, um zu begreifen (oder um eine Erklärung dafür zu erhalten?), weshalb sie sich trennten. Und auch heute kann ich nur spekulieren.

Aber ich weigere mich, die Ehe meiner Großeltern, die nach fünfunddreißig Jahren endete, als gescheitert zu bezeichnen. Daraus spräche das Vorurteil, daß niemand berechtigt sei, sein Leben zu ändern. Ist es etwa eine Art Verrat, wenn ein Paar nach fünfunddreißigjähriger Ehe beschließt, eine andere Lebensform zu finden? Sie hatten ihre Kinder zu soliden Bürgern erzogen; ihre Kinder waren nun Erwachsene, die geheiratet hatten oder fortgezogen waren, um anderswo zu arbeiten. Hatten meine Großeltern denn nicht das Recht, ihr Leben umzugestalten?

Nachdem Großvater das Haus verlassen hatte, brach alles zusammen. Großmutter wurde sehr zornig.

»Zu Bett geh' ich und schlafe ein,
Empfehle Gott die Seele mein.
Und bin ich tot vor dem Erwachen,
Soll meine Seele Gott bewachen.«

Warum wird jeden Abend vor dem Schlafengehen soviel vom Tod geredet?

Wir knieten uns allabendlich vor das Bett, und ich rezitierte diese Zeilen, die auch handgestickt in einem weißen Rahmen über meinem Bett an der Wand hingen.

Nun begann eine Zeit in meinem Leben – ich war ungefähr zehn Jahre alt –, in der ich viel Leid durchmachte: »Ich fürchte dich. Ich fürchte dich mit jedem Atemzug. Du bist eine absolute Diktatorin. Du schlägst mich. Bei dir bin ich ein eingesperrtes Tier, das ängstlich jede deiner Bewegungen verfolgt, das jedes Wort, jedes Schweigen, jede Änderung deiner Atemzüge im voraus erahnt, das immer bereit ist, fortzulaufen oder sich zu verteidigen.

Aber ich habe meinen Frieden gefunden. Ich habe mich gefragt, was es bedeuten würde zu sterben, und bin zu dem Schluß gekommen, daß der Tod nicht schlimmer sein könnte; ich könnte, wenn nötig, den Tod überwinden. Schließlich ist er nicht das wichtigste; vor allem kommt es darauf an, etwas aus seinem Leben zu machen, wenn irgend möglich.«

Hätten die Menschen nicht etwas bemerken, etwas tun, mir helfen sollen? Waren sie alle, besonders diejenigen in der Kirche, Heuchler? Es schien niemanden zu geben, dem ich mich anvertrauen konnte. Ich wäre mir treulos vorgekommen.

Aber in der neunten Klasse, als ich etwa zwölf Jahre alt war, vertraute ich mich jemandem an. Ich bat die Vertrauenslehrerin, mir zu helfen. Zitternd und beschämt betrat ich frühmorgens ihr Büro, bevor es zur ersten Stunde klingelte, und stotterte: »Ich werde zu Hause geschlagen.« Die sorgfältig frisierte würdige Dame geriet sichtlich aus der

Fassung. Ungeduldig versuchte sie, das Zimmer zu verlassen, und fragte schroff: »Und was soll ich dagegen tun?« Ich war zutiefst beschämt und kam mir äußerst dumm vor. »Ich weiß nicht . . .«

Sie war verärgert, und damit hatte ich nicht gerechnet. An jenem Tag, als sie eine Begrüßungsrede vor uns, den neuen Schülerinnen, gehalten hatte, war sie mir so gütig erschienen. Sie sei unsere Schulmutter und wolle uns helfen; unter ihrer Obhut würden wir zu jungen Frauen heranwachsen. Aber nun begriff ich, daß sie »die richtige Art Mädchen« betreuen wollte. Es ging ihr um gesellschaftlichen Status, nicht darum, sich mit Mädchen abzugeben, die zu Hause Probleme hatten. Familiäre Schwierigkeiten waren ihrer Meinung nach typisch für die Unterschicht und hätten ihrem Ansehen schaden können. Mir wurde klar, daß man die reicheren Mädchen aufgefordert hatte, dem Schülerrat und dem Schülerberatungskomitee des Direktors sowie bestimmten Clubs beizutreten. Aber woher wußte man in der Schule sofort, in welchem Ortsteil wir wohnten und wieviel Geld unsere Eltern verdienten?

Ich fühlte mich gedemütigt, als sie das Zimmer verließ, ohne sich von mir zu verabschieden. Offenbar hielt sie mich für eine Versagerin. Es verstieß gegen die guten Manieren, und sie schien es als eine Beleidigung zu empfinden, daß ich etwas so Persönliches angeschnitten hatte. Für mich war es entsetzlich.

Seltsamerweise war ich trotz der Ausfälle meiner Großmutter im tiefsten Innern auch weiterhin glücklich.

Ich erinnere mich an die großen Bäume, ihre grünen Blätter im Sommer, an das Gras und seinen Duft, besonders nach dem Mähen des Rasens, an die Kaninchen, die vielen Eichhörnchen und Vögel, an meinen schwarzen Hund mit dem gekräuselten Fell, an unsere Hauptmahlzeiten (das Brathuhn am Sonntag), an das Frühstück (Lebertran, gefolgt von Hafergrütze oder gebratenen Hafergrützeresten mit Sirup), an den sonnabendlichen Fondant. An das Spielen mit der elektrischen Eisenbahn zu Weihnachten und an ihren Geruch. An die Orangenlimonade, die mir aus der Nase sprudelte, als ich sie an einem heißen Tag zu schnell trank – ich saß gerade auf der Vordertreppe –, während der Bus vorbeifuhr und mich alle neugierig anstarrten. Es war mir so peinlich!

Aber eines Nachts, als ich im Bett lag und schlafen sollte, stand ich auf und stahl mich aus dem Haus. Großmutter hatte mich an jenem Tag nach der Schule im Hof mit Zweigen, abgerissen von den Spiersträuchern, gepeitscht. Die pfeifenden Schläge sahen wahrscheinlich brutaler aus, als sie sich anfühlten; ich war vor allem deshalb gedemütigt, weil ich mich fragte, ob die Nachbarn hinter ihren Fenstern zuschauten. Danach kehrte ich achtzehn Jahre lang nicht mehr zurück.

Obwohl sie mich terrorisierte, hatte ich Mitleid mit ihr, denn ich wußte, daß sie in einer entsetzlicheren Falle saß als ich. Meine Gefangenschaft war zeitweiliger, körperlicher Art, ihre hingegen war seelisch und zeitlich unbegrenzt.

Nach der Trennung von ihrem Mann sehnte sich Großmutter verzweifelt nach Geselligkeit. Sie versuchte, Hilfe in der Kirche zu finden. Aber dort durfte man nicht geschieden, sondern mußte verheiratet sein; eine fünfunddreißigjährige Ehe reichte nicht aus, eine geschiedene Frau war nicht normal! (Davon abgesehen war ihr Zustand vielleicht ansteckend.)

Großmutter war nicht mit alleinstehenden Frauen befreundet. Schließlich war die Kirche nicht gerade ein Magnet für unverheiratete Mütter. Außerdem glaubte meine Großmutter gewiß auch, daß ihre Scheidung ein Makel war, obwohl sie meinen Großvater dafür verantwortlich machte: Er hatte etwas Böses und Unmoralisches getan. Zwar war sie seit einiger Zeit unzufrieden mit ihm gewesen, aber sie meinte vermutlich, als alleinstehende Frau nicht existieren zu können. Auch hielt sie die Scheidung, da diese von der Kirche nicht anerkannt wurde, für eine Sünde. Deshalb war sie nicht wirklich geschieden. Sie war zu Recht der Ansicht, daß sie maßgeblich zum gesellschaftlichen Status der Familie beigetragen hatte; sie hatte das Geschäft mit aufgebaut, indem sie das Telefon beantwortete und die Aufträge für meinen Großvater entgegennahm. Sie hatte die Feindseligkeit ihrer Schwiegermutter ertragen und »dieses Haus aus einem alten Schuppen hergerichtet«. Deshalb hielt sie es nicht für fair, daß ihr jeglicher Lohn versagt blieb. Das Problem wurde im Grunde jedoch nicht durch meinen Großvater geschaffen, der ein gütiger und humaner Mensch war, sondern durch eine Gesellschaft, die Frauen so wenig Freiheit und nicht genug Rechte gewährte.

Schade. Aber klinge ich nicht wie so viele Frauen meiner Generation – wie die Frauen in meinen eigenen Recherchen –, die ihre Mütter in den fünfziger Jahren beschreiben? Heutzutage äußern sich Frauen ganz anders über ihre Mütter. Wenn ich hier jedoch von meiner biologischen Mutter spreche, im Gegensatz zu meiner »Großmutter-Mutter«, dann klinge ich positiver. Seltsam. Wurde meine Einstellung durch ihre Abwesenheit verklärt? Sicher, ich mochte meine Mutter lieber, ich haßte sie nicht, weil sie mich verlassen hatte, sondern fand sie faszinierend, hatte aber nicht den Wunsch, mit ihr zusammenzuleben. Andererseits *liebte* ich meine Großmutter, war von tiefstem Mitleid für sie und ihre Probleme erfüllt und hätte alles getan, ihr zu helfen. Deshalb hörte ich ihr zu und blieb so lange wie möglich bei ihr, obwohl es mir weh tat. (Ich glaube, mein Großvater konnte sich besser in meine Lage hineinversetzen als jeder andere, da er sich vielleicht genauso verhalten hatte.)

Und auch heute noch bin ich loyal meiner Großmutter gegenüber, denn ich gehe mitfühlender auf ihren Standpunkt ein, als man erwarten dürfte.

Als meine Großmutter noch jünger war, sagte sie einmal zu meiner Tante Cecile (ihrer Tochter im Teenageralter): »Du kannst dir nicht vorstellen, was ich letzte Nacht tun mußte.« Am Abend zuvor hatte es eine heftige Auseinandersetzung gegeben. Dann, als die Kinder aufwachten, schien alles wieder normal zu sein – abgesehen von diesen Worten meiner Großmutter, mit denen sie andeutete, daß sie etwas Schreckliches getan hatte, um Frieden zu schließen. Meine Tante begriff, daß es sich um etwas Sexuelles gehandelt haben mußte – erstens, weil es nicht ausgesprochen werden konnte, und zweitens, weil die Kinder die beiden zuletzt gesehen hatten, als sie ins Bett gingen.

Ob meine Tante sich schuldbewußt fühlte, weil ihre Mutter »so etwas« hatte tun müssen, um die Familie zusammenzuhalten? Sprachen sie, ihre Schwester (meine Mutter) und ihr Bruder Jack in jener Nacht im Bett darüber? Alle drei Kinder schliefen in dem Zimmer, das ich später für mich allein hatte. (Kurz darauf wurde Jack im »Nähmaschinenzimmer« untergebracht, und die beiden Mädchen blieben zusammen in dem größeren Schlafzimmer.) Es muß in den dreißiger Jahren schwierig gewesen sein, als die fünf in einem Vierzimmerhaus zusammengepfercht waren. Es war ein kleines Haus mit einem einzigen Badezimmer, dessen Tür nicht richtig schloß, da sie zu oft gestrichen worden war.

Ich war körperlich sehr aktiv, spielte gern im Freien und ging jahrelang jeden Tag, bei Sonne oder Schnee zu Fuß sieben Meilen zur Schule und zurück.

Meine Freude war grenzenlos, als ich Fahrradfahren lernte. Es verschaffte mir Freiheit. Mit dem Rad konnte ich überallhin. Das blauweiße Fahrrad der Marke Schwinn war mein Freund.

Es fiel mir nicht leicht, das Fahrrad zu meistern. Wahrscheinlich war ich anfangs zu klein für das Modell, das man mir geschenkt hatte. Ich sollte »hineinwachsen«. Als ich größer wurde, lernte ich allmählich, damit zu fahren. Meine Füße erreichten die Pedale nur, wenn ich nicht auf dem Sattel saß. Eines Tages gelang es mir – auf der Veranda –, nicht umzufallen. (Davor lief ich Rollschuh auf dem Gehsteig, wovon immer noch Narben an meinen Knien zurückgeblieben sind! Es war ein holpriger Gehsteig, aber das Rollschuhlaufen bereitete mir großes Vergnügen.) Zuerst konnte ich das Fahrrad nur für ein paar Sekunden aufrecht halten, dann länger und länger. Schließlich schaffte ich es, quer über die Veranda zu fahren. Dann übte ich auf dem Gehsteig, und es wurde immer leichter.

Damals wohnte ich bei meiner Mutter in der Doniphan Street. Nur ein einziges Mal half mir ein Erwachsener, der mich den steilen Hügel des Gehsteigs hinaufbrachte, mich auf das Fahrrad setzte und mit einem gemeinen Grinsen sagte: »Da sind wir! Fahr los!« Ich war so erschrocken, daß ich nie wieder um Hilfe bat. Und wenn ich auf der Veranda übte, hatte ich Angst, daß wieder jemand herauskommen und sich über mich lustig machen oder mich zwingen würde, den Hügel hinunterzufahren. Später, als Erwachsene, hatte ich ähnliche Befürchtungen, als ich in der Schweiz Skifahren lernte.

Ein Jahr später fuhr ich Samstag morgens mit dem Rad zu den Kinderfilmvorstellungen in die Stadt. Die Filme wurden in einem alten Kino gezeigt, und man ließ Kinder für zehn Kronenkorken von Limonadeflaschen oder vierzehn Cent ein. Es waren alte Cowboyfilme mit Roy Rogers, Tom Mix und anderen, die mir gefielen. Die Helden waren sehr mutig, und in St. Joseph konnte man sich noch an die Cowboyzeiten erinnern. Deshalb kamen uns die Personen sehr realistisch vor, ebenso wie die Pferde, die Prärie, die Bäume, die Hügel und die Häuschen auf den weiten Flächen und das Leben in der freien Natur.

Woran ich mich allerdings nie gewöhnen konnte, war die Tatsache, daß der Held, etwa Roy Rogers, am Ende stets in einen Kampf auf Biegen und Brechen mit dem Schurken verwickelt war, während seine Freundin Dale nur dazustehen und entsetzt dreinzuschauen brauchte. Natürlich hätte sie sich eine Pfanne oder einen Ziegelstein schnappen und den Schurken k. o. schlagen können. Schließlich war sie ja ein tüchtiges Cowgirl, klug und energisch. Man sah sie nie in der Küche (dafür gab es den Koch Gaby, der das »Futter« für »alle Jungs« zubereitete), denn Dale gehörte zu denjenigen, die über das Weideland ritten und die Existenz der Ranch sicherten. Aber sie durfte nicht kämpfen. Bei solchen Szenen geriet das Kinderpublikum immer außer sich und schrie: »Tu was, Dale! Hau ihn von hinten um, Dale!« Aber sie tat es nie.

Wenigstens einmal im Monat gab es bei einer meiner Klassenkameradinnen eine Geburtstagsparty.

»Sieben-Tage-Unterhosen« waren ein beliebtes Geschenk auf diesen Geburtstagspartys. Einen Höhepunkt jeder Party bildete das Auswickeln der Geschenke. Jeder, der eintrat, legte sein Mitbringsel auf einen Haufen, und nach dem Kuchenessen setzte sich das Geburtstagskind, umringt von den zuschauenden Gästen, auf den Fußboden und öffnete sämtliche Gaben. Auf jeder Party ertönte irgendwann schrilles Gelächter, weil ein Karton (oder mehrere) Unterhosen enthielt.

Das Ganze verwirrte mich sehr. Ich war schockiert, denn man hatte mir beigebracht, meine Unterhose niemals zu zeigen. Warum tat man es hier? Wie sollte ich darauf reagieren? Andererseits handelte es sich um entzückende, weibliche und farbenprächtige Höschen. Mir gefielen die Satinstoffe. Aber insgeheim hielt ich es für vulgär, einem arglosen Mädchen ein solches Geschenk zu geben, das sie plötzlich allen Zuschauern (manchmal der ganzen Klasse mit dreißig Kindern!) zeigen mußte. Es war, als werde sie gezwungen, ihre Privatsphäre preiszugeben. Da jedoch alle lachten und keinen Anstoß zu nehmen schienen, hatte auch ich vermutlich keine Einwände gegen dieses Schauspiel. (Schließlich hatten die Eltern irgendeiner Schülerin das Geschenk gekauft.) Auch beneidete ich das Geburtstagskind um die Aufmerksamkeit, die ihm in einem solchen Moment zuteil wurde.

Ich wünschte mir, daß auch mir jemand Sieben-Tage-Unterhosen schenken würde.

In jenem Alter wurde ich nie zu der Geburtstagsparty eines Jungen eingeladen (gaben sie überhaupt Partys?). So weiß ich nicht, ob sie ebenfalls solche Unterwäsche erhielten. Ich bin jedoch fast sicher, daß man diese Dinge nur für Mädchen herstellte, was sich durch die Geschäftsauslagen bestätigte. Ich wußte nicht genau, welche Botschaft hier vermittelt wurde, aber mein Eindruck war, daß es als schicklich galt, auf »Mädchenhintern« hinzuweisen. Die Rüschen vergrößerten den betreffenden Bereich, als wolle man sagen: »Aufgepaßt, hier ragt etwas hervor!« Auch die Position des Wochentagsnamens auf der Rückseite ließ erkennen, daß man auf diese Stelle zu schauen hatte.

In den Filmen der fünfziger Jahre gab es häufig eine Szene, in welcher der Held das Mädchen, das er heiraten wollte, übers Knie legte und verdrosch. Manchmal wurde dies dadurch gerechtfertigt, daß der Film ein Western war, denn solche Dinge geschahen angeblich im rauhen Grenzgebiet. In dem letzten Film mit einer solchen Szene, an den ich mich erinnere, spielten John Wayne und Maureen O'Hara die Hauptrollen. Beide sind angeblich Iren. Sie ist recht unabhängig und möchte, daß er die Ernsthaftigkeit seiner Absichten beweist. Er weigert sich, »versohlt ihr den Hintern«, wirft sie sich über die Schulter und »bringt sie nach Hause«. Dabei ist die Kamera auf ihr Gesäß gerichtet, als John Wayne mit ihr dahinschreitet. Wie lautet hier die Botschaft? Daß die Geschlechtsorgane einer Frau eingefangen und beherrscht werden müssen? Diese Szene soll den lustigen Höhepunkt des Films darstellen.

Deliah Bartholt war die Leiterin des Schulchors. Sie entstammte der viktorianischen Mädchenschultradition der zwanziger Jahre, und ich kann mir nicht vorstellen, wie sie nach St. Joseph, Missouri, verschlagen wurde. Sie wohnte mit ihrer Schwester zusammen.

Sie liebte es, alle Mädchen um sich zu versammeln und mit ihnen prächtige, komplizierte Choräle zu singen. Da sie Hingabe und Fleiß verlangte, mußte man sich gut auf ihren Unterricht vorbereiten. Ihre Schwester begleitete uns auf dem Klavier, und einmal stellte Miss Bartholt sogar ein kleines Orchester aus den Schülerinnen zusammen (ich spielte Klarinette), das den mehr als fünfzig Mädchen umfassenden Chor begleitete. Der Musikunterricht fand jeden Morgen um halb zehn statt, und unsere Stimmen hallten durch die Flure in jedes Klassenzimmer. Manchmal unterbrach uns Mr. Blair, der Direktor, auf der Sprechanlage, um die Ereignisse des Tages anzukündigen.

Als ich ungefähr fünf Jahre alt war, begann ich, mich mit Musik zu beschäftigen, und ich erhielt Klavier- und Klarinettenstunden. Nun legte ich mir eine Sammlung klassischer LPs zu. Meine erste Aufnahme war Rachmaninows zweites Klavierkonzert (gespielt von Jewgeni Istomin). Es war unverfälschte, üppige, leidenschaftliche Musik. Auf der Innenseite der Plattenhülle wurden die Musik und ihr Komponist Sergei Rachmaninow vorgestellt.

Die Illustration auf der Hülle steht mir noch immer klar vor Augen. Ich starrte sie viele Male unverwandt an, um in die Erwachsenenwelt hineinzublicken. Es war die Zeichnung eines Mannes und einer Frau, die zusammen (!) auf dem Rand eines Bettes sitzen, sich aneinanderlehnen – der Kopf der Frau ist ekstatisch zurückgeworfen – und der Musik lauschen! Das Bild war so zart und gleichzeitig so leidenschaftlich – besonders das Gesicht der Frau. Es war schokkierend und enthüllend für mich. Taten Erwachsene so etwas?

Diese Intimität begeisterte mich, und ich hoffte, daß auch ich eines Tages zusammen mit einem solchen Menschen (meinem Geliebten? meinem Ehemann?) auf einem Bett sitzen und mit ihm diesen schönen Klängen zuhören würde. Es kam mir fast zu wunderbar vor. Würde ich eines Tages mein Bett und mein Leben mit jemandem teilen, der diese Musik ebenfalls liebte?

Ich hoffte es. Ich hoffte, daß es so großartig und intim wie auf dem Bild sein würde und daß wir die Intensität und die Schönheit der Musik in unserer Liebe nachvollziehen konnten. Ich wagte kaum, mir so etwas vorzustellen. Es schien so begehrenswert zu sein – und doch verboten.

In jener Zeit wurde ich auf mein Gesicht und auf mein Aussehen aufmerksam. Eines Tages legte ich das gute Silberbesteck im Eßzimmer in die Schubladen, wobei ich vor dem großen Spiegel neben der Kommode stand. Zufällig blickte ich von der Schublade auf, in der ich die Messer, Gabeln und Löffel auf die Fächer verteilte, und sah mein Spiegelbild. Ich war überrascht, denn mir kam der Gedanke: »Ich sehe wie eine schöne Frau aus. Das kann ich nicht sein. Ist das möglich?« Ich starrte mein Bild an und warf den Kopf noch weiter zurück. Je mehr ich ihn zurücklegte, desto stärker wurde mein Eindruck, wie eine schöne Frau auszusehen – allerdings nicht mehr ganz so wie ich selbst. Es war befremdlich, mich selbst zu mustern, doch faszinierend, so erwachsen zu wirken. Und vielleicht war ich *sie*!

Dann wurde mir das Experiment langweilig, und ich vergaß es für etwa ein Jahr.

Während ich Rachmaninow hörte, beschloß ich, später klassische Musik wie Wagner oder Verdi oder – besonders! – Sergei Rachmaninow zu komponieren. Was für ein herrlicher Name! Wie oft hörte ich Verdi und die anderen Komponisten Samstag nachmittags in den Opernsendungen auf unserem winzigen beigen Plastikradio. Die Musik klang zerkratzt, und der Applaus schien aus großer Ferne zu kommen.

Die Musik und die Stimmen der Männer, die in den Pausen interviewt wurden, erzählten mir von einer Welt, die in meinem Innern existierte, von der ich in meiner Umgebung jedoch wenig Spuren sah – vielleicht mit Ausnahme der großen alten Bäume und des gewaltigen Himmels und der Farben der Wälder, in denen ich im Sommer spielte. Solch grandiose Emotionen wollte ich ausdrücken und mit anderen teilen.

Ich hatte den Eindruck, daß sich mein Leben weit entfernt von einer größeren Zivilisation abspielte, daß es erregend und wichtig sein würde, mich dorthin aufzumachen. Dort gab es bedeutende Dinge zu tun und zu sehen. Dinge, die überall Veränderungen bewirken konnten. Wo ich lebte, gab es nur Schatten. (Lag es daran, daß die Medien uns diese Botschaft vermittelten? Daß wir, wer immer wir waren und wo immer wir lebten, nicht die gleiche Bedeutung hatten wie »jene anderen«?)

Fast jeden Tag ging ich nach der Schule und vor dem Essen im Wald spazieren. Ich war allein, abgesehen von meinem Hund, dem Schnee (der eine unendliche Stille hervorzubringen schien, so daß ich mich einer profunderen Welt zuwenden konnte) und der Schönheit des Windes in den kahlen Bäumen.

Jene einsamen Waldspaziergänge mit meinem Hund waren erfüllt von einem privaten Schweigen, in dem ich meine eigene innere Welt hören und eine andere Welt als die meines Zuhauses verspüren konnte. Hier träumte ich meine eigenen Träume. Es gab niemanden im Wald, der mich oder die Welt, die ich dort entdeckte, hätte stören oder bedrängen können. Ich wußte, daß einige der Dinge im Haus nicht real waren oder daß ich, falls sie es doch waren, nichts mit ihnen zu tun haben wollte. Deshalb hielt ich nach anderen Orten Ausschau, wo ich mich heimischer – mehr wie ich selbst – fühlte.

Aber der kalte Schnee machte mir angst. Ich mochte den Winter nicht, denn wir wurden stets von der Kälte geplagt, und ich zog mir während des Schulwegs Erfrierungen zu. Zum Frühstück aß ich Hafergrütze (manchmal gebratene Überreste, von denen mir schlecht wurde) und wurde mit Lebertran gefüttert. Danach mußte ich ständig aufstoßen, da ich ihn nicht verdauen konnte.

Ich konnte es kaum erwarten, erwachsen zu werden.

Die Bekanntschaft mit meinem ersten Freund führte dazu, daß ich aus Missouri nach Florida geschickt wurde.

Mein erster Freund – er hieß Larry und ging bereits in die Oberstufe – war vier Jahre älter als ich. Ich hatte ihn nicht besonders gern, aber sein Interesse an mir machte mich neugierig. Mit einem älteren Jungen auszugehen erhöhte das Prestige, und ich war noch in der Unterstufe.

Er war der erste Junge oder Mann, der von mir Notiz nahm. Ich sah, wie er mich beim Lernen in der Bücherei betrachtete. Nie zuvor hatte mich ein Junge auf diese Art angeschaut. Anfangs begriff ich nicht, was für eine Art es war. Ich dachte nur: »Warum guckt er mich an? Kenne ich ihn, oder möchte er mich etwas fragen?« Dann, nachdem wir einander ein paar Minuten lang angestarrt hatten, dämmerte mir, daß es ihm *Spaß* machte, *mich* anzusehen. Er mußte etwas Sympathisches und Attraktives an meinem Aussehen, meinem Körper oder meiner Persönlichkeit gefunden haben. Ich errötete und richtete die Augen schüchtern wieder auf mein Buch.

Später hörte ich von seinen Freunden, daß er sich mit mir treffen wolle, und so begannen unsere wenigen Rendezvous. Er war kurz davor, die Schule zu beenden, und lud mich – dies war unsere erste Verabredung – zum Abschlußball ein. Wir fuhren mit seinem Auto und kehrten erst nach Mitternacht zurück. Ich trug ein neues schulterfreies Abendkleid, weiß mit gelben Blumen, und darunter zahlreiche Petticoats. Meine Tante und meine Großmutter hatten es für mich ausgesucht.

Wir gingen zum Einkaufen zu »Hershe's«, dem besten Warenhaus des Ortes, wo es im Sommer kühl war und immer angenehm roch. In dem Geschäft arbeiteten hübsche und freundliche Damen. In der Hutabteilung, die meine Großmutter am liebsten aufsuchte, waren viele ovale Spiegel an kleinen Tischen, wo man sich hinsetzen und die Hüte anprobieren konnte. Die »Verkaufsdame« setzte der Kundin einen Hut nach dem anderen auf, um ihr die

Entscheidung zu erleichtern (allerdings stets auf den Kopf meiner Großmutter, denn ich sah nur zu.) Mir gefielen die mit Blumen geschmückten Hüte.

Ich weiß nicht, ob es ein Vergnügen für mich war, mit Larry auszugehen. Es war angenehm, jemanden zu haben, der ein solches körperliches Interesse an mir zeigte. Mir gefielen seine Zuneigung und die Experimente mit vorsichtigem Sex sowie die Berührungen. Es ist so schön, umarmt und geküßt zu werden und die Küsse zu erwidern. Auch war es neu für mich, Erregung in meinem Körper zu spüren und mich gespannt zu fragen, was als nächstes geschehen würde. Schließlich hatte ich – wie die meisten Kinder – seit mindestens acht Jahren allein geschlafen und mit niemandem schmusen dürfen. Die Umarmungen kamen mir wie die Erfüllung eines langersehnten Traumes vor.

Larry erschreckte meinen Großvater, als dieser ihm zufällig einmal die Tür öffnete. Mein Freund trug nämlich eine schwarze Lederjacke wie ein »Bandenführer« und hatte pomadisiertes braunes Haare. Außerdem besaß er einen Rennwagen. Solche Autos wurden damals zum »Parken« benutzt, also dazu, in dunklen Straßen sexuelle Experimente zu machen. Gerade als Larry und ich dieses Stadium erreichten und ich mich zu der Ansicht durchrang, daß es recht unterhaltsam war, einen Freund zu haben, drehten meine Großeltern durch (trotz ihrer Trennung beratschlagten sie sich miteinander). In ihrer Nervosität beschlossen sie, daß es besser für mich sei, bei »jüngeren Menschen« zu wohnen, die wüßten, »was in diesem Fall zu unternehmen ist«. Deshalb entschieden sie, ich solle nach Florida zu meiner Tante Cecile und ihrer Familie ziehen.

In Wirklichkeit hatten sie wohl auch Schuldgefühle,

weil ich bei ihnen lebte. Sie hielten es nicht für richtig, daß ein Kind bei seinen Großeltern aufwuchs; und das eigene Schuldbewußtsein (besonders wegen ihrer Trennung?) überlagerte ihre Urteilskraft. Ob sie weniger großzügig gewesen wären als meine Tante und mein Onkel? Ich weiß es nicht, aber ich hätte gern eine Erklärung von ihnen gehört. Hinzu kommt, daß mein Großvater kurz zuvor wieder geheiratet hatte. Seine Frau, eifersüchtig und unsicher, fürchtete, ich könnte zu ihnen ziehen. Es war eine schwierige Entscheidung für alle Beteiligten.

Da sich mein Großvater der Situation nicht gewachsen fühlte – er wußte nicht, ob ich in meinem Alter schon einen Freund haben sollte (war ich mit vierzehn Jahren wirklich zu jung?) –, fragte er seine Tochter Cecile, die lächelnde blonde, strahlende Schönheit, um Rat.

Cecile sagte, sie habe mich immer geliebt, und bat mich, zu ihr zu ziehen. Sie hatte gerade geheiratet, und mein Onkel machte die lange Reise von Florida nach Missouri, um mich förmlich einzuladen. Er war früher Champion im Kunstspringen gewesen, sah sehr gut aus und verdiente nun sein Geld als Geschäftsmann.

Ich wollte meinen Großvater nicht verlassen, aber er versicherte mir, daß er sich den Kopf zerbrochen habe und keine bessere Lösung habe finden können. Es war das zweite Mal, daß ich gegen meinen Willen umziehen mußte.

In Florida war ich zuerst mürrisch und unsicher, doch ich hatte meine Tante Cecile immer geliebt und bewundert. Sie war das glücklichste, witzigste und energischste Mitglied der Familie.

Zwei Jahre zuvor hatte sie mir erklärt, was Menstruation ist. Bei einem ihrer Besuche ging sie am Badezimmer vorbei (wieder das berühmte Badezimmer) und bemerkte meine auf dem Fußboden liegende Unterhose, was mir sehr peinlich war.

»Was ist das für ein brauner Fleck in deinem Höschen?« schrie sie fröhlich.

»Äh . . .« Ich wußte es nicht. Es war eben kein frisches Höschen mehr, und außerdem konnte ich den Fleck kaum erkennen.

Sie lachte. »Oh, du hast keine Ahnung!« Dann sagte sie mitfühlend: »Kleines, wenn Mädchen in deinem Alter sind, kriegen sie das alle. Es passiert jeden Monat. Du blutest, aber es tut nicht weh. Du trägst eine Binde, und die saugt das Blut auf.«

»Was?« Ich konnte es nicht glauben.

»Ich gehe zur Drogerie und hole dir eine. Bin sofort zurück!« Ein paar Minuten später war sie wieder da.

Dann standen wir im Badezimmer, und sie legte mir ein ganz seltsames weißes Gummiband mit Schleifen an den Enden um, woran man das weiße Wattekissen befestigte. Ich kam mir sehr nackt und dumm vor, während sie mir den Gürtel umlegte. Aber sie war so freundlich und unbekümmert, daß es keinen Grund für meine Schüchternheit gab.

Wahrscheinlich machte Cecile eine Bemerkung ihrer Mutter – meiner Großmutter – gegenüber, aber Großmutter erwähnte es mit keinem Wort. Ich haßte die unförmigen weißen Dinger und war froh, als mich eine neue Freundin in Florida zwei Jahre später auf bessere Methoden hinwies.

Vor kurzem fragte ich meine Tante nach diesem Vorfall, aber sie kann sich an das für mich so bedeutsame Ereignis nicht mehr erinnern! Sie weiß nicht mehr, daß sie es war, die mir alles Nötige erklärte. Jedenfalls half sie mir sehr.

Ein oder zwei Jahre danach erkundigte ich mich bei meiner Großmutter, ob man in New Mexico, als sie dort aufwuchs, Monatsbinden kaufen konnte. »O nein«, sagte sie. »So was hatten wir nicht.«

»Und was habt ihr getan?«

»Wir benutzten Lappen, die wir selbst auswaschen mußten.«

In dem Sommer, in dem ich nach Florida zog, machte ich starke Stimmungswechsel durch. Es war für mich ein Sommer zwischen Kindheit und Erwachsensein, ein Sommer der Träumerei und der Vorbereitung auf das nächste Lebensstadium.

Ich fand ein paar Schallplatten im Haus und blieb am liebsten in meinem Zimmer, um sie zu spielen: Nat King Cole und später Bob Dylan.

Rachmaninow und meine umfangreiche klassische Plattensammlung mit vielen Violin- und Cellosonaten, die ich mir mittlerweile zugelegt hatte, fehlten mir sehr, aber ich hatte sie nicht mitnehmen können. In Florida interessierte man sich weniger für klassische als für Unterhaltungsmusik. Doch zu Weihnachten kaufte meine Tante mir ein Klavier. Danach konnte ich mich wieder meinen geliebten Klassikern widmen.

Heute meine ich, daß mein Weltbild durch mein Leben in mehreren Familien erweitert wurde. Ich erkannte, daß unterschiedliche Menschen unterschiedliche Lebensweisen haben, die alle zu funktionieren scheinen (oder auch nicht, je nachdem). Keine ist die einzig mögliche, ungeachtet dessen, was oftmals behauptet wird.

Wahrscheinlich wurde mir ein großer Teil meiner eigenen Freiheit von meiner Tante Cecile vermittelt. Sie gestaltete ihr Leben, lange bevor man von der Frauenemanzipation sprach. Und obwohl wir Kinder uns über einige ihrer Kompromisse beklagten, fuhr sie strahlend und mit erhobenem Kopf auf ihrem eigenen Weg fort. Bis zum heutigen Tag hat sie sich ein bewundernswertes Leben geschaffen und viele Menschen in ihrer Umgebung glücklich und stolz gemacht.

Ich werde recht nervös, während ich diese Zeilen über meine Tante zu Papier bringe, nervöser als bei der Beschreibung aller anderen Familienmitglieder. Dabei werden mir die Handflächen feucht. Erstaunlich! Es liegt daran, daß Tante Cecile im Grunde die Rolle meiner Mutter spielte und immer noch spielt. Deshalb fällt es mir schwer, distanziert oder objektiv auf sie einzugehen.

Cecile war die blonde Schönheit der Familie, und alle sagten, wir ähnelten einander. Wenn ich das hörte, war ich stolz und hatte das Gefühl, akzeptiert zu werden – besonders weil auch ihre Augen bei diesen Worten vor Freude funkelten.

Das, was ich an Liberalität und Toleranz besitze, muß ich von ihr erlernt haben – und nicht von den Lippenbekenntnissen meiner Großmutter. Diese war im Grunde intolerant anderen Religionen gegenüber, obwohl sie sich als eine der ersten für die Aufhebung der Rassenschranken einsetzte und den Schwarzen genauso viele Rechte in der christlichen Kirche einräumen wollte wie den Weißen. Schon in den fünfziger Jahren begriff sie, daß die Rassendiskriminierung ein Unrecht war, und versuchte, die Einstellung innerhalb der Kirche zu ändern. Meine Tante kümmerte sich in ihrer Gemeinde um Menschen mit psychischen Problemen – zu einer Zeit, als dies außerordentlich fortschrittlich war. Ihrer Ansicht nach galt es, Unterschiede zu akzeptieren und die Menschen nicht durch Bestrafung, sondern durch Verständnis zusammenzubringen. Das bedeutete (James Deans Filme liefern ein Beispiel), daß man versuchte, unabhängig zu denken und Vorurteile zurückzuweisen, statt sich konformistisch und gedankenlos dem Establishment unterzuordnen.

In diesem Sinne gehört sie der stolzen demokratischen Tradition des Liberalismus und der Toleranz in den USA an, die davon ausgeht, daß sich jegliches Unheil durch Verständnis überwinden läßt (wie Dorothy in *Das zauberhafte Land/Der Zauberer von Oz*). Dies ist auch meine Meinung.

Meine Tante dürfte ihrer Mutter, meiner Großmutter, innerlich am nächsten gewesen sein. Jahre später sah ich sie zusammen im Krankenhaus, nachdem meine Großmutter einen Schlaganfall erlitten hatte. Sie konnte nicht mehr sprechen, sondern gab nur noch unartikulierte Laute von sich. Meine Tante hielt sich Stunde um Stunde so dicht wie möglich neben dem Bett auf, beugte sich über die Kranke, streichelte ihre Stirn, hielt ihre Hand, liebkoste sie und sprach beruhigend auf sie ein, um zu zeigen, daß sie die Gefühle und Geräusche meiner Großmutter verstand und ihr um jeden Preis helfen wollte. Sie würde sich um Großmutter kümmern und nicht fortgehen. Ob Großmutter ihr früher genauso zugeredet hatte? Als meine Tante ihre drei Kinder aufzog, hatte ich nie erlebt, daß sie diese so innig an sich drückte und mit so sichtbarer Freude über die Berührung und die Nähe mit ihnen sprach. Ich war glücklich für sie und für meine Großmutter.

Ich dagegen hatte Schuldgefühle, weil ich angesichts des Todes meiner Großmutter nicht die gleiche Hingabe verspürte. War ich ein schlechter Mensch? Natürlich hätte ich mich gezwungen, Ceciles Rolle zu spielen, wenn sie nicht dort gewesen wäre, aber trotzdem ... Jedenfalls schien Cecile glücklich darüber zu sein, daß sie so sehr gebraucht wurde. Auch Großmutter wußte wohl, daß meine Tante an ihrer Seite war; sie betrachtete Cecile immer wieder, und ihre blauen Augen teilten etwas mit, während sie die unartikulierten Laute von sich gab. Sie wußte, daß zwischen ihr und ihrer Tochter eine wahre Bindung existierte und daß sie verstanden wurde, wenn vielleicht auch nicht ganz. Cecile war in dieser Situation genau die Richtige für sie, denn sie hatte meine Großmutter so viele Jahre aus nächster Nähe beobachten können. Es war wichtig, jemanden bei sich zu haben, der Verständnis hatte.

Eine Woche später kauften wir einen Grabstein. Wir wurden begleitet von meiner Halbschwester Susan. Nachdem ich zu meinen Großeltern zurückgekehrt war, hatte meine Mutter ein drittes Kind bekommen. Der Tod meiner Großmutter gab mir die Möglichkeit, Susan besser kennenzulernen.

Bei der Beerdigung meiner Großmutter versuchte ich ebenfalls, die vor langer Zeit abgebrochene Beziehung zu meinem jüngeren Bruder wiederherzustellen. Wir saßen in der großen schwarzen Limousine, die meine Großmutter vor ihrem Tod mit dem Geld für die Flickarbeiten bezahlt hatte . . .

Mein Bruder sagte wütend, sich nicht mehr an unsere lustigen Spiele erinnern zu können, nicht einmal daran, daß ich ihn in seinem Hochstuhl mit Pfirsichen aus der Dose fütterte und daß unser Hund Tippy die Stücke fraß, die auf den Boden fielen! Auch nicht an meine Freude darüber, daß dies unser Geheimnis war. Seltsam, daß er nicht mehr wußte, wie unbändig wir lachten und kicherten, als sein Kopf kaum von einem hellblonden Haarflaum bedeckt war. Er erinnerte sich nicht mehr an sein eigenes breites Lächeln und an Tippy mit dem heftig wedelnden schwarzweißen Schwanz!

Mein Bruder erklärte mir vielmehr, daß meine Schwester und er mich für verwöhnt hielten. Ich hätte es immer viel zu gut gehabt, hätte »nicht mit ihnen kommen wollen«, sondern es vorgezogen, bei meinen Großeltern zu bleiben, und so weiter. Er fühlte sich im Stich gelassen, obwohl ich ihm zu jedem Geburtstag und zu jedem Weihnachtsfest ein Geschenk und eine Karte geschickt hatte – gleichgültig, in welchem Land der Erde er oder ich gerade war. Er schickte mir nie etwas. Jüngere Geschwister brauchen offenbar nicht perfekt zu sein!

Wie erging es mir in Daytona, Florida?

Vor allem wollte meine Haut nie braun werden – und das in Daytona Beach, an einem der schönsten Sandstrände der Welt. Ich versuchte es immer wieder, aber weder Cremes noch Wässerchen, noch unterschiedliche Bräunungszeiten wollten helfen. Ich hatte einen Sonnenbrand nach dem anderen, und meine Haut pellte sich.

Auch Wassersport war nicht meine Stärke. Wasserski kam ohnehin nicht in Frage, aber sogar das Schwimmen war eine schwere Prüfung für mich; man denke an die frühere Episode im Schwimmbad. Immerhin lernte ich schwimmen und ging regelmäßig mit den anderen an den Strand. Wir waren zu sechst: die drei kleinen Kinder – meine Cousins und meine Cousine –, Cecile, Paul und ich. Der Strand bildete den gesellschaftlichen Mittelpunkt dieses lebhaften Badeortes. Auch der Club, dem wir angehörten, konzentrierte seine Aktivitäten auf den Swimmingpool.

Eines Tages ging ich zum Friseur, »um mein Äußeres aufzumöbeln«. Er schnitt mir das Haar extrem kurz – zu einer Art »verrücktem Salat«, wie er es nannte. Ich versuchte mir einzubilden, daß ich reizend aussah, wie der zweifelhafte Friseur verkündet hatte. Ich kam mir aber nur nackt vor, als ich auf dem Rad und in meinem Bikini (war er buntkariert?) zum Strand fuhr. Ich bildete mir ein, daß alle »dieses magere Geschöpf« beobachteten und dachten: »Sie sieht aus wie ein gerupftes Huhn.« Ich war besessen von dem, was andere über mich sagen könnten. Denn ich mußte mich der Familie meiner Tante unbedingt anpassen. Welche Maßstäbe hätte ich sonst haben können?

Die dortige High School wurde den Witzen über das akademische Niveau in Florida gerecht. Das wenige, was man uns beizubringen versuchte, hatte ich bereits seit Jahren gewußt, abgesehen vom Fach Spanisch.

In Florida gelang es mir, die High School abzuschließen und als eines der zehn (oder waren es sieben) Mädchen nominiert zu werden, unter denen man die Abschlußballkönigin auswählte. Beim Talentwettbewerb spielte ich vor allen Schülern auf der Bühne ein Klavierstück. Aber den

Sieg errang ein Mädchen, das mit dem Taktstock wirbelte. Es machte mir Spaß, mich mit den anderen zu messen (ich spielte Beethovens *Mondscheinsonate*, wenn ich mich recht erinnere), aber ich wollte nicht gewinnen, denn das hätte mich schrecklich verlegen gemacht. Für mich war es genau das richtige, zu den Top ten zu gehören. Dadurch erregte ich Aufmerksamkeit, ohne im Rampenlicht zu stehen.

Im Laufe dieser Jahre bekamen mein Onkel Paul und meine Tante drei Kinder: zwei Mädchen, Pam und Kim, und einen Jungen, Paul. Diese temperamentvollen Babys, die jeweils nur durch etwa ein Jahr voneinander getrennt waren, ließen uns kaum zur Ruhe kommen! Ich war eine Art Ersatzmutter, da ich Tag und Nacht Windeln wechselte, Flaschen ausspülte, Nahrung anrührte und die strampelnden, quietschenden Babys fütterte und badete! Die Kinder waren wie Geschwister für mich, und ich liebte sie innig. Gerade als ihre Einschulung bevorstand, mußte ich mich zur Universität aufmachen.

ENTDECKUNG DER WELT:
AUF MICH ALLEIN GESTELLT

Die Universität · Musik und Geschichte in Miami und New York · Großstadteindrücke · Demokratie und Patriotismus · Model in New York und Europa · Die Frauenbewegung

Endlich! Ich hatte die High School in Florida abgeschlossen und war alt genug, allein in die Welt hinauszuziehen.

Ich hatte so lange darauf gewartet, erwachsen, *frei* zu sein! Es schien eine Ewigkeit gedauert zu haben. Aber nun war ich endlich alt genug, mein Leben selbst zu gestalten (oder wenigstens aufs College zu gehen) und meine eigenen Entscheidungen zu treffen!

Es war ein faszinierender Moment: kurz vor dem Neubeginn. Ich wollte alles tun – arbeiten, die Welt sehen, in Restaurants essen, Erfahrungen mit der Liebe sammeln. Leben!

Aber an der Universität war ich zuerst unscheinbar und schüchtern. Überaus zurückhaltend.

Warum? In den letzten Jahren der High School – eigentlich während der gesamten High School, doch besonders in den beiden letzten Jahren bei meiner Tante und meinem Onkel – hatte ich mich so sehr bemühen müssen, dazuzugehören, beliebt, angepaßt, nicht zu intellektuell und so weiter zu sein, daß ich mich seelisch ausgelaugt fühlte. Ich war einfach nicht mehr in der Lage, mich immer wieder auf meine Umgebung einzustellen.

Daher war es eine Erleichterung und ein großer Luxus für mich, Daytona Beach zu verlassen und die Universität zu besuchen. Endlich konnte ich mich auf meine eigenen geistigen und künstlerischen Interessen konzentrieren – ohne den äußeren Druck, weniger »intellektuell und gescheit« zu erscheinen. Nun konnte ich entdecken, wo meine eigene Zukunft lag. Auf gesellschaftlichen Umgang und Beliebtheit konnte ich verzichten; darum hatte ich mich lange genug bemüht. In den ersten beiden Jahren hatte ich keine Freunde, nicht einmal eine enge Freundin. Ich brauchte einen klaren Kopf.

Auf die Menschen in meiner Umgebung muß ich wie ein »nettes Mädchen« gewirkt haben. Ich hatte die perfekten Manieren eines weißen Mädchens der Mittelschicht, meine Kleidung und meine Körperhaltung betonten meine Bescheidenheit und lenkten von meinen Brüsten ab. Ich ließ die Schultern ein wenig hängen und hielt meinen Körper bedeckt – das Gegenteil von »die Brust vor Stolz recken«. Mein Gesicht verbarg sich hinter recht langem Haar, und ich war sehr dünn. »Du bist sehr lieb«, hörte ich oft.

Eine solche Körperhaltung, »lieb« und nicht aggressiv zu sein (ein sanftes Lächeln, das anzeigte: »Ich will mich nicht mit dir messen«), galt bei den Frauen meiner Familie als gutes Benehmen. Das waren feine Manieren. Frauen wie meine Mutter – sinnliche und anspruchsvolle Frauen – waren nicht fein. »Ladies« durften keine Aggressivität und keine Sexualität erkennen lassen, denn schließlich mußten ihre anderen Qualitäten – nicht ihr Körper – ins Auge fallen! Es war schwer, immer als eine Lady respektiert zu werden, aber einem »netten Mädchen« fiel es leichter.

(Vielleicht war ich deshalb später, kurz nach der Universität, obwohl ich eine sehr explizite Forschungsarbeit über Sex geschrieben hatte, äußerst verblüfft, von manchen als sexbesessen eingestuft zu werden.)

Hinter meinem schüchternen Äußeren lauerten natürlich sämtliche aufgestauten Leidenschaften, lüsternen Wünsche, wilden Phantasien und maßlosen Träume eines siebzehnjährigen Mädchens. Ich wünschte mir Abenteuer und Aufregung, aber ich hatte Angst, außerhalb des Geschichtsunterrichts, der Musik und der Bücher danach zu suchen.

Nach meiner fast klösterlichen Erziehung erwartete ich, daß die Außenwelt voll von Zauber, Poesie und Abenteuern sein würde. Es mußte irgendwo eine solche Zauberwelt geben, und ich war entschlossen, sie zu finden. Ich fühlte mich stark und bereit, sie zu betreten, doch gleichzeitig war ich unsicher und leicht einzuschüchtern. Wer war ich denn schon? Welches Recht hatte ich schließlich, an dem großen Fest »da draußen« teilzunehmen? Andere waren erfahrener, klüger, besser gekleidet, vertrauter mit diesen Welten und vor mir an der Reihe. Aber ich wollte es auf jeden Fall versuchen.

Meine Tante Cecile und mein Großvater ermöglichten mir das Studium. Zuerst besuchte ich eine staatliche Universität; die Kosten, einschließlich Unterbringung und Verpflegung, betrugen etwa fünftausend Dollar pro Jahr. Mein Großvater, der selbst gerade nur die High School abgeschlossen hatte, war so tüchtig, daß er uns alle unterstützen konnte! (Vielleicht hatte er die High School sogar vor dem Abschluß verlassen. Ich fragte ihn einmal, aber er reagierte sehr ausweichend.)

Es war ein wunderbarer Lebensabschnitt für mich. Ich fühlte mich frei und konnte viele Gelegenheiten nutzen. In meinen ersten beiden Studienjahren wurde mir eine reichhaltige Auswahl an Seminaren angeboten. Ich schaute mir den riesigen Fächerkatalog an und hätte am liebsten alles belegt. Tatsächlich besuchte ich ungeheuer viele Veranstaltungen (was nicht mehr kostete). Ich hatte nach Wissen, Theorien und Ideen gedürstet, und hier waren sie! Die Arbeit kam mir wie ein reines Vergnügen vor.

Im tiefsten Innern war ich immer noch in Rachmaninow verliebt. Ich wollte studieren und eine große Komponistin werden. Nun schätzte ich auch Mahler, Wagner, Puccini sowie besonders Richard Strauss und die frühe Wiener Walzertradition. Aber Musik sollte nicht zu meinem Hauptfach werden; ich belegte sie aber stets als Nebenfach. Mein Großvater wollte sicher sein, daß ich mir »immer meinen Lebensunterhalt verdienen konnte«. »Als Lehrerin brauchst du im Sommer nicht zu arbeiten und bekommst später eine gute Pension.« Er sorgte sich um mich und dachte an meine Zukunft. Aber eigentlich wollte ich nicht studieren, um ein gesichertes Leben zu haben, sondern ich wünschte mir ein aufregendes Leben mit aufregenden Problemen, Menschen, Reisen und immer neuer Umgebung ... Wie sich herausstellte, konnten wir beide zufrieden sein, daß ich Geschichte als Hauptfach wählte, da ich mich brennend dafür interessierte und man es – theoretisch – auch unterrichten konnte.

Ich befaßte mich ein ganzes Jahr mit Knossos, Kreta und Sir Arthur Evans' archäologischen Ausgrabungen. Das Seminar wurde von einem witzigen Professor geleitet, der mir schon durch seine Persönlichkeit – zurückhaltend und naiv, wie ich war – Stoff zum Nachdenken lieferte. Ich glaube, er stammte aus Ägypten, war in London ausgebildet worden und erschien mir überhaupt recht exotisch. Er bemerkte mich nicht einmal. Für ihn war ich nur eine verschwommene Gestalt in seinem Seminar, aber die Themen, über die er sprach, und er selbst faszinierten mich. Sein Stil, seine Redeweise und sein Auftreten vermittelten mir die Eleganz und fröhliche Unbekümmertheit jener frühen Zivilisation. Er schien jede Einzelheit auf Kreta zu kennen, und er wirkte selbst wie eine rundliche Verkörperung der Menschen auf den Vasen. Sein Haar war genauso schwarz und kraus gewellt (auf natürliche Art), und irgendeine Brillantine verlieh ihm Glanz. Derartiges Haar hatte ich nie zuvor gesehen. Ich fand ihn überaus interessant, aber er hatte noch nie vom Feminismus gehört. Ich glaube, er ahnte nicht einmal, daß er uns von einer matrilinealen Gesellschaft erzählte, ganz zu schweigen von einer nichtpatriarchalischen. Ob er sich ein solches System jemals vorgestellt hatte? Und hatte Evans so etwas geahnt?

Evans, dem Entdecker von Knossos, wurde später vorgeworfen, die berühmte kleine Skulptur einer Göttin mit nackten Brüsten und ausgestreckten Armen, die in den Händen jeweils eine Schlange hält, mit Hilfe von Fragmenten gefälscht zu haben. Andere Gelehrte wiesen den Vorwurf zurück, und wenn ich mir die Skulptur anschaue, kann ich nicht glauben, daß sie zusammengestückelt sein soll. Ihre Gesten, ihre Kleidung, ihr Gesichtsausdruck, die Muster auf den Schlangen – die in einer matrilinealen Gesellschaft übrigens nicht Penisse, sondern immerwährendes Leben symbolisieren – fügen sich bis ins letzte De-

91

tail mit so vollkommener Harmonie zusammen, daß Evans'
Darstellung zutreffen muß.

Meine Liebe zur Archäologie dauert bis auf den heutigen Tag an, aber der Professor wußte bestimmt nicht, daß
ich seine beste Studentin war. Ich bemerkte, daß er meine
modischer gekleideten Kommilitoninnen wohlwollend betrachtete. Mich hingegen sah er gar nicht, was mich überraschte, denn ich war sicher, daß ich seine Vorlesungen
über Kreta besser verstand als die meisten anderen.

Jedenfalls verbrachte ich mehr Zeit in der Bibliothek als
die übrigen Studenten, um die Seminaraufgaben mit Hilfe
der Originalbände von Evans (wertvolle alte Ausgaben mit
wunderbaren Farbreproduktionen) zu erledigen. Daran besteht kein Zweifel, denn die einzigen Exemplare in der
Bibliothek wurden immer sofort an meinen Platz gebracht.
Ich las jedes Wort mindestens zwei-, manchmal drei- oder
viermal und schaute mir die eleganten Farbstiche der von
Evans ausgegrabenen Funde immer wieder an. Es war, als
enthüllten sie mir ihre Geheimnisse, wenn ich sie nur intensiv genug musterte (etliche Jahre später erschloß ich mir die
Bücher von Marija Gimbutas über ihre erstaunlichen Ausgrabungen auf ähnliche Weise).

Gleichzeitig studierte ich Klavier und Komposition.
Niemand schien eine Ahnung zu haben, wie das Fach
Komposition zu lehren ist. Wenn ich um Kompositionsunterricht bat, schickte man mich in Kontrapunktklassen.
Das war nützlich, aber die romantischen Werke des neunzehnten und zwanzigsten Jahrhunderts verlangten neben
dem Kontrapunkt auch eine Beschäftigung mit der Instru-
mentation und der Phrasierung. Es kam offensichtlich auf
Melodie oder Motive, Kontrapunkt, Harmonie und In-

strumentation an. Auch später an der Columbia University, der ein renommiertes Konservatorium angegliedert war, beschränkte man sich im Kompositionsunterricht darauf, mich auf den gewaltigen neuen Synthesizer hinzuweisen (da er eine Unsumme gekostet hatte, mußte er schließlich gut sein). Ich solle einen Antrag stellen, um mit dem Instrument arbeiten zu können. Die Warteliste sei jedoch mehrere Jahre lang, weshalb ich mir nicht zu große Hoffnungen machen dürfe.

Man verkündete arrogant, die Musik der Zukunft werde von Computern komponiert werden! Daraus schien zu folgen, daß es für mich – noch dazu eine Frau – wenig Zweck hatte, das Fach Komposition zu studieren. Damit war das Gespräch beendet. Ich besuchte ein oder zwei angeblich sehr avantgardistische Konzerte von Sessions und Cage. Dabei ging es aber offenbar nur darum, die Geschicklichkeit zu bewundern, mit der die Männer verschiedene Instrumente auf der Bühne manipulierten. Schöne, überwältigende Klänge wie bei Strauss, Rachmaninow, Prokofjew und anderen, die ich liebte, waren auf jenen Bühnen nicht zu hören.

Zum Glück gibt es in diesem Jahrhundert Schallplatten; sonst hätte ich, zumal von frühem Alter an, die Schönheit wahrer sinfonischer Musik und die Höhepunkte, die sie erreichen kann, nie kennengelernt.

Im Rahmen meines Studiums belegte ich auch Klavier bei einem Professor an der Columbia University und tauschte meine Erfahrungen mit Studenten an der Juilliard School of Music in New York aus. Die Klavierstunden bestanden, abgesehen von kurzen Gesprächen über Fingersätze und Interpretation, hauptsächlich aus Erklärungen, wie ich Bühnenpräsenz erlangen könne. Der spießige, bejahrte Professor bemühte sich verzweifelt herauszufinden, ob eine Frau es jemals schaffen könne, Konzertpianistin zu werden. (So drückte er sich trotz seiner europäischen Herkunft aus.) Seine wöchentlichen Monologe verdeutlichten mir, wie besorgt er war, und letzten Endes entschied er sich gegen mich – trotz Wanda Landowska und anderen, von Clara Schumann gar nicht zu reden. Natürlich, »wenn Sie zur Society gehörten oder eine ausreichende Aura hätten, dann vielleicht . . .« Er befahl mir immer wieder, den Saal zu verlassen, wieder einzutreten und in vielen unterschiedlichen Haltungen am Klavier Platz zu nehmen. Doch trotz seiner Vorbehalte erhielt ich jedesmal ein »A« für seine Übungen.

Im Fach Musikgeschichte wurde nie erwähnt, daß man Frauen bis zum achtzehnten Jahrhundert nicht gestattet hatte, in Opern (oder in der Kirche oder sonstwo) zu singen und daß »castrati« die Rollen verkörperten, die heute von Frauen gesungen werden. Wir lauschten den großen Komponisten und lernten, sie zu bewundern. Doch wir erfuhren nicht, welche Chauvinisten sie waren. Kein Wort der Mißbilligung wurde je geäußert, sondern es hieß nur: »Trotz der Vorurteile der damaligen Zeit setzte sich ihre Musik durch . . .«

Ich fand auch andere Fächer interessant, etwa Geologie und die Geschichte des Balkans von 1453 bis heute, wobei es hauptsächlich um die Landwirtschaft ging. Schließlich legte ich ein ausführliches Referat vor, in dem ich die amerikanische Landwirtschaft mit dem Ackerbau des Balkans im neunzehnten Jahrhundert verglich.

Ein anderes meiner Referate behandelte den Vertrag

von Wladiwostok. (Man frage mich nicht, warum! Ich glaube, es war ein Teil meines russischen Geschichtsseminars, und da ich gleichzeitig chinesische Geschichte belegt hatte, kam mir das Thema reizvoll vor.) Außerdem studierte ich, von der Geschichte des Balkans und der Wiener Musik angeregt, europäische Politik mit dem Schwerpunkt Österreich-Ungarn.

Geschichte war zu meinem Hauptfach geworden (ich wollte verstehen, wie die Welt ihren jetzigen Zustand erreicht hatte), aber ich hatte die Neigung, die uns präsentierten historischen Fakten mit Vorbehalt zu betrachten. Andere Studenten prägten sich diese oder jene Fakten ohne Bedenken ein, während ich stets Fragen stellte. Einmal kam es zu einer heftigen Auseinandersetzung mit einem Geschichtsprofessor in Columbia. Gereizt durch meine vielen Fragen (die er nicht beantworten konnte), erklärte er: »Die Geschichtswissenschaft fragt nicht *warum*, sondern *wie*.« Damit war das Problem gelöst – zumindest seiner Ansicht nach.

Ich konnte nie all die Bücher lesen, die ich lesen wollte, aber ich versuchte es und verbrachte Tage und Abende in der gewaltigen Bibliothek, wo ich mir einen Band nach dem anderen vornahm. Der Katalog führte mich von einem Buch zum anderen, bis ich schließlich alles lesen wollte, was zum Beispiel unter den Stichworten »Antoinette, Marie« oder »Siegelringe, minoisch« erfaßt war.

In den höheren Semestern wechselte ich zur Columbia University in New York City über. Mir war ein Stipendium an der George Town University angeboten worden. Da ich aber niemanden um Rat fragen konnte, verpaßte ich die Gelegenheit und entschied mich für Columbia. Ich war überaus beeindruckt von einem Seminar, das dort angeboten wurde: »Europäische Geistesgeschichte, von 1789 bis zur Gegenwart«, geleitet von Jacques Barzun. Meine Anmeldung wurde akzeptiert.

Von all meinen Geschichtsseminaren fand ich jene über die Französische Revolution und die ihr vorhergehende philosophische Bewegung, die Aufklärung, sowie die über die Kunst und Kultur des achtzehnten Jahrhunderts besonders faszinierend. In Columbia konzentrierte man sich auf die Französische Revolution und ihre Ideen, auf das demokratische Vermächtnis, die negative Einstellung Alexis de Tocquevilles, der die Demokratie nicht für funktionsfähig hielt, auf Rousseaus Idealismus, auf Diderot und seine Enzyklopädie, auf den Deismus, Robespierre, den Terror, die Theorie und die Lebenszyklen der Revolutionen. Darüber wollte ich soviel wie möglich hören.

Und, um ehrlich zu sein, ich wollte New York sehen! Columbia war in New York. Außerdem konnte ich vielleicht ein oder zwei Veranstaltungen an der berühmten Juilliard School of Music besuchen.

Ich hätte mir nie träumen lassen, wie macho Columbia sein konnte. Ein paar Jahre später war es die letzte amerikanische Universität, die sich bereit erklärte, den Richtlinien des Erziehungsministeriums zur Einstellung von Professorinnen zu folgen. Am Ende wurde die Zusage dann doch noch gebrochen. Man wollte wirklich keine Professorinnen!

Gleich im ersten New Yorker Studienmonat ging ich zu dem berühmten Professor Barzun, um mich vorzustellen. Ich hatte ihm zuvor meine Magisterarbeit geschickt. Während unseres gesamten Gesprächs war er mürrisch und

1   Ich liebte diese Haarspangen und das
Kleid – und denke heute noch oft daran.

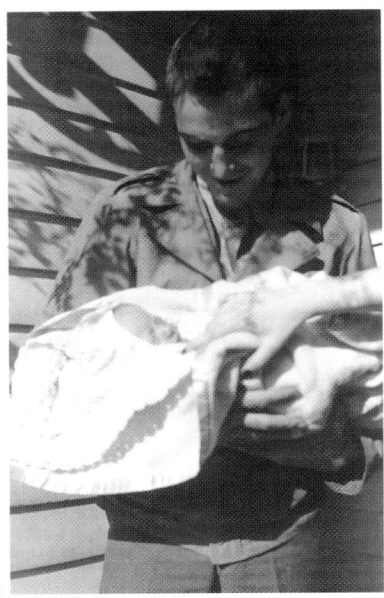

2

2 Im November 1942 kehrte mein Vater aus Washington nach Hause zurück und hielt mich in seinen Armen.

3 Mit meiner Mutter. Anfang 1943.

4 Mein Großvater geht mit mir zur Kirche.

5 Hier spiele ich mit meiner Großmutter im Vorgarten unseres Hauses.

6 Meine Großmutter und Mutter sitzen im Garten vor unserem Haus.

3

5

7

8

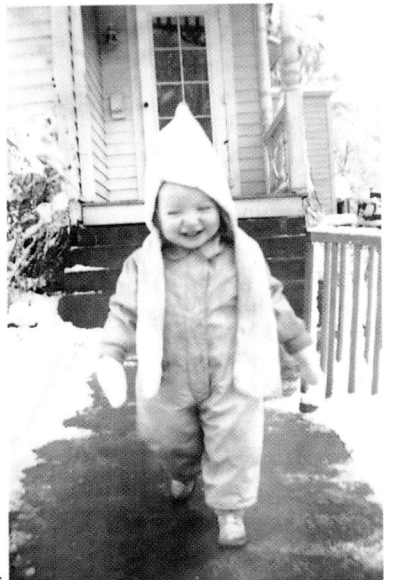

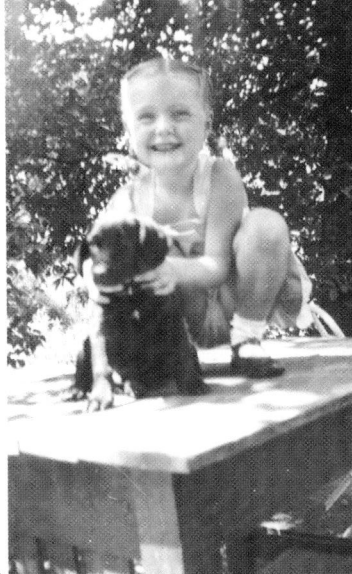

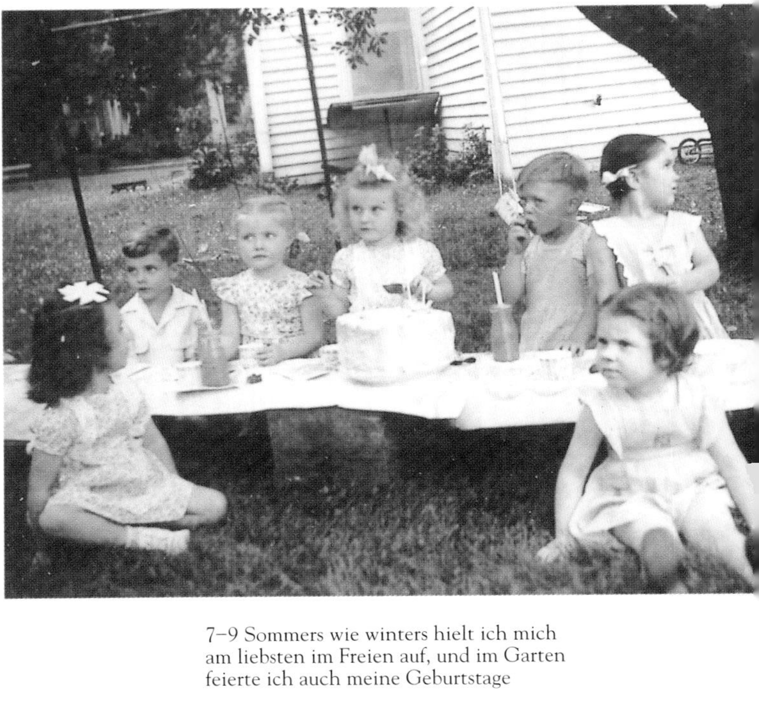
9

7–9 Sommers wie winters hielt ich mich am liebsten im Freien auf, und im Garten feierte ich auch meine Geburtstage

10   Beim Füttern der Hühner.

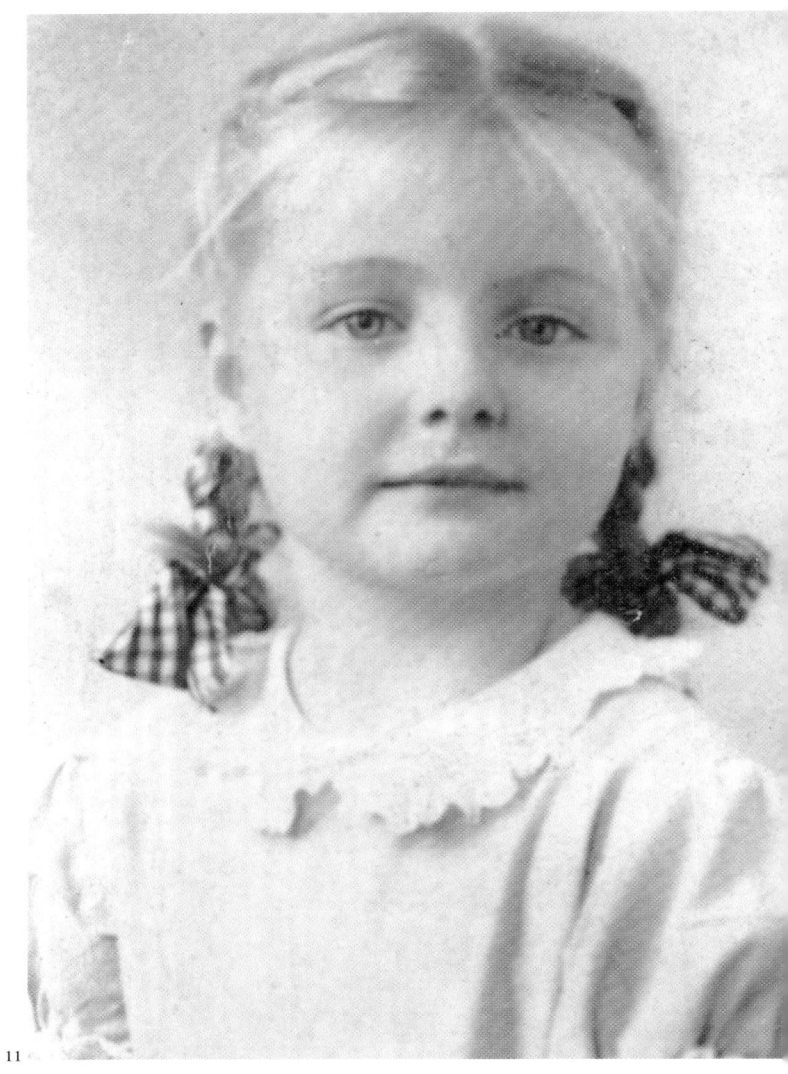

11

11   Jetzt bin ich fünf und gehe in die
Vorschule. 1947.

12   Ein seltenes Foto von mir (rechts),
meinem Bruder Tom (links) und meiner
Schwester Sue (Mitte) – im österl.chen
Sonntagsstaat.

13 Mein Großvater machte dieses
Foto von mir am Tag nach meiner Schul-
entlassung und bewahrte es bis an sein
Lebensende auf.

überheblich (und keineswegs elegant, wie man über ihn sagte). Schließlich erklärte er: »Ich glaube nicht einmal, daß Sie diese Arbeit selbst geschrieben haben.« – »Wieso nicht?« – »Weil sie *zu* gut ist. Ich bezweifle, daß Sie dazu in der Lage wären. Und all die Bücher, die Sie zitieren. Woher haben Sie die? Ich bin sicher, daß sie in der Bibliothek der University of Florida nicht vorhanden sind!« Er sprach mit leicht britischem Akzent; vielleicht hatte er gerade *My Fair Lady* gesehen und stellte sich nun vor, er sei Henry Higgins und ich Eliza Doolittle.

Offensichtlich war er nie in der Bibliothek der University of Florida gewesen. Die Universität wurde vor rund einem Jahrhundert gegründet und besitzt eine der ältesten und imposantesten Bibliotheken des Landes. Aber Barzun, snobistisch wie er war, wußte das nicht.

Wie er das Gesicht verzog, als er das Wort »Florida« aussprach. Ich war erstaunt über seine Unverschämtheit und seine schlechten Manieren.

»Warum stellen Sie mir nicht Fragen, um mein Wissen zu testen?« schlug ich vor.

»Oh, inzwischen könnten Sie den Inhalt ja auswendig gelernt haben«, meinte er höhnisch und stand auf, um das Gespräch zu beenden. »Ich habe keine Zeit mehr.«

Diese Begegnung brachte meinen Idealismus ins Wanken. Ich war fassungslos und wußte kaum, was ich denken sollte. Damals waren Begriffe wie »sexistisch« oder »misogyn« noch nicht gebräuchlich, weshalb ich seine Vorurteile mit keinem Etikett belegen konnte. Zwar spürte ich, daß er ein Problem hatte, aber gleichzeitig fragte ich mich, weshalb ich bei ihm kein Vertrauen weckte. Ich kam mir sehr klein vor, doch ich wußte auch, daß er übergeschnappt war. Ich suchte ihn nie wieder auf, und zum Glück leitete jemand anders das Seminar. Doch alle übrigen Teilnehmer waren Männer, und ich schien unerwünscht zu sein. Laut Barzun hätte ich ein Mann sein – oder, besser noch – dem Unterricht fernbleiben sollen.

Wäre ich lieber anders erzogen worden, zum Beispiel von einer Familie, die mir beigebracht hätte, in solchen Situationen Eindruck zu schinden? Ich weiß es nicht. Jedenfalls setzte ich mein Studium an der Columbia University etwa anderthalb Jahre lang fort, bis das Geld knapp wurde.

New York beschränkte sich glücklicherweise nicht auf die Columbia University. New York war New York! Von der Stadt lernte ich nicht weniger – nein, viel mehr – über das, was in der Welt vorging, als an der Universität.

New York war voll exotischer Kulturen und Sprachen. Ich mußte es einfach lieben! Von dem Moment meines Eintreffens an war ich berauscht von der Mischung aus Hunderten von Nationalitäten und Kulturen, die alle miteinander verwoben sind. Speisen, Akzente, Weltanschauungen, Witze, Lebensstile – alles war so anders und interessant! Es gab nichts dergleichen im Mittelwesten, wo man sich äußerst provinziell verhielt. In Missouri waren die meisten Menschen WASPs gewesen: weiße, angelsächsische Protestanten wie ich.

Im Vergleich dazu war Florida weltoffener – nicht Daytona Beach, wo ich gewohnt hatte, sondern Miami, wohin ich häufig zusammen mit meiner Tante und meinem Onkel Ausflüge machte. Miami war fabelhaft, ich hatte nie etwas

Ähnliches gesehen: das »Fontainebleau Hotel« am Strand, Inseln mit Villen aus den zwanziger Jahren, Millionen tropischer Fische, Bäume und Vögel, und die Sonne schimmerte überall auf dem Wasser. Die Insel Venice fand ich besonders schön.

In Miami Beach gab es prächtige Delikatessengeschäfte, genannt »Woolfie's«, wo man gewaltige Teller mit Speisen verkaufte, darunter riesige Käsekuchen und andere Desserts. Alles war überlebensgroß und köstlich. Mein Lieblingsgericht waren in Kohl eingewickelte und mit Rosinensauce bedeckte Hamburger. Ich erfuhr, daß es sich um eine jüdische Ladenkette handelte! Danach interessierte ich mich stärker für die jüdische Kultur. Später, als ich zwischen zwei Studiengängen in Miami Beach wohnte, wurde ich von meinem Großvater besucht. Ich ging mit ihm in einen jiddischen Nachtclub! Der Club sah fremdartig aus – und er war es auch! Eine Sängerin, sehr sexy, bot jiddische Lieder dar. Mein Großvater wollte ständig aufbrechen, da ihm alles zu bizarr vorkam, aber ich war wie im siebten Himmel.

In Florida, besonders in Miami, lebten zahlreiche Kubaner. Ich hatte Spanisch gelernt, und nun konnte ich mich mit meinen kubanischen Freunden unterhalten. In Miami, wo ich kurzfristig als Sekretärin arbeitete, wohnte ich in einem Apartmenthaus mit Swimmingpool auf dem Dach (dort lernte ich Ronnie kennen, die mir später bei meiner Post und beim Öffnen der ersten Fragebögen half). Ich wusch mir das Haar immer unter der Dusche im Sonnenschein und in der klaren Luft, von Brisen umfächelt. Mitten im Geschäftsviertel von Miami lag »Little Cuba« mit Espressobars, in denen man für drei Cent einen Fingerhut voll pechschwarzen Kaffees erstehen konnte. Viele Männer, in Gespräche vertieft, hielten sich dort auf. Auch ich trank dort Kaffee, obwohl er mir noch nicht schmeckte.

Es gab einen wunderbaren Nachtclub, »Les Violons«, in dem bis drei oder vier Uhr morgens Live-Musik gespielt wurde, vor allem Salsa und kubanische Rhythmen, aber auch lateinamerikanische Tanzmusik. Die Bands waren unglaublich gut, und die Besucher trugen die absonderlichste Kleidung. Es war keineswegs unmodisch, dick zu sein. Hüften waren in, und die Frauen in ihren engen Cocktailkleidern – nach Art der fünfziger Jahre mit Flitter geschmückt und nach lateinamerikanischem Brauch so lang wie möglich – sahen großartig aus.

Niemand schien sich auf dem Tanzboden verlegen zu fühlen. Je mehr dralles verlockendes Fleisch aufblitzte, desto besser. Ich war verblüfft. Auch ich tanzte gern, aber ich war nie in der Lage, meine Hemmungen genauso zu überwinden wie die anderen. Zu sehr vom WASP-Dasein angekränkelt? Und ich lauschte der Musik. Manchmal wurden sentimentale, von Geigenklängen untermalte Lieder wie *Besame Mucho* gespielt. Es war einmalig!

Miami hatte auch schwarze Soulclubs mit herrlicher Musik. Ich erinnere mich an einen, in dessen großem Saal es eine Bühne in Form eines Boxrings gab – das heißt, das Publikum konnte an allen Seiten stehen. Der Sänger, ein protziger Schwarzer, wurde von drei oder vier Musikern begleitet. Die ihn umringenden schreienden Männer und Frauen tanzten und machten aufreizende Gesten in seine Richtung. Auch das war lehrreich. Die spontanen Gefühle der Menschen faszinierten mich. Aber ich war sehr scheu und hatte Angst, meinen Körper allzu heftig zu bewegen oder gar in das Geschrei der anderen einzufallen! Ich versuchte, den Eindruck zu erwecken, cool und selbstbewußt zu sein. Zu kultiviert, um zu jubeln oder zu singen.

New York war beispiellos, was die Mischung der Nationalitäten und Kulturen anging: von den Taxifahrern bis hin zu den Geschäften und Bezeichnungen, vom Aussehen bis hin zur Sprechweise der Menschen. Viele Bewohner schienen Mitteleuropäer zu sein, die – oder deren Eltern – hier zwischen 1900 und 1940 eingetroffen waren. (Es gibt mehr Juden in New York als in Israel – eine Binsenweisheit.) Irgend etwas an diesem kulturellen Hintergrund kam mir so poetisch, so menschlich, so gemütlich, so sympathisch vor. Ich weiß auch nicht, warum. Ich nenne die Stadt »New York«, aber damit meine ich nicht das New York der achtziger Jahre mit seiner Geldgier.

Ich selbst war weit davon entfernt, von neuen Einwanderern abzustammen. Beide Seiten meiner Familie lebten bereits seit ein oder zwei Jahrhunderten in den USA. Ich gehörte zu den WASPs, der angeblich herrschenden Klasse, aber das stimmt nur, wenn man nicht arm ist. Dauernd versuchte ich, mein WASP-Aussehen abzuschwächen, indem ich mein Haar kräuselte (WASPs haben glattes Haar) oder es rot färbte (WASPs sind aschblond wie ich).

Die Stadt New York trug also mehr zu meiner Bildung bei als die Columbia University. Ich fand mich in einem kulturellen Schmelztiegel wieder, den ich mir nie hätte vorstellen können. In den abendlichen Fernsehnachrichten war immer die Rede von den Bandenkriegen, die sich tagsüber abgespielt hatten (in Florida oder im Mittelwesten wären Bandenkriege undenkbar gewesen), und überall hörte ich italienische Namen; ich begeisterte mich für italienisches Essen, italienische Popmusik und das italienische Viertel. Außerdem sah ich mir die in den dreißiger und vierziger Jahren von Einwanderern – oder den Kindern von Einwanderern – in Kalifornien gedrehten Filme an, von Männern wie Josef von Sternberg, Charlie Chaplin, Max von Stroheim, Ernst Lubitsch, Billy Wilder ... So lernte ich wieder ein neues kulturelles Schaffen, eine neue Sicht der Dinge kennen.

Das Erziehungswesen in den USA war mir immer sehr demokratisch erschienen. Das heißt, ich durfte soviel lernen, wie ich wollte und konnte, ohne daran gehindert zu werden. Und ich war neugierig auf so viele Dinge! Ich wollte lernen, ich mußte lernen.

Aber im geschichtswissenschaftlichen Fachbereich der Columbia University ging es nicht in erster Linie um Kenntnisse, sondern um eine soziale Ordnung, die ich nicht durchschauen konnte. Der Hauptzeitvertreib der Studenten höherer Semester bestand darin, sich bei den Professoren Geltung zu verschaffen. Daran war ich nicht interessiert.

Die Proteste auf dem Rasen machten deutlich, daß auch andere das System für verknöchert hielten: Studenten wandten sich gegen die Mitwirkung der Universität an Kriegsprogrammen der Regierung.

Das ganze Land – und nicht nur ich – schien in den sechziger Jahren in einer Identitätskrise zu stecken. Viele Menschen waren der autoritären Ordnung überdrüssig geworden, und der Krieg in Vietnam stellte nur den ersten Punkt ihrer Anklagen dar. Die Straßendemonstrationen sollten die Politiker bewegen, das Richtige zu tun: den Krieg in Vietnam zu beenden. Aber die Demonstrationen und wütenden Reaktionen der Behörden in Columbia und anderswo hatten mit noch umfassenderen Fragen zu tun: Würden die USA ein demokratischer, idealistischer Staat bleiben oder trotz unserer Verfassung immer autoritärer werden? Diesmal siegte die Demokratie.

Der Vietnamkrieg ging zu Ende, und Flower-Power wurde zu *dem* Symbol jener Zeit. (In den fünfziger Jahren hatten sich die Reaktionäre mit McCarthys schwarzer Liste für Schriftsteller und Künstler – etliche wurden eingesperrt – durchgesetzt. Charlie Chaplin und T. S. Eliot hatten neben anderen Künstlern und Intellektuellen das Land verlassen. In den siebziger Jahren schien die Frauenbewegung zu siegen, aber in den Achtzigern folgte ein schrecklicher Rückschlag.)

Ich versuchte, diese Widersprüche in meinem eigenen Land zu begreifen, und merkte, daß die Dinge nicht so einfach waren, wie man uns in der Hall School gelehrt hatte.

Auf dem Weg zu meinen Veranstaltungen an der Columbia University kam ich an Reihen von Demonstranten gegen den Vietnamkrieg vorbei und schloß mich ihnen zuweilen an. Ich wurde aktiv in einer Gruppe, die Plakate gegen den Krieg druckte und verschiedene öffentliche Versammlungen einberief. So ähnlich muß die Französische Revolution, die ich damals im Detail studierte, abgelaufen sein. Aber der Seminarleiter wollte mit alledem und mit »diesen Leuten« nichts zu tun haben. Statt über die Parallelen – oder die Gegensätze – zu sprechen, verhielt man sich so, als gäbe es keine Demonstrationen.

111

Die sechziger Jahre wurden nicht nur durch Studenten-demonstrationen charakterisiert, sondern auch durch die Bürgerrechtsbewegung, Malcolm X und Martin Luther King (den wir damals als konservativ einschätzten!), die Beatles, Haight-Ashbury und Flower-Power. (Eine Hoch-schulausbildung war verpönt, wenn man als echter Hippie akzeptiert werden wollte, denn dadurch gehörte man für immer dem privilegierten Establishment an.) Die Hippies waren amüsant, aber im Grunde beuteten sie die Frauen im Namen der »freien Liebe« aus (oder versuchten es jeden-falls), während sie Mantras sangen und über Blumen fasel-ten. (Zusammen mit einem Freund fuhr ich per Anhalter nach Haight-Ashbury und verbrachte dort einen Monat.) Aber die »Power-to-the-people«-Ideologie und Allen Gins-berg hatten auch einige Vorzüge.

Irgendwo mußte es eine Möglichkeit geben, beide Sei-ten der Realität zu verstehen. Aber wo? Für mich kamen Aktivismus und Philosophie – sowie Freundschaft – später in der Frauenbewegung zusammen.

Und Martin Luther King – es war großartig, ihn im Fernsehen zu erleben. Sein Tod war eine persönliche Tragödie für mich. Über die Erschießung von Malcolm X wurden wir nur durch lückenhafte Berichte im amerika-nischen Fernsehen informiert. Er sei ein wilder Mann ge-wesen (so, wie ich eine wilde Frau bin?), hysterisch und gegen alles Gute (so, wie ich angeblich gegen das Gute bin?). Wahrscheinlich habe er sein schreckliches Ende durch seine seltsamen Aktionen und seine Feindschaft dem Staat gegenüber selbst heraufbeschworen. (Später über mich geschriebene Zeitungsartikel klingen ähnlich. Meine Freunde und ich lachen darüber, aber kann diese verzerrte Berichterstattung nicht irgendwann gefährlich werden?)

Als Kind war ich in Filmen und im Fernsehen ständig mit Bildern berieselt worden, die mir zeigten, wie unser Amerika das alte Europa von seiner Dekadenz und seinem Mangel an Idealismus erlöst, wie unser idealistisches System die größte Streitmacht der Erde aufgebaut habe und wie unsere politische Ordnung zum Modell für die ganze Welt geworden sei! Aber die Bilder aus Vietnam, die Berichte von den Skandalen in Washington, den McCarthy-Hearings, der Jagd auf »Kommunisten« (eine Tarnung für die autoritäre Unterdrückung der Rede- und Gedankenfreiheit und all jener, die sich nicht anpassen wollten) deckten sich nicht mit den Darstellungen in Film und Fernsehen.

In der Hall School waren wir jeden Morgen um acht Uhr überaus stolz, wenn wir die Flagge grüßten, mit der Hand über dem Herzen das Treuegelübde auf unser Land ablegten und danach die Nationalhymne sangen. Es muß ein atemberaubendes Schauspiel gewesen sein, wenn wir alle – gewöhnlich waren dreißig Schüler in einer Klasse – in Habachtstellung und mit ernster Miene dastanden.

Wir lernten, Amerika sei der schönste, mutigste, moralischste Staat der Erde. (Das stimmt doch? Natürlich!) Wir hätten Einmaliges für die Welt geleistet, was politische Philosophie, Naturwissenschaft und Technologie, Landwirtschaft und jegliche Tugend betraf. Wir seien Gottes erwähltes Volk, »eine Nation unzertrennlich unter Gott«. Ich kam nie auf den Gedanken, vielleicht unfreiwillig zu einer Nationalistin erzogen zu werden.

Nach dem Zweiten Weltkrieg hörten wir wenig über

Themen wie: »Wir sind die Nation, die für zweihunderttausend Tote in Hiroshima verantwortlich ist.« Man teilte uns nur mit, daß der Weltkrieg durch eine neue Waffe – die Atombombe – beendet worden sei; sie bilde eine tödliche Gefahr, und der Kalte Krieg habe das Ziel, ihre Verbreitung zu verhindern. Wir hätten die Bombe abgeworfen, weil uns keine andere Wahl geblieben sei. »Letztlich wurden dadurch Leben gerettet, denn die Bombe verkürzte den Krieg. Viele weitere Menschen hätten getötet werden können, hätte er fortgedauert. Deshalb war es richtig, sie einzusetzen.« Wir waren die Helden, die den Krieg für eine gerechte Sache geführt hatten, und nun führten wir den gerechten Kalten Krieg gegen die »böse UdSSR«.

Der Sieg schien zu einer brutalen Verhärtung, zu einer Verherrlichung des Militärs zu führen. Dabei hätten die Vereinigten Staaten der Idee des Krieges geläutert, weniger triumphierend, gegenüberstehen können. In den Filmen der fünfziger Jahre wurden wir als die Helden dargestellt, entweder in Uniform oder als Cowboys im Kampf gegen die Indianer, die die Rolle rothäutiger Schurken spielten. Diese Mythologie, von Halb- und Unwahrheiten geprägt, nahm von mir Besitz. Schließlich war es prächtig, sich als Teil einer wunderbaren Nation zu fühlen.

War meine Vorstellung von Amerika ein Trugbild? Ich dachte stets, Amerika besitze einen gewissen geistigen Glanz, einen erhabenen Idealismus. Das glaube ich immer noch. Aber diese geistige Größe verdanken wir unzweifelhaft auch den Intellektuellen und Humanisten, die vor und nach dem Zweiten Weltkrieg in die USA flohen und die amerikanische Kultur, Naturwissenschaft, Filmkunst und Musik bereicherten.

114

Also wurde ich verwirrt, als ich die Columbia University in New York City besuchte. Entsprach der Idealismus der amerikanischen Demokratie der Wahrheit, oder war er nur ein Traum? Er konnte kein Traum sein, denn dafür erschien er zu bedeutend. War er in der Schule nicht überzeugend gewesen? Jedenfalls bis Columbia?

Aber dann sah ich, wie Frauen und Kinder in Vietnam von uns mit Napalm bombardiert wurden. Plötzlich nahmen die Widersprüche zwischen meiner Liebe zu einem idealistischen Amerika und seiner von Vorurteilen behafteten Einstellung anderen gegenüber – oft Schwarze und Bauern, zum Beispiel in Vietnam oder in Südamerika, »auf die es nicht ankam«, genausowenig wie auf die Indianer in den USA – menschliche Gestalt an.

An der philosophischen Fakultät der Columbia University hatte ich einen Freund. Vermutlich war er der magerste Student auf dem Campus mit der minimalistischsten Garderobe. (Wechselte er seine Kleidung überhaupt jemals?) Nichts war ihm wichtiger, als endlos Pot zu rauchen, philosophische Bücher zu lesen, über Kant zu reden, herumzulungern und mit Frauen zu schlafen. Er wohnte im Erdgeschoß in einem Einzimmerapartment mit einem großen Klappbett in der Mitte (damit er beim Licht des Fensters im Bett lesen konnte – oder war er Exhibitionist?), umgeben von Bücher- und Zeitungsstapeln und schmutziger Wäsche oder Kleidungsstücken. Es war so dunkel im Zimmer, daß ich mich nie genau orientieren konnte.

Ich selbst wohnte in einem Studioapartment etwas weiter vom Campus entfernt, das viel hübscher und heller war. Doch es war interessanter, ihn zu besuchen. Mir ge-

115

fielen die körperliche Berührung, die Intimität seines Zimmers und die Gespräche unter den schmuddeligen Laken. Sex mit ihm war für mich nur eine Nebensache, die allerdings meiner Wißbegierde diente. (»Oh, macht man das so, glaubt er, daß es so angestellt werden sollte? Interessant.«)

Er war nicht deshalb mager, weil er an einer Krankheit gelitten hätte, sondern weil alles andere unästhetisch gewesen wäre. Sonst hätte er nicht wie ein Philosoph ausgesehen oder wie eines der Fotos oder Zeichnungen von Philosophen auf den Umschlägen seiner Bücher. Ohnehin hatte Philosophie seiner Ansicht nach nur mit dem Geist, nicht mit dem Körper zu tun.

Er kam mir sehr intelligent und exotisch vor, und ich mochte ihn gern – jedenfalls für sechs Monate. Die Prüfungen und die Frühlingsferien schienen unserer Freundschaft ein natürliches Ende zu setzen.

In jenem Jahr fuhr ich während des berüchtigten »Sommers der Liebe« mit einem neuen Freund – einem Yoga-Anhänger, der mich mit Joghurt und Hare Krischna bekannt machte – nach Haight-Ashbury. Mit ihm fand wenig Sex statt, da wir die meiste Zeit damit verbrachten, von New York nach Kalifornien zu trampen (nicht so leicht, wie es sich anhört) und in überfüllten Zimmern herumzusitzen. In Haight-Ashbury mußte ich so tun, als hätte ich keine zwei Universitätsabschlüsse und als gefielen mir die endlosen Rockkonzerte. Wir wohnten einen Monat lang mit einer wenig erfolgreichen Rockband zusammen: sieben Personen in drei Zimmern. Zum Frühstück gab es indischen Tee und einen Joint, der von einem zum anderen weitergereicht wurde. Dabei saßen wir schweigend im

Kreis auf dem Fußboden. Das Ganze wurde bald ungeheuer langweilig. Ich war froh, zum Herbstsemester nach New York zurückkehren zu können.

Mein Großvater hatte die Studiengebühren bis zu meinem Magistergrad und noch länger bezahlt. Aber die Miete in New York und die Gebühren an der Columbia University waren so hoch, daß er die Mittel letzten Endes nicht mehr aufbringen konnte. In jenem Herbst mußte ich mit anpacken und Geld verdienen.

Welche Arbeitsmöglichkeiten gab es für mich? Ich hatte zwischen meinen Studiengängen einen Posten in Miami als Sekretärin angenommen. Es war eine Ganztagsstelle, die sehr wenig einbrachte, und der Chef war zudringlich. Ich wußte nicht, wie ich ganztags arbeiten und bei einem so geringen Verdienst weiterstudieren sollte. Graduiertenstipendien stünden für mich nicht zur Verfügung, wie ich erfuhr. Ich könne mich zwar bei einigen Stiftungen bewerben, aber Tausende täten das gleiche. Meine Chancen seien also schlecht! Im Rückblick frage ich mich, weshalb man sich so negativ und abweisend verhielt. Vielleicht hätte ich mich trotz allem bewerben sollen. Schließlich hatte ich an der University of Florida mühelos ein Stipendium von den Soroptimisten bekommen. Aber in New York war nur die Rede von den üblichen Regierungsdarlehen für Studenten.

Ich hatte schon als High-School-Schülerin in Florida zum erstenmal gearbeitet, denn ich war immer sehr stolz auf meine Unabhängigkeit. Als mein Onkel und meine Tante mir Vorhaltungen machten, weil ich kein eigenes Geld besaß, faßte ich den festen Vorsatz, einen Job zu finden. Aber es gelang mir nicht, weil ich minderjährig war.

117

Die beiden verspotteten mich daraufhin, und ich verschaffte mir eine Arbeit, für die ich keine Papiere benötigte: als Kellnerin in einem schäbigen »Familienrestaurant« am Hafen. Die wohlhabende Mittelstandsfamilie meiner Tante mißbilligte meine Entscheidung, aber ich fühlte mich durch die Fähigkeit, Geld zu verdienen, in meiner Würde gestärkt.

Der Chef provozierte und belästigte mich sexuell. In der ersten Woche schob er mir vor den Augen seiner Frau mit den Fingern Eiscreme in den Mund. Da ich gerade eine riesige Platte mit Speisen zu den Tischen trug, waren meine Hände nicht frei, und ich konnte ihn nicht zurückstoßen.

Ich war angeekelt, und seine Frau tat mir besonders leid. Aber ich wollte die Arbeit nicht sofort wieder aufgeben, denn meine Familie hätte mich schadenfroh ausgelacht. Deshalb ging ich am nächsten Morgen mit grünbemalten Fingernägeln (es war Pistazieneis gewesen) ins Restaurant. Das Grün an meinen Nägeln sah wie Gift aus, ich warf dem Chef genauso giftige Blicke zu, und er wagte nie wieder, sich mir zu nähern. (Vielleicht hatte seine Frau ihn ebenfalls sehr giftig behandelt!)

Nach diesen Erfahrungen beschloß ich, eine Teilzeitbeschäftigung zu übernehmen und gleichzeitig in Columbia weiterzustudieren. Ich wollte mein Glück als Mannequin und Schönheitsmodel versuchen. Eine Kommilitonin (mit ähnlichen Problemen im »Stipendiumverweigerungsbüro« von Columbia), die hin und wieder als Model arbeitete – sie führte hauptsächlich Hüte vor –, gab mir ein paar Telefonnummern, und ich ging mit ihr zu ein oder zwei Fotografen. Ich ließ Aufnahmen von mir machen, die ich Modelagenturen vorlegen konnte. Einige Monate später wurde ich durch Vermittlung von Bob Stone – einem bekannten jungen Modefotografen, der Bilder von mir gemacht hatte – von Wilhelmina eingestellt. Sie leitete eine der beiden Spitzenagenturen in New York.

Willie, wie wir sie nannten, hatte früher als Model für Ford (die andere Agentur) gearbeitet und war so erfolgreich gewesen, daß sie sich selbständig machte. Die Art, wie die Mädchen bei Ford behandelt wurden, gefiel ihr nicht, und sie wollte neue Berufsmaßstäbe schaffen. Ihre Agentur wurde zu einer der angesehensten des Landes. Willie war übrigens die prachtvolle Brünette auf zahlreichen Revlon-Plakaten der fünfziger Jahre, mit denen für Nagellack und Lippenstift – »kirschrot im Schnee« – Reklame gemacht wurde. Sie hatte eines in ihrem Büro; es nahm eine ganze Wand ein.

Inzwischen hatte mein Großvater seine Zahlungen völlig eingestellt, und ich war in einer der teuersten Städte der Welt und an einer der teuersten Universitäten der Vereinigten Staaten auf mich selbst angewiesen. Ich studierte wie die meisten Mädchen des oberen Mittelstandes, aber ich gehörte nicht zum Mittelstand, sondern lebte in Armut. Deshalb arbeitete ich über zwei Jahre lang als Model für Willie. Während dieser Zeit ließ ich mich offiziell von der Columbia University beurlauben.

Die Arbeit als Model war sehr lehrreich, aber sie lieferte auch eine brutale Einführung in die reale Welt. Letztlich hieß es: »Die hübschesten Mädchen werden von coolen Männern für Aufträge ausgesucht, lassen sich fotografieren und bekommen Geld dafür.« Welch ein Szenario! Und es ist natürlich anstrengend: hausieren mit der Schönheit,

119

hungern, Durchhalten und die Verwaltung des Geldes. Das Model muß im Januar Badeanzüge tragen (brrr!), damit die Fristen für die Frühjahrsveröffentlichungen eingehalten werden können, überzeugend lächeln, wenn ihm nicht der Sinn danach steht und wenn der Fotograf vielleicht ruft: »Baby, du bist heiß! Spürst du's? Gib's mir, komm schon, gib mir den heißen Muschisaft!« Natürlich glauben nicht alle Fotografen, daß sie sich pervers benehmen müssen, aber viele, zu viele tun es. Manchmal galt es nur, herabsetzende Bemerkungen einzustecken. Zum Beispiel beschimpfte mich Neal Bar, der ein Foto für *Vogue* von mir machte, weil ich »nicht groß genug« für die von ihm gewünschte Kameraeinstellung sei. »Und was ist mit deinen Beinen los?«

Wenn ich mir heute Modezeitschriften anschaue, frage ich mich, was dem Model durch den Kopf ging, während es vor der Kamera stand. Wie viele Stunden hatte es sich mit dem Make-up und der Frisur abgemüht, wessen Ego war bei den Vorbereitungen verletzt worden? Und wie hoch war sein Honorar? Hoffentlich hoch genug. Allen Übertreibungen zum Trotz verdienen Models (abgesehen von den zwanzig an der Spitze) oft kaum genug, um sich ernähren zu können. Manchmal sieht eine Neue so aus, als habe sie ihre große Chance erhalten – oder bilde ich mir das nur ein? Jedenfalls machte ich das gleiche durch.

Daß ich mein Glück als Model versuchen wollte, hatte vielleicht (neben dem Geld, der Herausforderung, dem Glamour und der Verlockung, meine eigene Herrin zu sein) mit dem Tag zu tun, an dem mich mein Großvater von dem besten Fotografen der Stadt aufnehmen ließ, um mir seine Liebe zu beweisen. Er stellte das Bild stolz auf den

Schreibtisch in seinem Büro, nachdem er es mit einem eleganten Rahmen (durchsichtiger Kunststoff der vierziger Jahre) hatte versehen lassen. Dort blieb es sein ganzes Leben hindurch stehen, sogar als er in den Ruhestand trat, den Schreibtisch in sein Haus bringen ließ und sich mit Finanzinvestitionen beschäftigte. Auch zwanzig Jahre später, als er schon an der Alzheimer-Krankheit litt und ich ihn besuchte, war es noch da. Also hatte ich vielleicht eine positive Einstellung zu Fotos und erwartete Gutes von ihnen.

Während der Arbeit für Willie trug ich manchmal Kleider, die Tausende von Dollars wert waren, oder Schmuck, der ständig von Sicherheitspersonal bewacht wurde. Aber ich interessierte mich viel mehr für alte Kleidung, denn für mich bargen jene zarten Gewänder mehr Poesie als alle modernen Kleidungsstücke. Sogar die Haute Couture kam mir wie Massenware vor, verglichen mit der alten Kleidung, die ich mir bereits als Studentin zulegte – lange bevor sie chic war.

Make-up hingegen faszinierte mich, und ich unterhielt mich gern mit anderen Models über Körperpflege. Auf ganz offene und natürliche Weise tauschten wir unsere kosmetischen Geheimnisse ebenso wie unsere Kleidungsstücke aus. In halbnacktem Zustand hatten wir häufig eine Menge Leute um uns, die uns anzogen, unseren Körper, unser Gesicht und unser Haar kritisierten und das Make-up auftrugen. Wer auf eine Privatsphäre angewiesen ist, wird es als Model nicht lange aushalten. Wir schätzten unsere Körper fast wie Kunstwerke ein und versuchten dauernd, die Gestaltung zu verbessern. Es gefiel mir, daß wir darin bestärkt wurden, uns um unseren Körper zu kümmern, ihn für wichtig zu halten, ihn zu schmücken und den der anderen zu loben. Ich hatte Vergnügen daran, die schönen Körper der anderen Frauen um mich herum zu betrachten.

Was mir nicht gefiel, war die geschäftliche Seite der Arbeit. Als Model verbringt man die meisten Tage damit, schwere Fotoalben zu den berüchtigten Vorstellungsgesprächen zu schleppen. Die Agentur gibt dir eine Liste mit Terminen bei Fotografen und »zur Zeit aktiven« Klienten, und du besuchst einen nach dem anderen. So lernst du neue Fotografen und Klienten kennen. Du zeigst ihnen die Bilder von dir und läßt bei ihnen eine Broschüre über dich zurück, die den Namen der Agentur trägt (dafür bezahlst du aus eigener Tasche). Ob du den Auftrag bekommen hast, erfährst du erst später von der Agentur.

Ehrlich gesagt, die meisten Jobs befremdeten mich. Es dauerte sehr, sehr lange, sich auf einen Auftrag vorzubereiten: zuerst zu Hause (es erfordert viel Mühe, einen Körper »perfekt« zu machen) und dann im Studio, wo man doppelt soviel Zeit auf das Haar und das Make-up verwendete wie auf die Fotos selbst. Häufig fand ich das Haar oder das Make-up häßlich, weshalb es mir schwerfiel, mich vor der Kamera selbstbewußt zu bewegen. Das fremde Make-up gab mir das Gefühl, meine eigene Persönlichkeit verloren zu haben. Andererseits war es angenehm, sich das Haar kämmen und sein Gesicht sanft mit kleinen Pinseln berühren zu lassen. Ich wußte nie, was ich sagen sollte, wenn mir das Ergebnis nicht allzu gelungen vorkam! Ich mußte mich einfach damit abfinden. Immerhin machte es Spaß, einen Tag lang gemeinsam zu arbeiten – wir genossen die Kameradschaft, und oft ging das ganze Team danach zusammen zum Essen.

Diana Vreeland – eine legendäre Gestalt – war seit vielen Jahren Chefredakteurin der Zeitschrift *Vogue* und galt als die einflußreichste und eleganteste Modejournalistin. Sie kleidete sich tatsächlich auf eine auffällige und stilvolle Art, aber für allzu elegant hielt ich sie nie. Für mich waren Rachmaninow, Strauss, die Oper elegant – und auch das Ballett. Kleidung und Stil machten mir Vergnügen, mehr auch nicht. Wahre Eleganz erfordert die Haltung und Anmut einer Ballettänzerin. Übrigens kritisierte Vreeland meine Haltung. Als »braves Mädchen« war ich dazu erzogen worden, die Schultern leicht hängen zu lassen, um meine Brüste zu verbergen. Vreeland bereitete eine Live-Show vor, bei der andere Models und ich Kleidungsstücke in einem eleganten Salon vorführen sollten. Sie mochte mich, aber sie riß mir fast den Kopf ab, als sie versuchte, ihn in die richtige Position (Kinn nach oben) zu bringen. Ich sollte arrogant und stolz einherschreiten! Sie demonstrierte es. »Und nun du!« Ich fühlte mich noch weniger selbstbewußt als zuvor und schlurfte auf eine Weise durch den Saal, die weder mit meiner noch mit ihrer Gangart etwas gemeinsam hatte. »O nein, nein!« Sie ließ mich vor sich hergehen, aber es war hoffnungslos. Ihre Aufforderung, stolz zu sein, entsprach einer feministischen Grundidee; aber damals und in jenem Rahmen konnte ich nicht darauf reagieren. Vielleicht würde sie meine flotte Gehweise heute eher zu schätzen wissen. Damals hielt ich Arroganz für eine Sünde, und vielleicht tue ich es noch immer. Aber es kann Spaß machen, arrogantes Benehmen zu beobachten oder manchmal vorzutäuschen.

Man ist als Model insofern unabhängig, als man sich die Zeit frei einteilt und auch für seine Finanzen selbst verantwortlich ist. Bei den Honoraren gibt es kein Minimum oder

Maximum. (Die Buchführung war übrigens eine ausgezeichnete Vorbereitung auf mein späteres Dasein als Forscherin; außerdem hatte ich jahrelang zugesehen, wie mein Großvater seine geschäftlichen Angelegenheiten erledigte.) Die Stundenhonorare der Models lagen zwischen hundert und fünfhundert Dollar. Meines – wie das der großen Mehrheit – betrug zweihundertfünfzig Dollar für die meisten Aufträge. Das klingt natürlich großartig, aber wir erhielten nicht dauernd Honorare, sondern nur dann, wenn wir uns nach zahlreichen Vorstellungsgesprächen einen Job verschafft hatten. Und die wirklich wunderbaren Redaktionsarbeiten für Spitzenzeitschriften dienten dem Prestige und wurden kümmerlich bezahlt. *Vogue* und *Cosmopolitan* zum Beispiel boten damals fünfzehn Dollar pro Stunde an. Aber wir alle liebten Redaktionsaufträge.

Ich aß kaum etwas – ohnehin ernährte ich mich nicht richtig – und war schwach und sehr mager. Wenn ich zum Essen verabredet war und mein Begleiter Wein bestellte, weil er sich davon einen schönen Abend versprach, fühlte ich mich nur erschöpft, denn ich trank schließlich auf leeren Magen.

Während ich mein Album mit mir herumschleppte, wurde mir bald klar, daß die Arbeit als Model eine gewisse Ironie in sich birgt: Wir verbrachten unsere Tage damit, männliche Fotografen und Klienten zu besuchen, um unseren Körper zu verkaufen. Eine ausgeprägte Widerspiegelung des Gesellschaftssystems! Wir, die Models, waren zu neunzig Prozent Frauen, die Machthaber (Fotografen und Klienten) waren zu neunzig Prozent Männer.

Ich begann, gegenüber anderen Models in Willies Agentur entsprechende Bemerkungen zu machen. Bald wurde ich zur »Hausfeministin« erklärt. Wen forderte man also auf, nachdem John Cassavetes, Peter Falk und Ben Gazzara den Film *Husbands* gedreht hatten, mit ihnen im Fernsehen – in der *Joe Franklin Show* – zu erscheinen und den weiblichen Standpunkt zu vertreten? Mich! Ob diese Sendung noch in Franklins Archiv vorhanden ist? Es muß um 1970 gewesen sein.

Peter Falk teilte mir unter vier Augen mit, »das wirkliche Problem« sei, daß »Männer nicht mehr Männer sein dürften«. Ob er inzwischen wohl seine Meinung geändert hat? Ich mochte ihn mehr als die beiden anderen, die mir arrogant vorkamen. Wenn die Kamera nicht lief, war Cassavetes grundsätzlich nicht bereit, auch nur ein Wort mit mir zu wechseln. Die Leinwandcharaktere unter seiner Regie sind so von Klischees geprägt, daß die Zuschauerin vom Stuhl fallen könnte; es ist fast wie bei Mickey Spillane! Und Cassavetes tritt als der Held auf, der natürlich »viel cleverer ist als das dumme Blondchen«. Später lernte ich Cassavetes' Frau Gena Rowlands kennen, als sie in einer Filmszene entsetzt in meinen Hinterhof fliehen mußte (sie war mir sehr sympathisch).

Um diese Zeit begegnete ich im Atelier von James Moore auch Jane Fonda. Moore hatte wie viele andere Fotografen ein Dachatelier in der Nähe der 27th Street in New York. (Der Film *Blow up*, in dem Veruschka die unterschwellige sexuelle Spannung zwischen dem Fotografen und dem Model fabelhaft darstellt, war das obligate Vorbild für das Aussehen von Dachstudios: Sie mußten groß, leer und weiß sein.) Jane war sehr liebenswürdig – wirklich toll, dachte ich.

Aber ich war immer noch schüchtern. Als sie mich zum Essen einlud, lehnte ich ab. Warum? Weil ich es mir zu stark wünschte. Es war fast so wie damals, als mein Großvater mich gebeten hatte, ihn »Dad« zu nennen und ich zu überrascht und scheu war, um ja zu sagen. Nun, als Model, war ich zwar nicht mehr unscheinbar, aber immer noch sehr, sehr schüchtern. Ich hätte die Einladung nur zu gern angenommen.

Manchmal verhalte ich mich auch heute noch so – wie dumm. Ich vermeide Freundschaften mit Menschen, die ich gern kennenlernen würde, weil ich zu schüchtern bin oder fürchte, daß meine Energie für die geforderte »Leistung« nicht ausreichen könnte. Das muß ich überwinden!

Kurz darauf hatte ich in Janes Film *Klute* eine kleine Rolle als Model. Ich versuchte nie, weitere Filme zu machen, denn es war so langweilig, stundenlang auf einen Zehnminutenauftritt zu warten. Die Dreharbeiten hatten nichts mit Glamour zu tun! Außerdem war ich verärgert über die Art, wie der Regisseur mit Jane Fonda umsprang. Statt sie zu ermutigen und zu loben, blieb er trocken und unverbindlich und ließ sie manche Einstellung endlos wiederholen. Dabei gab es meiner Ansicht nach schon an ihren ersten Versuchen nichts auszusetzen.

Damals kannte ich viele Musik- und Filmproduzenten. Einige hatte ich an der Juilliard School of Music getroffen; andere hatte ich kennengelernt, weil sie immer noch unweit der Juilliard, ihrer früheren Ausbildungsstätte, wohnten. Etliche Musikstudenten in meiner Nachbarschaft wollten mich mit allem möglichen bekannt machen: von Gustav Mahlers Musik (im Dunkeln natürlich) bis hin zu Karlheinz Stockhausen und den Produzenten von Barbra

Streisand und Lena Horne. Anderen war ich in Jazzclubs begegnet, die ich mit Freunden besucht hatte. Aber dann verließ ich die Gegend um die Columbia University und zog weiter in die Stadtmitte, nach Central Park West. Es war herrlich, in der Nähe des Parks zu sein, und ich besorgte mir ein Fahrrad.

Als ich für Willie arbeitete, erschien eines der vielen hundert Fotos, die von mir gemacht worden waren, im *Playboy*. (Ich wurde nicht direkt von der Zeitschrift bezahlt, sondern sie überwies das Honorar an Wilhelmina.) Dadurch geriet ich ein paar Jahre später in erhebliche Schwierigkeiten. Die Aufnahme war von Frederick Smith gemacht worden, einem prominenten New Yorker Fotografen, mit dem ich oft bei der Herstellung von Katalogen zusammengearbeitet hatte. Wenn ich mich recht erinnere, wurde er gebeten, ein Foto für den Artikel »Zehn Modefotografen präsentieren ihre Lieblingsmodels« vorzulegen. Fred hatte mich gelehrt, Fotos zu entwickeln, und ich stand ihm häufig in seiner Dunkelkammer zur Seite. Er war ein äußerst intelligenter und interessanter Mann – sehr sanft, ein bißchen wie mein Großvater. Ich hatte Achtung vor Fred und gab mein Einverständnis. Wir machten einige Fotos von mir auf einem Bett in seinem Atelier. Ich trug einen großen Hut mit Blumenmuster und kuschelte mich an einen Hund, den Fred aufgetrieben hatte – ein riesiges, schwarzes zotteliges Ungeheuer. Es war vor den Tagen der »Schrittaufnahmen«, und es handelt sich um ein unscharfes Bild meines Oberkörpers und meiner Brüste.

Die Bezahlung war nicht übermäßig hoch, aber höher als gewöhnlich – und genau das benötigte ich seinerzeit.

127

Wurde ich bei den Aufnahmen erregt, weil ich nackt war? Weil ich mich zur Schau stellte? Keineswegs. Ich erinnere mich sehr gut an den Tag. Mag sein, daß ich unter den richtigen Umständen erregt sein könnte, wenn ich nackt wäre und von jemandem bewundert werden würde, aber diese Situation hatte für mich nichts Sexuelles an sich. Es ist vielleicht nur schwer zu glauben, aber es stimmt. Viele Jahre später, als eine Fotografin mich nackt für das Centre Pompidou aufnahm, kam mir der Moment erotisch vor. Damals aber nicht. Vielleicht lag es an dem Gedanken, daß das Foto für die grobschlächtige Zeitschrift *Playboy* bestimmt war.

Bei den üblichen Modearbeiten hatte ich mich stärker sexuell belästigt gefühlt, auch von dem Spitzenfotografen Hiro. Er, seit mehreren Jahren der Star von *Vogue* und *Bazaar*, bereitete mich eines Tages für eine Aufnahme vor, während eine ganze Menschenmenge zusah: Maskenbildnerin, Friseur, Kleiderstilist und eine Gruppe von Klienten, darunter Vertreter der Werbeagentur und der Firma.

Abgesehen von einem goldenen Gürtel war ich ganz in Weiß gekleidet. Man legte noch ein letztes Mal Hand an mein Make-up und mein Haar, so daß ich mich nicht mehr bewegen konnte. Die Klienten schritten um mich herum und murmelten einander ihre Meinung zu. Plötzlich begann Hiro, der wahrscheinlich genauso nervös war wie ich, meine funkelnde goldene Gürtelschnalle zu reiben, als wolle er sie polieren. Dann wandte er sich, vor mir kniend den Klienten zu und fragte mich laut: »Na, erregt es dich, wenn ich deinen Gürtel so reibe?« Es wurde ganz still im

Raum, und alle warteten auf meine Antwort. »Äh, ich weiß nicht, ich . . .«

Ich hatte immer Wert darauf gelegt, als Model meinen eigenen vollen Namen zu verwenden und nicht als »Bascha« oder unter irgendeinem anderen Pseudonym aufzutreten, wie es viele meiner Freundinnen taten. Deshalb hatte *Playboy* nach der Publikation meines ersten Buches keine Mühe, das Bild in seinem Archiv zu finden (»Wow, sie hat sich einmal nackt für uns fotografieren lassen!«) und es von neuem zu veröffentlichen. Ich erfuhr erst davon, als es bereits erschienen war – und bekam keinen Cent dafür!

Übrigens war es der *Playboy*, der mein Buch in einer Rezension später als »The Hate Report« bezeichnete – ein Etikett, das seitdem überall auf der Welt immer wieder in Schlagzeilen benutzt wird, um mich und meine Arbeit herabzusetzen. Zuletzt sah ich es 1994 in der Londoner *Sunday Times*. Ja, es tut mir weh, denn meine Arbeit hat nicht das geringste mit Haß zu tun, wie jeder meiner Leser weiß. Einige meinen, beim *Playboy* fürchte man, daß Feministinnen für den Niedergang der Pornographie und damit für die Einstellung der Zeitschrift sorgen könnten. Deshalb habe man uns aufs Korn genommen. Tatsächlich wurde ich 1976 am schlimmsten vom *Playboy* und 1981, nach der Veröffentlichung meines nächsten Buches, besonders heftig von einem ehemaligen *Penthouse*-Redakteur attackiert. (*Newsweek* druckte das *Playboy*-Foto fast fünfzehn Jahre später im Rahmen eines Angriffs auf mein drittes Buch ab.)

Die Möglichkeit zu reisen – besonders nach Europa – war einer der größten Vorzüge des Modeldaseins!

Im zweiten Jahr bei Willie reiste ich nach Europa, um

dort für Schwesteragenturen zu arbeiten – zum Beispiel in Mailand für die Agentur an der Via Sepio. Ich erhielt zahlreiche Aufträge, und ich liebte Italien. Die Agenturchefin war mit dem Eigentümer eines der luxuriösesten Mailänder Hotels aus dem neunzehnten Jahrhundert verheiratet. Das Hotel, in dem Verdi gestorben war, lag ganz in der Nähe der Scala.

Ich konnte mir leisten, dort zu wohnen, denn das Hotel gab einigen Models einen speziellen Rabatt – vielleicht, um der Kundschaft ein paar aufregende Tupfer hinzuzufügen. Die meisten Gäste waren italienische Geschäftsleute. Die Empfangschefs dieses exklusiven Hotels verwahrten hinter ihrem Tresen pornographische Zeitschriften. Wenn die Männer abends vom Essen zurückkehrten, erhielten sie ihren Zimmerschlüssel wie selbstverständlich zusammen mit einem der Magazine. Ich war schockiert, was sich wohl an meiner Miene ablesen ließ. Einer der netteren Angehörigen des Empfangspersonals bemerkte dies und schien sehr verlegen zu sein. Niemand im Hotel, weder Angestellte noch Gäste, versuchte je, mir zu nahe zu treten. Es war ein ungeheures Vergnügen für mich, dort zu wohnen, und seitdem liebe ich Hotels.

Alles ging gut – ich besuchte die italienischen Museen, hielt Leib und Seele durch meine Aufträge zusammen und lernte Italienisch (da ich bereits Spanisch sprach, war es nicht sehr schwer) –, bis der beste Freund der Agenturbesitzerin mich in eine Diskothek einlud. Ich akzeptierte, sagte jedoch später naiverweise aus Müdigkeit ab. Er war außer sich. Danach wurde ich zur Strafe zu lausigen Vorstellungsgesprächen geschickt, die zu schlechten Jobs führten. Einmal mußte ich zum Beispiel für einen Hersteller von Badezimmerwaschbecken arbeiten. Nachdem ich eingetroffen war und den Bademantel angezogen hatte (ich sollte mich neben dem Waschbecken in Pose werfen und »hübsch aussehen«), sagte der Chef empört zu dem Fotografen: »Ihre Brust ist zu klein! Konnten Sie kein Mädchen mit größeren Titten kriegen? Ihre sind winzig! Lassen Sie uns so schnell wie möglich fertig werden.«

Noch heute ist es schmerzlich für mich, über meine Zeit als Model zu schreiben. Schließlich war mein Universitätsstudium dadurch unterbrochen worden. Aber immerhin lernte ich Willie kennen. Sie war eine »Supermutter«, noch bevor es das Wort gab: eine Frau, die ihr eigenes Unternehmen gründete, es leitete, ein Baby hatte, eine Ehe führte und bei alledem noch schön sein mußte. Sie starb wenige Jahre später an Krebs. Willie, liebe Willie. Ihre Agentur überdauerte und existiert immer noch unter ihrem Namen.

Nachdem ich einmal in Florenz einen Auftrag hinter mir hatte, besuchte ich ein Museum. Als ich am Ende der Besuchszeit hinaustrat, wurde es bereits dunkel, und starker Nebel ballte sich zusammen. Ich verirrte mich in einer der zunehmend trüben Straßen und fragte einen Polizisten nach dem Weg. Er tat so, als verstehe er mich nicht, und hielt mich hin, weil er vielleicht hoffte, daß ich weinen oder wütend werden würde, was seine Überlegenheit unterstrichen hätte. Ich war immer noch ein wenig ausgefallen gekleidet; mein Make-up und meine Schuhe dürften exotisch gewirkt haben, und ich trug einen ungewöhnlichen hellgrünen Samtmantel aus den zwanziger Jahren. Das alles hatte den Polizisten wahrscheinlich provoziert. In der Abenddämmerung wurde es immer schwerer, sich zu orientieren. Meine Nervosität wuchs.

Ein Passant bemerkte mein Unbehagen und blieb stehen. Er gab mir klare Anweisungen, und gemeinsam gingen wir weiter. Dieser Mann war Alessandro, der in Florenz studierte, aber aus Venedig stammte. Für das nächste Wochenende lud er mich dorthin ein. Ich war noch nie in Venedig gewesen und sehnte mich danach, es kennenzulernen.

Wir trafen uns am Bahnhof in Mailand und nahmen den überfüllten Zug nach Venedig. Alle Studenten der Welt schienen sich in diesem Zug versammelt zu haben, und wir mußten auf dem Fußboden sitzen.

In Venedig nahmen wir ein Hotelzimmer (zu meiner Überraschung – wirklich!) und liebten uns den ganzen Nachmittag hindurch. Durch das Fenster sahen wir den blauen Himmel, das schimmernde Wasser der Lagune und das Sonnenlicht auf dem Börsengebäude. Ich war verblüfft über die Emotionen, die ich verspürte – oder war es mein Körper? Woher kamen die Gefühle? Mein Körper und ich schienen lebendiger zu sein. Alessandro war sehr leidenschaftlich und doch behutsam, nicht hartnäckig oder macho – wie die meisten Fotografen; von den Studenten der Columbia University gar nicht zu reden. Ich mochte ihn wirklich und traf mich an den Wochenenden mit ihm, bis ich schließlich in seine Wohnung in Florenz zog. Doch meine Flugkarte zurück in die USA war nur noch kurze Zeit gültig. Ich wollte nicht abreisen, aber es gab keine andere Wahl. In der Zwischenzeit hatte ich nämlich begonnen, Fragebögen zu verteilen, da ich der Frauenbewegung beigetreten war und die Antworten lesen mußte, um mein Projekt in Angriff nehmen und meine Versprechen erfüllen zu können.

Einer der letzten Aufträge, die ich vor meiner Reise nach Europa von Wilhelmina übernommen hatte, war die Herstellung eines Fernsehwerbespots für die Schreibmaschinenfirma Olivetti. (Damals gab es noch keine Computer! Man hält es kaum für möglich!)

Da ich Klavier spiele, konnte ich sehr schnell tippen. Ich bewarb mich um den Auftrag und erhielt ihn. Am Drehtag wies mich der Regisseur an, mit der Kamera zu flirten und verführerisch die Beine übereinanderzuschlagen. »Warum? Geht es nicht einfach darum zu zeigen, wie schnell die Maschine schreibt?« – »Nicht ganz«, erwiderte er. »Der Untertitel wird lauten: ›Die Schreibmaschine, die so klug ist, daß *sie* es nicht zu sein braucht.‹ Sie sollen eine doofe Blondine spielen. Also ans Werk!«

Ich gehorchte. Später las ich einen Artikel in der *New York Times*, in dem berichtet wurde, daß die New Yorker Ortsgruppe der National Organization for Women (NOW) wegen dieser Werbekampagne vor der Zentrale des Unternehmens in der Park Avenue Streikposten aufgestellt habe. Ich war aufgeregt. Sollte ich dorthin fahren? Es mußten interessante Frauen sein, und außerdem stimmte ich mit ihnen überein! Aber würden sie mich nicht ablehnen?

Ich fuhr hin und knüpfte einige der dauerhaftesten Freundschaften meines Lebens. Furchtsam schloß ich mich der Gruppe »Das Bild der Frauen in den Medien« mit Midge Kovacs als Vorsitzender an. Ich trug kein Make-up und verschwieg zunächst, daß ich in einem der beanstandeten Werbespots aufgetreten war. Aber als ich der lebhaften Diskussion lauschte, wuchs mein Selbstvertrauen, und zwei Stunden später flüsterte ich der neben mir sitzenden Joyce, die ich gerade kennengelernt hatte, mein Geheimnis zu. Fassungslos drehte sie sich zu mir um. »Was???« Dann rief sie: »Alle mal herhören, ihr glaubt ja nicht, wer hier ist!« Alle starrten uns an, und sie wiederholte meine Worte. Die Reaktion? »Seht ihr! Nicht einmal die Frauen, die bei der Reklame mitgewirkt haben, können sie leiden!« Und damit ging die Diskussion dieses neuen Aspekts weiter. Wundervoll!

George Lois, der Geschäftsführer der Werbefirma, attackierte mich noch in den achtziger Jahren in der Fachzeitschrift *Advertising Age* wegen meines »Verrats«.

In Zeitungen ist oft zu lesen, ich hätte mich der Frauenbewegung angeschlossen, weil ich als Model an einer Schreibmaschinenreklame mitwirkte, die von der Frauenbewegung boykottiert wurde. Es hört sich so an, als wäre ich in jenem spezifischen Moment bekehrt worden. Das stimmt jedoch nicht ganz. Vielmehr war es dieser eine Vorfall, der mich veranlaßte, die Zeit und den Ort des Treffens der Gruppe herauszufinden und sogar dorthin zu fahren. Denn wie wohl viele andere dachte ich: Ja, das finde ich auch, aber was macht es schon aus, wenn ich dort aktiv werde? Antwort: Man kann nie wissen! Eine ganze Menge!

Mein ganzes Leben lang hatte ich Erfahrungen gesammelt, die keinen Zweifel daran ließen, daß es eine uneingestandene Dimension der Politik gab: einen doppelten Moralkodex. Ich erkannte ihn im Leben meiner Großmutter, meiner Mutter, meiner Tante, und es war eine großartige Nachricht für mich, daß andere Frauen die gleichen Erfahrungen gemacht hatten. Ich war bereit, neuen Ideen zu lauschen.

Eines meiner nachhaltigsten Erlebnisse war, daß ich mich Anfang der siebziger Jahre in der Frauenbewegung wiederfand. Genau hier *mußte* ich sein. Die Luft schien förmlich vor brillanten Ideen zu knistern.

Es war eine unbeschreibliche, eine zauberhafte Zeit – überall gab es berauschende Gedanken und Projekte. Wir glaubten, daß sich die ganze Welt ändern konnte, nein, schon dabei war, sich zu ändern – durch uns! (Und wir hatten recht.) Nichts würde jemals so sein wie früher. Es war der Anbruch der Zukunft, ein wahrhaft beispielloses Gefühl, so, als sei man verliebt, aber nicht in eine Person, sondern in Hunderte von Personen. Plötzlich wurde ein Licht in einem verdunkelten Raum angeknipst. Deine Freunde gaben eine Party, gründeten eine Familie, begannen ein neues Leben und hießen dich willkommen.

Soviel Spaß hatte ich noch nie gehabt. Es war unerhört für mich, Lebensumstände zu finden, in die ich so gut hineinpaßte. An der Universität hatte ich mich intellektuell zu Hause gefühlt, aber ich war eine »verdächtige Frau« gewesen, besonders in den höheren Semestern (schließlich reden wir immer noch von den sechziger Jahren). Man schien sich dauernd zu fragen: »Wann wird sie heiraten und das Studium aufgeben? *Warum* ist sie hier?« In der Frauenbewegung dagegen wurde die intellektuelle Diskussion leidenschaftlich und konzentriert geführt, und es war ein Vorzug, eine Frau zu sein! Zu plaudern, Pläne zu schmieden, seine Ideen und sein Privatleben zu vergleichen: Die Arbeit als Model war nicht annähernd so amüsant! (Man verhielt sich in der Modebranche viel förmlicher, trotz der coolen Fotografen und der »klasse« Mädchen. Außerdem waren Drogen in der Modelwelt viel stärker verbreitet.)

Die Gespräche in der Bewegung und der Corpsgeist bezauberten mich. Die intellektuellen Debatten ließen die Auseinandersetzungen an der Columbia University blutlos wirken.

Joyce Snyder, die am ersten Abend neben mir gesessen hatte, besaß einen sehr ausgeprägten Humor und sorgte immer wieder dafür, daß wir uns vor Lachen krümmten. Bei einem Treffen begann sie (unter den Zuhörerinnen waren, wenn ich mich richtig entsinne, Joyce Gold, Sydelle Beiner, Florence Rush und Dorothy Crouch), über die Gründung der neuen Zeitschrift *Ms.* durch Gloria Steinem und eine Partnerin zu sprechen.

»Ms.« war ein neuer Titel für Frauen anstelle von »Mrs.« und »Miss«; die letzteren legen den Status einer Frau fest, wohingegen alle Männer, ob verheiratet oder nicht, »Mr.« sind. Aber Joyce war auch mit diesem Titel nicht zufrieden. »Warum?« fragte sie mit ihrem respektlosen südlichen Akzent. »Denn was bedeutet das alles im Grunde? Denkt mal darüber nach! Miss heißt ›unpenetrierte Vagina Jones‹, Mrs. ›penetrierte Vagina Jones‹ und Ms. ›Vagina Jones‹!« Sie fügte hinzu: »Mr. bedeutet natürlich ›Penis Jones‹!«

Ich habe ihre Worte nie vergessen, denn sie hatte recht. Wir halten es für selbstverständlich, daß man als Gebot der Höflichkeit täglich etwas zum Ausdruck bringt, über das man normalerweise nie reden würde! Ist es zu glauben?

Bei so witzigen Teilnehmerinnen konnte natürlich nie Langeweile aufkommen. Zum Beispiel plante Anita Murray einen Marsch, mit dem das Recht auf Abtreibung eingefordert werden sollte: Sie lag in einem mit weißem Satin ausgeschlagenen Sarg und ließ sich durch die Straßen tragen, um zu demonstrieren, wie viele Frauen alljährlich infolge illegaler oder verpfuschter Abtreibungen starben.

Märsche und Aktionen, Versammlungen, Demonstrationen und andere Veranstaltungen, Older Women's Liberation (OWI), Off Our Backs, NOW, New York Radical Feminists und so weiter – ein endloser Strom unerschrockener Frauen. Kurz gesagt, wir nahmen unser Leben in die eigene Hand, und wir rissen auch die Macht an uns, Kommentare über das System abzugeben, es zu kritisieren, es völlig neu zu benennen.

Irgendwie kann ich sogar die Gefühle der Verbundenheit verstehen, in denen manche fundamentalistische – ob islamische oder andere – Gruppen schwelgen. Ich verstehe, wie sich das britische Volk während des Zweiten Weltkrieges in »seiner größten Stunde« fühlte, als alle das gleiche Ziel verfolgten und sicher waren, etwas Wertvolles zu leisten.

Die Frauenbewegung dagegen ist stets pazifistisch gewesen – ganz im Gegensatz zu gegenwärtigen fundamentalistischen Gruppen, die Mitarbeiter von Abtreibungskliniken ermordet und Bomben in Kliniken gelegt haben.

Um ehrlich zu sein, es gab auch einen gewissen Snobismus. Ich erkannte nicht sofort, daß viele dieser Frauen dieselben »guten Mädchencolleges an der Ostküste« besucht hatten und eine gemeinsame Front bildeten, aber es handelte sich um eine Minderheit. Am schlimmsten war Betty Friedans hochnäsige Einstellung Lesbierinnen gegenüber. Die Gruppen bestanden vielleicht zu fünfundsiebzig Prozent aus heterosexuellen Frauen und zu fünfundzwanzig Prozent aus Lesbierinnen. Da aber der Druck existierte, die Liebe zu einer Frau auszuprobieren, kam es in manchen

Gruppen eher zu einer Relation von sechzig zu vierzig. Es hieß, wer Männer liebe, verrate die Frauen, nehme sie nicht ernst und behandele sie wie »Unberührbare«.

Friedan löste in der New Yorker Ortsgruppe der National Organization for Women eine Krise aus, als sie versuchte, ihren Verband vor der »lesbischen Bedrohung« zu retten. Ihre Fraktion bemühte sich, eine Wahl für ungültig erklären zu lassen, weil »zu viele Lesbierinnen« kandidiert hatten (oder gewählt worden waren).

Diese Krise wurde als die »lesbische Säuberung« bezeichnet. Friedan war der Meinung, daß für die Lesbierinnen keine Stimmen abgegeben werden dürften, weil man die Frauenbewegung sonst nicht ernst nähme. Die andere Fraktion dagegen hielt die lesbische Liebe nicht nur für gut, sondern sogar für obligatorisch: Alle Frauen, die keine Lesbierinnen seien, übten Verrat an ihren Schwestern. Letzten Endes wurde die freie Wahl auf die Tagesordnung gesetzt, und Frieden stellte sich ein – mehr oder weniger.

Später wurde mir klar, daß ich sehr komplizierte Gefühle Frauen gegenüber habe. Ich liebe sie, und wenn sie mir weh tun, hasse ich sie. Beziehungen zu Frauen sind mindestens ebenso wichtig wie die zu Männern; das ist einer der Kardinalpunkte der Frauenbewegung. Die Gesellschaft als Ganzes verleitet Frauen zu dem Glauben, daß ihre Freundschaften – gleichgültig, wie lang oder intensiv – zu anderen Frauen keine so große Rolle spielen wie ihre Beziehungen zu Männern, besonders zu Männern, in die sie sich verliebt oder mit denen sie ein Kind haben.

Meine besten Freunde waren – und sind – sowohl Frauen als auch Männer, was ich allerdings lange Zeit nicht durchschaute. Während ich aufwuchs, hatte ich die verwirrendsten Beziehungen zu meinen drei Müttern: zu meiner Tante, zu meiner Mutter und zu meiner Großmutter. Heute weiß ich, daß ich Frauen gegenüber durchaus komplexe Gefühle habe, wohingegen ich all diese Gefühle ausschließlich für positiv hielt, als ich in der Frauenbewegung war. Eine andere Frage ist, ob ich eine Liebesbeziehung zu einer Frau knüpfen könnte.

Meine Erinnerungen an jene Zeit – die frühe zweite Welle der Frauenbewegung – und an meine Freundinnen sind unauslöschlich. Ihre geistige Brillanz, ihre Leidenschaft und Energie haben sich meinem Gedächtnis am stärksten eingeprägt. Ich lernte Frauen wie Kate Millett, Ti-Grace Atkinson, Betty Dodson, Anne Koedt, Barbara Seaman, Janet Wolfe, Shirley Zussman, Leah Schaefer, Midge Kovacs, Erica Jong, Andrea Dworkin und Gloria Steinem kennen – Frauen, die die Welt veränderten, die witzig, unabhängig, intelligent, interessant und großartige Freundinnen waren. Und sie interessierten sich auch für *mich*! Was hätte ich mir sonst noch wünschen können?

Eines Tages begegnete ich Gloria Steinem. Ich fand sie sehr hübsch, aber ich hatte Angst vor ihr, weil sie so berühmt war. Wir beide wurden von der Kerngruppe bei irgendeiner Konferenz nicht so recht akzeptiert: sie, weil sie »so erfolgreich« war und eine eigene Zeitschrift besaß, und ich, weil ich immer noch ein unbeschriebenes Blatt war; außerdem wurde mir übelgenommen, daß ich eine Blondine war, die zuweilen Make-up trug, und daß ich nicht aus der Stadt, sondern aus der Provinz stammte. Gloria und ich beäugten einander am Rand dieses Frauenkreises. Die anderen plauderten, tauschten Klatsch aus, verglichen

Kleidungsstücke, teilten Ideen und Informationen miteinander, und wir beide sehnten uns, wie mir schien, danach, in den Kreis aufgenommen zu werden, »dazuzugehören«. Gloria, die an jenem Tag die lebhaftere und mutigere von uns beiden war, lächelte mir zu und versuchte, ein Gespräch anzuknüpfen. Und was tat ich? War ich für diese Geste dankbar? Nein! Hochnäsig und arrogant – aber eigentlich aus Schüchternheit – wandte ich mich der Gruppe zu, die mich nicht akzeptierte und keine Notiz von mir nahm. Wie konnte ich nur etwas so Dummes tun? Ich habe es immer wieder bedauert. Teils lag das an meiner Schüchternheit, teils an meinem Wunsch, mich dem Verhalten der anderen Frauen anzupassen. (Gräßlich, nicht wahr? Ich wollte jemanden zurückweisen, nur um ihrem Beispiel zu folgen.)

Zum Glück war das nicht meine letzte Begegnung mit Gloria. Sie wurde zu meiner Freundin und Kollegin – und diese Beziehung dauert seit langem an.

Eine Gruppe, zu der ich mich sehr hingezogen fühlte (seltsamerweise, wenn man mein Alter von ungefähr dreißig Jahren bedenkt?), war die Older Women's Liberation Organization (OWL). Ich fühlte mich wohl in ihren Debatten und Workshops. Zum einen interessierte ich mich für die Probleme, zum anderen herrschte hier eine weniger starke Schwesternrivalität. Die üble Atmosphäre des gehässigen Cliquenwesens in Teilen des Campus, der Modewelt und nun der Frauenbewegung hatte mir nie zugesagt. Ich hielt solche Auseinandersetzungen für seicht und lehnte sie vor allem deshalb ab, weil sie mich daran hinderten, meinem eigenen inneren Weg zu folgen und meine Bestimmung zu finden. Ohnehin hatte ich nicht das Gefühl, mich in persönlichen Machtkämpfen durchsetzen zu können. Als Einzelkind war ich für Geschwisterrivalitäten vielleicht nicht gerüstet, oder vielleicht hatten die komplizierten Beziehungen zu meiner Großmutter und meiner Mutter mich veranlaßt, mich nie wieder in kleinliche Konkurrenzkämpfe verwickeln zu lassen. Ich wollte mich auf größere Ziele konzentrieren. Dies war die Zeit für die Definition meiner Ziele. Dazu brauchte ich einen klaren Kopf.

Dieser Umstand war einer der Gründe dafür. daß ich damals ungefähr zwei Jahre lang zölibatär lebte.

Ich liebte die Frauenbewegung, denn ich hatte eine wunderbare Gruppe von Freundinnen – besser als Jill und Becky – und in mancher Hinsicht sogar noch besser als meine Tante! Aber trotzdem ging ich nicht völlig aus mir heraus, versuchte zu sehr, mich einzufügen und akzeptiert zu werden. Aus ideologischen Gründen war ich gegen Make-up (es entspricht der traditionellen Methode, sich einen Mann zu angeln, und es dient den Profiten von Kosmetikunternehmen, die Frauen eine niedrige Selbstachtung vermitteln), dennoch mochte ich es. Schließlich war ich vier Jahre lang Model gewesen. Früher, an der Universität, hatte ich nie Make-up getragen, ja nicht einmal gewußt, wie es aufgelegt wird.

Als Model konnte ich meiner sinnlichen, geselligen, lebenslustigen Seite Ausdruck verleihen, während an der Columbia University meine Bücherliebe zu ihrem Recht kam. Und auch in der Frauenbewegung konnte ich nicht meiner ganzen Persönlichkeit freien Lauf lassen. Es lag nicht nur am Make-up, denn das war bloß symbolisch für andere Dinge.

Damals war es unmöglich, sich zu einem Freund zu bekennen oder ihn gar zu Zusammenkünften mitzubringen. Ich hatte und wollte keinen, aber ich verspürte vage Schuldgefühle wegen meiner früheren Freundschaften. So etwas schien ein potentieller Verrat zu sein. (Natürlich hatten viele Frauen in der Bewegung entweder Freunde oder waren sogar verheiratet!)

Lesbische Frauen konnten gemeinsam bei unseren Treffen erscheinen und wurden freudig begrüßt. Ich wünschte mir, eine intime Beziehung zu einer Frau haben zu können, aber gleichzeitig war ich mir über meine Gefühle nicht im klaren. Gewiß, einige meiner Freunde waren mir sehr sympathisch gewesen, doch ich hatte mir nie gewünscht, mein Leben mit ihnen zu verbringen. Andererseits hatte ich meines Wissens nie lesbische Phantasien gehabt. Auch deshalb plagten mich Schuldgefühle. Kurz, politische Korrektheit spielte eine große Rolle, aber sie war positiv, denn durch die Diskussionen wurden bisher verschüttete Themen zutage gefördert. Ich sah ein, daß es moralischen und politischen Nutzen bringen konnte, wenn Frauen einander liebten. War ich vielleicht deshalb von keinem meiner Freunde völlig mitgerissen worden? Weil es eine Klassen- oder Geschlechtsschranke gab?

Andere, heterosexuell eingestellte Gruppenmitglieder schrieben ein Pamphlet mit dem Titel »Im Bauch des Biestes«; darin wurde Heterosexualität als radikal gepriesen. Aber die Entgegnung war überzeugender: »Nein, das würde bedeuten, einem Mann Energie zu widmen, die besser einer Frau zukommen sollte.« In jener Zeit begriff ich, daß die sexuelle Vorliebe von der eigenen Wahl abhängen kann. Die biologisch natürliche heterosexuelle Orientierung ist gewöhnlich eine Folge sozialen Drucks.

Die Frauenbewegung hat häufig erklärt, daß wir nur dann wahre Fortschritte machen könnten, wenn wir in der Lage seien, anderen Frauen sexuelle Liebe entgegenzubringen und dadurch unsere Integration in die Bewegung und unser Engagement für sie zu beweisen. Für mich war die Bewegung ausschließlich eine intellektuelle Angelegenheit, aber für viele meiner Freundinnen hatte sie auch – vielleicht in erster Linie – körperliche Aspekte! Ich beneidete sie um ihre sexuellen Experimente und, in einigen Fällen, um ihre aufrichtige Liebe, aber ich war (von einer ganz kurzen Episode abgesehen) viel zu scheu für solche Versuche. Und der Gedanke, mich in eine Frau zu verlieben, war mir damals allzu fern, obwohl ich mich für aufgeschlossen und emanzipiert hielt! Vielleicht lag es einfach daran, daß ich keine Frau fand, in die ich mich hätte verlieben können.

AUTORIN UND FORSCHERIN:
1972–1976

*Die Neudefinition der weiblichen Sexualität ·
Wohnungsprobleme · Feuertaufe · Hite-Report. Das
sexuelle Erleben der Frau · Die Medien in den USA ·
Meine erste Reise nach Deutschland · Zensur*

Praktisch jede Frage wurde 1970/71 innerhalb der Frauenbewegung diskutiert; nur die Neudefinition der weiblichen
Sexualität blieb ausgespart. Immerhin hatte Barbara Seaman bereits 1969 ihr Buch *Free and Female* herausgebracht,
das auf den sexuellen Berichten ihrer Frauengruppe basierte. Das zweite Buch von Masters und Johnson war gerade erschienen (es stand in unserer Gruppenbücherei);
darin wurde eingeräumt, daß die klitorale Stimulierung
wichtig für den Orgasmus der Frau sei, doch sie ereigne sich
automatisch während des Geschlechtsverkehrs (Koitus).
Mary Jane Sherfey *(Die Potenz der Frau)* und Anne Koedt
(in einer Bostoner Broschüre) widersprachen Masters und
Johnson. Koedt erklärte – wie noch früher Albert Ellis –, es
gebe keinen »vaginalen Orgasmus«.

Wer hatte recht: Koedt oder Masters und Johnson? Wir
alle zerbrachen uns den Kopf, aber wir sprachen nicht darüber, sondern debattierten über Probleme wie »Lohngleich-
heit«, »gesundheitliche Folgen der Antibabypille«, »sexistische Darstellungen von Frauen in der Werbung« und so
weiter. Doch überall sonst war davon die Rede, ob Frauen
vaginale Orgasmen haben müßten, um nicht frigide zu sein.

144

Ich schlug vor, eine Wochenendkonferenz für alle Frauen der Stadt zu diesem Thema zu veranstalten. Meine Freundinnen in der Gruppe blickten mich entsetzt an. »Und wer soll das Wort ergreifen? Ich nicht! Glaubst du etwa, ich würde aufstehen und allen erzählen, welche Orgasmen ich habe? Das kann doch nicht dein Ernst sein!« Ich kam zu dem Schluß, daß ein anonymer Fragebogen die einzige Lösung bot. Ich würde ihn verteilen und dann einige der Antworten auf der Konferenz vorlesen.

Ich ging nach Hause und schrieb meine Fragen nieder. Als ich sie zum nächsten Treffen mitbrachte und um Anregungen bat, spiegelten sich in manchen Gesichtern von Anfang an Schock und sogar Empörung wider. Eine Frau schrieb mir später einen herablassenden Brief, in dem sie erklärte, daß es besser wäre zu fragen: »Falls Sie masturbieren, wie machen Sie es dann?«, statt: »Wie masturbieren Sie?« Denn sie selbst masturbiere nicht! Ich war erstaunt darüber, daß sie es für nötig hielt, mir diese Tatsache mitzuteilen!

In meiner Antwort schrieb ich nur, es sei besser vorauszusetzen, daß diese Praxis normal und akzeptabel sei, da man allgemein davon ausgehe, daß »anständige Mädchen so etwas nicht tun«. Die Bestätigung dieser Annahme würde es Frauen noch schwerer machen, eine ehrliche Antwort zu geben.

Es wurde gewissermaßen mein neuer Beruf, mit Hilfe von Mike Wilson (ich saß auf dem Rücksitz seines Motorrades, und wir sind noch heute befreundet) in ganz New York City Fragebögen zu verteilen. Bald dehnte ich die Verteilung per Post auf die gesamte Vereinigten Staaten aus.

Meine Fragebögen wurden zwischen 1972 und 1976 verschickt. In dieser Zeit bildeten sich innerhalb der Bewegung alle möglichen Diskussionsgruppen zum Thema Sexualität; Betty Dodson begann ihre berühmten Masturbationsseminare und fertigte Gemälde von den Vulven mit ihr befreundeter Frauen an. Die Gruppe New York Radical Feminists hielt eine Abendveranstaltung über die Frage »Was ist guter Sex?« ab.

Zwei Frauen jener Gruppen, die im Verlagswesen tätig waren, rieten mir, mein Material in Buchform zu veröffentlichen, damit sich so viele Frauen wie möglich darüber informieren könnten. Kurz darauf erhielt ich einen Vorschuß in Höhe von zwanzigtausend Dollar, gab meine Arbeit als Model auf, verteilte vier Jahre lang Tausende von Fragebögen überall in den USA (mit Hilfe des Honorarvorschusses und von zusätzlich geborgtem Geld), analysierte die Antworten und brachte meine Schlußfolgerungen zu Papier. Meine Lektorin, Regina Ryan, ließ sich den Titel *Hite-Report* einfallen, und das Buch wurde 1976 veröffentlicht.

In diesen vier – eigentlich fünf – Jahren verließ ich mich auf meine kümmerlichen Ersparnisse und machte mich mit voller Kraft an die Arbeit: sieben Tage in der Woche jeweils zwölf oder mehr Stunden lang. Was ich tat? Ich las Fragebogenantworten, sortierte sie und stellte riesige Tabellen her. Es waren über hundert Tabellen, die sämtliche Antworten (jeweils dreitausend) auf eine der Fragen enthielten.

Ich engagierte mich so rückhaltlos, daß ich nicht einmal Zeit für die Zusammenkünfte der Frauenbewegung hatte. Mein Geld reichte kaum für die Miete, geschweige denn für die astronomischen Portokosten all der schweren, fünf Seiten umfassenden Fragebögen. Das Papier kostete ein Ver-

146

mögen, auch wenn ich es mir zu lächerlich niedrigen Preisen (und in interessanten Farben) im Schlußverkauf besorgte.

Um Tausende von Antworten auf meine unverlangten Fragebögen zu bekommen, mußte ich Hunderttausende von Exemplaren drucken lassen. Das Papier, die Druckerschwärze und die Presse machten gewaltige Auslagen erforderlich. Manche Clubvorsitzende, die meine unverblümten Fragen überraschend mit der Post erhielten, dürften sie sofort in den nächsten Papierkorb geworfen haben, so daß kein Clubmitglied sie je zu Gesicht bekam.

Um Geld zu sparen, lernte ich, eine Druckerpresse ohne fremde Hilfe zu betätigen. Zum Glück gab es damals in New York ein radikales Kollektiv, hervorgegangen aus einer Quäkerorganisation, das jedem die Möglichkeit bot, Poster für »alternative Ereignisse« zu drucken. Ich bin dankbar dafür, daß man vom Sinn meines Projekts überzeugt war und mich dort arbeiten ließ. Ich brauchte nur die Kosten für Druckerschwärze und Elektrizität zu tragen, Essen und Papier brachte ich mit. (Es war eine Hippiekommune ohne Tür am Badezimmer; denn das wäre als Symptom einer unnötigen Privatsphäre und als elitär angesehen worden!)

Als ich in der Klemme saß, lieh mir der Türsteher meiner Lektorin einen Teil des Geldes für die Fortsetzung meiner Arbeit. Sie wohnte in einem großen Gebäude auf der anderen Straßenseite. Der Türsteher – er hieß Virgilio del Toro – begrüßte mich abends immer, wenn ich mit meinem Hund Rusty einen kurzen Spaziergang machte. Er war ein freundlicher Mann, stammte aus Puerto Rico und war von einer poetischen Liebe zur Stille des Abends erfüllt. Virgilio zeigte sich überrascht darüber, daß ich Tag und

Nacht das Licht an hatte und nur selten das Haus verließ. Da er dauernd auf der anderen Straßenseite stand, wußte er, was jeder in unserem Haus tat. Wieso ging ich nicht öfter aus? Was war mein Beruf?

Nach und nach erzählte ich ihm von meinem Projekt und davon, daß mir das Geld knapp wurde. Von ihm erfuhr ich, daß er drei Töchter hatte. Eines Tages sagte er: »Hören Sie, ich habe etwas Geld gespart, das ich Ihnen leihen könnte.« Ich nahm seine Worte nicht ernst, aber er wiederholte sie mehrere Wochen lang. Deshalb ging ich schließlich widerstrebend auf seinen Vorschlag ein, wodurch das Projekt gerettet wurde.

Es war nicht leicht, die langen, handschriftlichen Antworten auf meine Fragen auszuwerten; schließlich hatten wir es nicht einfach mit Multiple-choice zu tun! Meine Freundin Veronica di Napoli, mit der ich ein Apartment in Florida geteilt hatte und die nun auch in New York wohnte, half mir bei der Arbeit.

Ich verschickte Stapel von Fragebögen an verschiedene Organisationen wie Studentenzentren, Kirchengruppen und Gesundheitsvereinigungen. In einem erklärenden Begleitschreiben (mit dem Namen der National Organization for Women, Ortsgruppe New York, im Briefkopf) bat ich die jeweilige Vorsitzende, die Fragebögen an die Mitglieder zu verteilen. Dann schickten die Teilnehmerinnen der Umfrage das Formular an mich zurück, ohne es zu unterzeichnen. Dadurch waren sie in der Lage, sich absolut offen und ehrlich zu äußern.

FRAGEBOGEN I

September 1972
National Organization for Women, N.Y.C. Chapter
    47 East 19 St., N.Y.C. 10003

1. Ist es wichtig für Sie, einen Orgasmus zu haben, oder würden Sie Sex genauso genießen, wenn Sie niemals einen Orgasmus hätten? Ist es wichtig für Sie, Sex zu haben? Warum?

2. Könnten Sie beschreiben, was Sie beim Orgasmus empfinden?

3. Wann haben Sie im allgemeinen einen Orgasmus? Während des Geschlechtsverkehrs? Durch Selbstbefriedigung? Durch klitorale Stimulierung? Durch andere sexuelle Praktiken? Wie oft?

4. Angenommen, alle psychologischen Faktoren stimmen, welche körperlichen Stimulierungen würden Sie zum Orgasmus bringen?

5. Mit anderen Worten: »Wenn ein Mann durch Auf- und Abreiben seines Penis einen Orgasmus hat, so hat eine Frau einen Orgasmus, wenn . . .« Bitte ergänzen.

6. Ist Ihre Orgasmustechnik beim Geschlechtsverkehr (vaginale Penetration) die gleiche wie bei der Selbstbefriedigung?

7. Bitte machen Sie eine graphische Darstellung oder eine Skizze, wie Ihr Körper am besten zum Orgasmus stimuliert werden kann.

8. Haben Sie gewöhnlich einen Orgasmus durch Geschlechtsverkehr? Nie? Manchmal? Selten?

9. Welche Stellungen sind für Sie am günstigsten, um

149

beim Geschlechtsverkehr zum Orgasmus zu kommen? Was ziehen Sie vor: oben, unten, auf der Seite, von hinten usw.?

10. Spielen Größe und Form des Penis für Sie eine Rolle? Welche Größe und Form finden Sie für Ihren Körper am günstigsten – lang und dick, kurz und dick, dünn und kurz usw.?

11. Beschreiben Sie, welche Technik der vaginalen Penetration oder des Geschlechtsverkehrs für Sie am stimulierendsten ist – sanfter oder härter, mit Druck auf den Rücken oder von vorn oder keines von beiden, komplettes oder nur teilweises Eindringen usw.

12. Wo (in welcher Körperzone) fühlen Sie den Orgasmus, wenn Sie ihn bei vaginaler Penetration haben?

13. Ist es leichter für Sie, einen Orgasmus zu haben, wenn der Geschlechtsverkehr nicht gleichzeitig stattfindet? Mit anderen Worten: Haben Sie häufiger einen Orgasmus durch direkte Stimulierung der Klitorisgegend?

14. Unterscheiden sich diese Orgasmen von denen, die Sie beim Geschlechtsverkehr haben? Welche sind stärker? Welche sind »besser«? In welcher Beziehung?

15. Welche Stellungen sind die besten, um durch diese direkte (klitorale) Stimulierung einen Orgasmus zu haben? Macht es etwas aus, wenn Ihre Beine geschlossen sind, oder können sie auch gespreizt sein? Bewegen Sie sich viel usw.?

16. Welche Art der Stimulierung der Klitorisgegend bevorzugen Sie? Ziehen Sie feste, mittlere oder sanfte Massage vor? Lieben Sie rhythmische Bewegungen? Wechseln Sie lieber die Stellungen oder bleiben Sie bei einer?

17. Schildern Sie bitte, wie Sie und Ihre Partner direkte Stimulierung betreiben.

18. Haben Sie einen Orgasmus bei Cunnilingus? Haben Sie ihn durch oral-klitoralen Kontakt, durch oral-vaginalen Kontakt oder durch beides? Schildern Sie, wie Sie es am liebsten haben.

19. Benutzen Sie einen Vibrator, um einen Orgasmus zu haben? Wo benutzen Sie ihn (an welcher Körperzone)? Benutzen Sie ihn oder Ihr Partner? Während des Geschlechtsverkehrs?

20. Welche körperlichen Vorbereitungen sind für Sie wichtig, um einen Orgasmus zu erzielen?

21. Mögen Sie Geschlechtsverkehr? Physisch? Psychisch? Warum? Haben Sie jemals irgendein körperliches Unbehagen?

22. Fühlen Sie sich so frei, daß Sie alles tun, wozu Sie Lust haben, oder glauben Sie, daß der (die) Partner schockiert sein könnte(n)?

23. Mögen Sie Masturbation? Physisch? Psychisch? Ist es intensiver mit Partner oder ohne?

24. Wie masturbieren Sie? Schildern Sie es bitte anhand einer Skizze oder in einer detaillierten Beschreibung. Zum Beispiel: Was benutzen Sie zur Stimulierung – Ihre Finger, Ihre Hand oder einen Vibrator usw.? Welche Art der Bewegung ziehen Sie vor – kreisend, tätschelnd, auf und ab usw.? Benutzen Sie beide Hände oder, falls nicht, was machen Sie mit der anderen Hand? Sind Ihre Beine geschlossen oder gespreizt? Wo berühren Sie sich usw.?

25. Schildern Sie die Abfolge der körperlichen Vorgänge bei der Selbstbefriedigung. Zum Beispiel: Eine Frau hat möglicherweise dabei die Beine geschlossen, massiert dann ihre Klitorisgegend mit der Hand, während sie die

Schamlippen rhythmisch zwischen den Beinen zusammendrückt und auch das Becken leicht bewegt usw.

26. Mögen Sie Rektalkontakt? Auf welche Art? Empfinden Sie Genuß beim Eindringen? Wie oft werden Sie darum gebeten, und wie oft tun Sie es?

27. Welche anderen sexuellen Betätigungen bewirken bei Ihnen einen Orgasmus?

28. Ist der Zeitpunkt im Monat wichtig? Haben Sie auch während der Periode Geschlechtsverkehr?

29. Woran denken Sie beim Sex? Haben Sie erotische Phantasien? Was beschäftigt Sie?

30. Sind Laute und Worte für Sie von Bedeutung? Welche erotischen Worte und Sätze und Laute finden Sie stimulierend? Welche nicht?

31. Empfinden Sie Pornographie als stimulierend? Welche Art? Welche Handlungen?

32. Was halten Sie von Sado-Masochismus (Beherrschung/Unterwerfung)?

33. Gibt es etwas, das Sie gern ausprobieren würden, was Sie noch nie gemacht haben? Was hätten Sie gern öfter? Was würden Sie gern in die übliche Schlafzimmerszene einbeziehen? Auf welche Weise würden Sie diese Szene gern verändern?

34. Was waren Ihre schönsten sexuellen Erlebnisse? Bitte schildern Sie sie.

35. Wie wichtig ist ein Orgasmus für Sie? Mögen Sie einen Orgasmus? War er Ihnen jemals langweilig? Macht es Ihnen mehr Spaß, zum Orgasmus zu kommen oder ihn zu haben?

36. Finden Sie sich häßlich oder schön während des Orgasmus?

37. Wie oft haben Sie das Verlangen nach Sex? Werden Sie dann aktiv?

38. Befriedigt Sie sexuell ein einziger Orgasmus? Wenn nicht, wie viele brauchen Sie?

39. Sind Sie längere Zeit ohne Sex? Macht es Ihnen etwas aus? Haben Sie das Gefühl, daß Ihnen etwas fehlt, wenn Sie nicht mit einem Partner schlafen?

40. Wenn Sie fast nie oder nie einen Orgasmus haben: Was würde Ihrer Meinung nach dazu beitragen, daß Sie einen bekommen?

41. Ziehen Sie Sex mit Männern vor, mit Frauen, mit beiden oder mit sich selbst?

42. Sind Sie der Meinung, daß Männer über Ihre sexuellen Bedürfnisse und Ihren Körper uninformiert sind? Meinen Sie, daß Frauen es sind?

43. Haben Sie gern Gegenstände im Bett? Das heißt, benutzen Sie gern Gegenstände, wenn Sie Liebe machen?

44. Täuschen Sie jemals einen Orgasmus vor? Wie oft? Warum? Unter welchen Umständen?

45. Haben Sie das Gefühl, daß Sie für Ihren Partner einen Höhepunkt »leisten« müssen, weil Sie sonst nicht normal, »keine richtige Frau« sind? Haben Sie das Gefühl, daß Sie einen Orgasmus haben sollten, weil es Ihnen guttut oder weil es ein »vergnügliches Erlebnis« ist?

46. Ist ein Orgasmus für Sie mit einem gewissen Maß an konzentrierter Anstrengung verbunden?

47. Sind Sie verlegen, wenn Sie einen Orgasmus mit einem Partner haben? Warum? Nur mit einem neuen Partner oder mit jedem?

48. Ist es Ihnen peinlich, klitorale Manipulation zu ver-

langen? Glauben Sie, Ihr Partner opfert sich, um Ihnen das zu geben?

49. Was empfinden Sie als das größte Vergnügen beim Sex?

50. Haben Sie das Empfinden, daß Männer mehr Vergnügen am Geschlechtsverkehr haben als an Sexspielen? Haben Sie ein schlechtes Gewissen, wenn Sie bei Sexspielen Zeit für sich beanspruchen, weil es für Ihren Partner vielleicht nicht so stimulierend wirkt?

51. Bemerkt Ihr Partner, daß Sie kommen, wenn Sie kommen? Gibt es bei Ihnen besondere Anzeichen dafür? Welche?

52. Beschreiben Sie, wie die meisten Männer Sex mit Ihnen gemacht haben (wenn es dafür irgendwelche Standardpraktiken gibt usw.).

53. Bitte beschreiben Sie, wie die meisten Frauen Sex mit Ihnen gemacht haben.

54. Masturbiert(ren) Ihr(e) Partner Sie? Ohne darum gebeten zu werden? Wie lange? Machen sie auch Cunnilingus? Ohne darum gebeten zu werden?

55. Gibt es irgend etwas, irgendeine sexuelle Tätigkeit, die Sie so schön finden, daß Sie sie mit anderen Frauen teilen oder ihnen empfehlen möchten?

56. War es bei Ihnen nach dem Beischlaf jemals notwendig zu masturbieren, um zum Orgasmus zu gelangen?

57. Was würde Sie mehr erregen: körperliches Streicheln oder direkte genitale Manipulierung? Psychisches »Streicheln«? Beschreiben Sie die Art, wie Sie gestreichelt werden wollen.

58. Würden Sie Sex assoziieren mit: Kinderkriegen, ins Bad gehen, Lust, Liebe oder etwas anderem?

59. Hat sich Ihre Meinung im Laufe der Zeit gewandelt? Haben Sie das Gefühl, daß Ihre körperlichen Reaktionen und Ihre Interessen sich geändert haben?

60. Haben Sie das Gefühl, daß Sex in irgendeiner Weise politisch ist?

61. Haben Sie die letzte wissenschaftliche Untersuchung von Masters und Johnson über die sexuelle Reaktion des Menschen gelesen oder Artikel, die sich mit diesen Arbeiten beschäftigen? Was halten Sie davon? Oder von Kinsey? Oder von anderen Autoren?

62. Welche Dinge wurden in diesem Fragebogen nicht erwähnt, über die Sie sprechen möchten?

63. Wie hat Ihnen der Fragebogen gefallen?

Dies sind die ursprünglichen Fragen. Finden Sie sie heute noch provozierend?

Ich wohnte damals in einem winzigen Kellerapartment, für das ich etwa vierhundertfünfzig Dollar Monatsmiete (sehr billig) zahlte. Es hatte zwei Zimmer und einen kleinen Hinterhof, in dem ich Efeu pflanzte. Die Betonoberfläche des Hofes pflasterte ich mit schönen rostroten Ziegelsteinen, die ich auf einem Spaziergang mit Virgilio fand, als wir an einem abbruchreifen Gebäude vorbeikamen. Er half mir, sie nach Hause zu tragen und sie auf dem grauen Beton zu verlegen.

Die Wohnung teilte ich mit einem der wunderbarsten Hunde – braun mit weißen Flecken –, die jemals auf dem Planeten zu finden waren. Seine Anmut machte ihn für mich zu einem zauberhaften Geschöpf. Sein Name war Rusty, wie ich von Calla Fricke erfuhr, als sie ihn mir übergab. Ihr Tierheim hieß »I Love Animals«.

Als ich Rusty im Taxi zu mir nach Hause brachte, zitterte er kläglich – vielleicht hatte sein erster Besitzer ihn aus einem Auto geworfen? –, aber sobald wir ausgestiegen waren, sprang er fröhlich an der Straßenecke herum. Dann ging er hinein und ließ sich zufrieden auf dem Teppich nieder. Ich informierte mich über Hundefutter, und wir begannen unser gemeinsames Leben. Es war eine herrliche, sechzehn Jahre dauernde Beziehung.

Wieviel Geld kostet es, fünf Jahre lang eine Studie zur weiblichen Sexualität in den gesamen USA durchzuführen? Eine Menge! Aber ich hatte nur sehr wenig Geld. Ein Monatsbudget von ungefähr tausend Dollar mußte für meinen Lebensunterhalt, für die Bezahlung der Fragebögen, für Papier, Porto und Telefon ausreichen.

Der Vorschuß, den ich für den *Hite-Report* erhielt, betrug insgesamt zwanzigtausend Dollar (in Raten über drei Jahre hinweg). Davon und von weiteren fünfunddreißigtausend Dollar, die ich mir nach und nach bei Banken und Freunden borgte, lebte und arbeitete ich fünf Jahre lang, bezahlte ein paar Helferinnen (sie bekamen Sklavenlöhne), druckte und versandte mehr als hunderttausend Fragebögen in alle Teile des Landes. Glücklicherweise bat das erwähnte Druckereikollektiv – Cornel Unity Press – nur um Spenden, solange man die Presse selbst bediente und nicht beabsichtigte, das Druckerzeugnis zu verkaufen.

Fünfundfünfzigtausend Dollar sind eine kleine Summe wenn man fünf Jahre lang davon leben und außerdem eine aufwendige Forschungsarbeit finanzieren muß. Die Regierung zahlt häufig Hunderttausende oder Millionen für ähnliche Recherchen. Aber es war eine überaus glückliche

156

Zeit meines Lebens, weil ich das Gefühl hatte, etwas Lohnendes zu tun, und die mit mir arbeitenden Frauen schienen der gleichen Meinung zu sein. Niemand hatte je ein ähnliches Projekt durchgeführt. Es war neu und wichtig, die Aussagen von Frauen zu so persönlichen Themen, zur Sexualität – ein Bereich, der zuvor immer von Männern definiert worden war – festzuhalten. Hier wurde erörtert, wie die weibliche Sexualität jenseits all der Klischees und Zwänge wirklich aussah. Ich war begeistert von den Antworten, die ich von Frauen erhielt, und ich wußte, daß wir gemeinsam einen Teil von uns für immer neu definieren würden.

Im letzten Jahr meiner Recherchen wurde das Mietshaus von jemandem gekauft, der versuchte, sämtliche Bewohner hinauszuekeln. Wir bildeten eine Mieterinitiative, hielten unsere Zahlungen zurück und zogen regelmäßig vor Gericht. Als der Eigentümer merkte, daß die Gerichtsverhandlungen (wir wurden kostenlos von unserem Bezirksabgeordneten Richard Gottfriend vertreten) langwierig sein würden, kam er auf den Gedanken, die Angelegenheit zu beschleunigen: Wir alle stießen plötzlich auf Ratten im Gebäude.

Vielleicht sollte ich die schauerlichen Einzelheiten aussparen, die sich um mein Kellerapartment mit der angeblichen Festmiete rankten. Die Wohnung hatte übrigens früher als Kühlraum des rötlichbraunen Sandsteinhauses gedient; man hatte die Wände wie in der Subway mit Porzellankacheln bedeckt, um die Kälte zu speichern. Ich dachte daran, den Hauswirt wegen illegaler Vermietung zu verklagen, aber die Miete war so niedrig, daß ich nicht wußte, ob ich anderswo etwas ähnlich Erschwingliches finden würde.

157

Die meisten anderen Mieter wohnten wie ich seit neun Jahren in dem Gebäude (ein altes russisches Ehepaar, Boris und Ellen, sogar schon seit zwanzig Jahren), und wir waren nie zuvor auf Ratten gestoßen. Aber nun waren sie überall in den Korridoren und Wohnungen. Der Kammerjäger mußte immer wieder gerufen werden und hinterließ Giftbomben in unseren Apartments; die Dämpfe brauchten mehrere Stunden, um sich auszubreiten, und währenddessen konnten wir uns natürlich nicht im Haus aufhalten. Manchmal warteten wir in den Wohnungen der anderen, aber der Kammerjäger traf gewöhnlich abends ein, und wir mußten die kalten Nächte oft in dem Café an der Ecke verbringen.

Während der gesamten neun Jahre drehten alle Eigentümer die Heizung spätestens um ein Uhr morgens ab (um diese Zeit hatten schließlich alle im Bett zu sein) und stellten sie erst wieder um sieben Uhr an, gleichgültig, wie kalt es war. (Eine Ausnahme wurde nur dann gemacht, wenn die Außentemperatur unter minus zehn Grad lag.) Das war natürlich illegal, aber es gab fast keine Möglichkeit, es den Stadtkontrolleuren gegenüber zu beweisen, denn der Eigentümer hatte den Kellerschlüssel und konnte die Automatik neu einstellen, bevor ein Kontrolleur ins Haus gelassen wurde. Ohnehin fügte es sich immer »irgendwie«, daß keiner von ihnen jemals Verstöße gegen das Gesetz feststellte. Außerdem war der Heizkessel sehr alt und mußte oft reguliert werden, denn sonst entwich ihm Rauch, der das ganze Gebäude durchzog.

In einem Jahr, als der Vermieter nicht im Gebäude wohnte, gelang es uns, die Kellertür zu öffnen, so daß wir den Heizkessel selbst bedienen konnten. So warm und gemütlich war es nie wieder. Es gab noch ein paar andere

Apartments im Untergeschoß, und wir »Kellerbewohner« waren es, die sich hauptsächlich um die Heizung kümmerten. Daneben organisierten wir die Mieter, da wir die Probleme sozusagen von der Basis her kannten.

Schließlich nahm die Gerichtsverhandlung ein Ende: Man teilte uns mit, daß wir alle innerhalb von sechs Monaten auszuziehen hätten, aber bis dahin mietfrei wohnen dürften! Dieser Umstand half mir, das Buch fertigzustellen. Denn ich wußte bereits nicht mehr, wie ich mich ernähren sollte, und hatte schon über zwanzigtausend Dollar Schulden. (Wie hätte ich ahnen können, daß sich das Buch so gut verkaufen würde. Der Verleger behauptete, es gebe zu viele Bücher über Sex, und der Feminismus sei tot!) Deshalb war ich froh, überhaupt eine Wohnung zu haben – trotz der Kälte und all der Unannehmlichkeiten, die uns der Hauswirt machte.

Meine sechs Monate liefen im Juli ab, einen Monat bevor das Buch herauskam. Da ich kein Geld mehr hatte, fiel es mir ungemein schwer, den Umzug zu finanzieren. Meine Zukunft sah sehr ungewiß aus. Währenddessen arbeitete ich immer noch fieberhaft Tag und Nacht und diskutierte heftig mit drei Lektorinnen über das Buch: War es zu radikal? Wie sollte der Titel lauten? Was war mit dem Vorwort? Bei aller Unsicherheit wußte ich, daß es ein historisches Dokument sein würde, und daraus bezog ich Energie und Kraft. Aber ich konnte nur darüber mutmaßen, wie es außerhalb feministischer und akademischer Kreise aufgenommen werden würde. Und wenn es überhaupt keine Aufmerksamkeit erregte?

Die Redaktion des Buches war kein Vergnügen. Vier Monate lang kämpfte ich tagtäglich, ging dann nach Hause und holte bei meinen Freundinnen Rat und Unterstützung ein, um die Taktik für die Schlachten des nächsten Tages zu planen und die wichtigsten Teile des Buches zu retten. Ich hatte nicht gewußt, daß die veröffentlichte Arbeit nicht unbedingt mit dem Manuskript identisch ist. Es waren unglaublich erschöpfende, zermürbende Wochen.

Kurz bevor das Buch im August 1976 erschien, wurde mir klar, daß man nur wenig Publicity für das Buch plante. Dabei bestand der Sinn der Veröffentlichung durch einen kommerziellen Verlag ja gerade darin (abgesehen von dem Vorschuß, von dem ich mich ernähren mußte), den in meinem Buch vorgestellten Ideen ein wirklich großes Publikum zu verschaffen.

Aber der Verlag beabsichtigte, nur viertausend Exemplare drucken zu lassen, und man hatte das Buch einem Mann in der Werbeabteilung übergeben, der in jenem Monat noch zehn weitere Publikationen zu betreuen hatte. Er war desinteressiert und verstand nicht das geringste von »diesem Buch über den Orgasmus«. Wahrscheinlich hatte er es nie gelesen. Jedenfalls erfuhr ich von seiner Frau, daß sie es nie zu Gesicht bekommen hatte. Wie ich von ihm hörte, verbrachte er seine Abende damit, in seiner Nachbarschaft für die Liberale Partei die Trommel zu rühren.

Dann traf ein Brief von der Redaktion einer Fernsehsendung für Frauen ein, in dem er um ein Exemplar gebeten wurde, da man mich möglicherweise zu der Show einladen wolle. Ich hielt mich gewöhnlich bis Mitternacht oder später bei Macmillan auf, um zusammen mit meiner Freundin Ronnie Umschläge zu adressieren, Fotokopien zu machen und Pressematerial zusammenzustellen. Eines Abends stieß ich zufällig auf den Brief (er hatte mir nie ein Wort davon gesagt!). In dem Antwortschreiben stand, seiner Meinung nach seien mein Buch und das Thema zu »heikel« für eine Fernsehsendung. Deshalb lege er ein anderes Buch bei und schlage vor, *dessen* Autorin zu interviewen! Man kann sich meine Gefühle vorstellen.

Am nächsten Tag verlangte ich ein Gespräch zwischen ihm, seiner Chefin und mir. (Ich war so naiv, was Bürogepflogenheiten betraf.) Zunächst teilte seine Chefin, eine Frau von etwa fünfundvierzig Jahren, mir mit, sie habe mein Buch nicht gelesen, denn: »Ich habe nie Schwierigkeiten gehabt, alles Nötige über Sex zu erfahren. Hihi.« Dann machte sie mir Vorwürfe, weil ich mich nach der Bürozeit bei Macmillan aufgehalten und die Papiere durchgesehen hätte! Aber wenn die Verlagsangestellten keine Presseerklärungen verschickten und keine Briefe schrieben, mußte schließlich jemand anders ihre Arbeit machen. Ich war entschlossen, diese Aufgabe selbst zu übernehmen, auch wenn ich jeden Abend im Verlag bleiben und zu meiner Unterstützung Leute von der Straße engagieren mußte. Nach fünfjährigen pausenlosen Anstrengungen zusammen mit so vielen anderen, die mir geholfen hatten, war ich nicht bereit, das Resultat ungehört im Sande verlaufen zu lassen.

Ich beschloß, obwohl ich damals mehr als dreißigtausend Dollar Schulden hatte (mehr, als die meisten Bücher einbringen, selbst wenn sie »gut« sind!), mit Hilfe meiner Lektorin eine Presseagentin anzuheuern. Denn ich glaubte daran, daß das Buch wichtig war. Und wenn ich später einer regelmäßigen Arbeit nachgehen mußte, um die Presseagentin zu bezahlen – sei's drum! Meine Lektorin lieh mir die tausend Dollar Anzahlung, obgleich sie nicht mehr bei dem Verlag beschäftigt war.

Bis zum offiziellen Publikationsdatum des Buches blieben nur noch Tage. Inzwischen war ich fast allein bei Macmillan, da meine Lektorin gekündigt hatte (oder gefeuert worden war, je nachdem). Im Verlagsgeschäft »stirbt« ein Buch in den meisten Fällen, wenn es nicht sofort Aufmerksamkeit erregt und keine Neuheit mehr darstellt. Ein lausiges System, aber so ist es eben.

Ich hörte, daß die Zeitschrift Ms. eine freiberufliche Presseagentin hatte, und da ich in erster Linie an einer Feministin interessiert war, rief ich sie an, traf mich mit ihr und gestand, daß ich sie auf Kredit beschäftigen müsse. Sie erwiderte, ihr Honorar werde ungefähr dreitausend Dollar plus Spesen betragen, doch sie sei bereit, auf Kredit zu arbeiten. Der einzige Haken war, daß sie in der folgenden Woche nach Europa reisen mußte. »Aber meine Assistentin wird sich um die Sache kümmern« – und mir zum Beispiel Fernsehinterviews verschaffen. Das klang besser als die Erklärung einer anderen Agentin, von der ich gehört hatte, daß das ganze Paket (Buchumschlag, Klappentext und so weiter) völlig verhunzt sei und sie höchstens noch »Ausputzarbeit« leisten könne. Was für ein Pessimismus! (Oder war es Erbitterung?) Es war so, als blicke sie auf eine Sterbende hinunter, nur um zu sagen: »Tja, wahrscheinlich ist's sowieso zu spät.« Welch eine Idiotin, dachte ich. Ach ja, die Presseagentin, die nach Europa reisen würde, wollte tausend Dollar Bargeld (die Summe, die mir von meiner Lektorin geliehen wurde).

Ich nahm den Vorschlag an und kehrte zu Macmillan zurück, um mit meiner Freundin bis Mitternacht Umschläge zu adressieren. Gewöhnlich arbeiteten wir abends dort (ich zahlte meiner Freundin einen Hungerlohn), da wir tagsüber zu stören schienen und verschiedene Beleidigungen durch leitende Angestellte hinnehmen mußten. Sie hatten nicht allzuviel von meiner früheren Lektorin (»zu feministisch«) gehalten, aber sie schienen Autoren ohnehin aus Prinzip abfällig und wie Untermenschen zu behandeln.

Regina Ryan hatte sich den Buchtitel zusammen mit ihrem Mann Paul ausgedacht. Sie war die erste Cheflektorin eines großen Verlagshauses. Ist es möglich? Heute stehen so viele Frauen an der Spitze von Verlagen! Aber damals war sie die einzige.

Anfang der siebziger Jahre gründeten Frauen in etlichen großen Medienunternehmen wie *Time* und *New York Times* Kollektive, um gleichen Lohn für gleiche Arbeit durchzusetzen. Als dies auch bei Macmillan geschah, wurden alle Frauen, abweichend von anderen Unternehmen, entlassen! Sie stellten jeden Tag Streikposten vor der Zentrale an der Third Avenue auf, bis das Fernsehen darüber berichtete, was Macmillan sehr schlechte Publicity eintrug. Der Verlag versuchte, das Problem nicht dadurch zu überwinden, daß er die Frauen wieder einstellte, sondern dadurch, daß er als erster eine Cheflektorin beschäftigte.

Das war Regina Ryan, die dreizehn Jahre lang für Knopf gearbeitet hatte. Barbara Seaman, Mitbegründerin des Frauengesundheitsnetzes, war so großzügig gewesen, mich mit ihr bekannt zu machen und ihr mein Projekt zu empfehlen. Regina Ryan akzeptierte und nahm mein Buch von Knopf, wo ich den Vertrag geschlossen hatte, mit zu Macmillan. (Das sollte mich teuer zu stehen kommen, denn Macmillan fügte dem Vertrag neue Klauseln hinzu, um meine Tantiemen zurückhalten zu können. Schließlich mußte ich einen neuen Vertrag aushandeln, was mich hunderttausend Dollar für die Anwälte und die Zinseinnahmen für mehrere Jahre kostete. Außerdem mußte ich einen Kredit aufnehmen, um meine Arbeit fortzusetzen – und das nach einem Bestseller!)

Als ich die Briefumschläge zusammen mit meiner Freundin und »Angestellten« Veronica di Napoli adressierte, machte ich mir von neuem Sorgen. Es gab so viele Bücher, wie sollte gerade meines zur Kenntnis genommen werden? Woher sollten Journalisten, die wenig Zeit zum Lesen hatten, wissen, daß es nicht einfach ein weiteres Sexbuch war? Sie mußten erfahren, daß es sich um eine sehr sorgfältige und gründliche Untersuchung handelte, die man, wäre sie von einer Universität oder Behörde in Auftrag gegeben worden, in einer Pressekonferenz vorstellen würde.

Ab und zu sah ich Artikel in der *New York Times* über diese oder jene Studie, und mir kam der Gedanke, meine eigene genauso, mit der gleichen Würde, an die Öffentlichkeit zu bringen. Ich mußte eine Pressekonferenz abhalten. Seit sechs Monaten hatte ich einen wunderbaren Freund, und er erklärte sich bereit, mir zu helfen (hauptsächlich deshalb, weil ich immer wieder davon sprach und ihn nachts nicht schlafen ließ!). Er selbst hatte im Namen seiner Mieterinitiative eine Pressekonferenz abgehalten, um McDonald's an der Eröffnung eines Restaurants in seinem Häuserblock zu hindern; und er war erfolgreich gewesen.

Veronica und er und viele andere stimmten mir zu, daß eine Pressekonferenz eine gute Idee sei – alle außer Macmillan (neutral und desinteressiert) und meiner neuen Presseagentin (sie war in Europa von ihrer Assistentin über meinen Plan unterrichtet worden). Sie rechnete mit einer Katastrophe; es sei verrückt von mir, mich auf so etwas einzulassen. Im Verlag hatte man »zuviel zu tun«, um sich um die Sache zu kümmern. Nach dem Weggang meiner Lektorin war die Verlagsleitung zu dem Schluß gekommen, daß ich genauso gräßlich sei wie Regina Ryan und daß mein Buch nur in einer kleinen Auflage erscheinen solle. Das Thema der weiblichen Sexualität sei längst ausdiskutiert, und ein weiteres Buch erscheine überflüssig. Tut uns leid, Kindchen. (Und was haben Sie sich eigentlich eingebildet?) Ich wußte, sie hatten unrecht.

Ich schrieb eine Presseerklärung, im Grunde ein Manifest, von einer Seite Länge und bat vier andere Frauen – sie alle arbeiteten auf dem Gebiet der weiblichen Sexualität und waren von unterschiedlicher sexueller und politischer Orientierung –, mir Beistand zu leisten. Diese Frauen, die zusammen mit mir auf der Pressekonferenz das Wort ergriffen, waren Leah Schaefer, Mary Calderone, Janet Wolfe und Kay Whitlock vom NOW-Komitee für Lesbianismus und Sexualität.

Am Tag der Veröffentlichung erschienen über hundert Personen zur Pressekonferenz. Unter ihnen war nur ein einziger Mann, da wir die Einladung ausdrücklich an Frauen gerichtet hatten. Wir legten unser Material vor, und es kam zu einer angeregten Diskussion. Alle wichtigen Zeitungen waren vertreten.

Ich habe immer noch Bandaufnahmen von unseren Statements und der sich anschließenden Diskussion. Was für ein Tag! Zum erstenmal war öffentlich, auf der Grundlage eines großen Samples, erklärt worden, daß die meisten

Frauen nicht durch den einfachen Koitus zum Orgasmus gelangen. Das sei jedoch kein Unglück, da sie dieses Ziel mühelos durch andere Stimulierungen erreichen könnten. Das Problem liege also nicht bei den Frauen, sondern bei der Gesellschaft, die ihre Definition von Sex ändern müsse! Dank Barbara Seaman, Ti-Grace Atkinson, Anne Koedt und dreitausendundneunzehn Frauen saß ich nun vor mehr als hundert Journalistinnen und konnte diesen Sachverhalt erläutern.

Und die Reaktion? Sie war stärker, als ich mir jemals hätte erträumen können. Ich erwartete immer noch, daß das Buch hauptsächlich in akademischen und feministischen Kreisen gelesen werden würde, und rechnete keineswegs mit einem Bestseller.

Aber die Pressenachfrage war toll, erschreckend, phantastisch! Jeder schien unsere Botschaft zu begreifen.

1976, im Jahr der Veröffentlichung, nahm man allgemein an, daß eine Frau, die während der Penetration keinen Orgasmus hatte, entweder »frigide« sei oder eine »sexuelle Funktionsstörung« (Masters und Johnson) habe. Nur Anne Koedt und Albert Ellis hatten diese Annahme in Frage gestellt, ohne allerdings Beweise vorlegen zu können. Sie hielten den »vaginalen Orgasmus« für eine Erfindung und erklärten, daß Frauen vielleicht niemals durch einfaches »Stoßen« zum Orgasmus kämen.

Kinsey, Masters und Johnson sowie die gesellschaftlichen Meinungsführer behaupteten, daß eine »normale Frau« genau wie ein Mann durch Geschlechtsverkehr – und »ohne Hände« – zum Orgasmus gelangen solle. Dabei bestätigten die meisten Autoren (Freud, Kinsey, Masters und Johnson, Kaplan, Schaefer), daß die Mehrzahl der

Frauen beim Koitus, ganz im Gegensatz zu den Männern, keinen Orgasmus hatte.

Diese Tatsache wurde häufig auf »Neurosen«, »psychische Hemmungen« oder »eine viktorianische Haltung« zurückgeführt. Man mißachtete Forschungen wie meine, aus denen hervorging, daß die Stimulation, welche die meisten Frauen bei der Selbstbefriedigung benutzen, nicht die gleiche ist wie diejenige, die sie während des Geschlechtsverkehrs erhalten. Frauen masturbieren gewöhnlich durch die äußere Stimulierung der Klitoris oder des Schamberges oder der Vulva. Beim Geschlechtsverkehr hingegen werden nur die Vagina und, in Maßen, die Vulva stimuliert. Ich zog den Schluß, daß es nicht die Frauen waren, mit denen (in psychologischer oder physischer Hinsicht) etwas nicht stimmte, sondern die Gesellschaft. Denn diese konnte nicht akzeptieren, daß Frauen einen Orgasmus am leichtesten durch klitorale Stimulation erleben.

Es ist unangebracht, Sex als Vorspiel zu definieren, das automatisch zu Geschlechtsverkehr und schließlich zum männlichen Orgasmus führe; dabei handelt es sich um eine allein auf die Fortpflanzung gerichtete Definition, die neu formuliert werden muß. Dies war 1976 natürlich sehr kontrovers – und ist es sogar heute noch.

Mit anderen Worten, zwei Drittel der Frauen können durch irgendeine Form der klitoralen Stimulation, aber nicht durch den Koitus allein, zum Orgasmus gelangen; mehr als neunzig Prozent erreichen ihn durch Selbstbefriedigung, wobei sich nur zwei Prozent irgendeiner Art von Penetration bedienen. Nicht die Frauen haben ein Problem mit dem Sex, sondern die Gesellschaft hat ein Problem mit der Definition von Sex und mit dem Frauenkörper. In diesem Zusammenhang ist bemerkenswert, daß lesbischer Sex im allgemeinen eine höhere Orgasmusziffer zur Folge hat. Wenn Frauen beim Geschlechtsverkehr häufig keinen Orgasmus haben, so ist dies kein schrecklicher Fehler der Natur, sondern es zeigt lediglich, daß die Definition von Sex individueller und facettenreicher sein sollte; unterschiedliche Formen der Sexualität und der Berührung müßten einbezogen werden. Das klingt heute harmlos genug, aber es war durchaus umstritten, als ich es zum erstenmal zur Sprache brachte!

Sex hat eine kulturelle Grundlage, und seine auf Fortpflanzung ausgerichtete Definition wird vom Patriarchat festgelegt. Sie ist nicht naturgegeben, denn weshalb würde man sonst vor allen »Abweichungen« wie Cunnilingus, Lesbianismus und Homosexualität warnen? Warum verabschiedeten die Griechen im Altertum ein Gesetz, daß Männer wenigstens dreimal monatlich mit ihren Frauen den Geschlechtsverkehr zu vollziehen hätten? Warum wird Michel Foucault die Aussage, daß die Definition von Sex kultureller und nicht biologischer Art sei, als Verdienst angerechnet? Kate Millett, Andrea Dworkin und ich hatten bereits vor Foucault ähnliche Veröffentlichungen (auch in Frankreich) zu verzeichnen.

Sex muß radikal umdefiniert werden und vielerlei zusätzliche Berührungen sowie verschiedene Grade der Intensität und Intimität umfassen; wir sollten in der Lage sein, Zuneigung auszudrücken, ohne bis zum Äußersten zu gehen, und Erotik und Sinnlichkeit sind, für sich genommen, wertvolle Erfahrungen.

Eine der von mir eingeführten Neuerungen bestand darin, daß die Art der Verteilung meiner Fragebögen die völlige Anonymität der Teilnehmerinnen schützte. Bei den meisten Untersuchungen wird man entweder telefonisch oder von Angesicht zu Angesicht in Interviews befragt. Ich verwendete Fragebögen, die mit Hilfe von Clubs und Organisationen, Kirchen und Colleges verteilt wurden, wonach ich die Teilnehmerinnen aufforderte, ihre Antworten auf mehr als hundert Fragen nicht zu unterzeichnen, sondern mich nur über ihr Alter, ihren Beruf, ihre Religion (wenn sie eine hatten), ihr Einkommen und so weiter zu informieren. Dadurch wußten die Frauen, daß sie nichts zu verbergen brauchten. Sie konnten schreiben, was sie wollten.

In meinen Studien lieferte ich auch Statistiken über viele neue Themen, die zuvor nicht als Untersuchungsgegenstände gegolten hatten. Dabei ging ich von Fragen aus wie: »Wann haben Sie einen Orgasmus, und wie genau spielt er sich ab?«, »Welche Gefühle haben Sie dabei?«, »Wie masturbieren Sie?«, »Wer hat die Beziehung abgebrochen?«, »Wann waren Sie am einsamsten?«, »Ist Liebe Leidenschaft oder Fürsorge?«, »Welche ist wichtiger?« Hunderte ähnlicher Themen sind in den Anhängen zu meinen Büchern zu finden.

Die abschließende Neuerung meiner Forschungsmethode bestand darin, daß ich nicht nur meine Analyse der Ergebnisse vorlegte, sondern den Teilnehmerinnen in meinen Büchern auch gestattete, ihre Belange zu erörtern. Dadurch, daß sie in schriftlichen Äußerungen zu Wort kommen – neunzig Prozent der Bücher bestehen aus solchen Äußerungen –, wird die Vielfalt der Stimmen deutlich, und die Leser/Leserinnen können selbst entscheiden, welchen Standpunkt sie bevorzugen. Sie brauchen also nicht mit mir übereinzustimmen. Erst wenn ich sämtliche Stellungnahmen zu meinen Fragen präsentiert habe, gehe ich zu den, wie ich glaube, angemessenen Schlußfolgerungen über. Dies ist in anderen Studien mit so zahlreichen Stichproben fast nie der Fall. Ich wollte die demokratischen Prinzipien der Aufklärung auf die Sozialwissenschaft anwenden. Dieser Fachbereich existiert erst seit hundert Jahren und bedarf noch der Verbesserung.

Manchmal verfährt man in psychologischen Studien ähnlich, die sich nur auf wenige Personen stützen (typischerweise auf Studenten oder Patienten). Freud zum Beispiel leitete seine Verallgemeinerungen von Samples ab, die nur drei Frauen der Wiener Oberschicht zum Gegenstand hatten. Ich bin jedoch der Meinung, daß eine begrenzte Testgruppe für psychologische Studien ungeeignet ist, denn darauf basierende Verallgemeinerungen setzen voraus, daß man die »menschliche Natur« in biologischer oder metaphysischer Hinsicht für allumfassend – nicht für kulturell oder gesellschaftlich beeinflußt – hält. Ich hingegen versuche, in meinen extrem großen und vielfältigen Erhebungen möglichst viele Stimmen und Standpunkte laut werden zu lassen, um den kulturellen Charakter unserer Gedanken und Gefühle zu unterstreichen.

Da ich für ein großes Publikum schreibe (denn ich möchte, daß sich so viele Menschen wie möglich an diesem Umdenkungsprozeß beteiligen), muß ich allerdings manchmal zu meinem Verdruß feststellen, daß ich in akademischen Abhandlungen nicht zitiert werde. Eine Doktorandin teilte mir einmal mit, daß man ihre Dissertation ablehnen werde, wenn sie jemanden zitiere, der so »kontrovers« oder »populär« sei wie ich.

Häufig werde ich gefragt: »Warum haben Sie das alles getan?«

Die Antwort ist so offensichtlich, daß es mir schwerfällt, sie in Worte zu fassen. Ich fühle mich verlegen dabei, aber ich tat es, weil ich anderen helfen wollte: Frauen wie denen in meiner Familie und meinen Freundinnen und mir selbst. Aber ich tat es auch, weil es mir Spaß machte.

Die überwiegende Mehrheit der Interviews zu meinem ersten Buch war ehrlich und mutig, etwa der Artikel von Sharon Nelton im *Philadelphia Inquirer*. Aber da das Thema damals wie heute dazu benutzt wird, Zeitungen zu verkaufen, wurden viele der Interviews reißerisch aufgemacht. Man verwendete seltsame, unangebrachte Adjektive, um meine Ansichten, meine Redeweise und mein Verhalten zu beschreiben. Damals durften Wörter wie »Klitoris« und »Orgasmus« in vielen Zeitungen nicht gedruckt werden – als wäre dieser Teil der weiblichen Anatomie schmutzig und deshalb zu verbergen. Journalisten, die diese Wörter benutzten und auf die Vorzüge der weiblichen Sexualität eingingen, waren also geradezu heldenhaft. Zeitungen und Fernsehen verwirrten mich, und bald war es mir zuwider, meine Interviews zu lesen, denn darin schien von meinen Ideen nur selten die Rede zu sein. Besonders entwürdigend fand ich die immer wiederkehrenden Beschreibungen meines Äußeren.

»Warum wird alles so verzerrt?« fragte ich meine Freunde.

»Weil Zeitungen alles aufmacherisch darstellen müssen«, war die Antwort.

»Aber die Ideen sind doch sensationell genug, sie brauchen nicht entstellt zu werden.«

»Die meisten Journalisten glauben nicht, daß Frauen überhaupt Ideen haben! Außerdem machen sie sich gern über Sozialwissenschaftlerinnen lustig. Auch Margaret Mead wurde nie als Wissenschaftlerin akzeptiert. Du bist eben Freiwild!«

Manchmal hatte ich den Eindruck, daß die Leser mich für eine Pressekarikatur halten mußten, etwa so: Sie ritt aus dem Westen heran, mit wehendem platinblondem Haar und rauchenden Revolvern. Ihre Mission: die Zurückeroberung der weiblichen Sexualität, das Ende der sexuellen Ausbeutung. Ein einsames Cowgirl – Dank sei Dale Evans und Roy Rogers (und Margaret Mead) – im Kampf gegen die bösen Elemente der Gesellschaft. Aber ein bißchen naiv; zu ihrem Glück hatte sie eine einzige gute Idee, wozu nicht viel Verstand nötig war.

Man vergißt leicht, wie sexistisch die Berichterstattung über eine Frau und ihre Aktionen sein kann.

Später im Herbst jenes Jahres gab ich eine Party, um meinen Erfolg zu feiern und meine Schulden zurückzuzahlen. Ich ließ Schecks in eine vier Lagen hohe Torte einbacken, und die Namen meiner Gläubiger standen auf dem Zuckerguß!

Die *New York Times* entsandte eine Reporterin der Feuilletonabteilung. Sie war erstaunt (oder entsetzt), als ich ihre Frage nach meinem Kleid mit den Worten beantwortete: »Das ist ein alter Vorhang. Ist er nicht schön?«

Sie starrte mich ungläubig an, und ich begriff, daß sie wahrscheinlich daran gewöhnt war, Leute zu interviewen, die irgendein Designermodell trugen. Ich drehte mich um, damit sie meinen Rücken betrachten konnte. »Sehen Sie? Hinten verläuft das Muster von oben nach unten. Ich habe ein Loch für meinen Hals in die Mitte des Vorhangs geschnitten.«

Danach blieb sie stumm. Es dürfte das letzte Mal gewesen sein, daß die *New York Times* über meinen »Stil« berichtete – jedenfalls bis 1994, achtzehn Jahre später.

(Immerhin rief mich 1985 jemand von der *Washington Post* an, um mir arrogant mitzuteilen, daß man beschlossen habe, »Ihre Hochzeit zu bringen«. Ich erwiderte, daß ich darauf verzichten könne, und legte den Hörer auf.)

Die Veröffentlichung meines Bestsellers bescherte mir eine Art Kulturschock. Im Fernsehen wurde ich von Helen Gurley Brown gefragt, ob ich das Buch allein geschrieben hätte, ohne »jemanden hinter mir« zu haben. (Antwort: »Wen sollte ich denn hinter mir haben?«) Und nun hatte mich die Presse zur Zielscheibe ihres Spottes gemacht. Ich wußte nicht, wie ich reagieren sollte.

Am wichtigsten waren mir die zahllosen Briefe meiner Leserinnen. Leider wurde der größte Sack mit Post – von November bis Dezember 1976 – versehentlich fortgeworfen, bevor ich die Briefe lesen konnte. Es war eine Tragödie für mich, denn aus diesen Schreiben bezog ich immer wieder neue Kraft. Noch heute bewahre ich sämtliche Briefe auf, die man mir im Laufe der Jahre geschickt hat.

Zunächst waren die Pressestimmen – besonders die Artikel von Frauen – sehr positiv gewesen. Aber dann geschah etwas: Ich wurde als »früheres Model, das einmal im *Playboy* erschienen ist«, entlarvt. Man fand heraus, daß ich nackt (na ja, fast nackt) für die Zeitschrift posiert hatte. Welch ein Skandal!

Ein paar Journalisten hatten nach einem Anlaß gesucht, um mein Buch zu verreißen, und hier war er. Ich konnte keine gute Forscherin sein, denn schließlich war ich »nur ein Döfchen«, das sich einmal nackt im *Playboy* gezeigt hatte. Das Ereignis lag zwar etliche Jahre zurück, aber manche Reporter gaben nun genußvoll bekannt, daß ich keine Wissenschaftlerin sein könne. Wer sich für eine Zeitschrift ausgezogen hatte, konnte natürlich nichts Zutreffendes über den weiblichen Orgasmus schreiben. Alles blieb beim alten.

Die Fernsehgesellschaft *Tomorrow Entertainment* hatte geplant, eine auf meinem Buch beruhende Reihe zu drehen. Nun ließ mich der Intendant jedoch wissen, daß man davon absehen müsse, es sei denn, ich hielte eine Pressekonferenz ab und entschuldigte mich für mein Bild im *Playboy*. Er bot nicht an, die Pressekonferenz zu organisieren, sondern überließ es mir und meinen Anwälten . . .

Mir schwirrte der Kopf. Es kam mir scheinheilig vor, mich zu entschuldigen. Und wem gegenüber? Mir schien, daß mir selbst eine Entschuldigung gebührt hätte, denn schließlich war mein Buch Beweis genug für das, was ich von weiblichen sexuellen Stereotypen hielt.

Der Intendant der Fernsehgesellschaft war ein solcher Feigling. Ungefähr vier Jahre später ließ er die Serie dennoch zeigen, wobei sich drei Schauspielerinnen fast wörtlich an den Entwurf hielten, den ich (wiederum ohne Bezahlung) vorbereitet hatte. Ich wurde weder zu Rate gezogen noch namentlich erwähnt, aber in den Fernsehzeit-

174

schriften zitierte man eine der Schauspielerinnen mit der Äußerung: »Dies ist besser als der *Hite-Report*, weil ...«

Es lag also auf der Hand, daß die Serie auf meiner Arbeit beruhte. Aber man nannte nicht meinen Namen und ließ auch keinen Stolz darauf erkennen, daß eine Frau eine solche Untersuchung angefertigt hatte. Im Gegenteil, man enthielt mir jegliche Bezahlung vor und leugnete auch noch meine Existenz.

Doch letzten Endes ließ die Furore nach, und meine Arbeit wurde von Millionen Frauen und Männern auf der ganzen Welt akzeptiert und verwendet ebenso wie von den meisten Sextherapeuten.

Es war aufregend für mich, nach Europa und Japan zu reisen, um für den ersten *Hite-Report* zu werben. Ich kannte die meisten dieser Länder nicht, und es war großartig, dort mit anderen Frauen, mit Verlegern und Journalisten zusammenzutreffen, die sich für die von mir aufgeworfenen Probleme interessierten.

In Deutschland wurde eine fabelhafte Pressekonferenz im Hamburger Hotel »Vier Jahreszeiten« abgehalten, die Lionel von dem Knesebeck, der damalige Pressechef des Bertelsmann Verlages, organisiert hatte. Gudula Lorez, die später einen feministischen Verlag gründete, hatte an der deutschen Ausgabe mitgearbeitet und war auf der Pressekonferenz meine Dolmetscherin. Wir wurden gute Freundinnen und kamen danach häufig zusammen. Die Pressekonferenz fand in Anwesenheit von etwa fünfundsiebzig Journalisten statt. Bis heute erinnere ich mich gern an diesen Tag.

Meine erste Bekanntschaft mit Deutschland, zwei Abende zuvor, war allerdings weniger erfreulich gewesen. Die

Pressekonferenz war auf einen Montag angesetzt, und ich sollte am Sonntag abend eintreffen. Ich kam aber bereits am Samstag abend an, da ich nach einer längeren Reise erschöpft war und mich ausruhen wollte.

Ich erreichte das Hotel »Vier Jahreszeiten« sehr spät am Abend, da sich der Flug wegen schlechten Wetters verzögert hatte. Es war ungefähr 23.15 Uhr, und vor mir am Empfang standen vier Männer mit Aktentaschen, die mit derselben Maschine gelandet waren. Nachdem sich der Empfangschef um die übrigen Gäste gekümmert hatte, ließ er mich wissen, daß man keine Zimmer habe. Ich erwiderte, daß man in der Lage gewesen sei, alle anderen Gäste unterzubringen, und daß mein Verlag mir ein Zimmer für eine Woche reserviert habe. Aber ich wurde weiterhin mit eisiger Geringschätzung behandelt. »Können Sie ein anderes Hotel empfehlen?« – »Nein!« – »Okay, dann werde ich die Nacht hier im Foyer verbringen müssen.«

Daraufhin gab man mir ein kleines Zimmer in der obersten Etage. Es kam mir recht bequem vor, aber das Verhalten des Empfangschefs hatte mich sehr deprimiert. Zwar gelang es mir, ein wenig zu schlafen, doch ich erkältete mich, und jemand stahl meine Lieblingsohrringe – alte italienische Emaillevogelkäfige, die ich mir am Ende meiner USA-Tournee in einem Antiquitätengeschäft in Los Angeles gekauft hatte – aus dem Zimmer. Am nächsten Tag wurde ich in eine elegante Suite im ersten Stock verlegt. Ich lernte Gudula Lorez kennen, und am folgenden Tag hielten wir die Pressekonferenz zusammen mit Lione von dem Knesebeck ab. Zum Schluß verließ ich das Hotel mit vielen wunderbaren Erinnerungen.

Das Buch wurde schließlich in sechzehn Sprachen – allen wichtigen Sprachen außer Russisch und Arabisch – veröffentlicht, aber auch in vielen Ländern verboten. Zu den letzteren gehörten Indien, Brasilien, Argentinien, Malaysia, die meisten arabischen Länder, Südafrika, China und der gesamte damalige Ostblock. In einigen dieser Länder war Pornographie zugelassen, aber man fürchtete, mein Buch, das mit der Frauenbefreiung zu tun hatte, könnte die Stabilität gefährden.

In arabischen oder afrikanischen Ländern, in denen Klitoridektomie und Genitalienverschluß praktiziert werden, sind meine Bücher mit einem totalen Verbot belegt. Wenn eine Frau keine Klitoris mehr hat oder wenn ihre Vulva zusammengenäht ist, würde die Lektüre meiner Bücher den Wunsch nach Änderungen aufkommen lassen. Alice Walkers und Pretibha Parmars vortreffliches Buch *Warrior Marks* zeigt, daß die Frauen in diesen Ländern bereits nach neuen Wegen suchen.

Als mein Buch in Brasilien auf dem ersten Platz der Bestsellerliste stand, ließ die Regierung es verbieten (im Gegensatz zu männlich orientierter Pornographie) und die Exemplare in den Buchhandlungen von der Polizei beschlagnahmen. Die offizielle Begründung lautete: »Dieses Buch schadet unseren alten und bewährten Bräuchen.« Daraufhin wurde gewitzelt: »Ja, dem alten und bewährten Brauch, daß die Frauen von den Männern nicht zum Orgasmus gebracht werden!« (In einem neuen Verbot in der Türkei von 1993 steht fast genau die gleiche Begründung.) Immerhin nahm ich trotz des Verbots an einer großen öffentlichen Diskussion in Brasilien teil. Die Veranstaltung, organisiert von einem Psychologenverband, zog Hunderte von Teilnehmern – hauptsächlich Frauen – an, die sich meinen Vortrag anhörten. Die Reise hatte sich gelohnt!

Die Zensur setzte sich auch in anderer Form fort. Zum Beispiel hatte man in der israelischen Ausgabe das Kapitel über Lesbianismus gestrichen. Ähnlich bizarre Kürzungen wurden in anderen Sprachen vorgenommen; die meisten Verleger hofften wahrscheinlich, daß ich nichts merken würde (wer kann schon Finnisch lesen?), während andere »wirtschaftliche Notwendigkeiten« für ihre Kürzungen und Änderungen verantwortlich machten. Der indische Postdienst verbietet noch heute die Versendung meiner Bücher, weshalb sie in Indien nicht legal erscheinen können. (Denn wie sollte der Vertrieb vonstatten gehen?) Allerdings kam der *Hite-Report* als Raubdruck heraus, für den ich natürlich keine Tantiemen erhielt.

Erst 1994/95 ist das Verbot für den *Hite-Report. Das sexuelle Erleben der Frau* in Südafrika aufgehoben worden. In der Türkei beorderte man den Verleger noch 1992 auf ein Polizeirevier, damit er »sein Verhalten erkläre«. In China gibt es nur eine 1995 veröffentlichte taiwanische Ausgabe, und so weiter. Trotzdem sind bis heute über zwanzig Millionen Exemplare meiner Bücher in der ganzen Welt verkauft worden, und die *Hite-Reports* erscheinen in dreißig und mehr Ländern.

Wenn ich die letzten Zeilen lese, habe ich den Eindruck, einen historischen Beitrag geleistet zu haben! Ich kann es kaum glauben. Wie aufregend! Was mir in Zukunft auch zustoßen mag, ich habe ein erfülltes Leben geführt. Tausende – nein, Millionen – von Menschen überall auf der

178

Welt haben meine Bücher gelesen und sind von ihnen beeinflußt worden. Und ich möchte weitere Beiträge leisten.

Heutzutage sind viele der Probleme, mit denen wir uns als Bewegung beschäftigten, auf die internationalen Titelseiten gerückt: zum Beispiel das Recht der Frauen auf ihren Körper, Abtreibung, sexuelle Belästigung, häusliche Mißhandlung, alleinstehende Mütter oder »Werte der Familie«. Durch den Feminismus, also auch durch meine Arbeit und die so vieler meiner Freundinnen, ist die Frauenfrage in den Mittelpunkt des politischen Geschehens gerückt worden.

ZWISCHENSPIEL: TIEF IM WALD
BEI DEN TANZENDEN REHEN

Es mag unglaublich klingen, aber nach all diesen wunderbaren Ereignissen plante ich immer noch, mein eigentliches Leben später zu beginnen. Ich freute mich auf die Zukunft. Mein Intellekt war von meinen Büchern vollauf in Anspruch genommen, doch meine Seele und meine Emotionen hatten noch keine Ausdrucksmöglichkeit gefunden.

Ich war am ehesten ich selbst, wenn ich arbeitete oder mir Musik anhörte. Sie war die Verbindung zu meiner eigenen inneren Welt – einer ästhetischeren, weniger aggressiven Welt, in der sich mein wirkliches Leben abspielte. Ich lauschte den Aufnahmen von Nathan Milstein, Jascha Heifetz, Wladimir Horowitz und David Oistrach; außerdem halfen mir Puccini, Prokofjew und Wagner an jedem Tag meines Lebens. Ohne sie hätte ich mich nicht finden, meine inneren Gefühle nicht identifizieren können.

In New York entdeckte ich Sänger aus der ersten Hälfte des Jahrhunderts, während ich mir eine Programmreihe in WQXR, dem Rundfunksender der *New York Times*, anhörte. Sie wurde von dem kenntnisreichen und charmanten George Jellinek präsentiert, der Kirsten Flagstad, Jussi Björling, Rosa Ponselle, Zinka Milanov, Robert Merrill,

180

Sherrill Milnes, Gino Quilico und viele andere vorstellte. Ich wurde zu einer Sponsorin der Metropolitan Opera, leistete einen bescheidenen Jahresbeitrag und schloß mich einem ihrer Clubs an.

Im letzten Jahr meiner Arbeit am ersten *Hite-Report* war Richard Strauss' *Rosenkavalier*, gespielt von den Wiener Philharmonikern unter Karl Böhm, meine Lieblingsplatte. Mir gefielen das lebhafte Tempo, die unverfälschte Schönheit, die üppige Instrumentierung, die verschlungenen Quartette und Duette und vor allem die prächtigen Klänge der weiblichen Stimmen, die Strauss so häufig einsetzte.

Heute hat sich der Stil der Darbietungen geändert: Er ist leider akademischer, weniger leidenschaftlich und intensiv. Aber zum Glück gibt es Ausnahmen, zum Beispiel Friedrich Höricke, Mirella Freni und Luciano Pavarotti (ungeachtet dessen, was einige snobistische Musiker über ihn sagen).

Tief in meinem Herzen träumte ich von geheimnisvollen Bäumen und Sternen, von Rehen und Vögeln. Ich verbarg meine Hoffnungen, meine Freude an Farben (ich liebe Rosa- und Gelbtöne) und auch meinen Wunsch, Leben und Tod zusammen mit einer anderen Seele zu erfahren, den tieferen Kontakt herzustellen, den ich in der großen Musik hörte. Diese Hoffnungen – die Rehe in meinem Herzen – kamen zum Vorschein, wenn ich allein war, wenn ich meine Träume zu mir sprechen lassen konnte. Die klassische Musik war meine geistige Gefährtin. Durch sie – besonders durch die Musik von Puccini, Prokofjew, Rachmaninow, Richard Wagner und Richard Strauss (ich weiß, alles Männer . . .) – war ich in der Lage, meine eigenen Gefühle und die Seelen anderer zu ergründen.

181

Durchlief ich mein Leben in einer dornröschenhaften Trance? Gab ich nur meiner rationalen Seite Ausdruck, hatte ich Angst, meine tieferen Emotionen die Oberhand gewinnen zu lassen? Ja, gewiß. Aber warum war ich so scheu, warum konnte ich kein größeres Risiko eingehen? Was hatte ich zu verlieren? Hielten sich die anderen in meiner Umgebung vielleicht genauso zurück wie ich? Oder war ich vielleicht zu sensibel, weil man mich als Kind eingeschüchtert hatte? Wie auch immer, ich schreckte davor zurück, meine innersten Gefühle mit anderen zu teilen. Wie konnten meine Träume überleben, falls ich verspottet wurde?

Ich liebe die Geräusche der Nacht. Diese Liebe begann, als mich mein Großvater nach dem Abendessen an der Hand nahm, um mit mir Spaziergänge zu machen und mir die Sterne am Himmel – den Großen und den Kleinen Wagen und die Milchstraße – zu zeigen. Fast konnte ich die Erde unter den Bäumen in der Stille der Nacht atmen hören. Auch als Studentin konnte ich erst spät am Abend, wenn alle anderen schliefen, ganz ich selbst sein, mich auf meine eigenen Gedanken und Träume konzentrieren. Tagsüber schien ich im Halbschlaf durchs Leben zu wandeln und mich von der Welt abzuschirmen. Ich glaube, daß es vielen Menschen ähnlich ergeht.

Der Feminismus hat darauf hingewiesen, daß der Dornröschenschlaf eine Metapher für das Unterbewußte vieler Frauen (und Männer?) ist. Manchmal verlieren wir unsere Identität in diesem schlafähnlichen Zustand, manchmal retten wir sie, indem wir mitten im Chaos mit uns selbst im Einklang bleiben. Die Ariadne der griechischen Legende hatte einen roten Faden, der ihr gestattete, ihren Weg aus dem von anderen errichteten Labyrinth zu finden.

Meine Kindheit in einer dörflichen Gegend von großer Schönheit, mit einer fundamentalistischen Kirche im Hintergrund und mit einer von der staatlichen Schule geformten Disziplin verlief gleichsam wie in einem Traum. Aber es war ein wertvoller Traum. Später kehrte ich oft zu diesem Traum, also zu mir selbst, zu meinen persönlichen Ideen und Gefühlen zurück. Ich wußte, daß die Welt in meinem Innern existierte, denn ich hörte sie im Rascheln der Blätter an den Bäumen, in der Harmonie der Natur, im Geist der Musik – und in meinem eigenen Herzen.

In der traditionellen, patriarchalischen Gesellschaft, die wir aufgebaut haben, waren alle Frauen Dornröschen, die darauf warteten, von einem Mann geküßt und zum Leben erweckt zu werden. Heute sind wir aktiv geworden, wir beschreiten unsere eigenen Wege und können einander erwecken. Vielleicht leben wir aber immer noch im Halbschlaf. Mir selbst kommt es so vor.

Meine Bücher sollen mir helfen, alle Dornröschen, alle Frauen (und Männer, die ihren weiblichen Aspekt nicht verleugnen) wach zu küssen, damit sie ein neues emotionales und geistiges Universum schaffen. War es meine Bestimmung, diese Träume zu träumen, ihnen eine andere Realität, eine neue Gesellschaft vorzustellen? Der Alptraum, den wir zur Realität gemacht haben – das Gemetzel in Bosnien, der Holocaust, die Millionen von Straßenkindern, die um ihr Dasein ringen, unsere Vergehen an der Umwelt –, ist nicht das unvermeidliche Ergebnis unserer menschlichen Natur. Vielmehr ist es ein schädliches Gesellschaftssystem, das die menschliche Natur und unsere Fähigkeit pervertiert, zu einer harmonischen Welt zu finden.

Warum begann ich, Sex zu analysieren? Die »schla-

fende« oder »dunkle Seite« des weiblichen Bewußtseins ist
auf gewisse Weise unser physischer, sexueller Aspekt – der
Teil, den das Gesellschaftssystem für gefährlich hält (was
Filme wie *Eine verhängnisvolle Affäre* belegen). Ist es einfach so, daß ich durch meine repressive Erziehung »sexbesessen« werden mußte? Daß meine fundamentalistische,
von Verdrängungen geprägte Familie diese Faszination veranlaßte, weshalb ich das Geschlechtliche später in einen
positiveren Rahmen rücken wollte?

Ich bin sicher, daß manche (bewußt oder unbewußt)
meinen Sturz herbeiwünschen, da mein Leben von dem
doppelten Moralkodex abweicht, der besagt, daß eine
sexuell unerschrockene Frau (wenn sie zum Beispiel über
dieses Thema schreibt oder ein Recht auf sexuellen Genuß
beansprucht) »den Preis zu zahlen hat«. Sie mag sich eine
Zeitlang vergnügen, aber letzten Endes muß sie neurotisch
und unglücklich werden oder gar – wie Emma Bovary –
sterben! Marilyn Monroe wird heute geliebt und akzeptiert, weil sie den Preis für ihr »sündhaft aufreizendes Wesen« zahlte. Madonna dagegen, die noch nicht »gezahlt«
hat, gilt als gefährlich und unpopulär.

Habe ich den Preis für meine sexuellen Äußerungen
entrichtet? Ich lebe im Exil und habe finanzielle und emotionale Einbußen erlitten. Man hat mich verbannt.

Erst in den neunziger Jahren begriff ich, daß ich viele
Freunde habe, die mich verstehen und mich vor einem
Sturz bewahren können. Sie lachen mich nicht aus oder
verspotten mich nicht, wenn ich zuviel von meinem Wesen
erkennen lasse. Schließlich ist Kühnheit kein Verbrechen,
sondern ein notwendiger Bestandteil des Lebens.

184

Virginia Woolfs berühmtes »eigenes Zimmer« ist mit meiner damaligen Lebensweise zu vergleichen, als ich mit mir allein sein mußte. Die Nacht war meine eigene Zeit, »mein eigenes Zimmer«. Gewöhnlich spielte ich Musik, während ich arbeitete oder las (oder mir einfach das Haar wusch). Nur dann konnte ich meine Gedanken »hören«. Auch viele Frauen, die meine Fragebögen ausfüllten, schrieben ihre Antworten spät am Abend nieder, »nachdem alle anderen zu Bett gegangen sind, so daß ich Zeit für mich selbst habe«.

Wird unsere Kultur ein Stadium erreichen, in dem die Frauen kein »eigenes Zimmer« benötigen, weil sie endlich in der realen Welt zu Hause sind? Und kann ich dieses Stadium erreichen? Ja, bestimmt.

Vielleicht hat mich das Lied, das ich vor so langer Zeit unter dem Abendhimmel in meinem Herzen fand und das ich so lange verbarg, auf eine seltsame Weise offener werden lassen. Gewiß, ich war oft verängstigt, so daß mein innerstes Wesen von neuem unterdrückt wurde. Aber ich versuchte immer wieder, die tanzenden Rehe sichtbar werden zu lassen. Und ich versuche es noch heute.

Kurz nachdem ich den *Hite-Report. Das sexuelle Erleben der Frau* geschrieben hatte, hatte ich einen Traum. Ich flog mit einem weißen Vogel über einen großen Kontinent hinweg nach Osten, weit von meinem Ziel entfernt. Und plötzlich fand ich mich an einem fremden Ort wieder und mußte meine Reise unterbrechen. Später entdeckte ich ein riesiges weißes Ei mitten in einem Spierstrauch in unserem Hinterhof (in Missouri). Ich schob die Zweige beiseite und schaute hinunter auf das Ei. Es öffnete sich, und ich war darin.

JAHRE DES GLÜCKS: 1982–1987

Ein normales Leben · Rusty der Wunderhund · Julian Prose · Hite-Report. Das sexuelle Erleben des Mannes · Interviews am laufenden Band · Der amerikanischen Presse ausgeliefert · Vorbereitungen zum dritten Hite-Report · Liebe und Ehe · Meine sexuelle Entwicklung

Die nächsten Jahre waren friedlich und produktiv. Ich wohnte in einer herrlichen Gegend und war glücklich. Diese lange Periode des normalen Alltagslebens – und der finanziellen Sicherheit – in den achtziger Jahren gestattete mir, mein Selbstbewußtsein zu steigern und unabhängiger zu werden. In meiner Arbeit konnte ich meine Theorien weiterentwickeln, und im Privatleben knüpfte ich eine langfristige intime Beziehung und heiratete.

Nach der Aufregung, die mit der weltweiten Publikation des ersten Hite-Reports verbunden war, konnte ich es kaum erwarten, daß mein Leben ein gemäßigteres Tempo annahm. Ich war erleichtert, dem Rampenlicht entfliehen zu können, das mich so sehr desorientierte und all meine Absichten verzerrte. Meine Sorge war, andere Frauen könnten sich durch mein Medienbild abgestoßen fühlen. Der Reklamerummel, über den ich keine Kontrolle hatte, machte unsere weibliche Solidarität zunichte. Ich setzte mich gegen die Klischeedarstellungen zur Wehr. Die Folge war jedoch nur, daß man mich als eine tobende Feministin karikierte. Es war eine Situation, in der ich nur den kürzeren ziehen konnte.

Aus diesen und anderen Gründen kehrte ich nur zu gern in mein »Zivilleben« zurück und gönnte mir ein paar Jahre der Ruhe, um zu arbeiten, zu recherchieren und zu schreiben und im Park mit meinem Hund spazierenzugehen. (Ich liebte ihn so sehr und lernte soviel von ihm, daß ich später sogar ein Buch über uns beide veröffentlichte.)

Ich brauchte einige Zeit, um die häßlichen Medienbilder zu vergessen. Wie reißerische Plakate schienen sie im Laufe eines normalen Tages ständig vor meinem inneren Auge aufzutauchen. Doch nach einer Weile verblaßten sie, verdrängt von den Gesichtern der Menschen, die ich liebte, von Opernmusik, freundschaftlichen Telefonaten und den Fragebogenantworten der Frauen, die mir im Schutz der Anonymität ihre verborgensten Ängste und Hoffnungen anvertrauten.

Letzten Endes waren wohl die langen Zeiträume zwischen den Büchern meine Rettung. Ich legte nicht alle ein oder zwei Jahre eine neue Arbeit vor, sondern recherchierte fünf Jahre lang für jedes Buch. Dadurch hatte ich Zeit, mich zu erholen und mich wieder auf mein eigenes Leben zu konzentrieren. Nach der Publikation eines Buches brauchte ich stets ein Jahr, um mich zu entspannen, um meine tiefsten Gefühle ausfindig zu machen und sie mit anderen – sei es eine Freundin, ein Geliebter, ein Hund, der Himmel oder die Sterne – zu teilen.

Mittlerweile hatte ich eine Zweizimmerwohnung am Central Park West mit wunderbarem Ausblick auf den Park. Häufig kam ich mit einigen meiner Freunde zusammen, die ebenfalls an der Upper West Side lebten, um Restaurants zu besuchen oder einfach nur spazierenzugehen. Die Reisen waren faszinierend gewesen, aber ich hatte meine Freunde vermißt. Nun, wieder zu Hause, war ich viel gelöster und zufriedener.

Nachmittags wurde die Wohnung von der Sonne durchflutet, was mich bei der Arbeit beflügelte. Ich war zwei Monate vor der Veröffentlichung meines Buches mit geborgtem Geld umgezogen, das ich nun zu meiner großen Erleichterung zurückzahlen konnte. Da ich riesige Schreibtische gern mag, besorgte ich mir fünf Türen, bemalte sie mit Pastellfarben und legte sie überall in der Wohnung auf Aktenschränke, so daß ich Platz für die Tabellen, die Fragebögen, die Briefe und Zusammenfassungen hatte. Ich hasse es, mich eingeengt zu fühlen und unter Papieren begraben zu sein.

Zu allen Jahreszeiten konnte ich durch das Fenster die Bäume und den Himmel betrachten. Es waren herrliche Jahre. Meine Arbeit machte mir Spaß, und ich hatte einen amüsanten Freundeskreis. An vielen Abenden besuchten wir die Restaurants in der Columbus Avenue; dort herrschte eine lebendige Atmosphäre, und die Preise waren erträglich.

Natürlich hatte ich in jenen Jahren ein paar enge Männerbeziehungen. Recherchierte ich die männliche Sexualität, indem ich mir mehrere Freunde zulegte? Bestimmt nicht.

Der eine war ein Handwerker (in Wirklichkeit ein um Anerkennung ringender junger Künstler), der mir half, meine Wohnung anzustreichen. Wir blieben ein Jahr lang zusammen. Er hatte einen schönen Körper und einen ebensolchen Geist; in Wisconsin aufgewachsen, hatte er Malerei studiert und war nach New York gezogen. Er

188

hatte sich eine innere Reinheit und ein lebensbejahendes Wesen bewahrt, die ich mit ihm teilte. Am liebsten malte er phantastische, bunte Tiere – mit individueller Persönlichkeit – vor Landschaftshintergrund. Wenn überhaupt Menschen in den Landschaften zu sehen waren, dann wirkten sie neben den ruhigen, gelassenen Tieren ein wenig absonderlich.

Zum erstenmal küßten und umarmten wir einander in meinem Schlafzimmer, wo er eine Wand anstrich (er mischte subtile Farben, die die Wände im Sonnenlicht durchscheinend wirken ließen). Seltsamerweise erinnere ich mich nicht mehr an den Sex nach unserem ersten Kuß. Aber seinen sprühenden Geist werde ich nie vergessen. Ein Jahr später ging unsere Beziehung zu Bruch, als ich einen anderen Mann kennenlernte. Damals richtete ich mir meine Wohnung nach meinem eigenen Geschmack ein, was noch nie der Fall gewesen war. Ich hielt Ausschau nach antiken Möbeln, machte Experimente mit Farben und Vorhängen und vergrößerte meine Schallplattensammlung. Außerdem schaute ich mir alte Schwarzweißfilme mit eindrucksvollen Frauengestalten an, die von Bette Davis, Joan Crawford, Greta Garbo, Ginger Rogers oder Marlene Dietrich gespielt wurden. Ein zusätzlicher Vorteil war, daß die alten Filme, etwa *Humoreske* (mit John Garfield und Joan Crawford), einen großartigen Soundtrack hatten.

Hinter alledem traten die Freundschaften mit Männern ein wenig zurück. Zwar zählte ich Küsse, Schmusen und sexuelle Erregung zu den interessantesten Dingen der Welt, aber ich wollte mit keinem meiner Freunde, obwohl ich manche von ihnen liebte, für immer zusammenbleiben. Wenn ich das getan hätte, wäre ich schließlich zu einer ganz anderen geworden. Deshalb gab es damals auch wieder einen Zeitraum von etwa zwei Jahren, in dem ich völlig zölibatär lebte. Ich war durchaus nicht sexverrückt, sondern mich beschäftigten ganz andere Dinge: zum Beispiel der Sinn des Lebens, wie ich mein Leben verschönern, meine eigenen Emotionen und das Ziel meines Daseins verstehen konnte.

1972 hatte meine Freundin Calla Fricke mir einen Hund geschenkt oder mich, besser gesagt, mit einem wunderbaren, scheuen braunen Hund namens Rusty bekannt gemacht. Ein großer Teil meines Glücks in jenen Jahren wurde von ihm geschaffen. Er war der lustigste, ausgeglichenste Freund und Gefährte, den ein Mensch haben kann, und er besaß eine grenzenlose Begeisterung und Energie.

Es war Liebe auf den ersten Blick. Rusty brachte mich stets dazu, zu lächeln und mich des Lebens zu freuen. Mit ihm eröffneten sich immer neue Abenteuer, und durch seine Unternehmungslust schloß ich viele Bekanntschaften.

Zunächst hatte er nur für ein Wochenende bei mir bleiben sollen. Calla hatte ihn in ihrem New Yorker Tierheim »I Love Animals« untergebracht, das er sich mit vierzehn Katzen teilen mußte. »Nicht, daß er sich mit den Katzen nicht verträgt; er mag sie. Aber das Heim ist so voll, und er kann nirgends herumlaufen. Wenn er es versucht, glauben die Katzen, er wolle sie angreifen. Dann tun sie sich zusammen und drängen ihn in eine Ecke, bis er sich wieder hinsetzt!«

Rusty hatte große sensible, glänzende und seelenvolle braune Augen. Sein Fell war braun mit weißen Flecken, er hatte attraktive schwarze Linien um die Augen und schwarze Härchen, die wie Antennen hervorragten, über den Brauen. Auch sein Gesicht und die Flächen unter den Ohren waren von weißen Schönheitsflecken gezeichnet. Sein anmutiger Körper – unter dem braunen Fell verbarg sich ein noch weicherer weißer Flaum – konnte springen wie der einer Gazelle oder sich freudig drehen wie ein Kreisel. Manchmal trabte oder galoppierte er – je nach Laune. Er hatte ein betörendes Lächeln.

In der ersten Nacht lag er auf dem Teppich neben meinem Bett. Gerade als ich einschlief, sprang er plötzlich auf, machte einen Satz, segelte graziös über mich hinweg und ließ sich neben mir nieder. So entdeckte ich, daß er fliegen konnte! Er schmiegte seinen warmen Körper an mich, so daß ich zufrieden einschlummerte. Woher hatte er gewußt, daß er mir trauen konnte? Am Morgen weckte er mich nicht, sondern wartete neben dem Bett, bis ich von allein aufwachte. Welch ritterliche Manieren!

Als Calla ihn am Montag wieder abholen wollte, rief ich: »Was? O nein! Das kommt gar nicht in Frage! Er wohnt jetzt bei mir!« Calla freute sich über diese Wendung der Dinge. Wir machten jeden Tag einen Spaziergang: entweder auf dem breiten Bürgersteig hinunter zu den Geschäften oder im Park, wo wir eine herrliche Strecke zwischen den Bäumen und über grasumsäumte Pfade zurücklegten. Kurz nachdem unser gemeinsames Leben begonnen hatte, lehrte ich Rusty, bei Fuß zu gehen und sich auf Befehl hinzusetzen. Zu diesem Zweck verließen wir das Mietshaus und begaben uns in die Nähe des Museum of Natural History. Rusty hielt das Ganze für ein fröhliches Spiel. Seine Augen leuchteten, sein Schwanz war forsch in die

Höhe gestreckt, und er lernte sämtliche Befehle bereits am ersten Tag.

In dem Gebäude wohnte seit zwanzig Jahren auch das Ehepaar Boris und Ellen. Er war ein russischer Emigrant, der seine Heimat schon vor der Revolution verlassen hatte. Ihre Wohnung war in einem altmodischen russischen Stil eingerichtet, und ich besuchte die beiden sehr gern. Da Boris ebenfalls täglich im Park spazierenging, ließ er sich dabei bald von Rusty Gesellschaft leisten. Und bevor ich mich versah, hatte er Rusty beigebracht, auf einen russischen Befehl hin Pfötchen zu geben. Nun hatte ich einen zweisprachigen Hund. Ich selbst hielt es für erniedrigend, ihn Pfötchen geben zu lassen, aber Rusty schien es nichts auszumachen.

Es war schön, Rusty bei meiner Arbeit in der Nähe zu haben. Während ich am Schreibtisch saß, sah ich seinen anmutigen Körper auf dem Boden liegen, hörte seinen leisen Atem, roch sein zartes Fell und betrachtete hin und wieder sein Gesicht. Und in Arbeitspausen konnte ich jederzeit mit ihm spielen.

Ich war stets dankbar dafür, daß dieses unvergleichliche Geschöpf bei mir lebte. Durch Rusty lernte ich eine neue Dimension der Liebe kennen. Seine Geduld und Fürsorge zeigten mir, daß es möglich ist, sich anderen gegenüber genauso zu verhalten.

Da er meinen Befehlen so gut gehorchte, brauchte ich ihn kaum jemals an die Leine zu nehmen. Aber wenn ich es zum Beispiel bei dichtem Straßenverkehr tun mußte, schien er die Leine eher als ein Band zwischen uns denn als ein Mittel zur Kontrolle anzusehen.

Rusty verließ mich genauso unvermittelt, wie er zu mir

gekommen war. Er starb plötzlich kurz vor der Veröffentlichung des dritten *Hite-Reports*, doch er hatte mir bei der Arbeit an allen drei Reports Beistand geleistet. 1993 brachte ich ein Buch – *Fliegen mit Jupiter* – heraus, in dem er die Hauptrolle spielt. Hundeliebhaber werden Verständnis für mich haben, andere mögen mich für sentimental halten. Auf jeden Fall möchte ich hier unterstreichen, wie wichtig Rusty für mein Leben und für meine Weltanschauung war. Er verhalf mir zu einer neuen Kindheit, einer neuen Jugend – einer neuen Erziehung, wenn man es so ausdrücken will.

In jenen Jahren war Julian Prose (Eros Gyula) einer meiner engsten Freunde. Er stammte aus Ungarn, war über sechzig Jahre alt, hatte langes weißes Haar und wirkte wie ein »europäischer Maestro« alten Stils. Manchmal wurde er auf der Straße tatsächlich als »Maestro« angesprochen, und dann strahlte er vor Freude. Er hatte eine wohlklingende Baßstimme und sprach leise, in einem eleganten Tonfall.

Zu meiner Überraschung konnten sich einige meiner Freunde nicht für Julian erwärmen. Damit nicht genug, sie behandelten ihn von oben herab. Für sie war er einfach nur arm und alt. Ich hingegen liebte seine sanften Gesten und seine Ideen, denen jegliche Aggressivität fremd war.

Julian hatte den gleichen fabelhaften Akzent wie der Schauspieler Bela Lugosi, denn beide kamen aus Siebenbürgen, der Heimat des Grafen Dracula. In seiner Jugend hatte Julian, zusammen mit seiner Mutter, noch echte Straßenmusikanten mit Tanzbären gesehen. Später war er, ein hoffnungsvoller Schriftsteller und Dichter, nach Budapest gezogen; Mitte der dreißiger Jahre hatte er es zum Starjournalisten der bedeutendsten ungarischen Zeitung, *Magyar*

Hirlap, gebracht. Er wohnte mit einer Ärztin im jüdischen Bezirk, in der Nähe des jiddischen Theaters und der Synagoge. Doch im Zweiten Weltkrieg wurde die Gegend von Mauern umgeben und in ein Ghetto verwandelt.

Nach dem Krieg kandidierte Julian – berühmt als Journalist und Dichter, der in der Vorkriegszeit gegen die nationalsozialistische Brutalität Stellung bezogen hatte – für das neue ungarische Parlament. Er wurde gewählt, doch die »liberalen« Kommunisten schossen im Parlamentsgebäude auf ihn und mehrere Parteifreunde. Er sah die Schrift an der Wand und floh mit einem gefälschten schwedischen Paß über Österreich und Australien in die USA.

Und nun beugte er sich an einem hellen Sonntagmorgen im Frühjahr über meinen Schreibtisch und erklärte stolz: »Ich habe es geschafft!«

Ich schaute ihn fragend an. »Was denn?«

»Ich habe *überlebt*! Heute bin ich siebzig.« Und er strahlte mich triumphierend an.

Eines Tages kaufte ich mir ein paar ungarische Schallplatten und spielte sie ab, als er hereinkam. Er blieb an der Tür stehen und sagte: »Oh! Es ist sehr lange her, seit ich das gehört habe.« Er lauschte und fiel schließlich in den Text des Liedes »Dambovar, Sambovar« ein.

»Gefällt dir das Lied?« fragte ich.

»Also, ich mag Brahms lieber.« Julian schätzte Quartette von Brahms und Dvořák – nicht Kitsch wie diesen oder wie einen Zigeunercsárdás. So etwas taugte für einfältige Gemüter und für Touristen wie mich. Wahrscheinlich liebte ich die verrückten ungarischen Melodien und die alten Wiener Lieder mehr als er. Aber wir beide mochten Jussi Björling.

Einmal besorgte ich mir vor einer Europareise auch ein Visum für Ungarn, das ich schon immer hatte kennenlernen wollen. Plötzlich äußerte auch Julian, was er nie zuvor getan hatte, den Wunsch, seine Heimat zu besuchen. Ich zeigte ihm die Reiseunterlagen, die ich im Konsulat erhalten hatte. Er betrachtete eine Broschüre mit Bildern von jungen Menschen, hauptsächlich in Badeanzügen, und rief verblüfft: »Aber das hat doch nichts mit mir zu tun!« Ob die ungarische Tourismusbehörde ein solches Machwerk speziell für amerikanische Besucher hergestellt hatte?

Julian war wahrscheinlich der eleganteste Mensch, den ich jemals kannte – dicht gefolgt von Friedrich und meiner Freundin Iris Brosch. Ich bin froh, mit ihm befreundet zu sein, denn von ihm lernte ich viel darüber, wie Menschen und die Welt sein sollten. Zudem war er geduldig und mitfühlend und verabreichte mir endlose Schultermassagen, als ich an *Frauen & Liebe* arbeitete.

Ich hoffe, er wußte, wie sehr ich ihn liebte, denn als er starb, war ich durch einen tragischen, dummen Irrtum nicht an seiner Seite. Wir hatten uns gestritten. Ich war frustriert über den Medienrummel und hatte niemanden, mit dem ich mich aussprechen konnte. Meistens hörte ich nur Platitüden, und als er mich eines Tages mit ähnlichen Worten trösten wollte, explodierte ich und stieß ihn zurück. Er war gekränkt und verärgert.

Julian starb mit zweiundsiebzig Jahren mitten im Chaos der Veröffentlichung des *Hite-Reports* über das sexuelle Erleben des Mannes. Er starb allein in der Notaufnahme des Bellview-Krankenhauses in New York City. Genau dort sollte auch Andy Warhol sterben. Später, als ich seine nachgelassenen Sachen sortierte, stieß ich auf einen zehn

Jahre zuvor geschriebenen autobiographischen Roman. Ich versuche, ihn veröffentlichen zu lassen.

Währenddessen machte meine Arbeit gute Fortschritte. Schon in den letzten Jahren meiner Forschungen zum sexuellen Erleben der Frau hatte ich mit den Recherchen begonnen. Und nun erhielt ich jeden Tag lange schriftliche Antworten. Es galt, riesige Datenmengen durchzuarbeiten; die meisten betrafen zuvor nie behandelte Themen wie die Psychosexualität der Männer. Deshalb gab es keine sich anbietenden Bezugspunkte. Und da ich als Frau Männer befragte, hatte ich ständig das Gefühl, im dunkeln zu tappen. Um diesen Nachteil auszugleichen, sammelte ich Informationen von siebentausend Männern, während ich in meinem ersten Report nur halb so viele Frauen ins Auge gefaßt hatte.

Hier sind einige der Fragen (immer noch recht provokativ, nicht wahr?):

1. An welches früheste sexuelle Erlebnis können Sie sich erinnern? Wie alt waren Sie damals?

2. Schildern Sie die Zeit, als Sie am heftigsten verliebt waren. Was spielte sich ab?

3. Wie fühlen Sie sich, wenn Ihre Partnerin überhaupt keinen Orgasmus hat, auf keine Weise?

4. Halten Sie Ihren Penis für schön? Für häßlich? Wie sieht er aus?

5. Was würden Sie am liebsten an Ihrem Sexualleben ändern?

Ich heuerte sieben Studentinnen und frühere Kommilitoninnen von der Columbia University an, die mir halfen,
die Daten der Fragebögen auf Tabellen zu übertragen. Es
war im Jahr 1981, als wir noch keine Computer benutzten.

Bob Gottlieb, mein Lektor beim amerikanischen Verlag Knopf, verwendete sehr viel Mühe darauf, das Manuskript in eine druckreife Form zu bringen. Allerdings war
er überwältigt, als ich mit der ersten Version – einem
Stapel von fast drei Meter Höhe! – in seinem Büro eintraf.
Er ließ seine Mitarbeiterin Martha sofort ein Foto davon
machen.

In dem Report beschreiben Männer, was Liebe und Sex
für sie bedeuten. Auf über achthundert Seiten äußern sie
übereinstimmende sowie unterschiedliche Meinungen und
gehen auf die Klischees von der Männlichkeit ein; meine
eigenen Gedanken ergänzen den Text. Im ersten *Hite-
Report* hatten viele Frauen die Männer als sexuell dominant
bezeichnet. Nun wollte ich herausfinden, ob die Männer
mit dem Sex zufrieden sind. Beharren sie auf Penetration,
versprechen sie Liebe, um Sex zu bekommen, weil sie »so
veranlagt« sind, oder ist das ein von der Kultur abhängiges
Verhalten?

Wenn die Männer von der Gesellschaft zu diesem
Verhalten getrieben werden (schließlich beklagen sie sich
häufig über den Zwang zur Erektion und zur »Leistung«),
wie könnte dann ihre angeborene Sexualität unterhalb
dieser Oberfläche aussehen? Und kritisieren sie selbst den
sozialen Zwang, sich auf sexuellem Gebiet männlich zu
verhalten? Hat der männliche Verhaltenskodex zur Folge,
daß sie glücklich sind oder sich von ihrer eigenen Persönlichkeit entfremdet fühlen? Und weshalb benehmen sie

sich so zwiespältig der Liebe gegenüber, jedenfalls wenn man den Aussagen vieler Frauen Glauben schenken darf?

Es scheint offensichtlich zu sein, aber wissen wir wirklich, was männliche Sexualität ist? Schließlich läßt sich nicht präzise feststellen, wieviel von dem, was Männer tun, auf natürlicher männlicher Sexualität beruht und wieviel auf angelernten Mechanismen. Die gegenwärtige Definition von männlicher Sexualität (als Triebkraft für die Penetration) ist offenkundig durch kulturelle Gesichtspunkte eingeengt. Die männliche Sexualität umfaßt zweifellos eine viel größere, vielfältigere Menge physischer Gefühle, wie die Männer in meinem Report erläutern.

Überraschenderweise ist die Definition von Sexualität durch die männliche Ideologie, wenn man sie genau betrachtet, recht negativ für die Männer. Diese Tatsache ist deshalb überraschend, weil häufig angenommen wird, Männer seien *für* und Frauen *gegen* Sex. In Wirklichkeit haben die meisten Frauen einen viel umfassenderen Begriff von Sexualität als den des Fortpflanzungsmodells, das wir mittlerweile für natürlich halten; die männliche Ideologie dagegen stuft Sexualität eher als eine Körperfunktion, einen Instinkt, ein »animalisches Lustgefühl« ein.

Die Idee, daß die Sexualität von allen Emotionen gelöst sei, also etwas »Untermenschliches«, Animalisches darstelle, führt zu einer recht seltsamen Definition von Sexualität, welche die Erotik vernachlässigt.

Im Rahmen der Doppelmoral sind die Männer vermutlich einem entfremdenden Druck ausgesetzt, häufig Sex zu haben und die Welt an enggefaßten sexuellen Maßstäben zu messen. Die männliche Ideologie bringt die Männer um die Chance, Freude an der Liebe zu haben, da sie ständig vor der Nähe zu Frauen gewarnt werden. Diese Ideologie besagt, daß ein »echter Mann« so lange wie möglich unabhängig und frei und unverheiratet bleiben solle. »Echte Männer« sollten mit so vielen Frauen wie möglich – und so oft wie möglich – geschlechtlich verkehren. »Echte Männer« verlieben sich nicht Hals über Kopf. Das Ergebnis dieser Ausbildung zur Selbstkontrolle ist, daß viele Männer ihre wahren Empfindungen einbüßen und sich ihrem tieferen Wesen entfremden.

Zahlreiche Männer, die sich an meiner Studie beteiligten, schienen instinktiv zu spüren, daß sie etwas verpaßten, daß sie, wieviel Sex sie auch haben mochten, auf irgendeiner Ebene unbefriedigt blieben. Aber die Lektionen unserer Kultur sind so stark, daß nur wenige Männer die Doppelmoral überwinden und sich eine neue sexuelle Identität schaffen können.

Damit wird die traditionelle Begierde der Männer nicht herabgestuft, sondern neu definiert:

»Leidenschaft ist einer der schönsten Teile der Sinnlichkeit – der Wunsch, zu besitzen, zu erobern und erobert zu werden, zu penetrieren und penetriert zu werden. Aber ist physische Liebe wirkliche Liebe? Liebe ist Fürsorge, aber auch Leidenschaft und Begehren – der Wunsch, einem anderen zu gehören, in ihm zu sein. Ein Teil der Liebe ist ein rein physisches Gefühl – der Drang, nicht nur Sex und einen Orgasmus zu haben, sondern auch beim Schlafen dicht nebeneinanderzuliegen, den Atem des anderen zu spüren, sich so eng wie möglich an ihn zu schmiegen, seinen Körper zu lieben, seinen Mund mit der Zunge zu liebkosen, als wäre es der eigene Mund, den Geruch und Geschmack seiner Genitalien zu kennen, mit dem Finger in seine Gesäßöffnung vorzudringen. Liebe ist Reden und Verstehen und gegenseitiges Vertrauen, aber sie ist auch die tiefste Verbindung von Körpern. Auf gewisse Weise ist die Erinnerung an den Körper eines geliebten Menschen stärker und dauerhafter als alle anderen Erinnerungen.«

Die männliche Sexualität wird also nicht nur durch den Drang nach Penetration oder Fortpflanzung gekennzeichnet, sondern auch durch das Begehren, zu nehmen und genommen zu werden. Allerdings sind die meisten Männer nicht in der Lage, mehr als die aggressive Seite ihrer Sexualität zu empfinden, weil sie sonst der Definition von Männlichkeit in unserer Gesellschaft zuwiderhandeln müßten.

Das erstaunlichste Ergebnis meiner Recherchen war, daß die meisten Männer nicht die Frauen heiraten, die sie am leidenschaftlichsten lieben. Damit nicht genug, sie sind stolz auf diesen Umstand und glauben, die richtige Entscheidung getroffen zu haben. Die dadurch aufgeworfenen Fragen werden ausführlicher im *Hite-Report. Erotik und Sexualität in der Familie* (1994) behandelt. Entsprachen die Resultate meines Männer-Reports meinen persönlichen Erfahrungen? Ich weiß es nicht. Manchmal fragte ich meine Freunde nach diesen Dingen, aber mir schien, daß das von so vielen tausend Männern gelieferte Bild detaillierter und vollständiger war. Außerdem wollte ich meine Forschungsarbeit nicht auf mein Privatleben ausdehnen.

Die von Männern dominierten Medien hatten 1976 mit meiner Studie über die weibliche Sexualität nicht viel anfangen können. Es fiel ihnen wahrscheinlich aber noch schwerer, fünf Jahre darauf mit meiner Untersuchung zur männlichen sexuellen Identität fertig zu werden. Nie zuvor

14   Rusty und ich 1976 in meinem New
Yorker Apartment am Central Park West.
In jenem Jahr veröffentlichte ich der
ersten Hite-Report.

15

15 Als Model
der Arbeit in ei
New Yorker Stu
Um 1970.

16 Eine Aufna
von mir als Mo
in Mailand. 19

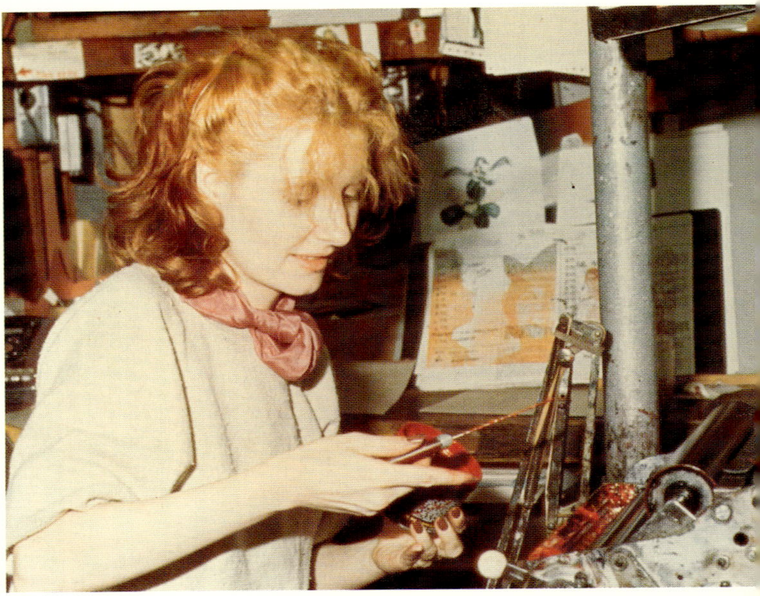

17

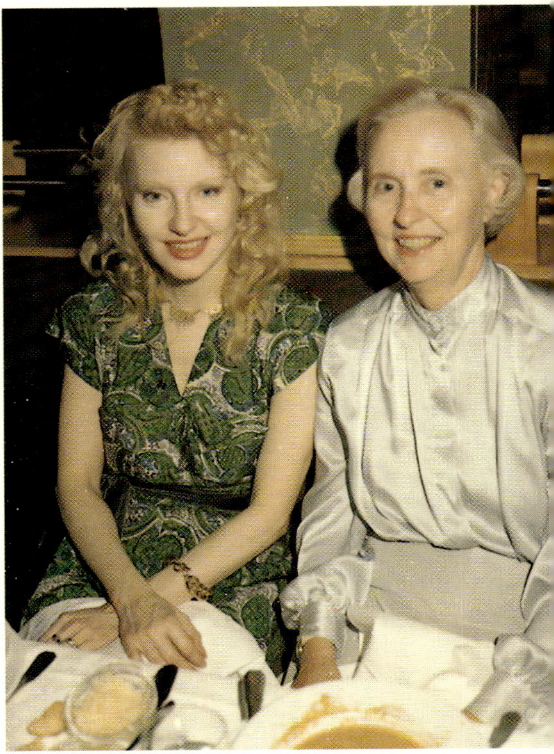

18

17 Dieses Foto zeigt mich an der Druckmaschine, mit der ich meine ersten Fragebögen selbst herstellte. New York 1973.

18 Zusammen mit Tante Cecile.

19 Zum Ende meines Geschichtsstudiums,
das ich mit dem Magister abschloß, arbeitete ich auch als Model. In der Bibliothek
der Pariser Sorbonne.

20 Das Schlafzimmer in meinem New Yorker Apartment, 1984. Es machte mir viel Spaß, diesen Raum zu renovieren und anschließend einzurichten.

21 Im Ankleideraum meiner Wohnung. Meine Freundin Cathy, die diese Aufnahme von mir machte, »versteckt« sich rechts in der Ecke.

22–23 Zwei Fotos, die Iris Brosch von
mir machte und die 1994 im FAZ-Magazin
erschienen.

24

24 Bei der Arbeit
am Küchentisch
in Joanna Briscoes
Wohnung. London
1990.

25 Beim
Einkaufsbummel in
der Londoner City.

25

‘iedrich und ich heirateten
ell« im Herbst 1985 in New York.
mein Mann nicht großartig aus?!

ls 1994 der *Hite-Report. Erotik und
tät in der Familie erschien, machte

Iris Brosch diese Porträtaufnahme von
mir in der Pariser Oper.

28   Hier trage ich Kleider, die Friedrich
mir geschenkt hatte.

29   Bei der Arbeit. 1994.

30   Ohne Worte.

31 In einer Pariser Brasserie.

32 Mit meiner Freundin und Kollegin
Iris Brosch. 1995.

31

32

hatte es eine Arbeit gegeben, in der Männer aufgefordert worden waren, sich selbst und besonders die sexuelle Seite ihrer Männlichkeit zu kritisieren und gegebenenfalls umzudenken.

Die Männer in den Medien machten häufig spöttische oder verlegene Bemerkungen über das Buch. Vielleicht fürchteten sie, homosexueller Neigungen bezichtigt zu werden, wenn sie den Äußerungen anderer Männer mit zuviel Interesse begegneten. Bob Gottlieb war verblüfft über diese Macho-Reaktion.

Die Hysterie wurde offenbar durch zwei Themen ausgelöst. Das eine war die neuerliche Untersuchung der Rolle des Geschlechtsverkehrs. In dem Report von 1976 war angeklungen, daß viele Frauen den Sex gern umdefinieren würden, damit Geschlechtsverkehr nicht mehr eine Notwendigkeit, sondern nur noch eine unter etlichen Möglichkeiten sei. *Der Hite-Report. Das sexuelle Erleben des Mannes* (1981) zeigte, daß die meisten Männer – abweichend vom Stereotyp – ebenfalls zwiespältige Gefühle über den auf ihnen lastenden Leistungsdruck haben und vielleicht sogar andere Möglichkeiten vorziehen würden. Aber zahlreiche Männer reagierten so, als wären sie persönlich durch den Gedanken bedroht, daß der männliche Trieb zum Koitus nicht biologisch vorherbestimmt, sondern kulturell festgelegt und in übertriebenem Maße gefördert worden sei.

Mancher Interviewer fragte mich: »Stimmt es, daß Sie gegen Geschlechtsverkehr sind?« (Diese Frage brachte mich immer zum Lachen oder ließ mich das Gesicht verziehen – je nach meinen Energiereserven). Ich antwortete: »Nein, aber der Verkehr sollte beim Sex zu einer *Wahl* werden,

217

nicht zur einzigen Methode, die keine Küsse, keine Zärtlichkeit und keinen Orgasmus zuläßt.« Eisige, ungläubige Blicke.

Häufig wurde ich aufgefordert, auf Wörter wie »Klitoris«, »Masturbation«, »Orgasmus« und alles, was in einer Sendung »unangemessen klingen könnte«, zu verzichten. Ein Journalist gab ein sehr persönliches Statement ab: »Gestern habe ich Shere Hite interviewt. Danach geriet ich völlig aus der Fassung, denn Dutzende von Anrufern beschwerten sich über den Gebrauch des Wortes ›masturbieren‹. Warum halten dies so viele für ein schmutziges Wort? Ich möchte den Anrufern nur sagen, daß es völlig in Ordnung ist, liebevoll mit sich selbst umzugehen.«

Zuweilen wurde ich von den Medien sogar in Gefahr gebracht. In Kalifornien fuhren einmal zwei Fernsehreporter mit mir zu einem Drive-in-Kino hinaus, um mit mir eine »Nachrichtensendung« zu machen, bei der ich vor einem reißerischen Plakat, das einen Pornofilm ankündigte, stehen sollte. Als ich mich weigerte, ließen sie mich am Straßenrand zurück und behaupteten später, ich »hätte es so gewollt«. Danach sorgte mein Verlag dafür, daß Hostessen mich (und andere Autorinnen) in den verschiedenen Städten begleiteten.

Männliche Interviewer wurden viel häufiger als weibliche durch mein Buch in Verlegenheit gesetzt. Dr. William Granzig erklärte: »Viele Männer fühlen sich unbehaglich, weil Hites Ergebnisse implizieren, daß sie ihr eigenes Leben unter die Lupe nehmen sollten. Aber dazu sind sie nicht bereit. Hite hat nachgewiesen, daß die männliche Sexualität nicht einfach ein biologisches Phänomen ist, sondern weitgehend von der Kultur geprägt wird, weshalb die Männer Alternativen haben, was die Gestaltung ihrer Sexualität betrifft. Sie selbst sind dafür verantwortlich.«

Frauen reagierten anders. Zum Beispiel bat die Hörerin eines Detroiter Senders, man möge das Programm am Abend wiederholen, damit auch ihr Mann die Information erhalten könne.

Das andere Thema, bei dem es männlichen Journalisten unbehaglich wurde, war außerehelicher Sex. Einige behaupteten, es sei die biologische Bestimmung des Mannes, von Blüte zu Blüte zu flattern, und warfen mir vor, meine Informanten falsch interpretiert zu haben. Ich hätte nicht auf die Eheprobleme eingehen sollen, die vielleicht ein solches Verhalten bewirkt hätten, sondern mich mit der Feststellung begnügen müssen, daß Männern (abweichend von Frauen?) ein »biologisches Bedürfnis nach Vielfalt« angeboren sei. Diesen Rat gab mir zum Beispiel das *New York Magazine*.

Kamen die Seitensprünge von Männern zur Sprache, wollten männliche Interviewer meist so schnell wie möglich das Thema wechseln, indem sie einen superliberalen oder einen selbstgerechten, moralistischen Tonfall anschlugen. Am häufigsten kamen Unbehagen und manchmal Feindseligkeit darin zum Ausdruck, daß man die gesamte Diskussion kurzschloß und nur über meine Methoden, nicht über meine anstößigen Schlußfolgerungen redete. Dabei schwang der Gedanke mit: »Wie können diese Folgerungen stimmen, da doch all ihre Befragten verrückte Kerle sind?« Wenn man die Umfrageteilnehmer als nicht normal abtat, brauchte man den beunruhigenden Ergebnissen keine Aufmerksamkeit zu schenken.

Dr. Robert Ted McIlvenna vom Institute for the Advanced Study of Human Sexuality erläutert: »Die sogenannte wissenschaftliche Kritik an Hites Arbeit beruht auf der mangelnden Bereitschaft, sich die wichtigen Aussagen der Männer in dem Buch anzuhören. Nur wenige Frauen haben Hites Methodik kritisiert; die Kritik geht hauptsächlich von Männern aus, die sich bedroht fühlen. Männer greifen die Methodik an, weil das Buch Dinge mitteilt, die sie nicht hören wollen.«

Etliche Männer behaupteten, meine Ergebnisse und Schlußfolgerungen könnten gar nicht korrekt sein, da ich mich einer fehlerhaften Methode und einer unvollkommenen Auswahl bedient hätte. Dabei wurde außer acht gelassen, daß es in der Sexualforschung – auch bei Freud, Masters und Johnson oder Kinsey – keine perfekte Auswahl gibt. Hinzu kommt, daß die meisten führenden Experten auf dem Gebiet meine Arbeit und ihren wissenschaftlichen Wert loben.

Das Gerücht über meine »schlampige Methodik« wurde jedoch so häufig wiederholt, daß sich die meisten amerikanischen Journalisten gezwungen sahen, jede Diskussion meiner Theorien mit der Einschränkung zu beginnen: »Die Arbeit ist vielleicht unwissenschaftlich, aber . . .« In Wirklichkeit habe ich mehr präzise Vorhersagen zu verzeichnen als die meisten Umfrageorganisationen, und meine Methode ist verläßlicher als die der überwiegenden Zahl von Forschern.

Gewöhnlich werden die Diskussionen über meine Methodik in einem feindseligen und anklagenden Tonfall geführt – alles andere als ein »nüchternes, wissenschaftliches Verfahren«. Zum Beispiel begann der Gastgeber bei einem dreißigminütigen Fernsehinterview für einen Regionalsen-

220

der (KERA, Kanal 13, Dallas) 1981 ein Interview folgendermaßen: »Tja, Miss Hite, die Kritiker haben eine Menge über Ihre Arbeit zu sagen. Wie verteidigen Sie sich?« Ich versuchte, rasch meine Methode zu erklären, doch nach der Hälfte des dreißigminütigen Interviews hielt er mir immer noch vor: »Ein Kritiker meint, Ihr Umgang mit Zahlen sei nachlässig.« Ich erwiderte: »Aber ich habe die genauen Statistiken in jedem Fall im Anhang aufgeführt; der Lektor wollte, daß der Text leichter zu lesen ist.« Es sei nicht meine Absicht gewesen, neue Normen zu schaffen, an denen sich die Menschen in Zukunft messen würden. Als ich versuchte, die Diskussion auf einige der wirklichen Problembereiche zu lenken, beschied man mich arrogant: »Dies sind die Fragen, die wir zuerst klären müssen.« Natürlich konnte dann in der Kürze der Zeit keiner der entscheidenden Punkte angesprochen werden.

Diese Argumente gegen meine Arbeit wurden in den achtziger Jahren sogar von der europäischen Presse aufgegriffen und nicht als individuelle Meinung, sondern als Tatsache verkauft. Eine italienische Zeitschrift wählte einen originelleren Ansatz. Sie zeigte 1982 Bilder von halbnackten Männern und Frauen, die an einem überfüllten Strand in der Sonne lagen, und posaunte in der Überschrift: »Amerikanische Männer sind miserabel im Bett, aber Italiener sind großartige Liebhaber!«

Immerhin fand ich auch einige Fürsprecher. Michael Conrad, der den Polizeichef in der Fernsehserie *Hill Street Blues* spielt, widersprach im Fernsehen drei anderen Männern:

»Diese Studie bietet einen sehr menschlichen Zugang zu einem komplexen Problem. In ihr geben sich Männer auf eine Weise preis, die ihnen sehr schwerfallen muß. Manche teilen ihre geheimsten Gefühle mit uns. Das, was sie über das Erwachsenwerden und über den Zwang, ein Mann zu sein, sagen, ließ mich an meine eigenen Erfahrungen als Kind zurückdenken.

Ich stimme mit Ms. Hite darin überein, daß die Zwänge beim üblichen Liebesspiel die Fähigkeit zu natürlicher Erkundung zwischen den Menschen beseitigt haben. Wenn die Menschen aufmerksamer wären und auf ihren Partner achteten, statt sich auf Stereotypen zu verlassen, könnten sie einander viel besser lieben.«

In einer anderen Fernsehshow witzelte der Sänger Steve Lawrence jedoch: »Also, bis jetzt war der Gipfel unseres Lebens, daß Eydie und ich eine Menge Forschungen für die Hite-Revolution in sexuellem Verhalten angestellt haben . . .«

Jack Cafferty: »Welche Seiten des Buches sind Ihre?«

Eydie Gorme: »Die zusammengeklebten.«

Ein amüsantes Gespräch fand in derselben Fernsehshow in Nashville, Tennessee, statt. Die beiden Teilnehmer unterhielten sich zunächst über eine Angeltour, die der eine gerade hinter sich hatte, und fuhren dann fort:

Schwiet: »Ich war überrascht. Es muß wohl daran gelegen haben, daß die Umfrage anonym war. Erstaunlich, wie offen alle über ihre persönlichsten Gefühle und über dieses intime Thema redeten. Mir fiel auf, daß viele Männer so wütend auf die Frauen zu sein scheinen. Wahrscheinlich ist ihre eigene Unsicherheit daran schuld.«

Bart: »Ja, sie hatten die Garantie, daß sie anonym bleiben würden. Bernie, für mich war der Teil über die Frauenbefreiungsbewegung und ihre Auswirkungen darauf, wie die Männer sich selbst und die Frauen sehen, am interessantesten.«

Schwiet: »Stimmt. Die heutigen Männer, vor allem junge Männer, müssen sich mit dieser Bewegung auseinandersetzen, und sie gehört zweifellos zu den Dingen, die Scheidungen verursachen. Es war wohl unvermeidlich, und es ist begrüßenswert, aber die Männer wissen, wie sich ihre Väter vor ein, zwei Generationen in der Ehe verhalten konnten. Und nun wird von den jungen Männern erwartet, daß sie abwechselnd mit ihrer Frau das Geschirr abwaschen oder sich um das Baby kümmern. Sie finden es unfair, daß ihre Väter so etwas nicht zu tun brauchten. Oder wenn ihre Frau einen tollen Posten in einer anderen Stadt angeboten bekommt, müssen sie über einen Umzug nachdenken, obwohl sie lieber an ihrem alten Arbeitsplatz bleiben würden. Echte Gleichberechtigung . . .«

Bart: »Und wenn ein Mann heute sexuell erregt ist, braucht sich die Frau nicht mehr automatisch, na ja, hinzulegen . . .«

Schwiet: »Nein, vielleicht ist sie es, die die Familie ernährt, und sie könnte einen interessanten Knaben im Büro finden. Das Ganze ist ein totaler Wandel, wenn auch zum Besseren. Jeder Wandel ist schmerzhaft, und dies ist das schlimmste Stadium. In der nächsten Generation, wenn die Kinder heranwachsen, die zu Hause erlebt haben, daß ihre Eltern mehr oder weniger gleichberechtigt sind, wird's wahrscheinlich leichter sein.«

Bart: »Außerdem wurde deutlich, daß viele Männer, obwohl sie selbstbewußt wirken mögen, im Grunde sehr unsicher sind, was ihre Sexualität angeht, und sich Sorgen um ihr Macho-Image machen, statt der Natur freien Lauf zu lassen. Das ist anscheinend ein echtes Problem für die meisten Männer.«

Schwiet: »Es läßt sich wirklich eine Menge über die Ansichten der Männer zum Sex finden, und ich hoffe, das wär's für heute – bis morgen, und vergessen Sie das Baseball-Spiel heute abend nicht.«

Der Hite-Report. Das sexuelle Erleben des Mannes war noch nicht veröffentlicht, als Philip Nobile, ein amerikanischer Reporter, einen Artikel für das *New York Magazine* über mein Buch schrieb. Dieser frühe Artikel wurde mehr oder weniger zur maßgeblichen Quelle für alle anderen Journalisten. Zeitschriften und Zeitungen in den USA und überall auf der Welt wiederholten den Inhalt manchmal wörtlich, da sie selbst keine Informationen besaßen.

Dieser Besprechung zufolge fehlte es dem Buch an Ideen. Die Stichproben seien »nicht repräsentativ für Männer im allgemeinen«, nicht wissenschaftlich, wodurch das Buch wertlos werde. (Siebentausend Männer, und all ihre Aussagen waren wertlos?)

Philip Nobile griff nicht nur mich, sondern auch andere Feministinnen – etwa Dorchen Leidholdt und Andrea Dworkin, die in New York gegen die Pornographie kämpften – unter eigenem Namen sowie unter Pseudonym an. Dabei bediente er sich einer anzüglichen, hemmungslosen Sprache. Bob Gottlieb war erstaunt über Nobiles Aggressivität. Er unterhielt sich mit dem Reporter und riet mir dann, mich niemals auf ein Gespräch mit Nobile einzulassen. »Der Mann ist unvernünftig. Er will einfach nicht zuhören.«

Es war, als hätte ich den ersten *Hite-Report* nicht veröffentlicht. Plötzlich schien man bereit zu sein, mich für eine unfähige, schlampige Wissenschaftlerin zu halten – und das alles wegen eines einzigen Artikels, geschrieben von einem ehemaligen *Penthouse*-Redakteur, der sich durch eine Titelgeschichte über den angeblich größeren Penis schwarzer Männer ausgezeichnet hatte.

(Übrigens versuchte *Penthouse* einmal, mich zu kaufen. Man schlug mir vor, eine Zeitschrift mit dem Titel *The Hite-Report* zu gründen, die von *Penthouse* finanziert werden würde. »Sonst geht der Name verloren«, wurde ich gewarnt. Aber man wollte freizügige Nacktfotos von Frauen [ausgewählt von *Penthouse*] in der Zeitschrift unterbringen. Wie hätte ich dem zustimmen können? Ich konnte meine Prinzipien nicht verraten, lehnte das Angebot ab und blieb unabhängig.)

Nobile hoffte offenbar, die Leser von meinen Ideen abzulenken. Deshalb beschäftigte er sich auf irreführende Weise mit Nebenschauplätzen, die hauptsächlich mit meinen Forschungsmethoden zu tun hatten. Diese Methoden sind kompliziert und hoch entwickelt und müssen gründlich untersucht werden, bevor man sie durchschauen kann. Doch selbst wenn der Reporter eine legitime Kritik an meiner Methodik hätte vorbringen können, selbst wenn alle siebentausend Männer »Ausnahmen« gewesen wären, hätte es sich dann nicht trotzdem gelohnt, ihre Aussagen und meine Forderungen zu hören?

Die meisten psychologischen Studien, ebenso wie die Marktforschung, beruhen auf einer winzigen Testgruppe, verglichen mit meiner, und sie werden von niemandem verspottet. Aber heute gilt das, was ein einziger unbedarfter« Reporter über meinen Mangel an »Wissenschaftlichkeit« schrieb, als journalistische Weisheit. Meine Arbeit wird von der Presse angegriffen, die Mehrzahl der Forscher hat nichts gegen sie einzuwenden.

Die Attacken kamen unerwartet, weshalb ich mir keine Strategie zurechtgelegt hatte. Wenn ich versuchte, anderen Interviewern den Sachverhalt zu erklären, schrieben sie gewöhnlich, ich reagierte »defensiv«. Damals mußte ich mir allerlei höhnische Fragen gefallen lassen, doch inzwischen haben sich meine Schlußfolgerungen als zutreffend erwiesen und den Test der Zeit bestanden.

In jener schwierigen Zeit der Presseverzerrungen und der Sensationsmache standen mir meine Freunde und Kollegen zur Seite: Irving Lazar, Bob Gottlieb, Kate Millett, Ti-Grace Atkinson, Gloria Steinem, Barbara Seaman, Janet Wolfe, Albert Ellis, Martin Sage und (in Europa) Karin Weingart, Gudula Lorez, Lionel von dem Knesebeck, Joelle de Graveleine, Jean Rosenthal, German Plaza, Ludina Barzini und andere.

Nach all dem Rummel, auf den ich natürlich keinen Einfluß hatte, konnte ich nur hoffen, daß die Frauen, die die Presseberichte mit ihren Trivialitäten und sexuellen Anspielungen sahen, zwischen den Zeilen zu lesen verstanden.

Die seltsamen Dinge, die über mich geschrieben wurden, hatten mich befangen werden lassen. Ich begann, gelocktes Haar, elegantere Kleidung und mehr Make-up zu tragen. Das Gefühl, von den Medien auf sexistische Weise zur Schau gestellt worden zu sein, ließ mich nach einer Zuflucht, nach einem Versteck suchen. Deshalb verbarg ich mich hinter Kleidern und Make-up.

Mit einiger Verspätung ergriff ich die Initiative, um die wirklichen Themen des Buches aufzuzeigen. Zum Beispiel machte ich eine Interviewserie unter dem Titel »Was es bedeutet, ein Mann zu sein« für National Public Radio; dafür interviewte ich den ehemaligen Boxweltmeister Floyd Patterson, den Schauspieler Michael Conrad sowie Roy Cohn, den Anwalt der McCarthy-Hearings.

Ich lernte Roy und seinen Partner Tom etwas näher kennen, da wir praktisch Nachbarn waren. Schließlich teilte ich den beiden mit, daß ich den so häufig wiederholten Artikel des *New York Magazine* von 1981 nicht mehr widerspruchslos hinnehmen wolle. Da mir die Zeitungen auf ihren Seiten keine Möglichkeit zur Korrektur einräumten, schien es nur einen Ausweg zu geben: Ich mußte den Reporter verklagen.

Im Laufe des nächsten Jahres verklagte ich Philip Nobile tatsächlich, wobei mir Roy Cohn als Anwalt zur Seite stand. Die Sache wurde schließlich durch einen Vergleich geregelt, bei dem es mir nicht um das Geld, sondern ums Prinzip ging. Man untersagte Nobile, mir Unwissenschaftlichkeit vorzuwerfen.

Aber wie konnte diese Information in die Datenbanken der Presse gelangen? Ich schickte einen Brief mit ausführlichen Erklärungen an fünfzig Chefredakteure in den USA und schlug vor, den Inhalt in ihrer Datenbank unterzubringen. Wenn ein Reporter also beim nächstenmal meinen Namen eingebe, werde er nicht nur zu der für mich schädlichen Story, sondern auch zu meiner juristischen Klarstellung Zugang erhalten. Kein einziger der mir bekannten Chefredakteure folgte meiner Empfehlung.

Die mit mir befreundete Anwältin Harriet Pilpel, die als erste Frau die Harvard Law School absolvierte, bot sich an, für mich mit der Redaktion der *New York Times* über den Artikel »Soziale Science Fiction« zu sprechen. Darin tadelte man mich und mehrere andere Autorinnen wegen unserer »schlechten Methoden« und nannte uns unwissenschaftlich. Die schlimmste Beleidigung!

Die *New York Times* gestand ihren Fehler ein, und Harriet bat mich, einen Artikel über meine Methodik zu schreiben, der in der Rubrik Leserbriefe abgedruckt werden solle. Ich kam ihrem Wunsch nach, aber inzwischen hatten sämtliche Zeitungen ihre Berichterstattung über meine Studie längst beendet, und ohnehin hätte sich jeder Reporter anhand meines Buches über meine Methoden informieren können. Kurz gesagt, dieser Brief richtete nicht viel aus, aber wenigstens war er als Dokument in der *New York Times* erschienen, wenn auch in gekürzter Form.

Danach tat ich nichts mehr, um die Dinge zurechtzurükken. Was hätte ich noch unternehmen können? Außerdem hörte ich von allen Seiten: »Macht nichts. Solange man deinen Namen richtig buchstabiert, werden die Leute deine Bücher sowieso lesen. Die Presse ist eben verrückt, nimm's nicht persönlich!« Andere sprachen von einem bekannten Syndrom: »Jeder, der mit seinem ersten Buch Erfolg gehabt hat, wird wegen seines zweiten angegriffen.«

Ich wollte mein Leben nicht dem Kampf gegen Reporter widmen, sondern weiterforschen und über meine Ideen schreiben. Nun hatte ich mich bereits neun Monate mit den Medien und sechs Monate mit der Verleumdungsklage befaßt. Das alles lenkte mich von meiner Arbeit und meinem wirklichen Leben ab.

Sobald ich konnte, stellte ich die Werbekampagne für den zweiten *Hite-Report* ein. Ich mußte meine innere Kraft erneuern, die von den Medien aufgezehrt worden war. Mittlerweile hatte ich auch einen Vertrag für den dritten *Hite-Report*. Diese Studie, die ich seit 1976 geplant hatte, war mir außerordentlich wichtig. Sie sollte das emotionale Gegenstück zum *Hite-Report. Das sexuelle Erleben der Frau* sein und sich mit dem Wesen der Liebe beschäftigen, also mit Fragen wie: Was ist Liebe? Wie wird sie von den Frauen definiert?

Diesen neuen Vertrag mit Knopf für mein »Traumbuch« verdankte ich Bob Gottlieb. Bereits im ersten *Hite-Report* hatte ich den Leserinnen in einer Anmerkung angeboten, sich von mir ein Exemplar des Fragebogens über Liebe und persönliche Beziehungen schicken zu lassen, falls sie an dieser Thematik interessiert seien. Ich wollte herausfinden, was Liebe für Frauen bedeutet. Ist sie ein Mantel, mit dem der Gehorsam verhüllt wird, wie manche Feministinnen meinen, die Rechtfertigung, mit deren Hilfe die Frauen über ihre Situation irregeführt werden? Oder ist sie ein echtes, unverfälschtes Gefühl?

Ich hatte seit 1976 Aussagen von Frauen über diesen Themenbereich gesammelt und wollte mich nun vollauf meiner dritten, ehrgeizigsten Studie widmen. 1982 begann ich, weitere Fragebögen, die wiederum anonym und in Form von kurzen Aufsätzen beantwortet wurden, an Frauen überall in den USA zu verteilen. Dabei halfen mir Gartenvereine, Studentenverbände, die Unitarierkirche und viele andere Organisationen.

Die immer wieder vorgebrachte Behauptung, ich hätte nur »Dissidentengruppen« oder »überwiegend feministische Vereinigungen« in meine Untersuchungen einbezogen, trifft keineswegs zu! Als ernsthafte Forscherin – von meiner persönlichen Integrität ganz abgesehen – hätte ich niemals einen derartig simplen Fehler gemacht. Und zu welchem Zweck denn? In den frühen siebziger Jahren wurde in der Frauenbewegung darüber diskutiert, daß vielleicht nur Feministinnen nicht durch den Koitus allein zum Orgasmus kämen. Hatten Feministinnen möglicherweise »einen anderen Körper«? Deshalb war es um so wichtiger für mich, auf keinen Fall nur Feministinnen, sondern auch »normale Hausfrauen« und nichtfeministische berufstätige Frauen zu befragen.

Ich vertiefte mich in dieses Projekt und arbeitete schwerer als jemals in meinem Leben. Frauen teilten mir mit, was Liebe für sie bedeutete, wie sie diesen Zustand definierten und welche emotionalen Erfahrungen sie in ihrem Privat- und Sexualleben machten. Diese Themen waren von meinen Freundinnen in der Frauenbewegung seit Jahren diskutiert worden, aber ich wollte sie gründlicher, auf wissenschaftliche Weise, untersuchen. Ich glaubte, daß es ungemein nützlich für uns Frauen sein werde, das alles zu verstehen. Ti-Grace Atkinson, die große feministische Theoretikerin, hatte die radikale Vermutung geäußert, Liebe sei nichts anderes als ein ideologisches Instrument zur Beherrschung der Frauen. Ihre Hypothese gab mir zu denken, und ich wollte sie überprüfen. (Natürlich verliebte sich Ti-Grace prompt in Joe Columbo, aber das tut ihrer Theorie keinen Abbruch.)

Niemand hatte jemals ähnliche Forschungen angestellt oder gar versucht, die Antworten zu quantifizieren. Freud war vom »passiven Charakter« der Frauen überzeugt gewesen und hatte sie in seinen Theorien herabgesetzt. Wie sah die Wahrheit über das Wesen der Frauen und die Liebe aus? Was würden die Frauen selbst sagen? Es war aufregend!

Der Vorschuß, den Knopf mir für den neuen Report gezahlt hatte, befreite mich von den schlimmsten Geldsorgen. Natürlich mußte ich den größten Teil davon in die Forschung stecken, denn *Frauen & Liebe* war mein bis dahin aufwendigstes Projekt. Schließlich beabsichtigte ich, Emotionen zu quantifizieren. Ich hatte das Gefühl, *Frauen & Liebe* würde ein Meilenstein sein, da sich bisher niemand dieser Herausforderung gestellt hatte – schon gar nicht Freud. Überhaupt wurde meine Überzeugung immer stärker, daß Freud in erster Linie ein glänzender Showman war, der es verstand, die griechische Mythologie für sich und seine Theorien zu nutzen. Ich bezweifle, daß die Freudschen Theorien ohne die Autorität der mythologischen griechischen Bezeichnungen annähernd so erfolgreich gewesen wären.

Bis zum heutigen Tag habe ich zwei Millionen Dollar für meine Recherchen ausgegeben, also etwa hunderttausend Dollar pro Jahr. Das ist natürlich spottbillig, gemessen an den Kosten von Regierungsstudien (zumal wenn sich die Ergebnisse, wie in meinem Fall, als zutreffend erweisen). Von diesem Geld mußte ich Personal bezahlen, Spesen und laufende Geschäftskosten decken und auch noch meinen Lebensunterhalt bestreiten.

Mit anderen Worten, die Einnahmen reichten zur Finanzierung meiner Studie nicht aus. Das war der Preis dafür, daß ich versuchte, fast alles allein zu machen und die Unabhängigkeit meiner Recherchen zu sichern. Warum also schlug ich mich auf diese Weise durch? Andere Wege, mir meinen Lebensunterhalt zu verdienen, wären vernünftiger und weniger riskant gewesen, von der Schonung meiner Nerven gar nicht zu reden. Vielleicht hätte ich auch mehr verdient, da meine Betriebskosten weggefallen wären. Woran also lag es? Wollte ich anderen Frauen nahe sein? Meiner Mutter? Meiner Großmutter? Wollte ich ihnen helfen, lockerer, sinnlicher, mutiger zu sein, ein erfüllteres Leben zu führen? Schon möglich . . .

Im Laufe meiner Siebentagewoche leistete ich mir trotzdem das Vergnügen, mit Rusty, meinen Freunden und Freundinnen Spaziergänge im Park zu machen und meine schöne Louis-XIV.-Wohnung in einem historischen Gebäude zu restaurieren, in das ich um 1980 eingezogen war.

Und dann – 1985 – verliebte ich mich eines Tages Hals über Kopf.

Kurz nachdem ich Friedrich kennengelernt hatte, schrieb ich in mein Tagebuch:

»Am liebsten bin ich in der samtenen Nacht mit Dir zusammen. Ich brauche die Zerstreuung des Tages nicht, ich möchte mit Dir durch die Geisterwelt streifen, lautlos mit Dir zusammensein – zwei Geschöpfe, die einander für immer umarmen.

Ich liege in Deinen Armen wie in einem tiefen Wald, mein Gesicht ruht auf Deiner Brust und atmet mit Dir. Hier könnte ich eine Ewigkeit liegen, nur hier bin ich vollständig, nur hier lebe ich wirklich und fühle, wer ich bin – jenseits der Welt, die so hölzern ist.

Du gibst mir die Freiheit zu träumen. Wenn ich Dich sehe, wenn ich Dich höre, bin ich so froh. Heute, als wir uns ganz lange küßten und ich auf dem Boden neben Dir saß, war ich so überwältigt – wovon? Von einem heftigen

Sehnen, einer Erfüllung, einem Überfließen meiner Seele.
›Ich liebe Dich‹ ist zu blaß, um es auszudrücken.

Warum fühle ich mich so lebendig? Lebendig mit meinem ganzen Körper, meinen Sinnen und Emotionen. Ich spüre eine seelische Leidenschaft, fast eine Besessenheit – ich weiß nicht, weshalb.

Heute hörte ich ein altes ungarisches Lied, das mein Freund vor Jahren übersetzt hat:

›Ich sehe Dich nachts in meinem Geist
Und frage mich, wann wir zusammen sein werden.
Ich fühle mich so allein ohne Dich (ich weine allein),
Ich wünschte, ich könnte zu Dir gehen.‹

Heute abend, nachdem ich mit Dir gesprochen hatte, verspürte ich ein solches Verlangen, Dich in den Armen zu halten, daß ich mich auf mein Bett legte. Ich krümmte mich und drückte meinen Körper an die Matratze, und mein Mund suchte zwischen den Laken nach Deinem. Als Du mich hieltest und meine Klitoris sanft mit der Hand streicheltest – meine Arme um Deinen Hals, meine Lippen an Deiner Wange, Deinen Duft einatmend –, hatte ich das Gefühl, getauft, neu geboren zu sein.

Immer wieder ließ ich mich mit meinem ganzen Gewicht auf Dich sinken. Ich spürte eine große Grasfläche in meinem Inneren, die sich nach Dir sehnte. Meine Vagina stieß immer wieder auf Dich hinunter, immer wieder mit ganzer Kraft. Ich hatte keinen anderen Gedanken, als Dich in mir zu fühlen – immer wieder –, um Frieden zu finden. Ich schrie vor Lust, meine Kehle schmerzte vor Lust.

Bevor wir nach Hause kamen, gingen wir lange spazieren. Die Nähe zwischen uns war fast mit Händen zu greifen. Die Abendluft, die Laute, die sanfte Üppigkeit des Lebens,

die Straßen während des Nieselregens – das alles umgab
uns wie ein weicher Mantel. Die Passanten schienen ge
dämpft zu sprechen, als achteten sie unser Bedürfnis, mit
einander allein zu sein. Sie waren glücklich für uns.

Wir schritten dahin und lauschten den flatternden Flü
geln unserer Seelen, die einander begegneten, sich um
schlangen und über uns in die Höhe stiegen. Jahrhunderte
vergehen, und die Schönheit eines Menschen – oder von
zwei Menschen zusammen – ist für immer verloren. We
kann sich daran erinnern?

Die Gedanken an andere Stätten der Vergangenheit –
Babylon, Knossos – wollen mir nicht aus dem Kopf. Wo
bin ich, hier im verblassenden Nachmittagslicht? Bin ich
wirklich hier? Oder in einem anderen Jahrhundert? Ich
habe das Gefühl, mehr zu sein, als ich bin oder zu sein
scheine. Wie kann ich es ausdrücken?

Du küßt den Saum meines Kleides, wie Du meine Hand
oder den kleinen Perlenring an meinem Finger geküß
hast – fast wie in einer Geste der Verehrung und An
betung. Ich habe Dir den Ring als Unterpfand meine
Liebe angeboten. Du sagtest, unsere gemeinsamen Tage
seien heilige Tage.

Das erste Mal, als Du mich bis zum Orgasmus streichel
test, war so gebieterisch, so vollkommen – besser, als wenn
ich es selbst tue. Deine Arme waren stark, und Dein Atem
in meinem Ohr – er bebte wie mein Körper – war leiden
schaftlich. Ein anderes Mal liebten wir uns, und ich sagte
›Laß mich kommen.‹ Du legtest die Hand auf meinen Kör
per, und es war soweit.

Es ist Sonntag morgen, die Fenster sind geputzt, und
die Luft ist sauber und schön. Wir stehen auf, öffnen die

Rollos und machen uns ein reichliches Frühstück. Dann ziehen wir die Couch ans Fenster, damit wir beim Essen die vorbeigehenden Menschen beobachten können. Ihre Gesichter sind glücklich, voller Hoffnung und Erwartung, denn sie meinen, daß an einem so schönen Tag nur Gutes geschehen kann.

Die Sonne schickt zu dieser Jahreszeit so klare Strahlen durch die Luft – nicht wie im Sommer, wenn sie sich durch einen Hitzeschleier bewegen. In diesem glänzenden Licht liegen wir eine Stunde lang auf der Couch – friedlich, ohne uns bewegen zu wollen. Ein perfekter Tag.

Um vier Uhr morgens, als die Vögel zu singen anfangen, sagst Du: ›Wie friedlich und gelassen Du aussiehst.‹ Ich behaupte, es liege an der Stille der frühen Stunde. In Wirklichkeit liegt es an meinem großen Glück. ›Ich bin glücklich, ich bin glücklich.‹

Treu zu sein, es sein zu wollen, ist eine Form der Leidenschaft, der Hingabe – sexuelle Hörigkeit.

Ich schiebe Deine Lippen beiseite und küsse Deine Zähne, damit der Kuß für die Ewigkeit anhält. In fünfhundert Jahren, wenn kein Fleisch mehr da ist, werden Deine Zähne immer noch wissen, daß ich sie geküßt und Dich geliebt habe. Sie werden die Wärme meines Kusses spüren.

Wir wandeln tagsüber wie im Schlaf aneinander vorbei – bekleidet, um unsere Gedanken zu bedecken, unsere Seelen privat bleiben zu lassen, kein Licht auszustrahlen. Nachts, in den Momenten vor dem Einschlafen, kommt die Wahrheit hervor. Das Selbst verschafft sich Ausdruck.«

›Warum hast du ihn geheiratet?« Wie oft man mir diese Frage stellt!

Weil ich mich auf eine nie dagewesene Weise verliebt habe! Plötzlich war Sex nicht mehr Sex, sondern eine kosmische Begegnung der Seelen. Es war zu schön, um wahr zu sein. Ich konnte es nicht fassen, daß ein so poetischer, intelligenter, bezaubernder, ja »männlicher« Geist in mein Leben getreten war.

Wir begegneten einander – nach einem klassischen Konzert im Lincoln Center – auf einer Party im deutschen Konsulat in New York. Nach der Party fuhren wir allein mit dem kleinen Lift nach unten, aber wir schauten nur zu Boden und sagten kein Wort. Erst in letzter Minute, als die Autos bereits warteten, tauschten wir unsere Telefonnummern aus.

So begann unsere Freundschaft. Mehrere Wochen lang unterhielten wir uns am Telefon (Friedrich wohnte in Philadelphia, ich in New York) ausführlich über alle möglichen Themen: von klassischer Musik (es war großartig, jemanden gefunden zu haben, von dem ich soviel lernen konnte) bis hin zur Geschichte (da er Geschichte als Zweitfach studiert hatte, kannte er sich in vielen historischen Epochen mindestens ebensogut aus wie ich). Es war, als wäre ich mit einem faszinierenden enzyklopädischen Gehirn befreundet, das zu einem Schönheit und Sex-Appeal ausstrahlenden Körper gehörte. Wir blieben Freunde, und da er soviel jünger war als ich, erwartete ich nichts anderes. Aber dann kam er eines Tages nach New York und küßte mich auf die Lippen. Es war ein mitreißender Kuß. Die nächsten Wochen kamen mir himmlisch vor, und etwa drei Monate später beschlossen wir zu heiraten.

Wir wurden getraut und hielten diese Tatsache vier Monate geheim. Als Friedrichs Familie schließlich davon erfuhr, reagierte sie entsetzt. Unsere Freunde waren aber begeistert. Naomi Weisstein sagte: »Feministinnen sind die besten Liebhaberinnen. Er wußte überhaupt nicht, wie ihm geschah!« Wahrscheinlich wußte ich nicht, wie mir geschah, aber ich teile ihre Überzeugung, daß Feministinnen die besten Liebhaberinnen sind.

Später organisierten wir eine formellere Trauung, zu der wir all unsere Freunde und Familienangehörigen einluden. Meine Tante Cecile war die »Brautjungfer«. Sie trug ein fuchsienfarbenes Seidenkleid mit einem dazupassenden Hut, das sie speziell zu diesem Anlaß angefertigt hatte. Während sie strahlend lächelte, brach Friedrichs Mutter jedesmal, wenn sie mir einen Blick zuwarf, in Tränen aus. Ich hatte dieses Mutterklischee für längst überholt gehalten, aber nun konnte ich es mit eigenen Augen bewundern. Diese lächerliche Einstellung schmerzte und beunruhigte Friedrich – und deshalb auch mich. Sie konnte unsere Beziehung zwar nicht zerbrechen lassen, aber sie hatte zur Folge, daß zwischen uns eine gewisse Distanz aufkam.

Friedrich und Rusty mochten einander vom ersten Augenblick an. Nachts hüpfte Rusty auf unser Bett und stupste uns mit seinem flauschigen Kopf an. Wir tätschelten ihn und machten es uns vor dem Einschlafen bequem. Rusty suchte sich vorsichtig eine leere Stelle auf dem Bett, beschrieb einen kleinen Kreis und sackte dann mit einer zufriedenen, träumerischen Miene auf seinen Schlafplatz nieder.

Wir gingen häufig zum Dinner in ein nahe gelegenes griechisches Restaurant. Moussaka und Hamburger waren die Spezialitäten des Hauses. Rusty entwickelte eine Vorliebe für Cheeseburger, die wir ihm oft mitbrachten.

237

Allerdings mußte er draußen warten, weil die New Yorker Hygienevorschriften die Mitnahme von Hunden in Restaurants verbieten. Er schaute uns immer wie eine arme Waise durch das große Panzerglasfenster an, und viele Passanten blieben stehen, um ihn zu streicheln, was er nicht zu bemerken vorgab.

Wurde ich durch die Heirat zu einer Verräterin am Feminismus und an der Schwesternschaft? Die Frage darf nicht einfach als komisch abgetan werden.

Ich heiratete erst mit Zweiundvierzig. Und weshalb? Um meine Unsicherheit zu überwinden. Ich wollte mich auf etwas verlassen können. Ich brauchte die Bestätigung, daß die Beziehung dauerhaft sein würde.

Ja, wir heirateten vielleicht ein wenig überstürzt, aber ich bin froh darüber, daß wir es taten. Ich wollte die Stabilität, die die Ehe angeblich liefert, um meinen Gefühlen freien Lauf lassen zu können. Und sie hat mir tatsächlich sehr viel Stabilität sowie Freiheit und Liebe gebracht. Ich hatte die schriftliche Versicherung (wie albern das klingt), daß Friedrich und ich versuchen würden, das Beste aus unserer Liebe zu machen. Er wurde zu meinem intellektuellen, politischen und sexuellen Gefährten, und später half er mir durch die schwierigste Zeit meines Lebens: durch die Jahre 1987/88, als meine Arbeit und ich in den Staaten häßlichen Angriffen ausgesetzt waren.

Dadurch, daß ich Friedrich heiratete, erhielt ich den musikalischen Teil von mir zurück; hinzu kommt der physische Teil. Wenn ich nun aufwachte, sah ich ein geliebtes Gesicht vor mir, eines der tanzenden Rehe in meinem Herzen. Friedrich und ich lebten fünf Jahre lang fast jeden Tag zusammen. Es war eine herzliche und intime Zeit, an die ich immer dankbar zurückdenken werde.

In dieser Zeit mit Friedrich begann ich, meinen Körper neu zu entdecken. Es geschah nicht über Nacht, sondern nachdem zwei oder drei Jahre unserer Beziehung verstrichen waren. Wir beide erforschten unsere Körper auf eine immer tiefere Art. Er half mir, in der Öffentlichkeit Schritte zu machen, zu denen ich ohne ihn nicht imstande gewesen wäre.

An Geburtstagen, zu Weihnachten und anderen Anlässen schenkte Friedrich mir die eleganteste Kleidung: Unterwäsche, Kleider, Schuhe, Blusen, Röcke – und immer in genau der richtigen Größe. Ich fühlte mich sehr geliebt. Und ich brauchte diese Liebe aus allen möglichen Gründen: weil ich Friedrich ebenfalls liebte, weil ich so viele Dinge durchgemacht hatte und weil es eine neue Erfahrung für mich war, daß mir jemand seine Liebe auf diese Weise zeigen und dabei so charmant, rücksichtsvoll und auch sexy sein konnte. Welchen Eindruck ich wohl von den Männern hätte, wäre ich nie Fred oder meinem Großvater begegnet?

Zwar probierte ich die neuen Kleidungsstücke gern an, aber ich hatte meine Bedenken, in ihnen das Haus zu verlassen. Ich mußte mich der Tatsache stellen, daß ich meinen Körper, obwohl ich stolz auf ihn war, gewöhnlich verbarg. Es war, als hätte ich Angst vor seiner Sexualität. Deshalb trug ich meistens unförmige Regenmäntel und andere verhüllende Sachen. Fred dagegen kaufte (und kauft) mir stets enganliegende Kleidungsstücke und bittet mich, sie zu tragen.

Schließlich gelangte ich zu dem Schluß, daß Frauenkleidung – oder jedenfalls meine Kleidung – eine Art geistiger

239

Tschador sei, der allerdings einen sehr praktischen Zweck haben mochte: nämlich den, auf der Straße nicht von Männern belästigt zu werden. Die Fortpflanzungsfähigkeit der Frauen, auf die unsere Körpergestalt hindeutet, wird von der patriarchalischen Kultur immer wieder zum Fetisch gemacht. Man ermutigt beide Geschlechter, die Frauen nur nach ihrer Fortpflanzungsfähigkeit oder ihrer Sexualität – also ihren Körpern – einzuschätzen. Wenn eine Frau ihren Körper zur Schau stellt, hat es mithin den Anschein, als wolle sie die Männer bewußt aufreizen. Aber hier wird vorausgesetzt, daß die Frau stets auf die Kultur zu reagieren habe, statt selbst Initiativen zu ergreifen und Aktionen einzuleiten.

Muß eine Frau sich ständig verstecken, nur weil andere kein Verständnis für sie haben werden? Darf sie niemals stolz darauf sein, ihre physische Identität so zu zeigen, wie sie ist? Friedrich erlaubte mir auch, nicht meinem Alter gemäß zu handeln. (Natürlich habe ich auch Freundinnen, die mir den gleichen Ratschlag gaben. Warum also singe ich kein Loblied auf die Superintelligenz dieser Freundinnen? Haben Männer etwa mehr Lob verdient, wenn sie sensibel und klug sind und sexuelle Stereotypen vermeiden? Bin ich etwa immer noch sexistisch?)

Ich brauchte lange, um meine Furcht zu überwinden und die Sachen, die Friedrich mir schenkte, anzuziehen. Aber letzten Endes empfand ich es als lehrreich, um meiner Persönlichkeit willen geliebt, als Ehefrau akzeptiert und gleichzeitig zu freimütiger Sexualität ermuntert zu werden. Hier war keine Doppelmoral am Werk, die Klischees von der züchtigen Ehefrau und der schamlosen Geliebten waren nicht wirksam. Wie hatte er es geschafft, sich nicht von solchen Ideen beeinflussen zu lassen? Weil er klug ist? Weil er zusammen mit drei Frauen aufwuchs?

Dadurch, daß er mich ständig auf seine Liebe und meine Freiheit hinwies, gab er mir das Gefühl von Sicherheit.

Als ich Friedrich heiratete, war ich ein sexueller Spätzünder (und bin es, glaube ich, noch immer). Warum? Weil meine Erziehung und später die feministische Politik mich gelehrt hatten, daß eine Frau nicht offen sexuell sein dürfe; vielleicht sei es sogar ein Teil der Unterdrückung, »seinen Körper von einem Mann benutzen zu lassen«.

Sex war wichtig für mich, er war ein großer Teil dessen, was im Leben angenehm und schön ist! Aber ich kam mir wie eine Verräterin vor, wenn ich es zugab. Im Grunde versuche ich immer noch herauszufinden, was Sex ist. Ich glaube, daß sich in ihm vielerlei Gefühle vermischen. Alle möchten auf irgendeine Art penetriert werden, auch die Männer, wie ich bei meiner Untersuchung der männlichen Sexualität verblüfft feststellte. (Vielleicht war es diese Mitteilung, die einige männliche Reporter die Nerven verlieren ließ!)

Vermutlich bin ich sexuell immer ein wenig gehemmt gewesen. Mir fehlte der Mut, all meine Wünsche auszusprechen. Zum Glück waren meine Partner etwas kühner; aber es gibt weite Teile meiner Sexualität, die ich noch nicht erforscht habe. Ich setze meine Suche fort, und sie beschleunigt sich.

Ich erinnere mich, wie ich mit ungefähr dreizehn Jahren – noch in der High School – nach einem Footballspiel mit einem Jungen tanzte. Es war sehr dunkel, alle tanzten zu langsamer Musik, und ich wußte nicht, was ich von den Gefühlen meines Körpers halten sollte. Niemand sagte ein

Wort. Die Hände der Jungen strichen über den Rücken (und manchmal über die Hüften) ihrer Partnerinnen.

Ich trug nach dem Spiel noch immer mein Cheerleader-Kostüm, und schließlich wurde auch mein Rücken gestreichelt. Durfte ich das zulassen? Ich war schockiert, aber auch gebannt von den Fingern, die über meinen Körper strichen, und von der Reaktion der anderen Mädchen, die das Benehmen der Jungen wie selbstverständlich hinnahmen. Das alles war so anders als im Haus meiner Großmutter, wo der Körper geleugnet (nicht einmal Lippenstift war gestattet) und sexuelle Gefühle niemals erwähnt wurden.

Andererseits hatte man mich zum Cheerleader gewählt, ich war beliebt und »gehörte dazu«. Die Jungen begannen, mir Aufmerksamkeit zu zeigen, aber ich begriff ihre Bemühungen nicht. Immerhin mußte ich einräumen, daß mein Körper auf ihre verbalen und physischen Annäherungen reagierte.

Mir gefielen die körperlichen Gefühle, aber die psychischen verwirrten mich. Einer der Gründe war, daß ich die Persönlichkeit der Jungen nicht gerade überwältigend fand, und ein anderer, daß meine religiöse Großmutter mich vor Sex gewarnt hatte. Auch deshalb ließ meine Selbstachtung nicht zu, daß ich meinen körperlichen Regungen nachgab.

Mädchen, die akzeptiert werden wollten, waren auf Dates mit Jungen angewiesen. Es waren die fünfziger Jahre, die Zeit des Rock 'n' Roll. Meine beste Freundin war Vorsitzende und Gründerin des Elvis-Presley-Fan-Clubs. Ich trat dem Club nie bei, was sie als Beleidigung ansah. Aber ich wollte Künstlern wie Rachmaninow und Prokofjew treu bleiben.

Ich weiß nicht, wieviel ich aus diesen frühen Erfahrungen über meinen Körper und meine Sexualität lernte. Beherrschend war das Gefühl der Verwirrung. Zwar gefiel es mir, umarmt und berührt zu werden, aber ich wollte mit keinem dieser Jungen eine intimere Beziehung eingehen. Ob meine kirchliche Erziehung daran schuld war?

Oder hatte ich mich damals in eine Art Kokon eingesponnen, um auf meine »eigentliche Geburt« zu warten? Ich würde in einer Umgebung und Atmosphäre hervorkommen, die mir keinen Schaden zufügen konnten. Das dürfte wohl eher zutreffen.

Dieser Zustand dauerte sogar noch während meines Studiums an. Erst in der Frauenbewegung wagte ich mich ein wenig aus meinem Kokon hervor und erblühte in einer Atmosphäre der Offenheit und freien Diskussion.

In jenen Jahren machte ich ein inneres Wachstum durch, das mich schließlich befähigte, die Arbeit an meinem ersten Buch aufzunehmen, beispiellose persönliche Informationen über die weibliche Sexualität zu sammeln und diese allen Frauen zugänglich zu machen. Ich war stolz darauf, daß mir solch private Einzelheiten anvertraut wurden, und begriff, daß ich an einem breiten Spektrum von Erfahrungen teilhaben konnte.

Meine erste Untersuchung, meine langfristige Beziehung zu Friedrich, meine Studie zur männlichen Sexualität und meine allmähliche Befreiung aus dem Kokon führten dazu, daß ich eine neue Perspektive entwickelte, was meinen Körper betraf. Ein neues Selbstbewußtsein kam langsam in meiner Sexualität zum Ausdruck. Ich verhielt mich ganz anders als früher, aber dieser Wandel – dazu gehörten auch Fotos, die meine Freundin Iris Brosch von mir machte – zog sich über mehrere Jahre hin.

MEINE INTELLEKTUELLE UND
SEELISCHE KRISE: DIE USA UND ICH

Ein Drehbuch von Hitchcock · Der dritte Hite-Report ·
Presse und Fernsehen in den USA · Hintergründe ·
Sündenbock · Weiblichkeit und Wissenschaft ·
Der amerikanische Traum · Friedrich und meine Freunde ·
Finanzielle Schwierigkeiten · Irving »Swifty« Lazar ·
Tagebuchnotizen 1993/94

Mein ruhiges Leben war vorbei, als der neue Hite-Report
Frauen & Liebe erschien. Ich halte ihn für mein bis dahin
bestes Werk. Dennoch wurde er von einer kleinen Gruppe
äußerst mächtiger Medienvertreter massiv angegriffen. Man
katapultierte mich geradezu aus den Vereinigten Staaten
hinaus. Meine Welt wurde für immer verändert, und ich
lernte (mit Friedrich) eine erstaunliche politische Lektion.

Gerade als ich die lange Periode der Stabilität – meine
Forschungen, das häusliche Leben mit Friedrich (und
Rusty) und meinen Freunden in der herrlichen Wohnung,
die ich gekauft und eingerichtet hatte – so richtig genoß,
war die Arbeit an *Frauen & Liebe* auf einmal beendet, und
zwölf Monate später erschien der dritte *Hite-Report.* Da
war die ruhige Intimität unseres Daseins mit einem Schlag
vorbei. Chaos brach aus. Friedrich und ich wurden auf eine
harte Bewährungsprobe gestellt. Mein Buch wurde von
den reaktionären Kräften so heftig attackiert, daß mir
daraus gravierende persönliche, materielle und politische
Nachteile entstanden. Ich übertreibe wohl nicht, wenn
ich sage, daß man mir in den Vereinigten Staaten wegen
meines Feminismus den »Medienprozeß« machte.

Ich komme jetzt zum schwierigsten Teil dieses Buches. Das liegt zum einen daran, daß ich mich der Gegenwart und meinem heutigen Ich immer mehr nähere, und zum anderen daran, daß es mir schwerfällt, die Ereignisse politisch einzuordnen, weil ich nicht alle Tatsachen durchschaue.

1987/88 waren meine Person und mein Buch in den Vereinigten Staaten heftigen Angriffen ausgesetzt. Diese wurden später von drei Seiten – von einem zu meiner Unterstützung gebildeten Komitee, in Susan Faludis Buch *Die Männer schlagen zurück* sowie in einem Artikel in *The Women's Review of Books* – als eine bedenkliche neue Attacke »nicht nur auf Hite, sondern auch auf die Rechte der Frau im allgemeinen« gewertet. Ein neuer aggressiver Anti-Feminismus hatte sein Haupt erhoben, die ersten Runden der Auseinandersetzung mit dem inzwischen weltweiten, frauenfeindlichen Fundamentalismus wurden eingeläutet. Gleichgültig, ob es sich hierbei um islamische oder christliche »Zurück-zur-Familie«-Werte handelt oder um den katholischen Fundamentalismus, wie er in der letzten päpstlichen Enzyklika zum Ausdruck kommt, die Tendenz ist immer die gleiche: Die Frau soll zu Hause bleiben und den Mund halten; die alte Gesellschaftsordnung soll wieder eingeführt werden, natürlich auf Kosten der Frau.

Aber ich möchte am Anfang beginnen.

1987, als das amerikanische Verlagshaus Knopf mein drittes Werk, *Frauen & Liebe. Der neue Hite-Report*, veröffentlichte, eine Untersuchung aus weiblicher Sicht über die emotionale Seite der Liebe – ihre Qualen, Ekstasen und Ambiguitäten –, geschah etwas Merkwürdiges.

Ich ahnte nicht, welche Reaktionen die Diskussion der Frauen über Vor- und Nachteile von Partnerschaft, Ehe und Liebesbeziehungen hervorrufen würde. Ich hatte sogar befürchtet, das Buch könnte im Vergleich zu meinen früheren Werken als langweilig und »konservativ« eingestuft werden. Wie ich auf den Gedanken kam? Weil es nur von Gefühlen, nur von dem traditionellen Thema »Liebe« und nicht von Sex handelte.

Als ich jedoch immer öfter von anonymen Gegnern angegriffen wurde, noch dazu für Dinge, die ich gar nicht zu verantworten hatte, kam ich mir vor wie Cary Grant in Alfred Hitchcocks *Der unsichtbare Dritte* – vor allem wie in der Szene, in der er von geheimnisvollen Feinden verfolgt wird und schließlich in einem riesigen, flachen Maisfeld einem Flugzeug ausgeliefert ist. Er ist völlig verwirrt, weil er das Gefühl hat, Opfer eines Mißverständnisses zu sein, und er würde alles darum geben zu erfahren, wer ihn verfolgt und warum.

Ich war nicht ganz so »unschuldig« wie Cary Grant, denn immerhin hatte ich eine Untersuchung durchgeführt, ein Buch geschrieben und meine Schlußfolgerungen gezogen. Doch ich hatte niemanden gezielt angegriffen, weder eine Einzelperson noch eine Gruppe (noch nicht einmal »die« Männer). Ich hatte mein Buch den Frauen (und Männern) schenken wollen. Angesichts der altbekannten Tatsache, daß die Liebe schon seit jeher eine problematische Sache ist (Kummerkästen sind beliebte Zeitungsrubriken), glaubte ich, daß man meine Ergebnisse mit großem Interesse aufnehmen würde. Ich hatte versucht, von möglichst vielen Frauen möglichst viel zu erfahren, und das Resultat der Öffentlichkeit zur Begutachtung vorgelegt: neun-

246

hundert Seiten Zitate über die Rolle der Liebe im Leben von Frauen, gefolgt von meinen Stellungnahmen. Nichts hinderte den Leser, sich mit den einzelnen Punkten auseinanderzusetzen und eigene Schlüsse zu ziehen.

Doch kaum war das Buch erschienen, wurde ich sozusagen am Schopf gepackt und in die Medienarena gezerrt: Die Zeitschriften ließen mich mit Füßen treten und mit Fäusten bearbeiten, die Fernsehgesellschaften gaben mich dem Haß und der Lächerlichkeit preis. Man verkündete meine Anschrift im Fernsehen, und ein Moderator zählte gleichzeitig meine »Sünden« auf. Dabei wurde alles, was ich mit meiner Untersuchung hatte sagen wollen, völlig aus dem Zusammenhang gerissen. Man hatte mich zur »Volksfeindin Nummer eins« abgestempelt, wie es in dem satirischen Kommentar eines italienischen Blattes hieß.

Viele meiner Freunde – unter anderem auch Jesse und Naomi, Barbara und Janet, vor allem aber Friedrich – standen mir während der gespenstischen Ereignisse bei. In dem Maße, wie die Hintergründe der Attacke sichtbar wurden, gestaltete sich auch die Situation immer merkwürdiger. Aber im Unterschied zu Cary Grant bin ich mir nicht sicher, ob wir je verstanden haben, was das alles wirklich bedeutete. Ich war wie vor den Kopf gestoßen. Bei Interviews stotterte ich immer wieder: »Aber wann sprechen wir über den Inhalt? Auf den kommt es schließlich an, oder?« Doch um den Inhalt ging es nie.

Susan Faludis Buch *Die Männer schlagen zurück*, das vier Jahre später erschien, kommt der Wahrheit am nächsten – wie auch ein Artikel über meine Medienauftritte in *The Women's Review of Books* und die Verlautbarung eines Frauenkomitees, das für mich eintrat. Und als einige Monate später Tasleema Nasreen von einer Gruppe religiöser Fundamentalisten bedroht wurde, zeigte sich noch klarer, was hinter den Angriffen auf mich steckte.

Doch gleich mehrere Eva Marie Saints (Cary Grants Partnerin in *Der unsichtbare Dritte*) und mein Mann nahmen mich bei der Hand und ließen zum Glück nicht mehr los.

Der dritte Hite-Report *Frauen & Liebe* wurde im Herbst 1987 veröffentlicht und bildete die Titelstory des *Time Magazine* vom 20. Oktober, dem Tag des Börsenkrachs. Traumatisch.

Dieses sehr komplexe und (zumindest bis heute) am wenigsten verstandene Werk stellt unter anderem Fragen wie: Ist die Liebe etwas Reales – oder nur ein Instrument zur Manipulation der Frau? Sofern es sie gibt, welches sind die realen Aspekte der Liebe? Welche Art der Liebe ist Ihnen wichtig, oder an welchen Aspekten der Liebe haben Sie Freude? Wie kommt es dazu, daß Liebe manchmal emotional oder physisch gewalttätig wird? Möchte die Frau von heute die Liebe, oder will sie lieber ohne Liebe leben?

Meine Interpretation des weiblichen Gefühlslebens steht im Gegensatz zu Freuds frauenfeindlicher Auffassung. Ich sehe das Gefühlsleben der Frau in einem positiven Licht: Die Liebe befähigt die Frauen zu heroischen Leistungen. Die Frauen »klammern« sich keineswegs an den Mann und sind auch nicht masochistisch, wie es oft heißt. Jedoch stellt sich die Frage, ob das Hegen und Pflegen, das Sorgen und Lieben für die Frauen selbst von Vorteil ist. Oder ist die »Liebe« eine Form der Manipulation durch eine ausbeuterische Ideologie?

248

Tausende von Frauen diskutieren in *Frauen & Liebe* über diese Fragen und versuchen herauszufinden, was sie in der Liebe suchen. Außerdem werden viele neue theoretische Konzepte wie »emotionale Gewalttätigkeit« und der versteckte »emotionale Vertrag« sowie ein Großteil meiner psychologischen Theorie vorgestellt.

Zum erstenmal werden die Schlafzimmertüren geöffnet und ein Blick auf das Intimleben ermöglicht. Frauen berichten in dem Buch von den emotionalen Mißhandlungen und den Verbrechen, die im Namen der Liebe an ihnen begangen wurden. Gegen Ende der siebziger Jahre hatte eine erstaunte Welt durch statistische Erhebungen erfahren (und es gleich bestritten), wie häufig in der Ehe Gewalt angewendet wird. *Frauen & Liebe* zeigte zehn Jahre später deutlich, wie weit verbreitet darüber hinaus auch die emotionale Mißhandlung ist; doch ein Teil der amerikanischen Presse bezeichnete mein Material als männerfeindlich und bestritt seine Relevanz.

In dem Buch geht es um unterschiedliche Bereiche: So werden die Menschenrechte auf die privaten Beziehungen angewandt, und der überholte »emotionale Vertrag« wird behandelt. Die Frauen diskutieren über den Stellenwert der Liebe: ob die Leidenschaft oder die beständige, liebevolle Fürsorge eine bessere Liebesbeziehung garantiere, und ob die »Liebe«, die seit so vielen Jahrhunderten als die Bestimmung der Frau gilt, auch für die Frau der Zukunft eine wichtige Rolle spielen wird. Deshalb der Untertitel der amerikanischen Originalausgabe des Buches: *Eine kulturelle Revolution.*

Meine Studie hat ergeben, daß heute viele Frauen ihre Freundschaften mit anderen Frauen ebenso wichtig nehmen wie ihre Beziehungen zu Männern. Die Ideologie einer »Liebe«, bei welcher der Frau die Rolle des fürsorglichen, gebenden Teils zukommt, wird hinterfragt. *Frauen & Liebe* enthält zudem ausführliche Erörterungen über Frauenfreundschaften und lesbische Partnerschaften – wie sie bereits im Hite-Report über die weibliche Sexualität zu finden sind.

Mein amerikanischer Verlag legte eine ausgezeichnete Synopsis des Buches unter dem Titel »Die große Debatte« vor:

Überall diskutieren die Frauen heftig über ihr Privatleben, und diese Debatte könnte für die Zukunft der Liebe, der Beziehung zwischen Männern und Frauen sowie für die gesamte Gesellschaft richtungweisend werden.

Im dritten *Hite-Report* äußerten sich viertausendfünfhundert Frauen der Vereinigten Staaten im Schutz der Anonymität eines Fragebogens – Frauen aller Altersstufen, Schichten und Weltanschauungen, verheiratete Frauen, alleinstehende Frauen, lesbische Frauen und geschiedene Frauen – über ihr Gefühlsleben und darüber, wie es wirklich um ihre Beziehungen bestellt ist.

Hier geht es um nichts weniger als die Neudefinition der weiblichen Psychologie durch die Frauen. Niemals zuvor befand sich eine so große Zahl von Frauen – inmitten einer Zeit rapiden gesellschaftlichen Wandels – in einem vergleichbaren emotionalen Umbruch.

In *Frauen & Liebe* werden wir Zeuge, wie Frauen über ihre Zukunft entscheiden, ihre Motivation und ihre Prioritäten überdenken. Die gegenwärtigen Statistiken über Eheschließungen und Scheidungen sind ein Spiegel der Kultur am Ausgang des zwanzigsten Jahrhunderts: Fünfzig Prozent der Frauen beenden ihre Ehe, und fünfzig Prozent erhalten sie aufrecht, obwohl sie emotional unbefriedigt sind. Wir haben eindeutig den Wendepunkt erreicht, wir haben eine Kultur halb hinter uns gelassen und befinden uns auf halbem Wege zu einer neuen. Ein treffendes Bild, als hielten die Frauen auf der Türschwelle inne, um noch einmal nachzudenken, um noch einen Blick zurückzuwerfen, bevor sie aufbrechen.

Die Ansprüche der Frauen an eine Partnerschaft sind drastisch gestiegen. Die Frauen nehmen auch Freundschaften untereinander wichtiger. Es verdrießt sie, daß die Männer sie immer noch so behandeln, als wären sie nicht gleichberechtigt. Angesichts des wachsenden weiblichen Selbstwertgefühls führt das unvermeidlich zur Krise. Es sieht in der Tat danach aus, als hätten Männer und Frauen den Punkt erreicht, an dem die Spielregeln geändert werden müssen, weil wir sonst einer Zeit entgegengehen, in der nur noch eine Minderheit die traditionelle Partnerschaft akzeptiert.

Die Frauen sind das »andere« Geschlecht, um die berühmte Formulierung Simone de Beauvoirs zu zitieren, doch nun hat das andere Geschlecht seine Position in einen Vorteil verkehrt. Aus der Sicht des Außenseiters analysiert es, was sich in den Beziehungen abspielt. Die Frauen haben aus der Rolle der »anderen« die der Sehenden gemacht. Den Ergebnissen des Hite-Reports zufolge sind die Frauen im Begriff, mit ihren Werten die Kultur zu verwandeln.

Ja, ich glaubte, ich hätte mit all meiner harten Arbeit und meiner, wie ich manchmal dachte, »brillanten Intelligenz« etwas wirklich Großartiges geleistet . . .

Ich wußte, daß das Material, das mir Frauen aus den ganzen USA zur Verfügung gestellt hatten und das ich ausführlich in meinem Buch zitierte, explosiv war. Außerdem wußte ich, daß sich viele Frauen damit identifizieren und sich gestärkt fühlen würden, wenn sie die Aussagen gelesen hätten. Meine Schlußfolgerung lautete: Frauen sind keine Schwächlinge! Sie sind nur in einem emotionalen System gefangen, in dem sie ebenso diskriminiert werden wie auf dem Arbeitsmarkt, Wohnungsmarkt oder sonstwo, auch wenn dieses System nicht schriftlich fixiert ist. Dadurch, daß die emotionale Diskriminierung weder in Worte gefaßt noch dokumentiert und systematisiert wurde, konnte sie unter einem Deckmantel fortbestehen. Er hieß »weibliche Emotionalität« oder »Männer weinen nicht« oder »Versuch doch, mich zu verstehen, Liebes« oder »Mach eine Therapie« oder »Denk an was Wichtiges, schau dich in der Welt um und vergiß deine Probleme«.

Das »Privatleben« der Frau ist nicht nur ihre Privatsache. Die privaten Probleme der Frauen sind politische Probleme, Ausdruck einer gegen sie errichteten Struktur. Selbst heute sind die Vorurteile gegenüber Frauen im privaten Bereich noch allgegenwärtig und »unsichtbar«. Das trifft auf keinen Bereich mehr zu als auf den der Liebe.

Frauen & Liebe dokumentiert dieses Phänomen und gibt Dingen einen Namen, die nie einen Namen hatten. Die Untersuchung hatte enorm viel Arbeit gemacht und eine Menge Denkanstrengung erfordert. Mir scheint, daß das Buch und die Aussagen der Frauen mehr bedeuten, als wir zur Zeit erfassen können. Auf jeden Fall bin ich sehr stolz auf mein Werk und auf mich. Ich dachte damals: »Jetzt hast du's geschafft, nun bist du wer mit deiner Arbeit.«

Und was geschah? Kam es zu einer Diskussion über die komplizierte, gewichtige Thematik? Äußerte man sich dazu, daß ich einen Schritt nach vorn gemacht, daß ich zumindest eine Menge interessantes Material gesammelt hatte? Nein! (Doch, in dem Beitrag einer Frau in *The New York Times Review* stand, meine Methodik sei zwar jämmerlich, aber einige Gedanken seien interessant! Ich danke natürlich vielmals.)

Die Veröffentlichung des Reports in den Vereinigten Staaten war ein Alptraum.

Halten sich die amerikanischen Medien noch an irgendwelche Spielregeln? Ist die freie Meinungsäußerung noch möglich?

Eigentlich weiß ich gar nicht, wie ich die Ereignisse wiedergeben soll. Es war alles so eigenartig, es fehlt der rote Faden.

Lohnt es sich überhaupt, diese Geschichte zu erzählen? Es ist wenig angenehm für mich, darüber nachzudenken oder zu schreiben. Wenn ich an dieser Stelle darauf eingehe, könnte man mir vorwerfen, ich wolle es den Medien heimzahlen oder meine eigene Version der Ereignisse verbreiten.

Andererseits handelt es sich um einen wichtigen Teil meiner Lebensgeschichte. Denn schließlich mußte ich hauptsächlich wegen der Medien die Vereinigten Staaten verlassen. Es wäre seltsam, nicht darüber zu berichten. Wenn ich eine einfachere Methode wüßte, etwa indem ich auf Details verzichtete, dann würde ich das tun. Aber meine Geschichte ist kaum zu glauben, wenn man nicht weiß, wie sich die Dinge im einzelnen abspielten.

Außerdem gebührt den Ereignissen auch deshalb ein

Platz in meiner Biographie, weil sie mich dazu brachten, meinen Idealismus und meinen Glauben an die Demokratie zu hinterfragen. Ich hatte nie im geringsten daran gezweifelt, daß die USA eine großartige Demokratie seien, die beste weltweit. Doch was ich erlebte, war keineswegs demokratisch. Es war ein Schock. Was hatte das zu bedeuten? War es ein Indiz für noch größere Probleme? Haben auch andere an sich erfahren, daß es in den Vereinigten Staaten um die freie Meinungsäußerung nicht immer gut bestellt ist?

Wenn das zutrifft und dennoch alle schweigen, dann dürfte noch schwerer festzustellen sein, wann Informationen unterdrückt werden. (Oder ist es unvermeidbar, daß die modernen Medien mit ihrer mächtigen Technologie und ihren Milliarden Zuschauern die Sachverhalte verzerren und den Verlust der Meinungsvielfalt herbeiführen?)

Man sagt, die Demokratie der Massengesellschaft sei eine andere als die der Gründerväter. Das liegt daran, daß die Medien mit Hilfe der modernen Technik zu einer enormen Macht geworden sind. Die Regierungskontrolle ist gering. Kontrolle bedeute Zensur, heißt es, und deshalb seien die demokratischen Regeln für die Medien nicht gültig. Sie sind in privater Hand, und das Sagen hat der jeweilige Eigentümer, unabhängig davon, ob es ein Individuum oder eine Gesellschaft ist. Also sind die Medien nicht demokratisch.

Was bedeuten undemokratische Medien für die Demokratie? Sie sind einflußreich und allgegenwärtig. Die moderne Welt wird von der Kirche, dem Staat, den Medien und den multinationalen Firmen beherrscht. Das sind die vier Säulen der Macht.

Die freie Meinungsäußerung wird in den Vereinigten Staaten und in anderen Ländern der Welt immer mehr zum Problem. Es ist jedoch kaum wahrnehmbar, denn in den Medien ertönt ständig eine Kakophonie von Stimmen. Deshalb wirkt es fast so, als äußerten zu viele Menschen ihre »freie Meinung«. Doch in dem allgemeinen Getöse gehen die wahren Gedanken und somit die Meinungsvielfalt völlig unter.

In einer Demokratie kommt es darauf an, zum aktuellen Zeitpunkt zu erkennen, was sich abspielt, und nicht erst zwanzig Jahre später.

Aber weiter mit meiner Geschichte.

Als ich meine Untersuchung *Frauen & Liebe*, an der ich sieben Jahre gearbeitet hatte, veröffentlichte, machte *Time Magazine* meinen Report zur Titelstory. Ich war freudig überrascht – und beeindruckt. (Natürlich wird man über den Inhalt des Beitrags vor Erscheinen nicht informiert. Die Redaktion will, daß man gespannt ist, so nervös wie möglich – und all das unter dem Deckmäntelchen der »journalistischen Freiheit«.) Doch ich hatte keinen Grund, etwas anderes zu erwarten als eine sachliche Auseinandersetzung mit der Thematik meines Buches. Die Besprechung würde vielleicht nicht nur positiv ausfallen, aber doch wenigstens eine korrekte Darstellung meiner Grundgedanken sein.

Als ich dann am Montag morgen das Titelbild sah, sank mir das Herz. Es war ein schreckliches Klischee: ein Mann und eine Frau – bei einer Auseinandersetzung. (Nein, man hatte kein Foto von mir gewählt wie bei Henry Kissinger und Michail Gorbatschow oder Gloria Steinem und Susan

Faludi!) Eine keifende, unzufriedene Frau attackierte einen ganz überraschten, sanftmütig blickenden Mann. Sie beschimpfte ihn, und er blickte erstaunt und völlig unschuldig drein. Ein Krampf: Dieses Titelblatt zementierte geradezu die Stereotypen, die ich mit soviel Mühe abbauen wollte! Doch ich dachte: »Egal, reg dich nicht auf, das ist wahrscheinlich nur das Titelbild, der Artikel wird besser sein.«

Er war noch schlimmer. Statt sich mit den neuen Frauenthemen auseinanderzusetzen, denen ich viele Jahre meines Lebens sieben Tage pro Woche gewidmet hatte (obendrein alles aus meiner eigenen Tasche finanziert), statt auf meine Schlußfolgerungen einzugehen, tat die Zeitschrift ihr möglichstes, am Thema vorbeizureden. Man behauptete, ich hätte unrecht, oder wenn ich recht hätte, werde mir ohnehin niemand glauben, weil meine Methode so lachhaft sei. Man machte mich nach allen Regeln der Kunst fertig. Spalte um Spalte kamen Leute zu Wort, die behaupteten, meine Arbeit tauge nichts. Doch keiner von ihnen konnte das Buch gelesen haben. Woher ich das weiß? Es gab noch keine fertigen Exemplare, selbst der Verleger hatte keines.

Anders ausgedrückt, *Time* setzte sich nicht mit der Aussage des Buches, dem statistischen Material oder den neuen Theorien auseinander, sondern zitierte einfach über zwanzig »Experten«, die weder mit meiner Auffassung noch mit meinem methodischen Ansatz übereinstimmten. Positive Stellungnahmen fehlten ganz.

Time hatte seinen Redaktionsbüros in mehreren großen Städten eine kurze Zusammenfassung geschickt, die aus ungefähr drei Absätzen bestand. Die Büros setzten sich dann mit etlichen Therapeuten und sonstigen »Fachleuten« in Verbindung. Man las ihnen einen Teil der Zusammenfassung vor – wer weiß, in welchem Kontext – und fragte, was sie davon hielten.

Ich war schockiert. Von dieser Zeitschrift hatte ich weder solch schäbigen Journalismus noch solche Parteilichkeit erwartet. Es war unehrlich von *Time*, den Lesern zu verschweigen, daß keiner der Zitierten das Buch kannte, sondern im Gegenteil so zu tun, als hätten sie es gelesen. Zweitens war es unehrenhaft, den Artikel so negativ zu halten und keine positive Stimme zu bringen. In den Vorworten des Buches und im Anhang gab es genug davon. So rief man beispielsweise Bekannte von mir an und sprach über eine Stunde mit ihnen, zitierte sie aber nicht in dem Artikel – wahrscheinlich, weil sie nichts Negatives gesagt hatten.

Nach Lektüre des *Time*-Beitrags entstand der Eindruck, hier jammert zwar eine Menge Frauen und äußert Gemeinheiten über die Männer, sie sind statistisch aber irrelevant, weil die Autorin von der Durchführung derartiger Studien keine Ahnung hat. Niemand in den Vereinigten Staaten hält etwas von ihren Arbeiten. Die Auszeichnung für besondere Verdienste, die mir 1985 von der American Association of Sex Educators, Counselors and Therapists verliehen worden war, blieb natürlich unerwähnt, desgleichen die Beiträge der anderen Wissenschaftler. (Warum sollte man eine gute Story ruinieren?) Der knappe Lebenslauf mit zwei Fotos in Briefmarkengröße konzentrierte sich darauf, daß ich ein etwas ausgefallenes, nicht ernst zu nehmendes, nicht gerade intellektuelles Ex-Mannequin sei (mein Universitätsabschluß wurde unterschlagen). Ein geistiges Leichtgewicht, das mit Sex Geld machen wolle.

Das war eine schmerzliche Erfahrung um neun Uhr morgens. Mir war übel. Warum hatte man alles so verzerrt? Es war zwar großartig, Thema der Titelgeschichte von *Time* zu sein, aber die Trivialisierung meiner Arbeit empfand ich als alptraumhaft. Ich hätte nie geglaubt, daß *Time* sich zu so einer groben Verdrehung der Tatsachen hergeben würde. Aus welchem Grund?

Time kaute die inzwischen altbekannten Vorwürfe über die »Unwissenschaftlichkeit« und Unzuverlässigkeit meiner Studien nach. Es gibt natürlich Leute, denen daran liegt, daß ich als »unwissenschaftlich« gelte, weil sie den Frauen in meinen Untersuchungen nicht glauben wollen. Sie möchten in diesen Frauen »Verrückte« sehen und argumentieren, die untersuchte Gruppe sei nicht aus »normalen Frauen« zusammengesetzt. Die Begründung? Normale Frauen würden dergleichen weder denken noch sagen!

Drei Wissenschaftler haben jeweils ein Vorwort für mein Buch verfaßt, und in den Anhängen finden sich mindestens zehn weitere Zitate, die meine Arbeit positiv bewerten. Warum wurde niemand von ihnen als Gegengewicht zu den vielen negativen Stellungnahmen (von viel weniger bekannten Personen) zitiert? Der Beitrag in *Time* bestimmte den Tenor der nachfolgenden Artikel. In den nächsten drei Monaten behauptete man unermüdlich: »Die Wissenschaftler werfen Hite Unwissenschaftlichkeit vor.« Doch unter den vielen hundert Statistiken schienen die Medien bezeichnenderweise gerade an derjenigen am meisten Anstoß zu nehmen, aus der hervorging, daß die Mehrheit der verheirateten Frauen nach fünf Ehejahren eine Affäre hatte. Als ich in meinem vorherigen Report berichtete, Männer hätten im Durchschnitt zwei Jahre nach

258

der Heirat eine außereheliche Beziehung, löste das keinerlei Reaktion aus.

Ich hatte nicht erwartet, daß die erste Berichterstattung über mein Buch zu einer Vorlage für alle nachfolgenden werden würde. Wieso nicht? Weil ich der festen Meinung war, daß der demokratische Prozeß funktioniere, und ich Vertrauen in die amerikanischen Medien hatte.

Die *Washington Post* tat sich (finanziell) mit ABC News zusammen, um eine *eigene* Umfrage durchzuführen. Sie basierte überwiegend auf meinem Fragebogen (zu dem man Zugang hatte, weil ich im ersten Programm von ABC interviewt werden sollte). Dann erschienen die Ergebnisse unter der Überschrift »Hite-Report widerlegt«.

Natürlich dachte niemand daran, mir mitzuteilen, daß eine Wiederholungsstudie geplant war. Aber in gewisser Hinsicht war die Aktion sogar schmeichelhaft. Sie hätte sehr informativ werden und zu echter Zusammenarbeit führen können. Aber nein, man sagte mir kein Wort, sondern versuchte statt dessen mit allen Mitteln, mich in die Sendung (Abendnachrichten mit Peter Jennings) zu locken. Der Leiter der Umfrageabteilung landete kurz danach im Krankenhaus. Er wußte, daß seine Ideen und seine Arbeit mißbraucht worden waren. (Es war seine Studie gewesen, die man zu einer Kopie meiner eigenen verfälscht hatte. Ihm muß schrecklich zumute gewesen sein; vielleicht hatte er Schuldgefühle. Friedrich besuchte ihn im Krankenhaus.)

Die meisten Ergebnisse der Untersuchung von ABC News waren eine Bestätigung meiner Funde: Die meisten Frauen sagten aus, sie wollten ihrem Mann gefühlsmäßig näherstehen. Sie meinten, die Männer blieben zu sehr auf Distanz. Doch ABC News war nur an der einen Frage interessiert: Wie viele Frauen hatten außerehelichen Geschlechtsverkehr? Das Ergebnis war in diesem Punkt spektakulär niedriger als meines. (Bei dem Sender konnte es natürlich nicht an der »schlechten Methode« liegen, das heißt, an der Tatsache, daß man die Frauen einfach anrief, womit weder die Anonymität gewahrt blieb noch die Befragten offen reden konnten! Welche Frau gibt schon gerne zu, eine Affäre zu haben oder gehabt zu haben, wenn sie von einem Vertreter der Medien am Telefon befragt wird?)

Eines Tages erhielt ich einen Anruf von ABC Nightly News: »Ms. Hite, wir würden gern bei Ihnen vorbeikommen, um Sie morgen für die Abendnachrichten zu interviewen.« – »So?« sagte ich verblüfft. »Wissen Sie, daß ich bereits in einer Abendsendung aufgetreten bin? Macht es Ihnen nichts aus, nicht die ersten zu sein? Geht es um eine andere Perspektive?«

Eine weibliche Stimme versicherte mir: »Nein, wir halten Ihr Buch *Frauen & Liebe* für so interessant und wichtig, daß wir Sie interviewen wollen. Dürften wir morgen kommen?«

Ich gab meine Zustimmung, und am nächsten Nachmittag erschienen drei Frauen bei mir. Die erste trug die Kamera, die zweite war die Produzentin und die dritte die Interviewerin. Ich war freudig überrascht: Wie sensibel die Fernsehgesellschaft mit Frauenfragen umging; man hatte ein rein weibliches Team geschickt.

Das Interview nahm seinen Anfang, die Kamera war auf

260

mich gerichtet. Ein paar vorbereitende Fragen, alles schien normal. Dann langte meine Interviewerin in ihre Aktentasche und holte ein dickes Bündel Papiere heraus. »Ms. Hite, ABC News und die *Washington Post* haben gemeinsam eine Untersuchung durchgeführt, die beweist, daß Sie unrecht haben. Was sagen Sie dazu?« Und sie warf mir die Papiere in den Schoß.

Ich sah sie verwundert an. »Wirklich? Wie interessant. Sie wollen sagen, daß Sie auf meine Fragen zurückgegriffen haben und sie anonym beantworten ließen?« Ich begann die Computerausdrucke zu lesen, überflog die Fragen und die Prozentzahlen der Antworten. »Aber das sieht danach aus, als seien Sie zu den gleichen Ergebnissen gekommen wie ich: Die Frauen wünschen sich, daß die Männer mehr über persönliche Dinge mit ihnen reden. Und auf dieser Seite . . .«

»Aber lesen Sie das Ende, lesen Sie das Ende!« rief die Interviewerin. »Da sind wir zu völlig anderen Ergebnissen gekommen! *Wir* haben festgestellt, daß nur sieben Prozent der amerikanischen Ehefrauen ihren Männern untreu sind!«

Ich blickte hoch und wollte gerade auf ihre Behauptung eingehen, als ich verblüfft feststellte, daß die Kamera noch lief. »Haben Sie dies alles etwa gefilmt?« Schweigendes Nicken der Kamerafrau. »Erwarten Sie einen Kommentar über Ihre Studie, bevor ich sie gelesen habe? Ist das ein abgekartetes Spiel, um mein Vertrauen in meine eigene Arbeit zu erschüttern? Was veranlaßt Sie dazu? Finden Sie es nicht ein wenig seltsam, mir falsche Tatsachen vorzuspiegeln, um sich bei mir einzuschleichen?«

Doch die drei zogen befriedigt von dannen und zeigten den Film in der abendlichen Nachrichtensendung. Da ich nicht »zusammengebrochen« war, holten sie sich negative Stellungnahmen von anderer Seite, um zu »beweisen«, daß sie »recht« hatten.

Als nächstes folgte ein »Enthüllungsartikel«: eine doppelseitige Attacke auf mich und meine Arbeit in der *Washington Post*.

Der Reporter, ein gewisser David Streitfeld, hatte »Recherchen« zu meiner Person und (ja, zum zigstenmal) zu meiner Wissenschaftlichkeit angestellt. Ohne Zweifel eine heldenhafte Herausforderung! Nicht zu vergleichen mit Untersuchungen großer Firmen, die sich von kostspieligen Anwälten verteidigen lassen können. Es muß ja erheblich amüsanter sein, gegen eine einzelne feministische Schriftstellerin zu »ermitteln«. Nun, meine Fehler sind leicht zu finden (und vielleicht nicht nur meine). Möglicherweise macht das sogar mehr Spaß als die Beschäftigung mit ökologischen oder ökonomischen Themen. Jedenfalls bin ich der Ansicht, daß seine Untersuchung meiner Person erheblich weniger ausgewogen war als meine Studie, in der es um viertausendfünfhundert amerikanische Frauen ging. Er ließ sich über meine notorisch mangelhafte Methodik und mein schlechtes Benehmen aus. (Obwohl er letzteres kaum beurteilen konnte, da er bei nur zwei Gelegenheiten nicht mehr als jeweils zwei Stunden mit mir verbracht hatte. Beim zweitenmal setzte Friedrich ihn unter dem Applaus eines brasilianischen Fernsehteams vor die Tür.)

Dieser Reporter hat nicht nur mich persönlich belästigt und dann in der *Washington Post* angegriffen (mich, nicht meine Theorien, die erwähnte er nie, weil sie seiner Meinung nach nicht existent sind). Er hat auch mindestens zwei meiner Verlage einzuschüchtern versucht (Knopf in den Vereinigten Staaten und Viking in Großbritannien) und sich dann bei ihnen erkundigt, ob man nach soviel negativer Presse meine Bücher nicht vom Markt nehmen wolle!

Als ich den Chefredakteur der *Washington Post*, Ben Bradlee, telefonisch aufforderte, er solle seinen Reporter davon abhalten, mich anzurufen, entgegnete er: »Wir hatten es auf Sie abgesehen, aber nun hören wir auf.« Sein Lachen klang so, als hätte er einen besonders guten Witz gemacht! Ich fiel aus allen Wolken und bat ihn, das zu wiederholen. Und er gluckste tatsächlich: »Nur, ja, wir hatten es auf Sie abgesehen, aber nun hören wir damit auf!«

Nicht nur bei ABC Nightly News belog man mich und lockte mich in einen Hinterhalt, damit ich »die Fassung verlor« (was natürlich nicht geschah, warum sollte ich?). Auch Fox TV stellte mir mit einem Satelliteninterview eine Falle. Die befragte Person sitzt dabei vor einer Kamera, ohne den Interviewer zu sehen. Sie hört nur seine Fragen und antwortet vor einem schwarzen Bildschirm. Sie selbst hingegen ist für den Interviewer sichtbar.

Man versuchte so häufig, mich zu überrumpeln, daß es zur Alltäglichkeit wurde. Man brachte mich in Situationen, die mich einschüchtern, reizen und wütend machen sollten, damit ich irgend etwas »Drastisches« tat. Und da es selten genug dazu kam, wurden in der »Reportage« die »fehlenden Ereignisse« oder »Einzelheiten« einfach dadurch ergänzt, daß man die Dinge färbte, reißerischer oder dramatischer darstellte. Die Reporter riefen mich zu den seltsamsten Zeiten an, weil sie sich eine kompromittierende

263

Reaktion erhofften, die dann mitgeschnitten und, aus dem Zusammenhang gerissen, eingesetzt werden sollte.

Ich bemühte mich, die Angriffe zu parieren. Ich gab weitere Interviews und trat im Fernsehen auf – immer in der Hoffnung, über die eigentliche Thematik des Buches sprechen zu können. Aber eine lächerliche, haltlose Attacke folgte der anderen.

Einige Monate später, im Frühjahr 1988, schilderte Louise Armstrong vom Wellesley College in einem Artikel in *The Women's Review of Books* die ganze Farce. Ich zitiere den Artikel hier wörtlich, weil die Ereignisse so unglaublich waren!

»Eine Titelgeschichte in *Time*. Eine Titelgeschichte in *Savvy*. Ein Feature in *Newsweek*. Ein Auftritt in der *Oprah Winfrey Show*, ein Auftritt in Phil Donahues Sendung ... Die Veröffentlichung von Shere Hites neuestem Report hat zu einer Kontroverse in den Medien geführt.

Begeisterte Zustimmung und heftige Angriffe wechseln einander ab ... Wie der Leser dieser Zeitschrift ohne Zweifel weiß, beziehen sich die letzteren auf Hites ›Methode‹. Doch in Wirklichkeit geht es nicht um das, was diese Studie aussagt, sondern vielmehr darum, wie ihre Aussage von der Öffentlichkeit und den Medien verstanden wird.

6. November 1987. Eine Atempause zwischen Telefoninterviews. Ich stelle den Fernseher an, um wieder auf dem laufenden zu sein. Halbzeit in der *Oprah Winfrey Show*, und da ist – Shere Hite. Von Männern umgeben, umlagert, gefangen. Männer zu ihrer Linken, Männer zu ihrer Rechten, eine volle Reihe Männer hinter ihr, sehnige Männer, breitschult-

rige Männer, große Männer, dicke Männer, kleine Männer, weiße Männer, schwarze Männer ... Eine Schlange drängt sich im Mittelgang zum Mikrophon und verspritzt Gift. Mein Gott! Das hört sich an wie 1972! Wo ist der glatte ›neue Mann‹ geblieben? Wo ist seine Zärtlichkeit? Seine Einfühlsamkeit? Die Szene gibt dem Begriff ›Feindseligkeit‹ eine neue Bedeutung. Shere Hite wird persönlich zur Verantwortung gezogen – nicht allein für die Frauenbewegung, sondern für sämtliche Frauen und Freundinnen dieser Männer. Sie muß für alles einstehen, was diese gesagt und getan haben, für den Verrat der Mütter, für alles, was den Männern einfällt ...

›Sie sagt, es sei ein Hundeleben in einer Männerwelt‹, lautet die Überschrift von Andrew Fergusons Buchbesprechung im *Wall Street Journal* (13. November 1987). Die Kritik trieft vor Hohn und Verachtung. Wenn man sie liest, fühlt man sich sexuell belästigt.

Laut Ferguson ›bekommen wir den Quatsch serviert, den man von feministischer Gelehrsamkeit erwarten muß: die aufgebauschten Verallgemeinerungen, die bizarre Pseudoethnologie, als Kritik am Patriarchat verkleidet, und das mit sicherer Hand praktizierte Überbordwerfen von Traditionen und Geschichte, alles mit Bosheit geschwängert‹.

27. November. Auftritt von Shere Hite in Donahues Sendung. Donahue bringt, was für ihn nicht typisch ist, sein (vorwiegend weibliches) Publikum zur Raserei über Hites Methode (wieder einmal), über ihre angebliche Erfindung einer angeblich erfundenen Sekretärin / Assistentin, die Hites Name benutzte. Aber hauptsächlich wegen der Aussage ihres Buches: ›Das glauben Sie doch selbst nicht:

Wollen Sie wirklich behaupten, daß wir Männer so entsetzlich sind? So schrecklich?‹

Selbst Donahue, Freund und Helfer angegriffener, geprügelter und vergewaltigter Frauen, selbst er kann die Aussage von Hites Buch nicht verkraften: nämlich daß (um Arlie Russelot Hochschilds Rezension in der *New York Times* vom 15. November zu zitieren) ›die Frauen das Gefühl haben, die Männer hörten ihnen nicht zu oder ihr Interesse sei nicht echt . . .‹ Aber geht es in den Comedy-Serien und Frauenzeitschriften nicht seit ewig und drei Tagen genau darum? Daß ›Männer nicht sagen, was sie empfinden . . .‹ Daß einige Frauen sich über das ›Ja . . . jein . . . nein‹ beklagen, über die anfängliche Begeisterung, gefolgt vom unvermeidlichen Rückzieher? Warum ist ein Bericht darüber, daß einundachtzig Prozent der Hiteschen Testgruppe erklären, sich in einem emotionalen Vertrag zu ungleichen Bedingungen zu befinden, im Jahre 1987 Sprengstoff? Meine Mutter wußte das schon 1924.

Doch ich will nicht schnippisch sein. Ich vermute, daß dieser Report über die kulturelle Revolution deshalb soviel Zündstoff bringt, weil er die von den Medien geschürten Erwartungen wie einen Ballon zum Platzen bringt. Man hatte uns versichert, es sei ein Waffenstillstand geschlossen worden. Die Männer hätten sich gewandelt; die Partnerschaften hätten sich gewandelt; die Väter hätten sich gewandelt. Wir haben euch in den siebziger Jahren über die Hite-Reports reden lassen, stimmt's? Wir haben euch reden und reden lassen. Inzwischen ist alles gesagt, also ist alles in Ordnung.

Und Shere Hite hat den Nerv zu sagen: ›Aber ihr hört

noch immer nicht zu.‹ Und Donahue explodiert: ›Wir haben doch zugehört, verdammt.‹

Das erinnert mich an eine Radiosendung, in der die Zuhörer einen Seelenklempner anrufen konnten. Eine Hörerin meldete sich: ›Doktor, hier spricht Ellen. Erinnern Sie sich, daß wir uns vor einiger Zeit unterhalten haben? Ich erzählte Ihnen von dem Problem mit meinem Mann und daß ich mit ihm darüber geredet habe.‹ Und der Psychiater sagt: ›Ja, Ellen.‹ – ›Und Sie haben mir geraten, noch einmal einen Gesprächsversuch zu unternehmen. Und dabei weder ärgerlich zu werden noch ihn zu bedrohen, sondern auf ihn einzugehen?‹ – ›Ja, Ellen.‹ – ›Nun, ich habe mit ihm gesprochen.‹ – ›Und?‹ – ›Und er hat geantwortet, darüber haben wir doch schon geredet.‹

Die Wogen der Leidenschaft nach [Hites neuer Studie] und die Schärfe, mit der man sich angiftet, müssen sehr ernst genommen werden. Es sieht so aus, als stehe Hite für jede Frau, die jemals noch mehr von einem Mann verlangt hat, seien es ein größeres Haus, mehr Geld, Nähe, Kommunikation oder was immer.

Und zur Revanche für die vielen Male, die sie ihre Wut hinter einem steinernen Gesicht versteckten – zur Revanche für die zehn Jahre, in denen sie dem Gewäsch in den Medien zuhören mußten –, sind die Männer nun befreit worden, dürfen als Mob aufspringen und zurückbrüllen: ›Du Miststück! Darüber haben wir doch schon geredet!‹«

Noch eine merkwürdige Sache ereignete sich. Ich weiß von drei meiner Verleger, daß sie Drohanrufe erhielten, in denen sie gefragt wurden, ob sie meine Bücher auch weiterhin verlegen wollten. Von wem kamen diese Anrufe? Alle von demselben Reporter der *Washington Post*, der mich belästigte und angriff: David Streitfeld.

Welche Absicht steckte dahinter? Was veranlaßte ihn dazu? Ich weiß es nicht.

Ich verdrängte die Vorfälle. Sie waren so erschreckend, weil ich nichts dagegen unternehmen konnte. Wie unterbindet man so etwas? Indem man den Motiven des Täters auf den Grund geht? Stellte ich wirklich eine solche Bedrohung dar? Und für wen?

Der Höhepunkt der mit vereinten Kräften gegen mich geführten Kampagne sollte also das Nichterscheinen meines Buches sein. Doch dazu kam es nicht.

Der erste Anruf galt meinem amerikanischen Verlag. Der neue Cheflektor, Sonny Mehta, hatte gerade seine Stelle angetreten. Er mußte sich mit der zuständigen Lektorin in Verbindung setzen, um zu erfahren, was vorging. Ich war auf Reisen und hörte erst später, was sich abgespielt hatte.

Auch die Cheflektorin von Penguin, Clare Alexander, erhielt einen Anruf von der *Washington Post*. Streitfeld spürte sie bei einer Vertreterkonferenz außerhalb Londons auf. Sie war betroffen, als man sie wegen eines »dringenden Anrufs aus den Vereinigten Staaten« aus der Konferenz holte. Und dann mußte sie sich von dem Reporter einer großen Zeitung informieren lassen, mein Buch sei »Betrug«. Danach fragte er sie, ob sie es »noch immer veröffentlichen wolle«?

Dieser Reporter hatte die Grenzen der Berichterstattung weit hinter sich gelassen. Statt über eine Story zu berichten, versuchte er, eine zu fabrizieren.

Meine Verleger glaubten an meine Arbeit. Schließlich widmete ich mich ihr seit Jahren und war mehrfach dafür ausgezeichnet worden. Ob sie nun meinen Schlußfolgerungen zustimmten oder nicht, an meiner eigenen Integrität und der meiner Studien hatten sie keine Zweifel. Aber ihnen waren diese Anrufe natürlich nicht gerade angenehm. Wer wird schon gern bedroht oder liebt bedrohliche Situationen! Verleger müssen an ihre Autoren denken, sie brauchen gute Kritiken von so wichtigen Zeitungen wie der *Washington Post*. Sie können es sich nicht leisten, sich mächtige Journalisten zu ihren Feinden zu machen.

Was veranlaßte einzelne Reporter dazu, eine so negative Stimmung zu verbreiten? Erst Susan Faludis Buch *Die Männer schlagen zurück* verdeutlichte, in welchen Kontext die Ereignisse wirklich gehörten: in den politischen. Ähnliches war jedoch bereits in Louise Armstrongs Artikel in *The Women's Review of Books* angeklungen: Ich mußte für den gesamten Feminismus den Kopf hinhalten. Die immer mächtiger werdende fundamentalistische Rechte inszenierte eine Machtprobe, sie wollte die Frauenbewegung stoppen. In diesem Sinne äußerte sich auch Patrick Buchanan – 1992 im Rennen als republikanischer Präsidentschaftskandidat – in jenem Jahr vor dem Nationalkonvent: »Der wahre Feind, den wir jetzt bekämpfen müssen, ist der radikale Feminismus.«

Aber glaubte Streitfeld tatsächlich daran? Was verbarg sich hinter der Hartnäckigkeit, mit der er mich verfolgte? War er nicht ganz zurechnungsfähig? Neurotisch? War er in Wirklichkeit etwas ganz anderes als nur ein simpler Reporter?

Weder Friedrich noch ich, weder meine Freunde noch meine Verleger kennen die Antwort.

Kein Journalist ruft so ohne weiteres große Verlage in mehreren Ländern an und mischt sich in deren interne Angelegenheiten ein. Es verstößt gegen die journalistische Ethik, eine Story zu fabrizieren, und es verstößt gegen das Gesetz, sich in einen Vertrag zwischen zwei Parteien einzumischen (den Vertrag zwischen meinen Verlegern und mir).

Als nächstes wurde meine Rede vor dem Washington Press Club gestrichen, in der ich gehofft hatte, mich verteidigen zu können. Als ich mich nach dem Grund erkundigte, entgegnete mir der Mann am Telefon (der seinen Namen nicht nennen wollte) kurz angebunden: »Mangelndes Interesse«, und legte auf.

Ich kam nie auf den Gedanken, mich zu vergewissern, ob er wirklich der Leiter des Washington Press Club war. Konnten Mitarbeiter der *Washington Post*, die ihren Verlagssitz in derselben Stadt hat, die Hand im Spiel gehabt haben? Nur wenige Tage bevor der Termin abgesagt wurde, hatte ich nämlich der *Washington Post* gegenüber erwähnt, daß ich im Press Club sprechen würde.

Etwas später griff das zur *Washington Post* gehörende Nachrichtenmagazin *Newsweek* meinen Ruf und meine Person auf einer ganzen Seite an. (Man druckte auch das fünfzehn Jahre alte Foto aus dem *Playboy* ab.) Die *Washington Post* brachte von diesem Zeitpunkt an alle paar Tage abfällige Beiträge über mich.

Mancher fühlte sich offensichtlich überfordert, daß die Frauen über ihr neues Selbstverständnis sprachen und nach dessen Vereinbarkeit mit der Liebe fragten. Mein Buch legte nahe, daß die umfangreichen Statistiken über Ver-

270

gewaltigungen und Gewaltanwendung in der (amerikanischen) Ehe durch einen noch höheren Prozentsatz von emotionaler Gewalt gegenüber Frauen in »Liebe« und Privatleben ergänzt wurden.

Nun schien ich die Zeche für den gesamten Feminismus zahlen zu müssen. Aber war der Feminismus nicht Teil des amerikanischen Traumes, des demokratischen Ideals von Gerechtigkeit und Gleichheit für alle?

Andere meinten, ich würde deshalb angegriffen, weil ich es gewagt hätte, die Männer sexuell herauszufordern. Die Wurzel des Übels sei in meiner Studie über den Orgasmus und in meiner Behauptung zu suchen, die Männer hätten keine Ahnung von weiblicher Sexualität. (Ich bin sicher, daß Alfred Kinsey und Karen Horney, die vor der Jahrhundertmitte über sexuelle Fragen schrieben, diese Vermutung bestätigen würden; genau wie Mary Calderone, die sich in den fünfziger Jahren mit der Birch Society auseinandersetzen mußte.) Zudem behauptete man, mein zu weibliches Aussehen verwirre meine Kritiker, denn sie könnten nicht auf die üblichen Stereotypen für Feministinnen zurückgreifen.

Übrigens schadeten die Angriffe auf mich dem Verkauf meiner Bücher. Die Leute schrieben an meinen Verlag und verlangten nach einem Buch *über* mich, nicht von mir. Man wollte keine »diskreditierten« Statistiken von »jammernden, unglücklichen Frauen« lesen.

Die Journalistin Laura Cottingham präsentierte in ihrem Artikel »Die Shere-Hite-Affäre« im *New York Observer* folgende Analyse:

»[Die] Studie *Frauen & Liebe* über viertausendfünfhundert amerikanische Frauen enthält Danksagungen, Einleitungen und Klappentexte, die von den berühmtesten Soziologen, Psychologen und Historikern des Landes verfaßt wurden, zum Beispiel von Barbara Ehrenreich, Naomi Weisstein, Eric Foner und Jessie Bernard.

Doch ein typischer Rezensent wie Fox Butterfield – am 13. November in *The New York Times* – zitiert nur zwei Soziologen von der University of Michigan, einen weiteren Soziologen von der Columbia University sowie den Leiter der Umfrageabteilung von *The New York Times*. Sie alle kritisieren die Methodik des Buches.

Mr. Butterfield behauptet, die in Ms. Hites Buch zu Wort kommenden Experten seien ›an jenem Nachmittag unerreichbar‹ gewesen. Daher fehlten positive Stimmen. Doch darüber hinaus versah *The New York Times* den Artikel mit der Schlagzeile: ›Die Zahl der Angriffe auf Hites neues Buch steigt‹.

Ein ausführlicher Artikel in der *Washington Post* berief sich auf mehrere ›Experten für Methodik‹, die Ms. Hites Statistiken kritisierten. Laut Bonnie Strickland, Psychologieprofessorin an der University of Massachusetts in Amherst und Präsidentin der American Psychological Association, machten die Journalisten, einschließlich des Reporters von der *Washington Post*, auf sie ›nicht den Eindruck, als seien sie an positiven Stellungnahmen zu Hites Buch interessiert‹.

Wie Ms. Strickland berichtete, wurde sie manchmal bis zu einer Stunde am Telefon festgehalten und blieb dennoch in den veröffentlichten Artikeln unerwähnt. Auch die Kulturhistorikerin Barbara Ehrenreich und andere mußten sich eine verächtliche Behandlung von seiten der Journalisten gefallen lassen. Ms. Strickland begrüßte Ms. Hites Werk als ›sehr wichtig‹, nannte es ›eine neue Stimme für die Belange der Frau‹ und ›eine wesentliche Aussage‹.

David Streitfeld, der Ms. Strickland telefonisch interviewte, bevor er den Artikel verfaßte, meinte am Telefon: ›Ms. Stricklands positive Einschätzung war ja schön und gut, aber daran war ich nicht interessiert.‹

John Leonard eröffnet seine Kolumne am 3. Dezember im *New York Newsday* mit dem Eingeständnis, er habe *nicht* an der Pressekonferenz zur Verteidigung von Ms. Hite teilgenommen. Dann äußert er sich weitschweifig über *seine* Träume bezüglich einer eigenen Pressekonferenz und versichert, daß Ms. Hites Statistiken fehlerhaft seien ...

Die Journalisten spielen Ms. Hites alltäglichste Handlungen hoch; zum Beispiel wird ihre Auseinandersetzung mit einem Autofahrer im Oktober in den Tageszeitungen immer wieder aufgewärmt. Ms. Hite kann sich nicht mehr in der Öffentlichkeit zeigen, ohne daß man sie darauf anspricht. Channel 5 brachte in der Sendung *A Current Affair* sogar den Fahrer vor das Mikrofon – den Hite je nachdem, welche Zeitung man liest, ohrfeigte, angriff oder würgte –, um Ms. Hite mit ihm zu konfrontieren. Als Ms. Hite das Studio verließ, wertete man das als ein ›weiteres‹ Beispiel für ihr ›eigenwilliges Verhalten‹.

Phil Donahue, dessen Zusammenstoß mit einem Fremden im Flughafen vor zwei Jahren Schlagzeilen machte, stellte Ms. Hite, die als Gast in seiner Sendung erschien, die provozierende Frage, ob der Fahrer des Autos nicht eine Entschuldigung verdient habe. Ms. Hite entgegnete, daß sich vielleicht beide entschuldigen sollten.

Den Zeitungen zufolge geht aus dem Buch im wesentlichen hervor, daß die Frauen mit ihren Beziehungen unzufrieden sind. Therapeuten, Feministinnen und alle, die irgendeine Kummerkastenspalte lesen, wissen, daß sich die emotionalen und sexuellen Erwartungen der Frauen in den vergangenen zwei Jahrzehnten drastisch verändert haben. Ms. Hites Buch dokumentiert also nur ausführlich das, worüber andere bisher theoretisiert haben.

Die Berichte in der ersten Person lassen eine neue Generation von Frauen erkennen. Sie brechen aus den Reihen jener Frauen aus, die jahrhundertelang keine andere Wahl hatten, als gesellschaftlich und finanziell von einem Mann abhängig zu sein. Heute besitzen die Frauen durch ihre materielle und sexuelle Unabhängigkeit eine neue, beispiellose Macht. Wie nie zuvor in der Geschichte gehen sie Liebesbeziehungen ein, lassen sich scheiden und befassen sich mit der eigenen Person. Doch ein wesentlicher Aspekt, den Ms. Hites Report ans Tageslicht brachte, bleibt bestehen: Die Wahrscheinlichkeit, daß eine Frau zur Sklavin der Liebe wird, ist noch immer sehr hoch. *Frauen & Liebe* präsentiert uns einen wichtigen Querschnitt durch die Hoffnungen, Ängste und Enttäuschungen der ersten nachfeministischen Frauengeneration.

›Die Presse verdunkelt die Bedeutung dessen, was Hite schreibt‹, bestätigte die Soziologin Jessie S. Bernard, deren Bücher über die Frau und die Familie, etwa *American Family Behavior* (1942) und *The Future of Marriage* (1972), zur klassischen, einschlägigen Literatur gehören.

›Wenn man eine Aussage nicht mag, ist es am einfachsten, die Methode anzugreifen‹, sagte Bernard bei einem Telefoninterview in Washington D. C. ›Jede Studie über Sex enthält automatisch Fehler, was die ausgewählte Gruppe betrifft. Hites Buch ist äußerst wichtig.‹«

Maury Povich, Fernsehreporter bei Fox TV, machte vor meiner Wohnung Filmaufnahmen (Name und Anschrift waren deutlich erkennbar) und beschimpfte mich dabei vor der Kamera. »Zeuge« war ein Chauffeur, der von einem anderen Sender geschickt worden war (vielleicht sogar auf Veranlassung eben jenes Reporters?). Da Povich nicht wagte, mich um ein direktes Interview zu bitten, griff er auf ein Satelliteninterview zurück. Ich wußte nicht, wer mich interviewte, aber für die Zuschauer sah es so aus, als sei ich in seiner »Sendung«.

Normalerweise gibt man pro Stunde etwa fünf bis sechs Satelliteninterviews, und häufig bekommt man vorher eine Liste der Gesprächspartner. (Ich erkundigte mich, wer mich interviewen werde. »Wer? Oh, nur Lokalsender. Die wollen Sie unbedingt haben. Ich habe keine Ahnung, wer genau, Shere. Das organisiert die Satellitengesellschaft. Doch worüber machen Sie sich überhaupt Gedanken? Satelliteninterviews sind doch nichts Neues.«)

Unter diesen Umständen wollte ich das Interview jedoch nicht geben. Ich versuchte zu gehen, hatte aber Schwierigkeiten mit den Mikrofonkabeln. Als ich um Hilfe bat, schubste man mich wieder auf den Stuhl. So ging das mehrere Male, bis ich schließlich die Kabel entfernen konnte und den Raum verließ.

Dennoch strahlte der Sender dieses »Interview« in den gesamten USA an einem Tag dreimal in den Nachrichten aus und wiederholte es in den nationalen Nachrichten am Sonntag morgen mit Charles Kuralt auf CBS. Waren meine

»Sünden« (nicht meine Studie über die Frauen, die unerwähnt blieb) so bedeutend, daß sie unter den wichtigsten
Stories der Woche rangierten?

Danach konnte ich noch nicht einmal mehr meinen
Drugstore anrufen, ohne anzügliche, höhnische Töne am
anderen Ende der Leitung zu hören.

Dienen die gegenwärtigen »Fernsehprozesse« dazu, die
politische Korrektheit durchzusetzen: im Stil der sowje-
tischen Schauprozesse als Einschüchterungsmittel und
Zirkusunterhaltung für ein unzufriedenes Volk?

Die öffentliche Verspottung von Frauen (eine moderne
Variante des Prangers für »keifende Ehefrauen«) ist ein
wachsender Trend, der jedoch vor der Aussage von Professor Anita Hill im Fall der Berufung von Richter Thomas
ins Oberste Bundesgericht noch nicht so deutlich zu erkennen war. Mit *Die Männer schlagen zurück* leistete Susan
Faludi einen wichtigen Beitrag dazu, diese Strukturen sichtbar zu machen. Meine eigene »Aburteilung durch die Medien« spielte sich vor einer breiten Öffentlichkeit ab (1987:
zwei Auftritte in der Sendung von Donahue; *Oprah Winfrey Show*; ABC Television; Titelgeschichte in *Time*; CBS
Nachrichten am Sonntag morgen, um nur einige zu nennen). Kaum jemand las die positiven Artikel von Louise
Armstrong in *The Women's Review of Books* oder Laura
Cottingham im *New York Observer*.

Man ließ immer wieder anklingen (oder sprach es
manchmal auch offen aus), ich sei eine Betrügerin, ein
Scharlatan. (Kann man jemals einer Frau trauen? Vor allem, wenn es um wissenschaftliche Arbeit geht?)

Diese Ereignisse spielten sich ein Jahr nach dem Angriff

auf den homosexuellen Fotografen Robert Maplethorpe
ab, dessen Bilder verboten werden sollten, lagen aber noch
vor der Entscheidung des Supreme Court, der den Frauen
das Recht auf Abtreibung nahm. Deshalb sahen die meisten Menschen mich noch nicht als politischen Fall.

Ich war verwirrt und wollte den Dingen auf den Grund
gehen. Bill Paley, der Gründer und Chef von CBS Television Network, wohnte im Nachbarhaus. Warum sollte ich
ihn nicht fragen?

Ähnlich wie die verarmten russischen Bauern niemals
den Zaren für ihre Misere verantwortlich machten, hatte
auch ich den Eindruck, daß hinter dieser Hetzkampagne,
die nicht gegen den Inhalt meines Buches, sondern gegen
meine Person gerichtet war, irgendwelche Einzelgänger standen. Ich glaubte, die Chefs der Fernsehgesellschaften würden empört sein, wenn sie davon erführen, oder zumindest
ihren Ruf nicht durch solch unehrenhaftes Verhalten gefährdet sehen wollten.

Deshalb ging ich zu Bill Paley. Und kam der berühmte
Nachrichtensprecher seines Senders, Walter Cronkite,
nicht aus meiner Heimatstadt? Sein Vater war mit meinem Großvater befreundet gewesen. Vielleicht war Bill
nett.

Ich merkte sehr schnell, daß die Chefs der Fernsehgesellschaften nur wenig über die Realität wissen. Nicht,
daß Bill begriffsstutzig oder senil gewesen wäre. Er war nur
nicht in der Lage, in einer Frau etwas anderes als eine Zier-
puppe, ein Sexualobjekt oder einen Seelenwärmer zu sehen.

Bills Portier war äußerst nett. Ich begegnete ihm häufig
im Park, wo er jeden Tag die Vögel und Eichhörnchen füt-

terte. Sie kannten ihn so gut, daß sie zu ihm auf die Bank hüpften, sich auf ihm und um ihn herum niederließen, während er, die Hände voller Nüsse, sie in aller Ruhe fütterte. Es war ein hübscher Anblick.

Mit Bill war es etwas anderes. Er dürfte stolz auf seine Wohnung gewesen sein, aber die sah so aus, wie die Wohnungen reicher Leute in New York eben aussehen. Ich würde nicht so unfreundlich über ihn reden, wenn er mich nicht sexuell belästigt hätte. Als ich ihn fragte: »Wissen Sie, daß es im Aufsichtsrat der drei größten Fernsehgesellschaften nur eine einzige Frau gibt?«, antwortete er rasch: »Oh, wie lautet ihre Telefonnummer?«

Ich kann mir vorstellen, was er daran komisch fand, aber als ich eine Minute später versuchte, ernsthaft mit ihm zu reden, wiederholte er seine Bemerkung nur. Und dann wollte er mir seine ersten sexuellen Erfahrungen beichten. Ich bin zwar »Sex-Forscherin«, habe aber kein Interesse daran, wenn mir jemand unaufgefordert einschlägige Geschichten erzählt. Ich frage die Leute nicht persönlich über ihr Leben aus. Er wollte mir die Episode mitteilen, weil das Gespräch dadurch auf Sex gekommen wäre. Als ich versuchte, das Thema zu wechseln, fragte er mich nach meinen eigenen ersten sexuellen Erfahrungen.

Meine Begegnungen mit solch alternden Machtmenschen waren makaber – und gleichzeitig lustig. Die Unterhaltung mit Bill Paley glich dem Telefonat mit Ben Bradlee: Beide witzelten und hatten keine Ahnung, worum es mir ging. Sie glaubten zwar an die Demokratie, schienen aber nicht zu merken, daß sie deren Prinzipien verrieten.

Entweder wurde hier in Wirklichkeit zwischen den Zeitungen und Fernsehsendern ein abgekartetes Spiel gespielt, oder man hatte kein Verständnis für moderne politische Bewegungen.

Unterdessen organisierte Streitfeld von der *Washington Post* hinter meinem Rücken eine weitere Verleumdungskampagne. Von einer Journalistin, die mich damals interviewte, erfuhr ich, ein Reporter der *Washington Post* (ja, derselbe) habe am Telefon zu ihr gesagt: »Engagieren Sie sich nicht, versuchen Sie nicht, sie zu verteidigen. Ich weiß aus sicherer Quelle, daß sie kurz vor einem Nervenzusammenbruch steht.« Das mag sein Wunschtraum gewesen sein! Er hatte in der Tat sein Bestes dazu getan! Auch der Leiter der literarischen Abteilung der *New York Times* und andere erhielten ähnliche Anrufe.

Auf dem Höhepunkt dieser künstlich herbeigeführten Medienhysterie brachte *Newsweek* einen ganzseitigen Artikel über mich, der im wesentlichen ein alptraumhafter Angriff auf meine intellektuellen Fähigkeiten, meine »emotionale Belastbarkeit« und meine Person war. (Man darf mir glauben, daß ich damals einen Punkt erreicht hatte, an dem mich nichts mehr erschüttern konnte!)

Natürlich sollte die Öffentlichkeit, die nicht wußte, daß *Washington Post* und *Newsweek* in einer Hand sind, überzeugt werden, der Artikel in *Newsweek* sei eine unabhängige Bestätigung der *Washington Post*: »Völlig objektiv – nichts weiter als die Tatsachen, gnädige Frau.« Ich habe den Verfasser des *Newsweek*-Artikels nie kennengelernt. Doch sein boshafter Beitrag verletzte mich wirklich. Außerdem war er schrecklich schlecht geschrieben. Ich frage mich, wie viele Menschen dem Geschmier Glauben schenkten.

Wie so manche andere Darstellung in der Presse habe

ich auch den *Newsweek*-Artikel als eine Art sexueller Belästigung empfunden: Die wiederholten Beschreibungen meines Haares und meines Gesichts, meiner Stimme und meines Körpers, die Trivialisierung, der Hohn und die abfälligen, verunglimpfenden Kommentare gaben mir das Gefühl, begrapscht worden zu sein. Ich fühlte mich befingert und in den Dreck gezerrt (wie meine Großmutter es genannt hätte). Es war eine Art öffentlicher Vergewaltigung, und ich hörte auf, Interviews zu geben.

Es war offenkundig, daß die Presse mich sexuell belästigte. Analysiert man ihre Sprache, zeigen sich enge Parallelen zu der Wortwahl bei Vergewaltigungsfällen. Einige Reporter zerrten alles aus meinem Leben hervor: von meiner Kleidung bis zu meinem Haar, von meiner Wohnung bis zu meinen Gewohnheiten und Freunden. Und sie gingen – wie bei Berichterstattungen über Vergewaltigungen – so weit zu behaupten: »Es ist ihre eigene Schuld, daß man sie nicht ernst nehmen kann, man braucht sich nur ihr Haar und ihr Benehmen und so weiter anzuschauen. Außerdem unterrichtet sie zur Zeit an keiner Universität«, und so fort.

Nehmen wir jenen Artikel in *Newsweek*. (Dieselbe Zeitschrift informierte übrigens ihre Leser, daß gebildete Frauen über Dreißig größere Chancen hätten, von einem Terroristen erschossen, als geheiratet zu werden – was nicht einmal zutrifft.) Da wurde dem Leser weisgemacht: »Hite tut alles, um ihre eigene Glaubwürdigkeit zu erschüttern, denn sie . . .« Es folgten gruselige Halbwahrheiten, die mich absonderlich und unzuverlässig erscheinen ließen.

In *Newsweek* sollten meines Wissens das »Nichterscheinen des Buches« und mein »Nervenzusammenbruch« gemeldet werden. Dafür war die Seite reserviert. Als beides nicht eintrat, füllte man sie, indem man bereits mehrmals Gesagtes (»Männer sind nicht ihr einziges Problem«, Herbst 1987) noch überzogener und reißerischer wiederholte und natürlich das alte *Playboy*-Foto hervorkramte.

Die Seite in *Newsweek* muß mindestens fünf Tage vor Erscheinen des Magazins geplant worden sein, denn in jener Woche wurden besonders viele Versuche unternommen, einen Nervenzusammenbruch bei mir auszulösen. Das wäre eine heiße Nachricht gewesen! Man wollte eine Reaktion herbeiführen, die »bewies«, daß ich »merkwürdig, labil und eine Betrügerin war«. Man verriß mich nach aller Regeln der Kunst, doch es fehlte der krönende Abschluß.

Diese Art Berichterstattung ist ein hervorragendes Beispiel für die Doppelmoral der Medien. Man versuchte, mich in die Kategorie »sexuell und trivial – sollte man nicht ernst nehmen« zu bugsieren.

Es gibt Parallelen zwischen der Haltung von Glenn Close in *Eine verhängnisvolle Affäre* und der Art, wie *Newsweek* und *Washington Post* mich damals darzustellen versuchten. Die Redaktion von *People Magazine* bat mich, mir den Glenn-Close-Film anzuschauen und ihr mitzuteilen, ob ich ihn für einen feministischen Film hielte. Ich sah ihn mir an und erklärte: »Nein, nein und nochmals nein.« Doch die mittelalterlichen Horrorbilder des Films verfolgen mich noch immer.

Bei der nicht enden wollenden Hetzkampagne gegen meine »methodischen Fehler« – was im Klartext bedeutete: »Sie ist keine Wissenschaftlerin« – ging es letztlich um den Nachweis, meine Testgruppe habe sich nicht aus normalen Frauen zusammengesetzt. Zu welchem Zweck? Wenn dem so war, brauchte man die Aussagen dieser Frauen nicht ernst zu nehmen, sondern konnte sich auf die Position zurückziehen: »Hite spinnt und ihre Testgruppe ebenfalls.« Die Ergebnisse meiner Studie stellten die bequemen (und erniedrigenden) Frauenklischees in Frage und verlangten die Anwendung der Menschenrechte auch im privaten Bereich.

Bei vielen Wissenschaftlern fand meine Methode Beifall, weil sie neu, feministisch und im Gegensatz zu den bisher in den Gesellschaftswissenschaften bei Studien über Verhalten und Gefühle angewandten Verfahren ein Fortschritt war. Doch auch mir selbst wurde Lob zuteil, weil ich gute Arbeit geleistet hätte. Die größte Gesellschaft für sexuelle Beratung und Therapie in den Vereinigten Staaten (AASECT) zeichnete mich mit dem Distinguished Services Award aus.

Im Laufe der Jahre wurden die Trends meiner Ergebnisse und Schlußfolgerungen durch andere Studien bestätigt, unter anderem durch solche des U.S. Department of Labour Statistics und durch die Bevölkerungsstatistiken der britischen Regierung.

Kurz, ich bin eine seriöse Wissenschaftlerin. Darüber hinaus bin ich auch Geschäftsfrau, denn ich habe meine unabhängige, großangelegte Forschungsarbeit aus eigener Tasche finanziert. Doch angesichts der Hetzkampagne von seiten der größten Medienkonzerne der Welt fällt es sogar mir manchmal schwer, diese Tatsache nicht aus den Augen zu verlieren.

Zu der sexuellen Belästigung in den Zeitungen kam noch die kontinuierliche sexuelle Belästigung durch die männlichen Medienvertreter hinzu. (Ich bin nur einer einzigen Fernsehproduzentin begegnet, die mich sexuell belästigt hat.) Ich habe keinen Gastgeber erlebt, gleichgültig bei welcher Fernseh-Talkshow, der sich nicht an mich herangemacht hätte. Es gab nur eine Ausnahme.

Ob es daran liegt, daß ich »so schrecklich attraktiv« bin? Ein verlockender Gedanke. Doch könnte es nicht sein, daß mich diese Männer als »sexuelle Herausforderung« ansehen (nach dem Motto: heiße Biene, schreibt über Sex, allzeit bereit – und was sonst noch an Klischees in ihren niedlichen, aber hohlen Köpfen herumschwirrt) und deshalb glauben, sie müßten sich entsprechend verhalten? Oder bilden sie sich etwa ein, sie hätten das Recht dazu? Jedenfalls fühlte ich mich unbehaglich, verunsichert, billig und zornig. Überstieg die Begegnung mit einer intellektuellen Frau ihre Verständnis- und Toleranzgrenze?

Die Artikel wiederholten sich auf trostlose, brutale Weise. Der Kolumnist mit dem berühmten Pseudonym »Harvey Porlock« analysierte deren stereotypen Aufbau in der *London Sunday Times*: »Zuerst werden die abgedroschenen Klischees über ihre Methodik hervorgezerrt, dann folgt eine endlose Diskussion über ihre Frisur und Erscheinung, dann wird das Ganze mit ein paar Zitaten aus fremden ›Quellen‹ aufbereitet, und fertig ist das Machwerk. Wann wird endlich eine seriöse Kritik geschrieben?«

Die Artikel waren eine Art Psychoterror. Es war einfach unfair, daß die Journalisten das Privileg der Anonymität genossen, mächtige Medienorganisationen hinter sich hatten (die ihre Gehälter und Krankenversicherung bezahlen) und schreiben konnten, was sie wollten, ohne sich auch nur den Anschein von Fairneß geben zu müssen und ohne daß das Opfer eine echte Möglichkeit zur Entgegnung hatte. Die Artikel erschienen in der Regel ohne Vorankündigung, und ich wußte nie, in welche Richtung sie diesmal verzerrt waren. Die Entscheidungen über Fotos, Aufmachung und Ton wurden von anonymen Teams getroffen. Bei solcher Geheimniskrämerei beruft man sich auf die Pressefreiheit, doch der Interviewte hat keinerlei Freiheit.

In keinem Artikel ging man auf die Grundgedanken meines Buches ein. Kein einziger erwähnte den »emotionalen Vertrag«, die »emotionale Gewalttätigkeit« oder eine der sonstigen neuen ideologisch geprägten psychologischen Kategorien, die ich während meiner Arbeit entdeckt hatte. Die Medien wollten den Leser nicht informieren, sondern durch die Frage: »Sind die Frauen aus Hites Stichprobe normal oder nicht?« vom Thema ablenken. Man hielt meine Ideen für gefährlich und revolutionär. Oder waren die Artikel nichts weiter als schrecklich unprofessionell?

Es ist eine Schande, denn mein Buch hätte zahlreichen Menschen eine große Hilfe sein können, die ernsthaft über die Bedeutung der Liebe (und somit die Grundlage ihres Lebens) nachdenken.

In zahlreichen Diskussionen versuchten Friedrich und ich die Ereignisse zu verstehen. Durch Vergleiche mit der deutschen Geschichte, dem Römischen Reich, der Französischen und Amerikanischen Revolution bemühten wir uns, Klarheit zu gewinnen. An diesen Diskussionen beteiligten sich neben Jesse Lemisch etliche Freunde aus akademischen und feministischen Kreisen, unter anderen Ruby Rohrlich, Naomi Weisstein, Phyllis Chesler, Barbara Seaman, Stephen J. Gould, Lois Banner und Herb Klein.

Ich hatte die meisten Fragen, denn ich war im Glauben an Amerika aufgewachsen: an unser glorreiches System, an die Garantie der Grundrechte, an die Unverletzlichkeit der Redefreiheit, die Schönheit und Gerechtigkeit unserer Demokratie.

Im Mittleren Westen, in meiner kleinen ländlichen Heimatstadt ganz in der Nähe von Independence, Missouri, der Stadt Harry Trumans, ging man ganz einfach davon aus, daß solche Fehlentwicklungen unmöglich seien. Dort herrschte die Atmosphäre, die den Filmklassiker *Das zauberhafte Land/Der Zauberer von Oz* mit Judy Garland prägt und die ihren Ausdruck in den weißen Holzhäusern und in der Überzeugung findet, daß die Menschen »in der eigenen Nachbarschaft« grundsätzlich gut seien.

Ich wuchs in dem Glauben auf, ein ordentliches Mädchen und eine gute Bürgerin zu sein. Man brachte mir bei, immer ehrlich zu sein, und ich erwartete, daß mich auch die Welt fair behandeln würde, wenn ich mich daran hielte. Ich hätte es nie für möglich gehalten, daß Menschen so dreist zu lügen vermochten. Niemals wäre ich auf den Gedanken gekommen, daß Mitarbeiter seriöser Zeitungen unehrlich sein könnten. Alles, was ich in meinem Buch schrieb, wurde in der Presse unterdrückt oder verzerrt. Meine Gastgeber im Radio schubsten mich herum und zielten darauf ab, mich »hysterisch« wirken zu lassen. Phil Donahue ließ mir in seinem Fernsehstudio sogar ein »Skript« in die Hand drücken.

Trotz alledem besaß ich noch immer das Gottvertrauen, das mir durch meine Herkunft eingeimpft worden war. Wenn man unser Haus in Missouri betrat, sah man als erstes Christus am Kreuz. Darunter stand ein Bücherregal mit der Bibel und anderen religiösen Büchern. Wir gingen jeden Sonntag in die Kirche, und Mittwoch abends sang ich im Kirchenchor. Meine Großmutter lehrte in der Sonntagsschule; mein Großvater war Diakon und reichte den Klingelbeutel herum.

Aber ich mußte mich irgendwie verteidigen. Nur wie? Die Zeitungsredakteure hörten einfach nicht hin, wenn jemand die Fakten, die sie übersehen hatten (oder unterdrücken wollten), auf den Tisch legte.

Als Persönlichkeit des öffentlichen Lebens kann ich niemanden verklagen, der mich verleumdet oder falsch zitiert. In den Vereinigten Staaten sind die Gesetze so gestaltet, daß eine Persönlichkeit des öffentlichen Lebens (eine Kategorie, der man angehört, wenn man häufig in den Medien erscheint) sehr viele Dinge nachweisen muß, bevor sie eine Verleumdungsklage anstrengen kann (unter anderem, daß der Verfasser eines Artikels vorsätzlich in schädigender Absicht gehandelt hat). Das dauert Jahre und kostet ein Vermögen. Und wenn man den Prozeß gewinnt, schweigen sich die Zeitungen entweder darüber aus (Schurkenabkommen) oder verzerren die Berichterstattung, so daß die Richtigstellung unterbleibt. Also sind Verleumdungsklagen nahezu ein Ding der Unmöglichkeit.

Meine Freundin Harriet Pilpel klärte mich auf: »Shere, du mußt nachweisen, daß sie dich *vorsätzlich* verletzen wollten.«

»Harriet, ich dachte, das Gesetz würde mich schützen. Ich habe nicht das Gefühl, in Amerika zu sein, wenn man mich so schrecklich angreifen kann und es keine Möglichkeit zur Verteidigung gibt. Ich verstehe das nicht. Wie konnte man jemals solche Gesetze machen?«

Danach erfuhr ich, daß zwölf Frauen eine Stellungnahme entworfen hatten, mit der sie ihren Abscheu vor der Verunglimpfungskampagne in den Medien ausdrücken wollten.

Sie gaben vor einer Rede, die ich anläßlich des Jahrestreffens der American Studies Association halten sollte, eine Pressekonferenz. (Ich war trotz der Hetze in den Massenmedien sehr aktiv in zahlreichen akademischen Organisationen – in der American Anthropological Association, der American Association for the Advancement of Science, in der American Historical Association und der American Psychological Association.)

Die Stellungnahme lautete:

»Äußerst wichtige Themen, die Leben und Gesundheit der Frauen betreffen, insbesondere der emotionale, psychische und physische Mißbrauch von Frauen, werden in dem Angriff der Medien auf Shere Hites neues Buch *Frauen & Liebe* verdunkelt und trivialisiert. Dergleichen ist in einer Zeit, da wir den Prozessen von Hedda Nussbaum und Charlotte Fedder* entgegensehen, besonders tragisch. Es besteht ein deutlicher Bedarf, die versteckte emotionale Dynamik zwischen Frauen und Männern zu erhellen. Der Angriff auf das Werk von Shere Hite ist Teil des gegenwärtigen konservativen Gegenschlags. Die Angriffe sind nicht so sehr als Angriffe auf eine einzelne Frau zu sehen, sondern als Attacken auf die Rechte der Frauen im allgemeinen.

---

* Zwei aufsehenerregende Fälle von physischem und psychischem Mißbrauch in den USA (Anm. d. Ü.)

Barbara Seaman
Gloria Steinem
Ntozake Shange
Florence Rush
Phyllis Chesler
Barbara Ehrenreich
Naomi Weisstein
Ti-Grace Atkinson
Kate Millett
Sybil Shainwald
Ruby Rohrlich
Karla Jay.«

Die Pressekonferenz dieser berühmten Frauen war sehr gut besucht. Doch die nationale Presse schrieb nicht darüber, mit Ausnahme von Liz Smith in ihrer New Yorker Kolumne.

Chronicles of Higher Education, das wichtigste akademische Nachrichtenorgan der Vereinigten Staaten, berichtete von der massiven Unterstützung durch die Wissenschaftler, doch die Massenpresse behauptete weiter, meine Arbeit sei nicht »wissenschaftlich«. Es sind nicht die Gelehrten, die sich gegen meine Arbeit wehren, sondern die Vertreter der nordamerikanischen Massenmedien, die keine Ahnung von Wissenschaft und Methodik haben – und auch keinen Wert darauf legen.

Die Angriffe in der Presse eskalierten – wie in den Fällen häuslicher Gewalt – von verbalen und schriftlichen Beschimpfungen zu physischer Bedrohung.

Zwei Reporter von Associated Press (AP) riefen bei mir an und hinterließen abfällige Bemerkungen und Drohungen auf meinem Anrufbeantworter. Sie warnten mich, die

Rede vor der American Studies Conference zu halten. »Wollen Sie *wirklich* kommen? Haben Sie *wirklich* immer noch die Absicht, Ihre Rede zu halten? Wirklich? Denken Sie daran . . ., wir werden da sein . . ., wir werden da sein . . .«

Ich habe die Bänder aufgehoben, auf denen die beiden Kerle mich bedrohen und verhöhnen. Sie riefen mich mehrmals an, immer gemeinsam. Und die beiden AP-Reporter (zumindest behaupteten sie, von Associated Press zu sein) waren tatsächlich bei meiner Rede anwesend. Sie sahen aus wie Straßenkämpfer und bedrohten mich mit ihren großen schwarzen Aufnahmegeräten. Sie zielten mit den scharfkantigen Metallkästen drohend auf meinen Kopf, beschimpften und verspotteten mich. »Waren die *wirklich* von Associated Press?« fragte später ein anderer AP-Reporter. Ich weiß es nicht. Sie standen hinter dem Podium, und für die Zuhörer war nicht zu erkennen, was ablief. Schließlich bat ich darum, sie zu entfernen, und man warf sie hinaus.

Die *Chronicles of Higher Education* schilderten den Vorfall in ihrer Ausgabe vom 9. Dezember 1987:

»Shere Hite, die kontroverse Autorin von Werken über die männliche und weibliche Sexualität und die Liebe fand unerwartete Verbündete auf dem jährlichen Treffen der American Studies Association.

Kritiker der Studie *Hite-Report. Das sexuelle Erleben des Mannes* aus dem Jahre 1981 und ihres neuesten Werkes *Frauen & Liebe. Der neue Hite-Report*, haben sie beschuldigt, fragwürdige Daten als wissenschaftliche Untersuchung zu tarnen.

Doch feministische Wissenschaftlerinnen, die auf einer der bestbesuchten Veranstaltungen der New Yorker Jahresversammlung sprachen, verteidigten Hites Arbeit als ›bahnbrechend‹ und räumten ihr eine ›Pilotfunktion‹ ein. Die Debatte habe sich zu sehr auf die Methode konzentriert und nicht ausreichend auf die Schlußfolgerungen.

Ms. Hite, die ebenfalls an der Veranstaltung teilnahm, verwies darauf, daß sich laut ihren Ergebnissen ›die Frauen inmitten einer dramatischen Veränderung befinden‹. Man habe ihnen beigebracht, fürsorglich zu sein und ›die Liebe ins Zentrum ihres Lebens zu rücken‹. Doch in den letzten Jahren seien die Frauen den Männern ähnlicher geworden. Sie messen dem Liebesleben weniger Bedeutung bei und konzentrierten sich statt dessen auf ihre Arbeit und ihre Karriere.

Die Wissenschaftler erklären, Hites Resultate würfen wichtige Fragen nach unserem Verständnis der westlichen Frau auf.

›Liebe ist ein Produkt des Patriarchats‹, behauptete Linda Singer, Philosophieprofessorin an der Miami University in Ohio. ›Im Namen des Verlangens mobilisiert sie die weiblichen Energien für den Mann. Shere Hite sieht [im Wandel in der Haltung der Frauen] ein Abrücken von der männerbestimmten Gesellschaft, was den männlichen Kritikern nicht gefällt.‹

Carol Smith-Rosenberg, Geschichtsprofessorin an der University of Pennsylvania: ›Hier geht es um wichtige theoretische Fragen der Wissenschaft.‹

Auch der Vorwurf, Ms. Hites methodischer Ansatz sei unzulänglich, wurde von den Wissenschaftlerinnen zurückgewiesen.

290

›Keine Untersuchung über Liebe und Sexualität kann rein wissenschaftlich sein‹, äußerten mehrere von ihnen. ›Sex ereignet sich nicht im Labor‹, sagte Karla Jay, Englischprofessorin an der New Yorker Pace University. ›Wir müssen die Erforschung der Liebe neu überdenken.‹

In der abschließenden Diskussion wurde jedoch ein anderer Aspekt der Studie in Frage gestellt. Hite ›vereinheitliche‹, hieß es, die Erfahrungen von Frauen verschiedener Schichten, Rassen und sozioökonomischer Herkunft.

Ms. Hite erwiderte, allen Frauen sei mehr gemeinsam, als sie trenne. Sie wurde darin von anderen Sprecherinnen unterstützt. ›Sex und Liebe sind universell, wodurch solche Unterschiede überbrückt werden‹, sagte Ti-Grace Atkinson, Geschichtsprofessorin an der University of Columbia.«

Ich fühlte mich durch die Anwesenheit so vieler berühmter Persönlichkeiten geehrt. Einige der Frauen waren legendäre Gestalten. Barbara Seaman kam trotz eines gebrochenen Beines. Und Ti-Grace Atkinson erschien, obwohl ihr Vater an jenem Tag beerdigt worden war. Ebenfalls anwesend waren Hunderte von Wissenschaftlerinnen, darunter die Anthropologin Ruby Rohrlich sowie Karla Jay. Später aßen wir mit Lois Banner und Linda Singer in einem indischen Restaurant ausgiebig zu Abend.

Aber im tiefsten Inneren hatte ich nur den einen Wunsch, mich zu verstecken. Ich war, was nicht wunder nimmt, zu Tode erschrocken und wollte mich wie ein Kind unter dem Bett oder dem Tisch zusammenkauern.

Ich suchte Zuflucht bei meinen Freunden.

Wenn man einen Drohbrief erhält, ist der erste Impuls, ihn wegzuwerfen, ihn nicht zu beachten oder zu spotten: »Was für ein verrückter Quatsch!« Und das stimmt natürlich auch: Der Verfasser kann nur verrückt sein.

Man will den Brief so schnell wie möglich loswerden, ihn noch nicht einmal mit den Händen berühren, ihn nie wieder sehen, nie wieder daran denken. Dringt er nicht dennoch ins Bewußtsein ein? Wirkt er nicht wie die bösen Worte, bevor man ein Kind schlägt? Natürlich *muß* man einen solchen Brief innerlich abschütteln, man darf ihn nicht beachten.

Ich finde es bemerkenswert, daß ich nur in den USA (und nirgendwo sonst auf der Welt) Anfeindungen und Angriffen ausgesetzt war. Nur dort drohte man mir mit dem Tode. Die USA waren das einzige westliche Land, in dem ich mich gefährdet fühlte. Als ich 1994 eine Artikelserie in sieben verschiedenen Ländern veröffentlichte, bekam ich nur aus den USA gehässige Briefe. Alle von Männern.

Ich vermute, mancher kann sich gar nicht vorstellen, daß das Leben einer »blonden Sexschriftstellerin« bedroht wird. Man mag erstaunt fragen: »Wie kann Sex so wichtig sein? Sex fällt doch nicht ins Gewicht, oder?«

In Dänemark und Deutschland verstößt es gegen das Gesetz, in den Medien Rassenhaß zu schüren. Ich bin der Meinung, es sollte auch gegen das Gesetz sein, daß die Medien den Haß auf ein Individuum schüren.

Die Angriffe gingen viele zermürbende Monate weiter. Ich wußte nie, von welcher Seite sie kommen würden. Ich hatte das Gefühl, im Dunkeln zu leben, durch ein unbekanntes schwarzes Zimmer zu laufen und mich an den

Gegenständen zu stoßen. Keine der Lampen, die ich anmachen wollte, funktionierte.

Ungefähr zu jener Zeit hatte ich einen Traum: Ich stehe auf dem Dach eines Hochhauses, auf das mich ein paar Leute (männliche Reporter) getrieben hatten.

Ich stehe am Rand des Daches und suche nach einem Fluchtweg, während sie die Treppen hochhetzen. Unten sehe ich viele meiner Freunde und Menschen, die ich liebe, aber auch viele unbekannte Gesichter. Einige stehen in Grüppchen beisammen, andere schauen zu mir herauf.

Sie halten zwei große runde Sprungtücher, wie man sie zur Rettung von Menschen aus brennenden Gebäuden einsetzt, und versuchen, die bestmögliche Position zu ermitteln, damit ich springen kann. Das Problem ist aber, daß der Sprung keineswegs ungefährlich ist. Im Gegenteil, die Sache sieht sehr bedenklich aus. Ich habe jedoch keine andere Wahl. Ich muß das Risiko eingehen.

Ich erinnere mich noch an mein Gefühl der Traurigkeit über die Entfernung zwischen den Menschen am Boden und mir. Sie wollten mir so gern helfen, doch ich war in einer Lage, die ihre Hilfe unmöglich machte.

Da wachte ich auf. Das Dach sehe ich noch heute vor mir.

Ich hatte unendlich viele Fragen; sie kreisten in meinem Gehirn. Auch meinen Freunden und Friedrich war schwindelig. Die Hauptfrage, die mir jeder stellte und die auch mich nicht mehr losließ, lautete: »Warum das Ganze? Welche Motive standen hinter den Angriffen?«

Was trieb David Streitfeld dazu, mich in der *Washington Post* anzugreifen? Wäre es für ihn beruflich wirklich so vorteilhaft gewesen, wenn er mich zu Fall gebracht hätte? Er hatte doch bereits einen Job bei der Zeitung als Journalist (später soll er zum Chef der Literaturredaktion befördert worden sein).

Er war etwa sechsundzwanzig Jahre alt, äußerst mager, beinahe ausgezehrt und so nervös, daß man ihn in der U-Bahn wahrscheinlich für einen Drogenabhängigen auf Entzug gehalten hätte. Seine teigig bleiche Haut war voller Pickel, und seine ungewaschenen Hände mit dunklen Nägeln umklammerten krampfhaft einen schmutzigen schwarzen Kassettenrecorder. Er trug ein altes kariertes Flanellhemd und eine schwarze Lederjacke.

Er sah krank aus. Schien er deshalb stets kurz vor einem Schweißausbruch zu stehen, unfähig, sich zu konzentrieren? Er schien irgendeinen Beweis zu suchen. Als ich ihm meinen Report in die Hand drücken wollte, sagte er mit einer schroffen, fahrigen Geste: »Das werde ich nicht lesen, das brauche ich nicht zu lesen!« und stieß das Buch rüde weg. Er weigerte sich auch, mit mir zu Mittag zu essen oder auch nur ein Glas Wasser (!) zu trinken, während ich aß. Er war wirklich seltsam. Vielleicht hatte ihn jemand beauftragt, mich aufzusuchen. Ich konnte weder zu ihm durchdringen noch mich mit ihm unterhalten.

Vielleicht bestand mein Vergehen darin, daß ich nicht die Frauen für ihre Probleme verantwortlich machte, sondern behauptete, daß ein verdeckter Krieg der Diskriminierung gegen sie geführt werde, ein psychologischer Krieg, und darin, daß ich neue Wege vorschlug, wie die Frauen damit fertig werden konnten. In vielen feministischen Büchern hat man die Fehler der Frauen analysiert – manchmal zu

Recht – und gefolgert, wir kämen nur voran, wenn wir unsere Fehler ablegten.

Auch wenn Selbstkritik sein muß: Wir Frauen haben so wenig Fehler! *Wirklich*, die Frauen betreiben seit vielen Jahrhunderten Selbstanalyse und Selbstkritik. Das kann uns jetzt nicht mehr weiterbringen, zumindest nicht ausschließlich.

Ich fragte mich, wie mächtig die reaktionären Kräfte werden würden. Einige meiner Freunde sagten, ich stünde auf der Abschußliste der Christian Coalition. Andere machten die Porno-Industrie für die Vorfälle verantwortlich. Sie wolle die Feministinnen zum Schweigen bringen, damit die Pornographie nicht illegal oder weniger beliebt werde.

Fest steht, daß in den USA und inzwischen auch in anderen Ländern Diskriminierungskampagnen gegen Frauen im Gange sind. Wichtig ist, daß wir sie erkennen und benennen, damit wir etwas dagegen unternehmen können.

Malcolm X und Martin Luther King wurden erschossen, weil sie das System grundsätzlich in Frage stellten. Möchte ich mich wirklich so weit vorwagen, wie ich könnte? Nach all den Bedrohungen und Eingriffen in mein Privatleben? Ich verbrachte viele schlaflose Nächte, weil ich keine Antwort auf diese Frage wußte. Nur Friedrichs Körper verhalf mir zur Ruhe.

Ein paar Jahre später, als ich die Anhörungen von Anita Hill über Satellit auf CNN sah, verstand ich zum erstenmal, daß mir das gleiche passiert war wie ihr. Die Hetze gegen mich ähnelte einem Prozeß wegen Vergewaltigung, wobei die stillschweigende Übereinkunft herrscht, daß jede Frau, die von Sex spricht, nur das bekommt, was sie verdient. Sie kann keine »anständige« Frau sein, denn sonst hätte sie das Thema gar nicht erst angeschnitten! Als Anita Hill an das Thema Sex rührte, versuchte man ihre Aussage zu diskreditieren, indem man ihr vorwarf, sie habe sich alles nur eingebildet, sei seelisch labil (!), boshaft, eine gekränkte Frau und so weiter und so weiter. Wenn Richter Thomas sich an sie herangemacht hatte, dann war es ihr Fehler! Wie in *Eine verhängnisvolle Affäre* – kapiert?

Auch ich war so unverfroren gewesen, das Thema Sex anzuschneiden und die Männer zu kritisieren. Und deshalb war ich Freiwild für jeden, der meinen Ruf, meine Integrität oder meine Persönlichkeit angreifen wollte. Es war nicht nötig, dem Aufmerksamkeit zu schenken, was ich zu sagen hatte, denn es stimmte ohnehin nicht. Ich mußte eine Frau mit einem Problem sein, eine Frau, die sich in Schwierigkeiten bringen will, ein »leichtes Mädchen«. Denn welche »anständige« Frau würde dergleichen sagen oder schreiben? Und so versuchten mich einige der Medien in einer gezielten Hetzkampagne zu diskreditieren, indem sie aus maßlos übertriebenen Vorfällen eine phantastische Mixtur aus Verunglimpfungen zusammenbrauten.

In dem Augenblick, als ich Anita Hill hörte, wurden mir plötzlich einige der Gründe für die sehr persönlichen Angriffe auf mich klar. Ich begriff, warum man mich auf so widerliche Weise verleumdet hatte, und erkannte, worauf das ekelhafte Mobbing basierte.

Die Doppelmoral, die in allen fundamentalistischen Bewegungen besonders ausgeprägt ist, besagt, daß es zwei Arten von Frauen gebe: die guten und die schlechten.

296

Frauen, die sich als sexuelle Wesen verstehen, sind automatisch schlecht. Mit ihnen kann man umspringen, wie man will, denn ihnen ist ohnehin nicht zu trauen. Und warum sollte man der Aussage Anita Hills oder der meiner Bücher glauben? Wir und die Tausende von befragten Frauen konnten nur »elende Heulsusen«, »frustrierte Weiber«, »psychisch gestörte Mitglieder der Frauenbewegung«, sein.

Friedrich war meine Stütze, als die Medien auf mich einhackten. Er war unglaublich: stark, witzig, konnte die Dinge blitzartig analysieren – und hatte vor allem keine Angst.

Ich lernte, mein wahres Selbst tief in meinem Inneren unter vielen Schichten meiner Persönlichkeit zu verbergen. Doch bei Friedrich brauchte ich mich weder zu verstecken noch zu verstellen. Noch erstaunlicher war, daß er trotz der vielen Belastungen stets romantisch blieb! Das liebte ich an ihm und liebe es noch immer. Er ist ein bemerkenswerter Mensch.

Ich werde nie den Tag vergessen, an dem ich, wie ich glaubte, zu einem normalen Radiointerview bei ABC ging. Doch es war um die Zeit, als man die Fernsehsendung bei Fox TV ausgestrahlt hatte. Fred wollte mitkommen; er fand, ich sollte nicht allein sein. Und er hatte recht. Wir betraten das Gebäude, das von bewaffneten Sicherheitsbeamten geschützt wurde, und gingen an verschiedenen abgeschlossenen Türen vorbei, bis wir den Raum erreichten, in dem das Interview stattfinden sollte. Dort trafen wir auf einen sehr kleinen, nicht mehr jungen Mann: den Interviewer.

Er telefonierte gerade. Als er mich erblickte, schimpfte er los: »Wollen Sie dieses Interview wirklich geben? Zum

Teufel, ich hätte gedacht, Sie würden nicht kommen. Sie sind wirklich eine Hexe . . .« und so weiter. Ich wollte mich hinsetzen, aber Friedrich und er wurden handgreiflich. Es mußte ein abgekartetes Spiel seinerseits gewesen sein, denn während seiner Beschimpfungen hielt er ein Taschentuch über das Mikrofon. Dann entfernte er es, wohl in der Hoffnung, daß ich explodieren oder hysterisch reagieren würde. Wir verließen den Raum. Als ich an den vielen verschlossenen Türen und den Sicherheitsbeamten vorbeiging, war ich wirklich froh, daß Friedrich mich begleitete.

Mein Mann stand fest auf meiner Seite. Er durchschaute besser als alle anderen, was sich abspielte. Und seine Einschätzung der Situation traf immer genau zu. Er war unglaublich mutig und machte die Angriffe auf mich zu seiner eigenen Sache. Um mich schützen zu können, vernachlässigte er sogar seine Karriere.

Wir waren damals gerade zwei Jahre verheiratet, und seine Familie machte ihm deswegen noch immer Vorwürfe. Doch während der Medienkampagne unterstützte er mich trotz eigener Probleme tatkräftig und mit kristallklarem Verstand – und tut es bis auf den heutigen Tag.

Wenn Friedrich mich zu Interviews begleitete oder mit mir ausging, machte es ihm besonderen Spaß, am Revers einen kleinen Anstecker anzubringen, wie es die Malteserritter, die Absolventen von Harvard oder Yale oder auch die Daughters of the American Revolution (DAR: Töchter der Amerikanischen Revolution) tun. Freds Nadel zeigte in Gold die Initialen DFR. Wenn man ihn danach fragte, pflegte er stolz zu sagen: »Töchter der Feministischen Revolution. Ich bin eine!« Und alle lachten.

Auch meine Tante, die zu meiner Mutter geworden

war, stand während der Angriffe zu mir. Meine Großmutter lebte mittlerweile nicht mehr. Jesse Lemisch und Naomi Weisstein beschützten und umsorgten mich ebenfalls, wie auch Janet Wolfe und Barbara Seaman. Und während einige Freunde Angst vor eventuellen Schwierigkeiten hatten, machte es den meisten anderen Spaß, die Vorfälle zu analysieren und darüber zu lachen!

Meine Probleme verschärften sich dadurch, daß ich in jenem Jahr oder kurz zuvor mehrere geliebte Wesen verloren hatte. Julian, mein langjähriger enger Freund und Mitarbeiter, war plötzlich gestorben, und auch mein geliebter Hund Rusty verschied im Alter von sechzehn Jahren. Im Jahr zuvor war mein Großvater gestorben, den ich sehr geliebt und der an mir Vaterstelle vertreten hatte. (Mein Vater war bereits seit längerem tot.)

Noch heute fällt mir die Erinnerung an jene Zeit schwer. Ich kann die Ereignisse und meine Belastungen nur ungeordnet wiedergeben, aber ich versuche, ein möglichst objektives Bild zu zeichnen.

Ich dachte, nie wieder zu schreiben. Doch der Medienangriff ließ meine Einkünfte versiegen. Dadurch hatte ich Mühe, meine Forschungsschulden abzutragen.

Alles hing an einem seidenen Faden, und auch heute ist es manchmal noch so. Ich bin mir noch immer nicht sicher, ob ich mit dem Schreiben weitermachen und wie ich meine Bücher veröffentlichen werde. Zum Glück hatte ich damals bereits eine ganze Menge Vorarbeit für mein nächstes Projekt geleistet, einschließlich der Versendung von Fragebögen, so daß ich nicht wieder ganz von vorn anfangen mußte.

Die heftigen Attacken hatten meinem Ruf dermaßen

geschadet, daß 1988 keine Angebote für die Taschenbuch-rechte von *Frauen & Liebe* eingingen. Kein Verleger in den Vereinigten Staaten wollte noch etwas mit mir zu tun haben! Das war verblüffend, denn man hatte Millionen meiner Bücher verkauft – und verkauft sie immer noch.

Antoinette Lippy von der Abteilung Rechte und Lizenzen bei Knopf verkündete mir die schlechte Botschaft (in sehr unfreundlichem Ton). Später teilte mir Elaine Koster von der New American Library mit, daß sie eine beträchtliche Summe geboten habe, jedoch von Lippy abgewiesen worden sei.

Irving »Swifty« Lazar, mein Agent, fand zu guter Letzt einen Verleger, der die Rechte für einen Apfel und ein Ei kaufte (für zehntausend Dollar, die ich mir mit Knopf teilte). Das war eine Art Schweigegeld, denn der Verlag druckte nur wenige Exemplare, damit das Buch der Öffentlichkeit mehr oder minder vorenthalten blieb. Gleichzeitig wurden dadurch Vorwürfe der Zensur oder einer schwarzen Liste vereitelt.

Man fragte mich einmal, wofür ich das meiste Geld ausgäbe (Sie wissen schon, Diamanten oder Autos etc.), und da wurde mir klar: »Für meine Untersuchungen!«

Meine Art des Forschens ist besonders zeitraubend und kostspielig, doch dafür sind die Ergebnisse auch überdurchschnittlich. Ich erhalte mehr und vor allem neue Informationen. Ein bekannter Mangel der Gesellschaftswissenschaften ist, daß man, anders als in den Naturwissenschaften, zukünftiges Geschehen nicht akkurat vorhersagen kann. Doch die Trends, auf die ich in meinen Studien stieß, wurden im nachhinein fast immer bestätigt.

Durch meine Form der Datensammlung decke ich außerdem neue subtile Themen auf und stelle herrschende Theorien auf den Kopf. Als ich zum Beispiel untersuchen wollte, welcher Ehepartner am häufigsten die Scheidung einreicht, und die vermeintlichen Fakten einfach ignorierte (»Es sind die bösen Männer, die ihre Frauen verlassen« oder »Daran ist die menschliche Natur schuld«), entdeckte ich, daß die Mehrzahl der Scheidungen von Frauen ausgeht. Von Frauen, die nicht mehr die seelische Kraft haben, die Partnerschaft am Leben zu halten. Nachdem ich das Thema auf den Tisch gelegt hatte, erstellten die Regierungen der Vereinigten Staaten und Großbritanniens ebenfalls Statistiken und bestätigten zwei Jahre später den von mir ermittelten Trend. Damit verändert sich unser Frauenbild. Im Hite-Report *Frauen & Liebe* analysierte ich die Gründe dafür, daß so viele Frauen sich scheiden lassen oder an Scheidung denken, und stieß dabei auf neue Untersuchungsbereiche wie die »emotionale Gewalttätigkeit«.

Ich habe meine Studien immer mit den Einkünften aus meinen Büchern finanziert. Die Kampagne gegen mich machte es schwierig, meine Bücher auch weiterhin in den Vereinigten Staaten zu veröffentlichen. Deshalb sanken meine Einnahmen beträchtlich. Die Vereinigten Staaten waren mein größter Markt und meine Haupteinnahmequelle gewesen.

In den letzten Jahren habe ich die finanziellen Einbußen dadurch aufgefangen, daß ich meinen Lebensstandard drastisch zurückschraubte. Ich habe auf eine gute Wohnung und neue Kleidung verzichtet, damit ich meine Forschungen finanzieren und veröffentlichen konnte. Die Publikation meiner Untersuchungen hat mich Unsummen gekostet, weil ich immer wieder die lädierten Beziehungen zu den Medien und Verlegern flicken mußte.

Meine Arbeit wird angegriffen, weil sie revolutionär ist. Meine Theorien und meine Studien sind neu und ohne Beispiel. Sie fordern grundsätzliche Veränderungen des Gesellschaftssystems, Veränderungen zum Guten!

Harriet Pilpel hatte mich mit Irving »Swifty« Lazar, einem der namhaftesten Agenten in New York und Hollywood, bekannt gemacht. Seine Partys in Hollywood sind Legende, man konnte dort alle treffen: von Orson Welles und Marlo Thomas bis hin zu Joan Collins, Telly Savalas und Lauren Bacall.

Während der Angriffe rief Swifty mich plötzlich eines Tages an: »Hi Honey. Diese Presse ist *großartig*! Wie haben Sie das nur fertiggebracht?«

»Aber«, stammelte ich, »ich finde es entsetzlich . . .«

»Keineswegs! Hören Sie zu . . . Ich weiß, was wir dagegen tun könnten. Ich nehme Sie heute abend zum Boxkampf mit und erzähle es Ihnen!«

Ein Boxkampf war so ziemlich das letzte, was ich sehen wollte. Ich hatte soviel gekämpft, daß es mir für den Rest meines Lebens reichte. Aber wer kann Swifty etwas abschlagen? Er ist sehr charmant.

Der Kampf fand zwischen einem armen jungen Boxer und Sugar Ray Leonard, dem Champion, statt. Ich war noch nie bei einer Boxveranstaltung gewesen und empfand das Ritual als merkwürdig. (Doch, einmal in Missouri hatte ich meinen Stiefvater zu einem Kampf zwischen »Gorgeous George« und noch jemandem begleitet. Ich erinnere mich daran, wie GG im Ring erschien und goldene Haarnadeln in die Menge warf; er hatte platinblonde Locken.)

Ich folgte Swifty zu unseren Plätzen am Ring. Die Zuschauer standen auf und sangen »The Star-Spangled Banner«. In Swiftys Augen schimmerten Tränen. »Ich liebe das einfach! Ich liebe das! Ist es nicht großartig? Ich heule jedesmal!« Er war selig.

Zum Glück war der Kampf bald vorbei. Einer der Boxer hatte den anderen k.o. geschlagen. Danach gingen wir zum Essen zu Sardi, dem Toprestaurant, das man in New York nach dem Theater aufsucht. Dort begrüßte jeder Swifty mit Namen.

Wir nahmen Platz, und er sagte: »Hören Sie zu, Mädchen, Sie müssen einen Roman schreiben. Ich verkaufe die Idee. Was halten Sie davon?« In meinen Augen löste das die Probleme keineswegs! Aber es machte trotzdem Spaß, mit Swifty hier zu sitzen und zu hören, daß er mein Agent werden wolle.

Swifty hatte eine merkwürdige Angewohnheit: Wenn er mich zu Einladungen mitnahm – dabei wickelte er immer irgendwelche Geschäfte ab, sei es auf Veranstaltungen, im Flugzeug oder im Auto –, sagte er den Gastgebern nie, wer ich war. Er hatte wohl Freude an dem Gedanken, daß man mich für »seine kleine Blondine« halten könnte. Eine andere Erklärung fällt mir nicht ein. Ich mußte immer selbst sagen, daß ich Schriftstellerin war.

Dadurch kam es zu einer peinlichen Situation auf einer privaten Geburtstagsfeier für Ted Kennedy am Sutton Place. Ethel Kennedy begrüßte uns. Mit mir hatte sie aber nicht gerechnet. Sie hielt mich für Swiftys Freundin. Da sie seiner Frau Mary gegenüber loyal sein wollte, forderte sie mich auf, das Haus zu verlassen – mitten in einer Geburtstagsrede. Ted versuchte, sie eines Besseren zu belehren, doch nun war ich zu schüchtern, um zu bleiben. Auch das freundliche Zureden seiner Tochter konnte mich nicht davon abhalten, unauffällig zu verschwinden.

Das war ein weiterer typischer Fall von »Schriftstellerin in einer Männerwelt«. Einem Mann wäre so etwas nicht passiert.

Swifty war – wie auch ich einst – davon überzeugt, daß das System noch funktioniere. Wie sollte ich ihm erklären, was ich meinte? Sein Idol war Irving Berlin. Wie dieser konnte er Amerika nur als das Land der Freien sehen. Warum sollte ich seinen Traum zerstören? Und teilweise stimmte der Traum ja auch. Hoffentlich.

Später, als Friedrich und ich dem Scheinwerferlicht der Medien entkommen waren, sagte er mir eines Tages: »Auf mich hat das alles so gewirkt, als hätte jemand einen Vorhang weggezogen, so daß für einen kurzen Moment der Blick auf eine total andere Realität frei wurde. Aber bevor ich wirklich etwas verstehen und begreifen konnte, war der Vorhang schon wieder gefallen, und ich hatte nichts weiter in der Hand als ein paar Hinweise. Der Blick reichte gerade aus, um Ansätze für ein Verständnis zu liefern, aber er dauerte nicht lange genug, um mich das Gefühl der Unwirklichkeit überwinden zu lassen. Mein Leben ist jedoch durch die neuen Erkenntnisse für immer verändert. Meine Weltsicht hat sich gewandelt.«

Ich wußte, was er sagen wollte. Welche Realität ist die wirkliche? Sind das System, die Demokratie und die Pressefreiheit wirklich? Oder ist das nur eine Scharade, die vor dem Vorhang gespielt wird. Gibt es eine andere Macht dahinter?

»Da waren wir also im Bunker . . .!« So bezeichnete Friedrich die Belagerung, die wir über uns hatten ergehen lassen müssen. Das war zwar ein guter Vergleich, half jedoch nicht weiter. Aber wir haben viel darüber gelacht.

Die Macht der Lobby, die mich daran hindern wollte, zu sprechen, zu schreiben oder Bücher in den USA zu veröffentlichen, jagte mir Angst ein.

Dadurch, daß ich nicht wußte, wer oder was genau hinter den Angriffen stand, wurden die Ereignisse in eine surrealistische Atmosphäre getaucht, wie in dem Film *Der unsichtbare Dritte*, den ich bereits erwähnt habe. Man will rufen: »He, warten Sie einen Augenblick!« Doch der Angreifer hört nicht, für ihn ist man das Böse und muß ausgelöscht werden.

Handelte es sich nur darum, daß »die Jungs zum Gegenschlag ausholten«? Wenn ja, so war das ein Armutszeugnis für die amerikanischen Männer. Aber da nicht wenige meiner besten Freunde Männer sind – Howard Wilson, Mike Sirkin, Jesse, Friedrich –, konnte ich an diese simple Erklärung nicht glauben. Wenn eine ideologische Gruppe hinter allem stand, sei es die religiöse Rechte, die Christian Coalition, eine pornographiefreundliche Gruppe oder eine politische Bewegung, dann sah es für die Freiheit in den USA noch finsterer aus. Die reaktionäre Rechte in den USA hatte schon immer ihre Freude daran, Bücher zu verbieten. Tut sie es nun auf diese Weise?

Ich gestand mir selbst und anderen meine Angst nicht ein. Ich dachte, es werde dumm klingen, so etwas auszusprechen. Aber ich las die Berichte über die Gefühle und Langzeitschocks der Vietnam-Veteranen mit großem Interesse. Und später erzählte mir Friedrich von seinen Alpträumen.

Anfangs war ich sicher gewesen, daß die Presse und alle anderen schon zur Vernunft kommen würden. Alles war zu unwirklich, zu unmotiviert. Jemand würde in den Medien öffentlich sagen, daß die ganze Sache einfach zu lächerlich sei.

Doch das Umherirren im Exil und die Erkenntnis, bei den großen amerikanischen Verlagen und ihren europäischen Töchtern auf der schwarzen Liste zu stehen, waren mir eine Lektion, die zum Glück nicht viele Menschen lernen müssen.

Ich war inzwischen sehr arm, aber ich steckte nach wie vor jeden Vorschuß, den ich für meine Bücher erhielt, in meine Forschungen zur Studie über die Familie.

Nun lebte ich auf zwei Ebenen: zwischen der Versicherung »Sie sind großartig« und dem Angriff »Sie sind eine Betrügerin, niemand wird Ihre Bücher veröffentlichen«. Ist das mein privates Problem, oder geht es vielen Schriftstellerinnen heutzutage ähnlich? Ich war sehr verwirrt, wie diese Tagebucheintragung von 1992 beweist, aber tief in meinen Gedanken und Träumen hatte ich den Kontakt zu mir selbst noch nicht verloren.

»Muß ich schreiben, um glücklich zu sein? Und zwar politische Bücher?

Warum drängten mich alle aus der Branche, einen Roman zu schreiben?

Auf einen anderen Stern, in eine andere Galaxie kann sich mein Geist begeben, selbst wenn ich nicht länger

bin ... Der Tod könnte interessant sein, ein Wiederver-
schmelzen mit der Realität dort draußen ...

Doch noch ist es zu früh. Noch möchte ich einen Hund,
den ich liebe, an mich drücken. Möchte im Bett, wenn mich
mein Liebster umarmt, seine Küsse trinken und die Worte
hören: ›Du bist schön, ich liebe dich.‹ Ich möchte unter
Bäumen wandeln, sie im Frühling knospen sehen und im
Sommer ihr zartes Blätterrauschen hören; die plötzlichen
Gewitter spüren, die überall einen nebligen, feuchten Glanz
hinterlassen; den friedlichen Himmel nach dem Unwetter
erleben; dann die feuchten Herbstblätter riechen, wenn sie
ihren Weg zur Erde finden und groß und schön unter meinen Füßen liegen. Ich will sie alle einsammeln, in ihnen
liegen, mich in ihnen wälzen und glücklich ihre Nässe
fühlen.

Wenn die Blätter trocken und auf dem Rasen zu Haufen zusammengerecht waren, konnte man sich mit dem
ganzen Körper in die weichen Blätterberge fallen lassen,
sobald sie hoch genug waren. Die Blätter schimmerten gelb
und rostbraun. Was für eine Freude, auf diesem Planeten
zu leben!

Ich hatte lange an diesem Brief geschrieben, als ich auf
meine alten Tagebücher stieß:

›Wir leben unser Leben fast wie im Schlaf, wir wissen kaum, was wir tun. Die Augenblicke der Klarheit – mit
ausgestrecktem Körper unter dem Himmel oder klein in
der bewaldeten Landschaft – sind zu schwer zu leben. Wir
gehen durchs Leben wie auf Schienen und sind auf unsere
Weise glücklich. Wenn unsere Routine zerbricht, werden wir unglücklich. Aber vielleicht ist es das beste
für uns.‹

Wer bin ich? Ist es wichtig, das zu wissen? Oder reicht es, wahrhaft zu fühlen, ein Leben zu führen, das einer Uhr gleicht, Augenblicke der Lebenslust zu stehlen und gleichzeitig etwas Lohnendes zu tun? Oder ist alles gleichgültig, sind wir nichts weiter als ein bißchen Materie im ökologischen System des Universums? Ist unser Bewußtsein überflüssig? Wir werden ohnehin sterben, sosehr wir auch gegen unser Schicksal ankämpfen. Wir könnten es mit mehr Würde akzeptieren . . .«

Alle sagten zu mir: »Laß dich nicht unterkriegen, mach einfach weiter.« Oder: »Was kannst du als öffentliche Persönlichkeit anderes erwarten? Du kannst niemanden verklagen; damit mußt du leben. Egal, was die Presse schreibt, das ist Meinungsfreiheit!« Das alles betrübte mich sehr.

Es gibt Dinge, die man nie überwindet. Oder es nimmt sehr viel Zeit in Anspruch, je nachdem, wie lange man lebt. Aber manchmal bleiben sie einfach da wie Felsen oder Steine, ohne abzubröckeln.

So war meine Liebe zu Julian und Rusty. Ich werde nie akzeptieren, daß sie nicht mehr sind. Ich glaube nicht, daß ich sie je wiedersehen werde. Oder vielleicht doch? Ich könnte mit dem Gedanken, sie nie wiederzusehen, nicht leben.

Werde ich mich von den Medienangriffen in den USA erholen, von ihrem Versuch, meinen Ruf zu ruinieren? Die wilden Drohungen vergessen? Ja, ganz gewiß! Es mag Dinge geben, die man nie verwindet, doch die Angriffe von ein paar amerikanischen Medienvertretern gehören nicht dazu!

Bin ich zur Dissidentin geworden? Zu einer der bekanntesten Dissidentinnen der USA? Ich habe Amerika verlassen, um in einer friedlichen Atmosphäre zu arbeiten. Und ich bin sehr froh, daß ich mich dazu durchgerungen habe, denn einige meiner produktivsten Jahre habe ich in Europa verbracht und dabei eine viel höhere Lebensqualität erreicht.

FLUCHT AUS AMERIKA UND EXIL IN EUROPA

Die Abreise · Interview mit mir selbst · Europäische Freunde · Fliegen mit Jupiter · Friedrich und ich · Exiltagebücher · Mein Land und ich · Der vierte Hite-Report · Fundamentalismus in den USA · Zensur heute

Ich erinnere mich nur ungenau an die Abreise und weiß auch nicht mehr, wann wir die Entscheidung fällten, das Land für immer zu verlassen. Allerdings erinnere ich mich lebhaft ans Packen.

Ich hatte eine wunderschöne Wohnung, und es tat mir leid, sie aufgeben zu müssen. Sie befand sich in einem alten Haus an der Ecke 64th Street und 5th Avenue, und man hatte einen herrlichen Blick auf den Central Park. Wie viele Bauten der Upper East Side von New York war auch sie ein Beispiel für die erlesene europäische Handwerkskunst. Die reichen Industriebarone der Gründerzeit hatten einst billige Handwerker aus Italien nach Amerika geholt oder hatten sich von soeben eingetroffenen Aussiedlern üppige Stukkaturen, wuchtige, mit Skulpturen verzierte Marmorkamine sowie Wandgemälde und Parkettböden aus verschiedenen Hölzern und in unterschiedlichen Mustern anfertigen lassen. Alles war von gewaltigen Ausmaßen, die Deckenhöhe erreichte fast fünf Meter. Es war eine Lust, in dieser Wohnung zu leben, eine Augenweide und eine Erholung für die Sinne.

Ich habe zehn sehr glückliche Jahre dort verbracht.

Besonderen Spaß machte mir die Suche nach Wandleuchtern, Stühlen, Tischen und Stoffen aus der Gründerzeit. Ich ließ die Sitzmöbel in meinen Lieblingsfarben beziehen, sanften Taupe-Tönen und zarten Creme-Roséschattierungen. Sie harmonierten sowohl mit den dunklen Eichentäfelungen der Zimmer als auch mit den Wänden des »Ballsaales«, die in blassestem Grün und Gold gehalten waren. Ich genoß den Anblick dieser Wohnung jede Minute, die ich dort verbrachte. Es machte mir nichts aus, zu Hause zu bleiben und Tag und Nacht zu arbeiten, weil es ein schieres Vergnügen war, von soviel Schönheit umgeben zu sein.

Ich liebte das ganze Gebäude. Zusammen mit Freunden hatte ich zwei Jahre lang zwei Stockwerke renoviert und obendrein noch die Hausverwaltung erledigt. Mehrere Jahre lang war ich Vorsitzende der Eigentümerversammlung.

Die letzten vier Jahre verbrachte ich dort mit Friedrich. Sein Flügel und mein Schreibtisch standen im selben Zimmer. Es war mit Eiche getäfelt, leicht gerundet und ging auf den Park. Wir wohnten übrigens nur fünf Blocks von dem Hotel entfernt, in dem Rachmaninow mehrere Jahre gelebt und gearbeitet hatte, nachdem er aus Rußland in die Vereinigten Staaten übergesiedelt war. Die Akustik war phantastisch. Ich werde nie vergessen, wie ich an meinen Untersuchungen arbeitete, während Friedrich am anderen Ende des Zimmers an dem alten Steinway übte und seine Transkriptionen ausarbeitete.

Es war traurig, daß wir aus der Wohnung ausziehen mußten. Sie war mein Heim gewesen, und zwar an erster Stelle für meine Seele und an zweiter Stelle für mein Leben mit Rusty, meinen Freunden und Friedrich. Viele teure Erinnerungen waren mit ihr verknüpft, zum Beispiel an

Julian, Rusty, Calla, Christine, Cathy und Janet. Und doch war ich in gewisser Hinsicht froh, daß Friedrich und ich New York verließen.

Teile meiner Recherchen für *Frauen & Liebe* hatte ich mit einer Hypothek auf die Wohnung finanziert. Das Buch erschien jedoch erst ein Jahr später als geplant. Unter anderem deshalb, weil mein Lektor bei Knopf, Bob Gottlieb, ausgeschieden war. Ich war davon ausgegangen, die Hypothek mit dem Erlös aus dem Verkauf der Taschenbuchrechte für mein Buch *Frauen & Liebe* tilgen zu können. Als daraus nichts wurde, mußte ich die Wohnung verkaufen. Ich habe nie wieder eine so wunderschöne Wohnung besessen. Zum einen, weil ich es mir nicht leisten konnte, zum anderen, weil mir die innere Ruhe fehlte, nach einer neuen zu suchen.

Waren meine Reports dieses Opfer wert? Ist das, was ich erreicht habe, wirklich so wichtig, daß es sich dafür lohnte, ein Zuhause aufzugeben und Belastungen für die Gesundheit, Streß und Ungewißheit auf mich zu nehmen? Meine Antwort lautet: ja.

Die Vereinigten Staaten können gefährlich sein, wenn man die Verhältnisse dort verändern will. Friedrich und ich fühlten uns so bedroht, daß wir im Grunde flohen, als wir Amerika schließlich den Rücken kehrten.

Und dennoch war ich nicht nur traurig, denn es war auch aufregend und spannend, Amerika zu verlassen. Es war eine phantastische Chance; ich mußte sie nur nutzen. Es mag seltsam klingen, aber mir gefielen die Ungewißheit und der Gedanke, daß nun alles möglich war. Ist das der wahre Grund dafür, daß ich kein neues, dauerhaftes Zuhause aufbaute?

312

33 Eine frühe Porträtaufnahme von mir,
die der berühmte Modefotograf Arthur
Elgort 1969 machte, als ich bei der Agentur
»Wilhelmina« als Model arbeitete.

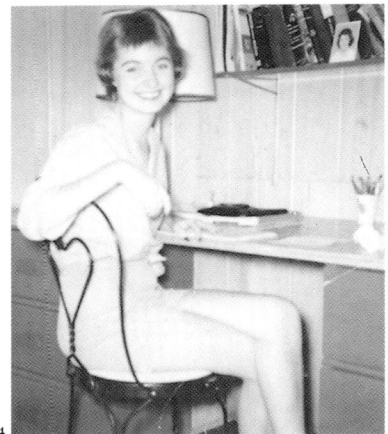

34

37 An meinem Schreibtisch in New Y
1987, als der dritte Hite-Report auf den
Markt kam.

38 In meinem New Yorker Büro mit R
und Mitarbeiterinnen. Um 1979.

34 Zu Hause an
meinem Schreib-
tisch in Teenager-
Tagen. Florida.

35 Bei einer
Demonstration der
amerikanischen
Frauenbewegung in
New York vor dem
Museum of Natural
History. Um 1974.

36 Eines dieser
steifen, offiziellen
Pressefotos – mit
(v.l.n.r.) Gloria
Steinem, Norma
Swansen, Robin
Morgan und mir.

35

36

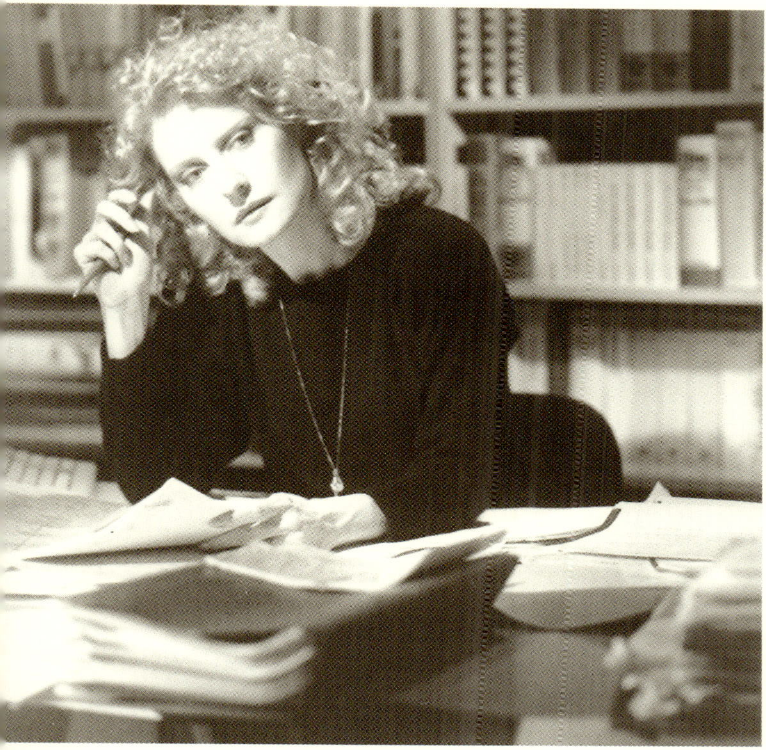

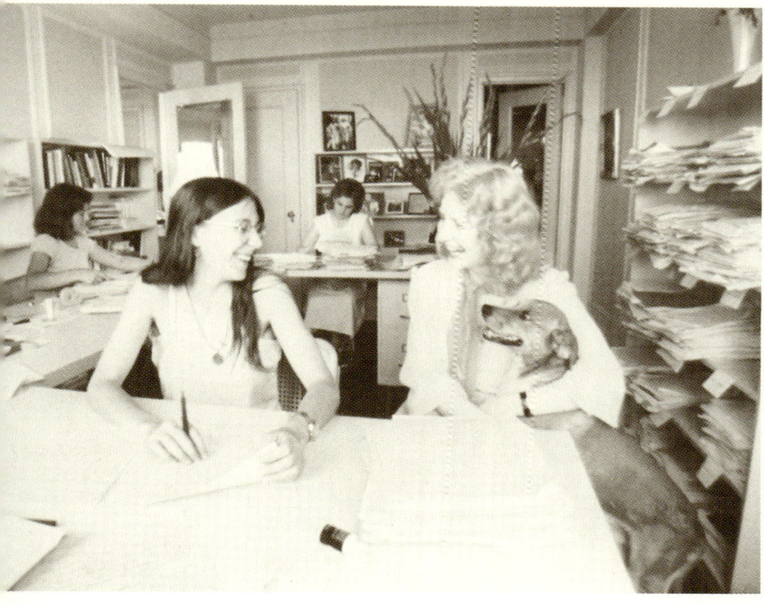

39

40

Zu Besuch bei meinem Großvater
Missouri, nachdem man bei ihm die
heimer-Krankheit entdeckt hatte.

41 Zusammen mit Friedrich in New
k, 1987 (links), und in Berlin, 1988
n).

Einige meiner Freunde und Weggefährten,
die mir sehr geholfen haben und mir viel
bedeuten
42 Janet Wolfe.
43 Laura Cottingham, Sol Hercy, Howard
Wilson.
44 Mit Julian Prose und Rusty.
45 Jesse Lemisch.
46 Leah Schaefer, Wardell Pomeroy
und ich.
47 Mit Gary Green, Christina Delency
und Catherine di Maria.
48 Candida Lacey und Dale Spender.
49 Elaine Pagels, Ntozake Shange
und ich.
50 Barbara Seaman, ich, Phyllis Chesler
und Charlotte Bunch.
51 Mit Benoîte Groult.
52 Zusammen mit Christine Delphy.
53 Joanna Briscoe.

42

43

44

45

46

47

49

51

53

54 In New York.

Das Packen war wahnsinnig komisch und sehr aufregend. Zuerst waren wir betrübt, weil wir umzogen. Doch dann konnten wir uns vor Kisten nicht mehr rühren, und alles war nur noch zum Lachen. Die Kisten waren nämlich überall, und zu guter Letzt hatten wir selbst zum Schlafen keinen Platz mehr. Schließlich wurden sie abtransportiert, allerdings stürzten sie vorher noch in der Juli-Hitze auf dem heißen Gehsteig über Friedrich und mir zusammen. Wir ernährten uns von Pizzaburgern und Cola; das Etikettenkleben und das Listenschreiben wollten kein Ende nehmen. Wir leerten auch unzählige Flaschen Mineralwasser, zankten uns und machten Witze über das System, mit dem wir einen Überblick über die vielen Kisten behalten wollten. Tauchten welche auf, die keine Beschriftung hatten, mußten wir sie wieder öffnen. Friedrichs Bruder war bald ein Tolpatsch, bald geradezu ein Held. Auch ein mir völlig unbekannter Mann mit einem verbeulten Chevrolet packte mit an. Und nicht zu vergessen: Hollie und sein Freund Michael, die den Möbelwagen um sechs Uhr in der Frühe abholten. Uns wurde schlecht, weil das Fahrzeug so fürchterlich schlingerte. Michael hatte es irgendwo für einen Spottpreis gemietet.

Zuletzt bildeten die Kisten einen wahren Mount Everest. Wir lagerten sogar eine gußeiserne Badewanne ein. Dazu einen ganzen Raum voll alter Fliesen und fünf antike Sofas mit schweren, geschnitzten Rahmen.

Und doch waren wir nicht zu müde, um uns zwischen all den Kisten zu lieben, im Lagerhaus, im Lieferwagen. Das waren äußerst denkwürdige Tage.

Das Glück wollte es, daß zu jener Zeit das Buch *Keinen Mann um jeden Preis* in verschiedenen Ländern Europas und Südamerikas sowie in Japan erschien. Ich hatte es auf Anregung von Candida Lacey von UK Pandora zusammen mit Kate Colleran, der Tochter der Filmschauspielerin Lee Remick, geschrieben und sollte nun in mehreren Städten Vorträge darüber halten.

Ich besuchte England, Frankreich, Italien, Spanien, Mexiko, Deutschland und noch ein paar andere Länder, an die ich mich nicht mehr erinnere. Die Reisen, Kates gute Laune und Candidas Humor lenkten mich von den Verunglimpfungen in den amerikanischen Medien ab.

Auch mit Friedrich war ich häufig unterwegs. 1986, kurz nach der Katastrophe in Tschernobyl, besuchten wir Moskau, wo Friedrich ein Konzert geben sollte. Er spricht Russisch und hat dort Freunde; die Atmosphäre in Moskau war allerdings unvorstellbar merkwürdig.

Dann mietete Friedrich ein Jahr vor dem Fall der Mauer eine kleine Wohnung in Ost-Berlin. Es war äußerst interessant, ihn dort zu besuchen und den Wandel der Verhältnisse mitzuerleben. Als ich das letzte Mal durch den Checkpoint Charlie ging, an einem kalten grauen Morgen um sechs Uhr, hielten mich die Grenzposten über eine Stunde lang fest und debattierten darüber, ob man mich ausreisen lassen sollte oder nicht.

Wie komisch die Situation schließlich wurde, macht folgende Satire deutlich, in der ich mich selbst auf die Schippe nehme. Ich habe sie 1989, als ich nicht mehr wußte, wo ich zu Hause war, als »Selbstinterview« für eine italienische Zeitschrift verfaßt:

»Wo wohnen Sie?«

»Das weiß ich nicht.«

»Wie, das wissen Sie nicht?«

»Ich bin immer unterwegs.«

»Aber Sie müssen doch irgendwo wohnen?«

(Seufzer.) »Ich habe einmal zehn Jahre in New York gelebt, in einer großen Wohnung aus dem vorigen Jahrhundert. Es war herrlich, dort zu arbeiten, Partys zu geben und mit meinem Hund im Park spazierenzugehen.«

»Und doch sind Sie ausgezogen und nach Europa umgesiedelt. Warum?«

»Wollen Sie eine lange oder eine kurze Antwort? Ich war sowieso immer in Europa, weil meine Bücher in achtzehn Ländern verlegt werden. Außerdem bin ich mit einem Deutschen verheiratet! Aber der wahre Grund ist, daß ich Spaß daran fand, in Hotels zu leben und mich nicht um eine Wohnung kümmern zu müssen.«

»Was? Sie wollen mir doch nicht erzählen, daß Sie Ihre Wohnung eigenhändig sauber machen mußten? Hatten Sie denn keine Haushaltshilfe?«

»Doch, aber selbst dann muß man alles organisieren und beispielsweise darauf achten, daß die Fenster geputzt werden oder eingekauft wird. Außerdem hatte ich sieben Mitarbeiter für meine Recherchen. Ich mußte mich um ihre Arbeit und die Computer kümmern sowie kontrollieren, wer erschienen war und wer nicht.«

»Das klingt nach viel Arbeit.«

»Zehn Jahre lang habe ich alles erledigt, was in einem großen Haushalt anfällt, in dem viele Menschen ein- und ausgehen und in dem nicht nur ich, sondern auch mein Mann rund um die Uhr mit seinen Freunden arbeitete. Ich war jede Minute eingespannt, mein Leben war bis an den Rand ausgefüllt und mein Tagesablauf bis ins Detail festgelegt. Es war großartig, und ich hatte ja auch meinen Hund, der mir Gesellschaft leistete, aber . . .«

»Aber?«

»Aber es bedeutete, daß ich einen Großteil der Nacht mit Schreiben verbringen mußte . . .«

»Wieso?«

»Nur nachts war es so ruhig, daß ich wirklich arbeiten konnte.«

»Ich will nicht unverschämt sein, aber sind Sie nicht verheiratet?«

»Doch, seit fünf Jahren. Warum?«

»Tja, wollte Ihr Mann Sie nachts nicht bei sich haben?«

(Lachen.) »Nun, er blieb mit mir auf und übte am Flügel. Er ist Konzertpianist. Aber er schlief gewöhnlich gegen zwei oder drei Uhr morgens auf dem Sofa neben meinem Schreibtisch ein. Es war ziemlich klein, und er ist 1,98 Meter groß, so daß seine Beine immer über die Seiten hingen. Es sah sehr ungemütlich aus, ich werde den Anblick mein Lebtag nicht vergessen. Das Sofa war mit rotgoldenem Damast bezogen. Wir hatten es in einem Antiquitätenladen gefunden. Der Stoff war aus dem Libanon.«

»Lenken Sie nicht ab! Was geschah? Ich meine, mit Ihrem Mann auf der Couch. Wachte er jemals auf?«

»Ja, irgendwann trug er mich dann nach unten ins Schlafzimmer.«

»Das reicht. Einzelheiten sind überflüssig.«

»Wirklich? Ich wollte nur sagen, wie herrlich es war,

wenn er mich aufs Bett legte, zärtlich auszog und mich mit seinen wunderschönen Augen liebevoll ansah . . .«

»Unsere Leserinnen und Leser werden Ihren Namen wahrscheinlich gar nicht einordnen können. Ich finde das, was Sie sagen, jedoch faszinierend, denn Sie sind die angeblich männerfeindliche Verfasserin der international bekannten *Hite-Reports*, jener drei Untersuchungen über die weibliche Sexualität, über die Männer und die männliche Sexualität sowie über Frauen, Liebe und emotionale Gewalt. Deshalb finde ich es sehr interessant, daß ausgerechnet Sie in einen Mann verliebt sind.«

(Lächeln.) »Vergessen Sie nicht zu erwähnen, daß über fünfzehntausend Menschen bei meinen Untersuchungen mitgewirkt haben und daß Freud nur drei Frauen befragte, die zudem sämtlich der Wiener Oberschicht angehörten, weshalb meine Theorien über die Frauen viel fundierter sind als seine.«

»Ohne Zweifel präziser und weniger voreingenommen.«

»Da kann ich nicht widersprechen.«

»Mir hat Ihr erstes Buch, der Hite-Report über das sexuelle Erleben der Frau, die Augen geöffnet. Er widerlegt die Theorie, wonach mit Frauen, die durch den Geschlechtsverkehr keinen Orgasmus bekommen, etwas nicht stimme. Es sei normal, daß Frauen klitorale Stimulation brauchten, um zum Orgasmus zu gelangen.«

»Ja, es ist schlicht eine Frage der Logik. Meine Untersuchungen haben gezeigt, daß die Mehrzahl der Frauen ohne Schwierigkeiten durch Masturbation oder klitorale Stimulation einen Orgasmus erreicht. Deshalb mußte es ein Irrglaube sein, daß es für Frauen schwierig sei, Orgasmen zu haben! Das Problem war, daß die Gesellschaft darauf bestand, Frauen müßten auf die gleiche Weise wie die Männer, das heißt durch Geschlechtsverkehr, zum Orgasmus gelangen.«

»Ja, ›Stoßen in die Scheide‹, lautete Ihre Formulierung, wenn ich mich recht erinnere.«

(Lachen.) »Können Sie sich vorstellen, daß der Vorgang bis auf den heutigen Tag als ›vaginale Penetration‹ bezeichnet wird? Welch eine sexistische Terminologie! Warum nennen wir es nicht ›Penisumhüllung‹?«

»Aha. Okay, also zurück zu Ihren Büchern. Ich hatte immer gedacht, mit mir stimme etwas nicht, weil ich klitorale Stimulation brauchte. Doch nachdem ich die Aussagen der Frauen in Ihrem Buch gelesen hatte, gingen mir die Augen auf. Meine Beziehungen veränderten sich völlig.«

»Ja, ich erinnere mich noch an die Zeit, als man einen Orgasmus vortäuschte (oder ganz einfach nichts sagte, wenn man keinen hatte), um dem Kerl eine Freude zu machen. Wie häufig das wohl noch auf diese Weise abläuft?«

»Es sieht eigentlich nicht so aus, als hätten viele Männer Ihr Buch gelesen. Die Mehrzahl scheint noch immer davon auszugehen, die klitorale Stimulation sei nur zum ›Aufwärmen‹. Danach schreiten sie zum ›Eigentlichen‹, und wer dann nicht kommt, hat Pech gehabt!«

»Immerhin schreiben mir die Frauen inzwischen, daß sich die Dinge bessern, zumindest was den Orgasmus anbelangt.«

»Wie sieht es mit den Beziehungen aus? Als Sie berichteten, daß von siebentausendfünfhundert Männern (dreizehn bis siebenundneunzig Jahre) die Mehrzahl voller Stolz aussagte, sie hätten die Frau, die sie am leidenschaftlichsten liebten, nicht geheiratet, hat mir das wirklich angst gemacht. Haben Männer ein verkorkstes Verhältnis zur Liebe? Sie machen tatsächlich den Eindruck, als seien sie ziemlich verwirrt. Das weiß ich aus eigener Erfahrung. Erst heißt es ja, dann heißt es nein; als nächstes sind sie völlig verrückt nach mir; danach rufen sie mich nicht einmal an, und wiederum ein paar Tage später können sie nicht genug von mir kriegen. Was soll das?«

»Es ist kompliziert. Freuds Frage ›Was wollen die Frauen eigentlich?‹ stelle ich mir manchmal angesichts der Männer. Er hat übrigens nie eine Antwort gefunden. Doch ganz im Ernst, Männer scheinen zu glauben, es sei unangebracht, ihr Leben von Gefühlen bestimmen zu lassen. Stellt ein Mann fest, daß er die Kontrolle verliert, weil er zu verliebt ist, so muß er sich von der Beziehung distanzieren, die ihn zu verschlingen droht – auch wenn er am Anfang durchaus das Wunder der Liebe empfand und die Welt mit anderen Augen sah.«

»Ist das der Grund für das Verlangen der Männer nach Distanz?«

»Die Männer werden so erzogen, daß sie glauben, das Heft in der Hand haben zu müssen. Sie dürfen sich nicht nach der Frau richten, sonst heißt es: ›Sei ein Mann!‹ Zu uns Frauen sagt niemand: ›Laß dein Leben nicht von einem Mann bestimmen! Sei eine Frau!‹«

»Darauf können Sie Gift nehmen! Stellen wir uns einen verliebten Mann vor. Ein Teil von ihm ist wirklich glücklich, doch der andere Teil sagt: ›So kann das nicht weitergehen. Ich renne dieser Frau hinterher, was für ein Mann bin ich eigentlich?‹ Da kommen tiefe Ängste hoch. Manchmal fühlen verliebte Männer auch ›instinktiv‹, daß sie sich mit der geliebten Frau verstecken müssen, weil sie zu ›verliebt‹ und deshalb schlapp wirken.«

»Wieso?«

»Sie befürchten, weibisch zu werden, weil sie sich mit einer Frau identifizieren. Wenn man verliebt ist, wird man emotional zur anderen Hälfte des geliebten Menschen. Man hat die gleichen Gedanken, die gleichen Gefühle, man reagiert leidenschaftlich . . . Das sind angeblich weibliche Verhaltensweisen.«

»Ich weiß nicht recht, die Männer könnten sich doch einfach ändern?«

»Wir Frauen können uns ihre Angst nicht vorstellen.«

»Angst wovor?«

»Denken Sie doch mal nach . . .«

»Nein. Ich bin die Probleme der Männer leid und will auch nichts mehr vom Unterschied der Geschlechter hören. Mein Liebesleben soll klappen. Wenn der Mann das nicht verkraftet, suche ich mir einen anderen.«

»Eine gute Taktik. Wollen Sie etwas über den neuesten Hite-Report hören? *Time* machte ihn zur Titelstory. Darauf war ich ziemlich stolz.«

»Dazu haben Sie allen Grund. Die Arbeit einer Frau als Gegenstand einer Titelgeschichte? Das hat es noch nie gegeben.«

»Am 20. Oktober 1987, dem Tag des Börsenkrachs!«

»Ob es da wohl einen Zusammenhang gibt?«

»Sie meinen, ob die Männer das Gefühl hatten, die Welt gehe unter, weil die Frauen außer Kontrolle gerieten?«

»Haha!«

»Wenigstens viertausendfünfhundert Frauen verlangten die emotionale Gleichstellung und einen neuen emotionalen Vertrag von ihren Partnern. Sie seien es leid, mehr zu geben, als sie erhielten. Viele berichteten, die Männer hörten ihnen entweder kaum zu oder gäben vor, nicht zu verstehen, worum es ginge. Manche säßen nur schweigend da oder redeten sogar von ganz anderen Dingen! Auf die Klagen der Frau erwiderten sie, diese habe wohl Probleme. Ganz so einfach ist das aber nicht.

Die derzeit gültige Definition der weiblichen Psyche ist in Wirklichkeit ein Relikt aus frauenfeindlichen Zeiten. Tagtäglich sind Frauen verletzenden Bemerkungen ausgesetzt, sei es auf der Straße, in der Privatsphäre oder am Arbeitsplatz. Es geht nicht an, daß Frauen noch immer als ›gefühlsbetont‹, ›hysterisch‹, ›keifend‹, ›nörglerisch‹, ›aggressiv‹, ›jung für ihr Alter‹ oder ›jenseits von Gut und Böse‹ bezeichnet werden. Ich möchte, daß das endlich ein Ende hat. Ich sehe meine Aufgabe darin, die Würde der Frau zu verteidigen, weil aus den Angriffen gegen sie eine Art Rassismus spricht.«

»Das klingt vertraut. Doch in den ersten Stadien der Liebe, von denen Sie soeben sprachen, sind die Männer durchaus nicht unaufmerksam oder desinteressiert. Sie fühlen sich allerdings unbehaglich und versuchen abzuschalten.«

»Ja, abzuschalten und alle Gefühle auf das Geschlechtliche zu konzentrieren, denn das ist der einzige Bereich, in dem Männer nach den gültigen Vorstellungen leidenschaftlich und gefühlvoll sein dürfen.«

»Mir brummt der Schädel. Shere, wie können Sie Freude an der Liebe (oder am Sex) haben, wenn Sie sich mit all diesen Dingen herumschlagen?«

»Je mehr ich verstehe, desto besser bin ich imstande zu

lieben. Ich möchte jedoch noch auf einen weiteren Aspekt eingehen: Ich halte die Liebe für keineswegs trivial. Die Zeitschriften und die Medien vermitteln den Eindruck, als seien Liebe und Romantik belanglos und nur Geld und Politik wahrhaft wichtig. Ich habe bei all meinen Untersuchungen die Aussagen der beteiligten Frauen sehr ernst genommen.

Ich betreibe meine Forschungen seit achtzehn Jahren. Dabei lasse ich die Frauen mitreden und die Dinge so darstellen, wie sie sind. Ich versuche, mich über die herrschenden Meinungen und Theorien hinwegzusetzen. In meinen Büchern kommen erst die Frauen zu Wort, dann äußere ich mich zu ihren Aussagen. Nicht umgekehrt.«

»Die Zeitschriften wollen uns einreden, die ›Frauen liebten zu sehr‹, seien ›liebestolle narzißtische Wesen, die sich nach Romantik sehnen‹.«

»Ich bin da völlig anderer Meinung. Diese Beurteilung wertet die Frau ab. Ich glaube nicht, daß es den Frauen schlechtgeht, weil sie etwas falsch machen – nach dem Motto ›sie lieben zu sehr‹ –, sondern weil die gesellschaftlichen Strukturen den Mann zwingen, die Frau als ein minderwertiges Wesen anzusehen. Sie gilt als gesellschaftlich weniger wertvoll, sie ist weniger wichtig als ein Mann. Deshalb lautet die Regel: Je mehr ein Mann liebt, desto stärker ist sein Wunsch, die Frau loszuwerden, um sich von der elenden, übergroßen Nähe zu einer Sache zu befreien, die er nicht respektieren kann. Gemeint ist ihre Weiblichkeit. Die Frau hingegen durchschaut diesen Prozeß nicht. Sie zerbricht sich den Kopf über ihr eigenes Verhalten, seine Kindheitserlebnisse und die Frauen, die er vor ihr kannte. So manche Frau versucht viele Jahre lang herauszufinden, woran die Beziehung gescheitert ist.«

»Was ist die Alternative? Müssen die Frauen auf die Liebe verzichten?«

»Sie sollten versuchen, Männer (oder Frauen) zu finden, die sensible, bewußte Persönlichkeiten sind und möglichst wenig Angst vor sich und dem Leben haben.«

»Das sind ohne Zweifel die besten.«

»Ja. Und man sollte mein Buch *Frauen & Liebe* lesen, damit man die versteckte Problematik begreifen lernt.«

»Aber hätten Sie nicht Lust, Ihre Arbeit an den Nagel zu hängen? Diese Untersuchungen müssen qualvoll und schrecklich kostspielig sein. Würden Sie nicht lieber zum Schwimmen, ins Ballett oder in die Oper gehen? Ihre Freunde zu Kaffeekränzchen und zum Mittagessen einladen?«

»Ich muß mir meinen Lebensunterhalt verdienen, denn ich bin keine Millionärin. Der größte Teil des Geldes, das ich verdiene, fließt in meine Forschungen. Und außerdem interessieren mich diese Themen. Meine Arbeit macht mir Spaß. Ich habe wieder einen neuen Fragebogen entwickelt. Wenn Ihre Leserinnen sich an Ihre Zeitschrift wenden, werde ich ihnen ein Exemplar zuschicken.«

»Hören Sie nie auf zu forschen? Wann haben Sie eigentlich damit angefangen? Wollten Sie schon als junger Mensch Sozialwissenschaftlerin werden?«

»Wahrscheinlich haben mich diese Themen schon immer fasziniert. Ich erinnere mich, stets das Gefühl gehabt zu haben, die Unterhaltungen spielten sich auf zwei oder drei Ebenen ab, so, als würden mehrere Gespräche gleichzeitig geführt. Da war zum einen das, was die Leute laut sagten, zum anderen das, was sie mit ihrer Körpersprache und ihrem Gesichtsausdruck vermittelten; dazu kamen der

Klang und die Sprechgeschwindigkeit. Es reizte mich, die Realität dahinter zu erkennen. Die Gesellschaft war so heuchlerisch, aber ich war als Idealistin aufgewachsen. Musik war für mich das Schönste auf Erden, abgesehen von Bäumen, Blütenzweigen vor dem Frühlingshimmel und meinem Hund.«

»Wurden Sie von Margaret Mead oder Simone de Beauvoir beeinflußt? Mead war zwar Anthropologin, befaßte sich aber auch mit gesellschaftlichen Fragen und nannte die Dinge beim Namen – ähnlich wie Sie. Der Vergleich hinkt nur insofern, als Sie die moderne westliche Gesellschaft untersuchen (wie Simone de Beauvoir), während Mead sich den ›primitiven‹ Gesellschaftsformen widmete.«

»Ich erinnere mich, Margaret Mead als junges Mädchen gelesen zu haben, desgleichen Ruth Benedict und Jessie Bernard. Von Simone de Beauvoir hatte ich gehört. Ich fand die Arbeit dieser Frauen sehr interessant. Ich las auch Alfred Lederers berühmten Bestseller der fünfziger Jahre, *Nation of Sheep*. Merkwürdigerweise inspirierte mich auch Eleanor Roosevelt. Ihr Interesse an der Gesellschaft war nicht wissenschaftlicher Art. Doch durch die lebhaften Erzählungen meiner Großmutter und aufgrund von Fotos machte sie auf mich den Eindruck einer Frau, die wußte, was während der Weltwirtschaftskrise in der Gesellschaft vorging, und laut aussprach, was ihrer Meinung nach geändert werden mußte.

Ich wurde auch sehr von Psychologen wie Bruno Bettelheim, Karen Horney und sogar Sigmund Freud beeinflußt. Und ich lernte die psychologischen Romane von Dostojewski und Proust schätzen, den *Zauberberg* von Thomas Mann und *Schau heimwärts, Engel!* von Thomas Wolfe.«

332

»Sie leben nicht in den Vereinigten Staaten. Wie war Ihre Kindheit dort, und was für ein Verhältnis haben Sie jetzt zu den USA?«

»Ich halte es für ein großes Glück, daß ich genau zum richtigen Zeitpunkt in den Vereinigten Staaten geboren wurde, denn das gab mir die Gelegenheit, eine große gesellschaftliche Vielfalt zu erleben. Als ich die Universität besuchte, profitierte Amerika noch von den brillanten Intellektuellen und Künstlern, die vor und während des Zweiten Weltkrieges aus der ganzen Welt in die Staaten und besonders nach New York geströmt waren.

Außerdem verdanke ich den Vereinigten Staaten die tiefe Überzeugung, daß die Gleichheit im politischen wie im täglichen Leben etwas sehr Wichtiges und Schönes ist. Auch wenn wir unserem Ideal nicht immer gerecht werden, wie die Diskriminierung der Schwarzen und der Frauen zeigt, so führt unsere Erziehung doch dazu, daß uns die Mißstände auffallen und wir sie bekämpfen können. Ich bin den Vereinigten Staaten also für meinen Idealismus und auch für meine weitgefächerte Ausbildung dankbar.«

»Sie haben nicht nur Geschichte, sondern auch Musik studiert, nicht wahr?«

»Ja. Klavier, Klarinette und Komposition, aber das ist eine andere Geschichte.«

»Noch einmal. Wo wohnen Sie denn nun?«

»In den vergangenen zwei Jahren habe ich mich nie sehr lange an einem Ort aufgehalten. Ich bin zwischen London, Paris, Amsterdam, Deutschland und Italien hin- und hergependelt und habe meistens in Hotels gewohnt. Das ist wunderbar. Ich liebe Hotels, wenn sie gut sind, denn in einem Hotel wird man *versorgt*. Man braucht sich nicht um alles zu kümmern. Das Bett wird gemacht, die Post wird aufgegeben, und es wird für die vielen Kleinigkeiten gesorgt.«

»Sie kochen also nur selten oder nie Ihr eigenes Essen?«

»Stimmt, aber das vermisse ich nicht! Obwohl ich immer sehr gern Dinnerpartys gegeben habe. Meistens gehe ich ins Restaurant.«

»Sind Sie faul?«

»Ja! Andererseits sitze ich häufig bis zu vierzehn Stunden pro Tag an meinen Forschungen. Ich kann nicht nur mit halbem Herzen dabei sein. Mein größtes Gesundheitsrisiko ist, daß ich zu viele Stunden still am Schreibtisch sitze. Ich versuche durch Bewegung, Spaziergänge und Atemübungen einen Ausgleich zu schaffen.«

»Wie sieht Ihr normaler Arbeitstag aus?«

»Ich bleibe bis spät in die Nacht auf und versuche zu schreiben. Deshalb stehe ich auch spät auf. Gewöhnlich gibt es morgens eine Menge zu tun: dringende Anrufe, Geldangelegenheiten – eben das, was jeder erledigen muß.«

»Und was ist mit Friedrich?«

»Gewöhnlich stehen wir zusammen auf. Wenn er jedoch vor mir aufsteht, kommt er zurück und weckt mich. Manchmal ist er auf Konzertreise, oder er hat Proben. Gelegentlich muß ich verreisen, und er kann mich nicht begleiten, weil er kein Klavier zur Verfügung hätte.«

»Sie scheinen sehr verliebt zu sein.«

»Ich bin verrückt nach ihm. Er tut so viele wunderbare Dinge. Einmal, als ich gerade ein Buch veröffentlicht und wirklich schlimme Probleme mit der Presse in den Vereinigten Staaten hatte, wich er nicht von meiner Seite. Er war mein körperlicher und seelischer Leibwächter – geradezu

334

ein Held. Die meisten Männer wären der Nervenbelastung nicht gewachsen gewesen. Mancher hätte es übelgenommen, daß die ganze Aufmerksamkeit mir galt und er nur eine Nebenrolle spielte. Friedrich war phantastisch. Er ist außerdem sehr intellektuell und gebildet.«

»Er wirkt fabelhaft männlich. Ist er es tatsächlich?«

»Er hat zwei Seiten. Wenn er einen Anzug trägt, sieht er wie der korrekteste Mann überhaupt aus (so richtig korrekt, wie nur Deutsche und Amerikaner aussehen können). Wenn er hingegen ein T-Shirt anhat, gleicht er einem sexy Rockstar. Und er hat keine Angst zu sagen, was er denkt.«

»Wie haben Sie sich gefühlt, als die Presse so verrückte Sachen behauptete? Bald hieß es, Sie seien eine große Wissenschaftlerin, bald hingegen . . .!«

»Nach dem Erscheinen meiner Bücher war ich stets erschöpft und leer, besonders nach dem letzten Buch. Die amerikanischen Medien haben es bewußt mißverstanden und völlig reißerisch dargestellt. Die Medien machen mir angst, denn sie sind wie ein vielköpfiger Drache. Das dir zugewandte Gesicht mag zwar freundlich sein, doch später wirst du verrissen. Es ist wie eine geistige Vergewaltigung. Nach solchen Erlebnissen ziehe ich mich in mich selbst zurück. Ich brauche lange, bis ich mich erholt habe. Die Musik von Prokofjew, Puccini oder Mahler hilft mir dabei.«

»Lieben Sie Puccini?«

»Ich liebe alles Italienische, denn Italien ist wunderschön. Es gibt übrigens noch einen weiteren Grund dafür, daß ich New York verlassen habe. Ich hatte mir sehr nahestehende, teure Menschen verloren und dadurch das

Leben und diejenigen, die ich liebe, noch höher schätzen gelernt. Ich weiß nun, wieviel Freude es mir macht, ihre glücklichen Gesichter zu sehen.

Die Zeit spielt nun eine wichtigere Rolle. Ich muß in die Zukunft blicken, meine Projekte sorgfältig auswählen, entscheiden, auf welchen Gebieten ich zukünftig am wirksamsten für die Gesellschaft und die Befreiung der Frau tätig werden kann. Ich muß auch privat Weichen stellen, damit ich nicht eines Tages das Gefühl habe, etwas Entscheidendes versäumt zu haben.«

»Werden Sie in die USA zurückkehren, oder haben Sie Ihrer Heimat für immer den Rücken gekehrt?«

»Ich werde es Ihnen sagen, wenn wir uns das nächste Mal unterhalten. Okay? Ciao!«

Ich mockierte mich zwar in diesem Artikel über meine Situation, war aber privat alles andere als zuversichtlich.

Alte und auch ganz neue Freunde halfen mir durch ihre Unterstützung, diese Phase zu überwinden und mich langsam in Europa und Großbritannien einzugewöhnen. Bei einigen wohnte ich eine Zeitlang: bei Joanna Briscoe, Chris Grandlund und Johnny Mundane, Catherine Rihoit, Janet Wolfe, Naomi Weisstein und Jesse Lemisch, Anselma dell Olio sowie Giovanni Russo. Ihre liebevolle Nähe half mir ungemein, mit meinen unbestimmten Angstgefühlen fertig zu werden. Meine Dankbarkeit kennt keine Grenzen. Welche Großzügigkeit drückt sich darin aus, daß sie mir ihr Herz und ihr Haus öffneten!

Ich schloß in Europa enge Freundschaften mit zahlreichen Frauen, besonders mit Delphine Seyrig. Sie war eine große Feministin und Schauspielerin. Am bekanntesten wurde sie durch die Hauptrolle in *Letztes Jahr in Marien-bad*, wo sie eine geheimnisvolle Femme fatale spielte.

Wir lernten uns im Palais de Tokyo in Paris kennen, wo sie eine Gesprächsrunde über den *Hite-Report. Frauen & Liebe* moderierte, die unter der Schirmherrschaft des von ihr geleiteten Centre Audiovisuel Simone de Beauvoir stand. Das war der Anfang unserer Freundschaft. Sowie wir uns etwas näher kannten, schlug ich ihr vor, gemeinsam ein Schauspiel über Madame de Pompadour zu schreiben. Ich war seit langem davon überzeugt, daß die Pompadour zu Unrecht nur als Mätresse in die Geschichtsschreibung eingegangen ist. Delphine erklärte sich bereit, die Rolle der Pompadour zu übernehmen. Sie wollte aber auch unbedingt Calamity Jane, das amerikanische Cowgirl aus dem neunzehnten Jahrhundert, spielen, da sie das Buch *Calamity Jane's Letters to her Daughter* besaß.

Calamity Jane, auf deren Geschichte das berühmte amerikanische Musical *Annie Get Your Gun* beruht, war mit Wild Bill Hickok verheiratet. Wie er ritt sie in Rodeos und konnte zudem noch besser schießen. Sie hatten eine Tochter, ließen sich dann aber scheiden oder trennten sich, und er behielt das kleine Mädchen. So kam es, daß Calamity Jane ihrem Kind einige rührende Briefe schrieb, die sie nie abschickte und die in ihrem Nachlaß gefunden wurden.

Das Projekt hätte mich begeistern sollen, denn Calamity Jane war schließlich eine amerikanische Frau aus der Pionierzeit. Doch ich bin und bleibe ein Snob; und da ich französische Geschichte studiert habe, lag mir mehr an der Pompadour. In meinen Augen war sie die bedeutendere Frau. Ich hielt ihren Kampf und ihr Opfer für ebenso ergreifend wie das der Calamity Jane. Mir gefiel die interessante

Kombination von Femme fatale und Aktivistin. Ich fand, daß die Pompadour eine sehr moderne Frauengestalt war, und sah in Delphine (und durch die Verbindung von Sex und Politik in meinem Leben ansatzweise auch in mir) ihre zeitgenössische Verkörperung. Also machten wir uns an die Arbeit. Durch Delphine lernte ich viele französische Feministinnen und Frauen aus der Kulturszene kennen, unter anderem Catherine Deneuve. Delphine schenkte mir Briefe und Notizen von Simone de Beauvoir (ihrer Freundin, die kurz zuvor gestorben war). Unser Projekt wurde nie vollendet, da Delphine an Brustkrebs erkrankte. Für viele von uns war ihr Tod ein großer Verlust, und wir empfanden eine tiefe, unvergängliche Trauer.

Allmählich verebbte die Angst, die aufgrund der Erlebnisse in den Vereinigten Staaten in mir steckte. Allerdings gab ich nach wie vor nur selten meinen wirklichen Aufenthaltsort preis und lud kaum jemanden zu mir nach Hause ein. Fred und ich hatten sowohl einen offiziellen als auch einen unbekannten Wohnsitz. Darin spiegelt sich das Ausmaß des Traumas wider, das mir die Medienkonzerne zugefügt hatten.

Drei Dinge halfen mir durch diese Zeit: Friedrichs Stabilität, seine gute Laune und erotische Ausstrahlung, die intellektuelle Herausforderung meiner Arbeit und, etwas später, die Fotos, die meine Freundin Iris Brosch von mir machte. Sie gaben mir die Möglichkeit, meine Persönlichkeit neu zu definieren und zu entfalten.

Während ich durch die Lande zog und nicht mehr wußte, wo mir der Kopf stand, schrieb ich eine politische Satire, den autobiographischen Roman *Fliegen mit Jupiter*,

338

in dem es um mein Lebensziel geht. Für mich sind meine politischen Überzeugungen Bestandteil meiner Seele, meine Herzenswünsche für die Welt.

Ich setzte mich in satirischer Form mit meiner Lage auseinander, weil ich entfliehen, mich des Lebens freuen, lachen wollte. Meine Gedanken waren düster, wenn auch realistisch. Doch warum mußte ich unbedingt realistisch sein?

Die Hauptfigur, mein sprechender Hundefreund Jupiter, darf mich in den Himmel mitnehmen. Dort beraten mich verschiedene Koryphäen – Marx, Lenin, Kleopatra, George Orwell, Gertrude Stein und Hitler – über die Möglichkeiten gesellschaftlicher Veränderungen und stellen ihrerseits Vermutungen darüber an, wohin die Reise der Erde geht.

Das Schreiben von *Fliegen mit Jupiter* machte mir viel Spaß. Ich versuchte, möglichst frei zu sein, möglichst viel von mir hineinzulegen und jeden Bereich meines Lebens mit einzubeziehen, den intellektuellen wie den seelischen und den sexuellen.

Man sagt, weibliche Autobiographien wiesen häufig Risse auf, die Realität sei gespalten dargestellt. Das trifft in der Tat auf viele Frauen zu, denn in ihrem Leben sind die Bereiche des Verstandes und des Körpers voneinander abgegrenzt. Frauen werden nicht als eine Einheit gesehen, die sich aus beidem zusammensetzt. Deshalb fällt es ihnen schwer, beides wiederzugeben.

In *Fliegen mit Jupiter* habe ich versucht, das Persönliche und das Politische zu vereinen und dem berühmten feministischen Slogan gerecht zu werden. Deshalb müßte *Fliegen mit Jupiter* politisch völlig korrekt sein. Aber das werde ich wohl doch nicht erreicht haben ...

Ob man es glaubt oder nicht, das Buch erschien zuerst in Spanien und erhielt gute Kritiken. Dann folgte Deutschland, wo es noch besser besprochen wurde, und schließlich kam es in England heraus. Das war in den Jahren 1992, 1993 und 1994. In den Vereinigten Staaten wurde es von einem kleinen Verlag in einer winzigen Auflage veröffentlicht.

Friedrichs und mein Privatleben stand ganz im Zeichen der Ereignisse von 1987/88, des Abschieds von den Vereinigten Staaten und der zahlreichen Reisen.

Es ist eine Sache, sich im Zerrspiegel der Medien nicht wiederzuerkennen; hinter den Worten auf dem Papier die klammen Hände spüren, die nach deiner Kehle tasten; immer wieder die Beschreibung deines Körpers, die scheinbaren Liebkosungen, über dich ergehen zu lassen und zwischen den Zeilen als »unecht«, »oberflächlich« und »billig« abgestempelt zu werden. (In Wahrheit ist die Mentalität der Journalisten und Redakteure billig, die dergleichen schreiben und veröffentlichen.)

Doch es ist eine ganz andere Sache, mit jemandem verheiratet zu sein, auf den diese Klischees immer wieder öffentlich (und im Flüsterton auch privat) angewendet werden, und sich nie darüber zu beklagen; sich nur über die Leute zu beschweren, die derlei schreiben, nie das Opfer zu beschuldigen, es habe die Attacken irgendwie herausgefordert oder verursacht.

Jemand, der das leistet, ist wahrlich ein großer Mensch. Doch Friedrichs Größe ist auch in seiner Musik zu hören, wenn weitere Beweise nötig sein sollten.

Andererseits setzten uns die Ereignisse doch ein wenig zu! Wir mußten ein neues Leben aufbauen. Allmählich bewegte sich Friedrich in Richtung Deutschland, seiner musikalischen und nationalen Heimat. Ich brauchte ein eigenes Zimmer (à la Virginia Woolf – kitschig, aber wahr) und konnte nicht länger von einer Stadt zur anderen ziehen. Ich mußte einen neuen Standort finden, an dem ich schreiben und publizieren konnte.

Während wir uns den neuen Lebensumständen anzupassen versuchten, kam es zu Spannungen und Auseinandersetzungen, die mit Zeiten der Leidenschaft abwechselten. Unser Leben mag grandios gewesen sein, aber es war nicht gerade ein normales Leben!

Friedrich hatte mich während der letzten Jahre in den Vereinigten Staaten emotional und intellektuell gestützt, doch nun hinterließen unsere finanziellen Sorgen erste Spuren. Wir stritten uns wegen Kleinigkeiten. Ich saß täglich zwölf bis vierzehn Stunden am Schreibtisch, um die finanziellen Verluste und den Schaden, den mein Ruf genommen hatte, wettzumachen. Für ein Privatleben blieb mir nicht mehr viel Zeit. Friedrich mußte an seine Karriere denken, die er vernachlässigt hatte, um die Angriffe auf mich abzuwehren. Nachdem er jahrelang ein Wunderkind gewesen war, versuchte er jetzt, ein normaler Mensch zu sein. Er mußte musikalische Kontakte in Deutschland aufbauen, um seinen Ruf als Pianist zu festigen.

Wir hielten es für besser, uns für eine Weile zu trennen und wieder von vorn anzufangen.

Obwohl man mir Freundschaft und Liebe entgegenbrachte und ich neue Verträge abschloß, fiel mir das Schreiben des neuen Reports nicht leicht. Ich war noch immer von tiefer Angst erfüllt, aber meine trostlosen Gedanken konnte ich nur meinem Tagebuch, Fred oder Jesse, Naomi und Janet anvertrauen. Doch ich wollte meine Freundinnen nicht beunruhigen und hielt mich zurück. Und obendrein mußte ich jeden Groschen umdrehen.

1990, in meinem ersten »Exiljahr«, torkelte ich wie eine Betrunkene durch die Welt (dabei trinke ich nicht) und versuchte, wieder Fuß zu fassen. Kurz darauf schrieb ich in mein Tagebuch: »In letzter Zeit fühle ich mich oft wie ein politischer Flüchtling . . .« Klingt der Vergleich lächerlich, da er sich auf eine Frau bezieht, deren einziges Verbrechen darin besteht, der Frauenbewegung anzugehören? Für manche bestimmt, doch anderen wird er die Augen öffnen.

Es dauerte über zwei Jahre, bis meine Lippen diese Worte bilden konnten. Aber ich schreibe sie nur. Ich habe sie gefühlt und gedacht, doch bisher fehlt mir der Mut, sie laut auszusprechen.

Inzwischen allerdings, nachdem Richter Thomas trotz Anita Hills mutiger Aussage zum Mitglied des Supreme Court der Vereinigten Staaten ernannt wurde und dieser Gerichtshof seine Entscheidung zur Abtreibung gefällt hat, sind die Zusammenhänge und die Bedeutung der Verunglimpfungskampagne gegen mich klarer geworden. Der Angriff auf mich war politischer Natur, Teil des heimlichen Krieges gegen die amerikanischen Frauen, wie Susan Faludi ihn beschrieb.

Mehrere Jahre hindurch hatte ich das Gefühl, nirgendwo für längere Zeit leben zu können. Unbehagen befiel mich, sobald ich anfing, Wurzeln zu schlagen. Ich wagte nicht, ein eigenes Heim aufzubauen, weil ich das Gefühl hatte, daß irgendein mir unbekannter Reporter es entdecken und wieder zerstören könnte. In manchen Nächten konnte ich kaum schlafen, weil mich Alpträume quälten. In meinem Kopf kreisten von Zeit zu Zeit die Schimpftiraden, mit denen man mich überschüttet hatte.

Ich hatte das Gefühl, fortlaufen zu müssen, weil ich die Ereignisse nicht durchschaute und die Phantome, die hinter der Schmutzkampagne standen, nicht zu fassen bekam. Wo immer ich lebte, es war nie mein Zuhause, sondern stets eine vorläufige Bleibe, ein kurzer Halt – auf dem Weg wohin? Meine Möbel blieben eingelagert. Einmal gab ich mich dem Tagtraum hin, alles zu holen und ein neues Heim zu gründen. Doch dann hatte ich zu große Angst, »sie« (die Reporter?) würden mich finden und alles vernichten.

In gewisser Hinsicht identifiziere ich mich mit Salman Rushdie. Seine Situation ist allerdings weniger rätselhaft, denn die arabischen Fundamentalisten haben ihre Drohungen in aller Öffentlichkeit ausgestoßen. Im Westen arbeitet man statt dessen, vor allem, wenn es sich um Frauen handelt, mit der Waffe der Lächerlichkeit. Man beschimpft sie als »verrückt« oder »neurotisch«, um sie loszuwerden, wenn sie den Mund zu weit aufmachen. Die abgedroschensten Anschuldigungen reichen aus, um eine Frau finanziell zu ruinieren und ihre Glaubwürdigkeit zu untergraben.

Sind meine Bücher denn eine Kriegserklärung? Was mache ich anderes, als meine Auffassung zu vertreten und die Meinungen von Tausenden anderen Frauen vorzulegen? Der Feminismus arbeitet friedlich auf die Änderung der gesellschaftlichen Verhältnisse hin, doch die Kampagne gegen den Feminismus ist nicht friedlich. Sie erfolgt unter dem Deckmantel der Anonymität. Eine Kriegserklärung ist bisher nicht erfolgt; die Angreifer bleiben unsichtbar

343

und behaupten obendrein, niemanden zu attackieren. Sie sind im Gegensatz zu feministischen Schriftstellerinnen nicht verwundbar.

Die Auseinandersetzung begann, als die Demokratie die Frauen unterdrückte, statt sie zu gleichberechtigten Mitgliedern der Gesellschaft zu machen. Ich habe oft mit Andrea Dworkin darüber diskutiert, ob es besser sei, unseren Kampf offen oder versteckt zu führen. Wir gelangten zu keinem Ergebnis.

Es war eine denkwürdige Erfahrung, die Reden vom Parteitag der Republikaner 1992 im britischen Fernsehen bei meiner Freundin Joanna mitzuerleben; dabei ging es um die neuerliche Nominierung von George Bush zum Präsidentschaftskandidaten. Die rechten Fundamentalisten nahmen kein Blatt vor den Mund. Ich saß mit meiner Freundin Joanna im Wohnzimmer auf der Couch, trug dicke afghanische Socken, und sie hatte ihre köstliche Brille auf. Patrick Buchanan steigerte sich zum Crescendo und verkündete mit erhobener Faust: »Der wahre Feind, den wir nun besiegen müssen, ist der radikale Feminismus.«

Joanna und ich waren sprachlos. Damit waren wir gemeint oder zumindest ich. England hatte so sicher gewirkt, und doch war Buchanan hier, in unserem Wohnzimmer, in der Intimität des Abends, bedrohte uns und hetzte seine Anhänger gegen uns auf. Immerhin machte er keinen Hehl aus seinen Plänen. Er gab offen zu, daß gegen den Feminismus oder gegen das, was er dafür hielt, ein Krieg geführt wird.

In den Jahren 1991 bis 1993 überkam mich oft ein Ekelgefühl, sobald ich zu schreiben versuchte. Die Kehle war mir wie zugeschnürt, als wolle mich jemand erwürgen. Die

344

Worte erstickten mich. In mir gefangen, nahmen sie mir die Luft. Jemand schien mich vom Sprechen und Schreiben abzuhalten. Ich fragte mich, was los sei. Ich war mir nicht mehr sicher, ob alles nur Einbildung war, ob ich übertrieb oder ob ich mein Problem überhaupt im richtigen Zusammenhang sah. Meine Schreibhemmung mußte aus der Furcht vor den Angriffen geboren sein, die ich durch meine eigene Feder auslösen konnte.

Ob sich Terror und politische Unterdrückung in anderen Ländern genauso auswirken?

Zu jener Zeit erklärte ein Verleger Lionel von dem Knesebeck, meinem Agenten in Deutschland: »Sagen Sie ihr, sie soll mit dem Schreiben aufhören!« Joni Evans, ein anderer Verleger, hatte zwei Jahre zuvor Irving Lazar am Telefon angeschrien: »Dieser Verlag wird nie wieder ein Buch von Shere Hite herausbringen; gleichgültig ob Sachbuch oder Roman. Niemals.« Klick. Er hatte den Hörer aufgelegt. Und Joni Evans war Lazars Freund.

Stand ich auf einer schwarzen Liste?

Es kann einfach nicht wahr sein, daß die großartige amerikanische Demokratie, der Idealismus und die Hoffnungen nur leere Worte sind. Das will ich nicht akzeptieren. Amerika hat zwar Hexenjagden und Zeiten extremer sozialer Kontrolle erlebt und mit Leidenschaft internationale Kriege geführt, doch das ist nicht sein einziges Gesicht. Es gibt die Redensart: »Das ist Amerika, so was kann man hier nicht machen!« Aus ihr spricht die Überzeugung, daß die amerikanische Gesellschaft auf Gerechtigkeit und Fairneß aufgebaut ist. Ich möchte auf der Seite der Idealisten meines Landes kämpfen.

Vielleicht bin ich eine Närrin. Andererseits ist es möglich, daß nicht nur ich als Individuum, sondern auch die amerikanische Nation als Ganzes eine Identitätskrise durchmacht – wie England nach dem Verlust des Empire oder Deutschland nach den Niederlagen im Ersten und Zweiten Weltkrieg. Das wäre eine Erklärung für die gegenwärtige reaktionäre Stimmung, das Rufen nach einem Robespierre oder Danton.

Wir Amerikaner neigen zu der Auffassung, unser Land sei im Zweiten Weltkrieg und in den fünfziger Jahren großartig gewesen. Wir meinen, das »amerikanische Jahrhundert« werde ewig währen, da Gott es so bestimmt habe; daß wir ein Recht hätten, unser politisches System weltweit zu verbreiten, da es besser und aufgeklärter als alle anderen sei. Der Rest der Welt könne sich glücklich schätzen, wenn wir Licht in seine Dunkelheit brächten!

War es naiv, daß ich annahm, in meinem eigenen Land über die Lebensbedingungen der Frau sprechen zu können? Durfte ich etwa nicht darauf hinweisen, daß die Frauen im Namen der Liebe seelisch mißhandelt werden? Daß sie im Begriff sind, sich selbst und die Liebe neu, und zwar positiv, zu definieren? Daß dies den Frauen wie der Gesellschaft nützen werde?

War es verboten, für die emotionale Mißhandlung der Frauen nicht die sogenannte menschliche Natur, sondern die gesellschaftlichen Bedingungen verantwortlich zu machen? Durfte ich nicht darauf hinweisen, daß die Verhältnisse veränderbar, ein anderes Wertesystem und sogar ein anderes Gesellschaftssystem denkbar seien? Anscheinend nicht.

Hatte ich eventuell patriotische Scheuklappen getra-

346

gen, ohne mir dessen bewußt zu sein, und die imperialistische Seite meines eigenen Landes nicht wahrgenommen? Hatte ich das entschuldigt, was viele Bürger seit langem kritisieren, und nicht begriffen, daß unser Lebensstandard auf der wirtschaftlichen Ausbeutung anderer Länder beruht?

Durchschaute ich die Mechanismen erst, als ich selbst ihr Opfer wurde?

Das könnte teilweise zutreffen. Ein Land ist wie eine Familie. Der einzelne ist dem äußerst subtilen Druck ausgesetzt, »Verständnis zu zeigen«, »das Gute zu sehen«, »nicht so kritisch zu sein«, »an der Verbesserung der Verhältnisse zu arbeiten« und so weiter. Und er beugt sich dem Druck, weil er die Liebe, die ihm entgegengebracht wird, nicht verlieren will.

Ich möchte meinen Traum von Amerika nicht aufgeben. Die edlen Ideale von Gleichheit, Brüderlichkeit und Freundschaft zwischen den Menschen sind Werte, deren Erfüllung anzustreben sich lohnt.

Doch auch die USA treiben Menschen ins Exil. Da unser Land viele Flüchtlinge aus aller Welt aufnimmt, fällt uns die Vorstellung schwer, daß auch wir Menschen zur Ausreise zwingen. Dabei gibt es dafür unter den amerikanischen Schriftstellern, Künstlern und Intellektuellen viele Beispiele, etwa Gertrude Stein, Charlie Chaplin, T. S. Eliot, F. Scott Fitzgerald, Josephine Baker, James Baldwin und die Grimké-Schwestern, Feministinnen aus dem neunzehnten Jahrhundert. Wir können Kritik an unseren eigenen gesellschaftlichen Institutionen und Bräuchen nur schwer verkraften. Jedes Land der Welt durchläuft Phasen, in denen es für fremde Ideen unzugänglich ist. In den Vereinigten

Staaten bilden wir uns jedoch ein, dergleichen werde bei uns nicht passieren, gleichgültig, was Amnesty International oder andere über uns sagen.

Auch für mich wurde es unmöglich, in den Vereinigten Staaten zu leben und produktiv zu arbeiten. Man verfolgte mich politisch und materiell wegen meiner Überzeugungen und meines Eintretens für die Rechte der Frau. Susan Faludi nannte das Phänomen des versteckten Kampfes gegen die Frauen »den Gegenschlag«. Ich bekam ihn mit voller Wucht zu spüren.

Es wird behauptet, die Vertreter des neuen amerikanischen Kongresses sowie die Patrick Buchanan nahestehende Christian Coalition fühlten sich als enterbte Prinzen. Sie seien in dem Glauben aufgewachsen, die Welt gehöre ihnen, wenn sie nur ihre Verbindungen spielen ließen. Genau das klappe nun nicht mehr, und erzürnt wollten sie beweisen, daß sie noch die Herren im Haus seien.

Doch Amerika und die anderen Demokratien könnten wahrlich Besseres leisten. Wir könnten uns um die Verwirklichung einer Gesellschaft bemühen, in der Gleichheit herrscht, die auf Gewalttätigkeit und Aggressivität verzichtet und ein harmonisches Verhältnis zu den übrigen Nationen anstrebt.

Es ist besonders schwierig, über völlig normale Empfindungen zu schreiben. Ich lebte noch drei Jahre nach Verlassen der USA mit einem Restgefühl des Terrors. Ich zog Bilanz und dachte über meine Wertvorstellungen und den Sinn meines Lebens nach. Trotz meiner Ängste, zu denen auch Gesundheitsprobleme kamen, war ich in der Lage, meine anstrengende Arbeit fortzusetzen. Der Außenwelt

348

und meinen Freunden gegenüber versuchte ich so normal wie möglich zu erscheinen, damit sich niemand von mir fernhielt. Außerdem wollte ich vermeiden, daß sich meine Freunde schuldig fühlten, weil sie nichts an der Situation ändern konnten.

1993 war ich über den Berg. Das verdankte ich der veränderten Atmosphäre, den neuen Freunden und Kollegen, den intellektuellen Anregungen und, wie stets, dem Zusammensein mit Friedrich.

1993/94 veröffentlichte ich nicht weniger als drei Bücher! Den Roman *Jupiter*, den Essayband *Women as Revolutionary Agents of Change*, der aus meinen drei bisherigen Untersuchungen zusammengestellt und mit neuem Material angereichert war, sowie den *Hite-Report. Erotik und Sexualität in der Familie*. Es war mein vierter Report.

Die Essaysammlung erschien bei zwei Verlagen. Ich muß zugeben, daß ich es sehr befriedigend fand, meine Theorien in einem Band veröffentlicht zu sehen. Meine Genugtuung war emotionaler, nicht finanzieller Art. Hier ist die Rede von Prestige! Am wunderbarsten war es, daß einer der beiden Verlage ein amerikanischer Wissenschaftsverlag war! Denn ich wollte ein Publikum erreichen, das meine Arbeit verstand, und den Medienzirkus vermeiden. Gewiß verstehen auch andere Leser meine Arbeit – für sie schreibe ich meine Bücher schließlich –, aber ich wollte nicht wieder mit den Massenmedien zu tun haben. Die University of Wisconsin Press bleibt wahrscheinlich für den Rest meines Lebens mein Lieblingsverlag.

Sieben Jahre nach der Verunglimpfungskampagne stellte ich bei der Durchsicht meiner (mageren) Tantiemenabrechnungen fest, wie großartig die Verkaufsziffern meiner

Bücher waren! Von *Frauen & Liebe* hatte man trotz der Hetzkampagne weltweit Millionen von Exemplaren verkauft, einschließlich einer Million in den Vereinigten Staaten. Das Buch war regelmäßig in vielen Sprachen wiederaufgelegt worden, und allein in Deutschland wurde fast eine Million Bücher abgesetzt. Ähnliches galt auch für die anderen Hite-Reports. (Hierbei dreht es sich jedoch um Massenausgaben. Man denke ja nicht, daß mir das Geld ebenfalls massenweise zufließt!) Ich bin froh darüber, daß noch immer so viele Menschen meine Bücher lesen. Sie müssen ihnen gefallen!

Die Recherchen zum *Hite-Report. Erotik und Sexualität in der Familie* nahmen mich völlig in Anspruch. Ich untersuchte, wie es zum geschlechtsspezifischen Rollenverständnis und der geschlechtsspezifischen Sichtweise kommt, das heißt, wie die sogenannte menschliche Natur von der Gesellschaft geformt wird. Die Studie war der Höhepunkt meiner langjährigen Forschungstätigkeit; sie baute auf meiner gesamten vorherigen Arbeit auf.

Sie erschien zum richtigen Zeitpunkt, denn 1994 war die ganze Welt in eine Auseinandersetzung mit mittelalterlich fundamentalistischem Gedankengut verwickelt, mit der Forderung nach der »Wiederbelebung der alten Werte«. Es gab jedoch nur sehr wenige seriöse Untersuchungen zu den Werten und Normen der Familie. Und nun lag meine Studie vor.

Der *Hite-Report. Erotik und Sexualität in der Familie* wendet sich gegen den Fundamentalismus, der auf einer reproduktiven Familie mit einem Mann an der Spitze besteht. Die Studie zeigt die Fortschritte in der Demokratisierung des Familienlebens auf, die auf den Prinzipien von

350

Gerechtigkeit und Gleichheit zwischen Familienmitgliedern beruhen. Dadurch wurde auch dieses Buch zum Gegenstand politischer Diskussionen, die zum Glück einen anderen Verlauf nahmen als in der Vergangenheit.

Der vierte Hite-Report entwirft ein neues Bild der Kindheit. Er hinterfragt die Identität, die uns als Kindern gegeben wird. Jungen und Mädchen, Frauen und Männer im Alter von acht bis achtunddreißig Jahren beschreiben auf bewegende Weise ihre Gefühle und Erfahrungen. Neunzig Prozent der Befragten wuchsen in den vergangenen fünfundzwanzig Jahren auf, die von der Debatte über das veränderte Selbstverständnis der Geschlechter und die Veränderungen in der Familienstruktur geprägt waren.

Die Kindheitstheorien des zwanzigsten Jahrhunderts werden von Freuds Auffassung bestimmt, die auf das Geschlechtliche fixiert ist. Freud arbeitete mit so falschen Begriffen wie dem Penisneid, um die Unzufriedenheit der Frau über ihre Unterdrückung und Ungleichheit zu beschreiben; mit dem Glauben, daß die Mädchen in der Pubertät ihre Gefühle von der Klitoris zur Vagina transferieren sollten, um »reife Orgasmen« zu haben; mit der Ansicht, daß Jungen, die ihre Mutter lieben, einen Ödipuskomplex haben – was eine bemerkenswert negative Sicht der Sohnesliebe ist –, und auch mit der Meinung, daß die Männer von Natur aus aggressiver seien und wegen der »biologischen, hormonellen Veränderung in der Pubertät« eine dominierende Rolle anstrebten.

Die Theorien Freuds und seiner Nachfolger wurden in Frage gestellt, da sich in ihnen nur die systembedingte psychosexuelle Persönlichkeit abzeichnet. Vielleicht hätte Freud seiner Arbeit eine umfangreichere oder interkulturelle Stichprobe zugrunde legen sollen. Viel interessanter als seine negativen Interpretationen sind die individuellen Empfindungen und sexuellen Gefühle der Kinder und jungen Erwachsenen, wie sie aus den Antworten auf meine Fragen über sie selbst, ihren Körper, ihre Eltern und ihre Freunde hervorgehen.

In dem von ihnen gelieferten Material zeichnen sich bisher unbekannte Stadien und psychologische Wendepunkte ab. *Erotik und Sexualität in der Familie* stellt die Pubertät als Kategorie in Zweifel. Für die Mädchen ist die Pubertät keineswegs die Zeit des sexuellen Erwachens. Während die meisten Jungen erst im Alter von zehn bis zwölf Jahren bis zur Ejakulation onanieren, masturbieren Mädchen viel früher. Fast die Hälfte beginnt im Alter von fünf bis sieben Jahren. Somit ist die Pubertät für die Mädchen keine Zeit des sexuellen Erwachens, sondern ein Wandel im Fortpflanzungsstatus.

Freud entwarf seine Theorie von der weiblichen Pubertät nach dem männlichen Modell. Doch seine Ideen entsprechen nicht den Tatsachen: Der männliche Identitätswechsel (»Bleib nicht immer zu Hause, häng nicht am Schürzenzipfel deiner Mutter, geh raus und spiele, sei kein Weichling, treibe Sport«) erfolgt unter dem Druck der patriarchalen Gesellschaft, nicht infolge von Hormonen. Freud maß der Pubertät eine zu große Bedeutung bei. Er orientierte sich an den Fortpflanzungsmodellen des Patriarchats und behauptete, sie seien biologisch/psychologisch bedingt.

Am meisten überrascht wohl die Intensität des Schmerzes, von dem die Jungen im Zusammenhang mit ihrem Entwurzelungsprozeß berichten. Ihre neue Identifikation mit der Männerwelt wird von der »Erkenntnis« begleitet, daß die Frau dem Mann unterlegen und doch auch Objekt seines sexuellen Begehrens sei.

Kurz, die Pubertät ist deshalb bemerkenswert, weil sie eine Zeit der ideologischen Pflichten ist, die die Kinder auf sich nehmen müssen, weil sie die Fortpflanzungsfähigkeit erreicht haben. Es ist eine Phase, in der die kindliche Loyalität von der Mutter auf den Vater und somit auf das System des Vaterrechts transferiert wird. Die Gesellschaft fordert den Loyalitätswechsel, der das Erwachsensein des jungen Menschen signalisiert.

Viele Menschen leben eine Teilversion ihres Selbst, die für die Öffentlichkeit bestimmt ist. Sie führen das von ihnen erwartete Verhalten vor, doch in ihrem Innern wuchert ein Dickicht aus Freude, Angst, Liebe und Schmerz.

Auf dem Gebiet der psychosexuellen Entwicklung zeigt der *Hite-Report. Erotik und Sexualität in der Familie*, daß unsere Vorstellungen von der kindlichen wie auch der eigenen Persönlichkeit falsch sind. Wer sind wir, bevor wir durch die Brille der Gesellschaft angeblich richtig sehen lernen und unsere eigenen Gefühle bezweifeln?

In der Pubertät verlangt die Gesellschaft, daß sich die Kinder von der Mutter ab- und dem Vater sowie dem System des Vaterrechts zuwenden. Somit werden biologische Entwicklungen zum Vorwand dafür genommen, unseren Kindern ideologisch begründete Verhaltensweisen aufzuzwingen.

Die schwerste Krise im Leben der Jungen spielt sich während der Pubertät ab. Gleichzeitig werden sie von der Gesellschaft unter Druck gesetzt: Sie sollen beim Sport zeigen, daß sie keine Weichlinge sind, sich von den Mädchen fernhalten und nicht an Mutters Rockzipfel hängen. Daraus entwickelt sich eine Haßliebe zur Mutter und zu Frauen. Ödipus will lieben, doch er muß alles Weibliche meiden, sich dafür blind machen. Deshalb fühlen sich Männer, wenn sie sich in eine Frau verlieben, innerlich zerrissen und streben nach sexueller und emotionaler Dominanz. Der Ödipuskomplex ist ein relativ neuer Begriff, was andeutet, daß der Loyalitätstransfer von der Mutter auf den Vater wichtiger genommen wird.

Die aktuelle Kampagne für die »Werte der Familie« ist in Wahrheit alles andere als der Versuch, die Sympathiebeziehungen im Familienverband zu bewahren und zu fördern. Es geht vielmehr darum, die hierarchische Familienstruktur mit dem Vater als Oberhaupt zu retten.

Die gegenwärtige Krise der Familie als Institution, wie sie unter anderem in den hohen Scheidungsraten zum Ausdruck kommt, ist ein Zeichen des gesellschaftlichen Wandels und nicht des Zusammenbruchs unserer Kultur. Sie ist Ausdruck der Demokratisierung einer Institution, die nie demokratisch war, obwohl wir im politischen Bereich seit langem die Bedeutung der Gleichheit erkannt haben. Die Umwandlung der gesellschaftlichen Infrastruktur kann nur Gutes bewirken. Sie wird eine neue, fortschrittlichere Form der politischen Demokratie hervorbringen, in der die Aggression eine geringere Rolle spielt. Sie wird bessere Voraussetzungen für Toleranz und Zusammenarbeit und deshalb auch für eine multikulturelle Weltgemeinschaft bieten.

Das gute Verhältnis zwischen Mutter und Tochter wird vom Patriarchat ebenfalls zerstört. Mütter und Töchter sind keine natürlichen Feindinnen (die um den Vater wetteifern, wie Freud meinte), sondern natürliche Freundinnen, denen vieles gemeinsam ist. Ihre Beziehung muß jedoch zerbrochen werden, damit der Fortbestand des Patriarchats garantiert und den Männern alle Macht und Aufmerksamkeit zuteil wird. Wäre das Mißtrauen unter den Frauen geringer, würden sie einander ebenso häufig helfen, wie sie die Männer unterstützen. Die Vorbehalte, die Frauen gegenüber Geschlechtsgenossinnen haben, sind wie die Doppelmoral ein Markenzeichen der patriarchalischen psychologischen Konditionierung.

Die psychosexuelle Identität von Jungen und Mädchen wird von ihrem Verhältnis zur Mutter und von der Forderung der Gesellschaft bestimmt, diese Beziehung in der Pubertät zu verleugnen.

Die archetypische heilige Familie kennt keine Tochter. Und die heilige Familie ist unser Modell für die fortpflanzungswillige Familie schlechthin. Welches Rollenvorbild steht den Mädchen zur Verfügung? Auf dem europäischen Festland die ungezähmte Pippi Langstrumpf, in Amerika die mutige Dorothy aus *Das zauberhafte Land/ Der Zauberer von Oz* oder in Großbritannien die neugierige Alice aus *Alice im Wunderland*? Alle drei sind unternehmungslustige Mädchen. Ist das Fehlen eines solchen Vorbildes im realen Leben der Grund für die Faszination, die derartige Heldinnen in der Kinderbuchliteratur und im Film ausüben?

Ein weiteres unsichtbares Drama, das sich in der Seele des Kindes abspielt, ist der Loyalitätskonflikt. Die meisten Beziehungen werden laut den Kindern in meiner Studie und in anderen Statistiken von geschlechtsspezifischem Rollenverhalten geprägt. Die Mehrzahl der Männer macht keine Hausarbeit und behandelt die nicht berufstätige Frau herablassend, wohingegen die Frau ihrem Mann mit übertriebenem Respekt, Gehorsam und selbst Furcht begegnet.

Für die Kinder wäre es oftmals besser, von nur einem Elternteil erzogen zu werden als von zwei Eltern mit ungleichen Rechten. Die Kinder in meiner Studie äußerten immer wieder, daß sie es als Belastung empfanden, Partei ergreifen oder dem schwächeren Elternteil helfen zu müssen, und daß sie sich selbst verachteten, wenn sie ihre Verwirrung nicht überwinden konnten.

Ein weiteres Problem für junge Menschen ist der Abbruch des Körperkontakts zwischen Eltern und Kindern. Körperkontakte sind etwas Natürliches. Warum muß der körperliche Ausdruck von Zuneigung so abrupt enden? Liebevolle Berührungen sind nicht nur sexuell, und erotische Komponenten brauchen nicht unmoralisch und bedenklich zu sein. Den Kindern sollte die körperliche Nähe nicht so früh entzogen werden.

Mädchen wird in jungen Jahren beigebracht, ihre sexuelle Identität mit einem Gefühl der Scham statt des Stolzes zu verbinden. Die erste Periode wird nicht gefeiert, und Dinge wie Masturbation, Menstruation oder sexuelle Empfindungen dürfen nicht erwähnt werden. Die sexuelle Anatomie der Mädchen ist wie die Evas mit Scham verbunden (»Halte deine Beine zusammen!« ist ein Befehl, den Mädchen zwischen drei und dreizehn Jahren häufig zu hören bekommen), und sexuelle Neugier ist ebenfalls etwas, dessen sie sich schämen müssen.

So entwickeln Mädchen eine gespaltene Persönlichkeit: Sie sind sowohl »brave Mädchen« als auch (insgeheim) sexuelle Wesen. Das führt zur Trennung von Geist und Körper, zum Klischee von Madonna und Hure.

Die Gesellschaft begeht – im Namen der familiären Liebe – ein Verbrechen an den Mädchen, denn auch sie haben ein Recht darauf, wild wie die Jungen zu sein. Die Wildheit ist ein Bestandteil ihrer Persönlichkeit, keine Phase, aus der sie herauswachsen sollten.

Freundschaften zwischen Mädchen sind besonders wichtig. Sie stärken die unterdrückte sexuelle Persönlichkeit.

Zusammenfassend wäre also zu sagen, daß der Hite-Report über die Sexualität in der Familie keine Beweise für einen durch die Pubertät bedingten sexuellen Wandel bei den Mädchen findet. So, wie die Frauen auch nach der Menopause (dem Ende der Fortpflanzungsfähigkeit) noch Orgasmen haben, genauso können Mädchen vor der Pubertät (dem Beginn der Fortpflanzungsfähigkeit) masturbieren und Orgasmen erleben. Also dürfte man die Pubertät bei den Mädchen nur als den Beginn der Fortpflanzungsfähigkeit, nicht als ein sexuelles Stadium bezeichnen. Selbst die Existenz intakter Hymen ist vielleicht statistisch gesehen ein Mythos.

Bei den Jungen hingegen erwacht die Sexualität tatsächlich erst in der Pubertät, da sie erst dann einen vollen Orgasmus erleben. Ihre Sexualität wird jedoch negativ besetzt, weil man ihnen beibringt, daß die Frau zwar ein Objekt der Begierde, jedoch minderwertig sei. Dadurch kommt es bei vielen Männern zu einer lebenslänglichen Verbindung von Sexualität und Schmerz.

Die Ergebnisse der Studie implizieren außerdem, daß die Heterosexualität keine biologische Norm ist. Sie scheint vielmehr gesellschaftlich bedingt zu sein. Freuds Theorie, das eine Geschlecht orientiere sich in der Pubertät automatisch zum anderen hin, wird durch nichts untermauert.

Die Beziehung zwischen Mutter und Tochter in der patriarchalischen Familie wird auf der tiefsten Ebene durchschnitten, weil man Gespräche über die Sexualität tabuisiert. Infolgedessen wachsen die Mädchen mit dem Gefühl auf, daß sie den anderen – vor allem älteren – Frauen nicht trauen können. Die Töchter merken, daß die Mütter sehr viel mehr über die Sexualität wissen, als sie ihnen mitzuteilen bereit sind. Dadurch wird eine Gesellschaft geschaffen, in welcher die Frauen die Männer als nachsichtige, ihre Geschlechtsgenossinnen hingegen als strafende Wesen wahrnehmen.

Derzeit wandelt sich das Verhältnis zwischen Müttern und Töchtern. Die Auseinandersetzungen sind noch nicht ganz beendet, aber langsam entstehen neue Beziehungen.

Die patriarchalische Familie konditioniert ihre Kinder dazu, die herrschenden Strukturen auch in Zukunft beizubehalten. Es sind nämlich automatisch immer Männer, die an die Spitze von Familie und Gesellschaft gestellt werden.

Der Einfluß der biologischen Eltern führt dazu, daß die Kinder Autorität und Macht nicht in Zweifel ziehen, sondern mit dem Gefühl leben, sie sollten mit den Verhältnissen zufrieden sein, weil man gegen die Herrschenden nichts unternehmen kann. Und dennoch erwarten wir, daß diese Kinder mündige Bürger werden und diejenigen, die an der Macht sind, bei jeder Wahl in Frage stellen. Die autoritäre Familie ist weder gut für die Demokratie noch mit ihr vereinbar.

Diese Überlegungen wurden in Deutschland, Schweden, Holland, Japan, Spanien, England, Kanada, Australien, Schottland und anderen Ländern recht positiv aufgenommen, natürlich nicht in der arabischen Welt und erst verspätet in den Vereinigten Staaten.

Die Veröffentlichung des *Hite-Report. Erotik und Sexualität in der Familie* fiel, wie bereits erwähnt, in ein politisches Klima der Rückbesinnung auf die »Werte der Familie«. Laut Statistik leben die meisten Menschen nicht mehr in der traditionellen Kernfamilie. Auch wenn Politiker es gern vereinfacht so darstellen, das ist nicht der Grund für die Probleme der westlichen Welt. Vielmehr spiegelt sich in dieser Veränderung die Demokratisierung des Privatlebens wider, die der politischen Demokratie frische Impulse geben wird.

Vielen Menschen ist meine Interpretation der gegenwärtigen gesellschaftlichen Situation eine Hilfe, vor allem angesichts des Vorwurfs, ein Leben, das sich nicht im Rahmen der traditionellen Familie abspiele, sei politisch nicht korrekt.

Hier und da versetzten mir die Rezensenten einen leichten Klaps (die alten Phrasen über meine Person und meine Methode, und jemand bemerkte, meine Kindheit sei wohl nicht »perfekt« gewesen, das erkläre alles); doch davon abgesehen wurde in einem Land nach dem anderen und in allen großen Zeitungen über meine Theorien diskutiert. Einige Politiker griffen sie auf, andere lehnten sie vehement ab. Sie wurden in das australische Parlamentsprotokoll aufgenommen, und im kanadischen Fernsehen galt meiner Studie die erste Meldung im Bericht zur Familie.

Der *Hite-Report. Erotik und Sexualität in der Familie* war in zehn Ländern ein großer Erfolg, wurde in den USA jedoch mit über einjähriger Verspätung veröffentlicht. Vorher hatten erst verschiedene berühmte Autoren dagegen protestieren müssen, daß das Buch in den Vereinigten Staaten nicht auf den Markt kam:

»Der *Hite-Report. Erotik und Sexualität in der Familie*, die neue bahnbrechende Studie der Forscherin Shere Hite, wäre ein wichtiger Beitrag zur gegenwärtigen Debatte über hohe Scheidungsraten und die ›Werte der Familie‹ in den Vereinigten Staaten. Leider können Sie dieses Buch in den USA nicht erwerben, obwohl es bereits in Australien, Kanada, Großbritannien, den Niederlanden und in Deutschland erschienen ist und positiv aufgenommen wurde. Die Tatsache, daß dieses Buch . . . den Lesern von dem amerikanischen Verlag vorenthalten wird, legt den Schluß nahe, daß der Kampf gegen den Feminismus noch lange nicht abgeschlossen ist.

    Phyllis Chester
    Naomi Weisstein
    Jesse Lemisch
    Barbara Seaman
    Barbara Ehrenreich
    Kate Millett
    Ruby Rohrlich
    Andrea Dworkin
    Gloria Steinem
    Susan Faludi
    Stephen J. Gould
    Christine Delphy.«

NBC Television strahlte einen fünfzehnminütigen Bericht über den neuesten Hite-Report aus, als das Buch in England erschien, und man fragte den amerikanischen Verlag, warum er es nicht veröffentlichen wolle. Der Fernsehstation gelang es nicht, eine Antwort zu erhalten, und man stellte die Studie wohlwollend vor. Außerdem informierten der Sender CNN, *People Magazine* und *The New York Times* Zuschauer und Leser über die Veröffentlichung des Reports in anderen Ländern.

Jennifer Gonnerman von *Ms. Magazine* analysierte die Situation folgendermaßen (September/Oktober 1994):

WER HAT ANGST VOR SHERE HITE?

Als Shere Hite entdeckte, daß Frauen allein bessere und häufigere Orgasmen haben als mit einem Partner, versuchte ein Chor zorniger Kritiker, sie zum Schweigen zu bringen. Heute, achtzehn Jahre später, sieht es tatsächlich so aus, als seien sie erfolgreich gewesen – zumindest in den Vereinigten Staaten.

1976 geriet Shere Hite durch ihren Report über die weibliche Sexualität in das Sperrfeuer der sexualpolitischen Debatte. Von den ersten drei Hite-Reports wurden in mindestens sechsunddreißig Ländern der Erde mehr als zwanzig Millionen Bücher verkauft. Doch trotz dieser Rekordzahlen hat Hite Schwierigkeiten, ihren neuesten Report in den USA zu veröffentlichen.

Vor etlichen Jahren erwarb Dutton von dem englischen Verlag Bloomsbury die amerikanischen Rechte am *Hite-Report. Erotik und Sexualität in der Familie*. Gegen Ende vergangenen Jahres kündigte Dutton die Publikation des Buches an, verzichtete jedoch einige Monate später aus redaktionellen Gründen darauf. Dutton und Bloomsbury verweigern jede Stellungnahme.

Wie die anderen Hite-Reports stützt sich auch dieser auf mehr als dreitausend Fragebögen, die in der Mehrzahl durch Zeitschriften und Organisationen verteilt wurden, unter anderem durch *Elle*, *Penthouse International*, den CVJM und verschiedene Studentenvereinigungen. Die Hälfte der Antworten kommt aus den Vereinigten Staaten und ein Großteil des Restes aus Westeuropa. In diesem vierten Report beantworten Männer und Frauen intime Fragen wie: »Haben Ihr Vater oder Ihre Mutter Pornographie angeschaut?« – »Wie empfinden Sie es, nur einen Elternteil zu haben?«

Das Ergebnis ist ein Buch voll provokanter Schlußfolgerungen: Männer, die von alleinstehenden Müttern aufgezogen wurden, haben ein besseres Verhältnis zu Frauen. Kinder respektieren ihre Mutter mehr, wenn diese alleinstehend und berufstätig ist, und sie fühlen sich isoliert, wenn sie gezwungen werden, allein zu schlafen (was Erwachsene noch nicht einmal von sich selbst verlangen). Zweiundsiebzig Prozent aller Jungen empfinden Angst und haben zwiespältige Gefühle, wenn sie spöttisch aufgefordert werden, endlich »ein Mann zu werden«. Die Mädchen entwickeln eine gespaltene Persönlichkeit – braves Mädchen und sexuelles Wesen – auch deshalb, weil die Eltern die sexuellen Experimente ihrer Töchter nicht zur Kenntnis nehmen. Hite kommt zu dem Schluß, daß die Veränderungen innerhalb der Familie, vor allem die gestiegenen Scheidungszahlen, keine Krise signalisieren. Vielmehr seien sie ein Beweis dafür, daß die Familie endlich demokratisiert werde. »Die Familie ist seit allzu langer Zeit eine repressive, autoritäre Institution«, schreibt Hite.

Seit Dutton das Buch aus seinem Programm strich, hat

sich kein anderer Verleger dafür interessiert. Hite meint dazu: »Es würde mich nicht wundern, wenn die Probleme bei der Veröffentlichung dieses Buches mit den Angriffen der Medien auf mich zu tun hätten.« Hite stand im Jahr 1987, als sie *Frauen & Liebe. Der neue Hite-Report* veröffentlichte, im Kreuzfeuer der Medien, denn sie hatte behauptet, daß die meisten Frauen mit ihren Beziehungen zu den Männern nicht zufrieden seien.

»*Frauen & Liebe* wurde in der Presse scheinbar wegen seiner Methodik angegriffen«, meinte Susan Faludi. »Doch bei genauerem Hinsehen entdeckt man, daß Hite angegriffen wurde, weil sie die Frustration und Wut der Frauen zum Ausdruck brachte, die in den achtziger Jahren in den Medien nicht zu Wort gekommen waren.«

Die gnadenlose Feindseligkeit der Medien veranlaßte Hite schließlich, ihre Koffer zu packen und nach Europa zu ziehen. »Ich habe das Gefühl, daß sie aus diesem Land verjagt wurde, und ich verstehe sie sehr gut, denn auch ich bin täglich auf dem Sprung«, meint die Schriftstellerin Andrea Dworkin. »Die Medien können einen fertigmachen. Ich halte Hites Ansatz für brillant und bedaure, daß wir die weitere Entwicklung ihrer Ideen verpassen.«

Shere Hites Kampf um die Veröffentlichung ihres Buches in den Vereinigten Staaten ist eine unangenehme Erinnerung an die Macht der Medien und der Verlagswelt, die feministische Debatte in eine bestimmte Richtung zu drängen.

Man sagt, das moderne Verlagsgeschäft werde von den Gesetzen des Marktes bestimmt. Das ist nicht ganz korrekt. Meine Bücher sind, was die Verkaufszahlen angeht, ein großer Erfolg.

Bereits 1985 hatten sich viele amerikanische Verlage zusammengeschlossen, da die Anti-Trust-Gesetze nicht angewendet wurden. Die Buchhändler folgten; zwei Ketten beherrschen achtzig Prozent des Marktes. Diese großen Konzerne haben eine geheimnisvolle Abteilung namens Marketing. Darunter versteht man nicht den Verkauf, sondern vielmehr eine Abteilung, die für das Image des Verlages verantwortlich ist. In diesem Zusammenhang scheinen die Verkaufsziffern eines Autors keine Rolle zu spielen.

Ich vermute, daß der Verlag, der die Rechte an *Erotik und Sexualität in der Familie* besaß, selbst angesichts der positiven Resonanz nicht plötzlich seine Meinung ändern konnte.

Doch andere energische Jungverleger begannen, Fragen zu stellen. Dank Barbara Seaman, der Mitbegründerin des Frauengesundheitsnetzes, Verfasserin mehrerer Bestseller und bekannten Philanthropin, wurde ein ausgezeichneter Verlag auf mein Buch aufmerksam.

Eigentlich hätte ich mich darüber freuen sollen, aber meine Gefühle waren zwiespältig. Wollte ich wirklich, daß die amerikanischen Medien meine Arbeit von neuem in die Mangel nahmen? Es war mir ziemlich gleichgültig, daß ich weniger verdienen würde, wenn ich die USA als Markt verlor. Für mich stand die Frage im Vordergrund, ob eine Veröffentlichung in Amerika das körperliche und seelische Risiko wert war. Konnte ich damit leben? Ich sah eine Menge unerfreulicher Reaktionen voraus, da die von mir gepriesenen alleinerziehenden Mütter dem neuen republikanischen Kongreß ein Dorn im Auge sind. Andererseits würde mein Buch ein bißchen Vernunft in die Debatte über die Familie und die Bestimmung der Frau bringen.

Und doch wollte ich eigentlich nicht, daß meine Studie in Amerika erschien. Allein, ich hatte keinen Einfluß auf die Auslandsrechte; sie lagen bei meinem englischen Verlag.

Die Frage, ob der *Hite-Report. Erotik und Sexualität in der Familie* wirklich so radikal ist, hängt vom Standpunkt ab. Jede Stellungnahme gegen die traditionelle Familie, gegen die Tendenz des Zurück-zu-den-Grundwerten und gegen die päpstlichen Enzykliken fordert den Fundamentalismus heraus.

Der Haß auf alleinerziehende Mütter schlug in England und in den Vereinigten Staaten hohe Wogen; in den USA drohte man damit, ihnen die Kinder wegzunehmen und sie in Waisenhäuser zu stecken.

Auch die Medienkonzentration der vergangenen zehn Jahre hat einen Rechtsruck und negative Auswirkungen auf die Redefreiheit zur Folge gehabt. Vor allem wird ein versteckter Krieg gegen die Frauenbewegung geführt. Die Drahtzieher würden am liebsten alle Fortschritte der Frauen in den vergangenen zwanzig Jahren rückgängig machen. Das betrifft nicht nur die Abtreibung, sondern auch den Arbeitsmarkt, dessen Frauenanteil sie gern reduzieren würden, um die Frauen zurück in die Küche zu schicken.

Eigentlich überraschte es mich nicht, daß die amerikanische Veröffentlichung des *Hite-Report. Erotik und Sexualität in der Familie* mehr als ein Jahr nach der in Großbritannien erfolgte. Die gesellschaftliche Kontrolle ist für die Amerikaner ein großes Problem, und das allgemeine Unbehagen wird durch die herrschende Untergangsstimmung, die Angst vor dem Ende des »amerikanischen Jahrhunderts« noch verstärkt.

Wir haben es hier mit der amerikanischen Variante des

weltweit wachsenden Fundamentalismus, der zunehmenden Intoleranz und des Bestehens auf »Reinheit« zu tun, die sich wenig von der Forderung der deutschen Nationalsozialisten nach rassischer Reinheit in den dreißiger und vierziger Jahren unterscheidet. Ob diese wachsende Intoleranz eine Folge des sozio-ökonomischen Wandels oder der Angst vor sozialer Unsicherheit ist, läßt sich noch nicht ausmachen.

Wenn ein paar feige Verleger meine Bücher in diesem Klima nicht veröffentlichen wollen, so liegt das daran, daß sie befürchten, die nächste Zielscheibe der Rechten zu werden. Wie viele ebendieser New Yorker Verleger griffen einst mutig zur Feder und wetterten aus sicherer Entfernung dagegen, daß die Juden in Deutschland zu Sündenböcken gemacht wurden! Doch jetzt, da sich die gleiche Hetzjagd in den USA breitmacht – nicht nur auf mich, sondern auch auf andere Feministinnen –, klemmen sie den Schwanz ein!

Von der in England erscheinenden Zeitschrift *Index on Censorship* wurde ich gebeten, mich zu einigen dieser Themen zu äußern.

ZENSUR HEUTE

»Oh! Sie malen sich Sommersprossen ins Gesicht? Wie macht man das?«

Ich sollte der Presse die vierhundert Seiten meiner neuesten wissenschaftlichen Untersuchung vorstellen, und das war die erste Frage einer Journalistin. Wie finden Sie das? Oder was halten Sie von folgendem Kommentar:

»Die fünfzigjährige Shere Hite stakste die Treppe auf erstaunlich hohen Absätzen herunter.« So beginnt eine Rezension des Buches, in dem meine Arbeit von zwanzig Jahren zusammengestellt ist. Anschließend wird die Frage erörtert, ob eine Frau in meinem Alter noch das Recht habe, etwas anderes als praktische Kleidung zu tragen. Dieser Artikel erschien in einer der angesehensten Zeitungen des Landes.

Sexuelle Belästigung am Arbeitsplatz in gedruckter Form, so würde ich das nennen. Der Leser wird mit Informationen über meine Person überschwemmt, und meine wissenschaftliche Arbeit geht in der Fülle körperlicher Einzelheiten unter.

Ist das belanglos?

Nein, denn es beeinflußt die Verlage und die Rezensenten, welche diese Artikel lesen. (Warum über den Verstand einer Frau reden, wenn man sich über ihren Körper auslassen kann?) Sie spüren die Banalisierung, und das Interesse erlahmt. Sie bilden sich ein zu wissen, wer ich bin.

Und somit bin ich beim Thema Zensur. Natürlich ist diese Art der Trivialisierung, so bedauerlich sie sein mag, keine echte Zensur. Zensur ist politische Diskriminierung, die Bestrafung bestimmter, dem Establishment feindlicher Standpunkte.

Doch auch die Trivialisierung meiner Arbeit wirkt sich aus, beispielsweise darauf, welche Bücher man mir zu schreiben erlaubt, das heißt, für welche Bücher man mir einen Vertrag anbietet. Außerdem kommt es einer Zensur gleich, wenn die Lektoren zwar die »wunderbaren Stimmen« (der Frauen) in meinen Studien beibehalten, meine eigene Stimme aber entfernen wollen. Indem sie meine Schlußfolgerungen und Kommentare streichen, bringen sie mich zum Schweigen.

Ich blicke die Journalistin erstaunt an. Das kann sie doch nicht ernst gemeint haben? Sie starrt mich an, in die Ergründung des Geheimnisses meiner Sommersprossen vertieft. »Aber ich trage kein Make-up!« Ich fühle mich wie ein kleines Kind, so, als müßte ich mich meiner Mutter gegenüber rechtfertigen. Doch sie starrt mich weiterhin schweigend an, den Stift gezückt. »Ich hatte sie wohl schon immer.« – »Warum sind sie dann nur auf Ihren Wangen und nicht im ganzen Gesicht?« Diese Frage kann ich nicht beantworten. Ich gerate in Panik. »Vielleicht hat das ja was mit dem Hormonwechsel zu tun, wenn man älter wird . . .« Darüber scheint sie nicht reden zu wollen, sie ist ungefähr in meinem Alter. Die Journalistin wechselt das Thema.

Wie konnte diese Frau die wichtigen Aussagen meines Buches erkennen, wenn sie so auf mein Äußeres fixiert war? Das ist natürlich keine bewußte Zensur, doch die Folgen können schlimmer sein als die einer offiziellen Zensur, denn auch auf diese Weise wird die Verbreitung von wichtigen Informationen unterdrückt – noch dazu ohne das edle Märtyrertum, das mit dem Wort Zensur verbunden ist.

Ich bin nicht die einzige Frau, der es so ergeht. Das Äußere von Susan Faludi, Andrea Dworkin, Prinzessin Diana, Germaine Greer, Kate Millett und den meisten Feministinnen des zwanzigsten Jahrhunderts wird im Detail beschrieben, doch unsere Botschaft an die Welt weicht dahinter zurück. Simone de Beauvoir fragte sich manchmal, ob man sie wahrgenommen hätte, wenn sie nicht mit Jean-Paul Sartre liiert gewesen wäre . . .

Margaret Mead hat der Menschheit mit ihrer Arbeit über Samoa einen großen Dienst erwiesen, und doch fühlte sich die *New York Times* bemüßigt, in ihrem Nachruf die Bemerkung »obwohl sie nie eine Wissenschaftlerin war . . .« unterzubringen. Dergleichen wäre über einen Mann vergleichbaren Formats nie gesagt worden. Meads Werk war nicht weniger wissenschaftlich als das anderer Anthropologen.

Werden wir am Ende des zwanzigsten Jahrhunderts erneut in der Hauptsache Männer kanonisieren? Wird die BBC in den Programmen zum Ende des Jahrtausends wieder nur die bekannten Filme über die Suffragetten zeigen, auch wenn deren Bedeutung unbestreitbar ist?

Moderne Zensur: Das ist nicht der Beamte mit dem dicken Rotstift, sondern sie umgibt uns vielmehr wie ein vages, unangenehmes Gefühl. Zensur heute vollzieht sich schleichend und in kleinen Schritten. Erst im Laufe der Zeit wird sie zu einem erdrückenden Problem.

Das Geschäftsgebaren vieler Verlagskonzerne wird nicht nur von finanziellen, sondern auch von politischen Erwägungen bestimmt. Diese Politik bewegt sich im Bereich von Überlegungen wie »Nur ja niemanden verärgern« bis hin zur Unterstützung bestimmter politischer Strömungen wie der Zurück-zu-den-Grundwerten-Kampagne. Ich kenne einen großen Verlagskonzern, in dem die Abteilung Frauenliteratur ihren Gewinn, gleichgültig wie hoch er ist, nicht in Projekte des eigenen Bereichs investieren darf und die Vorschüsse an Autorinnen fünftausend Pfund nicht übersteigen dürfen. Auch wenn ein Buch sich gut verkaufen könnte, werden der Veröffentlichung Steine in den Weg gelegt, falls die Autorin einen radikalen politischen Standpunkt vertritt.

Die Zensur verstärkt sich durch die Konzentration der Medien. Die Ausschüsse haben ihre Entscheidungen nicht nach dem Mehrheitsprinzip, sondern einstimmig zu fällen. Wenn nur ein einziges Mitglied seine Zustimmung verweigert, ist das Projekt abgelehnt. Die Folge ist, daß neue Ansichten und radikale Ideen diese Hürde kaum jemals nehmen können.

Viele der großen Medienkonzerne sind in einen Absatzkampf verstrickt. Sie haben den Buchmarkt aufgekauft, nicht weil er Gewinn bringt, sondern weil Bücher und Rezensionen die Meinungsbildung beeinflussen. Früher waren Lektor und Autor Partner: Beide legten dem Verlag, für den der Lektor arbeitete, ein literarisches Kunstwerk oder ein gut gemachtes Sachbuch vor. Heute gibt es eine Unmenge geheimer Besprechungen, an denen der Autor nicht teilnehmen darf. Steht dahinter vielleicht das Verlagsimage?

Die Vielfalt leidet unter anderem auch darunter, daß die Mehrzahl aller amerikanischen Buchhandlungen zu Ketten gehört, welche die Bücher so preiswert anbieten, daß unabhängige und kleinere Händler nicht mehr mithalten können. Hin und wieder werden zwar neue Verlage gegründet, aber diese erreichen keine breiten Käuferschichten.

Die Medienmonopole schreiben der Öffentlichkeit verstärkt vor, was sie lesen darf, und das Angebot wird nicht mehr von den Interessen oder dem Geschmack der Käufer bestimmt. Vielfalt ist der Schlüssel zu einer funktionierenden Demokratie, der beste Schutz der Massengesellschaft vor der Entwicklung zu einem Wahnsinnsstaat à la Orwell. Vielleicht wäre es gut, wenn die Frauen eigene Sender oder die Kontrolle über die Hälfte der

Sendezeit hätten. Die inoffizielle Kanonisierung macht die Frauen auch am Ende dieses Jahrhunderts unsichtbar, ausgenommen in ihrer dekorativen Funktion – genau wie in der Vergangenheit.

Virginia Woolf schrieb einst: »Da ich eine Frau bin, habe ich kein Land. Da ich eine Frau bin, brauche ich kein Land. Da ich eine Frau bin, ist die Welt mein Land.« Das trifft einerseits auf mich zu, andererseits aber auch nicht. In jenem Jahr beschloß ich, Deutsche zu werden. Mein Mann half mir bei der Antragstellung, und man gewährte mir die deutsche Staatsbürgerschaft. Dieser Schritt eröffnete mir neue Perspektiven, milderte meine Ängste und gab mir das Gefühl, besser verstanden zu werden.

Es ist merkwürdig und doch auch großartig, nicht mehr in den Vereinigten Staaten zu leben.

Es gibt Seiten an Amerika, die ich liebe und immer lieben werde. Dazu gehört an erster Stelle der amerikanische Traum. Nicht der Traum von zwei Autos in jeder Garage, sondern der wirkliche Traum: der idealistische Glaube, daß Menschen aller Rassen und Klassen und jeglicher Herkunft zusammen eine Gesellschaft bilden können, die aufgrund ihrer Vielfalt und Toleranz um so stärker ist. Eine Gesellschaft, die beweist, daß Menschen für das Gemeinwohl zusammenarbeiten können. Die Stärke Amerikas liegt in diesem Traum begründet. Ich hasse es, wenn Wut und negatives Denken die Oberhand gewinnen, wenn Amerikas Streben nach Anpassung in eine Massenhysterie ausartet, wenn Intoleranz und Engstirnigkeit an der Tagesordnung sind und die Menschen terrorisiert werden, als wäre das der Weg zu Stabilität und Wohlstand.

In meinen Augen zeigt die derzeitige Situation in den USA, daß der neue Fundamentalismus weltweit an Macht gewinnt. Der Papst schlug sich auf die Seite der Fundamentalisten, als er auf der Weltbevölkerungskonferenz der Vereinten Nationen in Kairo die islamischen Vertreter unterstützte und wie sie den Frauen das Recht absprach, über ihren eigenen Körper und ihre Gesundheit zu bestimmen. Der Trend zum Fundamentalismus wird sich in der Kirche fortsetzen, da der Papst inzwischen ein Drittel der hundertdreißig Vertreter des Kardinalskollegiums, das seinen Nachfolger wählen wird, persönlich berufen hat.

Ich vermisse so manches typisch Amerikanische. Beispielsweise fehlt mir der amerikanische Optimismus, was die menschliche Natur und die Demokratie anlangt. Mir fehlen die Offenheit unter Freunden und die besonderen Freundschaften. Ich vermisse auch die Spaziergänge im Central Park, vor allem mit meinem Hund; den Gang zu Zabar, um für den Brunch am Ostersonntag Schokoladenbagel einzukaufen; das Klingeln des Telefons und das Wissen, daß eine meiner Freundinnen oder einer meiner Freunde am Apparat sein wird, um mit mir zu plaudern oder sich mit mir zu verabreden; das unverwechselbare Brausen des New Yorker Verkehrs; die gelben Taxis, die Lichter, die Spannung. All das ist wunderbar.

Ich erinnere mich, daß mir bei meinen letzten Besuchen in New York der Gesichtsausdruck der Taxifahrer auffiel. Sie setzen sich aus einer bunten Mischung neuer Einwanderer zusammen, und einer ist faszinierender als der andere. Mir schien, als habe sich ihre Miene verändert. Aus hoffnungsvoller Erwartung waren Desillusion und Depression geworden. Ich machte mir Sorgen um sie. Sie waren aus Rußland, Litauen, Serbien und dem Irak gekommen; für sie war Amerika das Symbol der Demokratie und Freiheit. Wenn sie feststellten, daß diese Ideale auch hier nicht existierten, würde es nirgendwo auf der Welt Hoffnung geben. Ich wünsche mir, daß wir sie nicht enttäuschen, was unseren Idealismus angeht.

Amerika sollte an seinen Träumen festhalten und sie verwirklichen. Die Welt braucht diese Träume. Die liberale Renaissance kam und ging, und dann folgten mehrere Jahrhunderte, in denen die Kirche das Sagen hatte. Das darf nie wieder geschehen.

Wie gesagt, vielleicht bin ich ja nur eine Patriotin, die sich der Gehirnwäsche, der man sie unterzogen hat, nicht bewußt ist. Aber ich glaube fest daran, daß der amerikanische Traum für die ganze Welt eine wichtige Rolle spielt. Er muß beweisen, daß Toleranz und Vielfalt funktionieren und Rassismus und andere Formen des Hasses nicht Teil der menschlichen Natur sind.

KÖRPER UND GEIST

Ein Besuch · Eine sexuelle Explosion

Eines Tages besuchte mich ein Vogel. In meinem Tagebuch findet sich der Eintrag:

»Gestern abend flog mir ein kleiner Vogel zu. Das ist seltsam, denn ich wohne sehr hoch, und so hoch fliegen die Vögel nicht oft, zumindest nicht in der Nähe von Gebäuden. Es stand nur ein Fenster offen, mein Schlafzimmerfenster, und als ich den Raum betrat, sauste er plötzlich in panischer Angst durchs Fenster und flatterte wild mit den Flügeln.

Hatte er sich verirrt?

Er setzte sich auf die Vorhangstange. Ich blickte hinauf. Die blaßgraue verletzliche Weichheit seines runden Bäuchleins kontrastierte mit dem klaren Muster und den leuchtenden Farben seines Rückens, dessen Federn makellos schwarz, weiß und gelb gezeichnet waren. Auch über sein Köpfchen verlief ein gelber Streifen, und dort, wo Flügel und Körper zusammentrafen, waren die Federn ebenfalls zartgelb. Der Schnabel glänzte schwarz und wurde an der Spitze sehr dünn. Er war fast so lang wie der Kopf, der keinen Hals zu haben schien, sondern direkt auf dem pummeligen Körper saß.

Die Flügel lagen nicht völlig an, wie bei manchen Vögeln, sondern ragten ein wenig zur Seite. Dadurch wirkte der Körper trapezförmig und sehr elegant.

Der Vogel kam nachts zu mir. Obwohl ich das Fenster offen ließ, verschwand er erst am nächsten Tag. Er störte mich nicht beim Schlafen, machte keinen Lärm und pickte nicht gegen die Fensterscheibe, als es Tag wurde. Er hüpfte auch nicht auf mich, als ich im Bett lag.

Er hatte unvorstellbar winzige Äuglein, die ich sogar aus der Nähe kaum erkennen konnte. Doch ich konnte sehen, daß sie offen und glänzend schwarz waren. Die Füßchen waren sehr beweglich, nahezu orangefarben, mit drei Fingern oder Klauen zum Umklammern kleiner Zweige. Er zwitscherte nicht und sang auch nicht. Einmal gab ich ein paar Pfeiflaute von mir, um ihn zu einer Reaktion zu bewegen. Er hörte zu, verharrte jedoch in geheimnisvollem Schweigen.

Ich dachte, er würde mich verlassen, sobald er sich ein wenig ausgeruht hatte. Doch der Platz auf der Vorhangstange behagte ihm, und er blieb dort. Dann machte ich mich an meine Arbeit und vergaß ihn, bis ich müde wurde. Ob er wohl irgendeine schreckliche Krankheit hatte und ich ihn nicht besser aus dem Fenster schubsen sollte? Doch das schien mir zu grausam. Also zog ich behutsam an den Vorhängen und sagte dem Vogel, daß ich sie schließen wolle. Er hüpfte hinunter, ich schloß das Fenster, und er sprang wieder auf die Stange und beobachtete mich. Als ich im Bett lag, zog ich die Decke über den Kopf, um zu verhindern, daß er mir ins Haar flog oder das anstellte, was er im Sinn gehabt haben mochte, als er zuerst auf meinen Kopf zuflog. (Sah mein Kopf nach einem guten Sitzplatz aus?)

Ob mich der Vogel am nächsten Morgen bei Tagesanbruch wecken würde? Vielleicht wollte er sich dann auf den Weg machen? Vielleicht würde er im Zimmer umherfliegen oder gegen die Scheiben prallen? Doch ich war zu müde, um mir Gedanken zu machen, und schlief ein.

Als ich am Morgen aufwachte, war der Vogel noch immer da! Er hüpfte fröhlich im Zimmer herum, ohne etwas durcheinanderzubringen. Es war ein herrlicher Tag: Die Sonne schien, die Luft war klar, die Temperatur genau richtig. Wieder öffnete ich die Fenster – dieses Mal alle, um meinem Gast die Flucht nach draußen zu erleichtern. Aber er flog nicht weg. Er setzte sich auf meinen kleinen venezianischen Kommodenspiegel, ein Geschenk von Friedrich, und genoß die Aussicht. Einmal hüpfte er auf mein Bett. Ich scheuchte ihn fort, er flatterte quer durchs Zimmer und setzte sich auf die Fensterbank. Ich holte etwas Hirse, doch die wollte er nicht. Von Zeit zu Zeit pickte er am Teppich, vielleicht in dem Glauben, er werde etwas Eßbares finden. Ich kam nicht auf die Idee, ihm Wasser hinzustellen.

Ich wurde immer mutiger und ließ die Türen zu den anderen Zimmern offen, aber er verließ den Raum nicht. Jedesmal, wenn ich zurück ins Schlafzimmer kam, saß er an einer anderen Stelle oder spazierte herum. Ich redete mit ihm, und er schien mir zuzuhören. Zweimal flog er auf mich zu, jedoch so schnell, daß ich Angst bekam. Ich vermute, er wollte auf meinem Kopf landen, aber ich rannte aus dem Zimmer. Es war schön, daß der Vogel mir etwas mitteilen oder Kontakt mit mir aufnehmen wollte.

Ich musterte ihn so gut ich konnte, um zu sehen, ob er verwundet war oder sich einen Flügel gebrochen hatte. Aber er schien unversehrt. Ich fragte mich, ob er jemandem entflogen war, denn er sah so perfekt, so ungewöhnlich, so pummelig und wohlgenährt aus. Oder ob er ein Zugvogel auf dem Flug gen Süden war, als ihn eine ungewöhnliche Luftströmung in der Nähe des Gebäudes vom Weg abbrachte?

Als ich jedoch am späten Nachmittag oder frühen Abend in mein Schlafzimmer ging, war der Vogel verschwunden.

Ich fragte mich, wo er sein und wie es ihm ergehen mochte. Wir hatten eine interessante Begegnung gehabt, wie sie weder für Menschen noch für Vögel typisch ist. Vielleicht hatte sich der Vogel ebenfalls einsam gefühlt und war deshalb bei mir geblieben. Wenn er unterwegs nach Süden gewesen war, wieso hatte er sich von seinem Schwarm getrennt? Er mußte sehr unternehmungslustig sein, um den Weg in eine menschliche Wohnung zu finden, sich fünfzehn Stunden dort aufzuhalten und sie zu erforschen. Wenn ich ihm Wasser angeboten hätte, wäre er vielleicht über den Winter geblieben. Ich hatte keine Ahnung, zu welcher Vogelart er gehörte. Ich versuchte es herauszufinden, als ich in seine glänzenden, intelligenten Augen blickte, kam aber zu keinem Ergebnis.

Er fehlt mir.

Warum hat der Vogel einen solchen Eindruck auf mich gemacht?

Vielleicht erschien er mir als ein Symbol der Freiheit, vielleicht versuchte er wie mein Geist, in die Freiheit zu fliegen. Christine de Pisan wurde im vierzehnten Jahrhundert ebenfalls von einem Vogel besucht, als sie sich in einem ähnlichen Turm befand.«

Es dauerte nicht mehr lange, und auch ich verließ meinen Turm. Der Halbschlaf, in dem sich ein Teil von mir befunden hatte, war beendet. Dieser Teil meines Ichs, der nur dann völlig erwachte, wenn ich allein war, war endlich bereit, in die Welt, ins Leben zu fliegen und sich (fast) ohne Furcht wieder auf andere Menschen einzulassen.

In jenem Jahr vollzog sich eine große Veränderung in mir. Die Ironie des Schicksals hatte es gewollt, daß ich zwar Forscherin war und mich mit unzähligen Tatsachen befaßte, meine eigene Seele jedoch versteckte und mehr mit den Träumen meines Inneren lebte als in der Welt um mich herum. Doch tief in meinem Herzen, körperlich fühlbar in meiner Brust, hatte ich das brennende Verlangen, direkter zu reden, meine Mitmenschen auf einer tieferen Ebene zu berühren. In der ersten Hälfte meines Lebens war mir das nicht gelungen. Doch 1992 begann ich, meinen Kokon aufzubrechen. Den Anfang bildete mein kurzer Roman, und dann, wenig später, machte ich mit der Fotografin Iris Brosch, die meine enge Freundin und Mitarbeiterin wurde, eine Bilderserie.

Davon war ein Foto für das Centre Pompidou in Paris und ein weiteres, für mich besonders wichtiges, für das Magazin der *Frankfurter Allgemeinen Zeitung* bestimmt. Es erschien am 2. September 1994 in der Rubrik »Porträt«, in der man sich und seine Arbeit in Wort und Bild vorstellt. Das Foto zeigt mich in einem der herrlichen Pariser Brunnen (Fontaine de l'Observatoire), wie ich mich im Wasser tummele.

Dieses Foto erzählt mehr von mir als alle anderen bisher veröffentlichten Darstellungen. Es offenbart mein Herz, meine Gefühle, meine Seele, die Sehnsucht, die mich begleitet, und mein Verlangen, die Welt zu berühren. Hinter allem, was ich tue, scheint ein Bedürfnis zu stehen, das mich dazu treibt, andere Menschen zu erreichen und meine Gefühle auszudrücken.

Die Empfindung ist wie ein Schmerz. Meine Seele sprengt fast die Brust, mein Herz will die Welt an sich drücken. Diese Sehnsucht spiegelt sich in dem Brunnenfoto, in meiner Körperhaltung und in meiner Miene. Ich bin ganz besonders stolz auf das Bild, denn hier verbindet sich geistige Sehnsucht mit intensiver Körperlichkeit. Vielleicht sollte sich ein Porträt nicht nur auf das Gesicht beschränken, sondern den ganzen Körper mit einbeziehen. Die mexikanische Malerin Frida Kahlo würde mir in diesem Punkt sicher zustimmen. Doch wie häufig kommt es vor, daß der Körper auf einem Foto Gefühle ausdrückt?

Das Foto, das heißt seine Veröffentlichung im Zusammenhang mit meinen politischen und theoretischen Schriften, löste bei mir einen inneren Tumult aus. Mir gingen immer wieder dieselben Fragen durch den Kopf. In meinem Tagebuch heißt es:

»Ich liebe es, sinnlich zu sein.

Ich will beide Seiten meines Wesens zeigen dürfen, will alles, was ich bin, sein dürfen, will nicht Teile von mir verstecken müssen. Ich will mein Leben ganz leben.

Heute ist der 1. September, der Tag, an dem der *Hite-Report. Erotik und Sexualität in der Familie* in Deutschland erscheint. In der *Zeit* ist ein, wie ich finde, großartiger Artikel von mir abgedruckt, in dem es unter anderem heißt, daß die Kultur die Jungen zu hart macht und ihnen – sowie der Gesellschaft – dadurch Gewalt antut. Ich bin so stolz.

(Und keine Randbemerkungen wie in *Die Woche*, in der –
ebenfalls heute – Dinge stehen wie ›verheiratet mit einem
zwanzig Jahre jüngeren Mann‹ etc.) Inzwischen gibt es etliche gute Artikel, unter anderem in der *Washington Post*, in
The Guardian, im *New Statesman*, in der *Frankfurter Allgemeinen Zeitung*, die alle 1994 erschienen sind.

Die Brunnenfotos im FAZ-Magazin und der seriöse
Artikel über die männliche Pubertät, sind das nicht unver-
einbare Gegensätze? Wie kann eine Frau, die sich leidenschaftlich gern fotografieren läßt (und deshalb angeblich
eitel und mit sich selbst beschäftigt ist), Wissenschaftlerin
(also ein wirklich ernsthafter Mensch) sein? Wie kann sie
wochenlang bis zu vierzehn Stunden pro Tag am Schreibtisch sitzen, sich mit ihren Untersuchungen abrackern,
schreiben und sich in die Rätsel von Familie, Liebe, Sex,
Geschlecht und deren Rolle in der westlichen Geschichte
vertiefen?

Nein, es ist unmöglich, daß beide Seiten in einem
Menschen vereint sind. Eine muß unecht sein. Das Titel-
foto auf dem FAZ-Magazin paßt nicht zu der seriösen
Soziologin, die für *Die Zeit* und die FAZ schreibt.

Sieht man mich noch als Wissenschaftlerin und Forscherin (wie etwa Margaret Mead), wenn derartig sinnliche
Fotos von mir veröffentlicht werden und nicht solche, auf
denen ich hinter dem Schreibtisch sitze? Wenn ich es zu-
lasse, daß derartige Fotos von mir veröffentlicht werden?

Doch wie kann ich mir und anderen gegenüber ehrlich
ich selbst sein, wenn ich das nicht tue? Ich will nicht den
Eindruck erwecken, lediglich ein Verstandesmensch zu sein,
nur damit man mich ernst nimmt oder um als ›genau‹,
›seriös‹ oder ›wissenschaftlich‹ zu gelten.

In gewisser Weise trifft die Behauptung der Zeitungen, ich sei an sexuellen Dingen äußerst interessiert, tatsächlich zu. Ich habe dem stets widersprochen! In meinem eigenen Leben durchschaue ich das Sexuelle allerdings nicht. Obwohl viele meiner Fragen von anderen Frauen beantwortet wurden, bleibt für mich noch so manches offen.«

Wir müssen etwas dagegen tun, daß die sinnliche und die intellektuelle Seite eines Menschen als unvereinbar gelten. Genau um diesen Konflikt der doppelten Identität geht es in einem Großteil meiner Arbeit.

Das Foto, das ich in meinem Tagebuch erwähne, trifft mich vielleicht besser als jedes andere. Aus ihm spricht meine schmerzliche Sehnsucht, die tiefsten Gefühle der Liebe, des Glücks und der Freude auszudrücken. Sie sind mir vor langer Zeit in meinem Zimmer in Missouri begegnet, als ich allein klassische Schallplatten hörte. Seither sehne ich mich danach, diese Empfindungen mit jemandem zu teilen oder sie irgendwie zum Ausdruck zu bringen.

Ich habe versucht, diese Gefühle auf Bildern wiederzufinden; jedoch selten mit Erfolg. Auf der Originalausgabe von *Frauen & Liebe*, die bei Knopf in den Vereinigten Staaten erschien, prangt ein berühmtes Bild aus dem Louvre: Diana, die Göttin der Jagd, streift mit ihrem Hund durch den Wald. Ich sehe darin einen symbolischen Bezug zur kulturellen Revolution der Frau, in deren Mittelpunkt der weibliche Körper und die Seele stehen. Ich fühle mich zu dieser symbolischen Gestalt hingezogen, die stolz auf ihren Körper ist. Sie ist unbekleidet, steht aber nicht still, sondern bewegt sich mit selbstverständlicher Sicherheit. Sie lächelt leise, als mache es ihr Freude, in Begleitung ihres

Hundes durch den Wald zu ziehen. Ich habe das Bild gewählt, um sowohl etwas von mir (wie ich damals war) als auch die Suche der Frau nach Unabhängigkeit und Schönheit, nunmehr verbunden mit der natürlichen Ordnung, zum Ausdruck zu bringen.

Positive Darstellungen des weiblichen Körpers lassen sich nur schwer finden. Klassische und neoklassische Frauendarstellungen wirken auf mich förmlich und kalt. Die Gesichter strahlen häufig Adel und große Würde aus, doch die Beine sind zusammengepreßt.

Verstärkt durch die Doppelmoral hat die Aufspaltung in Geist und Körper bewirkt, daß sich Charakter und Persönlichkeit nur im Gesicht ausdrücken. Der Körper gilt als animalisch und wenig individuell. Selbst wenn seine Gestalt einzigartig ist, kann er sich nicht mit dem Gesicht messen.

Während Iris Brosch und ich damit beschäftigt waren, Porträtaufnahmen zu machen, stellten wir uns eines Tages die Frage, warum das Betrachten des nackten weiblichen Körpers unmoralisch und das Anschauen der Geschlechtsteile verboten ist. Warum tragen die sogenannten guten Frauen im Orient den Schleier und im Westen »anständige« Kleidung? *Playboy-* oder Pornobilder beantworten diese Fragen ebensowenig wie die Kunstrichtung der »Bad Girls«.

Zwischen Iris und mir entwickelte sich durch unsere Zusammenarbeit eine wirklich enge Freundschaft. Ich begann, über die sexuelle Identität des weiblichen Körpers im allgemeinen und meine eigene im besonderen nachzudenken. Zu Anfang machten wir die Aufnahmen aus beruflichen Gründen, als Ergänzung zu Interviews. Später fotografierten wir aus persönlichem Interesse. Iris wollte in ihrer Arbeit vorankommen, und ich wollte mich und meine Ideen weiterentwickeln.

Sie nahm diese Bilder über einen Zeitraum von mehr als zwei Jahren auf und half mir dadurch, mich selbst – oder vielmehr, den verlorenen, sinnlichen Teil meines Ichs – wiederzufinden. Ich möchte ihn in Zukunft noch mehr in mein Leben integrieren. Warum? Weil er so gelitten hat, zuerst durch meine Erziehung, später durch meine Arbeit als Model und schließlich aufgrund der Angriffe, der sexuellen Anspielungen und des langjährigen Rufmords in den Medien.

Was mich seit Jahren beleidigte, war die ständige Behauptung seitens der Presse, ich sei eine knallharte Feministin oder eine Rebellin, die die Welt schockiere. Wie seltsam, daß ich so weiblich sei!

Ich will weder in die »sanfte« noch in die »knallharte« Schublade gesteckt werden. Ich will ich selbst sein. Weder ein braves noch ein böses Mädchen. Ich möchte unter all den Schichten von Klischees und sonstigem Unsinn mich selbst finden.

Es war großzügig von Iris, mir dabei zu helfen, und es mutete wie die liebevolle Geste einer Mutter gegenüber ihrer Tochter an. Nein, eher gegenüber einer Freundin, denn sie ist viel jünger als ich. Es kam zu einem Dialog zwischen uns: Sie fand zu ihrer eigenen Ästhetik und beschenkte mich gleichzeitig, während ich meine Theorien über den Körper und die weibliche Identität entwickelte.

Mir wurde klar, daß man den weiblichen Körper unsichtbar halten will. Ich erforschte meinen Körper auf eine neue Art und sah plötzlich, wie ich mich vor der Kamera versteckte, ähnlich wie ich mich früher manchmal ängstlich vor Friedrich versteckt hatte, wenn er mir neue Kleider schenkte.

Während wir die geschlechtliche Komponente des weiblichen Körpers fotografisch erkundeten, trat meine Geistigkeit immer stärker hervor. Mir wurde langsam bewußt, daß ich die Spaltung zwischen Geist und Körper in mir selbst überwinden mußte, um meine wahre geistige Identität zu erreichen – eine Identität, die sich nicht versteckte, die ich nicht zu verstecken brauchte. Von den Kleidern, die Friedrich mir schenkte, und meinen Gefühlen, den Resolutionen der Vereinten Nationen über die sexuellen Rechte der Frau bis hin zu meiner zwanzigjährigen Forschungsarbeit gehörte plötzlich alles zusammen. Ich machte eine völlige Wandlung durch. Ich verhielt mich anders, ich nahm die Dinge auf eine neue Art wahr, und mein Verhältnis zu meinem Körper änderte sich. Ich akzeptierte ihn mehr als früher.

Beinahe gleichzeitig stellte ich fest, daß ich erwachte. Ich lebte nicht mehr nur abstrakt, wartete nicht länger auf die Zukunft, sondern trug nun die Kleider, die ich für »irgendwann einmal« gekauft hatte. Plötzlich hatte ich das Gefühl, daß sich mein Leben *jetzt* abspielte. Ich erkannte, daß ich ein Recht darauf habe, meinen ganzen Körper und mich selbst ganz und gar auszuleben – zu meinem eigenen Vergnügen! Nicht nur zu arbeiten, um die Welt zu verändern, sondern die Welt auch so zu genießen, wie sie ist; meine Welt, die Menschen und Gegenden der Welt, die ich liebe. Der Schwerpunkt meiner Existenz verlagerte sich.

Was hatte dazu geführt? Ich hatte durchschaut, weshalb der weibliche Körper, die Seele und die Persönlichkeit der Frau angeblich schlecht sind. Ich hatte nicht nur erkannt, daß es unrecht ist, Frauen als »schlecht«, »Huren« oder »Schlampen« zu bezeichnen, sondern warum die Angst vor dem weiblichen Körper dumm ist und wo sie ihren Ursprung nimmt. In einem zukünftigen Buch möchte ich ausführlich auf diese Thematik eingehen. Ich wurde vor so langer Zeit Historikerin, weil ich entwirren wollte, wer wir heute sind und wieso. Daraus erklärt sich auch mein Hang zur Archäologie, zu den prähistorischen Kretern und den Griechen der archaischen Zeit.

Es ist ein Skandal, daß den Frauen (und den Männern) so viel von ihrer Geschichte gestohlen wurde. Im Westen wurde ein ganzes Kapitel unterschlagen: Wie kam es zum Patriarchat des klassischen griechischen Altertums? Wie konnte es das vorherige System überwinden? Die Archäologin Marija Gimbutas beantwortet in ihrem Buch *Goddesses and Gods of Old Europe* einige dieser Fragen. Desgleichen Merlin Stone in *Als Gott eine Frau war*. Das sind die besten Erklärungen, die mir bekannt sind, aber es fehlt bestimmt noch so manches.

Ich glaube nicht, daß die gängige Definition von Geschlechtlichkeit auf mich oder die Mehrzahl der Frauen paßt. Ich glaube nicht, daß die sexuelle Identität, die uns die Gesellschaft diktiert, zutrifft oder wahrhaft funktioniert. Das Gefühl wird ausgeklammert und eine Öffnung zur Welt und zu anderen Menschen dadurch verhindert.

Während der Fotoserie schlug ich neue Wege ein, wobei ich von der Lösung ausging, die ich mit Friedrich gefunden hatte. Seine körperliche und geistige Liebe für mich, seine Anerkennung, sein Verlangen nach meinem Körper und meiner Sexualität und seine Versicherungen, daß er über unsere Heirat glücklich sei (»Aber es macht mir Spaß, dich als mein Sexobjekt zu sehen«), waren die Grundlage für eine Integration meines Körpers, meiner Sexualität und meiner geistigen Persönlichkeit.

Das Fotografieren mit Iris und unsere Diskussionen waren wie eine weitere Erlaubnis, einen sexuellen Körper zu haben, die mir diesmal von der weiblichen Welt erteilt wurde. In einem Artikel, der auf dem *Hite-Report. Erotik und Sexualität in der Familie* aufbaut, gehe ich auf die Frage ein, warum Mütter ihren Töchtern diese Erlaubnis vorenthalten (indem sie ihnen intime Gespräche über die Sexualität verweigern). Die Darstellung sogenannter unmoralischer Frauen in verschiedenen Museen der Welt empfinde ich nicht als Durchbruch, da man auch hier die Sexualität mit der gesellschaftlich akzeptierten Rolle der »bösen« Frau in Verbindung bringt. Das heißt, es wird an der alten christlichen Definition festgehalten, die Maria als gut und Eva als schlecht abstempelt.

Wird man mir glauben, daß es über vierzig Jahre dauerte, bis ich mich mit meiner eigenen Geschlechtlichkeit wohlfühlte? Das sagt entweder etwas über mich persönlich oder über die Gesellschaft oder über uns beide aus. Die Fotografien und das Nachdenken über die Geschlechtlichkeit eröffneten mir ein tiefgründigeres Leben. (Aber der Prozeß ist noch lange nicht abgeschlossen!)

Nachdem ich mich mehr als zwanzig Jahre mit der weiblichen Sexualität befaßt habe, bin ich der Ansicht, daß die den Frauen zugestandene Sexualität äußerst realitätsfern und deshalb emotional und physisch kaum in das Leben integrierbar ist.

Viele Menschen liegen beispielsweise gern eng beisammen, schmiegen sich gern an jemanden, den sie lieben und begehren, doch die Sprache kennt kein Wort dafür. Es ist einfach der Teil des Geschlechtsverkehrs, der den Geschlechtsakt vorbereitet. Man darf nicht zu lange auf diese Weise zusammenliegen und auch nicht mit einem unerlaubten Partner (einem Freund statt einem Geliebten). Eigentlich könnte dieser enge Körperkontakt uns guttun und harmlos sein. Warum sollten wir uns nicht an einen alten Freund oder eine alte Freundin schmiegen, während wir fernsehen?

Selbst wenn Frauen ihre sexuelle Seite ausleben, ist das für sie kein positives Erlebnis. Die Art, wie sich alles abspielt, kommt sogar ihnen unwirklich vor. Das Verhalten wird dem Individuum aufgedrängt und ist nicht aus dem Wunsch geboren, etwas auszudrücken. Die Sprache ist fragmentarisch und in ihrer Ausdrucksmöglichkeit begrenzt.

In den postfeministischen Jahren suchten viele Frauen – so die Ergebnisse meiner Untersuchungen – nach einer eigenen Form der Geschlechtlichkeit. Paradoxerweise wurde die feministische Definition von Sexualität abgelehnt, weil sie zu eng sei. (Die Feministinnen hatten unter anderem gefordert, Sex solle nicht gewalttätig, sondern sanft, schmusig und liebevoll sein und auf Rollenverteilungen nach dem Muster dominant/unterwürfig verzichten.) Die neue antiorthodoxe Orthodoxie der »schlechten Frauen« (die in Richtung durchbohrte Brustwarzen und SM-Outfit geht) forderte, Frauen hätten entweder 1. heterosexuell nach dem Ideal der Beziehung zwischen Simone de Beauvoir und Jean-Paul Sartre oder 2. lesbisch zu sein. (»Hört auf damit, die Männer privat zu unterstützen, widmet eure ganze Energie den Frauen, nur dann läßt sich die Welt verändern.«)

Viele Frauen versuchen nun, sich Freiräume zu schaffen, die alten Konventionen zu vergessen, Gefühle auszusprechen, die bisher nicht ausgesprochen wurden, die physische Dimension neu zu überdenken. In diesem Kontext will ich eine neue emotionale Körpersprache finden.

Die herrschende Ideologie spaltet die Persönlichkeit der Frau (und des Mannes) in die geistige und die körperliche Komponente. Dieser Dualismus prägt die westliche Philosophie seit zweitausend Jahren (jedoch nicht seit allen Zeiten) und fördert die Doppelmoral. Das will der Feminismus ändern.

POLITIK UND FEMINISMUS

*Wofür ich stehe · Meine Weltanschauung · Ich werde
deutsche Staatsbürgerin*

Das feministische Programm ist weltweit aus der Politik
nicht mehr wegzudenken. Ich bin der Meinung, daß dies teilweise an mir und meinen Freunden beiderlei Geschlechts
liegt, und ich bin sehr stolz auf uns.

Das Recht der Frau auf Selbstbestimmung wird heute
allgemein diskutiert. Die Forderung nach Geburtenkon-
trolle, Familienplanung und sexueller Freiheit ist ebenso
Teil der politischen Debatte geworden wie die Forderung
der reaktionären Rechten nach einer Rückbesinnung auf
die Grundwerte der Familie und der Gesellschaft.

Seit Anfang der siebziger Jahre, als ich mit dem Schreiben begann, werden Frauenthemen wie Abtreibung, Gewalt in der Familie, sexueller Mißbrauch, Vergewaltigung
und sexuelle Autonomie öffentlich diskutiert. Das ist erstaunlich. Niemand von uns hätte geglaubt, daß es dazu
kommen würde.

Der Ausgangspunkt meiner Arbeit war die zentrale Bedeutung, welche die Herrschaft über den weiblichen Körper für ein repressives Gesellschaftssystem hat. Später befaßte ich mich mit der Art und Weise, wie die Ideologie
unseres Gesellschaftssystems jenes Spektrum von Gefüh-

389

len und Beziehungen hervorbringt, das wir die menschliche Natur nennen und das wir für biologisch vorgegeben halten. Ich zeigte hingegen auf, daß unser System nicht das einzig mögliche ist und daß die Gewalttätigkeit in der Welt durch gezielte Veränderungen in der herrschenden Ideologie stark verringert werden könnte.

Der weibliche Körper ist das Symbol und der Angelpunkt der patriarchalisch organisierten Gesellschaft. Alle Fragen danach, wer ihn kontrolliert und besitzt, sind deshalb politisch äußerst brisant. Aber diese Gesellschaftsordnung ist keineswegs notwendig, denn auch die Männer gewinnen nichts durch sie.

Zu den Themen, welche die Frauenbewegung in nur fünfundzwanzig Jahren in den Mittelpunkt der politischen Debatte rückte, gehören die Werte der Familie sowie die Neudefinition der Familie und der Liebe. Heute müssen sich Politiker zu Fragen äußern, an die vor zehn Jahren noch niemand auch nur gedacht hätte:

1. ihr Privatleben und ihr persönliches Verhalten gegenüber den Frauen in ihrem Leben (das ist keine Schnüffelei, sondern es zeigt, daß auch das Persönliche politisch ist);

2. Abtreibung;

3. sexuelle Belästigung;

4. Sexualerziehung in der Schule und Tagesbetreuung;

5. Pornographie;

6. alleinerziehende Mütter und Werte der Familie;

7. Zusammenleben von Lesbierinnen und Homosexuellen als mögliche Familienform (Liebe statt Fortpflanzung als eine realere, bessere Basis für ein gemeinsames Leben?).

In den vergangenen zwei Jahrzehnten haben sich positive Veränderungen vollzogen. Man hat versucht, das pri-

390

vate Leben auf eine neue, gleichberechtigte Basis zu stellen und die Liebe realistischer zu definieren, das heißt Leidenschaft und Körper nicht länger auszuklammern. Unter Liebe konnte nicht länger nur verstanden werden, daß die Frauen sich um alles und alle kümmerten – außer um sich selbst.

In neueren Statistiken wurden die Scheidungsraten und der Wandel in der Familienstruktur erfaßt. Deren Ergebnisse und die Erhöhung des weiblichen Beschäftigtenanteils auf dem Arbeitsmarkt lösten in einigen Köpfen jene heftige Reaktion aus, die zum lautstarken Ruf nach Besinnung auf die sogenannten traditionellen Werte führte. Die aggressivsten Anhänger dieser Bewegung schreckten in den USA nicht davor zurück, Angestellte von Abtreibungskliniken zu ermorden, während in der islamischen Welt neue drakonische Gesetze die Frauen in ihren eigenen Häusern einsperrten und sie vor die Alternative stellten, sich an einen Mann zu binden oder zu sterben.

Die politisch-religiöse Reaktion bekämpft den Feminismus und die neue Gleichheit der Frauen so vehement, daß sie in der Tat siegreich aus der Auseinandersetzung hervorgehen könnte. Die Koalition zwischen dem Papst und dem islamischen Fundamentalismus sowie die Verbreitung des christlichen Fundamentalismus in anderer Gestalt und in anderen Ländern werden von den reaktionärsten Elementen getragen, die nichts Geringeres anstreben als die Wiederherstellung der vor drei- oder vierhundert Jahren herrschenden Verhältnisse.

Die Regierungen und politischen Gruppen scheinen sich des Kampfes in gewisser Weise bewußt zu sein. Die Vereinten Nationen haben Resolutionen verabschiedet, durch die das Recht der Frau, über ihren eigenen Körper zu bestimmen, in das Menschenrechtsprogramm aufgenommen wurde. Die meisten Länder der Erde haben sich diesem Ideal verpflichtet. Doch derlei Resolutionen werden selten in die Tat umgesetzt und ständig unterlaufen. Die Bewegung gegen die Klitoridektomie in Afrika wird stärker, doch Alice Walker, die sich für die Bewegung stark gemacht hat (wie vor ihr Fran Hoskens), muß nun erleben, daß ihre Bücher aus einigen öffentlichen Bibliotheken in den Vereinigten Staaten entfernt werden. Der Vatikan und die iranischen Fundamentalisten verfügen über Geld und große Organisationen zur Durchsetzung ihrer Ziele. Werden die demokratischen Regierungen, die Vereinten Nationen und die multinationalen Unternehmen erkennen, daß es in ihrem Interesse ist, das Hereinbrechen eines neuen Mittelalters abzuwehren? Oder werden sie nicht merken, wo ihr Vorteil und ihre moralische Verpflichtung liegen?

Dennoch ist es eine erstaunliche Tatsache, daß die feministischen Ziele weltweit in die Politik eingegangen sind. Die »Werte der Familie« und die »Rückbesinnung auf die traditionellen Werte« sind zu Schlagworten im Kampf um die bedrohte patriarchalische Gesellschaftsordnung geworden. Man mißbraucht scheinheilig die Sehnsucht der Menschen nach Sinn und Tiefe im Leben, indem man behauptet, die Rückkehr zu einer streng patriarchalischen Ordnung werde zu größerer emotionaler und geistiger Erfüllung führen. Das Gegenteil trifft zu: Die Zukunftsperspektiven des Feminismus bieten mehr Tiefe als das herkömmliche, mittelalterliche pseudoreligiöse Dogma.

Der in vielen Teilen der Welt wiedererstandene Geist des mittelalterlichen Denkens flößt mir Furcht ein. Die islamische Revolution (oder der Kampf um eine Rückkehr zu überholten Gesellschaftsverhältnissen) und ihr Pendant in den Vereinigten Staaten schieben im wesentlichen den Frauen die Schuld an allem zu, was in den modernen Gesellschaften nicht stimmt. Diese fundamentalistischen Revolutionen sind in Wahrheit Konterrevolutionen, Kreuzzüge gegen alleinerziehende Mütter oder sexuell freizügige Frauen sowie Ungläubige. Sie stehen im Gegensatz zur Tradition der Menschenrechte.

Ich befinde mich auf einem direkten Kollisionskurs mit diesen Kräften, und ich kann nicht voraussagen, was mit mir, meiner Arbeit oder mit den Frauen geschehen wird.

1995 vertrat der Papst in seiner Elften Enzyklika die schockierende Auffassung, das »moralische Gesetz« müsse über den Gesetzen der parlamentarischen, weltlichen Demokratien stehen. Er scheint die politische Herrschaft der Kirche anzustreben, wie sie seine fundamentalistischen Verbündeten in Saudi-Arabien und im Iran bereits verwirklicht haben.

Allerorten wird darüber diskutiert, ob die Demokratie und der Säkularismus (mit seiner Glaubensfreiheit) oder der religiöse Fundamentalismus vorzuziehen seien. Die unreflektierte Antwort lautet, der religiöse Fundamentalismus sei natürlich moralischer, denn der Westen sei nach zweihundert Jahren Demokratie korrupt, gottlos und unmoralisch geworden – ein modernes Babylon. Ich halte diese Einschätzung für falsch. Der Säkularismus ist nicht unmoralisch. Die westliche Kultur brauchte Jahrhunderte, um die Werte der religiösen Traditionen mit den neuen Werten der Demokratie und Gleichheit zu verbinden. Und auch die weltlichen Werte der Gleichheit und Demokratie entwickelten sich über Jahrhunderte hinweg und stellen einen Fortschritt der Menschheit dar: von einer streng feudalen Gesellschaft zu einem System, in dem das Individuum respektiert wird. In meinen Augen ist das eine höchst moralische Errungenschaft.

Der Säkularismus ist sogar die moralischste Kraft der modernen Welt, sein demokratisches Wertesystem ist progressiv und hilft jedem Menschen bei der Entwicklung seines geistigen Lebens. Er fördert die Toleranz und das Verständnis füreinander und stellt eine Bereicherung des menschlichen Lebens dar. Die Werte des Säkularismus sind eine enorme Verbesserung gegenüber dem hierarchischen System des Mittelalters, dessen religiöse Vertreter beispielsweise jahrhundertelang behaupten konnten, die Frau habe keine Seele. Die demokratisch-säkularen Prinzipien gestatten uns, die Beziehungen untereinander nicht durch Unterdrückung zu regeln, sondern durch gegenseitiges Verständnis und Gemeinschaftlichkeit.

Glaubensfreiheit ist ein wichtiger Bestandteil des säkularen Denkens. Die Fundamentalisten hingegen meinen, es gebe nur eine wahre Religion. Ihnen geht es weniger um ethische Werte als um ein System, das jedem vorschreibt, an einen männlichen Gott zu glauben, damit er »erlöst« wird.

Der französische Schriftsteller Bernard Henri-Lévy weist darauf hin, der Fundamentalismus sei in Wirklichkeit eher eine politische denn eine religiöse Bewegung. Der Fundamentalismus umfasse den konservativen, reaktionären Flügel des Katholizismus, des Islam und des Judentums. Andere, gemäßigtere Flügel dieser Religionen seien aber nicht weniger religiös.

394

An den Problemen der modernen Gesellschaft ist nicht die Demokratie schuld. Auch zu Zeiten des mittelalterlichen Fundamentalismus gab es Probleme. Nur weil die seit zweihundert Jahren herrschende Demokratie zum gegenwärtigen Zeitpunkt Schwierigkeiten hat, heißt das noch lange nicht, daß wir Demokratie, Vernunft und Gleichheit über Bord werfen sollten.

Die Angriffe des Fundamentalismus westlicher und islamischer Prägung konzentrieren sich auf die Frauen. Man wirft ihnen mangelnde Geistigkeit vor: sie seien zu sexuell orientiert, brächen aus der Ehe aus und stellten ihre eigenen Rechte in den Mittelpunkt. Dieselben Stimmen behaupten, die Frauen seien vom »Pfad der Tugend« abgewichen. Wenn die Frauen den religiösen Lehren folgten, würden ihnen die Liebe und die Bestätigung durch die Männer zuteil. Indem sie unterschiedliche Aspekte der modernen Gesellschaft durcheinanderbringen, greifen westliche Fundamentalisten die »nichtreligiösen« Frauen an, als wären diese für die Porno-Industrie, die Gewalt und das materialistische Denken verantwortlich. Die Karrierefrauen der Mittelschicht gelten als kalt und werden als Symbol für das unpersönliche Gesicht einer machtbesessenen Konsumgesellschaft gesehen. (Die ägyptischen, türkischen und algerischen Fundamentalisten ermorden häufig weiße Touristinnen.) Der Feminismus mit seinem Credo der Gleichberechtigung ist die logische Fortsetzung der demokratischen Tradition; für die Fundamentalisten aller Schattierungen ist er jedoch der Erzfeind.

Die Werte der Frauenbewegung stehen moralisch und geistig höher als die des religiösen Fundamentalismus. Es ist ein Grundanliegen des Feminismus, den Menschen zu helfen. Zahllose mißhandelte Frauen finden in Frauenhäusern Zuflucht, Frauen erhalten Informationen über ihren Körper, Aufklärung über Sexualität, Empfängnisverhütung, Fortpflanzung und viele andere Dinge. Der Feminismus ist ein Forum für Gedankenaustausch und Diskussion. Er ist von der Möglichkeit des friedlichen Zusammenlebens überzeugt und versucht, den Weg dorthin zu ebnen.

Ist die päpstliche Position wirklich so extrem wie die der islamischen Fundamentalisten im Iran? Der Papst muß als der wichtigste Exponent des westlichen Fundamentalismus angesehen werden. Er will Frauen nicht in Machtpositionen sehen, hat bislang aber noch nicht den Vorschlag gemacht, Frauen das Autofahren zu verbieten (wie in Saudi-Arabien) oder sie, in Anlehnung an den Tschador, in Kutten zu stecken. Er steht den islamischen Extremisten nahe, weil auch er die Kontrolle über den Körper und die Sexualität der Frau behalten und sie in den Dienst der reproduktiven patriarchalischen Ideologie stellen will. Dadurch wird er zum Gegner der Frauenbewegung und angesichts seiner letzten Enzyklika auch zum Gegner der Demokratie und der Menschenrechtstradition. Die Meinung des Papstes wird natürlich auch von zahlreichen Katholiken abgelehnt.

Warum wendet sich keine Regierung der Welt gegen die zunehmenden Angriffe des Vatikans auf die Rechte der Frau und die Menschenrechte? Warum gewinnt der Fundamentalismus weltweit an Einfluß? Der Nationalstolz der Araber in Ländern wie Algerien ist eng mit dem religiösen Fundamentalismus verknüpft. Wer die islamischen religiösen Traditionen pflegt, signalisiert seine Unterstützung des politischen Kampfes um Freiheit und Würde. Viele haben das Gefühl, die gemeinsame Sache zu verraten, wenn sie gegen die Regeln des religiösen Fundamentalismus verstoßen. Von den Frauen fordert man eine rigorose Unterwerfung, die ihre Solidarität beweisen soll.

Im Westen leisten diejenigen Männer dem Fundamentalismus Vorschub, die ihm genauso gleichgültig gegenüberstehen wie dem Feminismus. (»Was haben die Rechte der Frau mit mir zu tun? Ich wünsche den Frauen alles Gute.«) Sie schauen teilnahmslos zu, wenn den Frauen gefährliche Klischees entgegengeschleudert werden, wenn ihre Bemühungen um Gleichberechtigung ins Lächerliche gezogen, wenn sie entweder als Betthäschen oder als jenseits von Gut und Böse bezeichnet und wenn Feministinnen als Männerhasserinnen (Hexen) beschimpft werden.

Erkennen diese Männer denn nicht, daß die Verbesserung der Situation der Frau auch für ihre eigene geistige und politische Entwicklung unverzichtbar ist? Daß die Demokratie ohne eine solche Verbesserung nicht überleben kann?

Viele westliche Politiker, die sich als Vorkämpfer für die Demokratie verstehen, sollten begreifen, daß sie die Demokratie in Wirklichkeit unterwandern, wenn sie fundamentalistische Rebellen in Tschetschenien, Kurdistan oder in anderen Ländern unterstützen – und wenn sie Abtreibungsverbote im eigenen Land erlassen. Es heißt, die neue Rechte der neunziger Jahre (mit ihren fundamentalistischen Werten) sei entstanden, als die liberale Linke den Feminismus in den achtziger Jahren im Stich ließ, obwohl dieser der kräftigste und aktivste Trieb der Demokratie war.

Die weitverbreitete Ansicht in westlichen Demokratien, Religionen seien unantastbar, unabhängig davon, wie extrem, politisch aktiv und schädlich sie für die Rechte der

Frau sind, schafft dem Fundamentalismus einen gefähr-lichen Freiraum. Wenn er die Macht übernähme, wäre das ein Schlag für die Menschenrechte und all die Werte, die der Westen in den vergangenen zwei Jahrhunderten er-kämpft hat.

Ohne die völlige Gleichstellung und Integration der Frauen werden die westlichen Demokratien nicht genug Esprit und Stolz haben, um am Leben zu bleiben.

Die Diskriminierung aufgrund des Geschlechts ist dem Rassismus gleichzusetzen. Da aber für diese Art der Diskri-minierung im zwanzigsten Jahrhundert ein wohldokumen-tierter Holocaust fehlt, ruft ihre Erwähnung noch nicht den Abscheu hervor, den das Wort Rassismus heute bei vielen Menschen automatisch auslöst.

Nach zwanzig Jahren Forschungsarbeit möchte ich ein neues Modell für eine friedlichere Gesellschaft vorstellen. Dabei geht es nicht nur um Statistiken, denn diese sind weniger wichtig als ein umfassend neuer Denkansatz.

Die vier Hite-Reports bieten eine neue Weltanschau-ung, die in der philosophischen Tradition von Jean-Jacques Rousseau, Margaret Mead, Simone de Beauvoir, Kate Mil-lett und anderen steht und auf ihr aufbaut.

In den Untersuchungen wurden grundsätzliche Fragen neu gestellt und analysiert: zuerst die der weiblichen Se-xualität, als nächstes die der männlichen psychosexuellen Identität, dann die Frage nach den wahren emotionalen Be-dürfnissen und Wünschen der Frau in der Liebe; zuletzt wurde die Bedeutung der Familie unter die Lupe genom-men. Der *Hite-Report. Erotik und Sexualität in der Familie* stellt eine grundlegend neue Sicht der Familie vor, welche die inzwischen überholten Anschauungen Freuds vom Heranwachsen und von der Formung der Psyche ersetzt.

Ich möchte mit meiner Arbeit eine Antwort auf die ewigen Fragen finden: Was ist die menschliche Natur? Warum unterdrücken die Menschen einander? Was ist Liebe (Freundschaft, Leidenschaft, Sexualität)? Gäbe es ohne das Patriarchat ein anderes Spektrum von Emotionen und weniger Krieg? Welchen Staat mit einem besseren Wertesystem könnten wir (angesichts der modernen Massengesellschaft) aufbauen?

Ich stelle Fragen, die bisher niemand gestellt hat, und führe neue Begriffe ein (etwa den der emotionalen Gewaltanwendung, der gesellschaftlichen Folter für Jungen, den des Stolzes der Frau auf ihren Körper). Meine statistischen Kategorien ermöglichen den Entwurf einer neuen Theorie zur Erneuerung der sozialen Ordnung.

Simone de Beauvoir sagte zu Recht, wir müßten Freud über Bord werfen, wenn wir weiterkommen wollen. Ich habe mit einer äußerst umfangreichen Datensammlung den Anfang gemacht; noch fehlt mir eine anschauliche Terminologie. Freud bediente sich bei den Namen der griechischen Mythologie, was aber nicht bedeutet, daß er auf ewige Wahrheiten gestoßen wäre.

Wie manch andere Feministin will ich mit meiner Arbeit eine völlig neue, grundsätzliche Analyse der menschlichen Natur und Gesellschaft vorlegen. Leider werden meine Bücher oft Rezensenten anvertraut, die auf Psychologie oder Soziologie spezialisiert sind. Da sie meinen Bezugsrahmen nicht verstehen, sind ihre Besprechungen immer sehr frustrierend für mich.

Ich glaube fest daran, daß die irrationale, willkürliche

Grausamkeit kein Teil der menschlichen Natur und somit nicht unvermeidlich ist. Ihr Auslöser ist eine Gesellschaftsordnung, die geändert werden kann. Diese Ordnung basiert auf der Gewalt, die man den Jungen antut, um sie von allem Weiblichen zu distanzieren und an die männliche Gruppe zu binden.

In den Hite-Reports geht es um die fundamentalen Fragen, wie man der Brutalität ein Ende setzen kann; warum es soviel Sadismus, auch erotischen Sadismus, auf der Welt gibt und wie er zu vermeiden ist; wie man ein anderes gesellschaftliches System aufbauen könnte – im Stil von Mahatma Gandhi und Martin Luther King.

Ich bin davon überzeugt, daß es möglich ist, eine andere Gesellschaftsordnung zu finden, die nicht soviel Gewalt, Wut und Schmerz ausbrütet. Man wird einwenden, das sei ja alles ganz schön und gut, aber jeder werde immer möglichst viel essen und besitzen wollen, selbst um den Preis, andere verletzen zu müssen. Die menschliche Natur sei eben so beschaffen, und deshalb könne das System nicht verändert werden. Der Kommunismus sei ein Beispiel für ein utopisches System, das die Menschen nur noch mehr versklavt habe. Doch wir müssen uns vor Augen halten, daß der Kommunismus nicht daran dachte, das Patriarchat zugunsten demokratischer Verhältnisse im persönlichen Bereich abzuschaffen. Bevor der Feminismus verworfen wird, sollte er wenigstens eine Chance bekommen. Vielleicht stimmt ja seine Annahme, daß die Wurzel des Übels in der patriarchalischen Gesellschaft zu suchen ist. Würden wir wirklich jemandem weh tun, wenn wir diesen Weg ausprobierten?

400

In allen Phasen meines Lebens habe ich versucht, die tanzenden Rehe – meine eigenen wahren Gedanken und Gefühle – zu finden, sie in meinem Herzen zu hören, um meine Seele zu bewahren. Ich kann die tanzenden Rehe nicht immer finden, aber wenn ich geduldig bin, gelingt es mir schließlich. Und das sind die Augenblicke, in denen ich wahrhaft lebe. Die meisten Menschen können diesen Teil von mir nicht hören, doch ab und an entdecke ich jemanden, bei dem ich mir selbst gegenüber offener sein kann. Ich habe diesen Zustand mit ein paar Freunden, mit meinem Hund, meinem geliebten Mann, aber auch bei meiner Arbeit erreicht.

Ich möchte meinen Beitrag zur Zukunft der Frauen leisten. Vielleicht besteht er ja in meinem eigenen Leben, wie ich es hier geschildert habe.

Inzwischen bin ich Deutsche geworden.

Es war ein außergewöhnlicher Tag, als ich meine amerikanische Staatsbürgerschaft aufgab. Einer der Höhepunkte bestand darin, daß Friedrich und ich uns im Eiltempo zur US-Botschaft in Bonn begaben und man mir dort aus heiterem Himmel verkündete: »Jetzt sind Sie staatenlos. Viel Glück.«

Man hatte mich telefonisch aufgefordert, zur amerikanischen Botschaft zu kommen und einige Formulare zu unterschreiben, die nach Washington weitergeleitet werden müßten. Vorher hatte man mich wiederholt mit ernster Stimme darauf hingewiesen, daß es vielleicht doch nicht ratsam sei, meine Staatsbürgerschaft aufzugeben. Ob ich mir die Sache genau überlegt hätte? Es werde etwa zwei Monate dauern, bis eine Antwort auf meine Verzichtserklärung eintreffe. Dann könne ich die Papiere abholen, um sie zum deutschen Einbürgerungsamt zu bringen und alles weitere in die Wege zu leiten.

Obwohl ich alle Voraussetzungen erfüllte, konnte ich erst Deutsche werden, als ich das amerikanische Dokument in Händen hielt. Eine doppelte Staatsbürgerschaft war ausgeschlossen.

Doch dann erlebten Friedrich und ich eine große Überraschung. Wir waren bereits auf dem Weg zur amerikanischen Botschaft aufgeregt. Doch unsere Nervosität steigerte sich noch, als wir den riesigen, bunkerartigen Bau erblickten, der von einem bewaffneten Soldaten bewacht wurde. Wir trösteten uns damit, daß dies lediglich der erste Schritt sei. Wir hatten keine Ahnung, daß es der einzige Schritt bleiben sollte.

Friedrich gesellte sich zu den anderen Wartenden (die so bedrückt aussahen, wie ich mich fühlte). Man führte mich zu einem Gespräch in ein Hinterzimmer. Nachdem ich zwanzig Minuten lang erläutert hatte, warum ich meine Nationalität wechseln wollte, stand der Beamte auf und sagte: »Warten Sie draußen.« Ich ging schnell zurück zu Friedrich, und schließlich wurde mein Name an einem der Informationsschalter aufgerufen. Ich eilte dorthin, und man schob mir einige Papiere zu. Da erschien der freundliche Beamte, der das Gespräch mit mir geführt hatte, am nächsten Schalterfenster. Seine Miene war unbeweglich. Ich wandte mich an ihn: »Oh, könnten Sie mir sagen, was ich als nächstes tun muß? Muß ich einen Termin ausmachen, oder benachrichtigen Sie mich per Post?« Er antwortete: »Ich kann Ihnen nicht helfen. Jetzt sind sie staatenlos. Viel Glück.«

Dann knallte der gutaussehende, blonde, etwa fünfunddreißigjährige Mann das Fenster zu. War er beleidigt, weil ich die amerikanische Staatsbürgerschaft aufgegeben hatte? Dem Himmel sei Dank, daß Friedrich dabei war. Mir zitterten die Knie.

Wir verließen das Gebäude, gingen an dem bewaffneten Posten vorbei und wurden Zeuge, wie eine ältere Frau gegen ihren Willen im Fond eines offiziellen Fahrzeugs zwischen zwei Polizisten Platz nehmen mußte. Im Zug nach Köln schauten wir uns die Papiere näher an. Es handelte sich um meine Erklärung, daß ich die amerikanische Staatsbürgerschaft aufgeben wolle, und um ein Dokument, aus dem hervorging, daß man meine Erklärung akzeptiert hatte. In meinen amerikanischen Reisepaß war eine Menge Löcher gestanzt, und ein großer Stempel verkündete: »Ungültig«.

Sobald der Zug hielt, rannten wir zum nächsten Telefon. Wir erreichten jemanden vom Einbürgerungsamt, gerade bevor es schloß, und baten – zum Glück mit Erfolg – um einen Termin für den folgenden Tag. Dann blickten wir einander an: zwei verschwitzte, schmutzige, angespannte Menschen, die dreinschauten, als hätten sie soeben einen schlimmen Schock erlitten. Und einer von ihnen war auch noch »staatenlos«! Was sollten wir nun tun? Friedrich, völlig in Gedanken verloren, sah wunderbar aus. Ich schlug vor, zu McDonald's zu gehen. Er strahlte über das ganze Gesicht, nahm meine Hand, und wir machten uns auf den Weg. »Wie viele sollen wir nehmen? Essen wir sie hier oder zu Hause?« Ich war hungrig. »Lieber nicht zu wenige!« Es wäre am schönsten, sie zu Hause im Bademantel zu genießen. »Wie viele schaffst du?« fragte ich Friedrich. Lachend schlossen wir eine Wette darüber ab, wer mehr vertilgen konnte.

Wir erstanden fünfundzwanzig Hamburger, gingen nach Hause, stellten die Riesentüte mitten aufs Bett und verdrückten den Inhalt bis auf den letzten Krümel, während wir uns einen Film im Fernsehen ansahen. Ich gewann die Wette.

Warum war meine Entscheidung eine solche Nervenstrapaze? Möglicherweise lag es daran, daß ich während des Kalten Krieges aufgewachsen war und in der Schule ständig gehört hatte: »Hier in Amerika ist man ein freier Mensch, in allen anderen Ländern der Welt schwebt man in Gefahr. Unserer Gesellschaft kann man trauen, alle anderen Länder sind zwielichtig. Wer keine amerikanische Staatsbürgerschaft hat, ist in einer mißlichen Lage!« Mein Verstand sagte mir, daß das nicht stimmte, aber tief im Innern hatte ich Angst und glaubte weiterhin, was man mir damals eingetrichtert hatte.

Der nächste Tag war viel weniger qualvoll, eigentlich überhaupt nicht, sondern geradezu herzerfrischend. Eine Minute nachdem ich die deutsche Staatsbürgerschaft erworben hatte, drehte sich Friedrich zu mir, nahm mich in den Arm und sagte lächelnd: »Herzlich willkommen!« Dann lachte er plötzlich auf und meinte: »So, nun bist auch du am Zweiten Weltkrieg schuld! Und auf Cocktailpartys darfst du die Frage beantworten: ›Warum haben Sie die Juden umgebracht?‹«

Dabei sind viele meiner Freunde in New York Juden! Sie verstehen am besten, warum ich die USA verlassen und diesen Schritt getan habe. Sie machen am wenigsten Hehl aus ihrer Ablehnung der Intoleranz, die in den Vereinigten Staaten um sich greift. Viele ihrer Großmütter und Großväter waren nach Amerika gekommen, um der Verfolgung zu entgehen und um die Anerkennung zu finden, die man ihnen in Europa verweigert hatte.

Habe ich die Nationalität meines Mannes nur deshalb angenommen, weil das für eine Ehefrau »natürlich« ist, oder sind die deutschen Werte für mich wichtig geworden? Habe ich mich von Amerika, dem Land meiner Geburt, distanziert?

Ich bin begeistert, weil mich die deutsche Staatsbürgerschaft gleichzeitig zu einer Europäerin gemacht hat. Mir gefällt das moderne Europa: seine sozialen Maßstäbe, die – im Vergleich zu den USA – geringe Gewalttätigkeit, die intellektuellen und künstlerischen Strömungen, der Sinn der Menschen für Würde und ihre Mentalität. Ich fühle mich hier freier.

Ich bewundere die europäischen Werte, wie sie im Maastrichter Vertrag zum Ausdruck kommen. Er konzentriert sich auf wenige knappe Punkte: die Gleichheit von Mann und Frau, einen Mindestlohn, das Recht, sich gewerkschaftlich zu organisieren, und weitere Grundrechte, die auf die französische Aufklärung zurückgehen und später Menschenrechte genannt wurden.

Außerdem liebe ich die deutsche Kunst und Kultur, an erster Stelle die österreichisch-deutsche Musiktradition, mit der ich mich seit zwanzig Jahren befasse. Musik spielt eine wesentliche Rolle in meinem Leben; sie ist mir beinahe so wichtig wie das Schreiben. An der Universität habe ich deutsche, spanische, französische und italienische Geschichte sowie die Sprachen dieser Kulturen studiert. Auch das gibt mir das Gefühl der Zugehörigkeit.

Sollte ich mich zu einer deutschen Patriotin entwickeln,

hätte ich folgende Rechtfertigung: Ich bewundere den deutschen Föderalismus und die Vielfalt der Medien. Außerdem hat Friedrich mir erklärt, Deutschland habe der Welt das Singen beigebracht und die Musik geschenkt! Er sagte das halb im Scherz, halb im Ernst. Zuerst dachte ich, er sei verrückt, so hoffnungslos übertrieben klang die Behauptung in meinen Ohren. (Wie steht es mit der französischen oder russischen Musik, von der italienischen Oper ganz zu schweigen?) Doch die deutsche Musik hat mein Leben über alle Maßen hinaus bereichert – Richard Wagner, Richard Strauss, Johann Strauss, Ludwig van Beethoven, selbst Robert Stolz. Was wäre ich ohne sie?

Inzwischen habe ich etliche Jahre in Europa verbracht, und meine Liebe wächst. Hier fühle ich mich mehr zu Hause als in den USA, und hier habe ich Freunde, die ich seit über zwanzig Jahren kenne. Ich habe das Gefühl, daß ich mich noch nie in meinem Leben so gut entwickeln und meine Gefühle zum Ausdruck bringen konnte. Und das liegt an der europäischen Atmosphäre. Vielleicht auch daran, daß man in Deutschland und in Europa die Schrekken des Totalitarismus erlebt hat und entschlossen ist, die Diskussion weiterzuführen? Wohingegen man in den USA nicht zu begreifen scheint, wie schnell die Meinungsfreiheit verlorengehen kann.

Ich fühle mich hier auch wegen des gesellschaftlichen Klimas wohler als in Amerika. In Europa gibt es zahlreiche Völker, doch trotz der Vielfalt ist allen Kulturen der Glaube an die soziale Verantwortung gemeinsam. Hier herrscht die Überzeugung, daß Menschen füreinander da sein müssen, und das macht den Alltag harmonischer.

Ich schätze die Bereitschaft der Gesellschaft, soziale

Verantwortung zu übernehmen, die Sozialsysteme, die die Existenz und die Gesundheitsversorgung sichern, eine gute Erziehung sowie Erziehungsurlaub für Mütter und Väter ermöglichen. Sie haben eine völlig andere Wirkung auf das tägliche Leben als der aggressive Individualismus und die Philosophie vom Überleben des Stärkeren, die in den USA und in England so populär sind.

Die amerikanische Neigung zur Selbstsucht mag ein Bestandteil des Pioniergeistes sein; sie wurde von den Präsidenten Reagan und Bush jedoch bewußt gefördert. Wie Mrs. Thatcher wollten sie das Fehlen verantwortungsbewußten sozialen Handelns seitens der Regierung dadurch rechtfertigen, daß sie dem einzelnen die Verantwortung dafür zuschoben, ob er überlebte oder nicht.

Doch es handelt sich hier nicht, wie Reagan und Thatcher uns glauben machen wollten, um eine Auseinandersetzung zwischen Kapitalismus und Kommunismus; schließlich war Bismarck, der Erfinder der Sozialversicherung, ein Erzkapitalist! Auch Präsident Mitterrand war ein Beweis dafür, daß der Sozialismus nicht das Ende für die Privatindustrie bedeutet, sondern daß er die Ärmsten schützen kann, während er gleichzeitig die Wirtschaft fördert.

Der aggressive Individualismus, den besonders Reagan und Thatcher auf ihre Fahnen geschrieben hatten, birgt ein weiteres Problem: Unter seiner Oberfläche lauert eine heillose Angst. Es erfüllt die Menschen mit Entsetzen, vielleicht zu den Versagern zu gehören. Diese Furcht führt zur Herdenmentalität, dem Nährboden der Intoleranz.

In Frankreich hat das Volk gestreikt, weil es die Regierung zu einem Wechsel ihrer Politik zwingen wollte. Es hat die Macht dazu, denn es ist der Staat, nicht nur eine

Gruppe wertloser Individuen. Im Gegensatz dazu haben die Menschen in den USA größte Angst vor einem Streik. Wenn sie entlassen werden, verfallen sie in Depression und sind wie gelähmt. Die Regierung der Vereinigten Staaten ist nicht bereit, das soziale Umfeld zu verbessern. Die hohe Kriminalitätsrate ist der Preis, den sie für ihre menschenverachtende Haltung zahlen muß. In den USA sitzen prozentual mehr Menschen hinter Gittern als in jedem anderen Land der Welt.

Ich hätte gern durch meine schriftstellerische Tätigkeit dazu beigetragen, den amerikanischen Gemeinsinn zu stärken und die Gleichheit der Menschen zu fördern. Meine Arbeit steht für Liebe und Fürsorge, größere Nähe und die Würde des Individuums. Auf den amerikanischen Werten gründend, zielt sie auf einen neuen, zukunftsorientierten Kodex ab – nach Art des Traumes von Martin Luther King.

Doch was mich anbelangt, hat mir das gegenwärtige Klima in Europa erlaubt, Wurzeln zu schlagen und zu wachsen, neue Teile der Welt und meiner selbst zu entdecken. Hier möchte ich weiterwachsen, weiterlernen und noch mehr am Leben meiner neuen Heimat und ihrer Kultur teilhaben.

FOTONACHWEIS

Rikke Andersen (Nr. 14); Joanna Briscoe (Nr. 24, 25);
Iris Brosch (Nr. 19, 22, 23, 27, 28, 29, 30); Arthur Elgort
(Nr. 33); Monika Fritz (Nr. 41); Marco Glavrano
(Nr. 16); Henry Grossman (Nr. 40); Juan Iborra (Nr. 31);
Ulla Lemberg, Aftonbladet (Nr. 54); C. de Mavie (Nr. 37);
Cathy de Menia (Nr. 21); Robin Platzer (Nr. 35);
Cecile Rice (Nr. 34); St. Joseph News Press (Nr. 39);
M. Thomas (Nr. 17); M. Wilson (Nr. 15, 38).

Die restlichen Aufnahmen stammen aus dem
Privatarchiv von Shere Hite.

REGISTER

410

411

412

413